에듀윌과 함께 시작하면, 당신도 합격할 수 있습니다!

자소서와 면접, NCS와 직무적성검사의 차이점이 궁금한
취준을 처음 접하는 취린이

대학 졸업을 앞두고 취업을 위해 바쁜 시간을 쪼개며
채용시험을 준비하는 취준생

내가 하고 싶은 일을 다시 찾기 위해
회사생활과 병행하며 재취업을 준비하는 이직러

누구나 합격할 수 있습니다.
이루겠다는 '목표' 하나면 충분합니다.

마지막 페이지를 덮으면,

에듀윌과 함께
취업 합격이 시작됩니다.

베스트셀러 1위 2,130회 달성!
에듀윌 취업 교재 시리즈

대기업 통합

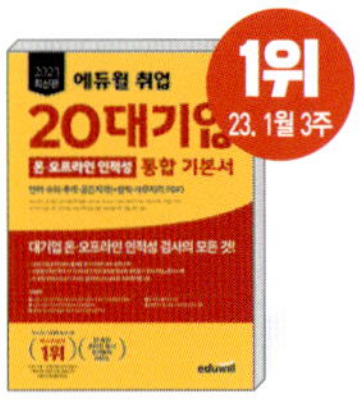

20대기업 인적성
통합 기본서

삼성

GSAT 삼성직무적성검사
통합 기본서

GSAT 삼성직무적성검사
실전모의고사

GSAT 삼성직무적성검사
최최종 봉투모의고사

SK

온라인 SKCT SK그룹
종합역량검사 통합 기본서

오프라인 SKCT SK그룹
종합역량검사 통합 기본서

LG

LG그룹 온라인
인적성검사 통합 기본서

SSAFY

SSAFY 통합 기본서
SW적성진단+에세이+면접 4일끝장

POSCO

PAT 통합 기본서
[생산기술직]

현대차/기아

현대자동차/기아
한권끝장

금융권

농협은행 6급
기본서

지역농협 6급
기본서

공기업 NCS 통합

공기업 NCS
통합 기본서

영역별

이나우 기본서
NCS 의사소통

박준범 기본서
NCS 문제해결·자원관리

석치수 기본서
NCS 수리능력

공기업 통합 봉투모의고사

공기업 NCS 통합
봉투모의고사

매일 1회씩 꺼내 푸는
NCS/NCS Ver.2

유형별 봉투모의고사

피듈형 NCS
실전모의고사

행과연형
NCS 봉투모의고사

휴노형·PSAT형
NCS 봉투모의고사

고난도 실전서

자료해석 실전서
수문끝

기출

공기업 NCS
기출 600제

6대 출제사 기출 문제집

* 에듀윌 취업 교재 누적 판매량 합산 기준 (2012.05.14~2022.10.31) * 온라인4대 서점 (YES24, 교보문고, 알라딘, 인터파크) 일간/주간/월간 13개 베스트셀러 합산 기준 (2016.01.01.~2022.11.07, 공기업 NCS/직무적성/일반상식/시사상식 교재) * YES24 공사 공단 NCS 한국산업인력공단 베스트셀러 1위 (2022년 2월 월별 베스트) * YES24 공사 공단 NCS 서울교통공사 베스트셀러 1위 (2023년 3월 2주 주별 베스트) * 알라딘 수험서/자격증/월간 이슈&상식 베스트셀러 1위 (2012년 5월~7월, 9~11월, 2013년 1월, 4~5월, 11월, 2014년 1월, 3~11월, 2015년 1월, 3~4월, 10월, 12월, 2016년 2월, 7~12월, 2017년 8월~2023년 1월 월간 베스트) * YES24 수험서 삼성 GSAT 베스트셀러 1위 (2020년 11월 월별 베스트) * YES24 수험서 및 eBook SK 베스트셀러 1위 (2022년 2~5월, 9~11월 월별 베스트) * YES24 수험서 및 eBook LG 베스트셀러 1위 (2022년 4~5월, 7, 9, 12월 월별 베스트)

한국철도공사

NCS+전공
기본서

NCS+전공
봉투모의고사

ALL NCS
최최종 봉투모의고사

한국전력공사

NCS+전공
기본서

NCS+전공
실전모의고사

8대 에너지공기업
NCS+전공 봉투모의고사

국민건강보험공단

NCS+법률
기본서

NCS+법률
실전모의고사

한국수력원자력

한수원+5대 발전회사
NCS+전공 실전모의고사

ALL NCS
최최종 봉투모의고사

교통공사

서울교통공사
NCS+전공 실전모의고사

부산교통공사+부산시 통합채용
NCS+전공 실전모의고사

인천국제공항공사

NCS
봉투모의고사

한국가스공사

NCS+전공
실전모의고사

한국도로공사

NCS+전공
실전모의고사

한국수자원공사

NCS+전공
실전모의고사

한국토지주택공사

NCS+전공
실전모의고사

공기업 자소서&면접

공기업 NCS 합격하는
자소서&면접 27대 공기업
기출분석 템플릿

독해력

이해황 독해력
강화의 기술

전공별

공기업 사무직
통합전공 800제

전기끝장 시리즈
❶ 8대 전력·발전 공기업편
❷ 10대 철도·교통·에너지·환경
공기업편

취업상식

월간 취업에 강한
에듀윌 시사상식

공기업기출
일반상식

금융경제 상식

* YES24 국내도서 해당 분야 월별, 주별 베스트 기준

eduwill

최신판

에듀윌 공기업 한국도로공사 NCS + 전공 실전모의고사

eduwill

채용 정보

미션

우리는 길을 열어 사람과 문화를 연결하고 새로운 세상을 넓혀간다

비전

안전하고 편리한 미래교통 플랫폼 기업

핵심가치

안전 | 혁신 | 공감 | 신뢰

인재상

'길'을 통해 새로운 가치를 창출하는 道公人

인재요소

고객 행복을 추구하는	상호존중과 신뢰의	글로벌경쟁력을 갖춘	미래가치를 창출하는
섬김인	상생인	전문인	창조인

지원자격

직렬 행정직(경영, 법정), 기술직(토목, 건축, 전기, 조경, 기계, 설비, 전산, 전자), 융합인재

① 학력, 성별, 연령 등 제한 없음(단, 공사 정년에 도달하는 자 제외)

② 어학: TOEIC 700점, TEPS 300점, OPIc(영어) IM2, TOEIC Speaking 120점 이상 보유 (해당 성적 중 택1/일반지원자 기준)

③ 자격증: [기술직, 융합인재] 선발분야 기사 이상 자격증 소지자

※ 선발분야 기사 이상 자격증 목록은 한국도로공사 채용 공고에서 제공하는 붙임자료에서 확인 가능함

선발인원

일반전형 행정직 50배수, 기술직 30배수

※ 동점자 전원 선발

서류전형 평가방법

어학성적(70)+자격증(행정 30, 기술 50)+역량기술서(적·부)

① 어학성적 계산방법: 본인 TOEIC 환산점수÷800×70

※ 소수점 셋째 자리에서 반올림하며, 800점 이상 시 만점(70점) 처리

② 자격증 계산방법

- 행정직: 공통 자격증(30점)
- 기술직: 공통 자격증(30점)+선발분야 필수자격증 2개 이상 소지자(20점)

우대사항

취업지원대상자, 재직직원, 공사 체험형 청년인턴 우수수료자(최우수포함), 장애인, 개별 자격증 보유자, 국민기초생활수급자, 북한이탈주민, 한부모가족, 다문화가족

채용절차

원서접수 → 서류전형 → 필기전형 → 면접전형 및 인성검사 → 최종합격

자격증 가점

구분		부가점수
공통	정보처리기사, 전자계산기조직응용기사	필기시험 만점의 3%
	정보처리산업기사, 사무자동화산업기사, 전자계산기(제어)산업기사, 컴퓨터활용능력 1급, 한국사능력검정 1·2급	필기시험 만점의 2%
	워드프로세서 단일등급(구1급), 컴퓨터활용능력 2급	필기시험 만점의 1.5%
	워드프로세서 2급, 컴퓨터활용능력 3급	필기시험 만점의 1%
행정	변호사, 법무사, 공인회계사, 세무사, 공인노무사, 감정평가사	필기시험 만점의 10%
기술	해당 직종 기술사(필수자격 기준 자격증)	필기시험 만점의 10%
	해당 직종 기사(필수자격 기준 자격증)	필기시험 만점의 3%

필기시험 출제 범위

직업기초능력평가

구분	출제 과목	
행정직군	문제해결능력, 정보능력, 의사소통능력	자원관리능력, 조직이해능력
기술직군		수리능력, 기술능력
융합인재		조직이해능력, 기술능력

직무수행능력평가

구분		출제 과목
행정	행정(경영)	경영학원론, 회계학(중급회계), 경제학원론
	행정(법정)	행정학원론, 정책학, 헌법, 행정법
토목	토목(일반)	도로공학, 응용역학, 철근 및 P.S콘크리트공학, 토질 및 기초공학
	토목(교통)	교통공학, 도로공학, 교통계획, 교통안전
건축		건축계획, 건축구조, 건축시공, 건축법규
전기		전력공학, 전기기기, 전기법규, 전기응용
조경		조경계획 및 설계, 조경식재, 조경관리학, 조경시공구조학
기계		열역학, 유체역학, 재료역학, 기계설계
설비		유체역학, 공기조화, 급배수위생설비, 소방원론
전산		데이터베이스, 소프트웨어공학, 운영체계, 정보보안, 컴퓨터네트워크
전자		회로이론, 전자회로, 무선통신, 광통신, 데이터통신
융합인재		데이터통신, 소프트웨어공학, 정보보안, 경영학원론

※ 2022년 3월 기준 채용 공고에 대한 정보이며, 자세한 정보는 한국도로공사 홈페이지에서 확정된 채용 공고를 통해 확인하시기 바랍니다.

시험 분석

2022년 상반기 시험 정보

① NCS 직업기초능력평가는 아래와 같이 총 60문항이 직렬별 영역 구분 없이 순서대로 하나의 문제지로 출제되었고, 60분 동안 풀어야 합니다.

직렬	NCS 직업기초능력평가							합계
	문제해결 능력	정보능력	의사소통 능력	자원관리 능력	조직이해 능력	수리능력	기술능력	
행정직	12문항	12문항	12문항	12문항	12문항	-	-	60문항
기술직				-	-	12문항	12문항	
융합인재				-	12문항	-	12문항	

② 직무수행능력평가(전공)는 50분 동안 직렬별 출제 과목에 해당되는 전공 40문항을 풀어야 합니다.
③ 직렬 관계없이 09:40~12:20에 시험이 진행되었습니다.

구분	과목	시간
1교시	오리엔테이션	09:40~10:00
	직업기초능력평가	10:00~11:00
휴식 시간		11:00~11:15
2교시	오리엔테이션	11:15~11:30
	직무수행능력평가	11:30~12:20

④ 개인 필기구와 아날로그 시계, 계산기(전공시험 진행 시)는 사용 가능하였지만, 수정테이프는 사용 불가하였습니다.
⑤ 오답인 경우에도 감점은 없고, 직업기초능력평가(30%) 점수, 직무수행능력평가(70%) 점수, 부가점수 합산으로 고득점자 순으로 합격합니다.
⑥ 필기 전형에서 선발인원이 40명 이상인 분야는 1.5배수, 선발인원이 6명 이상 40명 미만인 분야는 2배수, 선발인원이 5명 이하인 분야는 3배수의 인원이 선발됩니다.

출제대행사

2022년 상반기 한국도로공사의 필기시험은 '매일경제신문사'에서 출제하였다. 한국도로공사의 출제대행사는 2019년까지 'ORP연구소'에서 진행되었으며, 2020년부터는 '매일경제신문사'에서 진행하고 있다. '매일경제신문사'는 'ORP연구소'와 달리 모듈형 문제는 잘 출제되지 않는 편이며, PSAT형에 가까운 피듈형 문제 중심으로 출제된다.

2022년 상반기 출제 경향

2022년 상반기 한국도로공사 필기시험은 NCS 직업기초능력평가에서 행정직의 경우 문제해결능력, 정보능력, 의사소통능력, 자원관리능력, 조직이해능력의 영역이, 기술직의 경우 문제해결능력, 정보능력, 의사소통능력, 수리능력, 기술능력의 5개 영역으로 출제되었으며, 영역당 12문항으로 총 60문항이 출제되었다. 2021년 하반기와 마찬가지로 평이한 난도의 PSAT형 문항으로 출제되었다. 또한 긴 지문 또는 자료를 통해 해결하는 묶음 문항 구성의 형태로 출제되었고, 영역별 자세한 출제 경향은 아래와 같다. 한편 전공의 경우 평이한 난도로 출제된 NCS 대비 높은 난이도로 출제되었다. 하지만 고난도로 매우 어렵게 출제되었던 2021년 하반기보다 체감난도는 하락하였다.

문제해결능력

명제·조건추리 문제는 출제되지 않았으며, 의사소통능력과 유사한 형태의 긴 복합 지문으로 구성된 문항이 출제되었다. 공고문, 보도자료 형태의 지문을 활용하여 해결하는 유형, 지문을 바탕으로 내용을 확인하는 유형이 다수 출제되었으며, 계산 문제도 일부 출제되었다.

정보능력

엑셀 문제는 출제되지 않았고, 규칙을 설명하고 예시가 주어진 복합 자료를 바탕으로 코딩 원리를 파악하여 해결하는 문제가 출제되었다. 한 장을 차지하는 분량의 긴 자료에 5문항씩 연결된 형태로 출제되었으며, 제시된 상황에 따른 결과를 찾는 유형으로 출제되었다. 위 유형 외 분류코드 분석과 같은 PSAT형 문제도 출제되었다.

의사소통능력

일반적인 독해 유형이 출제되었으며, 도로공사 관련 지문이 주로 출제되었다. 일치/불일치의 내용 확인 유형의 문제가 주로 출제되었고, 접속사, 삭제 문장 및 주제 유형도 일부 출제되었다.

자원관리능력

일반적인 자료형 NCS 유형으로 PSAT형과 유사한 형태로 출제되었다. 특히 최단 거리 유형이 많이 출제되었고, 휴가 일정, 조건 해석, 금액 계산 문제 등 다양한 유형의 문제도 출제되었다.

조직이해능력

문제해결능력, 의사소통능력과 유사한 지문 형태로 출제되었다. 도로공사 관련 지문을 바탕으로 구성된 문항들이 많이 출제되었고, 내용 확인 유형과 지문의 내용을 적용하는 유형의 문제가 주로 출제되었다.

수리능력

응용수리 문제는 출제되지 않았고, 자료해석 문제가 출제되었다. 주로 증감 추이, 비율 등 자료의 내용을 확인하는 유형의 문제가 출제되었고, 계산 문제도 일부 출제되었다.

기술능력

모듈형 문제는 출제되지 않았고, NCS 자료제시형으로 PSAT형과 유사한 형태로 출제되었다. 매뉴얼, 설명서, 규칙 등 여러 가지 정보가 제시된 자료를 바탕으로 내용을 확인하는 유형의 문제들로 주로 출제되었다.

2021년 상·하반기 출제 경향

2021년 상·하반기 한국도로공사 필기시험은 2022년 상반기와 마찬가지로 행정직은 문제해결능력, 정보능력, 의사소통능력, 자원관리능력, 조직이해능력, 기술직은 문제해결능력, 정보능력, 의사소통능력, 수리능력, 기술능력의 5개 영역으로 출제되었으며, 영역당 12문항으로 총 60문항이 출제되었다. 전반적으로 모듈형이 아닌 PSAT형과 비교적 가까운 형태로 출제되었으며, 특히 하반기에는 모듈형 이론이나 응용모듈의 문제가 출제되지 않았다. 또한 한국도로공사의 사업, 보도자료 또는 일정 기간 동안 분석한 수치 자료를 바탕으로 하는 기업 관련 소재로 구성되어 출제되었다. NCS의 경우 비교적 평이한 난도로 출제되었지만 시간이 부족하다는 평이 많았다.

2020년과 비교해 영역별 출제 경향을 보면, 문제해결능력과 의사소통능력의 경우에는 하나의 지문 또는 자료를 바탕으로 구성된 묶음 문제로 구성되었으며, 문제해결능력에서는 조건추리와 같은 사고력 문제는 거의 출제되지 않았다. 정보능력의 경우에는 컴퓨터 용어, 명령체계에 대한 문제는 거의 출제되지 않았고, 생소한 코드, 규칙 등이 설명된 자료를 바탕으로 연계하여 해결하는 문제가 출제되었다. 자원관리능력, 조직이해능력, 기술능력은 기업 관련 자료를 바탕으로 이론이 아닌 자료를 해석하는 PSAT형에 가까운 형태로 출제되었고, 수리능력의 경우에는 응용수리가 출제되지 않고 자료해석으로만 구성되어 출제되었다. 전공의 경우, NCS와 비교하여 매우 높은 난도로 출제되었으며, 2022년 상반기와 비교해 높은 난도로 출제되어 수험생 체감 난도는 매우 높았다고 볼 수 있다.

2020년 상·하반기 출제 경향

2020년 기준으로 ORP연구소에서 매일경제신문사로 출제대행사가 변경되면서, 직렬별 출제 영역은 변화가 없었지만, 각 영역별 출제 유형이 조금씩 변화하였다. 전반적으로 모듈형의 비중이 감소하였으며, PSAT형으로 출제된 문항의 비중이 증가하였다. 문제해결능력은 사고력 문제 외에 조건추리와 자료형 묶음 문항이 출제되었고, 의사소통능력은 글의 서술 방식과 내용 확인 등 다양한 유형으로 출제되었다. 정보능력의 경우, 응용모듈인 컴퓨터 용어, 명령체계 외에 코드, 품목번호를 해석하는 PSAT형 문제가 출제되었다. 자원관리능력은 자료형으로 출제되었고, 조직이해능력의 경우 자료형 외에 NCS 이론에 해당하는 경영이론이 일부 출제되었다. 수리능력의 경우 응용수리와 자료해석 유형이 출제되었으며, 기술능력은 산업재해 예방 외에 조작 및 설치 방법 등 자료를 해석하는 PSAT형 문제가 출제되었다. 전공의 경우, 2021년과 마찬가지로 NCS와 비교하여 매우 높은 난도로 출제되었다.

STRUCTURE

교재 구성

최신 출제경향을 완벽 반영하여 구성한 실전모의고사

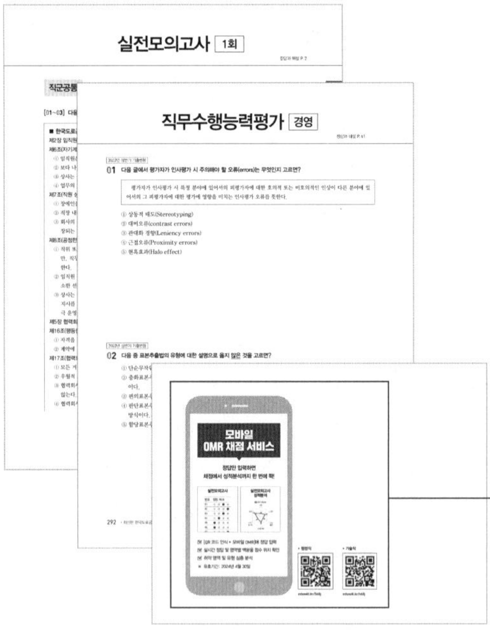

실전모의고사 4회분

한국도로공사의 최신 필기시험을 분석하여 실제 시험 난도와 기출 유형을 반영한 NCS 실전모의고사 4회분 제공하여 시험 전 실전 대비를 완벽하게 할 수 있도록 하였다.

전공모의고사 1회분

한국도로공사의 실제 시험 난도와 2022 상반기 기출키워드 및 기출 유형을 반영해 경영/토목(일반)으로 구성된 전공모의고사를 각 1회분씩 제공하여 고난도 전공까지 대비할 수 있도록 하였다.

■ 모바일 OMR 채점 서비스 제공

직렬별(행정직 · 기술직) 수험생들이 NCS 회차당 수록되어 있는 QR코드를 통해 접속하여 점수 및 타 수험생들과의 비교 데이터를 확인할 수 있도록 모바일 OMR 채점 및 성적분석 서비스를 제공하였다.

전 문항 상세한 해설이 담긴 정답과 해설

QUICK해설

학습한 문제 중 아는 문제의 경우, 정답과 정답에 대한 핵심 해설이 담긴 QUICK해설을 빠르게 확인하여 넘어갈 수 있도록 구성하였다.

상세해설 · 오답풀이

수험생들이 어려운 문항까지 확실하게 파악할 수 있도록 상세한 해설과 오답풀이를 제공함으로써 오답인 이유까지 완벽하게 이해할 수 있도록 하였다.

CONTENTS

차례

한국도로공사 채용 분석 GUIDE
채용 정보
시험 분석

교재 구성

한국도로공사 NCS + 전공 실전모의고사

01 실전모의고사 1회
- 직군공통 15
- 행정직 45
- 기술직 62

02 실전모의고사 2회
- 직군공통 83
- 행정직 114
- 기술직 133

03 실전모의고사 3회
- 직군공통 155
- 행정직 182
- 기술직 198

04 실전모의고사 4회
- 직군공통 219
- 행정직 248
- 기술직 266

05 직무수행능력평가
- 경영 292
- 토목(일반) 306

별책 정답과 해설

처음에는 당신이 원하는 곳으로
갈 수는 없겠지만,
당신이 지금 있는 곳에서
출발할 수는 있을 것이다.

– 작자 미상

최신판

한국도로공사

실전모의고사

1회

시험 구성 및 유의사항

- 한국도로공사 NCS 직업기초능력평가는 직군별로 다음과 같이 출제되었습니다.

구분	문항/시간	구성	출제 영역	
행정직	60문항/60분	NCS 직업기초능력평가	문제해결능력, 정보능력, 의사소통능력	자원관리능력, 조직이해능력
기술직				수리능력, 기술능력

※ 전공의 경우, 직군별 출제 과목이 상이하며, 40문항을 50분 동안 풀어야 합니다.

- 영역 구분 없이 순서대로 하나의 문제지로 출제되었고, 사지선다형으로 출제되었습니다.
- 오답 감점은 없으며, 각 문제는 하나의 정답으로 이루어져 있습니다.

eduwill

실전모의고사 1회

정답과 해설 P. 2

직군공통

[01~03] 다음은 한국도로공사의 윤리경영에 관한 자료이다. 이를 바탕으로 질문에 답하시오.

■ **한국도로공사 윤리규범**

제2장 임직원의 기본 윤리

제6조(자기계발과 업무수행 태도)

① 임직원은 끊임없는 자기계발을 통해 회사의 인재상에 부합되도록 노력한다.

② 보다 나은 가치창출을 위해 항상 도전적이고 창의적인 자세로 업무에 임한다.

③ 상사는 성실하게 부하 직원을 통솔하고 솔선하여 업무를 수행하며, 부하 직원의 참신한 아이디어와 제안을 존중한다.

④ 업무의 효율을 높이기 위하여 상하·동료·부서 간에 정보와 지식을 적극 공유한다.

제7조(직원 상호 간의 화합)

① 장애인을 차별하거나 모독하지 않으며, 다른 임직원을 비방하거나 괴로움을 주는 언행을 하지 않는다.

② 직장 내에서 상대방에게 성적 굴욕감 또는 혐오감을 느끼게 하는 언행을 하지 않는다.

③ 회사의 공동 목표를 달성하기 위하여 협력을 중시하는 기업 문화를 조성하고, 부서 이기주의나 불필요한 갈등이 조장되는 행위를 하지 않는다.

제8조(공정한 직무수행)

① 직위 또는 직무와 관련하여 이해관계자로부터 금품·편의·향응 등 일체의 유·무형적 이익을 수수하지 않는다. 다만, 직무수행상 부득이한 경우에 제공되는 간소한 식사, 홍보용 물품 등 예외에 대해서는 임직원 행동강령으로 정한다.

② 임직원 상호·부서 간에 부당한 청탁이나 선물·금품 등을 제공하는 행위를 금지한다. 다만 통상적으로 제공되는 간소한 선물, 경조금품 등 예외에 대해서는 임직원 행동강령으로 정한다.

③ 상사는 부하 직원에게 관련 법령이나 규정에 어긋나거나 비윤리적인 업무지시를 할 수 없으며, 상사로부터 부당한 지시를 받은 직원은 업무지시를 거부할 수 있고, 회사는 그러한 내용을 알림에 따른 불이익을 받지않는 제도를 적극 운영한다.

제5장 협력회사와 동반 성장

제16조(평등한 기회부여와 적법한 계약)

① 자격을 구비한 모든 회사에게 계약상의 거래에 참여할 수 있는 기회를 평등하게 부여한다.

② 계약에 있어서 등록 및 선정은 투명하고 공정한 심사 기준에 따라 합리적인 방법으로 수행한다.

제17조(협력회사와의 공정·투명한 거래)

① 모든 거래는 상호 대등한 지위에서 공정하고 성실한 자세로 임한다.

② 우월적 지위를 이용하여 협력회사에 부당한 강요행위나 영향력을 행사하지 아니한다.

③ 협력회사로부터 명절, 기념일 또는 출장 등 어떠한 명목으로도 금품·편의·향응 등 일체의 유·무형적 이익을 받지 않는다.

④ 협력회사가 임직원에게 금품·편의·향응 등 일체의 유·무형적 이익을 제공할 경우 거래상의 불이익을 준다.

제6장 국가와 사회에 대한 책임
제19조(공익을 고려한 합리적 업무수행)
① 임직원은 고속국도의 설치·관리와 그 밖에 이에 관련된 사업을 하는 기업으로서 공익성을 우선적으로 고려하여 업무를 수행한다.
② 부동산 투기 등 국민경제에 해를 끼치는 행위 또는 국민정서에 반하는 행위를 하지 않는다.
③ 사업 활동을 영위하는 국내외 모든 해당지역의 문화와 관습을 존중하며, 제반 법령이나 규정을 준수하고 공정한 경쟁을 통하여 사업을 수행한다.
제20조(주주의 이익 보호)
① 효율적 경영을 통해 주주의 자산을 보전·보호·증식하고, 건전한 이익을 실현한다.
② 주주의 알 권리와 정당한 요구·제안·공식적 결정을 존중하며, 주주와 상호 신뢰관계 구축을 위하여 투명한 경영체계를 확보하고, 공공기관의 운영에 관한 법률에 따라 정확한 회계기록 체계를 유지한다.
제21조(국가 및 지역사회와 공존)
고용 및 납세의 의무를 성실히 하여 국가발전에 기여하고, 지역사회와의 상생발전과 사회공헌활동에 적극 참여한다.
제22조(친환경경영 및 지속가능 발전)
환경 친화적 기술개발을 통하여 환경오염을 최소화하고, 생태계 보전을 위해 노력한다.
제23조(부당한 정치활동 금지)
① 회사는 정치에 관여하지 않으며, 사업장 내에서는 어떠한 정치적 활동도 허용하지 않는다.
② 회사는 임직원의 참정권을 존중하며, 임직원은 개인 신분으로 정치적 입장을 밝힐 수 있고, 개인이 선택한 후보자 또는 정당을 위해 개인적으로 공헌할 수 있으나 회사의 입장으로 오해받지 않도록 주의하여야 한다.

■ 한국도로공사 윤리경영 주요 성과

[표] 국민권익위 청렴도 조사 결과

(단위: 점)

구분	2016년	2017년	2018년	2019년	2020년
외부	7.81	8.42	8.85	7.96	8.71
내부	7.86	8.13	7.94	7.58	7.44
정책고객	8.08	8.04	7.74	7.62	(　　)

※ (종합 점수)=(외부 점수)×0.3+(내부 점수)×0.2+(정책고객 점수)×0.5

01 **다음 중 한국도로공사 윤리규범을 바탕으로 추론한 내용으로 적절하지 않은 것을 고르면?**

① 사업을 진행할 때 공개입찰을 한다.
② 협력회사와 거래할 때는 서로 상하 간의 위치에서 진행한다.
③ 임직원 모두는 각자 특정 정당을 지지하는 입장을 밝힐 수 있다.
④ 임직원은 직무와 관련하여 임직원 행동강령에 부합하는 상황일 경우 일부의 금품·편의를 제공받을 수 있다.

02 주어진 자료에 대한 [보기]의 설명 중 옳은 것은 모두 몇 개인지 고르면?

보기

㉠ 기업의 이익을 실현하고자 효율적으로 경영활동을 하였다.
㉡ 김 과장은 부서 간 갈등이 유발되지 않도록 업무에 협조하였다.
㉢ 임직원 모두는 기업에서 제시하는 인재상에 부합하도록 노력해야 한다.
㉣ 한국도로공사는 거래처에서 편의를 제공하였기에 거래상 불이익을 주었다.

① 1개 ② 2개 ③ 3개 ④ 4개

03 다음 중 한국도로공사 윤리경영에 대한 국민권익위 청렴도 조사 결과에 대한 설명으로 옳은 것을 고르면?

① 2016년 종합 점수는 8점 이상이다.
② 2016년부터 2019년까지 종합 점수가 가장 낮은 해는 2016년이다.
③ 2016년부터 2019년까지 종합 점수가 가장 높은 해는 2018년이다.
④ 2020년 종합 점수가 7.896점이라면, 정책고객 점수는 7.6점 미만이다.

[04~06] 다음 자료를 바탕으로 질문에 답하시오.

통행요금 제도의 변천

고속도로 통행요금은 경부고속도로 개통 당시, 단거리 이용에 유리한 거리비례요금제로 출발했다. 1980년 5월에는 「유료도로법」 개정으로 고속도로 전 노선을 하나의 도로로 통합해서 통행료를 수납하는 통합채산제 방식이 도입됐다.

약 30년간 유지되어 오던 거리비례요금제는 단거리 수요 증가에 따른 고속도로 혼잡 문제로 인해 1997년에 최저요금제로 전환됐다. 최저요금제에서는 20km 미만의 단거리를 이용하는 경우 주행 거리와 상관없이 1,000~1,100원까지의 요금이 부과됐다.

최저요금제를 통해 단거리요금을 증가시킴으로써 단거리 수요가 증가하는 문제점이 일부 해결되긴 했으나, 시간이 지날수록 단거리 이용자들에 대한 형평성 문제가 불거지기 시작했다. 결국 단거리 수요 증가를 억제하면서 형평성 문제까지 해결할 수 있는 최적의 방안으로 2004년에 2부요금제가 도입됐다.

2부요금제는 주행 거리와 상관없이 일률적으로 부과되는 기본요금과 주행 거리에 따라 비례적으로 부과되는 주행요금을 합산해서 부과하는 방식이다. 2부요금제는 현재까지 유지되고 있으며, 통행요금은 「유료도로법」 제16조 및 「고속도로 통행요금 산정 기준」에 의해 결정되고 있다.

기본요금은 도로건설, 확장, 개량 등 도로건설 투자비인 고정 비용을 통행요금 수납기간 동안 회수할 수 있도록 산정되며, 주행요금은 도로관리비, 일반관리비 등 유지관리비를 주행 거리에 따라 차등 부과하도록 산정되고 있다. 차종별 km당 주행요율은 도로구조물 손상도를 기준으로 화물·여객수송 기여도를 반영해 결정되고 있다.

[표1] 고속도로 통행요금산정 및 차종분류 체계 주요 변천 과정

일자	요금산정 체계	차종분류 체계	주요 변경 내용
1969. 02. 15.	거리비례 요금제	5종	–
1969. 09. 01.		8종	차종분류 체계 변경(1차)
1974. 01. 01.		4종	차종분류 체계 변경(2차)
1994. 08. 16.		5종	차종분류 체계 변경(3차)
1997. 05. 12.	최저요금제		최저요금제 도입
2004. 03. 03.	2부요금제		2부요금제 도입

통행요금 국가별 비교와 감면 제도

우리나라의 고속도로 통행요금의 공공성은 다른 나라와 비교했을 때 꽤 높은 수준을 유지하고 있다.

국내요금 체계는 한국도로공사가 2부요금제를, 민자 고속도로가 거리비례제를 적용하고 있다. 외국의 경우 캐나다, 중국, 일본 등이 2부요금제를 시행하고 있으며, 캐나다와 중국의 일부 고속도로에서는 차종별로 기본요금을 차등해 적용하고 있다. 그 외 대부분의 나라는 거리비례제와 같은 단일요금제를 채택하고 있다.

국가별 요금 수준 비교에서는 2부요금제를 채택하고 있는 캐나다, 중국과 비교했을 때 우리나라가 전반적으로 저렴한 통행요금을 부과하고 있다. 주요 국가별 주행요금 현황을 살펴보면, 우리나라의 통행요금은 7개국 중 최저 수준으로 우리나라를 기준으로 유럽은 2~4.2배 수준에 달하는 등 우리나라는 매우 낮은 수준을 유지하고 있다.

[표2] 주요 국가별 승용차 주행요금 비교

국가	주행요율	환율
영국	0.13£/km	1,418.26
이탈리아	0.071€/km	1,273.18
미국	0.0736$/km	1,113.5
독일	0.081€/km	1,273.18
프랑스	0.090€/km	1,273.18
한국	44.3원/km	–

04 주어진 자료에 대한 설명으로 가장 옳지 않은 것을 고르면?

① 거리비례요금제는 25년 이상 유지되었다.
② 1986년에는 차종이 모두 4종으로 분류되었다.
③ 현재 우리나라의 모든 고속도로는 2부요금제를 시행 중이다.
④ 현재 우리나라는 캐나다, 중국, 일본과 같은 요금제를 운용 중이다.

05 주어진 자료를 바탕으로 추론한 내용으로 옳지 않은 것을 고르면?

① 2부요금제를 운용하는 나라는 많지 않다.
② 차종에 따라 고속도로 주행요금은 다르다.
③ 고속도로로 단거리를 이동하는 사람들은 최저요금제에 불만이 있었다.
④ 고속도로 통행요금은 한국도로공사가 「고속도로 통행요금 산정 기준」에 의해 결정한다.

06 다음 중 고속도로 주행요금을 잘못 나타낸 국가를 고르면?(단, 소수점 둘째 자리에서 반올림한다.)

① 영국: 182.8원/km
② 이탈리아: 90.4원/km
③ 미국: 82.0원/km
④ 프랑스: 114.6원/km

[07~09] 다음은 어느 호텔의 숙박 규정에 관한 자료이다. 이를 바탕으로 질문에 답하시오.

제5조(예약 해제)
당 호텔은 숙박 예약 신청자가 숙박 예약의 전부 또는 일부를 해지하였을 경우에는 다음에 열거하는 바에 의하여 위약금을 받습니다.

1. 일반 숙박 예약자
   - 숙박일 2일 전에 해약하였을 경우: 위약금 없음
   - 숙박일 1일 전에 해약하였을 경우: 최초 1일 숙박요금의 20%
   - 숙박 당일 18:00 이전에 해약하였을 경우: 최초 1일 숙박요금의 50%
   - 숙박 당일 18:00 이후에 해약 또는 불숙하였을 경우: 최초 1일 숙박요금 100%, 이후 예약 자동 해제
   - 룸서비스 예약 후 숙박 해약 또는 불숙 시에도 룸서비스 금액에 대해 숙박 예약 해제와 동일한 규정을 따름
2. 단체 숙박 예약자(15인 이상)
   - 숙박일 5일 전에 해약하였을 경우: 위약금 없음
   - 숙박일 4일 전부터 2일 전 사이에 해약하였을 경우: 1실당 최초 1일째 숙박요금의 20%, 단, 전체 예약 객실의 10% 미만 해약 시에는 미부과
   - 숙박일 1일 전에 해약하였을 경우: 1실당 최초 1일째 숙박요금의 30%
   - 숙박 당일 18:00 이전에 해약하였을 경우: 1실당 최초 1일째 숙박요금의 50%
   - 숙박 당일 18:00 이후에 해약 또는 불숙하였을 경우: 1실당 최초 1일째 숙박요금의 100%, 이후 예약 자동 해제
   - 룸서비스 예약 후 숙박 해약 또는 불숙 시에도 룸서비스 금액에 대해 숙박 예약 해제와 동일한 규정을 따름

제7조(숙박 등록)
숙박자는 숙박 당일 당 호텔 접수계에서 다음 사항을 당 호텔에 등록해 주셔야 합니다.

1. 숙박자의 성명, 성별, 국적, 직업, 현주소, 생년월일 및 연령
2. 외국인에 대해서는 여권번호, 입국 일자
3. 내국인에 대해서는 주민등록번호
4. 출발일시 및 시각
5. 기타 호텔에서 필요하다고 인정되는 사항

제8조(퇴실 시간)

1. 숙박자가 당 호텔의 객실을 비워주는 시간은 정오로 합니다.
2. 당 호텔에서는 전항의 규정에도 불구하고 퇴실 시간을 초과하였을 시에는 다음에 열거하는 바와 같이 추가요금을 받습니다.
   - 오후 3시까지: 객실요금의 30%
   - 오후 6시까지: 객실요금의 50%
   - 오후 6시 이후: 객실요금의 100%

07 **주어진 규정에 해당하는 것을 [보기]에서 모두 고르면?**

보기

㉠ 예약 후 숙박 당일에 해약하면 적어도 전체 숙박비의 절반을 지불해야 한다.
㉡ 퇴실 시간보다 5시간을 초과하여 퇴실하는 경우 객실요금의 절반을 추가로 지불해야 한다.
㉢ 내국인 숙박자는 자신의 주민등록번호를 포함한 이름, 직업, 주소 등의 개인정보를 호텔에 제공해야 한다.

① ㉡ ② ㉠, ㉢ ③ ㉡, ㉢ ④ ㉠, ㉡, ㉢

08 호텔 직원과 고객과의 다음 대화 중 직원의 응답이 숙박 규정에 부합하지 않는 것을 고르면?

①	고객 A: 일반 숙박으로 내일 투숙하기로 예약한 사람인데, 사정이 생겨서 해약하려 합니다. 위약금은 따로 없겠지요? 직원: 객실요금이 12만 원으로 지금 예약을 해지하시게 되면 2만 4천 원의 위약금이 발생합니다.
②	고객 B: ○○학교 교사입니다. 일정이 바뀌어서 예약 사항을 모두 취소했으면 좋겠습니다. 오늘이 숙박일 4일 전인데, 위약금이 어떻게 되나요? 직원: 일반 숙박으로 예약하신 건 위약금이 없습니다만, 단체 예약은 모든 객실을 다 취소하신다면 예약하신 방 1실당 최초 1일째 객실요금의 20%를 위약금으로 지불하셔야 합니다.
③	고객 C: 오전에 호텔에서 전화가 와서 숙박 당일로부터 최근 한 달 이내 방문한 국가명과 방문 기간에 대한 내역을 접수계에서 기록해 달라고 하더군요. 방역 관련 사항이라 하더라도 개인정보를 그렇게 요구해도 되나요? 직원: 고객님은 내국인이시니 호텔 규정상 인적사항과 거주지 등 몇 가지만 기재하시면 되며, 그 밖의 사항은 기재하지 않으셔도 됩니다.
④	고객 D: 1103호 투숙객입니다. 오늘 퇴실 예정입니다만 저녁 7시 넘어서까지 객실을 이용해야 할 것 같습니다. 저녁에라도 퇴실하는 것이 하루 더 묵는 것보다는 추가요금이 적겠지요? 직원: 저녁 7시 이후에 퇴실 예정이라면 내일 정오까지 객실을 이용하셔도 객실요금은 동일합니다.

09 다음 [표]는 한국도로공사의 해외 거래처 연수단 일행이 해당 호텔을 이용한 내역을 정리한 자료이다. 주어진 규정과 아래의 [표]를 바탕으로 할 때, 다음 중 한국도로공사가 지불해야 하는 총금액을 고르면?(단, 연수단 일행은 전원이 1박만 숙박하였고, 언급되지 않은 사항은 고려하지 않는다.)

[표] 연수단 일행의 호텔 이용 내역

구분	인원/객실 수	객실 요금/개	해약 사항
일반 예약	1명	150,000원	–
	1명	150,000원	숙박 당일 오전 예약 취소
	1명	140,000원	–
단체 예약	A형 3개	140,000원	숙박 당일 저녁 1개 객실 룸서비스(25,000원) 예약 후 해당 객실 예약을 숙박 1일 전 취소
	C형 8개	100,000원	–
	B형 6개	120,000원	숙박일 3일 전 6개 중 1개 예약 취소

① 2,118,500원　② 2,210,500원　③ 2,256,000원　④ 2,287,500원

[10~12] 다음은 한국도로공사의 직원 보수에 관한 자료이다. 이를 바탕으로 질문에 답하시오.

1. 공통 공개 기준

○ 직원평균임금: 연도별 상시종업원 전체에 대해 지급된 보수액을 상시종업원 수로 나눈 금액

○ 상시종업원 수: 월별 급여 지급일 현재 급여 지급대상 정규직(무기계약직 포함) 수의 연간 합계를 12월로 나눈 인원

○ 기본급(기본 연봉)

– 연봉제인 경우: 연봉액

– 연봉제가 아닌 경우: 직급 및 호봉에 따라 차등 지급되는 기본 급여액

○ 고정수당

– 고정수당: 실적과 무관하게 지급되는 수당

(예시) 자격, 특수지 근무, 특수 업무, 가족, 해외 근무수당 등

○ 실적수당

– 실적수당: 실적에 따라 차등 지급되는 수당

(예시) 시간외 근무, 야간근로, 휴일 근무, 연차수당 등

○ 급여성 복리후생비

– '인건비'에 속하지 않는 항목으로서 명칭 여하에 불구하고 개인이 자유롭게 처분할 수 있는 복리후생비적 성격의 비용

(예시) 자가운전보조금, 장기근속격려금, 건강진단비(단, 실제 건강진단 여부와 관련 없이 금전으로 지급하는 경우) 등

○ 성과상여금

– 성과상여금, 경영평가 성과급, 자체성과급, 성과 연봉, 내부평가상여금 등 업적, 성과 등에 따라 차등 지급되는 급여

○ 경영평가 성과급

– 「공공기관의 운영에 관한 법률」 제48조의 경영실적평가 결과에 따라 지급되는 성과급(공기업, 준공공기관만 해당)

○ 성별 1인당 평균보수액은 성별 총보수지급액을 성별 상시 종업원 수로 나눈 값임

2. 일반 정규직 평균 보수 (단위: 천 원, 명, 개월)

구분		2017년 결산	2018년 결산	2019년 결산	2020년 결산	2021년 결산
기본급		51,926	52,914	53,947	54,866	54,950
고정수당		2,938	3,200	3,401	3,366	3,274
실적수당		5,961	3,714	2,689	1,519	1,507
급여성 복리후생비		366	347	253	90	43
성과상여금		19,207	20,771	21,585	26,450	25,167
경영평가 성과급		9,349	8,391	8,068	10,401	8,901
기타		60	67	73	52	150
1인당 평균 보수액		80,458	81,013	81,948	86,343	85,091
	남성	82,319	83,017	84,160	88,786	87,836
	여성	59,663	60,221	61,680	66,111	64,625
상시 종업원 수		4,582.16	4,639.72	4,740.03	4,821.14	4,924.38
	남성	4,206.00	4,231.83	4,274.00	4,302.33	4,342.67
	여성	376.16	407.89	466.03	518.81	581.71

평균근속연수	200	199	218	214	210
남성	208	209	229	225	222
여성	105	99	127	126	124

10 주어진 자료에 대한 설명으로 옳은 것을 고르면?

① 시간외 근무를 한 경우에는 실적에 관계없이 수당이 지급된다.
② 2017년부터 2020년까지 건강진단 비용은 해마다 꾸준히 감소하고 있다.
③ 휴일 근무수당과 내부평가상여금은 모두 실적 또는 성과에 따라 차등 지급된다.
④ 급여성 복리후생비를 제외하면 5년간 모든 기본급 및 수당은 꾸준히 증가하고 있다.

11 일반 정규직 평균 보수에 대한 설명으로 옳은 것을 [보기]에서 모두 고르면?

보기

㉠ 2021년 실적수당은 2017년의 $\frac{1}{4}$ 미만이다.
㉡ 2017년 대비 2021년 기본급은 6% 이상 증가하였다.
㉢ 5년간 평균근속연수의 평균은 남자가 여자보다 8년 6개월 이상 길다.
㉣ 1인당 평균 보수액에 대하여 남녀의 격차가 가장 작은 해는 2019년이다.

① ㉠, ㉣ ② ㉡, ㉢ ③ ㉡, ㉣ ④ ㉢, ㉣

12 한국도로공사에 근무 중인 A씨의 2021년 보수에 관한 내용이 다음 [보기]와 같을 때, 다음 중 A씨의 보수액과 2021년 1인당 평균 보수액과의 차이를 고르면?(단, 제시되지 않은 사항은 고려하지 않는다.)

보기

• 기본급: 51,000,000원
• 고정수당: 2,800,000원
• 실적수당: 800,000원
• 성과상여금: 26,000,000원
• 경영평가 성과급: 6,000,000원

① 1,509,000원 ② 2,491,000원 ③ 3,602,000원 ④ 4,491,000원

[13~17] 다음은 C언어의 기본 구조를 설명한 자료이다. 이를 바탕으로 질문에 답하시오.

■ C언어의 기본 구조

```
1   #include <stdio.h>                                  → 선행처리기
2
3   lint main( )                                        → 메인 함수
4   {                                                   → 메인 함수 시작
5           int sum=0;                                  → 정수형 변수 sum 선언
6           for(int i=1; i<=100; i++)                   → for문(초기식, 조건식, 증감식)
7           {                                           → for문 시작
8                   if(i%2==1) continue;                → if문
9
10                  sum=sum+i;                          → 연산 후 대입
11          }                                           → for문 종료
12
13          printf("짝수의 합은 : %d\n", sum);           → 출력문
14
15          return 0;                                   → 리턴값
16  }                                                   → 메인 함수 종료
```

■ 각 구조 상세 설명

#include 〈stdio.h〉	선행처리기의 일종으로, 〈stdio.h〉 안의 입력, 출력 등 내장함수가 포함된 표준 입출력 헤더파일 선언문이다.
main( )	프로그램의 동작을 수행하는 함수로, { } 안의 내용을 수행한다.
int sum=0;	일정 메모리에 'sum'이라는 이름을 붙이고 값을 기억하는 용도로 사용하겠다는 선언이다. sum에 일단은 0이라는 값을 저장한 상태이다. 'int'는 'sum'이라는 이름이 붙은 메모리에 정수 형태의 자료만을 기억하겠다는 의미이다. 'int' 자료형은 4byte의 메모리를 사용하며, 실수 형태를 기억하는 자료형 중에는 더 많은 메모리를 사용하는 것도 있다. 만약 알맞지 않은 값을 기억하려 한다면 엉뚱한 값이 저장될 수도 있다. 맨 뒤의 ';'는 명령어가 끝났다는 마침표와 같은 의미로, 반드시 붙여줘야 한다.
for	{ } 안의 내용을 반복적으로 수행하는 반복문이다. for 바로 뒤에는 (초기식, 조건식, 증감식)이 붙는데, 초기식 "int i=1"는 정수형 변수 i를 선언하고 1부터 시작하겠다는 의미이며, 조건식 "i<=100"은 i가 100 이하이면 { } 안의 내용을 반복적으로 수행하겠다는 뜻이다. 마지막으로 증감식 "i++"은 { } 안의 내용을 수행한 후에 i 안의 값을 1 증가시킨다는 의미이다. 따라서 해당 for문은 i=1부터 시작하여 조건식을 확인한 후, 조건식을 만족하면 { } 안의 내용을 수행하고 i를 1 증가시켜 2로 만든 후 다시 for문의 조건식으로 돌아간다. 따라서 { } 안의 내용은 i=1부터 i=100까지 총 100번 반복될 것이고, 100번째 수행을 마친 후, i=101이 되면 조건식을 만족하지 못하여 for문을 빠져나가게 된다.
if	if는 조건문으로 ( ) 안의 내용이 참이라면 바로 우측의 문장을 수행하고, 거짓이라면 우측의 문장을 건너뛰고 아래로 내려가거나 else 뒤의 문장을 수행한다. "i%2==1"에서 "i%2"는 i 안의 값을 2로 나누었을 때의 나머지를 의미하며, "==1"은 그것이 1이냐, 그렇지 않냐를 판단하는 문장이다. 즉, "i%2==1"는 i에 저장된 값을 2로 나누었을 때의 나머지가 1이면 참, 1이 아니라면 거짓으로 해석되는 문장이다.
continue;	for문에서 { } 안의 내용을 차례로 수행하다가, "continue;"를 만나면 그 아래의 내용은 수행하지 않고 다시 for문의 처음으로 돌아가 증감식을 수행한 후 조건식의 내용을 판단한다. 따라서 위 예시의 8행에서는 if문의 ( ) 안이 참이면 10행을 수행하지 않고 다시 for문의 처음으로 돌아가며, if문의 ( ) 안이 거짓이면 10행을 수행한 후에 for문의 처음으로 돌아가는 구조를 나타내고 있다.

sum=sum+i;	sum에 i를 더한 값을 기존의 sum 안의 값을 제거한 후 새롭게 기억하게 하는 명령이다. 예를 들어 초기에 sum 안에는 0이 기억되어 있었는데, i가 1인 상태에서 "sum=sum+i;"를 수행하면 sum(=0)과 i(=1)을 더한 1이라는 값을 sum에 새롭게 저장하는 것이다. 즉, 기존에 sum이 기억하고 있던 0은 1로 대체된다. sum=1, i=2인 상태에서 이를 다시 수행하면 sum에는 3이 저장될 것이다.
printf	화면에 " " 안의 문장을 그대로 출력한다. 이때 "%d"는 그대로 출력되는 것이 아니라 쉼표 뒤에 나열된 변수 안에 저장된 값을 불러내어 출력한다. 위 예시에선 "%d"의 위치에 sum 속에 저장된 정수값이 출력될 것이다. 만약 " " 안에 "%d"가 2개 이상 있다면, 쉼표 뒤에도 동일한 숫자의 변수들이 있어야 하며, 그 순서대로 "%d"를 대신하여 변수들 속 값들이 출력된다. 한편 "\n"도 그대로 출력되는 것은 아니고, 줄 바꿈을 의미한다.
return 0;	프로그램이 정상적으로 실행되고 있음을 알리고 함수를 종료하기 위해 사용한다.

■ C언어 자료형 및 연산자

자료형		크기	값의 표현 범위
정수형	char(문자형)	1byte	−128 이상 +127 이하
	short	2byte	−32,768 이상 +32,767 이하
	int	4byte	−2,147,483,648 이상 +2,147,483,647 이하
	long	4byte	−2,147,483,648 이상 +2,147,483,647 이하
	long long	8byte	−9,223,372,036,854,775,808 이상 +9,223,372,036,854,775,807 이하
실수형	float	4byte	-3.4×10^{-37} 이상 $+3.4\times10^{+38}$ 이하
	double	8byte	-1.7×10^{-307} 이상 $+1.7\times10^{+308}$ 이하
	long double	8byte 이상	double 이상의 표현 범위

연산자	내용
산술 연산자	+(덧셈), −(뺄셈), *(곱셈), /(나눗셈), %(나머지), ++(증가), −−(감소)
대입 연산자	=(왼쪽을 오른쪽에 대입), +=, −=, *=, /=, %=(왼쪽 연산 후 오른쪽에 대입)
관계 연산자	>(크다), >=(크거나 같다), <(작다), <=(작거나 같다), ==(같다), !=(같지 않다)

13 **다음 중 앞에서 주어진 예시의 프로그램을 실행했을 때, 화면에 출력되는 결과를 고르면?**(단, 줄 바꿈은 표시하지 않는다.)

① 짝수의 합은 : 2525
② 짝수의 합은 : 2550
③ 짝수의 합은 : 2525\n
④ 짝수의 합은 : 2550\n

14 **다음 중 8행을 "if(i%2==0) continue;"로 바꾸어 프로그램을 실행했을 때, 화면에 출력되는 결과를 고르면?**(단, 줄 바꿈은 표시하지 않는다.)

① 짝수의 합은 : 2500
② 짝수의 합은 : 2550
③ 홀수의 합은 : 2500
④ 홀수의 합은 : 2550

15 **다음 중 출력값에 변화가 생기지 않는 것을 고르면?**(단, 14번 문제에서의 변화는 없었다고 가정한다.)

① 13행의 'sum'을 'i'로 바꾼다.
② 5행의 'int'를 'char'로 바꾼다.
③ 6행의 'i=1'을 'i=0'으로 바꾼다.
④ 6행의 'i<=100'을 'i<100'으로 바꾼다.

16 앞에서 주어진 예시의 프로그램을 다음과 같이 바꾸었다. 동일한 결과를 얻기 위해 6행의 (?)에 들어갈 알맞은 값을 고르면?

```
1   #include <stdio.h>
2
3   lint main( )
4   {
5           int sum=0;
6           for(int i=1; i<(?); i++)
7           {
8                   sum=sum+i*2;
9           }
10
11          printf("짝수의 합은 : %d\n", sum);
12
13          return 0;
14  }
```

① 48　　② 49　　③ 50　　④ 51

17 앞에서 주어진 예시의 프로그램을 16번 문제와 같이 바꾸었을 때, 기대되는 효과로 알맞은 것을 [보기]에서 모두 고르면?

보기

㉠ 결과의 정확도가 높아진다.
㉡ 사용하는 메모리의 양이 감소한다.
㉢ 더 적은 for문의 반복으로 결과를 얻을 수 있다.

① ㉠　　② ㉡　　③ ㉢　　④ ㉡, ㉢

[18~22] 다음은 JAVA의 기본 구조를 설명한 자료이다. 이를 바탕으로 질문에 답하시오.

■ JAVA의 기본 구조

```
public class Ape{                                   → 클래스 시작
        static void rs(char a[ ]){                  → rs 메소드 시작
        for(int i=0; i<a.length; i++)               → for문(초기식, 조건식, 증감식) 시작
                if(a[i]=='B')                       → if문
                        a[i]='C';
                else if(i==a.length-1)              → else if
                        a[i]=a[i-1];
                        else a[i]=a[i+1];           → else
        }                                           → rs 메소드 종료

        static void pca(char a[ ]){                 → pca 메소드 시작
        for(int i=0; i<a.length; i++)               → for문(초기식, 조건식, 증감식) 시작
                System.out.print(a[i]);             → 출력문
        }                                           → pca 메소드 종료

        public static void main(String[ ] args){    → 메인 메소드 시작
        char c[ ]={'A', 'B', 'D', 'D', 'A', 'B', 'D'};  → 문자형 배열 c 선언
        rs(c);                                      → rs 메소드 실행
        pca(c);                                     → pca 메소드 실행
        }                                           → 메인 메소드 종료
}                                                   → 클래스 종료
```

■ 각 구조 상세 설명

public class Ape	클래스(class)란 자신의 객체(object)들을 생성하게 될 기본 틀이며, 'Ape'은 클래스의 이름이다.
static void	프로그램이 실행되는 내내 참조할 수 있도록 메모리에 존재하고(static) 리턴값이 0인(void) 메소드를 시작한다는 뜻이다. 'void' 뒤에 붙는 것은 메소드의 이름이며, 'static' 앞에 'public'이 붙는다면 어디서나 접근하여 참조가 가능하다는 의미이다. 'void' 뒤에 'main'이 붙으면 메인 메소드이며, 프로그램은 메인 메소드부터 실행된다. 메인 메소드 안에서 다른 메소드를 참조하여 실행할 수도 있다.
rs(char a[ ])	'rs'라는 이름의 메소드는 기본적으로 'char a[ ]' 형태를 받아 실행됨을 의미한다. 'char a[ ]'는 문자형 배열로, 일정 메모리에 'a'라는 이름을 붙이고 값을 기억하는 용도로 사용하겠다는 선언이다. 'char'는 자료형으로, 'char a'는 'a'라는 이름이 붙은 메모리에 문자 형태의 자료를 기억하겠다는 의미이다. 만약 'char' 대신 'int'가 붙어 'int a'라고 쓴다면 'a'라는 이름이 붙은 메모리에 정수 형태의 자료를 기억하겠다는 의미이다. 한편 'a[ ]'에서 '[ ]' 'a'가 단순히 하나의 변수가 아니라 여러 자료가 이어진 배열임을 의미한다. 예를 들어 'char a[3]'은 크기가 3인 문자형 배열이며, a[0], a[1], a[2]가 한 세트이다. a[0], a[1], a[2]에는 각각 다른 문자형 자료를 저장할 수 있다. 'char a[ ]'는 'a'라는 이름의 배열인데, 그 크기는 가변적이며 정해주는 대로 결정된다. 예를 들어 "char a[ ]={'A', 'P'};"라고 하면 a 배열의 크기는 2이며, a[0]='A', a[1]='P'이다.

for	for문에 속하는 내용을 반복적으로 수행하는 반복문이다. for 바로 뒤에는 (초기식, 조건식, 증감식)이 붙는데, 초기식 "int i=0;"는 정수형 변수 i를 선언하고 0을 저장한 상태로 시작하겠다는 의미이며, 조건식 "i<a.length"는 i가 a 배열의 크기보다 작으면 for문의 내용을 반복적으로 수행하겠다는 뜻이다. 마지막으로 증감식 "i++"은 for문의 내용을 수행한 후에 i 안의 값을 1 증가시킨다는 의미이다. 따라서 해당 for문은 i=0부터 시작하여 조건식을 확인한 후, 조건식을 만족하면 for문의 내용을 수행하고 i를 1 증가시켜 1로 만든 후 다시 for문의 조건식으로 돌아간다. 만약 a 배열의 크기가 10이라면 for문의 내용은 i=0부터 i=9까지 총 10번 반복될 것이고, 10번째 수행을 마친 후 i=10이 되면 조건식을 만족하지 못하여 for문을 빠져나가게 된다. 뒤의 ';'는 명령어가 끝났다는 마침표와 같은 의미로, 반드시 붙여줘야 한다.
if	if는 조건문으로 ( ) 안의 내용이 참이라면 바로 다음 문장을 수행하고, 거짓이라면 다음 문장을 건너뛰고 else 뒤의 문장을 수행한다. 만약 참이라면 else 뒤의 문장은 건너뛴다. 또한 else 뒤에 if문이 또 올 수도 있다. "a[i]=='B'"는 'a[i]' 안의 값이 'B'이냐, 그렇지 않냐를 판단하는 문장이다. 만약 a[2]에 'C'가 저장되어 있는 상태라면 "a[2]=='B'"는 거짓이며, 다음 문장을 건너뛰고 else 뒤의 문장을 수행한다.
a[i]='C';	"a[2]=='B'"가 참, 거짓을 판단하는 문장이라면 "a[i]='C';"는 'a[i]'에 'C'를 새롭게 저장하라는 명령어이다. 만약 기존 'a[i]'에 어떤 문자가 저장되어 있다 하더라도 "a[i]='C';" 명령을 수행하면 기존 문자는 사라지고 'a[i]'에는 'C'가 저장된다. "a[i]=a[i−1];"는 'a[i]'에 'a[i−1]'에 저장되어 있는 문자를 그대로 저장하라는 뜻이며, "a[i]=a[i+1];"는 'a[i]'에 'a[i+1]'에 저장되어 있는 문자를 그대로 저장하라는 의미이다.
System.out.print	화면에 ( ) 안의 내용을 그대로 출력한다. ( ) 안에 'a[i]'가 있다면 'a[i]' 안에 저장된 값이 그대로 출력된다. 출력 후에는 띄어쓰기나 줄 바꿈을 하지 않는다. 따라서 'a[0]'에 'A', 'a[1]'에 'B'가 저장된 상태에서 "System.out.print(a[0]);"과 "System.out.print(a[1]);"을 연속으로 실행한다면 화면에는 'AB'가 출력된다.

18 위에서 주어진 예시에서 'c.length'의 값으로 알맞은 것을 고르면?

① 4 ② 5 ③ 6 ④ 7

19 다음 중 위에서 주어진 예시의 프로그램을 실행했을 때, 화면에 출력되는 결과를 고르면?

① BCDABCB
② BCDABCC
③ CDDACCA
④ CDDACCC

20 다음 중 17행을 “char c[ ]={‘B’, ‘B’, ‘C’, ‘K’, ‘E’, ‘B’, ‘A’, ‘B’};”로 바꾸어 프로그램을 실행했을 때, 화면에 출력되는 결과를 고르면?

① BCKEBCBB
② BCKEBCBC
③ CCKEBCBB
④ CCKEBCBC

21 앞 자료의 내용과 [보기]의 추가 내용을 바탕으로 다음 JAVA 프로그램을 실행하였을 때, 화면에 출력되는 결과를 고르면?

```
public class Rarr{
        static int[ ] marr( ){
                int temp[ ]=new int[4];
                for(int i=0; i<temp.length; i++)
                        temp[i]=i;
                return temp;
        }

        public static void main(String[ ] args){
                int iarr[ ];
                iarr=marr( );
                for(int i=0; i<iarr.length; i++)
                        System.out.print(iarr[i]+“ ”);
        }
}
```

┤보기├

- “int temp[ ]=new int[4];”는 4의 크기를 갖는 ‘temp’라는 이름의 정수형 배열을 선언하는 것으로, temp[0], temp[1], temp[2], temp[3]이 한 세트이다.
- “return temp;”는 해당 메소드를 종료할 때, temp 배열을 리턴한다는 의미이다.
- “System.out.print”에서 변수와 지정한 문장을 함께 출력하고 싶다면 ( ) 안에 변수+“지정한 문장”을 입력하면 된다.

① 1 2
② 0 1 2
③ 1 2 3
④ 0 1 2 3

22 앞 자료의 내용과 [보기]의 추가 내용을 바탕으로 다음 JAVA 프로그램을 실행하였을 때, 화면에 출력되는 결과를 고르면?

```
public class ovr{
        public static void main(String[ ] args){
                int a=1, b=2, c=3, d=4;
                int mx, mn;
                mx=a<b? b:a;
                if(mx==1){
                        mn=a>mx? b:a;
                }
                else{
                        mn=b<mx? d:c;
                }
                System.out.print(mn);
        }
}
```

보기

- "int x, y, z;"와 같이 한번에 여러 변수를 선언할 수 있다.
- "k=(조건식)? x:y;"라는 문장은 조건식이 참이라면 k에 x를 대입하고, 거짓이라면 k에 y를 대입하라는 명령어이다.

① 1　　② 2　　③ 3　　④ 4

[23~24] 다음 글을 바탕으로 질문에 답하시오.

현재 우리가 사용하는 수 체계는 '십진법 체계' 또는 '십진 자릿값 체계'라 부른다. '자릿값'이라는 용어는 같은 숫자라도 위치에 따라 그 값이 다르다는 것을 뜻한다. '십진'이라는 용어는 같은 숫자라도 바로 옆에 있는 숫자보다 그 값이 10배 크거나 작다는 것을 뜻한다. 이웃한 자리 사이의 값 차이를 나타내는 인수인 10을 기수라고 한다. 우리가 다른 수가 아닌 10을 기수로 쓰는 것은 생물학적 우연의 산물로, 수 체계를 발전시킨 대다수 문화는 10을 선택했다. 그 이유는 수를 셀 필요가 생겼을 때 오늘날 아이들을 가르치는 것과 비슷하게 10개의 손가락을 사용했기 때문이다.

물론 우리의 다른 생물학적 특징을 바탕으로 다른 기수를 선택한 문화도 일부 있었다. 원주민 A족은 손가락 사이의 공간을 표지로 사용해 8진법을 썼다. B족은 60진법을 썼는데, 오른손 네 손가락에 있는 마디 12개를 엄지로 짚어가며 세었고, 왼손 다섯 손가락은 각각 12를 한 묶음씩 가리키는 데 사용해 모두 합쳐 다섯 묶음의 수(60)를 나타낼 수 있었다.

C족은 십진법을 사용했지만 자릿값 체계는 사용하지 않았다. 대신에 10의 거듭제곱에 해당하는 수들에 각각 다른 상형문자를 사용했다. 이 그림 문자로 나타낸 수들은 특정 순서대로 쓸 필요가 없었다. 1은 오늘날 우리가 쓰는 것과 비슷하게 선을 하나 그은 것이었고, 10은 멍에, 100은 돌돌 감은 밧줄, 1,000은 화려하게 그린 수련이었다. 1만은 구부린 손가락, 10만은 올챙이, 100만은 무한 또는 영원의 화신인 헤신이었다. 만약 1,999라는 수를 나타내고 싶으면, 수련 1개와 돌돌 감은 밧줄 9개, 멍에 9개, 세로 방향의 선 9개를 그렸다.

D족은 많은 점에서 C족보다 문명이 훨씬 발전했으나, D족의 수 체계는 C족의 수 체계보다 원시적이었다. 그들은 7개의 기호로 이루어진 수 체계를 사용했다. I, V, X, L, C, D, M은 각각 1, 5, 10, 50, 100, 500, 1,000을 나타냈다. D족은 숫자를 적을 때 항상 큰 것부터 작은 것의 순서로 왼쪽에서 오른쪽으로 썼다. 예를 들어 MMXV는 1,000+1,000+10+5, 즉 2,015이다. 이런 방식으로 긴 수를 표기하려면 무척 번거로웠기 때문에 이 규칙에 한 가지 예외를 도입했다. 큰 수 왼쪽에 작은 수가 붙어 있으면, 그것은 큰 수에서 작은 수를 빼라는 뜻이었다. 예컨대 2,019는 MMXVIIII로 적는 대신에 MMXIX로 적는다. IX는 X에서 I를 뺀 9가 되므로 기호를 아낄 수 있다.

D족과 C족보다 훨씬 전에 이라크 지역에 살았던 B족은 훨씬 나은 수 체계를 사용했다. 약 5,000년 전에 B족은 최초의 자릿값 체계를 만들었는데, 이 수 체계의 기본 개념은 결국 전 세계로 퍼져 나갔다. 왼쪽에 있는 기호는 오른쪽에 있는 같은 기호보다 더 큰 값을 나타냈다. 오늘날의 자릿값 체계에서 2,019는 1이 9개, 10이 1개, 100이 0개, 1,000이 2개라는 것을 나타낸다. B족은 60진법을 사용하긴 했지만, 자릿값 체계의 원리는 똑같았다. 맨 오른쪽 기둥은 기본 단위를, 그 왼쪽 기둥은 60의 배수를, 그다음 왼쪽 기둥은 3,600의 배수를 나타냈다. 만약 B족이 2019년을 60진법으로 나타내려고 했다면, ㉝㊴와 같은 형태로 표기했을 것이다. 여기서 ㉝이라는 기호는 60이 33개(1,980), ㊴라는 기호는 나머지 39를 나타낸다.

23 주어진 글을 바탕으로 판단하였을 때, 옳은 것을 고르면?

① 1,455를 D족 숫자로 가장 짧게 표현하면 7글자가 된다.
② A족은 생물학적 특징과 연관되지 않은 독자적으로 생각한 8진법을 사용했다.
③ B족이 42,581을 60진법으로 나타내면 ⑩㉓⑳과 같은 형태로 표기했을 것이다.
④ C족이 세로 방향의 선 2개, 수련 2개, 멍에 2개를 순서대로 그렸을 경우, 이는 2,022를 나타낸다.

24 주어진 글을 바탕으로 [보기]의 모든 숫자의 합을 십진 자릿값 체계로 나타낸 것을 고르면?(단, A족은 표기 자체는 아라비아 숫자를 사용한다고 가정한다.)

보기

- A족: 17
- B족: ②⑤
- C족: 세로 방향의 선 3개, 돌돌 감은 밧줄 1개
- D족: XCII

① 245 ② 275 ③ 335 ④ 337

[25~27] 다음은 서울시 버스전용차선에 관한 글이다. 이를 바탕으로 질문에 답하시오.

서울시 버스전용차로제는 도로교통법에 근거하여 1986년에 처음 도입되었으며, 왕산로와 한강대로에 가로변버스전용차로를 설치한 이래 현재까지 총 59개 구간 218.5km를 설치하였다. 버스전용차로는 가로변 버스전용차로와 중앙 버스전용차로로 나뉘는데, 가로변 버스전용차로는 1999년 224.5km에서 2011년 89.3km로 감소한 반면, 중앙 버스전용차로는 1999년 4.5km에서 2011년 121.1km로 약 30배 증가하였다. 가로변 버스전용차로는 가로변 측 차로에 버스전용차로를 설치하는 것으로 전일제(평일 07~21시)와 시간제(평일 07~10시, 17~21시)로 나뉘며, 토요일, 일요일 및 공휴일에는 운영하지 않는다. 중앙 버스전용차로란 기존 도로의 중앙차로에 전용차로를 제공하고 타 차량의 진입을 막기 위해 방호울타리 등을 설치하기도 한다. 가로변 전용차로는 주정차 차량이나 우회전 차량에 의해 원활한 주행을 방해받는 일이 잦은 반면, 중앙 버스전용차로는 방해차량의 간섭이 현저히 적기 때문에 주행 중 속도를 줄일 필요가 없다. 따라서 우월한 주행 속도 유지라는 주 목적의 달성이 좀 더 확실하므로 가로변 버스전용 차로를 줄이고, 중앙 버스전용차로를 늘리는 추세이다. 천호대로에 일반도로 최초로 24시간 상시 중앙 버스전용차로가 개통되었으며, 2004년 서울특별시 버스개편과 함께 강남대로 등에 중앙 버스전용차로가 본격적으로 시행되었다. 중앙 버스전용차로는 지난 2004년 대중교통 체계개편사업의 일환으로 도입돼 10년이 넘는 동안 지속적으로 확대 설치돼 왔다. 서울시는 기존에 도심을 중심으로 방사형 중앙 버스전용차로를 구축해 온데 이어 앞으로는 부도심 간을 연계하는 동－서 연결 체계를 구축한다.

범례			
━━ (검은 실선)	운영 중	━━ (회색 실선)	'14~'16년
━━ (연회색 실선)	'13년	■■■■■ (점선)	'17년 이후 검토 대상

연번	도로축명	총연장(km)	운영 중	'13	'14~'16	'17 이후
		210.5	115.3	1.8	17.4	76.0
❶	도봉·미아로	15.8	15.8			
❷	수색·성산로	9.9	6.8			3.1
❸	천호대로	16.0	12.7		3.3	
❹	시흥·한강로	17.7	17.7			
❺	망우·왕산로	14.3	10.4			3.9
❻	강남대로	21.3	5.9		9.7	5.7
❼	송파·자양로	9.6	5.6			4.0
❽	경인·마포로	16.2	12.1		1.2	2.9
❾	양화·신촌로	7.5	5.2		1.0	1.3
❿	동작·신반포로	8.4	6.2		2.2	
⓫	공항로	10.3	5.8	1.8		2.7
⓬	통일·의주로	11.6	11.1			0.5
13	관악로	6.1				6.1
14	테헤란·올림픽로	14.7				14.7
15	남부순환로	7.6				7.6
16	영동대로	10.9				10.9
17	언주로	9.3				9.3
18	도산대로	3.3				3.3

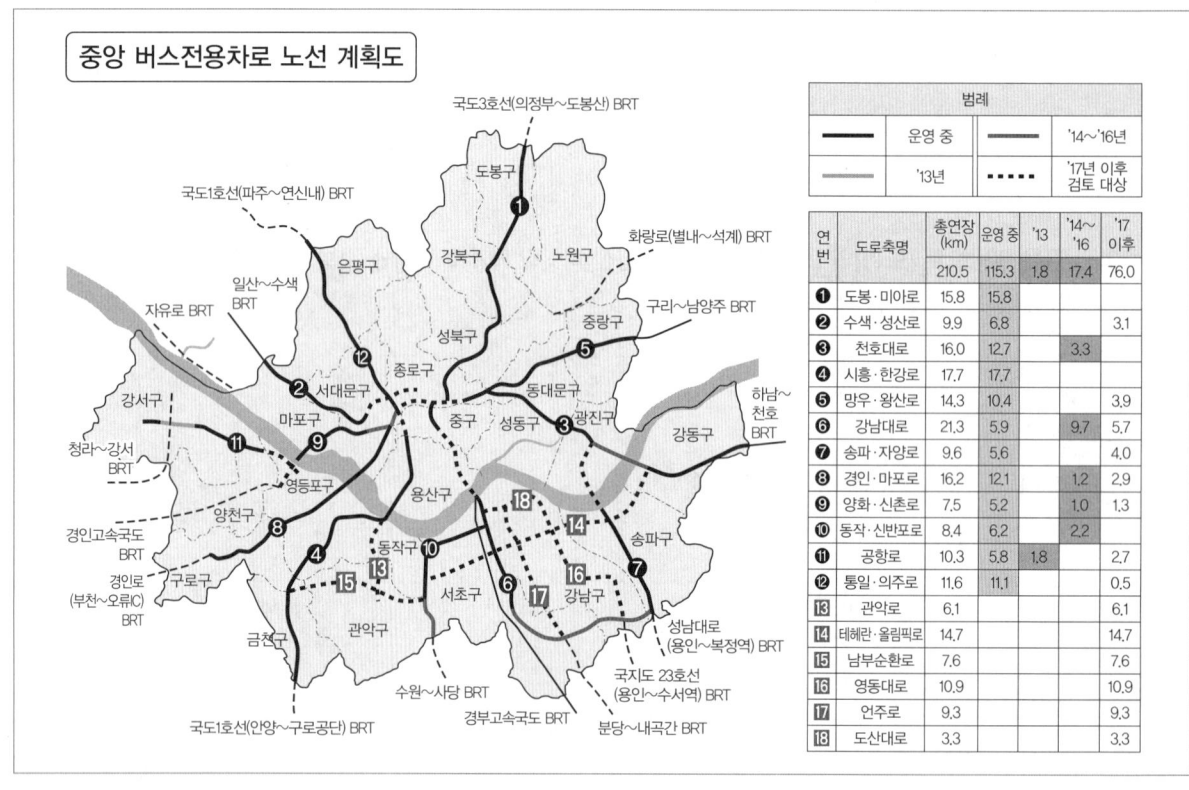

서울시에서 버스전용차로의 설치는 널리 알려진 바와 같이 대중교통체제 개편이라는 변혁 수준의 큰 틀 안에서 가장 눈에 띄는 진보를 이루었다. 따라서 대중교통체제를 구성하는 주요 정책요소 즉, 버스서비스노선 통합, 요금통합, 환승센터, 교통정보통합과 계획 차원에서 밀접한 관련을 갖는다. 특히 이들 '통합' 수단과 아울러 함께 설치된 중앙 버스전용차로가 이전의 가로변 버스전용차로에 비해 더 뚜렷한 효과를 거둘 수 있었던 것은 중앙차로와 가변차로의 물리적 차이에 기인하는 면도 물론 있지만, 버스의 자동차 대비 경쟁력을 강화하는 정책 수단은 단일 정책으로서는 그 효과의 크기에 한계가 있어 몇 개의 정책 수단이 합쳐졌을 때 비로소 이용자가 감지할 수 있는 크기의 효과가 복합적으로 발생했기 때문이다. 이는 일반적으로 버스의 경쟁력을 강화해주는 일련의 정책과 유관하며, 가장 긴밀하게는 버스의 통행 시간을 단축시키는 제 정책 수단들과 직접적인 관련을 갖는다. 버스전용차로의 직접적인 정책 목표는 버스통행 시간의 단축이다. 이를 통해 자동차 이용자로 하여금 자동차에서 버스로의 수단 전환을 일으키는 것이 궁극적인 목표이다. 하지만 이

용자 관점에서의 버스통행 시간은 버스 안에서 보내는 버스운행 시간 외에도 정류장 접근 시간, 버스대기 시간, 정류장 출행 시간을 모두 포함한다. 승차 이후에도 버스시간표 준수를 위해 버스 자체가 대기하는 시간이 포함될 수도 있다. 더불어 타 차량 대비 상대적으로 높은 버스 주행 속도 유지를 목표로 하는 버스전용차로는 체증으로 인한 주행 속도의 저하를 극복하는 데에만 주효하고 신호체계, 사고차량 등 다른 요인에 의한 속도 저하는 컨트롤할 수 없다. 따라서 버스의 총통행 시간을 감소해줄 수 있는 다른 정책 수단들, 예컨대 대중교통 통합에 동원된 요금통합, 특히 전자형 운임지불수단, 타 대중교통수단과의 서비스 연계 및 정류장 연계, 대중교통정보 자동화 등 제 정책 수단과의 관련을 비롯하여, 신호체계 동기화 및 버스우대 신호체계, 버스정류장 주변 통제와 관리, 불법 주정차 단속, 버스전용차로 불법이용 단속 등 일련의 TSM(Transport System Management) 수단들과 긴밀한 보완적 관련을 갖는다.

버스전용차로제의 정책 목표는 교통혼잡으로 인해 평균통행 속도가 상습적으로 저조한 구간에 버스만 이용할 수 있는 차선을 따로 확보하여 버스로 하여금 나머지 차선을 이용하는 자동차에 비해 우월한 통행 속도를 유지할 수 있게 해줌으로써 자동차를 이용하는 사람들이 버스로 수단 전환을 하도록 유인하는 게 그 목표이다.

25 주어진 글의 내용과 일치하지 않는 것을 고르면?

① 버스전용차로는 버스의 주행 속도를 유지해 줄 수는 있지만 전체 버스통행 시간을 모두 컨트롤할 수 없다.
② 중앙 버스전용차로는 가로변 버스전용차로보다 우회전 차량이나 주정차 차량의 방해를 덜 받는 경향이 있다.
③ 버스전용차로의 궁극적인 정책 목표는 버스통행 시간의 단축으로 자동차 이용 시민들이 버스를 이용하게 하는 것이다.
④ 버스전용차로는 가로변 버스전용차로와 중앙 버스전용차로 모두 서울시 버스 개편과 함께 지속적으로 확대 설치되고 있다.

26 주어진 글의 그림을 보고 추론할 수 있는 내용으로 가장 적절하지 않은 것을 고르면?

① 2017년 이후에 총 6개의 중앙 버스전용차로가 검토되고 있다.
② 중앙 버스전용차로의 확충은 강북보다 강남이 더욱 활발하다.
③ 2014년부터 2016년까지 중앙 버스전용차로는 5개 노선 17.4km 확충되었다.
④ 양화·신촌로와 경인고속국도 BRT의 연결은 2016년에 완성되었다.

27 주어진 글에 [보기]의 자료를 추가한다고 할 때, 이 자료를 바탕으로 설명할 수 있는 내용을 고르면?

보기

중앙 버스전용차로 설치 계획

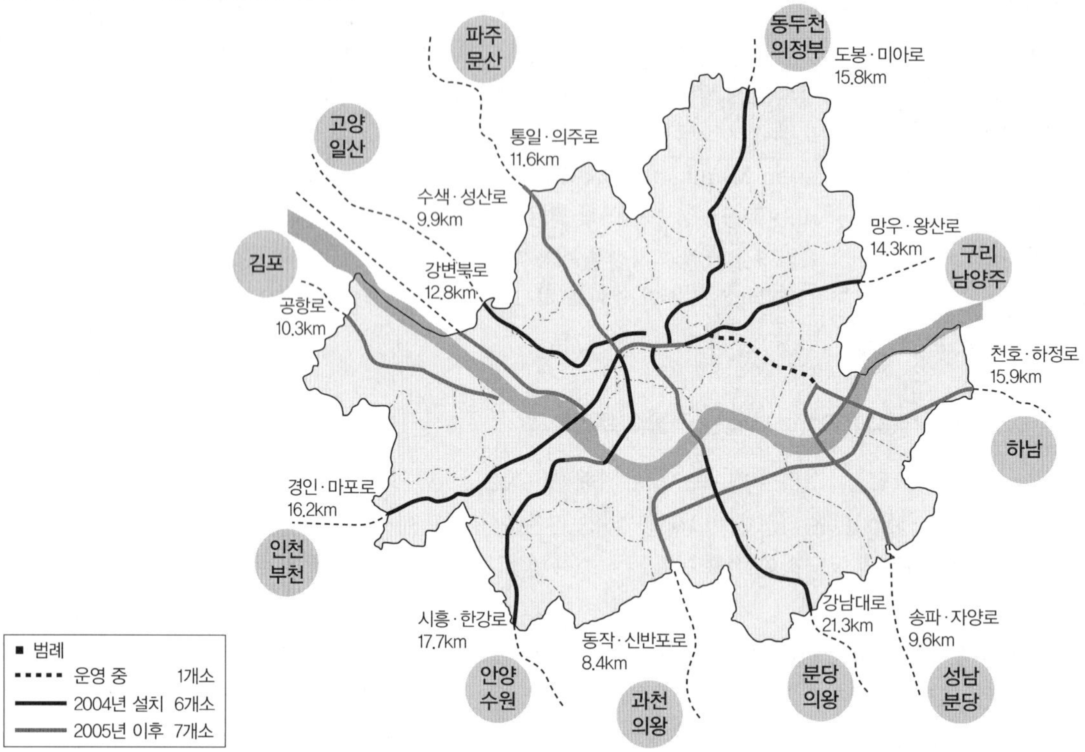

중앙 버스전용차로 확대 및 광역환승시설 설치 계획

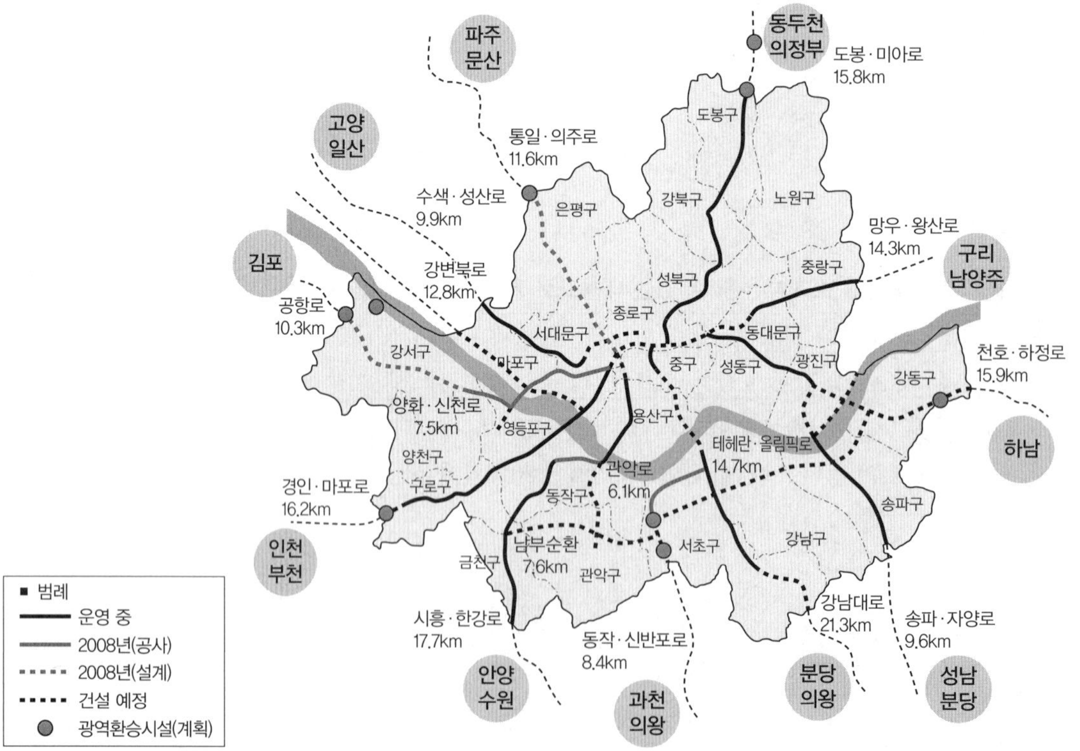

중앙 버스전용차로(2013년)

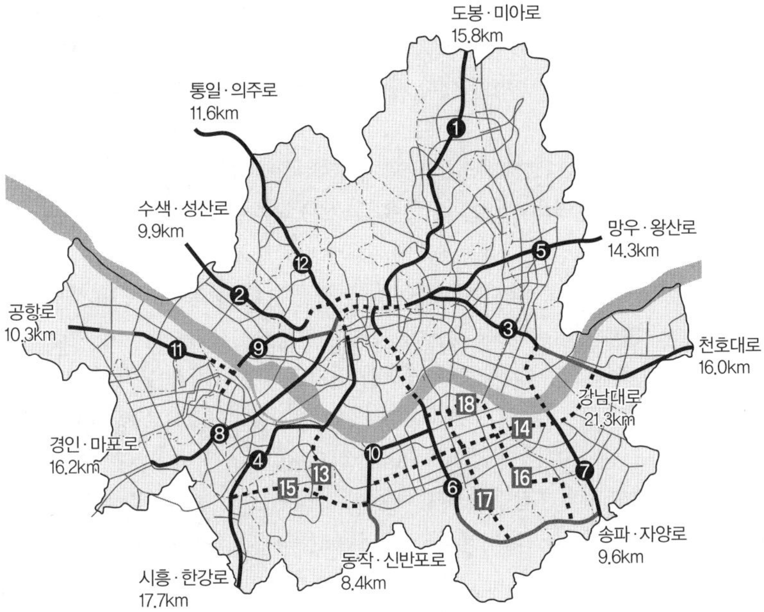

연번	도로축명	총연장(km)
		210.5
❶	도봉·미아로	15.8
❷	수색·성산로	9.9
❸	천호대로	16.0
❹	시흥·한강로	17.7
❺	망우·왕산로	14.3
❻	강남대로	21.3
❼	송파·자양로	9.6
❽	경인·마포로	16.2
❾	양화·신촌로	7.5
❿	동작·신반포로	8.4
⓫	공항로	10.3
⓬	통일·의주로	11.6
13	관악로	6.1
14	테헤란·올림픽로	14.7
15	남부순환로	7.6
16	영동대로	10.9
17	언주로	9.3
18	도산대로	3.3

① 중앙 버스전용차로의 점진적 확장과 그 분포
② 서울－경기 중앙 버스전용차로의 점진적 확대
③ 버스노선의 확대와 버스 운영의 효율화
④ 가로변 버스전용차로와 중앙 버스전용차로의 개수 변화

[28~30] 다음 글을 바탕으로 질문에 답하시오.

국토교통부장관은 도로법 제6조(도로건설 관리계획의 수립 등)에 따라 고속도로 건설계획을 수립하였다. 이는 지난 5년간의 계획이 종료되어, 향후 5년간('21~'25년)의 체계적인 고속도로의 건설을 위한 후속 계획이 필요했기 때문이다. 아울러 코로나 19의 장기화에 따른 경기침체, 지역 불균형에 대한 대책 요구 등 국내외 여건 변화에 체계적으로 대응할 전략이 필요하다.

전체 고속도로 연장은 4,767km로 도로 총연장(111,314km)의 약 4.3%에 해당('19년 기준)한다. 이는 OECD 34개 국가들 중 10위 수준이며 국토 면적당 고속도로 연장(47m/천 km^2)은 OECD 국가들 중 4위이고 고속도로 규모를 고려한 연장 규모는 22,670으로 '10년 대비 1.3배, 연평균 약 2.4% 증가한 수치이다.

고속도로 일평균교통량('19)은 4만 9천 대 수준으로 '10년 대비 8.6%, 연평균 1.4% 증가('10~'19)하였고, 고속도로 총차량주행 거리('19)는 23,468만 대/km로 '10년 대비 39.9% 증가하였으며, 연평균 3.8% 증가('10~'19)하였다. 이는 고속도로 규모를 고려한 연장(차로/km)보다 고속도로 총차량주행 거리의 연평균 증가율이 높은 상황으로 이를 감안하면 공급보다 수요가 큰 실정이다. 또한 자동차 보유 대수의 연평균('10~'19) 증가율은 3.1%로 총차량주행 거리 증가율(3.8%)보다 낮아, 차량당 고속도로 이용도 증가 추세라 할 수 있다. 한편 통행요건을 살펴보면, 고속도로 연장의 9.3%(445km) 구간이 혼잡구간이고, 특히 수도권의 혼잡구간 비율이 높다. 고속도로의 혼잡구간 비율은 지방부(2.5%)보다 도시부(15.9%)가 높은 상황이고 그 중 수도권은 34.0%가 혼잡구간으로 교통정체가 심각하다.

[A] 한편 고속도로로 인해 '19년 기준 30분 이내 고속도로 접근 가능 지역이 '10년(63.4%) 대비 10.9%p 증가(74.3%)해 전 국민의 97.3%가 고속도로 서비스 수혜 인구에 해당되었다. 또 지역 간 이동 시간도 단축됐는데 '70년 대비 지역 간 평균 이동 시간 45% 단축('19년 기준)으로 국토이용의 효율성 및 형평성이 제고되었고, 주요 도시 간 연계성도 강화되었다. 또 고속버스 노선 수 역시 '86년 176개에서 '17년 286개로 62.5% 증가하여 고속버스 이용자 편의가 증진되었다. 아울러 지난 5년간('15~'19년) 총 23.7조의 고속도로 투자로 생산 유발효과 51.9조 원, 부가가치 유발 17.9조 원, 고용 유발 24.7만 명 등의 효과가 발생하였으며, 국가 간선도로로서 산업단지(84%), 관광지(77%), 항만(55%) 등 주요거점시설 연결을 통해 경제활동을 지원하였다. 특히 산업단지는 84%(전체 57개 중 47개), 항만은 55%(전체 42개 중 23개)를 연계하고, KTX 연계 환승도 지원하고 있다. 나아가 고속도로는 수도권 및 접경 지역의 남북축을 중심으로 통일 대비 및 유라시아 연계를 위한 기반을 마련하게 해주는데 현재 아시아 지역의 국제 육상교통 촉진을 위해 추진 중인 아시안하이웨이(AH)사업의 AH1, AH6노선(한반도 통과)을 적극 검토하고 있다.

반면 고속도로 건설의 한계도 존재한다. 30분 내 고속도로 접근 가능 면적은 74.3%('19)로 확대되었지만 고속도로 접근이 어려운 지역은 여전히 존재한다. 바로 강원 남부 접경 지역, 경북 북부 지역인데 이 지역은 지리·지형적 제약 등으로 고속도로의 접근성이 낮고, 타 지역으로 이동하는 데 많은 시간이 소요된다. 따라서 전국의 균등한 접근성 제고를 위해 지속적인 고속도로 사업의 추진이 필요하다. 아울러 고속도로 혼잡구간은 455km('19)로, '15년 대비 115km 증가하였으며, 특히 도시부의 혼잡구간 증가(94km)가 심화되고 있다. '19년 기준 권역별 고속도로 연장 대비 혼잡구간의 비중은 수도권(34.0%), 대전권(6.4%) 등 대도시권에 집중되고 있다.

한편 지속적인 노력으로 교통사고 사망자는 꾸준히 감소하고 있는 추세이나 OECD 가입 국가 중 여전히 하위권 수준이다. '18년 기준 자동차 1만 대당 사망자 수(1.4명)가 OECD 평균(33개국 '18년 1.0명)보다 약 1.4배 더 높았다. 특히 전체 사망자 중에서 화물차 관련 사망자 비율은 매년 증가 추세로 화물차 사고는 대형사고로 이어질 가능성이 높아 집중관리가 필요하다.

28 주어진 글의 내용과 일치하지 않는 것을 고르면?

① 우리나라 차량의 고속도로 활용은 점점 증가 추세이다.
② 우리나라 고속도로 연장은 OECD 국가 중 상위권에 속한다.
③ 고속도로의 혼잡성은 지역보다 시간에 더 많은 영향을 받는다.
④ 고속도로는 지역 간 이동 시간을 단축해 주는 효과를 가지고 있다.

29 다음 중 [A] 문단의 중심 내용으로 가장 적절한 것을 고르면?

① 고속도로 건설의 역사
② 고속도로 건설의 배경
③ 고속도로 건설의 성과
④ 고속도로 건설의 한계점

30 주어진 글을 바탕으로 [보기]의 자료를 해석한 것으로 가장 적절한 것을 고르면?

보기

우회율이 높은 상위 교통축(남북·동서축)

구분	교통축	우회율	구분	교통축	우회율
남북축	강원-경북	1.40	동서축	세종-충남	1.46
	대구-경북	1.40		대전-충남	1.43
	울산-경북	1.37		전북-경남	1.42
	충남-전북	1.36		대구-울산	1.41
	전북-전남	1.36		울산-경남	1.40
	경북-경남	1.35		전남-경남	1.40
	대전-전북	1.35		인천-경기	1.40

※ 우회율: (실제 이동 거리)÷(직선 거리) → 전국 평균(1.27)
※ 남북축 평균 우회율(1.24), 동서축 평균 우회율(1.32)

① 남북축이든 동서축이든 우회율이 모두 높으므로 고속도로의 위치를 잘 선정해야 한다.
② 남북축이든 동서축이든 우회율이 전국 평균보다 높다는 것은 고속도로 연장사업의 근거가 된다.
③ 고속도로의 동서축이 남북축에 비해 우회율이 높다는 것은 많은 동서축 지역의 고속도로 접근이 어렵다는 것을 의미한다.
④ 고속도로의 동서축이 남북축에 비해 우회율이 높다는 것은 국가균형 발전을 위해 보완이 필요하다는 것을 의미한다.

[31~33] 다음 글을 바탕으로 질문에 답하시오.

최근 10년간 어린이 교통사고로 인한 사망자 수는 눈에 띄게 줄었지만, OECD 회원국 중 높은 수준이며, 통학버스 사고는 증가함에 따라 어린이 교통안전 대책이 필요한 실정이다. 어린이 통학버스 교통사고 발생 시기에는 집중적인 언론보도로 사회 이슈로 급부상했지만, 어린이 교통안전시설, 교통단속, 안전교육 및 홍보에만 치중한 측면이 있다. 이에 정부는 '어린이 보호구역 교통안전 강화 대책' 및 '어린이안전관리에 관한 법률(어린이법)' 시행을 통해 어린이 보호정책 최우선 전환 및 이동 교통수단을 개발하고자 하였다.

1978년 현대자동차에서 최초의 승합차를 출시한 후 현재까지 어린이 전용의 통학버스는 전무하고, 상당수의 11년 이상된 연식 노후 차량이 어린이 통학버스로 운행 중이다. 열악한 통학버스 운행 시장 여건으로 불법, 편법 운행이 만연하고 이로 인해 안전 사각지대가 존재함에도 불구하고 어린이 통학버스 운영 대상 시설은 6종에서 18종으로 확대되었다. 이에 정부는 국내 어린이 신체 구조에 적합하게 시트 조절이 가능하고 미국 통학버스처럼 충돌 및 전복사고에도 튼튼한 한국형 통학버스 기술을 개발하고자 하였다. 즉, 통학 차량 성능개선 프로그램 및 친환경 통학버스 개발에 가속화가 이루어졌다. (㉠) 국내 열악한 통학버스 시장 여건과 현실을 반영한 통학버스 공동이용제, 지자체 공영제, 공동이용플랫폼, 구매 지원금, 운전자 자격관리 등 다양한 정책을 시행할 예정이다.

어린이 통학버스에 설치된 2점식 안전띠(허리만 지나가는 벨트)는 충돌 발생 시 탑승자의 상체를 고정하지 못하는 등 보호 성능이 미흡하다. (㉡) 어린이의 신체 특성을 반영하고 부족한 인지능력과 사고 대응 능력을 고려하여 사고 위험이 높은 어린이의 안전을 지원하는 사고예방 안전기술이 요구된다. 이에 어린이 신체 구조에 적합하게 조절 가능하고 자동차용 어린이보호장치(카시트 등) 없이 어린이 통학버스에 사용할 수 있는 3점식 이상의 어린이용 안전띠 부착 좌석을 개발했으며, 어린이(5~13세)의 신체 사이즈를 분석하여 안전띠 높이를 조절할 수 있고 좌석 후면에 충격흡수 가능한 백, 쿠션 스펀지를 설계한 어린이 전용 좌석 2종을 개발 중에 있다. 나아가 고객의 수요에 따라 손쉽게 탈·부착이 가능하고 좌석 간 공간을 조절하여 탑승 어린이를 구획화할 수 있는 일체형 좌석(Belt in Seat)의 좌석부착장치를 설계 및 개발하였다.

한편 교통사고 안전 예방을 위한 지속적인 노력으로 어린이 교통사고 사망자는 꾸준히 감소하는 추세지만 OECD 타 선진국과 비교해 보았을 때 여전히 열악하다. 정부의 '어린이 통학버스 운영실태 조사'에서 어린이 통학버스 안전장치 미비·미신고 운행이 '19년 대비 약 3배 이상 증가한 것으로 나타났다. 이에 어린이 승객 보호를 위해 국외 수준 이상의 안전성능을 확보할 수 있는 친환경 전기구동 플랫폼 기반 표준모델의 해석기술을 기반으로 하는 최적화 설계를 하고 있다. 또 복합소재 차체(Upper Body)와 전용샤시 플랫폼(Under Body) 개발을 통한 시작차 제작 및 시작차 리그시험을 통한 차체 내구평가를 실시하고 조인트 강도평가 및 설계검증 등을 하고 있다.

마지막으로 어린이 시설기관 의무 및 신고요건 등 인적관리 강화는 어린이 이동안전과 관련된 다양한 안전정책과 법제 개선이 필요하다. 미국 도로교통안전청의 도로안전 프로그램을 가이드라인으로 삼아 통학버스 관련 행정, 식별, 운영, 유지에 관한 통합된 안전관리정책 유지 및 첨단안전장치 기술 개발을 강화할 예정이다. 이에 중소·영세학원이나 유치원의 경우는 강화되는 법적 규제, 의무, 비용 등을 감당하는 상황에서 운전자 수급, 재원 부족에 대응할 수 있는 지원 방안이 필요하다.

이러한 정부의 노력은 교통약자인 어린이의 이동안전에 대한 국가 책무를 이행하고 교통 소외 지역인 농어촌에 수요응답형 교통복지 서비스를 확대하며 도심지역인 학원 밀집지역에 어린이 통학버스 공동 운영을 통한 안전관리 강화 및 일자리 창출의 효과를 준다. (㉢) 장기적으로 통학버스는 단순히 어린이 통학·통원을 지원하는 교통수단이 아니라 보다 안전하고 효율적인 관리를 통해 교통사고 감소, 교통지체 해소, 환경오염 방지 등의 효과를 얻을 수 있는 공공 운송수단으로 관리하는 방식으로 전환할 수 있다.

31 주어진 글의 내용과 일치하는 것을 고르면?

① 최근 10년간 어린이 교통사고로 인한 사망자 수는 OECD 회원국 중 가장 높다.
② 상당수의 어린이 통학버스는 1978년 현대자동차에서 나온 승합차로 이용 중이다.
③ 최근에는 어린이 안전장치가 미비한 통학버스의 운행이 많이 줄어든 상황이다.
④ 중소·영세학원에서는 첨단안전장치가 설치된 통학버스를 사용하는 것이나 법적 규제를 지키는 것이 부담이 될 수 있다.

32 다음 [보기]는 주어진 글의 연구 배경과 연구 목적을 정리한 내용이다. 다음 중 연구 배경과 연구 목적이 적절하게 짝지어진 것을 고르면?

보기

[연구 배경]
(가) 어린이 사망자 4.7명(OECD 4.5명), 통학버스 연 15.2% 증가. 전체 교통사고 대비 갈 길 먼 어린이 교통사고
(나) 어린이 교통사고 집중 보도·사회 이슈·국민적 공분 형성. 교통안전시설, 안전교육, 단속·홍보에만 치중
(다) 어린이에게 더 위험한 일반승합차 제작, 튜닝. 어린이 전용버스 전무, 11년 이상 노후 차량 대다수 운행
(라) 통학버스 하루 대엿 탕, 사고 부르는 불법·편법 운행. 어린이 안전관리 사각지대 여전, 불감증 만연

[연구 목적]
(A) 정부는 OECD 평균 이상 교통안전 국가 진입 목표로 어린이 보호정책 최우선 전환 및 교통수단 개발
(B) 어린이 신체 특성에 적합하고 충돌 및 전복사고에도 안전하고 튼튼한 통학버스 안전 기술 개발
(C) 대기관리권역법 통과로 친환경 통학버스 개발 필요. 세계적으로 경유차 사용 불가 및 전기차 의무화
(D) 열악한 통학버스 시장 여건을 반영해 통합운영 플랫폼, 공공관리제, 구매 지원금 등 법제 개선 필요

① (가)–(A) / (나)–(B) / (다)–(C) / (라)–(D)
② (가)–(B) / (나)–(A) / (다)–(A), (B) / (라)–(A), (D)
③ (가)–(A), (B) / (나)–(A), (B) / (다)–(A), (B), (C) / (라)–(D)
④ (가)–(A), (B) / (나)–(A), (B), (C) / (다)–(B), (C) / (라)–(C)

33 다음 중 문맥상 빈칸 ㉠~㉢에 들어갈 접속어로 가장 적절한 것을 고르면?

	㉠	㉡	㉢
①	아울러	따라서	또한
②	그리고	하지만	그러나
③	아울러	그럼에도 불구하고	그리고
④	그러나	따라서	나아가

[34~36] 다음은 H교통공사의 채용 정보이다. 이를 바탕으로 질문에 답하시오.

▣ 채용 조건

□ 고용형태: 인턴사원 3개월 내외, 인턴기간 중 평가를 거쳐 결격사유 없을 시 순찰직 임용

※ 순찰직: 기간의 정함이 없는 근로계약을 체결하고, 고속도로 안전순찰 업무와 관련된 상시적·지속적인 업무를 담당하는 근로자

□ 근무조건: 토·일요일 및 공휴일 등과 관계 없이 4조 3교대 근무편성표(초번·중번·말번)에 따라 교대근무 또는 통상근무 시행

※ 근무편성 또는 공사 경영사정, 긴급 상황 및 대체근무 등에 따라 연장근로 가능

▣ 지원 자격

□ 연령·성별·학력 제한 없음(단, 공사 정년(만 60세)에 도달하는 자 제외)

□ 남자의 경우 병역필 또는 면제자(병역특례 근무 중인 자 제외)

※ 인턴채용일 이전 전역 예정자 포함

□ 우리 공사 ㉠ 인사규정 제8조의 결격사유가 없는 자

□ 인턴채용일부터 근무 가능한 자

□ 지원 기관에서 5년 이상 계속 근무 가능한 자

※ 공사의 인력 운영 여건에 따라 변경 가능

□ 채용공고일 기준 제1종 보통 또는 대형 운전면허 취득 후 1년 이상 경과자

※ 채용공고일로부터 인턴근무 시작일(2022년 7월 1일 예정)까지 법률 또는 법원의 판결에 의하여 제1종 보통 또는 대형 운전면허가 취소 또는 정지되지 아니한 자(추후 발견 시 채용 취소)

▣ 전형 방법

□ 서류전형

○ 선발인원: 최종선발인원의 7배수(동점자 전원 선발)

○ 선발기준: 자격 요건을 갖춘 자를 대상으로 서류심사 결과 고득점자 순

○ 서류심사: 경력(10), 자격증(20), 역량기술서 평가(10), 선택 가점 합계

(경력) 경찰청 발행 '운전경력증명서'상의 교통사고 및 법규위반 이력(단, 채용공고일 기준 최근 5년 이내)

구분	0점	1점	2점	3점	4점	5점
교통사고 및 법규위반 이력	10점	8점	6점	4점	2점	0점

※ 교통사고 및 법규위반 이력의 경우 운전면허경력, 법규위반경력, 교통사고 모두 "전체경력"으로 채용공고일 이후 발급한 운전경력증명서(경찰청 발급)에 의함

(자격증) 자격증 등 평가와 관련된 사항은 채용공고 마감일까지 취득하고 유효기간 내인 경우에 한하여 인정함

(자격증) 자격증 분야별 가장 유리한 자격증 1개씩 반영

예시: 컴퓨터 운용 자격증에서 정보처리기능사, 정보처리산업기사 보유 시 가장 유리한 자격증 정보처리산업기사(5점) 반영

자격증 분야	자격증 현황	
자동차운전면허	5점	1종 대형, 1종 특수(트레일러 or 견인차(대형, 소형), 렉카 or 구난차), 건설기계운전(기능사 등)-기중기, 롤러(모터)그레이더, 도저, 로더, 굴삭기, 공기압축기
컴퓨터 운용	4점	정보처리기능사, 정보기기운용기능사, 컴퓨터활용능력 2·3급, 워드프로세서 2·3급
	5점	정보처리산업기사/기사, 전자계산기조직응용기사, 사무자동화산업기사, 전자계산기제어산업기사, 컴퓨터활용능력 1급, 워드프로세서단일등급(구1급)
기술	8점	자동차정비기능사, 건설기계정비기능사, 자동차차체수리기능사
	10점	자동차정비산업기사/기사/기능장, 건설기계정비산업기사/기사/기능장, 교통산업기사/기사, 도로교통사고감정사, 정보통신산업기사/기사, 산업안전산업기사/기사, 교통안전관리자

(선택 가점)

구분	대상자 및 부가 점수	비고
선택 가점 (재직 직원 가점)	ㅇ2년 이상 한국도로공사에 재직 중인 직원 (단, 시간선택제 직원의 경우 근로 시간을 전일제로 환산하여 적용) ㅇ서류전형 만점의 5% ㅇ가점 적용 전 평가 점수가 만점의 40% 미만(과락)일 경우 미적용	증빙 서류 제출자에 한함

34 주어진 자료의 내용과 일치하지 않는 것을 고르면?

① H교통공사의 순찰직 직원을 뽑는 채용공고로 순찰직 직원은 3교대 근무를 해야 한다.
② 지금은 군 복무를 하고 있으나 인턴채용일 이전에 전역한다면 지원할 수 있다.
③ 순찰직으로 임용되면 공사가 근무 기간을 최소 5년 보장해 준다.
④ 1종 보통 또는 대형 운전면허가 있다하더라도 취득한 지 1년이 되지 않았다면 지원할 수 없다.

35 다음 중 역량기술서 평가가 모두 만점일 때, 점수가 가장 높은 지원자를 고르면?(단, 지원자 모두 지원 자격을 만족한다.)

	지원자	교통사고 경력	자격증	선택 가점
①	A	2점	1종 대형, 사무자동화산업기사, 교통산업기사	없음
②	B	0점	1종 특수, 건설기계정비기능사, 교통안전관리자	없음
③	C	5점	기중기기능사	해당
④	D	1점	1종 대형, 도로교통사고감정사	해당

36 다음 [보기]는 ㉠에 관한 규정이다. 이를 참고하여 다음 중 지원할 수 있는 사람을 고르면?

보기

제8조(결격사유) 다음 각 호의 1에 해당하는 자는 직원으로 채용될 수 없다.
1. 피성년후견인과 피한정후견인
2. 파산자로서 복권되지 아니한 자
3. 금고 이상의 형을 받고 그 집행이 종료되거나 그 집행을 받지 아니하기로 확정된 후 5년이 경과되지 아니한 자
4. 금고 이상의 형을 받고 그 집행유예의 기간이 완료된 날로부터 2년이 경과되지 아니한 자
5. 금고 이상의 형의 선고유예를 받은 경우에 그 선고유예 기간 중에 있는 자
6. 법원의 판결 또는 다른 법률에 의하여 자격이 상실 또는 정지된 자
7. 징계에 의하여 파면처분을 받은 때로부터 5년, 해임처분을 받은 때로부터 3년이 경과되지 아니한 자
8. 병역의무를 기피한 자
9. 법령 등에 따라 실시한 건강진단 등에서 채용 예정 분야의 업무 수행이 어렵다고 판정된 자
10. 「부패방지 및 국민권익위원회의 설치와 운영에 관한 법률」 제82조에 따른 비위면직자 등의 취업제한 적용을 받는 자
11. 「성폭력범죄의 처벌 등에 관한 특례법」 제2조에 규정된 죄를 범한 자로서 100만 원 이상의 벌금형을 선고받고 그 형이 확정된 후 3년이 지나지 아니한 자
12. 미성년자에 대한 다음 각 목의 어느 하나에 해당하는 죄를 저질러 파면·해임되거나 형 또는 치료감호를 선고받아 그 형 또는 치료감호가 확정된 자(집행유예를 선고받은 후 그 집행유예기간이 경과한 자를 포함한다.)
    가. 「성폭력범죄의 처벌 등에 관한 특례법」 제2조에 따른 성폭력범죄
    나. 「아동·청소년의 성보호에 관한 법률」 제2조 제2호에 따른 아동·청소년 대상 성범죄

① 금고형을 선고받고 그 집행이 종료된 후 5년이 지난 자
② 재직 중 직무와 관련된 부패행위로 인해 당연 퇴직된 자
③ 아동·청소년 대상 성범죄에 의해 집행유예 2년을 판결받고 2년이 지난 자
④ 「성폭력범죄의 처벌 등에 관한 특례법」 제2조에 규정된 죄를 범하여 500만 원 벌금형을 선고받고 1년이 지난 자

[37~39] 다음은 고속도로 통행요금 할인 및 할증에 대한 규정이다. 이를 바탕으로 질문에 답하시오.

1. 할인 및 할증 제도

1) 출퇴근 할인

적용 구간	한국도로공사가 관리하는 고속도로 중 진출입요금소 간 거리를 기준으로 20km 미만의 구간
대상 차량	1~3종(승용차, 승합차, 화물차)
적용 시간 할인율	– 오전 5시부터 오전 7시까지 및 오후 8시부터 오후 10시까지는 50%를 할인 – 오전 7시부터 오전 9시까지 및 오후 6시부터 오후 8시까지는 20%를 할인 ※ 토/일요일 및 공휴일 적용 제외, 출구요금소 통과 시각 기준

2) 경형자동차 할인

대상 차량	경형자동차(승용자동차, 승합자동차, 화물자동차, 특수자동차) ※ 배기량 1,000cc 미만으로 길이 3.6m, 너비 1.6m, 높이 2.0m 이하
할인율	고속도로 통행료의 50% ※ 단, 출퇴근 할인과 중복 적용되지 않고 중복 시 할인율이 더 높은 것을 적용

3) 주말(공휴일) 할증

대상 차량	1종(승용차(경차 포함), 16인승 이하 승합차, 2.5t 미만 화물차) ※ 경차는 1종 통행요금의 50% 할인 적용
적용 시간 할증률	토요일, 일요일, 공휴일 오전 7시부터 오후 9시까지 통행요금의 5%를 할증하여 100원 단위 수납(50원 이하 버림, 50원 초과 올림) ※ 명절 연휴기간 제외, 출구요금소 통과 시각 기준

4) 설, 추석 등 명절 통행료 면제

적용 구간	고속도로 전 구간(민자 고속도로 포함)
대상 차량	설, 추석 연휴기간 고속도로 이용 차량 ※ 설날 전날, 설날, 설날 다음날 / 추석 전날, 추석, 추석 다음날
할인율	고속도로 통행료의 100% 면제
이용 방법	평상시와 동일

2. A–B 구간(20km 미만) 톨게이트 통행요금

차종	요금	분류 기준
1종(소형차)	1,200원	2축 차량(윤폭 279.4mm 이하)
2종(중형차)	1,800원	2축 차량(윤폭 279.4mm 초과)
3종 이상(대형차, 대형화물차, 특수화물차)	2,400원	3축 이상 차량

37 **다음 중 고속도로 통행요금에 대한 설명으로 옳은 것을 고르면?**

① 배기량 1,000cc 미만의 1종 차종으로 오전 9시에 출퇴근 할인이 적용되는 구간의 출구요금소를 통과했다면 통행요금의 20%를 할인받을 수 있다.
② 일요일에 1t 화물차로 A–B 구간 톨게이트를 오후 8시에 통과했다면 1,260원을 지불해야 한다.
③ 설날 연휴기간 전날 회사에서 퇴근하여 자정이 넘기 전에 고속도로를 이용하여 목적지에 도착하였다면 통행료가 면제된다.
④ 경차로 토요일 정오에 A–B 구간 톨게이트를 통과했다면 650원을 지불해야 한다.

38 **다음 [보기]의 빈칸 ㉠~㉢에 들어갈 값의 합을 고르면?**

보기

- 이 대리가 3종 특수화물차로 토요일 오전 9시에 A–B 구간 고속도로 출구요금소를 통과하였다면 통행요금은 (㉠)원이다.
- 박 대리는 추석 연휴 첫날 C–D 구간 고속도로로 고향에 내려갔다가 하루 휴가를 내고 추석 연휴 다음날인 수요일 오전 8시에 C–D 구간 출구요금소를 통과하여 다시 돌아왔을 때, 총통행요금은 4,800원이었다. 박 대리의 차종이 1종 승용자동차일 때, C–D 구간 고속도로의 1종 승용자동차 통행요금은 (㉡)원이다.
- 김 대리가 경형자동차로 한글날에 A–B 구간 고속도로 출구요금소를 오전 9시에 통과했다가 다시 돌아올 때는 오후 10시에 통과했다고 할 때, 총통행요금은 (㉢)원이다.

① 8,850 ② 9,250 ③ 9,650 ④ 10,250

39 다음 [표]는 ○○톨게이트로 출퇴근하는 김 대리의 일주일간 A-B 구간 출구요금소 통과 시간을 기록한 자료이다. 이를 바탕으로 할 때, 김 대리가 일주일간 지불한 총통행요금을 고르면?

[표] 김 대리의 일주일간 A-B 구간 출구요금소 통과 시간

구분		5/14(월)	5/15(화)	5/16(수)	5/17(목)	5/18(금)	5/19(토)	5/20(일)
통과 시간	출근	7:32	7:54	6:55	8:03	6:17	–	6:30
	퇴근	18:24	19:52	20:32	20:55	22:40	–	19:24

※ 김 대리는 평소에 1종 승용자동차로 출퇴근하는데, 주말/공휴일 출근 시에는 아내의 경형자동차로 출근함

① 9,580원 ② 9,650원 ③ 9,850원 ④ 9,920원

[40~42] 다음은 경형자동차 할인 및 김 사원이 방문해야 하는 A~D 모든 지점을 표시한 지도와 관련 정보이다. 이를 바탕으로 질문에 답하시오.

[표1] 경형자동차 할인

대상 차량	경형자동차(승용자동차, 승합자동차, 화물자동차, 특수자동차) ※ 배기량 1,000cc 미만으로 길이 3.6m, 너비 1.6m, 높이 2.0m 이하
할인율	고속도로 통행료의 50% ※ 단, 출퇴근 할인과 중복 적용되지 않고, 중복 시 할인율이 더 높은 것이 적용됨

[그림] 회사와 방문 지점 지도

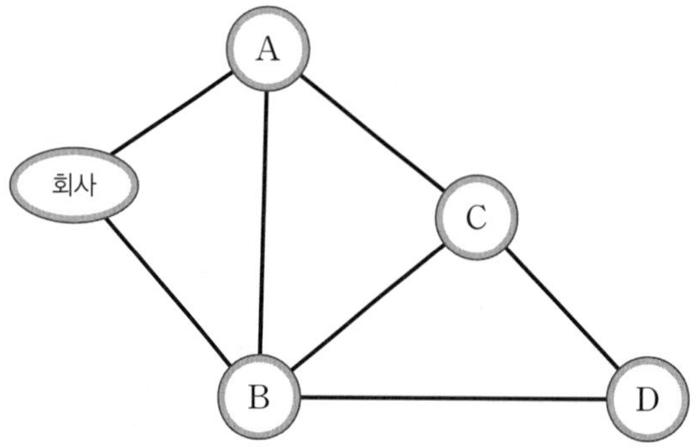

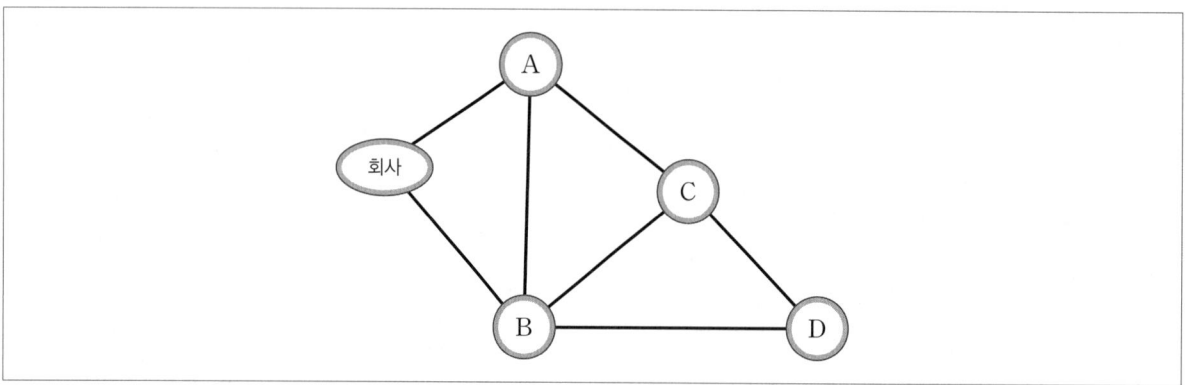

※ 단, 구간별 도로는 모두 고속도로이다.

[표2] 구간별 통행료 및 거리

구간	통행료	거리
회사–A	1,200원	30km
회사–B	1,800원	50km
A–B	2,000원	30km
A–C	1,600원	50km
B–C	2,400원	40km
B–D	1,800원	50km
C–D	2,000원	60km

※ 단, 900cc 차량의 연비는 20km/L이고, 2,000cc 차량의 연비는 10km/L이다. 휘발유는 L당 2,000원이다.

40 김 사원이 회사에서 2,000cc 차량을 타고 출발하여 모든 지점을 거쳐 D로 가는 최단 거리를 고르면?

① 160km ② 170km ③ 180km ④ 190km

41 김 사원이 회사에서 2,000cc 차량을 타고 출발하여 모든 지점을 거쳐 D로 가는 최단 거리로 갈 때, 주유비와 통행료의 총비용을 고르면?

① 39,000원 ② 39,200원 ③ 39,400원 ④ 39,600원

42 김 사원이 900cc 차량을 타고 회사에서 최단 경로를 이용하여 D로 갔다. 그러나 900cc 차량의 타이어 바람이 빠져 회사로 돌아올 땐 2,000cc 차량을 타고 방문하지 않은 남은 지점을 모두 방문 후 복귀했다. D지점에서 회사로 돌아올 때 비용과 회사에서 D지점으로 갈 때 비용의 차이를 고르면?

① 19,200원 ② 21,000원 ③ 24,000원 ④ 26,000원

[43~45] 다음은 8월 고속도로 정비팀의 휴가와 기타 일정 및 도로 보수공사 규정과 출장비에 관한 자료이다. 이를 바탕으로 질문에 답하시오.

[표1] 8월 고속도로 정비팀 일정

직원	휴가 일정	기타 일정
김 부장	8/8~12	교육(8/29~31)
이 차장	8/16~19	출장(8/11~12)
유 차장	8/22~23	출장(8/1~3)
박 대리	8/1~5	파견(8/22~26)
강 대리	8/29~31	교육(8/24~26)
정 대리	8/16~19	교육(8/9~12)
최 사원	8/8~12	파견(8/1~3)

[도로 보수공사 규정]

1) 하나의 공사에 2명의 감독(직책: 주 감독, 보조 감독)이 한 팀으로 작업을 시행한다.
2) 주 감독은 반드시 차장급 이상으로 임명한다.
3) 주 감독은 보조 감독보다 직급이 높은 사람으로 임명해야 한다.
4) 야간 작업을 한 후에는 반드시 다음날 휴일을 보장하며, 직책에 맞게 다른 감독이 대근을 해야 한다.
5) 작업은 기타 일정과 겹쳐서는 아니 되며, 주말에는 시행하지 않는다.

[표2] 직급별 공사 출장비(1일 기준)

직급	작업수당(일비)	기타여비(식비)
부장	80,000원	21,000원
차장	60,000원	21,000원
대리	40,000원	21,000원
사원	20,000원	21,000원

※ 출장비는 일비와 식비를 더한 금액을 지급한다.

[8월 달력]

일	월	화	수	목	금	토
	1	2	3	4	5	6
7	8	9	10	11	12	13
14	15 광복절	16	17	18	19	20
21	22	23	24	25	26	27
28	29	30	31			

43 다음 중 8월 8일부터 12일까지 공사할 수 있는 주 감독과 보조 감독으로 알맞게 짝지어진 것을 고르면?

① 김 부장—강 대리 ② 김 부장—최 사원 ③ 이 차장—최 사원 ④ 유 차장—박 대리

44 김 부장이 8월 3일 야간 작업을 했다. 이때, 8월 4일 대체 감독으로 들어올 수 있는 인원수를 고르면?

① 1명 ② 2명 ③ 3명 ④ 4명

45 다음 중 8월 22일부터 26일까지 공사 중 출장비가 가장 적게 발생하는 경우의 5일간 총출장비를 고르면?(단, 출장 인원의 팀 구성은 도로 보수공사 규정에 준한다.)

① 605,000원 ② 610,000원 ③ 615,000원 ④ 620,000원

[46~48] 다음은 회사와 공사 현장 가~마의 거리와 구간별 연비 및 평균 속도에 관한 정보이다. 이를 바탕으로 질문에 답하시오.

[그림] 회사와 공사 현장 지도

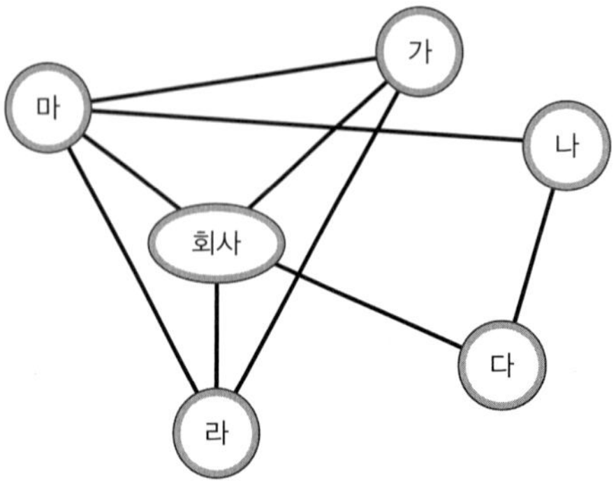

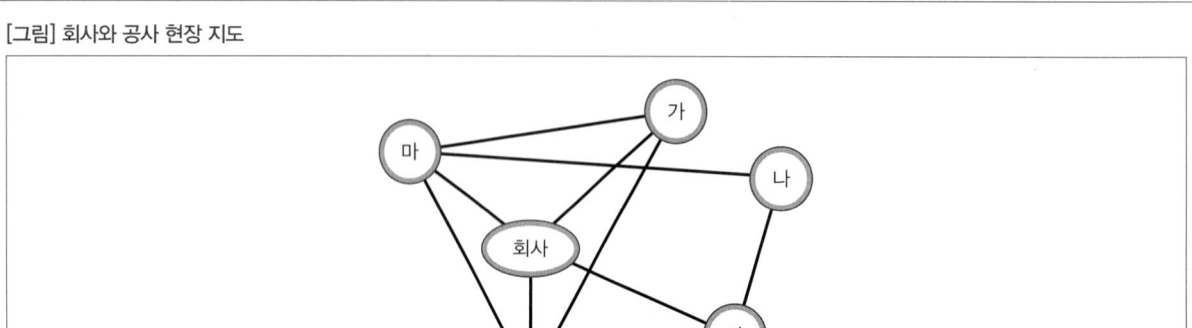

[표1] 회사와 공사 현장 간 거리

구분	회사	가	나	다	라	마
가	40km	–	–	–	100km	60km
나	–	–	–	30km	–	60km
다	60km	–	30km	–	–	–
라	30km	100km	–	–	–	100km
마	80km	60km	60km	–	100km	–

[표2] 구간별 연비 및 평균 속도

구분	구간	연비	평균 속도
고속도로	가－라	20km/L	100km/h
	라－마		
국도	회사－가	15km/L	80km/h
	회사－마		
시내	회사－다	10km/L	60km/h
	가－마		
	나－마		
비포장도로	회사－라	5km/L	30km/h
	나－다		

※ 단, 주유비는 L당 2,000원으로 산정한다.

46 김 부장이 회사에서 출발하여 모든 공사 현장을 둘러볼 때, 최단 거리를 고르면?

① 250km ② 280km ③ 310km ④ 330km

47 김 부장이 회사에서 출발하여 모든 공사 현장을 둘러보러 최단 거리로 갈 때, 걸린 소요 시간을 고르면?(단, 각 공사 현장마다 20분 동안 안전점검을 시행한다고 한다.)

① 5시간 40분 ② 6시간 10분 ③ 6시간 40분 ④ 7시간 10분

48 김 부장이 회사에서 출발하여 최단 거리로 공사 현장을 모두 방문할 때, 발생하는 유류비를 고르면?

① 54,000원 ② 56,000원 ③ 58,000원 ④ 60,000원

[49~51] 다음은 도로교통법 시행규칙의 일부를 발췌한 자료이다. 이를 바탕으로 질문에 답하시오.

제19조(자동차 등과 노면전차의 속도)

① 법 제17조 제1항에 따른 자동차 등(개인형 이동장치는 제외한다)과 노면전차의 도로 통행 속도는 다음 각 호와 같다.

1. 일반도로(고속도로 및 자동차전용도로 외의 모든 도로를 말한다)

가. 「국토의 계획 및 이용에 관한 법률」의 규정에 따른 주거지역·상업지역 및 공업지역의 일반도로에서는 매시 50킬로미터 이내. 다만, 시·도 경찰청장이 원활한 소통을 위하여 특히 필요하다고 인정하여 지정한 노선 또는 구간에서는 매시 60킬로미터 이내

나. 가목 외의 일반도로에서는 매시 60킬로미터 이내. 다만, 편도 2차로 이상의 도로에서는 매시 80킬로미터 이내

2. 자동차전용도로에서의 최고 속도는 매시 90킬로미터, 최저 속도는 매시 30킬로미터

3. 고속도로

가. 편도 1차로 고속도로에서의 최고 속도는 매시 80킬로미터, 최저 속도는 매시 50킬로미터

나. 편도 2차로 이상 고속도로에서의 최고 속도는 매시 100킬로미터[화물자동차(적재중량 1.5톤을 초과하는 경우에 한한다. 이하 이 호에서 같다)·특수자동차·위험물운반자동차(위험물 등을 운반하는 자동차를 말한다. 이하 이 호에서 같다) 및 건설기계의 최고 속도는 매시 80킬로미터], 최저 속도는 매시 50킬로미터

다. 나목에 불구하고 편도 2차로 이상의 고속도로로서 경찰청장이 고속도로의 원활한 소통을 위하여 특히 필요하다고 인정하여 지정·고시한 노선 또는 구간의 최고 속도는 매시 120킬로미터(화물자동차·특수자동차·위험물운반자동차 및 건설기계의 최고 속도는 매시 90킬로미터) 이내, 최저 속도는 매시 50킬로미터

② 비·안개·눈 등으로 인한 악천후 시에는 제1항에도 불구하고 다음 각 호의 기준에 의하여 감속운행하여야 한다. 다만, 경찰청장 또는 지방경찰청장이 가변형 속도제한표지로 최고 속도를 정한 경우에는 이에 따라야 하며, 가변형 속도제한표지로 정한 최고 속도와 그 밖의 안전표지로 정한 최고 속도가 다를 때에는 가변형 속도제한표지에 따라야 한다.

1. 최고 속도의 100분의 20을 줄인 속도로 운행하여야 하는 경우

가. 비가 내려 노면이 젖어있는 경우

나. 눈이 20밀리미터 미만 쌓인 경우

2. 최고 속도의 100분의 50을 줄인 속도로 운행하여야 하는 경우

가. 폭우·폭설·안개 등으로 가시 거리가 100미터 이내인 경우

나. 노면이 얼어붙은 경우

다. 눈이 20밀리미터 이상 쌓인 경우

③ 경찰청장 또는 지방경찰청장이 법 제17조 제2항에 따라 구역 또는 구간을 지정하여 자동차 등과 노면전차의 속도를 제한하려는 경우에는 「도로의 구조·시설기준에 관한 규칙」 제8조에 따른 설계 속도, 실제 주행 속도, 교통사고 발생 위험성, 도로주변 여건 등을 고려하여야 한다.

제20조(자동차를 견인할 때의 속도)

견인자동차가 아닌 자동차로 다른 자동차를 견인하여 도로(고속도로를 제외한다)를 통행하는 때의 속도는 제19조에도 불구하고 다음 각 호에서 정하는 바에 의한다.

1. 총중량 2천 킬로그램 미만인 자동차를 총중량이 그의 3배 이상인 자동차로 견인하는 경우에는 매시 30킬로미터 이내

2. 제1호 외의 경우 및 이륜자동차가 견인하는 경우에는 매시 25킬로미터 이내

49 **주어진 자료에 대한 설명으로 옳은 것을 고르면?**

① 주거·상업·공업지역이 아닌 녹지지역의 일반도로에서는 어떠한 경우에도 매시 60킬로미터 이내의 통행 속도여야 한다.

② 고속도로에서는 편도 1차로인 경우가 2차로인 경우보다 최고 속도가 더 낮으나 최저 속도는 두 경우 모두 동일하다.

③ 동일한 도로에서 노면이 얼어붙은 경우와 적설량이 25밀리미터인 경우의 운행 가능 최고 속도는 동일하지 않다.

④ 총중량 1,800kg인 자동차를 견인자동차가 아닌 총중량 5,500kg인 자동차로 견인하여 고속도로를 운행할 때는 속도가 반드시 매시 30킬로미터 이내여야 한다.

50 **다음 중 주어진 자료에서 언급한 규정에 부합하는 속도를 고르면?**

① 시·도 경찰청장이 원활한 소통을 위하여 특히 필요하다고 인정하여 지정한 자동차전용도로 구간의 경우 → 매시 60킬로미터 이내

② 편도 2차로 고속도로에서 경찰청장이 고속도로의 원활한 소통을 위하여 특히 필요하다고 인정하여 지정·고시한 노선 또는 구간을 위험물운반자동차가 운행하는 경우 → 매시 120킬로미터 이내

③ 시·도 경찰청장의 특별한 지정이 없는 주거지역 일반도로에서 가변형 속도제한표지에 의한 최고 속도가 40킬로미터, 안전표지로 정한 최고 속도가 50킬로미터이며, 비가 내려 노면이 젖어있는 경우 → 매시 32킬로미터 이내

④ 이륜자동차가 고속도로 외의 도로에서 견인하는 경우 → 매시 30킬로미터 이내

51 **다음 [보기] ㉠~㉢의 경우를 규정된 최고 속도가 가장 높은 순으로 바르게 나열한 것을 고르면?**

보기

㉠ 편도 2차로 고속도로를 운행하는 적재중량 2톤 화물자동차

㉡ 경찰청장이 원활한 소통을 위해 필요하다고 인정하여 지정·고시한 편도 4차로 고속도로의 일부 구간을 운행하는 건설기계

㉢ 경찰청장이 원활한 소통을 위해 필요하다고 인정하여 지정·고시한 편도 4차로 고속도로의 일부 구간으로, 폭우로 인한 가시 거리가 100미터 이내인 곳을 운행하는 승용차

① ㉠－㉡－㉢ ② ㉠－㉢－㉡ ③ ㉡－㉠－㉢ ④ ㉡－㉢－㉠

[52~54] 다음은 도로의 보도에 설치되는 점자블록에 관한 자료이다. 이를 바탕으로 질문에 답하시오.

1. 점자블록의 정의

점자블록은 「장애인, 노인, 임산부 등의 편의증진 보장에 관한 법률」에서 설치 의무화 또는 권장하는 시설로서 시각장애인의 보행을 수월하게 하기 위해 발이나 지팡이의 촉감, 잔존시각 및 청각으로 그 존재 및 대강의 형태를 확인할 수 있도록 주변부와 대조되는 색상 및 촉감으로 만들어진 블록으로 한국산업규격을 제정하여 표준화하였다. 일반적으로 점자블록은 다음 두 가지 종류가 사용된다.

1) 점형블록: 시각장애인의 보행을 위해 위치표시나 위험 지역을 경고하는 역할로 상판이 36개의 돌출점으로 형성된 것을 말하며, 계단·장애인용 승강기·화장실 등 시각장애인을 유도할 필요가 있거나 시각장애인에게 위험한 장소의 0.3m 전면, 선형블록이 시작·교차·굴절되는 지점에 이를 설치하여야 한다.

2) 선형블록: 시각장애인의 목적 방향과 방향 설정을 위한 것으로 상판이 4개의 돌출선으로 형성된 것을 말하며, 대상 시설의 주출입구와 연결된 접근로에서 시각장애인을 유도하는 용도로 사용하며, 유도 방향에 따라 평행하게 연속해서 설치하여야 한다.

2. 표준형 점자블록의 치수

1) 가로, 세로의 길이: 300mm×300mm

2) 돌출부의 높이: 점형 6mm, 선형 5mm

3. 점자블록의 각도에 따른 설치 방법

1) 도로의 '+'자형 교차로: 가로 0.9m, 세로 0.9m에 점형블록을 설치하여 교차로를 표시하여야 하며, 각 방향으로 장애인을 유도하기 위하여 선형블록을 설치하여야 한다.

2) 도로의 'T'자형 교차로: 좌우 양방향 교차로인 경우 0.9m, 좌측 또는 우측 방향 교차로인 경우 방향에 따라 0.6m에 점형블록을 설치하여 교차로를 표시하여야 하며, 각 방향으로 장애인을 유도하기 위하여 선형블록을 설치하여야 한다.

3) 도로의 'L'자형 교차로: 좌측 또는 우측인 방향에 따라 0.6m 점형블록을 설치하여 교차로를 표시하여야 하며, 각 방향으로 장애인을 유도하기 위하여 선형블록을 설치하여야 한다.

한편, 점자블록이 항상 직각이나 직선형으로 연결되긴 어렵다. 따라서 각도가 생기는 지형에서는 다음 그림과 같이 적용하여 설치한다.

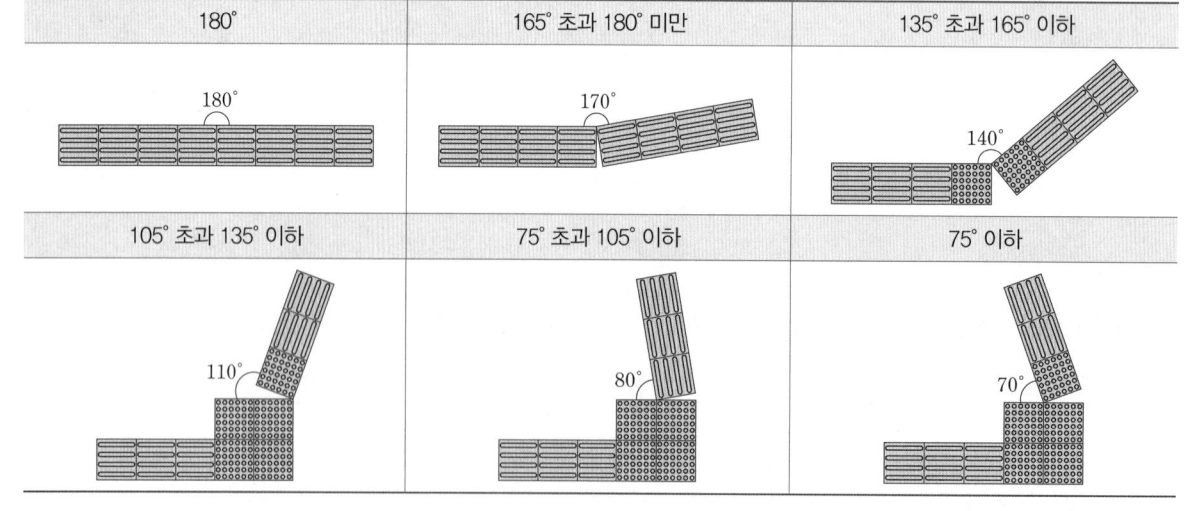

180°	165° 초과 180° 미만	135° 초과 165° 이하
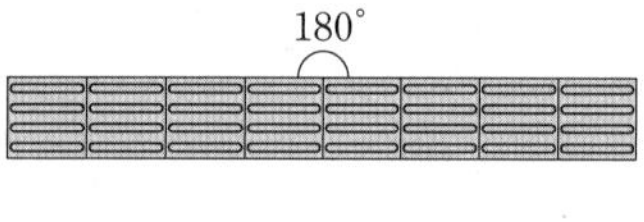	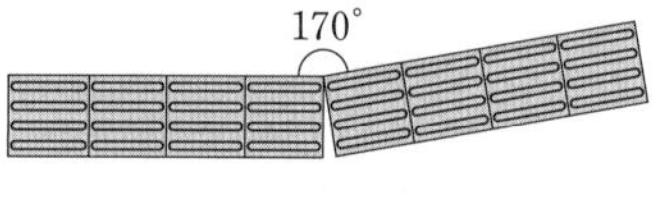	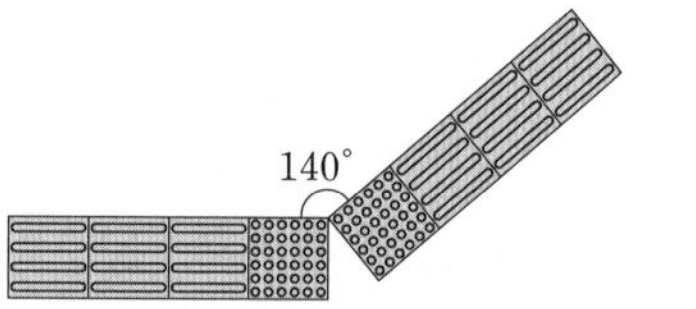
105° 초과 135° 이하	75° 초과 105° 이하	75° 이하
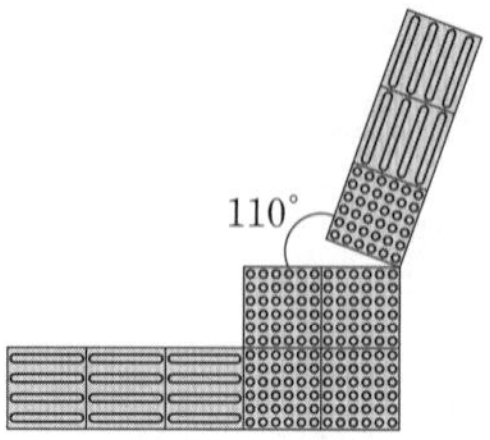	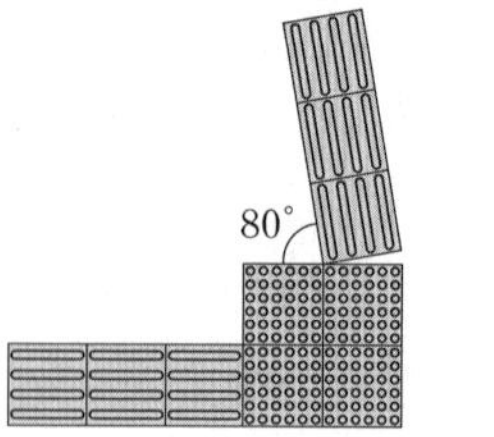	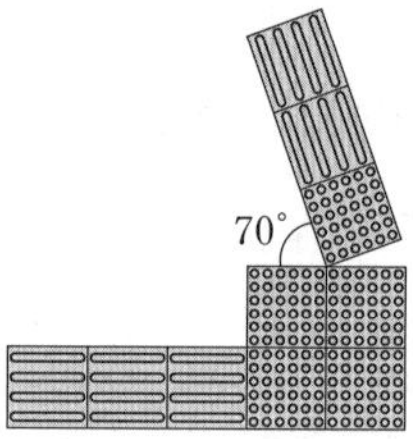

52 다음 중 도로 위 점자블록 설치에 대한 설명으로 옳은 것을 고르면?

① 점자블록의 돌출부는 시각장애인의 식별이 용이하도록 높을수록 좋다.
② 점형블록은 멈춤과 방향 전환의 의미를 포함하고 있다.
③ 엘리베이터나 맨홀 뚜껑 등 위험한 장소의 0.3m 전면에 선형블록이 설치되어야 한다.
④ 선형블록은 반드시 직선으로 이어진 도로에만 설치되어야 한다.

53 다음 중 점자블록으로 옳은 것을 고르면?

①
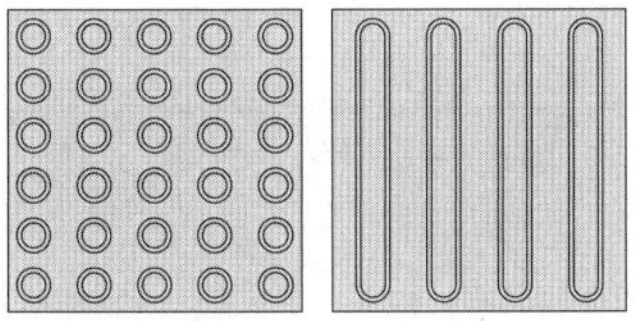
②
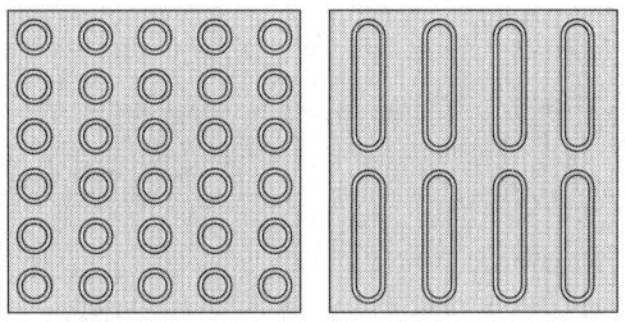
③
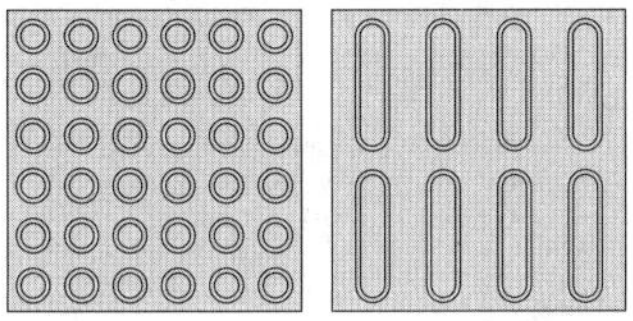
④
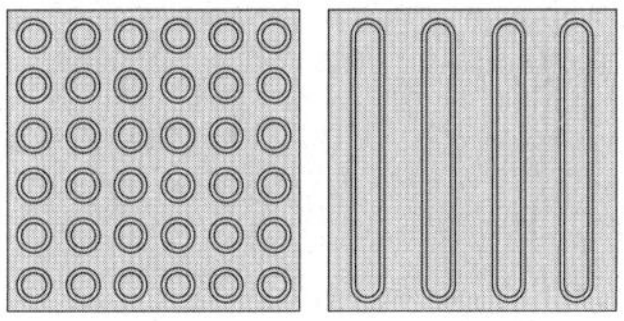

54 다음 중 교차로에 설치된 점자블록으로 옳은 것을 고르면?

①
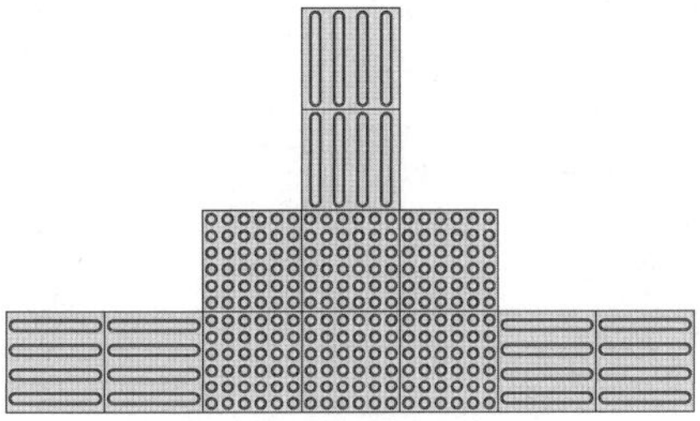
②
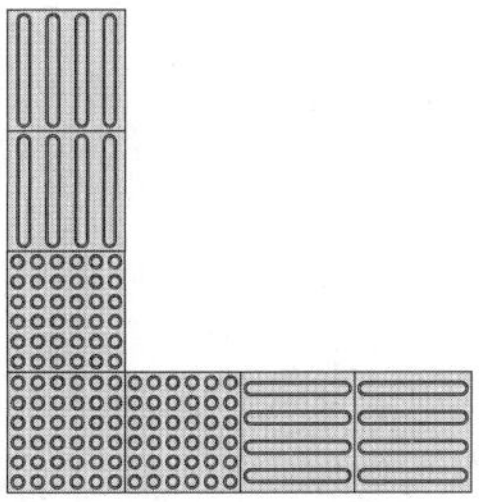
③
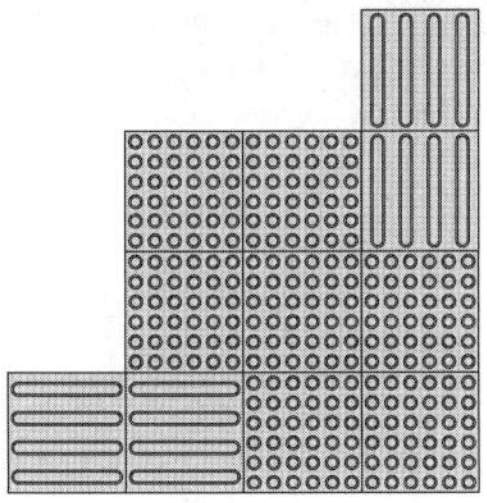
④
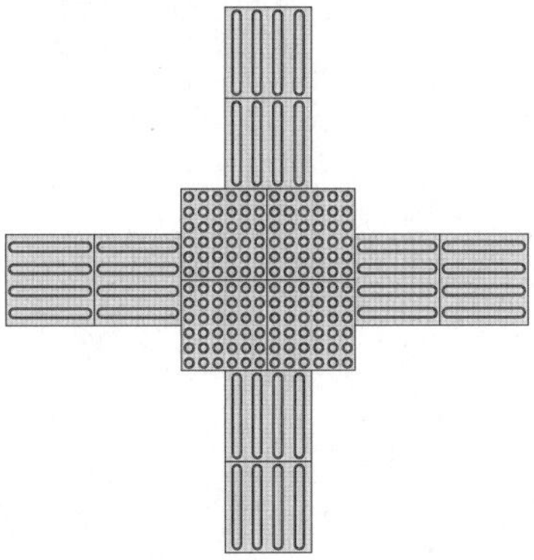

[55~57] 다음 자료를 바탕으로 질문에 답하시오.

도로 노면표시의 재료 및 시공에는 여러 가지가 있으나 이것들을 효과적으로 적용함으로써 노면표시의 필수 조건을 만족시킬 수 있다. 노면표시를 하기 위해서는 몇 가지 기본요건이 충족되어야 한다.

먼저 교통안전시설물은 주·야간 또는 기상 조건 등에 관계없이 도로이용자에게 정확한 정보를 제공하여야 한다. 특히 야간 및 우천(습윤) 시에 조명이 없는 곳에서도 잘 보일 수 있어야 한다. 노면표시의 경우에도 도로이용자의 시인성을 확보하기 위하여 재귀반사재 등을 사용하고 있다. 또한 노면표시는 시인성 이외에 보행자의 헛디딤, 미끄러짐 등의 위험이 없고 차량으로의 충격이 적어야 한다. 특히 우천이나 적설 등 기상 조건 등에 따라 차도를 횡단하는 보행자가 노면표시로 인하여 미끄러지지 않도록 습윤 시의 마찰저항이 있는 재료와 공법으로 설치하여야 하며, 주행하는 차량에 충격을 최소화할 수 있는 재료와 공법을 선택할 필요가 있다. 그리고 주행하는 차량과 노면의 마찰로 인해 발생하는 재료, 토양 및 대기 등의 환경에 부정적인 영향을 미치는 재료를 사용하지 않아야 한다. 또한 노면표시의 재료는 설치 후 일정기간 동안 마모되거나 갈라짐, 탈색 등이 없어야 한다. 마지막으로 노면표시의 재료는 내구성, 내후성, 속건성, 시공 편의성, 시인성, 투자 효율성 등을 확보하여야 한다.

노면표시에 사용되는 도료의 성능 및 시공상의 특징을 살펴보면 다음과 같다.

구분	항목	수용성형	융착식	상온 경화형 플라스틱	기능성 도료
성능	고착력(안정도)	보통	보통	아주 크다	보통
	건조 속도 (교통개방)	느리다 (30분 이상)	빠르다 (3~5분)	보통 (10~15분)	빠르다 (5~10분)
	주간의 선명도	보통	보통	크다	보통
	야간반사 (유리알의 효과)	보통	보통	크다	크다
	오염도	보통	보통	보통	보통
	습윤 시 마찰저항	보통	보통	크다	보통
	내마모성	보통	크다	크다	크다
	내후성(변색 포함)	보통	보통	보통	보통
	유효수명	중간	길다	길다	길다
시공성	적용성	낮다	보통	낮다	보통
	시공성(난이도)	낮다	보통	낮다	보통
	도막두께 조정 범위	크다	작다	크다	작다
	시공 속도	빠르다	보통	빠르다	보통
	교통지장도	크다	작다	크다	보통

55 다음 중 도로의 노면표시 재료가 갖추어야 할 기본 요건이 아닌 것을 고르면?

① 야간이나 우천 시 선명하게 시인성을 확보하여야 한다.
② 보행자가 밟았을 때 미끄러지지 않아야 하며, 차량의 충격이 적어야 한다.
③ 노면이 젖어 있을 때 마찰저항을 최대한 제거할 수 있어야 한다.
④ 내구성, 속건성 등의 시공효율성을 갖추어야 한다.

56 다음 중 건조 속도가 빠르고 유효수명이 길며, 야간에 유리알의 효과로 인해 야간반사율이 높은 도료의 성능 및 시공법으로 가장 적절한 것을 고르면?

① 수용성형
② 융착식
③ 상온 경화형 플라스틱
④ 기능성 도료

57 주어진 자료를 참고할 때, [보기]의 빈칸에 들어갈 말로 가장 적절한 것을 고르면?

보기
노면표시는 사용하는 재료와 시공법에 의해서 내구성 및 양생 시간이 다르기 때문에 도로 조건 및 기상 등의 환경, 특히 스파이크 타이어, 체인 타이어 등의 사용, 그 외에 시공성, 경제성 등을 고려하여 공법을 선택하는 것이 필요하다. 예를 들어 (   )은(는) 차량에 의해 쉽게 마모되는 중앙선, 차선, 길가장자리 구역선 및 정지선, 횡단보도 표시에 적합하다. 또한 석재 혹은 벽돌 포장, 콘크리트 포장, 가포장 및 6개월 이내에 덧씌우기 등 재포장이 예정된 노면에는 적합하지 않다. (   )은(는) 일반적으로 시공 후 곧바로 차량통행이 가능하고 내마모성이 크며, 야간 시인성이 높은 장점과 함께 비교적 어렵지 않게 간단히 시공할 수 있다.

① 수용성형
② 융착식
③ 상온 경화형 플라스틱
④ 기능성 도료

[58~60] 다음은 도로의 종류와 특성에 관한 자료이다. 이를 바탕으로 질문에 답하시오.

도로는 크게 자동차전용도로와 일반도로로 구분할 수 있다. 자동차전용도로는 말 그대로 자동차만이 통행할 수 있는 전용도로로서 고속도로(고속국도)와 도시 고속도로가 있다. 고속도로(고속국도)는 전 지역에 설치되는 도로이며, 도시 고속도로는 특정 도시 지역이나 그 주변에 설치되는 도로를 말한다. 고속도로는 공기업인 한국도로공사가 건설·관리하는 도로와 민간사업자가 자본을 투입하여 건설·관리하는 도로로 구분할 수 있다.

한편 도시 고속도로는 서울특별시, 경기도, 부산광역시 등 지방자치단체에서 건설·관리하는 도로로서 각 지방자치단체에게 관리 책임이 있다. 일반도로에는 일반국도, 특별시도, 광역시도, 지방도, 시도, 군도, 구도가 있으며, 자동차와 사람, 자전거 등이 함께 이용할 수 있는 혼합 도로가 있다.

도로는 구분 기준에 따라 종류도 여러 가지로 나눌 수 있다. 법적 구분 체계에 따른 몇 가지 종류들을 알아보면 다음과 같다.

법적 근거	구분 체계	도로의 구분
도로법	관리 주체별	고속국도, 일반국도, 특별시도·광역시도, 지방도, 시도, 구도
도로 및 구조의 시설에 관한 규칙	기능별	고속도로(도시 고속도로), 일반도로(주간선도로, 보조간선도로, 집산도로, 국지도로)
도시계획 시설의 결정·구조 및 설치 기준에 관한 규칙	사용 형태별	일반도로, 자동차전용도로, 보행자전용도로, 자전거전용고가도로, 지하도로
	규모별	광로, 대로, 중로, 소로
	기능별	주간선도로, 보조간선도로, 집산도로, 국지도로, 특수도로

고속도로란 고속국도법 제2조에 의거, 자동차 교통망의 중축 부분을 이루는 중요한 도시를 연결하는 자동차전용의 고속교통에 속하는 도로로서 고속국도를 일컫는 용어이다. 세부적으로 말하자면, 고속도로는 고속교통에 공용되는 유료 자동차전용도로로서 2륜차 및 사람이 출입할 수 없으며, 나들목(인터체인지)에서만 진출입이 가능한 도로이다. 또한 다른 시설물과의 연계가 제한되며, 고속도로 간 또는 타 도로와 연결 시 특별한 사유가 없는 한 입체교차 방식을 갖는 도로라는 특성이 있다.

여기에 추가하여 고속민자고속화도로(고속화도로)가 있다. 고속화도로에 대한 명확한 법적 정의나 한계가 없어 도로법에 따른 도로의 분류에는 포함되지 않는 개념이지만, 일반적으로 고속화도로는 도로법 제48조(자동차전용도로의 지정)에 의하여 차량의 효율적인 운행을 위하여 지정된 도로(고속도로 제외) 또는 도로의 일정한 구간 중 일부를 고속화도로라고 일컫는 경우가 많다. 고속화도로 역시 고속도로와 마찬가지로 건널목과 신호체계 없이 진출입 차량의 직접적인 영향을 최소화시켜 운영되고, 제한 최고 속도가 통상적으로 80~90km/h인 도로를 일컫는 경우가 많으며, 특히 도시부에 건설된 고속화도로를 도시 고속화도로라고 말한다. 고속화도로는 자동차전용도로이며 도로관리청이 국토해양부장관, 지자체장 등으로 구분되며, 대표적인 노선은 서울의 올림픽대로, 북·동·서부간선도로, 분당~내곡도시 고속도로 등이 있다.

58 다음 중 고속도로의 일반적인 특성으로 적절하지 <u>않은</u> 것을 고르면?

① 어느 곳이든 원하는 곳에서 진출입이 가능한 것이 아니다.
② 다른 고속도로와 연결 시 일반적으로 입체교차로 방식이 적용된다.
③ 도시부 등 특정 도시지역에 건설된다.
④ 오토바이가 통행할 수 없다.

59 다음 [보기]의 빈칸 (A), (B)에 들어갈 수 있는 말이 바르게 짝지어진 것을 고르면?

보기

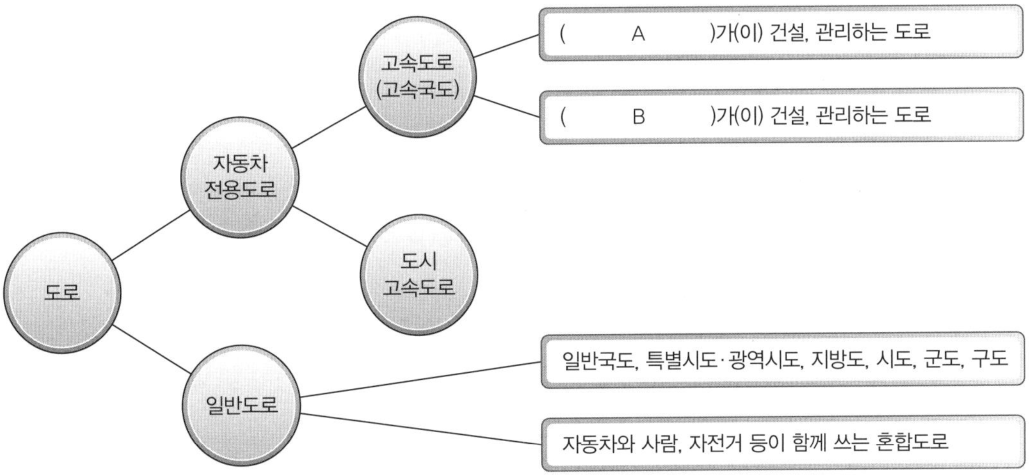

	(A)	(B)
①	도로교통공단	한국도로공사
②	한국도로공사	지방자치단체
③	민간사업자	도로교통공단
④	한국도로공사	민간사업자

60 다음 중 도로의 종류에 대한 설명으로 옳은 것을 고르면?

① 일반도로와 고속도로는 모두 한국도로공사가 관리한다.
② 동부간선도로는 '도로 및 구조의 시설에 관한 규칙'과 '도시계획 시설의 결정·구조 및 설치 기준에 관한 규칙'에 의해 규정되었으며, 고속화도로로 일컫는다.
③ 자동차전용도로는 도로법에 의해 규정된 도로이다.
④ 고속도로를 제외한 모든 도로는 자동차전용도로가 아니다.

[37~39] 다음 [표]는 2020년 고속도로 주요 구간의 일평균 교통량을 나타낸 자료이다. 이를 바탕으로 질문에 답하시오.

[표] 고속도로 주요 구간 일평균 교통량

(단위: 대/일)

구분		일평균 교통량		
		전체	평일	주말
경부선	서울~신갈JC	200,762	205,153	189,699
	신갈JC~수원신갈	234,889	240,658	220,358
	수원신갈~기흥	206,880	209,991	199,045
	안성~북천안	166,219	167,574	162,806
	대전~비룡JC	85,309	85,121	85,781
	칠곡물류~금호JC	114,006	117,585	104,988
	경주~활천	57,207	55,363	61,854
	양산JC~노포JC	65,400	66,054	63,753
	노포~부산	68,968	69,800	66,873
서해안선	서서울~안산JC	182,966	188,762	168,365
	서평택JC~서평택	105,931	102,926	113,501
	군산~동군산	26,387	24,288	31,676
	무안~목포	32,952	32,006	35,336
호남선	태인~정읍	39,763	38,938	41,842
	장성~광주	41,552	40,623	43,892
중부선	동서울~산곡JC	132,813	134,612	128,281
	마장JC~호법JC	85,735	86,376	84,119
	서진주~진주JC	36,340	34,573	40,791
	북통영~통영	20,546	18,819	24,895
평택제천선	안성JC~서안성	(A)	72,659	58,455
중부내륙선	충주JC~북충주JC	62,978	62,402	64,428
	북상주~상주	54,056	54,092	53,967
	현풍JC~현풍	88,323	90,700	82,335
영동선	서안산~안산	123,363	132,490	100,370
	군포~동군포JC	142,607	147,862	129,369
	호법JC~이천	137,027	134,887	142,420
	원주~새말	60,324	55,314	72,946
중앙선	제천~신림	(B)	39,238	44,632
남해 제2지선	가락2JC~서부산	(C)	56,081	55,362
호남선의 지선	서대전JC~계룡	52,573	51,565	55,114
중부내륙선의 지선	달성JC~달성	(D)	9,768	5,100
중앙선의 지선	대감JC~대동	109,330	112,910	100,310

37 주어진 자료에 대한 설명으로 옳지 않은 것을 고르면?

① 중부내륙선의 평일 교통량은 주말 교통량보다 7,000대 이상 많다.
② 경부선에서 주말보다 평일의 일평균 교통량이 많은 구간은 7개이다.
③ 서해안선의 전체 일평균 교통량은 영동선의 전체 일평균 교통량보다 12만 대 이상 적다.
④ 중부선에서 '동서울~산곡JC' 구간이 차지하는 전체 일평균 교통량 비율은 46% 이상이다.

38 주어진 자료의 빈칸 (A)~(D)에 대한 설명으로 옳은 것을 고르면?

① (A)의 값은 '노포~부산' 구간의 전체 일평균 교통량 수치보다 낮다.
② (B)의 값은 '제천~신림' 구간의 평일 일평균 교통량 수치보다 낮다.
③ (C)의 값은 56,000 이상이다.
④ (D)의 값은 8,500 이상이다.

39 다음 [보기]를 바탕으로 '평일 대비 주말의 일평균 교통량 비율'을 구할 때, 그 값이 100 미만인 구간의 개수를 x개라 하고, 100 이상인 구간의 개수를 y개라 하자. 이때, $x-y$의 값을 고르면?

보기
어느 구간에 대하여 '평일 대비 주말의 일평균 교통량 비율'은 해당 구간의 주말에 대한 일평균 교통량을 평일에 대한 일평균 교통량으로 나눈 값에 100을 곱하여 구한다.

① 2　② 3　③ 4　④ 5

[40~42] 다음 [표]는 한국도로공사 영업소 출구를 기준으로 1년간 이용 차량을 시간대별로 정리한 자료이다. 이를 바탕으로 질문에 답하시오.

[표] 시간대별 이용 차량 현황

(단위: 천 대)

구분	1종	2종	3종	4종	5종
00~01시	(A)	603	482	934	721
01~02시	8,821	(B)	381	830	670
02~03시	5,425	698	(C)	810	697
03~04시	5,195	804	440	(D)	852
04~05시	6,688	1,003	621	1,064	1,335
05~06시	19,856	( )	1,241	1,779	2,584
06~07시	45,831	2,343	2,468	2,536	3,889
07~08시	73,650	2,855	3,825	2,539	4,272
08~09시	84,582	2,837	3,682	( )	4,288
09~10시	74,461	3,262	3,815	2,581	4,670
10~11시	80,759	3,210	3,870	2,804	4,848
11~12시	85,274	3,011	3,594	( )	4,591
12~13시	82,768	2,742	3,464	2,693	4,455
13~14시	( )	2,651	3,337	2,563	4,221
14~15시	90,465	2,732	3,415	2,601	4,300
15~16시	93,401	( )	3,288	2,417	3,919
16~17시	98,503	2,377	( )	2,046	3,144
17~18시	106,772	1,972	2,814	1,668	2,303
18~19시	101,200	1,491	( )	1,395	1,657
19~20시	77,191	1,183	2,378	1,339	1,301
20~21시	60,129	901	1,956	1,214	1,047
21~22시	49,161	723	1,474	1,221	907
22~23시	( )	621	1,044	1,190	854
23~24시	22,937	592	707	1,054	784
합계	1,410,426	43,351	54,362	43,176	62,309

40 주어진 자료에 대한 설명으로 옳지 않은 것을 고르면?

① 09~12시 이용 차량 중 2종이 차지하는 비율은 3종보다 낮다.
② 3종 이용 차량의 경우 최대 7개의 시간대에 걸쳐 연속으로 증가할 수 있다.
③ 04~05시 이용 차량 중 1종이 차지하는 비중은 65% 미만이다.
④ 5종 차량에서 00~05시 이용 차량 중 01~02시 시간대가 차지하는 비중은 16% 이상이다.

41 일평균 이용 차량에 대한 설명으로 옳은 것을 [보기]에서 모두 고르면?(단, 1년은 365일이다.)

보기

㉠ 09~10시 일평균 이용 차량은 25만 대 미만이다.
㉡ 14~15시 일평균 이용 차량은 28만 대 미만이다.
㉢ 07~08시 일평균 이용 차량은 19~20시 일평균 이용 차량보다 많다.
㉣ 하루 중 일평균 이용 차량이 처음으로 10만 대 미만을 기록하는 시간대는 23~24시이다.

① ㉠, ㉢ ② ㉠, ㉣ ③ ㉡, ㉢ ④ ㉡, ㉣

42 다음 [표2]는 하루 중 차종별 이용 차량 대수의 합계를 나타낸 자료이고, [그래프]는 하루 중 시간대별 교통량 비율을 나타낸 자료이다. 이를 바탕으로 할 때, (A)−(B)−(C)−(D)의 값을 고르면?(단, 백 대 단위에서 반올림한다.)

[표2] 차종별 이용 차량 합계 (단위: 천 대)

구분	1종	2종	3종	4종	5종
이용 차량	1,410,426	43,351	54,362	43,176	62,309

[그래프] 시간대별 교통량 비율 (단위: %)

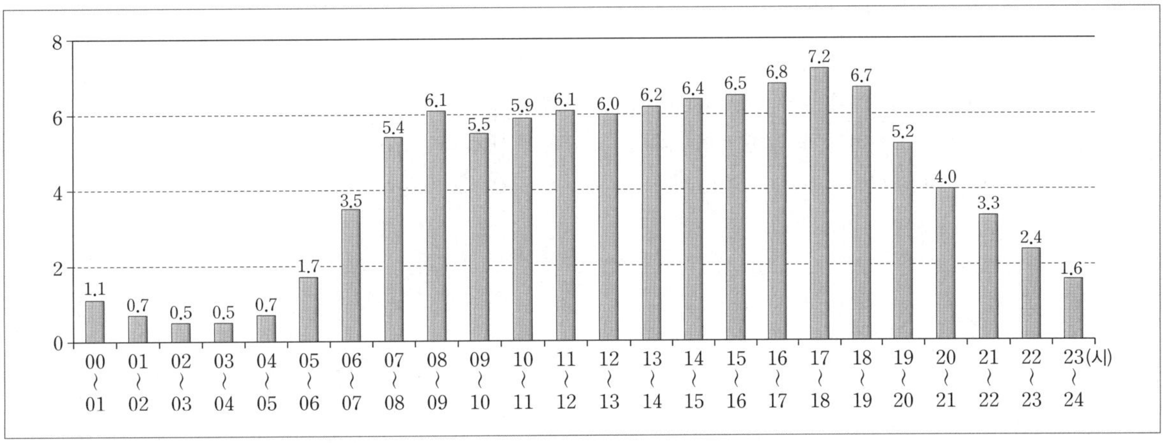

① 13,101 ② 13,202 ③ 13,303 ④ 13,404

[43~45] 다음 [표]는 2020년 도로 종류 및 도로 형태별 교통사고 현황에 관한 자료이다. 이를 바탕으로 질문에 답하시오.

[표1] 2020년 도로 종류별 교통사고 현황

(단위: 건, 명)

도로 종류	사고 건수	사망자 수	부상자 수
일반국도	19,045	558	30,512
지방도	14,326	391	22,005
특별광역시도	84,046	660	118,438
시도	70,229	899	102,139
군도	7,645	220	10,933
고속국도	4,039	223	8,389
기타	10,324	130	13,778
합계	209,654	3,081	306,194

[표2] 2020년 도로 형태별 교통사고 현황

(단위: 건, 명)

도로 형태	사고 건수	사망자 수	부상자 수
단일로	94,277	1,896	136,179
교차로	104,443	1,080	155,412
철길건널목	3	1	3
기타	10,860	103	14,513
불명	71	1	87
합계	209,654	3,081	306,194

43 주어진 자료에 대한 설명으로 옳은 것을 고르면?

① 전체 교통사고 1건당 전체 사망자 수는 0.01명 미만이다.
② 교차로 교통사고 건수는 전체 교통사고 건수의 50% 이상이다.
③ 일반국도에서 발생한 교통사고의 부상자 수는 전체 부상자 수의 10% 이상이다.
④ 고속국도에서 발생한 교통사고에 대하여 부상자 수는 사망자 수의 40배 미만이다.

44 다음 [표]는 2020년 전국 대도시의 교통사고 현황에 관한 자료이다. 주어진 자료와 아래의 [표]에 대한 설명으로 옳은 것을 고르면?

[표] 2020년 대도시별 교통사고 현황 (단위: 건, 명)

시도	사고 건수	사망자 수	부상자 수
서울	35,227	219	47,513
부산	11,913	100	16,347
대구	12,940	112	18,974
인천	8,505	91	11,950
광주	7,718	63	12,293
대전	7,215	66	10,636
울산	3,834	51	5,444
세종	813	7	1,076

① 전국에서 가장 많은 부상자가 발생한 지역은 서울이다.
② 대도시에서 발생한 교통사고 건수가 많을수록 부상자 수도 많다.
③ 대도시에서 발생한 교통사고 건수가 많을수록 사망자 수도 많다.
④ 서울에서 발생한 교통사고 건수는 전체 교통사고 건수의 15% 이상이다.

45 주어진 자료와 44번 [표]에 대한 설명으로 옳은 것을 [보기]에서 모두 고르면?

보기
㉠ 서울의 사망자 수는 전체 사망자 수의 7% 이상이다.
㉡ 부산의 사상자 수는 전체 사상자 수의 5% 미만이다.
㉢ 대도시의 전체 사망자 중 울산이 차지하는 비중은 7% 이상이다.

① ㉠, ㉡ ② ㉠, ㉢ ③ ㉡, ㉢ ④ ㉠, ㉡, ㉢

[46~48] 다음 [그래프]는 2019년과 2020년 우리나라 고속도로에 있는 6개 휴게소의 만족도 조사에 관한 자료이다. 이를 바탕으로 질문에 답하시오.(단, 만족도 조사 총점은 항목별 점수의 합계를 의미한다.)

[그래프1] 2019년 휴게소 만족도 조사 결과 (단위: 점)

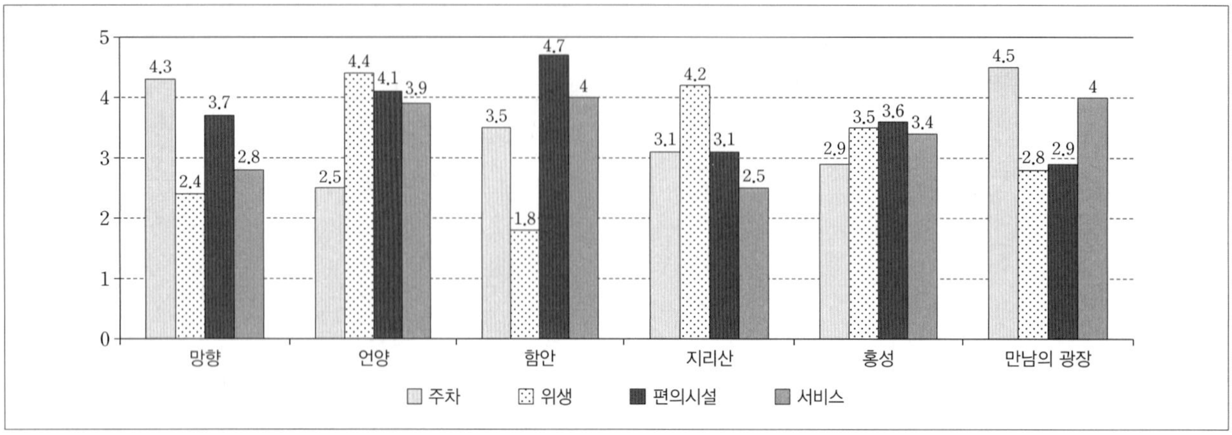

[그래프2] 2020년 휴게소 만족도 조사 결과 (단위: 점)

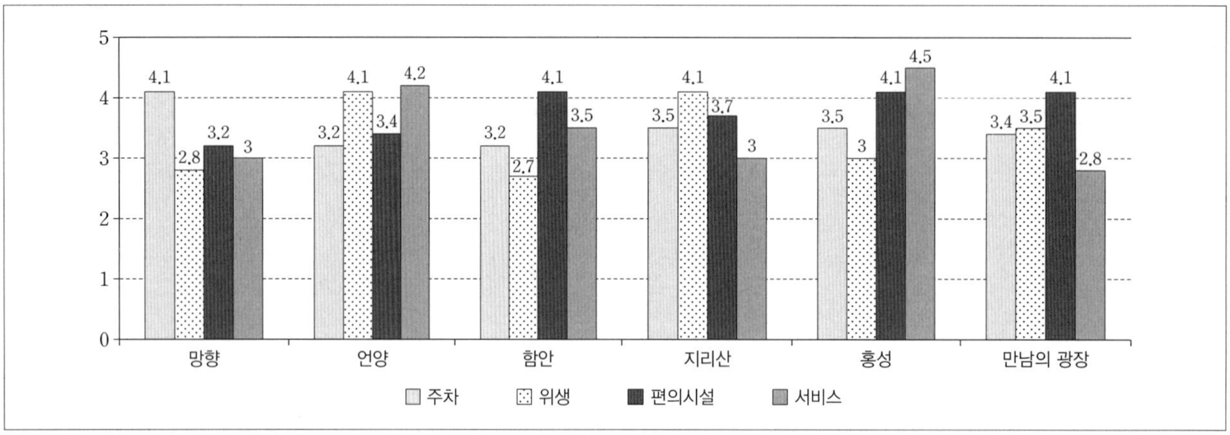

46 주어진 자료에 대한 설명으로 옳은 것을 [보기]에서 모두 고르면?

보기

㉠ 2019년 6개 휴게소의 주차 점수의 평균은 3.5점 미만이다.

㉡ 언양 휴게소는 2019년보다 2020년 만족도 조사 총점이 더 높다.

㉢ 2019년 편의시설 점수가 가장 높은 휴게소는 2020년에도 같은 항목에서 점수가 가장 높다.

㉣ 2020년 6개 휴게소에 대하여 만족도의 합이 가장 낮은 항목은 '위생'이고, 만족도의 합이 가장 높은 항목은 '서비스'이다.

① ㉠, ㉢ ② ㉠, ㉣ ③ ㉡, ㉢ ④ ㉡, ㉣

47 다음 중 2019년 만족도 조사 총점이 가장 높은 휴게소(A)와 두 번째로 높은 휴게소(B)를 바르게 나타낸 것을 고르면?

	(A)	(B)
①	언양 휴게소	함안 휴게소
②	언양 휴게소	만남의 광장 휴게소
③	만남의 광장 휴게소	언양 휴게소
④	만남의 광장 휴게소	함안 휴게소

48 다음 중 2019년 대비 2020년 만족도 조사 총점이 낮아진 휴게소의 개수를 고르면?

① 2개 ② 3개 ③ 4개 ④ 5개

[49~51] 다음은 S사 식기세척기의 사용설명서 일부를 발췌한 자료이다. 이를 바탕으로 질문에 답하시오.

이상 증상	확인사항	조치 방법
세척이 잘 되지 않을 때	식기가 서로 겹쳐 있진 않나요?	식기의 배열 상태에 따라 세척 성능에 차이가 있습니다. 사용설명서의 효율적인 그릇 배열 및 주의사항을 참고해 주세요.
	세척 날개가 회전할 때 식기에 부딪히도록 식기를 수납하셨나요?	국자, 젓가락 등 가늘고 긴 식기가 바구니 밑으로 빠지지 않도록 하세요. 세척 노즐이 걸려 돌지 않으므로 세척이 되지 않습니다.
	세척 날개의 구멍이 막히진 않았나요?	세척 날개를 청소해 주세요.
	필터가 찌꺼기나 이물질로 인해 막혀 있진 않나요?	필터를 청소하고 필터 주변의 이물을 제거해 주세요.
	필터가 들뜨거나 잘못 조립되진 않았나요?	필터의 조립 상태를 확인하여 다시 조립해 주세요.
	세제를 적정량 사용하셨나요?	적정량의 세제를 넣어야 정상적으로 세척이 되므로 적정량의 세제를 사용해 주세요.
	전용세제 이외의 다른 세제를 사용하진 않았나요?	일반 주방세제나 베이킹 파우더를 사용하시면 거품으로 인해 정상적 세척이 되지 않으며, 누수를 비롯한 각종 불량 현상이 발생할 수 있으므로 전용세제를 사용해 주세요.
동작이 되지 않을 때	문을 확실하게 닫았나요?	문 중앙을 딸깍 소리가 날 때까지 눌러 확실하게 닫아야 합니다.
	급수밸브나 수도꼭지가 잠겨 있진 않나요?	급수밸브와 수도꼭지를 열어주세요.
	단수는 아닌가요?	다른 곳의 수도꼭지를 확인하세요.
	물을 받고 있는 중인가요?	설정된 양만큼 급수될 때까지 기다리세요.
	버튼 잠금 표시가 켜져 있진 않나요?	버튼 잠금 설정이 되어 있는 경우 '헹굼/건조'와 '살균' 버튼을 동시에 2초간 눌러 해제할 수 있습니다.
운전 중 소음이 날 때	내부에서 달그락거리는 소리가 나나요?	가벼운 식기들이 분사압에 의해 서로 부딪혀 나는 소리일 수 있습니다.
	세척 날개가 회전할 때 식기에 부딪히도록 식기를 수납하셨나요?	동작을 멈춘 후 문을 열어 선반 아래로 뾰족하게 내려온 것이 있는지 확인한 다음 식기 배열을 다시 해주세요.
	운전을 시작하면 '웅~' 울림 소음이 나나요?	급수 전에 내부에 남은 잔수를 배수하기 위해 배수펌프가 동작하는 소리이므로 안심하고 사용하세요.
	급수 시에 소음이 들리나요?	급수압이 높을 경우 소음이 발생할 수 있습니다. 급수밸브를 약간만 잠가 급수압을 약하게 줄이면 소리가 줄어들 수 있습니다.
냄새가 나는 경우	타는 듯한 냄새가 나나요?	사용 초기에는 제품 운전 시 발생하는 열에 의해 세척 모터 등의 전기부품에서 특유의 냄새가 날 수 있습니다. 이러한 냄새는 5~10회 정도 사용하면, 냄새가 줄어드니 안심하고 사용하세요.
	세척이 끝났는데 세제 냄새가 나나요?	문이 닫힌 상태로 운전이 되므로 운전이 끝난 후 문을 열게 되면 제품 내부에 갇혀 있던 세제 특유의 향이 날 수 있습니다. 초기본 세척 행정이 끝나면 세제가 고여 있던 물은 완전히 배수가 되며, 그 이후에 선택한 코스 및 기능에 따라 1~3회의 냉수 헹굼과 고온의 가열 헹굼이 1회 진행되기 때문에 세제가 남는 것은 아니므로 안심하고 사용하세요.
	새 제품에서 냄새가 나나요?	제품을 처음 꺼내면 새 제품 특유의 냄새가 날 수 있으나, 설치 후 사용을 시작하면 냄새는 없어집니다.

49 S사의 서비스센터에서 근무하는 김 씨는 고객으로부터 세척이 잘 되지 않는다는 문의전화를 받았다. 다음 중 김 씨가 고객에게 확인해 달라고 응대해야 할 사항으로 적절하지 않은 것을 고르면?

① 식기가 서로 겹쳐 있진 않습니까?
② 세척 날개의 구멍이 막히진 않았습니까?
③ 타는 듯한 냄새가 나진 않습니까?
④ 전용세제 이외의 다른 세제를 사용하진 않았습니까?

50 다음 중 식기세척기가 동작이 되지 않을 때의 조치 방법으로 적절하지 않은 것을 고르면?

① 문이 안 닫힌 경우에는 문 중앙을 딸깍 소리가 날 때까지 눌러 확실하게 닫는다.
② 급수밸브와 수도꼭지가 잠긴 경우에는 급수밸브와 수도꼭지를 열어준다.
③ 물을 받고 있는 경우에는 설정된 양만큼 급수될 때까지 기다린다.
④ 단수인 경우에는 급수밸브의 연결 상태를 확인한다.

51 다음 중 버튼 잠금 설정이 되어 있는 경우, 이를 해제하기 위해 눌러야 할 버튼을 고르면?

① [세척]+[동작/정지]
② [헹굼/건조]+[살균]
③ [헹굼/건조]+[예약]
④ [살균]+[예약]

[52~54] 다음은 M사의 프린터 사용설명서 일부를 발췌한 자료이다. 이를 바탕으로 질문에 답하시오.

프린터에 문제가 있는 경우 아래의 문제해결 절차를 참조하세요. 만약 문제가 지속되면 서비스센터에 문의하십시오.

[인쇄]

1. 인쇄할 수 없습니다.
   - 프린터가 켜져 있는지 확인합니다.
   - 용지 및 잉크 카세트가 올바르게 삽입되어 있는지 확인합니다.
   - 잉크 시트가 느슨하지 않은지 확인합니다.
   - 프린터 전용 용지를 사용하고 있는지 확인합니다.
   - 필요한 경우 잉크 카세트를 교체하고 용지 카세트를 리필합니다.
   - 올바른 용지, 용지 카세트, 잉크 카세트를 사용하고 있는지 확인합니다.
   - 특정 온도를 넘으면 프린터가 일시적으로 인쇄를 중지할 수 있습니다. 이는 오작동이 아니며, 프린터의 열이 식을 때까지 기다리십시오. 연속으로 인쇄하는 경우, 고온의 환경에서 또는 후면의 통풍구가 막혀 프린터의 내부 온도가 높아지는 경우에는 프린터가 일시적으로 인쇄를 중지하여 인쇄에 시간이 더 오래 걸릴 수 있습니다.
2. 메모리 카드나 USB 플래시 드라이브의 이미지를 표시하거나 인쇄할 수 없습니다.
   - 메모리 카드가 올바른 슬롯에 라벨 쪽이 위로 향하도록 완전히 삽입되었는지 확인합니다.
   - USB 플래시 드라이브가 올바른 방향으로 완전히 삽입되었는지 확인합니다.
   - 지원되는 이미지 포맷인지 확인합니다.
   - 어댑터를 필요로 하는 메모리 카드를 어댑터를 사용하지 않고 삽입하지 않았는지 확인합니다.
3. 카메라에서 인쇄할 수 없습니다.
   - 카메라가 픽트브리지를 지원하는지 확인합니다.
   - 프린터와 카메라가 올바르게 연결되었는지 확인합니다.
   - 카메라 배터리에 충분한 전원이 남았는지 확인합니다. 배터리가 소모되었다면 완전히 충전된 배터리 또는 새 배터리로 교체하십시오.
4. 인쇄 품질이 떨어집니다.
   - 잉크 시트와 용지에 먼지가 없는지 확인합니다.
   - 프린터 내부에 먼지가 없는지 확인합니다.
   - 프린터에 응결이 발생하지 않았는지 확인합니다.
   - 프린터가 전자파 또는 강한 자기장을 발생시키는 장비 근처에 있지 않은지 확인합니다.

[용지]

1. 용지 공급에 문제가 있거나 용지 걸림이 자주 발생합니다.
   - 용지 및 잉크 카세트가 올바르게 삽입되어 있는지 확인합니다.
   - 카세트에 19매 미만의 용지가 있는지 확인합니다.
   - 용지 카세트에 19매 이상의 용지가 배출되지 않았는지 확인합니다.
   - 프린터 전용 용지를 사용하고 있는지 확인합니다.
2. 용지 걸림
   - 용지가 용지 배출 슬롯의 앞쪽 또는 뒤쪽에서 튀어나오면 주의하여 꺼냅니다.
   - 용지를 살짝 잡아당겨서 제거할 수 없다면 강제로 꺼내지 마시고 프린터의 전원을 끈 후 다시 켜 주십시오. 용지가 나올 때까지 반복하십시오.
   - 전원을 실수로 끈 경우 전원을 다시 켜고 용지가 나올 때까지 기다리십시오. 그 후에도 문제가 해결되지 않는다면, 대리점이나 가까운 서비스센터로 문의하십시오. 걸린 용지를 강제로 제거하면 프린터가 손상될 수 있습니다.

52 M사의 프린터로 인쇄를 하기 위하여 인쇄 버튼을 눌렀으나 인쇄 오류로 결국 출력을 하지 못하였다. 이때, 확인해 볼 사항으로 적절하지 않은 것을 고르면?

① 프린터에 응결이 발생한 것은 아닌지 확인해본다.
② 프린터 전원이 제대로 켜져 있는지 확인해본다.
③ 잉크 카세트나 용지 카세트의 교체 또는 리필 시기를 확인해본다.
④ 프린터 사용에 적합한 용지를 넣은 상태인지 확인해본다.

53 M사의 프린터 사용자는 출력한 문서의 인쇄 상태가 좋지 않아 프린터 내부의 먼지를 걸러냈지만, 여전히 출력물의 내용을 알아보기 힘들었다. 이때, 취할 수 있는 가장 적절한 조치를 고르면?

① 메모리 카드의 라벨이 위를 향해 넣어져 있는지 확인한다.
② 전자파 발생이 의심되는 장비와 프린터가 가까이에 놓여 있지 않은지 확인한다.
③ 잉크 시트가 느슨한 상태인지를 확인한다.
④ 카세트에 19매 미만의 용지가 있는지 확인한다.

54 다음 중 인쇄 도중 용지가 걸려 인쇄되지 않을 경우의 문제해결 과정으로 가장 적절한 것을 고르면?

① 배출된 용지가 슬롯의 앞쪽 또는 뒤쪽으로 나와 있으면 힘을 강하게 주어 잡아당긴다.
② 용지 걸림이 발생한 즉시 가까운 대리점으로 문의해서 수리기사 방문을 요청한다.
③ 전원을 끄고 프린터 내부에 이물질이 끼어 있는지 확인 후 강제로 제거한다.
④ 용지가 나올 때까지 프린터의 전원을 껐다 켜기를 반복한다.

[55~57] 다음은 교통안전표지에 관한 자료이다. 이를 바탕으로 질문에 답하시오.

교통안전표지

교통안전표지의 문자와 기호 및 도형은 모든 도로 사용자에게 동일한 의미를 전달하도록 하기 위해 반드시 정해진 규격과 양식에 의해 표시해야 하며, 도로교통법 시행규칙에 그 규격과 양식을 규정하고 있다. 교통안전표지는 반드시 정해진 기준에 따라 제작해야 하며, 확대 또는 축소할 경우에도 정해진 비율에 따라야 한다.

교통안전표지의 색은 시인성, 식별성, 주의환기의 효과를 고려하여 적색, 황색, 녹색, 청색, 백색, 흑색을 기본색으로 한다. 교통안전표지의 종류별 색 구성은 다음과 같다.

- 주의표지: 바탕은 황색, 테두리는 적색, 문자 및 기호는 흑색을 사용한다. 단, 신호기 주의표지의 문자 및 기호는 적색, 황색, 청색, 흑색, 백색을 사용한다.
- 규제표지: 바탕은 백색, 테두리는 적색, 문자 및 기호는 흑색을 사용한다.
- 지시표지: 바탕은 청색, 테두리는 청색, 문자 및 기호는 백색을 사용한다.
- 보조표지: 바탕은 백색, 테두리는 흑색, 문자 및 기호는 흑색을 사용한다.

※ 발광형 안전표지의 바탕색은 무광흑색, 주의표지 및 규제표지의 테두리는 적색, 지시표지의 테두리는 백색, 주의표지의 문자와 기호는 황색, 규제표지 및 지시표지의 문자와 기호는 백색으로 변경할 수 있다. 교통안전표지의 기본색은 한국산업표준 색 기준에 따른다.

도로 종류 및 주행 속도에 따라 교통안전표지의 크기는 달리 적용한다. 즉, 도로 종류에 따라 도로의 이용 목적과 설치장소의 주변 여건에 많은 차이가 있으며, 주행 속도에 따라 운전자의 인지, 판단, 행동반응 시간 등에 차이가 난다. 교통안전표지의 크기는 설치장소의 도로 종류와 주변 여건 등에 대한 공학적인 판단과 주행 속도에 따른 운전 특성 등을 종합적으로 판단하여 결정해야 한다. 교통안전표지 크기의 확대 및 축소 비율은 다음과 같다.

도로 종류		확대 및 축소 비율
자동차전용도로(고속도로, 도시 고속도로)		1.5배, 2배, 2.5배
일반도로	일반도로	1.3배, 1.6배, 2배
	구획 및 주거지도로	0.5배 또는 0.8배(규제표지, 지시표지)

교통안전표지판의 모양은 표지판의 목적과 기능에 따라 다음과 같은 규정을 따라야 한다.

- 주의표지: 정삼각형
- 규제표지: 원형, 역삼각형, 정팔각형, 오각형
- 지시표지: 원형, 정사각형, 오각형
- 보조표지: 직사각형

※ 교통안전표지판 모서리 부분의 모양은 둥근 형태이어야 한다. 단, 일시정지 규제표지는 제외한다.

55 다음 [보기]와 같은 교통안전표지판 종류를 고르면?

보기

① 주의표지 ② 규제표지 ③ 지시표지 ④ 보조표지

56 다음 [표]는 교통안전표지판의 종류별 색채를 정리한 자료이다. 빈칸 ㉠~㉣에 들어갈 표지판 종류가 바르게 나열된 것을 고르면?

[표] 교통안전표지판의 종류별 색채

구분	(㉠)	(㉡)	(㉢)	(㉣)
바탕	황색	청색	백색	백색
테두리	적색	청색	흑색	적색
문자 및 기호	흑색	백색	흑색	흑색

	㉠	㉡	㉢	㉣
①	주의표지	규제표지	지시표지	보조표지
②	주의표지	지시표지	보조표지	규제표지
③	지시표지	보조표지	규제표지	주의표지
④	지시표지	보조표지	주의표지	규제표지

57 다음 [보기]와 같은 교통안전표지판의 내부 화살표 색이 바르게 짝지어진 것을 고르면?

보기

(A) (B)

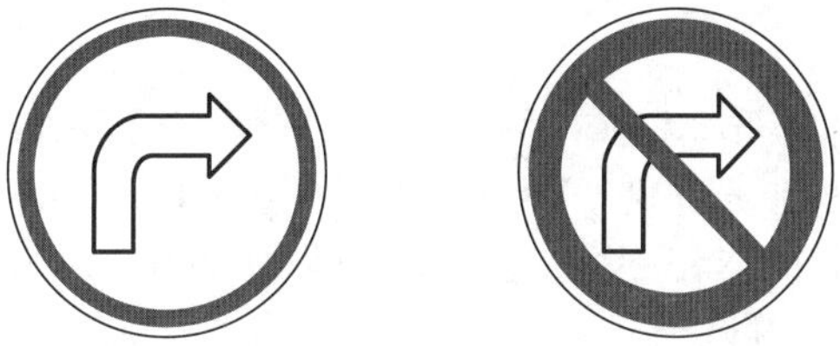

	(A)	(B)
①	흑색	적색
②	흑색	백색
③	백색	흑색
④	백색	적색

[58~60] 다음은 F사의 제습기 사용설명서이다. 이를 바탕으로 질문에 답하시오.

제습기 사용설명서

1) 안전을 위한 주의사항

- 설치 관련
  - 타기 쉬운 물질과 1m 이상 떨어진 곳에 설치하세요.
  - 전원 콘센트 밑에 제품을 설치하지 마세요.
  - 좁은 장소나 경사지고 울퉁불퉁한 바닥에 설치하지 마세요.
  - 목욕탕, 샤워장, 수영장 등 물이 직접 닿을 수 있는 곳에 설치하지 마세요.
- 전원 관련
  - 누전차단기(감도 전류 30mA 이하)와 연결된 콘센트에 꽂아 사용하세요.
  - 전원코드를 무리하게 구부리거나 무거운 물건에 눌려 파손되지 않도록 하세요.
  - 전원코드를 연장하여 사용할 경우 반드시 250V/15A 이상의 코드 및 콘센트를 사용하고 다른 제품과 병행하여 사용하지 마세요.
  - 반드시 접지 처리된 220V 전용 콘센트에 꽂아 사용하세요.
  - 천둥, 번개가 치거나 장시간 사용하지 않은 경우 전원 플러그를 뽑아 주세요.
- 사용 관련
  - 공기흡입구나 배출구가 빨래, 커튼 등으로 막히지 않도록 하세요.
  - 에어필터를 꼭 끼워 사용하세요.
  - 제품에서 이상한 소리가 들리고 냄새, 연기가 나면 즉시 전원 플러그를 뽑고 서비스센터로 연락하세요.
  - 젖은 손으로 전원 플러그 또는 보조 전원 스위치를 만지지 마세요.
  - 제품 주변에 인화물질(스프레이, 석유, 가스 등)을 두지 마세요.
  - 공기배출구에 핀, 막대기, 동전 등의 이물질을 넣지 마세요.
  - 제품에 심한 충격을 가하지 마세요.
  - 운반 시 제품을 45° 이상 기울이지 마세요.
  - 절대로 제품을 분해, 임의 수리, 개조하지 마세요.
  - 제습기에서 나오는 물은 마시지 마세요.
- 청소 관련
  - 청소 및 손질 시에는 전원 플러그를 뽑고 제품의 열을 완전히 식힌 후 손질하세요.
  - 에어필터는 중성세제를 녹인 물(약 30℃)에 세척한 후 그늘에서 잘 건조시키세요.
  - 벤젠, 시너, 알코올 등 인화 및 폭발성이 강한 물질로 닦지 마세요.
  - 제품에 물을 직접 뿌리지 마세요.

2) 고장신고 전 확인사항

증상	가능 원인	조치 방법
전원 버튼을 눌러도 동작하지 않는 경우	물통이 바르게 꽂혀 있지 않음	물통을 다시 바르게 넣어 주십시오.
	물통의 물이 만수임	물통을 비워 주십시오.
	희망 습도가 실내 습도보다 높음	희망 습도를 확인해 주십시오.
제습량이 적은 경우	방의 온도, 습도가 낮아짐	희망 습도와 현재 습도를 확인해 주십시오. 희망 습도보다 방의 습도가 낮은 경우 동작하지 않습니다.
	공기흡입구나 공기토출구가 막힘	장애물을 치워 주십시오.
	압축기는 정지하고 송풍 팬만 동작	냉각기에 생긴 성에를 제거하는 중이므로 잠시 기다리면 성에 제거가 끝나고, 압축기가 다시 동작하여 정상적인 제습운전이 됩니다.

소음이 나는 경우	바닥이 불안정함	평평한 곳에 설치해 주십시오.
	제품이 이동하면서 물통이 이탈함	물통을 바르게 넣어 주십시오.
	필터가 막혀 있음	필터를 청소해 주십시오.
동작과 정지를 반복하는 경우	실내 온도가 너무 낮거나(5℃) 너무 높음(35℃)	실내 온도가 낮거나 높으면 제품 보호를 위해 동작과 정지가 반복됩니다.
물이 새는 경우	연속 배수 시 호스의 연결이 불완전하거나 호스가 빠져 있음	호스를 바르게 연결해 주십시오.
액정에 'E1 E3 E8'이라고 표시되는 경우	–	내부 부품에 잠시 이상이 발생한 것으로 제품을 껐다 약 5분 후 다시 켜주십시오. 그럼에도 문제가 지속된다면 서비스센터로 연락해 주십시오.

58 다음 중 F사의 제습기 사용 중 발생한 이상 현상으로 인해 확인 절차 없이 즉시 서비스센터로 연락해야 하는 경우를 고르면?

① 압축기가 작동하지 않을 경우
② 제습기에서 물이 새는 경우
③ 제품에서 이상한 소리가 들리며 냄새가 날 경우
④ 액정에 'E1 E3 E8'이라고 표시되는 경우

59 다음 중 제습기를 사용하기 전에 지켜야 할 주의사항으로 옳지 않은 것을 고르면?

① 제습기를 전기 콘센트 밑에 설치하지 않는다.
② 제습기를 감도 전류 30mA 이하인 누전차단기와 연결된 콘센트에 꽂아 사용한다.
③ 제습기를 장시간 사용하지 않을 때는 전원 플러그를 뽑는다.
④ 제습기를 효율적으로 사용하기 위해 일부분을 분해하여 개조한다.

60 F사 제습기를 사용하던 소비자가 제습기가 흡수한 물의 양이 평소보다 적은 것을 발견하였다. 이때, 소비자가 취해야 할 행동으로 가장 적절한 것을 고르면?

① 물통이 바르게 꽂혀 있는지 확인한다.
② 공기흡입구와 공기토출구가 막혀 있는지 확인하고 장애물을 치운다.
③ 필터가 막혔는지 확인하고 필터 안을 청소한다.
④ 내부 부품에 이상이 생겼으므로 제습기를 껐다 약 5분 후에 다시 켠다.

자신의 능력을 믿어야 한다.
그리고 끝까지 굳세게 밀고 나가라.

– 엘리너 로잘린 스미스 카터(Eleanor Rosalynn Smith Carter)

최신판

한국도로공사

실전모의고사

| 2회 |

시험 구성 및 유의사항

- **한국도로공사 NCS 직업기초능력평가는 직군별로 다음과 같이 출제되었습니다.**

구분	문항/시간	구성	출제 영역	
행정직	60문항/60분	NCS 직업기초능력평가	문제해결능력, 정보능력, 의사소통능력	자원관리능력, 조직이해능력
기술직				수리능력, 기술능력

※ 전공의 경우, 직군별 출제 과목이 상이하며, 40문항을 50분 동안 풀어야 합니다.

- **영역 구분 없이 순서대로 하나의 문제지로 출제되었고, 사지선다형으로 출제되었습니다.**
- **오답 감점은 없으며, 각 문제는 하나의 정답으로 이루어져 있습니다.**

eduwill

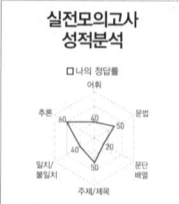

실전모의고사 2회

정답과 해설 P. 16

직군공통

[01~03] 다음은 한국도로공사의 통행요금에 관한 자료이다. 이를 바탕으로 질문에 답하시오.

1. 고속도로 건설과 유료도로 제도 도입 배경
   - 국가 재정만으로는 부족한 도로 건설 재원을 마련하기 위해 도로법의 특례인 유료도로법을 통하여 도로 이용자에게 통행료를 부담하게 하는 제도
   - 우리나라의 경우 고속도로를 유료화하여 단기간에 4,000km의 고속도로 시대 달성
   - 선진국(일본, 스페인, 프랑스 등) 및 사회주의 국가(중국)에서도 도입·운영하는 보편적인 제도. 고속도로를 최초로 건설한 독일도 100년간 무료로 운영하였으나 유료도로로 전환함

2. 고속도로 통행료는 수익자 부담 원칙
   - 일반도로(국도, 지방도, 시가지도로) 이용이 가능하지만, 이용자가 자발적으로 고속도로를 선택하여 이용하는 것에 대한 사용 대가를 이용자가 부담해야 함
   - 통행료 수준은 외국에 비해 1/5.5(일본)~1/1.4(미국)로 매우 저렴함

3. 고속도로 통행료는 정부의 엄격한 절차와 심의로 결정

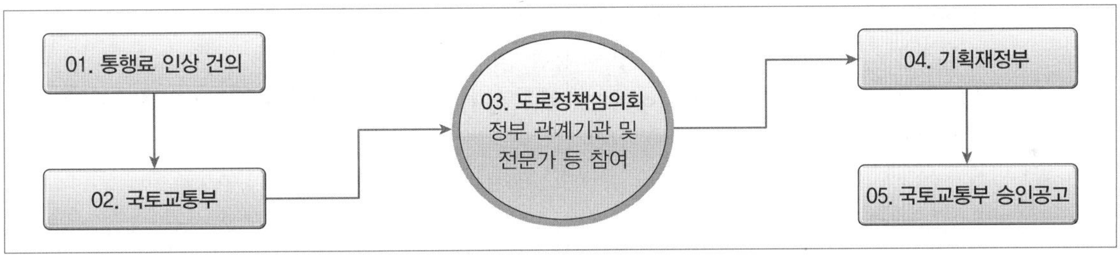

※ 단, 통행료는 물가에 대한 영향, 공사의 경영개선 등 자구 노력과 정부 및 전문가 등의 엄격한 심의 과정을 통하여 결정

4. 통행료 수납 방식
   - 폐쇄식 영업 체제
     경부고속도로 등 대부분의 노선에서 이루어지는 방식으로 나들목마다 요금소를 설치하여 실제 이용 거리에 해당하는 통행료를 수납하는 방식
   - 개방식 영업 체제
     수도권과 같이 나들목 간 거리가 짧고 고속도로가 도시 지역을 통과하는 등의 현실적으로 나들목마다 요금소를 설치하기 곤란하여 일정 지점에 요금소를 설치하고, 요금소별 최단이용 거리에 해당하는 통행료를 수납하는 방식

5. 고속도로 통행요금 산정 기본 구조

구분	폐쇄식	개방식
기본요금	900원	720원
통행요금 산정	(기본요금)+ {(주행 거리)×(차종별 km당 주행요금)}	(기본요금)+ {(요금소별 최단이용 거리)×(차종별 km당 주행요금)}

※ km당 주행요금 단가: 1종 44.3원, 2종 45.2원, 3종 47.0원, 4종 62.9원, 5종 74.4원

6. 할인/할증 제도

1) 출퇴근 할인

적용 구간	한국도로공사가 관리하는 고속도로 중 진출입요금소 간 거리를 기준으로 20km 미만의 구간
대상 차량	1~3종(승용차, 승합차, 화물차) ※ 하이패스 및 하이패스 기능이 포함된 전자적인 지불수단으로 수납한 차량
적용 시간 및 할인율	오전 5시부터 오전 7시까지 및 오후 8시부터 오후 10시까지는 통행요금의 50%를 할인 오전 7시부터 오전 9시까지 및 오후 6시부터 오후 8시까지는 통행요금의 20%를 할인 ※ 토·일요일 및 공휴일 적용 제외, 출구요금소 통과시각 기준

2) 경형자동차 할인

할인율	고속도로 통행료의 50%

3) 주말(공휴일) 할증

대상 차량	1종(승용차(경차 포함), 16인승 이하 승합차, 2.5t 미만 화물차) ※ 경차는 1종 통행요금의 50% 할인 적용
적용 시간 및 할증률	토요일, 일요일, 공휴일 오전 7시부터 오후 9시까지 통행요금의 5%를 할증하여 100원 단위 수납(단, 50원 이하 버림, 50원 초과 올림) ※ 명절 연휴기간 제외, 출구요금소 통과시각 기준

01 주어진 자료에 대한 [보기]의 설명 중 옳지 않은 것의 개수를 고르면?

보기

㉠ 3종 차량은 주말 할증 제도 제외 대상이다.
㉡ 할인 또는 할증 제도는 하이패스 장착 차량에 한해 적용된다.
㉢ 고속도로 통행료는 정부와 민간단체 및 전문가를 통한 심의 과정을 통하여 결정된다.
㉣ 고속도로 통행료는 수익자와 정부가 양분하여 부담하고 있어 다른 나라에 비해 통행료가 저렴한 편이다.

① 1개 ② 2개 ③ 3개 ④ 4개

02 **다음 중 고속도로 통행요금이 가장 비싼 경우를 고르면?**(단, 언급되지 않은 사항은 고려하지 않고, 원 단위 미만은 절사한다.)

① 2종 차량이 폐쇄식 요금소를 통해 21km를 이동한 경우
② 3종 차량이 요금소별 최단이용 거리가 22km인 개방식 요금소 사이를 이동한 경우
③ 4종 차량이 폐쇄식 요금소를 통해 15km를 이동한 경우
④ 5종 차량이 요금소별 최단이용 거리가 15km인 개방식 요금소 사이를 이동한 경우

03 **다음 [보기]에서 최 대리의 하루 고속도로 통행요금을 고르면?**(단, 원 단위 미만은 절사한다.)

보기

최 대리는 본인 명의의 1종 차량인 승합차를 타고 출퇴근을 한다. 그가 출퇴근하는 고속도로에는 모두 폐쇄식 요금소만 있고, 그의 차량에는 하이패스 단말기가 장착되어 있다.
최 대리는 어느 평일 오전 6시경 출근차 고속도로 진입요금소를 통과하여 18km 거리에 있는 출구요금소를 40분 뒤에 통과하였다. 그리고 그는 저녁 6시 30분에 자차를 이용하여 퇴근하였는데 퇴근 후 40분 뒤에 고속도로 진입요금소를 통과하였고, 진입요금소를 지난 지 35분 뒤에 출구요금소를 통과하며 고속도로를 빠져나왔다.
※ 단, 최 대리의 출퇴근 이용 구간은 같다.

① 1,970원 ② 2,205원 ③ 2,315원 ④ 2,470원

[04~06] 다음 글을 바탕으로 질문에 답하시오.

최근 국내 주요 기업이 'ESG 경영'을 속속 선언하면서 경쟁력을 확보하기 위해 분주하게 움직이고 있다. ESG는 환경(Environment), 사회(Social), 지배구조(Governance)의 약자로, ESG 경영이란 기업경영에 있어 사회적, 윤리적 가치를 반영하여 경영 및 투자하는 것을 말한다. 2015년 세계거래소연맹은 ESG에 대한 공시 가이드라인을 발표하면서 환경, 사회, 지배구조 등 총 33개의 항목을 상장 기업의 공시 내용에 포함할 것을 권고했다. 이후 가이드라인은 2018년에 다시 수정을 거쳐 현재 전 세계 35개의 증권거래소가 채택하고 있으며, 기업에 재무적 요소뿐만 아니라 비재무적 경영활동 성과도 공시할 것을 요구하고 있다. 이를 통해 상장 기업의 환경, 사회 및 지배구조 관련 항목이 공시되면, 투자자들은 과거 기업의 재무적 성과만을 판단하던 전통적 방식에서 벗어나 보다 장기적으로 기업 가치와 지속 가능성에 영향을 주는 비재무적 요소를 평가해 투자할 수 있고, 그 결과 사회적으로도 바람직한 기업 활동을 유도할 수 있다.

한편 시장에서는 특히 주목할 항목으로 'E(환경)'를 꼽는다. 기업의 사회 기여도, 지배구조의 적정성 등은 개별 소비자들이 한눈에 파악하기 쉽지 않기 때문이다. 최근 한 시장조사 업체에서 진행한 소비자 조사의 결과에 따르면, 전체 소비자의 84%가 '제품을 구매할 때 사회적 평판에 영향을 받는다'고 응답했다. 또한 신뢰하는 기업의 제품을 구매할 때 반응을 묻는 질문에는 많은 소비자가 '다소 비싸더라도 제품을 구매할 의향이 있다', '경쟁 제품이 나와도 관심을 가지지 않는다' 등의 반응을 보였다. 즉, ESG가 제품과 서비스의 판매량을 가늠하는 척도가 될 수 있는 것이다.

이때, 기업의 ESG 경영 선택의 밑바탕에는 새로운 소비 트렌드인 그린슈머(Greensumer)의 증가가 자리 잡고 있다. 그린슈머란 친환경을 의미하는 그린(Green)과 소비자(Consumer)의 합성어로 친환경적인 제품을 구매하는 소비자를 가리킨다. 기본적으로 환경 문제에 대한 관심이 높고, 생활 속에서 환경 보호를 실천하려는 의지를 가지고 있으므로 식품, 의류 등의 제품을 구매할 때 제품의 친환경성 여부를 중요한 기준으로 삼는다. 이러한 그린슈머의 증가는 세계적인 추세로, 글로벌 기업들은 2000년대 초부터 이를 겨냥한 그린마케팅을 활발히 진행하며 기업 이미지 개선의 노력을 해왔다. 예를 들어 미국의 친환경 아웃도어 브랜드 P사는 2011년 블랙프라이데이에 한 재킷 제품의 광고 문구로 '이 옷은 아무리 오래 입다 버려도 완성품의 3분의 2는 쓰레기로 남는다'며 '이 재킷의 60%는 재활용 소재를 이용했지만, 그 과정에서 20파운드의 탄소가 배출되었다' 등의 메시지를 함께 내놓았다. 반어적인 표현으로 자신들이 환경을 보호한다는 사실을 효과적으로 알린 것이다. 이러한 마케팅 전략으로 P사의 의류는 다른 브랜드보다 비싼 편이지만 브랜드 가치에 뜻을 함께하는 소비자들에게는 환경 보호의 상징으로 통한다.

04 주어진 글을 이해한 내용으로 적절하지 않은 것을 고르면?

① 그린슈머는 특정 국가가 아닌 전 세계에 걸쳐 나타나는 소비 트렌드이다.
② 최근 투자자들은 기업 평가 시 재무적 성과보다 비재무적 성과를 중요시한다.
③ 기업은 ESG 경영을 채택함으로써 환경 이슈에 민감한 소비자들의 이탈을 막을 수 있다.
④ 그린슈머의 성향을 가진 소비자들은 그렇지 않은 소비자들보다 친환경적인 제품 가격의 변동에 민감하게 반응하지 않을 것이다.

05 주어진 글을 참고할 때, 다음 [보기]에서 ESG 경영 사례로 적절한 것을 모두 고르면?

보기

㉠ A에너지는 그간 민간인들에게 피해를 끼쳤던 분산탄 사업 등 방위사업 분야를 매각하고, 유럽에 태양광발전소를 짓는 등 태양광, 수소 등의 친환경에너지 사업으로 주력 분야를 재설정하였다.
㉡ S증권은 지구 온난화 등 기후변화 위기에 대응하기 위해 '탈석탄'을 선언하고, 석탄발전과 관련한 추가 투자를 중단했으며, 석탄발전소 건설 채권도 매입하지 않기로 결정하였다.
㉢ H자동차는 2025년까지 수소전기차의 연 판매량을 11만 대로 늘린다고 발표하였으며, 유엔개발계획과 교통, 주거, 환경 등 글로벌 사회가 직면한 문제를 해결하기 위한 캠페인에 동참하겠다는 협약을 맺었다.

① ㉠, ㉡ ② ㉠, ㉢ ③ ㉡, ㉢ ④ ㉠, ㉡, ㉢

06 다음 한국도로공사의 ESG 경영 사례 중 주어진 글의 핵심 내용과 가장 가까운 것을 고르면?

① 불법점용 중이었던 교량 하부를 체육시설로, 폐도 부지를 닥터헬기 이착륙장으로 변경하고, 김천 IC·안산 JCT 인근에 유휴부지를 주차장으로 제공하는 등 생활 SOC 확충을 통해 국민 편익이 크게 신장되었다.
② 운전자의 피로회복을 위한 졸음쉼터 확충, 안전띠 미착용자의 고속도로 진입 차단, 10분간의 휴식·전 좌석 안전띠 착용 캠페인, 보험사와 사고정보 공유 확대를 통한 2차 사고 예방 등 고속도로 안전을 위해 전사적 노력을 다하고 있다.
③ 터널 내 미세먼지 저감에 대한 필요성을 인식하면서 '클린튜브'를 개발하여 설치하였다. 클린튜브는 터널에 공기정화 필터를 설치하고 미세먼지를 여과시키는 장치로, 일 451만 m^3 공기를 정화하고 연간 196kg의 미세먼지를 제거하는 효과가 있다.
④ 인맥·알선 위주의 건설 일자리 정보를 개방형 플랫폼을 구축함으로써 건설근로자의 구인·구직 정보를 투명하게 공유하였다. 더불어 맞춤형 일자리를 직접 매칭하여 임금상승 및 사회보장 제도의 혜택을 받게 되었고, 건설근로자공제회 연계를 통해 경력 정보의 신뢰성을 확보하였다.

[07~09] 다음은 고속도로 통행요금 산정에 관한 자료이다. 이를 바탕으로 질문에 답하시오.

[고속도로 통행요금 산정 기본 구조]

구분	폐쇄식	개방식
기본요금	900원	720원
통행요금 산정	(기본요금)+ {(주행 거리)×(차종별 km당 주행요금)}	(기본요금)+ {(요금소별 최단이용 거리)×(차종별 km당 주행요금)}

※ 폐쇄식은 통행권을 먼저 받고 이용한 구간만 요금을 지불하는 방식이고, 개방식은 특정 구간의 요금을 먼저 지불하는 방식이다.
※ km당 주행요금 단가: 1종 44.3원, 2종 45.2원, 3종 47.0원, 4종 62.9원, 5종 74.4원(단, 2차로는 통행요금의 50% 할인, 6차로 이상은 통행요금의 20% 할증)

[최장 거리 운행요금]

1) 정의: 진출영업소 기준으로 가장 먼 거리로부터 최단 경로로 통행한 것으로 추정한 통행료
2) 발생 원인
   ① 진입영업소가 확인되지 않을 경우
      – 요금소 진출 차량이 통행권을 미소지하거나 통행권이 훼손된 경우
      – 통행권 발행 차로로 진입하여 하이패스 차로로 진출한 경우
   ② 고속도로 운행 유효 시간(24시간)이 초과된 경우

[구간별 고속도로 정보]

구간	거리	차로	구분
가	10km	4차로	폐쇄식
나	20km	3차로	개방식
다	20km	6차로	폐쇄식
라	30km	2차로	개방식

※ 거리는 폐쇄식의 경우 주행 거리, 개방식의 경우 요금소별 최단이용 거리를 나타낸다.

07 **다음은 고속도로 통행요금에 관한 A의 질문에 대한 B의 답변이다. 이때, B의 답변으로 옳지 않은 것을 고르면?**

① A: 통행권을 분실했습니다. 통행요금으로 얼마를 지불해야 할까요?
B: 진출영업소 기준으로 가장 먼 거리로부터 최단 경로로 통행한 것으로 추정한 통행료가 부과됩니다.

② A: 고속도로 통행권을 받고 100km를 달려 진출요금소를 통과한다면, 통행요금은 개방식과 폐쇄식 중에 어떤 기준으로 산정될까요?
B: 통행권을 먼저 받고 주행하였기 때문에 폐쇄식 고속도로 통행요금이 적용됩니다.

③ A: 여행지에 놀러갈 때 고속도로 '라' 구간을 이용하고, 집으로 돌아올 때는 '다' 구간을 이용할 예정입니다. 고속도로 통행요금 각각의 할인 및 할증 규정이 어떻게 되나요?
B: '라' 구간은 2차로이므로 50% 할인되며, '다' 구간은 6차로이므로 20% 할증됩니다.

④ A: 화물업을 하는 자영업자입니다. 15일 오전 10시에 '가' 요금소로 진입했습니다. 그러나 휴게소에서 잠이 들어 16일 오전 11시에서야 '나' 요금소를 통과했습니다. 이 경우 최장 거리 운행요금에 해당되나요?
B: 아닙니다. '가' 요금소에서 '나' 요금소까지의 통행요금만 납부하시면 됩니다.

08 **박 대리는 주말에 여행을 가기 위해 고속도로를 이용하는 경로를 바탕으로 여행 계획을 세운다고 할 때, 여행지까지 고속도로 편도 거리는 200km이고, 박 대리의 차는 1종이다. 1번 경로의 고속도로는 2차로이고 2번 경로의 고속도로는 6차로일 때, 두 경로 간의 왕복 통행료의 차이를 고르면?**(단, 1번과 2번 경로의 고속도로는 폐쇄식이고, 십 원 단위 미만은 절사한다.)

① 12,630원 ② 12,960원 ③ 13,660원 ④ 13,930원

09 **김 부장의 차종이 3종이라고 할 때, 각 구간별 통행요금으로 옳지 않은 것을 고르면?**(단, 십 원 단위 미만은 절사한다.)

① '가' 구간: 1,370원
② '나' 구간: 1,660원
③ '다' 구간: 2,210원
④ '라' 구간: 1,060원

[10~12] 다음은 교통사고 발생 시 대처 요령에 관한 자료이다. 이를 바탕으로 질문에 답하시오.

■ 교통사고 발생 시 조치 요령

1. 운전자의 의무
   1) 연속적인 사고의 방지
      – 다른 차의 소통에 방해되지 않도록 길 가장자리나 공터 등 안전한 장소에 차를 정차시키고 엔진을 끈다.
   2) 부상자의 구호
      – 사고현장에 의사, 구급차 등이 도착할 때까지 부상자에게는 가제나 깨끗한 손수건으로 우선 지혈시키는 등 가능한 응급조치를 한다. 이 경우 함부로 부상자를 움직여서는 안 된다. 특히 두부에 상처를 입었을 때에는 움직이지 말아야 한다. 그러나 후속 사고의 우려가 있을 때는 부상자를 안전한 장소로 이동시킨다.
   3) 경찰공무원 등에게 신고
      – 사고를 낸 운전자는 사고발생 장소, 사상자 수, 부상 정도, 망가뜨린 물건과 정도, 그 밖의 조치 상황을 경찰공무원이 현장에 있는 때에는 그 경찰공무원에게, 경찰공무원이 없을 때는 가장 가까운 경찰관서에 신고하여 지시를 받는다. 사고발생 신고 후 사고 차량의 운전자는 경찰공무원이 현장에 도착할 때까지 대기하면서 경찰공무원이 명하는 부상자 구호와 교통 안전상 필요한 사항을 지켜야 한다.
2. 피해자의 대처 요령
   - 가벼운 상처라도 반드시 경찰공무원에게 알려야 한다. 피해자가 피해 신고를 게으르게 하면, 후일 사고로 말미암은 후유증의 발생 시 불리하게 될 뿐만 아니라 교통사고증명서를 받을 수 없게 되는 경우가 있다.
   - 가벼운 상처나 외상이 없어도 두부 등에 강한 충격을 받았을 때는 의사의 진단을 받아 두어야 나중에 후유증이 생겼을 때 선의의 피해를 보지 않는다.
3. 사고현장에 있는 사람의 자발적 협조
   - 부상자의 구호, 사고 차량의 이동 등에 대하여 스스로 협력하는 것이 바람직하다.
   - 사고를 내고 뺑소니하는 차는 그 차의 번호, 차종, 색깔, 특징 등을 메모 또는 기억하여 112번으로 경찰공무원에게 신고한다.
   - 특히 사고현장에는 휘발유가 흘러 있거나 화물 중에 위험물 등이 있을 수 있으므로 담배를 피우거나 성냥불 등을 버리는 행위는 절대 삼가야 한다.

■ 응급처치 요령

1. 응급처치의 의의
   - 적절한 응급처치는 상처의 악화나 위험을 줄일 수 있고 심하게 병들거나 다친 사람의 생명을 보호해 주며, 또한 병원에서 치료받는 기간을 길게 하거나 짧게 하는 것을 결정하게 된다.
2. 응급처치 시 주의사항
   - 모든 부상 부위를 찾는다.
   - 조그마한 부상까지도 찾는다.
   - 꼭 필요한 경우가 아니면 함부로 부상자를 움직이지 않는다.
   - 부상 정도에 대하여 부상자에게 이야기하지 않는다. 부상자가 물으면 '괜찮다, 별일 아니다'라고 안심시킨다.
   - 부상자의 신원을 미리 파악해 둔다.
   - 부상자가 의식이 없으면 옷을 헐렁하게 하고, 음료수 등을 먹일 때에는 코로 들어가지 않도록 주의한다.
3. 응급처치의 순서
   1) (필요한 경우) 먼저 부상자를 구출하여 안전한 장소로 이동시킨다.
   2) 부상자를 조심스럽게 눕힌다.
   3) 병원에 신속하게 연락한다.
   4) 부상 부위에 대하여 응급처치한다.

10 교통사고 발생 시 조치 요령으로 옳지 않은 것을 [보기]에서 모두 고르면?

보기

㉠ 피해 운전자가 부상을 입은 경우 먼저 신원을 미리 파악해 둔다.
㉡ 사고가 나면 화재가 발생할 수 있으므로 즉시 자동차 엔진을 꺼야 한다.
㉢ 뺑소니 교통사고 현장 목격자인 경우 차량 정보를 경찰공무원에게 알려야 한다.
㉣ 부상자가 머리를 다쳤지만, 2차 사고가 발생할 위험이 있다면 안전한 장소로 옮겨야 한다.

① ㉠, ㉡ ② ㉠, ㉢ ③ ㉡, ㉣ ④ ㉢, ㉣

11 교통사고가 발생하여 응급처치를 해야 할 때, 다음 중 적절하지 않은 조치를 고르면?

① 함부로 부상자를 옮기지 않는다.
② 부상 정도를 부상자에게 알리지 않는다.
③ 병원에 먼저 연락한 뒤에 응급처치해야 한다.
④ 기도가 막히지 않도록 해야 하므로 물을 먹이면 안 된다.

12 주어진 자료를 바탕으로 할 때, 다음 [보기]의 밑줄 친 ㉠~㉣ 중 옳지 않은 것의 개수를 고르면?

보기

김 씨는 부주의로 인하여 교차로에서 앞차를 뒤에서 들이받으며 교통사고를 유발하였다. 다행히 큰 사고는 아니었지만, 교차로 건널목을 건너던 보행자를 포함하여 피해 운전자 또한 부상을 당했다. ㉠ 김 씨와 피해 운전자는 우선 차량을 한쪽으로 옮기고 시동을 껐다. 그리고 ㉡ 보행자의 다리에 찰과상이 발생한 것을 확인하였기에, 인도에 보행자를 눕히고 119에 신고를 하였다. 이때, 주변에 있던 시민들이 김 씨를 도왔다. 그리고 ㉢ 김 씨는 갖고 있던 손수건으로 보행자의 다친 다리를 감싸서 지혈해 주고 난 뒤, 112에 교통사고 발생에 관한 신고를 하였다.

얼마 지나지 않아 경찰관이 왔고, 김 씨는 사상자 수와 부상 정도, 피해 차량 정보 등을 경찰관에게 전달하였다. ㉣ 피해 운전자는 자신이 입은 부상에 대하여 경찰관에게 전달하면서 평소에 느끼지 못했던 두통과 허리 통증까지 낱낱이 경찰관에게 전달하였다.

① 0개 ② 1개 ③ 2개 ④ 3개

[13~16] 김 사원은 다음과 같은 매뉴얼을 바탕으로 시스템을 모니터링하고 있다. 이를 바탕으로 질문에 답하시오.

■ 시스템 메시지 해석

항목	설명	분류
System Code	감지된 여러 개의 Error Code 중에서 어떤 것을 선택하여 FV를 산출할지를 결정함	• C#: Error Code 전부 선택 • D#: 먼저 발견된 순으로 Error Code 3개 선택 • E#: SV가 높은 순으로 Error Code 3개 선택 • F#: DV가 높은 순으로 Error Code 3개 선택
System Type	선택된 Error Code별로 FEV를 계산하는 방법을 결정함	• 16#: 각 Error Code의 DV를 제외한 항목 중 값이 작은 2개의 평균에 DV를 더한 값을 FEV로 지정 • 32#: 각 Error Code의 DV를 제외한 항목 중 최댓값·최솟값 2개의 평균에 DV를 더한 값을 FEV로 지정 • 64#: 각 Error Code의 DV를 제외한 나머지 항목 평균에 DV를 더한 값을 FEV로 지정 • 128#: 각 Error Code의 DV를 제외한 항목 중 값이 큰 2개의 평균에 DV를 더한 값을 FEV로 지정
Error Code	각 Error Code는 HV, CV, IV, DV 4개의 항목으로 구성되어 있으며, 먼저 발견된 Error Code가 먼저 출력됨	• HV(Hazard Value): 위험치명도 • CV(Complexity Value): 위험복잡도 • IV(Influence Value): 위험확산도 • DV(Diagnosis Value): 위험진단값 ※ HV, CV, IV, DV는 모두 0 또는 자연수만 가능함
Standard Value	각 Error Code는 고유한 SV가 있으며, 선택된 Error Code별로 FEV와 SV를 비교함	• FEV(Final Error Value): 각 Error Code별로 System Type에 따라 계산되는 수치 • SV(Standard Value): 각 Error Code가 가진 고유한 기준 수치. 0 또는 자연수만 가능함
Final Value	선택된 Error Code별로 FEV와 SV를 비교하여 FV(Final Value)를 산출함	• FEV<SV: −1 • FEV=SV: 0 • FEV>SV: +1 ※ FV의 기본값은 0이며, 위 기준에 따라 기본값에 수치를 더하거나 빼 FV가 산출됨

■ Input Code: 산출된 FV를 바탕으로 모니터링 요원은 아래 기준에 따라 Input Code를 입력해야 함

기준	Input Code	의미
FV<−1	Green	안전
FV=−1	Yellow	주의
FV=0	Orange	재검사
FV=1	Red	경고
FV>1	Black	위험

■ 재검사: 입력할 Input Code가 Orange인 경우, 아래 System Code 기준에 따라 다시 FV를 산출함

System Code	재검사 방법	FV 산출법
C#	재검사를 시행하지 않고 반드시 FV=1	
D#	네 번째로 발견된 Error Code의 DV와 SV를 비교하여 FV를 산출함	• DV>SV: FV=−2 • DV=SV: FV=−1 • DV<SV: FV=1
E#	SV가 네 번째로 높은 Error Code의 DV와 SV를 비교하여 FV를 산출함	
F#	DV가 네 번째로 높은 Error Code의 DV와 SV를 비교하여 FV를 산출함	• DV>SV: FV=−2 • DV=SV: FV=−1 • DV<SV: FV=2

예시1)

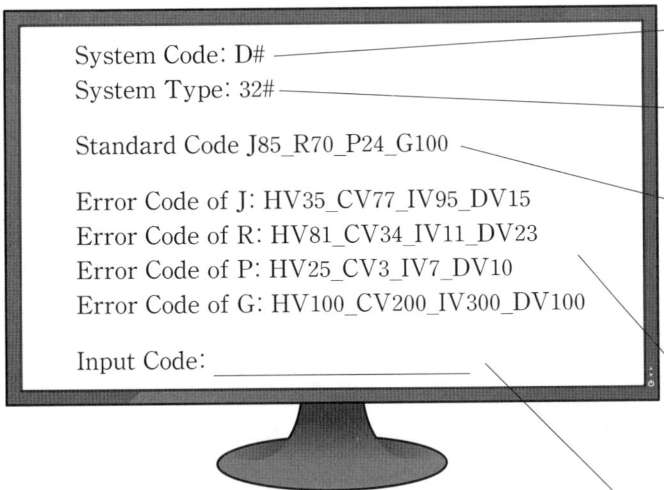
System Code: D#
System Type: 32#
Standard Code J85_R70_P24_G100
Error Code of J: HV35_CV77_IV95_DV15
Error Code of R: HV81_CV34_IV11_DV23
Error Code of P: HV25_CV3_IV7_DV10
Error Code of G: HV100_CV200_IV300_DV100
Input Code:

Step 1: 먼저 발견된 Error Code J, R, P 선택

Step 2: DV를 제외한 항목 중 최댓값·최솟값의 평균에 DV를 더한 값을 FEV로 지정

Step 3: Error Code는 J, R, P, G 4개이며, Error Code들의 SV는 각각 85, 70, 24, 100임

Step 4:
Error Code J의 FEV는 {(35+95)/2}+15=80
→ FEV<SV이므로 FV에 −1
Error Code R의 FEV는 {(81+11)/2}+23=69
→ FEV<SV이므로 FV에 −1
Error Code P의 FEV는 {(25+3)/2}+10=24
→ FEV=SV이므로 FV는 그대로

Step 5: FV는 −1−1+0=−2이므로, Input Code에는 Green을 입력함

예시2)

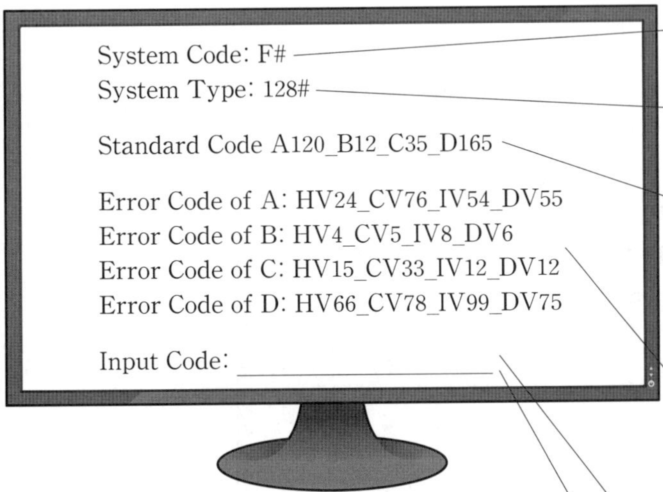
System Code: F#
System Type: 128#
Standard Code A120_B12_C35_D165
Error Code of A: HV24_CV76_IV54_DV55
Error Code of B: HV4_CV5_IV8_DV6
Error Code of C: HV15_CV33_IV12_DV12
Error Code of D: HV66_CV78_IV99_DV75
Input Code:

Step 1: DV가 높은 Error Code A, C, D 선택

Step 2: DV를 제외한 항목 중 값이 큰 2개의 평균에 DV를 더한 값을 FEV로 지정

Step 3: Error Code는 A, B, C, D 4개이며, Error Code들의 SV는 각각 120, 12, 35, 165임

Step 4:
Error Code A의 FEV는 {(76+54)/2}+55=120
→ FEV=SV이므로 FV는 그대로
Error Code C의 FEV는 {(15+33)/2}+12=36
→ FEV>SV이므로 FV에 +1
Error Code D의 FEV는 {(78+99)/2}+75=163.5
→ FEV<SV이므로 FV에 −1

Step 5: FV는 0+1−1=0이므로, 재검사를 실시함

Step 6: DV가 네 번째로 높은 B의 DV와 SV를 비교하면, DV<SV이므로 FV=2
따라서 Input Code에는 Black을 입력함

13 다음 모니터의 상황에서 입력할 Input Code로 알맞은 것을 고르면?

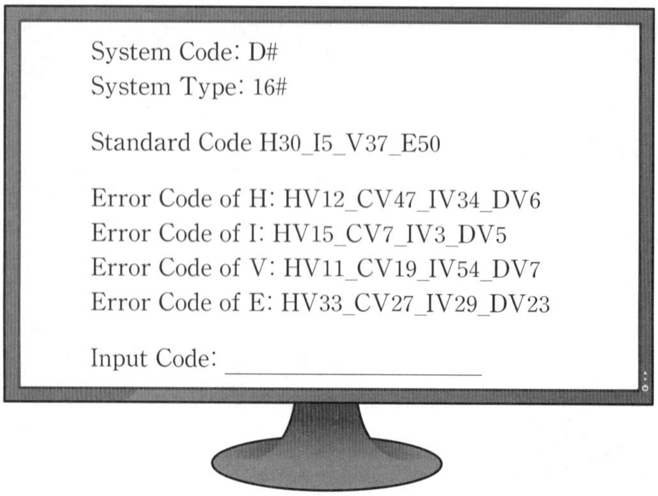

① Green ② Yellow ③ Red ④ Black

14 다음 모니터의 상황에서 입력할 Input Code로 알맞은 것을 고르면?

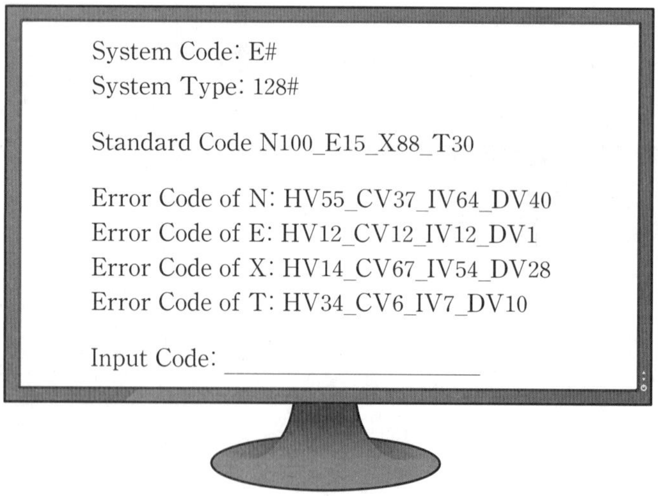

① Green ② Yellow ③ Red ④ Black

15 다음 모니터의 상황에서 입력할 Input Code로 알맞은 것을 고르면?

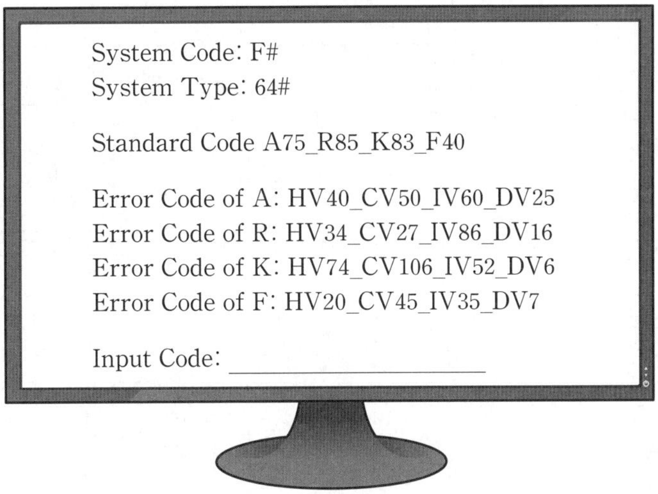
System Code: F#
System Type: 64#
Standard Code A75_R85_K83_F40
Error Code of A: HV40_CV50_IV60_DV25
Error Code of R: HV34_CV27_IV86_DV16
Error Code of K: HV74_CV106_IV52_DV6
Error Code of F: HV20_CV45_IV35_DV7
Input Code: ____________________

① Green　② Yellow　③ Red　④ Black

16 다음 모니터의 상황에서 입력할 Input Code로 알맞은 것을 고르면?

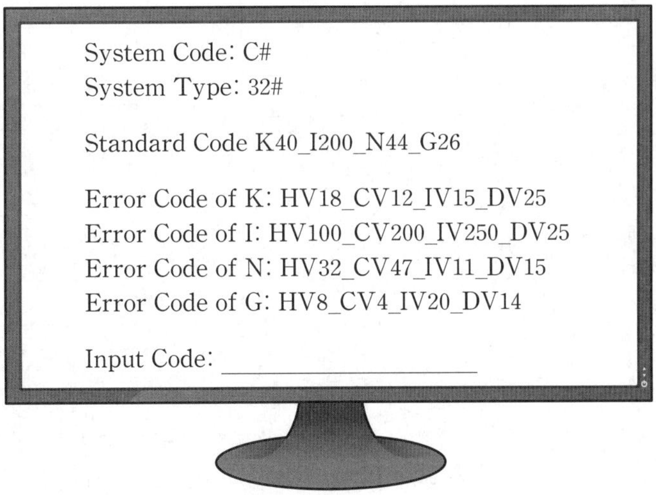
System Code: C#
System Type: 32#
Standard Code K40_I200_N44_G26
Error Code of K: HV18_CV12_IV15_DV25
Error Code of I: HV100_CV200_IV250_DV25
Error Code of N: HV32_CV47_IV11_DV15
Error Code of G: HV8_CV4_IV20_DV14
Input Code: ____________________

① Green　② Yellow　③ Red　④ Black

[17~21] 다음 [표]와 [조건]은 논리 게이트에 관한 자료이다. 이를 바탕으로 질문에 답하시오.

[표] 논리 게이트

게이트	기호	진리표
BUFFER	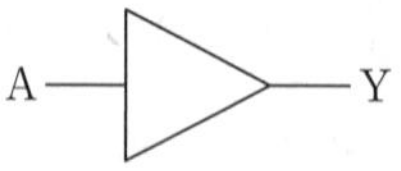	A Y 0 0 1 1
NOT	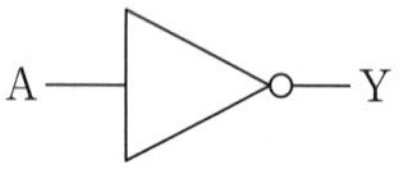	A Y 0 1 1 0
AND	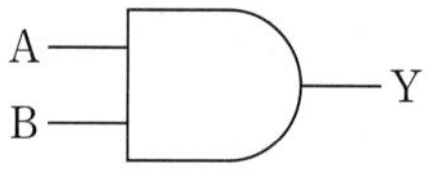	A B Y 0 0 0 0 1 0 1 0 0 1 1 1
OR	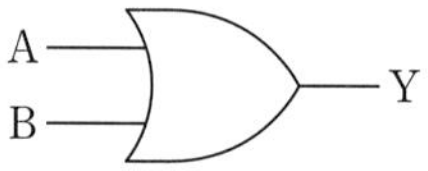	A B Y 0 0 0 0 1 1 1 0 1 1 1 1
NAND	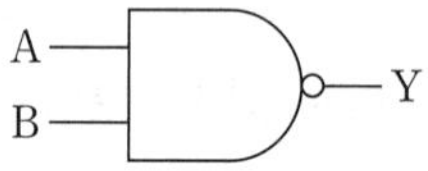	A B Y 0 0 1 0 1 1 1 0 1 1 1 0
NOR	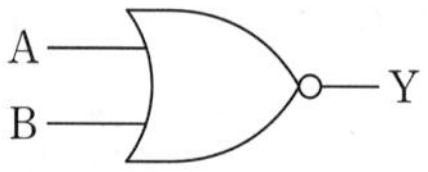	A B Y 0 0 1 0 1 0 1 0 0 1 1 0
XOR	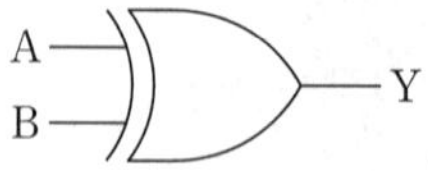	A B Y 0 0 0 0 1 1 1 0 1 1 1 0
XNOR	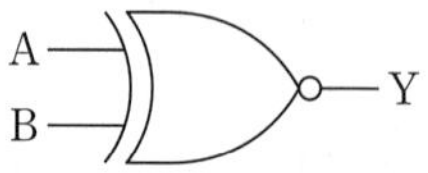	A B Y 0 0 1 0 1 0 1 0 0 1 1 1

조건

- 논리 회로는 왼쪽에서 오른쪽 방향으로 진행된다.
- 각 논리 게이트 왼쪽의 값은 입력값(A, B), 오른쪽의 값은 출력값(Y)이다.
- 논리 게이트의 입력값이 1개일 때, 진리표에 따른 값의 변화는 모든 자릿수에 각각 적용된다.
- 논리 게이트의 입력값이 2개일 때, 진리표에 따른 값의 변화는 같은 자릿수끼리 적용된다.

예시1)

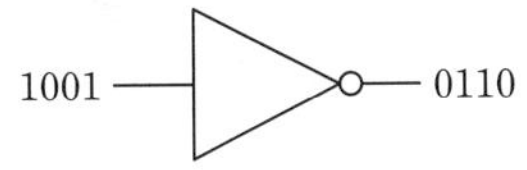

예시2)

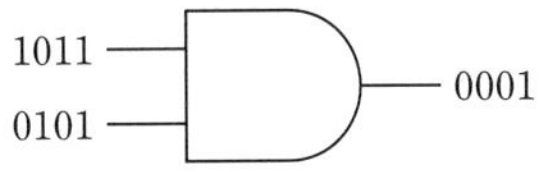

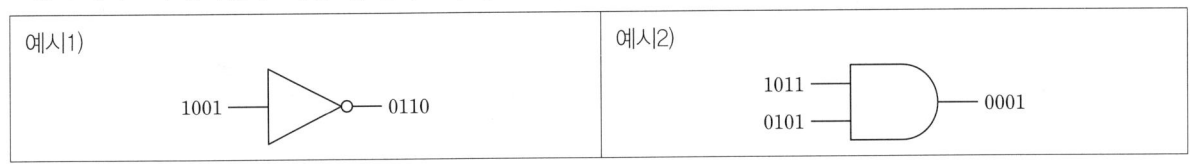

17 **주어진 자료를 참고하여 다음 논리 회로의 (?)에 들어갈 알맞은 출력값을 고르면?**

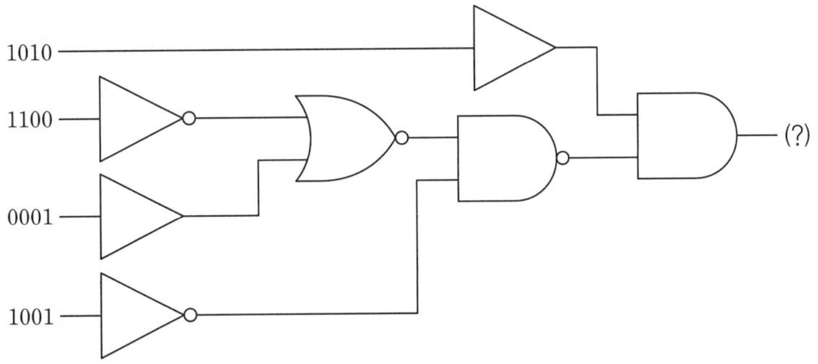

① 0011 ② 0101 ③ 1010 ④ 1011

18 주어진 자료를 참고하여 다음 논리 회로의 (?)에 들어갈 알맞은 출력값을 고르면?

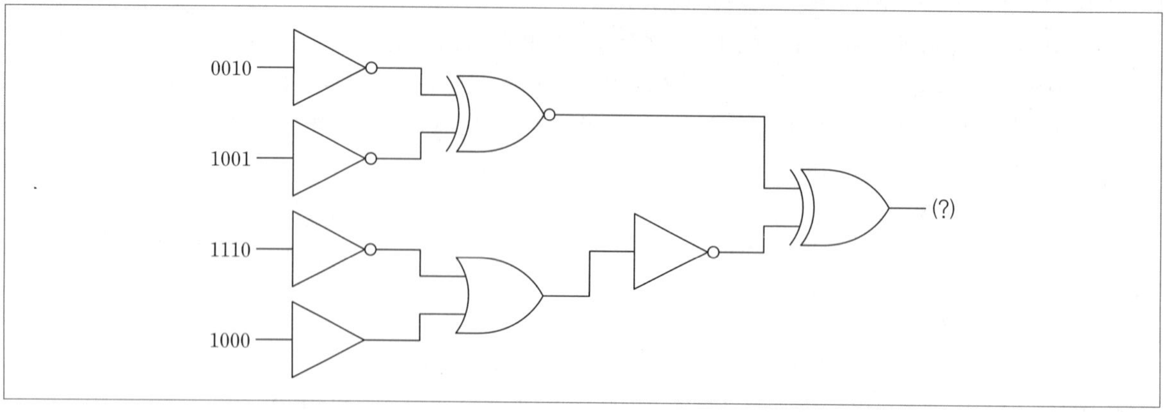

① 0000　　② 0010　　③ 1010　　④ 1100

19 주어진 자료를 참고하여 다음 논리 회로의 (?)에 들어갈 알맞은 출력값을 고르면?

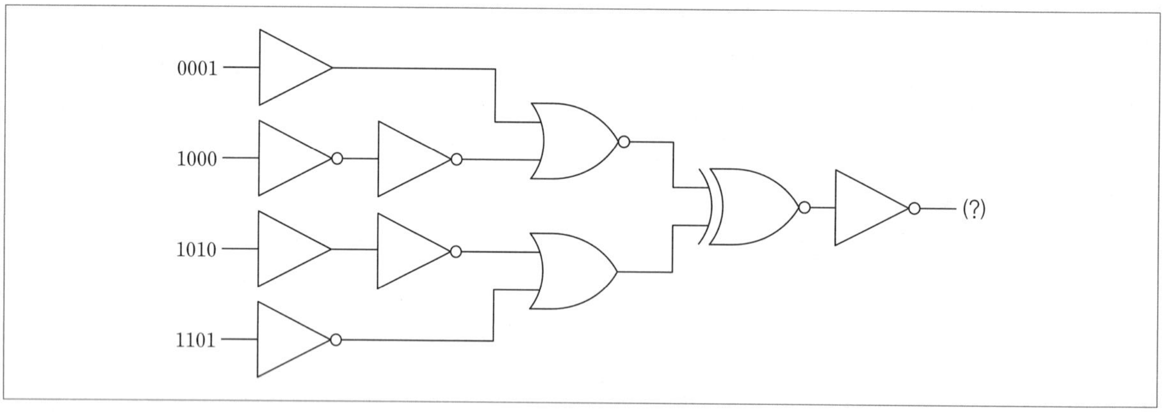

① 0001　　② 0110　　③ 1101　　④ 1110

20 주어진 자료를 참고하여 다음 논리 회로의 (A), (B)에 들어갈 알맞은 입력값을 각각 x, y라 했을 때, 가능한 (x, y) 순서쌍의 수를 고르면?

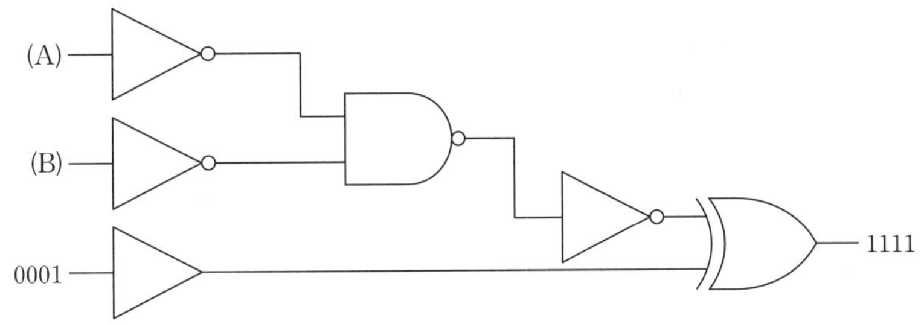

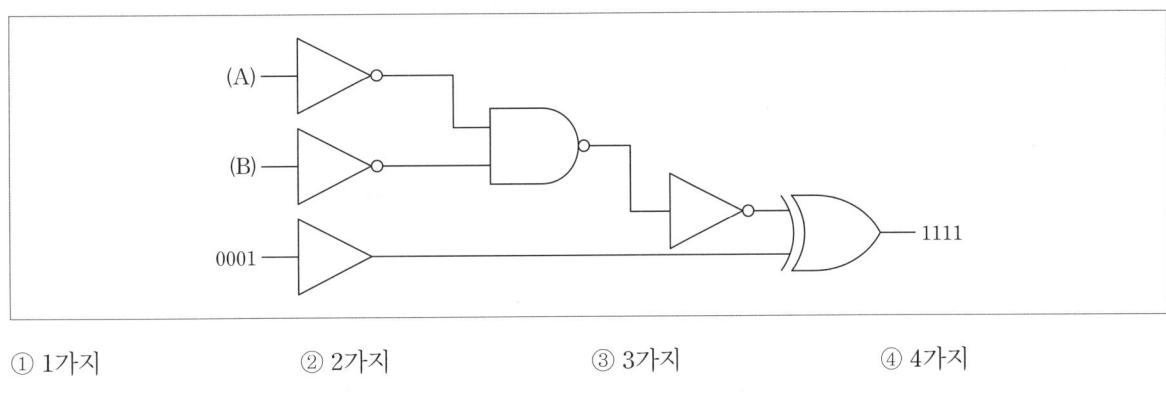

① 1가지 ② 2가지 ③ 3가지 ④ 4가지

21 주어진 자료를 참고하여 다음 논리 회로의 (?)에 들어갈 알맞은 입력값으로 가능한 경우의 수를 고르면?

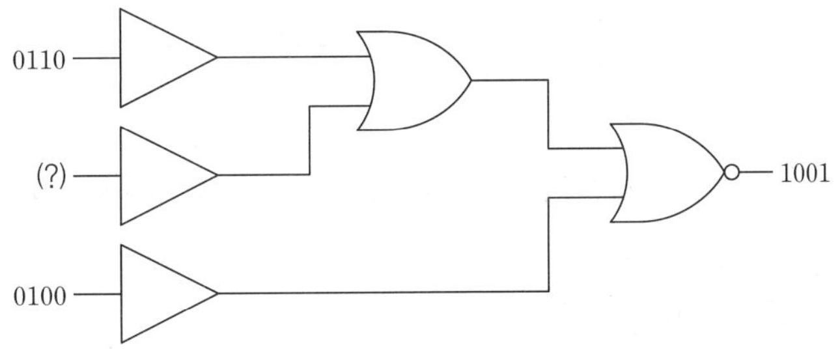

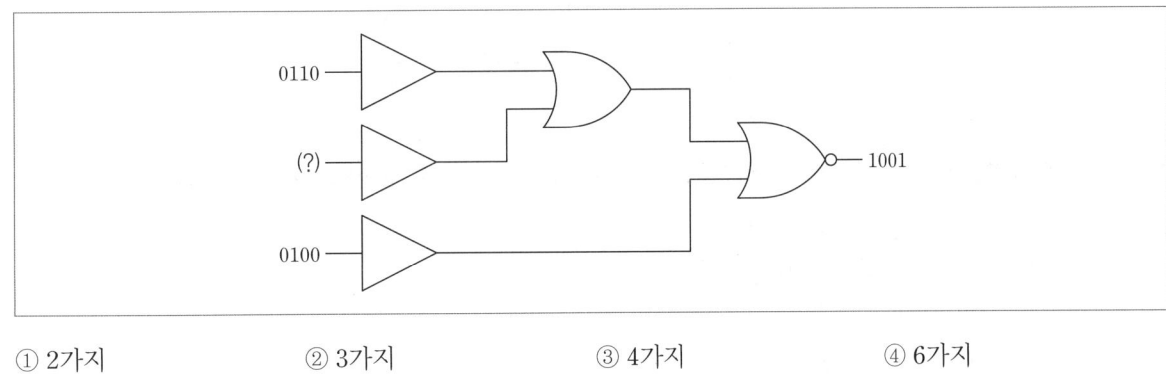

① 2가지 ② 3가지 ③ 4가지 ④ 6가지

[22~24] 다음은 어느 복합기 업체의 시리얼 넘버 생성 규칙에 관한 자료이다. 이를 바탕으로 질문에 답하시오.

시리얼 넘버 부여 방식

[생산연월]－[생산 지역]－[제품 종류]－[생산 순서]

예시) 2019년 4월 한국 1공장에서 1,111번째로 생산된 Africo 복합기의 시리얼 넘버

→ 190401ANA00101111

생산연월	생산 지역				제품 종류				생산 순서
	국가코드		생산라인코드		상품코드		상세 분류코드		
• 2019년 4월 → 1904 • 2019년 7월 → 1907 • 2019년 10월 → 1910 • 2020년 1월 → 2001 • 2020년 4월 → 2004	01	한국	AN	1공장	A	Africo	0010	복합기	• 0001부터 시작하여 각 생산 지역의 제품 종류별 생산 순서대로 4자리의 번호가 매겨짐 • 생산연월이 바뀌면 0001부터 새로 시작함
			BO	2공장			0020	프린터	
	02	미국	CP	1공장			0030	3D프린터	
	03	중국	DQ	1공장	B	DMwox	0040	복합기	
			ER	2공장			0050	프린터	
			FS	3공장			0060	3D프린터	
			GT	4공장					
	04	일본	HU	1공장	C	STcopy	0070	복합기	
							0080	프린터	
							0090	3D프린터	
	05	멕시코	IV	1공장	D	ECOcopy	0100	복합기	
			JW	2공장			0110	프린터	
	06	필리핀	KX	1공장	E	Hybrid	0120	3D프린터	
			LY	2공장					
			MZ	3공장			0130	복합기	

22 주어진 자료를 바탕으로 시리얼 넘버 '201203FSA00301234'에 대한 설명으로 옳은 것을 고르면?

① 해당 제품은 Africo 프린터이다.

② 해당 제품은 2012년 3월에 생산되었다.

③ 해당 제품은 중국 1공장에서 생산되었다.

④ 해당 제품은 지금까지 1,000대 이상 생산되었다.

23 주어진 자료에 대한 설명으로 옳은 것을 고르면?

① 생산 지역의 국가코드가 다르면 생산라인코드도 다르다.
② 제품 종류의 상세 분류코드가 다르면 상품코드도 다르다.
③ 시리얼 넘버를 통해 제품의 생산연월일, 생산 국가를 모두 알 수 있다.
④ '220501BOE0130'으로 시작하는 시리얼 넘버 중 마지막 네 자리 숫자가 가장 큰 시리얼 넘버가 '220501BOE 01301294'라면, 2022년 5월에 이 복합기 업체에서 생산한 Hybrid 복합기는 총 1,294대이다.

24 다음 [표]는 현재 보관하고 있는 재고상품 및 이를 관리하는 책임자 명단을 정리한 자료이다. 2019년 1월 한국 1공장에서 생산된 Africo 복합기 중 2,000번째 이후에 생산된 제품들에 모두 문제가 발생하였다. 주어진 자료와 아래의 [표]를 바탕으로 할 때, 다음 중 문제가 있는 제품의 책임자를 고르면?

[표] 현재 보관하고 있는 재고상품 시리얼 넘버 및 이를 관리하는 책임자 명단

책임자	재고상품 시리얼 넘버	책임자	재고상품 시리얼 넘버
김유리	190205IVD01002154	온누리	180202CPA00103215
한나리	190106LYE01204578	이정희	190101ANA00101256
김갑동	180404HUC00809874	한세윤	201106KXE01307854
윤한이	191203DQB00407412	이선우	201202CPA00301248
서새별	190101ANA00102419	박희림	190101ANA00204527

① 한나리 ② 이정희 ③ 서새별 ④ 박희림

[25~26] 다음은 한국도로공사의 푸드트럭 참여자 공고에 관한 자료이다. 이를 바탕으로 질문에 답하시오.

1. 모집 개요

□ 사업목적

고속도로 졸음쉼터에 도입 가능한 창업 아이템을 보유한 청년 창업자를 발굴 및 육성함으로써 청년실업 해소에 일조하고 새로운 휴게문화 창출에 기여하고자 함

2. 지원 자격 및 신청제외 대상

□ 지원 자격

○ 청년(만 20세 이상 만 39세 이하 대한민국 국민) 및 40대(만 40세 이상 만 49세 이하 대한민국 국민)

※ 만 나이는 '공고일 현재 기준'으로 신청 전 반드시 확인(네이버 만 나이 계산기 등)

○ 팀 단위 지원하되, 팀원 모두가 상기요건을 충족하여야 함

※ 팀원 중 1명이라도 신청 자격 미충족 시 탈락 조치

○ 취업취약계층 및 국가유공자 우대

– 본인, 배우자, 직계존비속에 한함

※ 취업취약계층 및 국가유공자(중복 적용 불가)는 서류 및 면접심사 가점(각 3점) 부여

구분	내용
저소득층 (기초~차차상위)	• 국민기초생활보장법 제2조 제1호에 따른 수급권자 • 국민기초생활보장법 제2조 제10호에 따른 차상위계층 • 중위 소득 60% 이하 건강보험료 납부자(차차상위)
장애인	• 장애인고용촉진 및 직업재활법 시행령 제3조에 따른 장애인
북한이탈주민	• 군사분계선 이북지역에 주소, 직계가족, 배우자, 직장 등을 두고 있는 사람으로서 북한을 벗어난 후 외국 국적을 취득하지 아니한 사람
보호종결청년	• 보육원 만기 퇴소 예정자(6개월 이내 만기 퇴소) 및 만기 퇴소한 지 5년 미만인 자
여성가장	• 구직활동자 중 가족부양책임이 있는 여성 • 본인과 배우자였던 자의 직계비속을 부양하고 있는 자 • 근로 능력이 없는 배우자를 부양하는 자 • 본인과 배우자였던 자의 직계존비속이나 형제자매 중 근로 능력이 없는 자를 부양하고 있는 자
경력단절여성	• 혼인, 임신, 육아 등의 이유로 경력단절 기간이 6개월 이상인 여성(공고일 전일 기준 무직인 자)
국가유공자	• 국가유공자 예우 및 지원에 관한 법률 제29조 • 독립유공자 예우에 관한 법률 제16조 • 5.18 민주유공자 예우에 관한 법률 제20조 • 특수임무유공자 예우 및 단체설립에 관한 법률 제19조 • 고엽제후유의증 등 환자지원 및 단체설립에 관한 법률 제7조 제9항 • 보훈보상대상자 지원에 관한 법률 제33조에 따른 국가유공자

□ 신청제외 대상(※ 팀원 모두 해당되지 않아야 하며, 해당될 경우 탈락 조치)

○ 법인 명의로 신청하거나, 사업자 등록이 되어 있는 자

○ 채무 불이행자로 규제 중인 자(금융기관), 세금 체납자

○ 한국도로공사 청년창업 지원 프로그램(창업매장, 푸드트럭 등)에 선발된 적이 있는 자

3. 신청자 유의사항

[㉠]

□ 서류 제출 시 반드시 창업희망 졸음쉼터를 기재하여야 함

□ 공모서류 작성 착오 등으로 인한 불이익 책임은 신청자 본인에게 있음

[㉡]

□ 선발된 신청자는 공사와 기본 협약을 체결하고, 세부 계약을 별도로 체결하여야 함

□ 선발된 신청자는 반드시 공사가 지정한 졸음쉼터 내 허용공간에서 영업을 개시하고 운영하여야 함

□ 가급적 신청자가 희망하는 졸음쉼터에 창업 유형별 고득점자 순으로 배정할 예정이나, 한국도로공사 경영사정에 의해 임의조정 가능. 특이사항 발생 시 득점순 후보군에서 선발 가능

□ 본 공모의 지원자는 한국도로공사 심사 기준으로만 창업자 선발이 진행됨을 인지하고, 창업자 선정 지원을 빌미로 특정 알선업체 또는 개인의 이면합의(형식·내용 불문) 요구 등의 접촉 시에는 철저히 차단하기 바람

[㉢]

□ 운영 기간 중 공사가 정한 방식에 따라 정기적으로 창업성과를 평가하고, 성과평가 결과가 미흡한 팀은 계약해지 조치함(※ 평가 항목: 매출액, 민원, 서비스 수준, 각종 점검 결과 등)

□ 운영관련 법규에 따라 "시정, 영업정지, 영업폐쇄, 과징금 등의 행정처분이나 과태료 처분을 받은 경우"와 "허용된 영업시간 및 허용구역 이외에서 영업행위를 한 경우" 영업권을 회수함

□ 팀원(대표자 포함) 모두가 근무함을 원칙으로 하고, "공사의 승인 없이 월 20일 이상 근무하지 않은 경우(팀원 개별 적용)" 및 "운영권 양도 사실이 확인된 경우", "협약 기간 중 푸드트럭 영업 외 다른 소득 활동을 한 사실이 확인된 경우", "과거 한국도로공사 청년창업 지원 프로그램(창업매장, 푸드트럭 등)에 선발된 사실이 확인된 경우"에는 영업권을 회수함

※ 운영 기간 중 군입대, 질병 등 불가피한 사유로 팀원 변경이 필요할 경우에는 반드시 공사의 사전승인 후 변경

□ 운영에 따른 일체의 권리금 및 시설투자비는 인정되지 아니하며, 영업으로 인하여 발생되는 전기료·가스료·수도료 등 경비, 제세공과금 등으로 인한 수수료는 운영자가 부담함

25 다음 중 사업 지원자에 대한 설명으로 옳지 않은 것을 고르면?

① 팀원 중 한 명이라도 미성년자이거나 만 50세 이상이 있다면 사업에 지원할 수 없다.

② 형제 중 장애인이 있다면 서류 및 면접심사에서 가산점을 부여받을 수 있다.

③ 보육원에서 성장한 청년이라도 퇴소한 지 5년이 지났다면 가산점을 받을 수 없다.

④ 신청자가 가족부양책임이 있는 여성이어도 세금 체납기록이 있다면 신청하였다 하더라도 탈락된다.

26 다음 중 빈칸 ㉠~㉢에 들어갈 소제목으로 가장 적절하게 짝지어진 것을 고르면?

	㉠	㉡	㉢
①	모집 단계	운영 단계	선발 단계
②	신청 단계	계약 단계	운영 단계
③	신청 단계	선발 단계	운영 단계
④	모집 단계	선발 단계	평가 단계

[27~28] 다음 [가]와 [나]의 보도자료를 바탕으로 질문에 답하시오.

[가] 한국도로공사는 민관 공동으로 해외유료도로 운영권을 인수하는 신규 해외투자개발 사업을 통해 해외수주 확대 등 침체된 건설 시장의 판로개척에 동참하기로 했다. 신규 해외투자개발 사업은 지난 7월 정부가 발표한 '해외수주 활력제고 및 고도화 방안' 중 '인프라 공기업의 디벨로퍼 모델'을 도로 분야에 시범 적용하는 것으로, 한국도로공사는 사업을 발굴·주관하고 한국해외인프라도시개발지원공사(KIND), 한국수출입은행, 해외건설협회는 운영권 인수에 필요한 자금을 조달·지원하며, 건설사 등의 민간 기업은 도로개량·유지관리를 담당하게 된다. 검토 대상이 되는 사업은 운영 중인 해외유료도로의 운영권을 인수하는 방법으로(Brownfield) 도로 등 인프라를 신설하고 운영하는 기존 방법(Greenfield)에 비해 수익성은 다소 낮다. ㉠ 그러나 건설 및 자금조달 책임 등의 리스크가 거의 없으며, 인수 후 바로 운영이 가능하다는 장점이 있다. 한국도로공사는 고속도로 유지관리 경력이 없는 민간 건설사에게 도로운영에 관한 사업관리 경험과 노하우를 공유해 민간 건설사의 글로벌 경쟁력 확보를 지원할 계획도 가지고 있다. 이러한 계획에 따라 국토교통부와 한국도로공사는 9월 1일(수) '해외도로 투자개발사업 추진 간담회'를 개최해 참여사들과 함께 사업설명 및 협력방안 등을 논의했으며, 추후 타당성 조사를 통해 사업을 좀 더 구체화할 예정이다. ㉡ 한편 한국도로공사는 2005년 캄보디아 도로 시공감리를 시작으로 지금까지 41개국, 179건의 사업을 민간기업과 함께 진행했고, 현재는 건설 중인 방글라데시 파드마대교 건설 사업이 마무리되면 해당 교량에 대한 운영 및 유지관리 사업의 독점적 수의계약을 체결할 예정이다. 한국도로공사 관계자는 "도로교통 인프라 투자가 활발한 아시아, 중남미 지역을 대상으로 적합한 후보군을 발굴해 사업성 검토 등을 진행할 예정이다. ㉢ 따라서 도로 분야에 대한 대규모 해외개발사업의 총괄 기획 역할을 충실하게 수행해 민간의 해외진출을 견인하겠다"고 말했다.

[나] 한국도로공사는 고속도로 유휴부지를 활용한 신재생에너지 사업을 다양화하기 위해 기존의 태양광 발전 사업과 더불어 연료전지 발전 사업에 착수했다고 밝혔다. 연료전지 발전은 화석연료(천연가스)에서 추출한 수소를 산소와 결합해 전기와 열을 생산하는 방식으로 기후 영향을 받지 않아 24시간 전기 생산이 가능하며, 필요한 부지의 면적도 태양광 대비 1/40 수준이다. 고속도로 제1호 연료전지 발전시설은 경부고속도로 서울산나들목 인근에 설치된다. 한국도로공사는 8,200m^2의 유휴부지를 제공하고 한국동서발전은 8.1MW 규모의 발전시설을 구축하며, 지난 3월 31일(목) 공사를 시작해 오는 12월부터 운영한다. 해당 발전시설은 매년 1만 2천 가구가 사용할 수 있는 66GWh의 전력을 생산할 수 있으며, 생산된 전기는 울산시 울주군 삼남읍, 삼동면 등에 공급할 예정이다. ㉣ 이와 함께 한국도로공사는 중부고속도로 서청주나들목 인근 유휴부지에 연료전지 발전시설을 추가로 구축하기 위해 지난해 9월 두산컨소시엄을 사업자로 선정했다. 그리고 충청북도, 청주시와 인허가 등의 행정업무를 위한 업무협약을 체결했다. 한국도로공사는 연료전지 발전에 최적화된 사업부지를 지속적으로 발굴하고 있으며, 올해 하반기에는 울산시와 함안군에 위치한 유휴부지 2개소에 대한 사업 시행자를 모집할 예정이다. 한국도로공사 관계자는 "고속도로 자산을 활용한 신재생에너지 사업에 앞장서 에너지 전환 및 탄소저감을 선도하겠다"며, "2025년에는 고속도로에서 소요되는 전력량만큼 신재생에너지를 생산하겠다"고 말했다.

27 주어진 글의 내용과 일치하는 것을 고르면?

① 한국도로공사는 해외투자개발 사업에서 민간 건설사를 배제할 예정이다.
② 연료전지 발전 사업은 한국도로공사가 진행하는 최초의 신재생에너지 사업이다.
③ 해외투자개발 사업과 연료전지 발전 사업은 한국도로공사의 단독 사업이다.
④ 한국도로공사는 신재생에너지 사업을 통해 고속도로에서 소비하는 전력을 모두 신재생에너지로 전환시키고자 한다.

28 주어진 글의 밑줄 친 ㉠~㉣ 중 문맥상 적절하지 <u>않은</u> 접속어를 고르면?

① ㉠ ② ㉡ ③ ㉢ ④ ㉣

[29~31] 다음은 고속도로 포장관리에 관한 자료이다. 이를 바탕으로 질문에 답하시오.

▣ 목적

- 도로포장은 지반의 특성, 지세, 강우, 기온의 변화, 강우량 등의 환경적인 요인과 교통량, 중형차량 구성비 등 교통 특성에 따라 매우 다양한 문제를 유발시킨다. 따라서 도로 이용자에게 쾌적하고 안전한 도로를 지속적으로 제공하기 위해서는 도로포장 유지관리 실무자가 도로포장의 파손 원인을 파악하고, 파손 원인에 따라 적절한 보수를 적절한 시기에 수행하여 포장의 상태를 양호하게 유지해야 한다. 이를 위해서 포장관리는 다음의 목적을 가진다.
  - 포장의 내구성을 확보하고 포장의 구조와 기능을 유지한다.
  - 노면의 주행성을 확보하고 교통의 안전과 쾌적성을 유지한다.
  - 포장으로 인하여 일어나는 연도 환경의 악화를 방지한다.

▣ 포장에서의 유지보수

- 포장의 유지보수는 포장의 상태를 시공 당시의 상태로 기능을 유지시키기 위해 통상 실시되는 모든 과정을 의미한다. 포장의 유지보수에서 유지란 양호한 상태를 지키는 것이고, 보수란 나쁘게 된 곳을 고치는 것이며, 통상 예산상의 규모로 유지란 소규모의 수리이고 보수란 대규모의 수리공사를 말한다. 모든 포장에는 포장체의 미소한 결함을 유발시키는 온도와 습도의 변화, 교통 하중, 포장체 하부의 미소한 변동 등의 응력이 시공 후 계속적으로 작용하여 결함을 유발시키기 때문에 모든 포장은 유지보수를 필요로 한다. 또한 도로포장은 대량의 재료를 현장에서 시공하기 때문에 품질에 변동성이 있을 수 있으며, 사용 중에 어느 정도의 파손은 설계 단계부터 고려하게 된다. 즉, 완벽한 품질을 확보하기 위해 소요되는 비용보다는 품질관리 기준을 다소 완화해서 초기 건설비를 줄이고 일정 부분은 유지보수를 실시하는 것이 전체적으로 보다 경제적이라는 개념을 설계에 반영한 것이다. 따라서 안전하고 평탄한 노면을 확보하기 위해서는 지속적인 유지보수를 필요로 한다.

▣ 포장의 종류

- 포장은 형식에 따라 ㉠ 시멘트콘크리트 포장과 ㉡ 아스팔트콘크리트 포장이 있다. 아스팔트 포장의 파손 원인은 표층재료의 부적절한 배합설계나 각층의 두께 및 다짐 부족 등의 원인을 들 수 있으며, 이것이 전반적인 것인가 또는 국부적인 것인가를 판단한 후에 파손 원인이 어느 층에 있는가를 평가해야 한다. 부분적인 경우에는 균열 충전이나 소파 보수를 실시하고 전반적인 경우에는 상황에 따라 표면처리, 절삭덧씌우기, 재시공 등을 검토한다.
- 아스팔트 및 시멘트 포장의 형식 결정은 공법별로 상대적인 특성이 있고, 비교평가할 때 정량화하기 곤란하여 절대적인 판단 기준은 없으나, 일반적으로 경제성, 교통특성, 기후조건, 토질특성, 시공성, 유지관리 및 기존 포장과의 연계성 등 기술적인 사항과 정책적인 사항을 동시에 고려하여 결정하고 있다.

구분	시멘트콘크리트 포장	아스팔트콘크리트 포장
시공성	- 콘크리트 품질관리, 평탄성, 줄눈시공 등 고도의 숙련 필요 - 양생으로 인한 조기 교통 개방곤란	- 시공경험 풍부로 시공용이, 조기 교통 개방 가능 - 신속성 및 간편성 측면에서 유리
내구성	- 대형차량 및 과적차량에 대한 적응력 부족 - 포장수명 10년	- 대형차량 및 과적차량에 대한 적응력 부족 - 고온 시 포장 변형 발생 - 포장수명 5년(덧씌우기포장)
유지보수	- 줄눈부의 정기적인 유지보수 필요 - 국부적인 파손 시엔 보수가 어려움	- 국부적인 파손 시 보수 양호 - 잦은 유지보수로 교통소통 지장
사용성	- 승차감 다소 불량 - 적설 시 결빙 시간이 빠르고 다소 늦게 녹음	- 소음이 적고 승차감 양호 - 개통 후 중차량에 의한 바퀴자국 및 고온 시 포장변형(요철) 발생
적용 도로	- 중차량 구성비가 큰 도로 - 절, 성토 경계부가 많은 도로	- 중차량 구성비가 적은 도로 - 연약지반에 축조되는 도로 - 확장공사 등 현재의 교통소통에 지장을 주는 경우로서 조기 완공이 필요한 도로

▣ 포장관리체계(PMS)

- 포장관리체계(PMS)란 포장시공 및 보수이력, 포장상태 정보, 노면영상을 분석하여 자료를 축적하고, 설계·시공·유지관리 방향 설정 등의 의사결정을 지원하며, 허용예산의 범위 내에서 포장수명을 향상시키기 위한 관리체계를 말한다.
- 포장관리체계는 업무 특성상 조사, 분석, 평가, 유지보수, 자료의 전산화, 유지보수 공법 및 설계법 개발 등의 과정들이 연속적으로 순환하는 기능을 가지고 있다. 때문에 이러한 업무가 지속적으로 이루어지기 위해서는 전문화된 인력의 확보, 첨단 조사장비의 개발, 정확한 데이터 분석 및 생애주기비용 분석(LCC) 등은 매우 중요한 과제이다. 현재 한국도로공사 내의 도로처와 도로교통연구원은 이러한 포장관리체계의 추가적인 개발을 위해 노력하고 있으며, 이러한 연구결과는 관련 기관이 공유하여 포장설계, 공법, 관리기법 등을 더욱 향상시킴은 물론, 지속적인 새로운 기술도입과 문제해결을 통해 포장관리체계를 발전시켜 나갈 계획이다. 나아가서 각 분야별 도로관리시스템과 연계하여 종합적인 고속도로관리시스템(Highway Management System)을 구축할 계획이다.

29 주어진 자료의 내용으로 옳지 않은 것을 고르면?

① 포장관리는 포장의 내구성 확보와 노면의 주행성 및 교통의 안전과 쾌적성을 위해 꼭 필요하다.
② 포장의 유지보수에서 유지와 보수는 서로 다른 의미를 지니고 있다.
③ 포장의 유지보수 비용을 절감하기 위해서는 시공 단계에서 최상의 품질을 제공하는 것이 중요하다.
④ 한국도로공사는 지속적인 기술도입과 문제해결을 통해 포장관리체계를 발전시키고 나아가 고속도로관리시스템을 구축하려 한다.

30 다음 중 ㉠과 ㉡에 대한 설명으로 옳지 않은 것을 고르면?

① ㉠은 ㉡보다 시공의 기간은 길지만 포장수명 역시 길다.
② ㉡은 ㉠과 다르게 국부적인 파손 시 보수가 쉽다.
③ ㉠과 ㉡ 모두 대형차량 및 과적차량에 적응력이 부족하다.
④ 눈이 많이 내리는 지역에는 승차감이 불량하더라도 ㉠을 하는 것이 좋다.

31 주어진 자료를 참고하여 [보기]의 (가)~(다)에 들어갈 내용으로 적절하게 짝지어진 것을 고르면?

보기

[포장관리체계(PMS) 구성도]

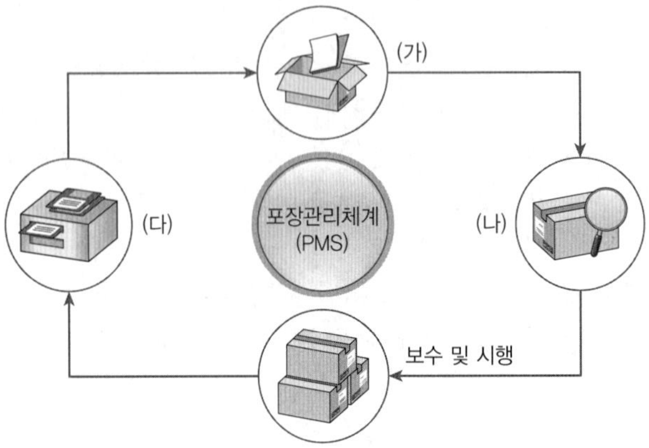

	(가)	(나)	(다)
①	포장 상태 조사	평가 및 분석	DB 저장
②	포장 상태 조사	DB 저장	평가 및 분석
③	평가 및 분석	포장 상태 조사	DB 저장
④	평가 및 분석	DB 저장	포장 상태 조사

[32~34] 다음 규정을 바탕으로 질문에 답하시오.

제3조(지원대상 기술 및 지원규모)
① 지원사업은 도로교통 분야의 신제품 또는 신공법 개발을 통하여 현저한 경제적 성과를 얻기 위한 약 12개월 이내의 단기성 사업을 말한다.
② 공사는 제1항의 규정에 의한 기술개발을 위하여 예산 범위 내에서 공모를 통해 선정된 1개 과제당 총기술개발비의 50%(최대 5천만 원) 한도 내에서 주관기업의 기술개발과제 소요 비용 중 일부를 출연할 수 있다. 다만, 주관부서장은 선정과제의 수에 따라 책정된 사업비 범위 내에서 출연금액 한도를 조정할 수 있다.
③ 주관부서의 장은 주관기업 또는 참여기업이 요청할 경우 수탁(특수)시험 및 기자재를 무상으로 지원할 수 있으며, 그 범위는 별표6과 같다. 다만, 무상지원금액은 당해 연도 수탁(특수)시험비 기준으로 우리 공사 출연금의 10% 이내로 한다.
④ 주관기업 및 참여기업은 총기술개발비의 20% 이상을 현금으로 출자하여야 한다. 다만, 납입은 계약체결 시 10% 이상, 중간성과금 청구 시 잔여금액으로 한다.
제4조(사업신청서 제출)
① 지원사업에 참여를 원하는 주관기업은 공모 기간 내에 소정의 양식에 따른 기술개발 지원사업 신청서 및 기술(제품) 개발 계획서(이하 "사업계획서"라 한다)를 제출하여야 한다.
② 사업계획서의 총사업비 는 제3조, 제16조 및 제17조 등에 부합되어야 한다.
제5조(사업신청서 검토)
① 주관부서장은 제4조의 규정에 의한 공모에 따라 중소기업이 제출한 사업계획서에 대하여 다음 각 호의 사항을 검토한다.
1. 신청기업(참여기업을 포함)의 자격, 연구인력 및 시설확보 정도
2. 사업비 계상의 착오 유무 및 적정성 여부
3. 신청과제가 정부 또는 정부투자기관이 지원하는 기술개발 지원사업과 동일하거나 유사한 내용으로 관련자금을 출연 또는 보조받은 사실의 유무
4. 기타 주관부서장이 필요하다고 인정하는 사항
② 주관부서장은 제출된 사업계획서 내용의 사실 여부 확인을 위하여 소속 직원으로 하여금 해당기업(참여기업 포함)의 현장을 실사(實査)하게 할 수 있다.
③ 제1~2항에 의한 검토 결과 신청과제가 국내 개발 완료, 사업화 능력이나 개발가능성 희박, 개발비의 과다한 계상, 신청기업의 과도한 부채비율이나 자본잠식 등 경영악화, 개발 능력 및 준비의 부족 등 현저한 미비점이 있다고 판단할 때에는 평가에서 제외한다.
제6조(사업계획서의 평가 및 지원업체 선정)
① 주관부서장은 신청과제의 수가 지원계획의 2배수를 초과한 경우에는 효율적인 평가를 위하여 1차 심사를 거쳐 2배수 이내로 평가대상을 선정할 수 있다.
② 주관부서장은 사전 적격심사 후 적격판정 공모과제(기업)에 대하여 평가위원회(이하 "평가위"라 한다)를 개최하여 기술성 및 사업성 등에 관한 평가를 거쳐 지원업체를 선정한다.
③ 평가위는 다음 각 호의 사항을 고려하여 사업계획서를 평가한다.
1. 개발목표, 내용 및 수행방법의 타당성
2. 기술개발과제 추진체계
3. 주관기업(참여기업 또는 위탁연구기관 포함)의 기술개발 수행능력
4. 기술개발과제 수행결과의 사업화 가능성
5. 연구인력 및 시설의 확보 정도
6. 사업비 산정의 적정성 및 기술개발 기간의 타당성
7. 기타 사업별 특성에 따라 필요한 사항
④ 지원업체 선정은 별표3의 평가표상 평균 득점 수준이 '우수' 이상이어야 한다.
⑤ 평가위는 사업계획서를 평가할 때 신청기업(참여기업 및 위탁연구기관을 포함한다)으로부터 의견을 들을 수 있다.

32 주어진 자료의 제목으로 가장 적절한 것을 고르면?

① 중소기업 기술개발 지원사업 신청 방법
② 중소기업 인재채용 지원사업 신청 방법
③ 중소기업 세금감면 지원사업 신청 방법
④ 국토부와 중소기업의 연계사업 신청 방법

33 주어진 자료의 내용과 일치하지 않는 것을 고르면?

① 중소기업의 사업계획서는 주관부서의 부서장이 검토한다.
② 사업계획서를 평가할 때, 신청기업의 위탁연구위원 등의 의견을 참고해서는 안 된다.
③ 신청자 수가 많으면 주관부서장은 2배수 이내로 평가대상을 선정한 후 평가할 수 있다.
④ 사업계획서의 사실 여부 확인을 위해 주관부서의 소속 직원이 해당기업에 방문할 수 있다.

34 주어진 자료와 [보기]를 바탕으로 할 때, 총사업비에 대한 설명으로 옳지 않은 것을 고르면?

보기

제16조(사업비의 조성)

① 주관기업의 기술개발과제에 소요되는 전체비용(이하 "사업비"라 한다)은 공사의 출연금과 주관기업(참여기업을 포함한다)이 부담하는 금액(이하 "기업부담금"이라 한다)으로 조성한다.

② 공사는 출연금을 현금으로 지급하며, 기업부담금은 현금 및 현물로 계상한다.

③ 다음 각 호의 1에 해당하는 비용은 현물로 부담하는 것을 원칙으로 한다.

1. 주관기업 또는 참여기업 소속 참여연구원의 참여 비율에 따른 인건비
2. 기업이 보유한 연구기자재 또는 연구시설의 사용료(임차료)
3. 기업이 보유하고 있는 견품, 시약, 및 재료비 등

제17조(사업비의 계상방법 등)

① 사업비의 비목은 인건비, 직접비, 간접비 및 위탁연구비로 구성하되 각 비목별 계상기준 및 구성 비율은 별표4와 같다.

② 주관부서장은 제1항의 규정에 의한 비목별 적용 기준으로는 사업수행이 어렵다고 판단되는 과제에 대하여는 비목별 적용 기준을 조정하여 지원할 수 있다. 다만, 이 경우에는 신청기업이 합당한 사유 및 근거를 제시하여야 한다.

① 과제 1개의 기술개발비가 1억 5천만 원이 나와도 공사는 5천만 원만 지원해야 한다.
② 참여기업의 연구원이 받아가는 인건비를 계상할 때에는 현물로 계상하는 것이 원칙이다.
③ 사업비의 비목 비율을 조정하여 지원하고자 할 때는 주관기업이 합당한 사유 및 근거를 제시해야 한다.
④ 기업부담금은 계약체결 시 10% 이상을 납입하여야 하고, 잔여금액은 중간성과금 청구 시 납입해야 한다.

[35~36] 다음 글을 바탕으로 질문에 답하시오.

국토교통부는 교통사고로부터 국민의 소중한 생명을 지키고 교통안전 선진국으로 도약하기 위해, 행정안전부 및 경찰청 등 관계기관과 함께 「2022 교통사고 사망자 감소대책」을 수립하였다. 이번 대책은 범정부 차원의 국민생명지키기 프로젝트 일환으로 보행자 최우선 교통안전 체계를 보다 견고히 하고 고령자 등 취약 분야에 대한 집중적인 개선을 위해 수립되었으며 주요 내용은 다음과 같다.

첫째, 보행량이 많아 차량과 보행자가 빈번하게 섞이고 교통사고 우려가 높은 주택가 등 생활밀착형 도로(골목길 등)에 대해 '보행자 우선도로' 개념을 도입하고, 제한 속도를 20km/h 이하로 설정할 수 있게 한다. ㉠ 국도·지방도의 농어촌 지역 등에 대해서는 '마을주민 보호구간'을 제도화한다. 이를 통해 70~80km/h로 운영 중인 제한 속도를 50~60km/h로 조정하여 농어촌 지역 고령자 등의 보행안전을 확보할 계획이다. 또한 앞으로는 횡단보도, 교차로, 보·차도가 구분되지 않은 이면도로에서 보행자 보호를 위한 일시정지 의무가 강화되기 때문에 운전자의 각별한 주의가 요구되며, 아래 사항을 위반할 경우 범칙금 5만 원 내외 및 벌점 10점이 부여된다. ㉡ 이를 위해 횡단보도에서 보행자가 건너고 있을 때뿐만 아니라 건너려고 할 때에도 운전자는 반드시 일시정지를 해야 한다. 또한 교차로에서 운전할 때에 사각지대가 많이 발생하는 등 사고빈도·위험성이 높았던 점을 고려하여, 우회전 시 일시정지 의무가 새롭게 도입된다. 아울러, 보도와 차도가 구분되지 않은 이면도로에서는 보행자가 도로 전체 구간을 통행할 수 있도록 통행우선권을 부여하고, 운전자는 보행통행에 방해가 되지 않도록 서행·일시정지하도록 개선된다.

나아가 음주운전·신호위반·속도위반 등에 대한 경찰의 단속이 연중 확대되는 한편, 일반국민으로 구성된 공익제보단을 확대 운영하여 민관합동 단속도 강화한다는 방침이다. 속도위반·신호위반 등 보행자를 위협하는 고위험 운전자에 대해서는 과태료 누진제 도입을 추진하고, 음주운전이 적발된 경우 면허 재취득 기간을 강화해나갈 계획이다. 또한 안전운전을 위한 보험제도도 개편된다. 음주운전·무면허 및 뺑소니로 인하여 교통사고가 발생할 경우 보험사가 운전자에게 보험금 전액을 구상 청구할 수 있도록 하고, 횡단보도에서 일시정지 의무를 위반하는 등에 대해서는 보험료가 최대 10%까지 할증될 예정이다. ㉢ 동시에, 배달 이륜차에 대한 비싼 보험료 부담을 완화하고, 보험가입률을 제고하기 위해 배달업 공제조합 설립을 추진할 예정이다. 반면에 안전운전을 실천하는 운전자에 대해서는 보험료 할인을 검토해 나간다. 차선 유지 장치 등 안전장치를 장착한 운전자를 포함하여, 운행기록 정보 확인을 통해 안전운전이 확인되는 화물차 등 사업용 차량 운수 종사자에 대해서는 보험할인 혜택을 부여할 수 있도록 관련 규정을 개선할 예정이다.

둘째 '노인 보호구역' 제도의 실효성 제고를 위해 보호구역 지정 기준을 확대한다. 기존에는 복지시설 등 고령자가 이용하는 일부 시설물에 국한되어 보호구역이 지정되었으나, 이를 개선하여 고령자 보행이 빈번하여 사고우려가 높은 장소까지 지정할 수 있도록 할 예정이다. 노인 보호구역으로 지정되면 단속장비 및 안전시설을 의무적으로 설치하도록 관련 규정을 개정할 계획이며, 무엇보다 지자체로 하여금 지역특성에 맞는 고령 보행자 안전대책을 수립하도록 하여 체계적으로 고령 보행자의 교통안전을 확보해 나갈 계획이다. ㉣ 더불어 고령 보행자의 느린 걸음 속도로 인하여 시간 내에 횡단보도를 건너지 못했을 때에는 이를 감지하여 녹색신호를 자동으로 연장하는 스마트 횡단보도를 확대 설치할 예정이다. 이 밖에 고령 운전자에 대해서는 조건부 면허제를 중장기적으로 도입한다. 시간대(야간) 및 장소(고속도로 등)에 따라 고령자 운전을 제한하거나, 안전운전 보조장치 장착 등을 조건으로 면허를 허용하는 등의 내용이 검토된다. 또 다른 교통약자인 어린이 안전을 위해서는 '어린이 보호구역' 표준모델을 개발하여 사업의 효율성을 높이고, 안전시설 설치 등 정비를 지속 추진해 나간다. 또한 안전을 저해하는 요소로 지적받고 있는 보호구역 내 노상주차장을 전면적으로 폐지할 예정이다.

셋째, 보행자가 최우선으로 보호받기 위한 안전문화 확산에도 박차를 가한다. 보행자 안전을 핵심 메시지로 횡단보도 일시정지 강화 등을 중점 홍보하고, 이륜차·화물차 및 고령자·어린이 등 대상별 맞춤형 홍보를 확산할 계획이다. 국무조정실을 중심으로 관계부처와 민간이 함께 참여하는 교통안전 협의체를 활성화하여 보완사항을 지속 발굴·개선하고, 지역 단위에서도 교통안전을 강화하도록 현장점검 및 협력을 강화해 나간다. 국토부 등 관계부처는 "국민의 소중한 생명을 지키는 것은 정부가 해야 할 가장 중요하고 기본적인 책무"라고 하면서, "OECD 선진국 수준의 교통안전 국가로 나아가기 위해 지속적으로 노력할 것"이라고 밝혔다. 그리고 "교통사고 감축을 위해서는 정부의 노력도 중요하지만, 국민들께서도 평소 교통법규를 준수하고, 상대방을 배려하는 안전문화 확산에 적극 동참해 줄 것"을 강조하였다.

35 주어진 글의 밑줄 친 ㉠~㉣ 중 문맥상 어울리지 않아 삭제해야 하는 문장을 고르면?

① ㉠　② ㉡　③ ㉢　④ ㉣

36 주어진 글의 내용과 일치하지 않는 것을 고르면?

① 「2022 교통사고 사망자 감소대책」은 국토교통부와 행정안전부, 경찰청 등의 관계기관과 함께 수립하였다.
② '마을주민 보호구간'은 제한 속도를 현재 운영 중인 속도보다 더 낮출 수 있다.
③ 속도위반이나 신호위반을 자주하는 차량의 경우 과태료가 점점 늘어날 수 있다.
④ 기존 복지시설에 지정된 노인 보호구역은 사라지고 고령자 보행이 빈번하여 사고우려가 높은 장소에 노인 보호구역이 지정된다.

 행정직 직렬 응시자는 해당 페이지에 이어서 푸십시오. 기술직 직렬 응시자는 133p로 이동하여 푸십시오.

[37~39] 다음은 회사와 거래처 간의 거리와 지도 및 통행료에 관한 정보이다. 이를 바탕으로 질문에 답하시오.

[표1] 회사와 거래처 간 거리

구분	A	B	C	D	E
회사	30km	90km	–	60km	45km
A	–	–	–	75km	48km
B	–	–	24km	–	–
C	–	24km	–	–	72km
D	75km	–	–	–	15km
E	48km	–	72km	15km	–

[그림] 회사와 거래처 지도

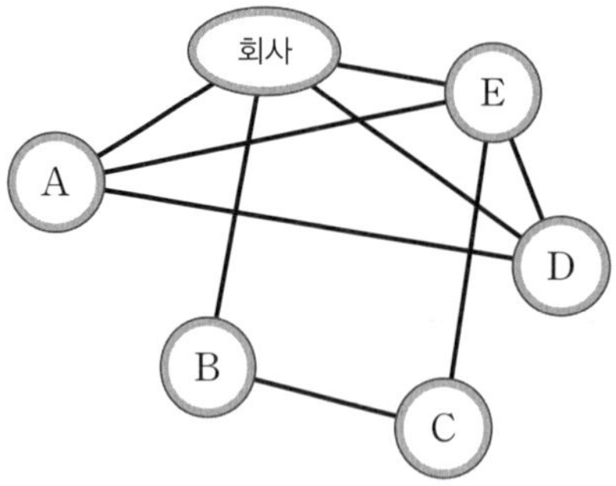

[표2] 거래처별 통행료

구분	A	B	C	D	E
회사	4,000원	5,000원	–	3,000원	2,500원
A	–	–	–	4,500원	4,000원
B	–	–	2,500원	–	–
C	–	2,500원	–	–	5,500원
D	4,500원	–	–	–	1,500원
E	4,000원	–	5,500원	1,500원	–

37 **정 사원은 회사를 출발하여 최단 경로로 이동하여 A~E 5개의 거래처를 각각 한 번씩 모두 방문한다고 한다. 이때, 정 사원의 총 이동 거리를 고르면?**(단, 마지막 거래처에서 회사로 돌아오지 않는다.)

① 216km ② 246km ③ 276km ④ 279km

38 **박 대리는 회사에서 출발하여 C거래처로 출장을 가야한다. 최소 비용으로 C지점을 갈 때, 발생하는 통행료를 고르면?**(단, 모든 거래처를 방문하지 않아도 된다.)

① 5,000원 ② 7,500원 ③ 8,000원 ④ 10,000원

39 **김 차장은 거래처 중 한 곳에 들렀다가 다시 프레젠테이션 자료를 가지러 바로 회사에 들른 후 나머지 거래처를 한 번씩 모두 방문하였다. 이때, 이동할 수 있는 경로의 경우의 수는 모두 몇 가지인지 고르면?**(단, 방문했던 곳은 다시 방문하지 않으며, 마지막 거래처에서 회사로 돌아오지 않는다.)

① 4가지 ② 5가지 ③ 6가지 ④ 7가지

[40~42] 다음은 A회사의 데이터분석팀 채용공고와 지원자별 전형 점수에 관한 자료이다. 이를 바탕으로 질문에 답하시오.

[모집요강 및 전형 절차]

채용팀	인원	연구 내용	근무기관
데이터분석팀	2명	빅데이터 분석 및 AI 개발	본사

채용공고 ▶ 원서접수 ▶ 서류전형 및 면접전형 ▶ 최종합격

[합격자 선정 기준]

□ 전형별 반영 비율

- 서류전형: 논문(45점), 연구실적(25점), 경력(10점), 전문성(20점)
- 면접전형: 일반면접(30점), 논문면접(70점)

□ 최종 합격자 결정

- 선발 기준
  - 데이터분석: 서류전형(50점), 논문면접(70점), 일반면접(30점) 합계 고득점자 순

  ※ 단, 서류 점수는 합산하여 만점을 50점으로 환산하여 계산한다(서류전형 내 항목별 환산 비율은 모두 같음).
- 동점자 처리: 다음 각 번호의 순위별 고득점자에 의함(최종 합격자 선정 시 반영)
  - ① 면접전형 ② 서류전형

[지원자별 점수]

지원자	서류전형				면접전형	
	논문	연구실적	경력	전문성	일반면접	논문면접
A	40점	20점	8점	16점	27점	64점
B	39점	20점	6점	18점	26점	62점
C	38점	25점	5점	17점	28점	65점
D	37점	25점	7점	18점	29점	66점
E	42점	15점	8점	15점	26점	63점
F	36점	20점	9점	18점	30점	67점
G	43점	16점	10점	19점	28점	68점

40 다음 중 서류전형에서 가장 높은 점수로 득점한 지원자를 고르면?

① A ② C ③ E ④ G

41 다음 중 최종 합격자 2명을 고르면?

① B, D ② C, E ③ D, G ④ F, G

42 작년 선발 기준은 서류전형(100점), 면접전형(100점)으로 총점 200점이었다. 작년 기준을 적용하였을 때, 최종 합격자 2명을 고르면?

① B, C ② D, G ③ E, F ④ E, G

[43~45] 다음은 숙소와 관광지 A~E 간의 거리와 지도 및 관광지별 소요 비용에 관한 정보이다. 이를 바탕으로 질문에 답하시오.

[표1] 숙소와 관광지 간 거리

구분	A	B	C	D	E
숙소	60km	–	90km	–	80km
A	–	70km	–	–	–
B	70km	–	–	190km	–
C	–	–	–	120km	100km
D	–	190km	120km	–	60km
E	–	–	100km	60km	–

[그림] 숙소와 관광지 지도

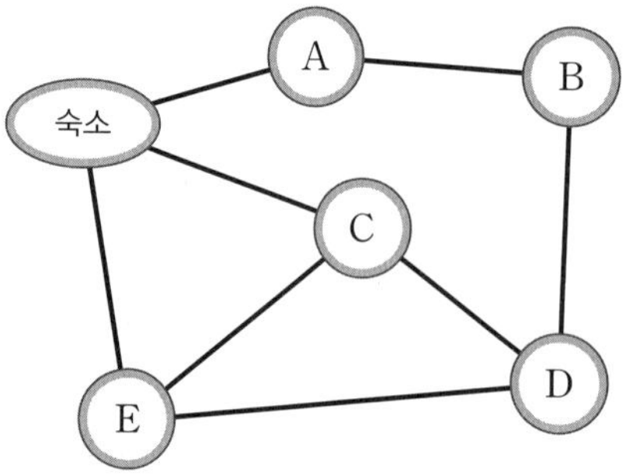

[표2] 관광지별 소요 비용

구분	입장료	주차비
A	2,000원	1,000원
B	1,000원	1,000원
C	–	2,000원
D	3,000원	–
E	1,000원	1,000원

※ 단, 연비는 L당 10km이며, 1L에 2,000원의 주유비를 적용한다.

43 **김 대리가 숙소에서 출발하여 모든 관광지를 둘러본 후 다시 숙소로 돌아오고자 한다. 최단 거리로 이동할 때, 이동 거리를 고르면?**(단, 한 번 둘러 본 관광지는 다시 가지 않는다.)

① 550km ② 570km ③ 590km ④ 620km

44 **김 대리가 최단 거리 경로로 이동하는 방향으로 결정한 후 오전 6시에 숙소에서 출발해 관광지 간 모두 평균 60km/h의 속력으로 이동하며, 각 관광지에 30분 동안 머무른다고 한다. 이때, 숙소에 도착하는 시간을 고르면?**(단, 모든 관광지를 둘러보며, 한 번 둘러 본 관광지는 다시 가지 않는다.)

① 오후 5시 ② 오후 6시 ③ 오후 7시 ④ 오후 8시

45 **김 대리가 최단 거리 경로로 이동하여 관광지를 모두 둘러볼 때, 총소요 비용을 고르면?**(단, 한 번 둘러 본 관광지는 다시 가지 않는다.)

① 110,000원 ② 115,000원 ③ 120,000원 ④ 126,000원

[46~48] K공사의 승진 기준표에 따라 승진 대기자 중 모든 요건을 충족하는 사람은 다음 해 1월 1일부로 승진한다. 다음 자료를 바탕으로 질문에 답하시오.

[승진 기준표]

직급	최소 임기	인사고과 점수	승진시험 점수
부장	3년	95점 이상	90점 이상
차장	5년	90점 이상	90점 이상
과장	4년	90점 이상	90점 이상
대리	4년	85점 이상	80점 이상
주임	2년	85점 이상	80점 이상
사원	2년	80점 이상	80점 이상

※ 인사고과 점수는 최근 2개년 점수의 평균으로 계산한다.
※ 승진시험 점수는 전공(60%), 일반(40%)으로 반영한다.

[승진 대기자]

후보	임기	인사고과 점수		승진시험 점수	
		전년	당해 연도	전공	일반
A부장	2년 10개월	93점	97점	88점	93점
B차장	4년	87점	93점	91점	87점
C과장	3년 5개월	88점	92점	89점	91점
D대리	3년 11개월	86점	82점	82점	79점
E주임	2년 8개월	79점	92점	83점	77점
F사원	1년 10개월	83점	81점	78점	82점

※ 단, 위 임기는 평가 당시(2021년 10월 31일)의 임기이며, 2022년 1월 1일부로 각 직급별 최소 임기를 충족하는 자만 승진 대상자가 된다.

46 다음 중 2022년 1월 1일부로 승진하는 직원들로 바르게 짝지어진 것을 고르면?

① A부장, D대리
② A부장, E주임
③ B차장, D대리
④ E주임, F사원

47 다음 중 각 직원이 승진을 하기 위해 더 필요한 요건으로 바르게 짝지어진 것을 고르면?

① A부장 – 승진시험 점수
② C과장 – 인사고과 점수
③ D대리 – 인사고과 점수
④ F사원 – 임기

48 승진시험 점수의 반영 비율을 전공(50%), 일반(50%)으로 변경하였을 때, 승진 여부가 달라지는 직원을 고르면?

① B차장 ② D대리 ③ E주임 ④ F사원

[49~50] 다음은 A공사의 윤리경영에 입각한 임직원 행동강령 규정의 일부를 발췌한 자료이다. 이를 바탕으로 질문에 답하시오.

> 제○○조(금품 등을 받는 행위의 제한)
>
> ① 임직원(배우자 또는 직계존비속을 포함한다. 이하 이 조에서 같다)은 직무 관련자나 직무 관련 임직원으로부터 금전, 부동산, 선물, 향응, 채무면제, 취업제공, 이권부여 등 유형·무형의 경제적 이익(이하 "금품 등"이라 한다)을 받거나 요구 또는 제공받기로 약속해서는 아니 된다. 다만, 다음의 어느 하나에 해당하는 경우에는 금품 등을 받는 행위의 제한에 적용되지 않는다.
>
> 1. 친족(「민법」 제777조에 따른 친족을 말한다)으로부터 부득이하게 제공되는 금품 등
> 2. 사적 거래(증여는 제외한다)로 인한 채무의 이행 등 정당한 권원에 의하여 제공되는 금품 등
> 3. 원활한 직무수행 또는 사교·의례의 목적으로 제공될 경우에 한하여 제공되는 3만 원 이하의 음식물·편의 또는 5만 원 이하의 소액의 선물
> 4. 직무와 관련된 공식적인 행사에서 주최자가 참석자에게 통상적인 범위에서 일률적으로 제공하는 교통·숙박·음식물 등의 금품 등
> 5. 불특정 다수인에게 배포하기 위한 기념품 또는 홍보용품 등
> 6. 특별히 장기적·지속적인 친분 관계를 맺고 있는 자가 질병·재난 등으로 어려운 처지에 있는 임직원에게 공개적으로 제공하는 금품 등
> 7. 임직원으로 구성된 직원 상조회 등이 정하는 기준에 따라 공개적으로 구성원에게 제공하는 금품 등
> 8. 상급자가 위로, 격려, 포상 등의 목적으로 하급자에게 제공하는 금품 등
> 9. 외부 강연이나 교육 등을 수행한 대가로 별도의 규정에서 정한 범위 내에서 제공되는 금품 등
> 10. 그 밖에 다른 법령·기준 또는 사회상규에 따라 허용되는 금품 등
>
> ② 임직원은 직무 관련자였던 자나 직무 관련 임직원이었던 사람으로부터 당시의 직무와 관련하여 금품 등을 받거나 요구 또는 제공받기로 약속해서는 아니 된다. 다만, 제1항 각 호의 어느 하나에 해당하는 경우는 제외한다.
>
> 제□□조(금품 등 제공금지)
>
> ① 임직원(배우자 및 직계존비속을 포함한다. 이하 이 조에서 같다)은 자신으로부터 금품 등을 받는 것이 금지된 임직원 또는 그 임직원의 배우자나 직계존속·비속에게 금품 등을 제공하거나 그 제공의 약속 또는 의사표시를 해서는 아니 된다. 다만, 제○○조 제1항 각 호에서 정한 경우에는 제외한다.
>
> ② 임직원은 공사의 이익을 목적으로 직무 관련이 있는 공무원 또는 정치인 등에게 금품 등을 제공하거나 그 제공의 약속 또는 의사표시를 해서는 아니 된다. 다만, 제○○조 제1항 각 호에서 정한 경우에는 제외한다.

49 다음 중 규정의 내용에 부합하지 않는 것을 고르면?

① 부득이한 상황으로 친족으로부터 받은 금품은 행위의 제한에 적용되지 않는다.
② 3만 원 이하의 음식물·편의 제공은 경우에 상관없이 가능하다.
③ 공개적으로 제공되는 금품의 경우에는 비교적 문제의 소지가 현저히 줄어든다고 볼 수 있다.
④ 해당 업무를 더 이상 담당하지 않는 자로부터 이미 지난 과거의 업무와 관련한 금품도 제공받을 수 없다.

50 다음 중 A공사의 임직원으로서 금품을 받을 수 있는 경우를 고르면?

① 사적인 증여에 따른 채무의 이행으로 제공된 금품을 받는 경우
② 원활한 직무수행과 사교의 목적으로 5만 원 상당의 식사 접대를 받는 경우
③ 직무 관련 공식 행사에서 특정 직급자에게 차등 지급되는 숙박료를 받는 경우
④ 거래처에서 방문자 모두에게 제공하는 6만 원 상당의 제품 홍보용 선물을 받는 경우

[51~52] 다음은 B공공기관의 민원 이송 시 유형별 처리 방법과 주의사항을 정리한 자료이다. 이를 바탕으로 질문에 답하시오.

[유형별 처리 방법]

구분	처리 방법
민원 내용이 완전히 다른 기관(부서) 업무라고 명확히 판단되는 경우	• 소관부서, 이송사유를 법 규정·직제 등 구체적으로 명시하여 해당 기관(부서)에 직접 이송(부서 재지정)
민원 내용이 여러 기관 업무에 해당되는 경우(다부처 민원)	• 기관별로 해당 이송사유 입력 및 소관기관을 복수 지정한 뒤 직접 이송하거나 평가담당실로 부서 재지정 요청. A, B 부서 소관 다부처 민원 → A, B 부서를 모두 지정하여 이송
민원 내용이 기관 내 여러 부서 업무에 해당되는 경우(복합 민원)	• '주관' 부서와 '협조' 부서 지정사유를 구체적으로 명시하여 평가담당실로 복합 민원지정 요청
업무 소관에 대해 기관(부서) 간 이견이 있거나 업무 소관이 불명확한 경우	• 평가담당실로 처리기관(부서) 재지정 요청 • '부서 재지정' 요청은 부서 접수 후 1일 이내 원칙, 1일 경과 시 평가담당실에서 조정 ※ 타 기관(부서)과 협조 필요시에도 해당사유 명시

※ 다부처 민원: 한 건의 민원에 여러 부처의 민원이 동시에 신청된 민원

※ 복합 민원: 한 건의 민원 처리를 위해 다수의 관계 부서의 검토 및 확인을 거쳐 처리되는 민원

[민원 이송 시 주의사항]

○ 접수 민원이 소관이 아닌 경우, 지체 없이 소관기관으로 직접 이송(민원법 제12조)
- 동일 기관 내에서 타 부서 이송: 3근무 시간 이내
- 다른 기관으로 이송: 8근무 시간 이내

○ 민원 이송사유는 법령·직제 등에 근거, 명확하게 기술

▶ 이송사유 작성 기준
- 인·허가, 지도·관리·감독 등 개별법에 근거한 권한 보유 유무
- 개별기관 설치법, 직제 등 분장사무, 기타 동일·유사 민원 처리이력 등
- 이송사유 작성은 공식적인 행정행위이며, 공공기관의 정보 공개에 관한 법률에 따른 공개대상 정보이므로 정확하고 신중하게 작성
- 다부처 소관인 경우에도 각 기관별 이송사유를 명확하게 기술

○ 민원 떠넘기기('핑퐁' 민원) 방지 대책

3회 이상 소관기관(부서) 변경 민원은 반드시 민원 총괄부서(평가담당실) 조정하에 소관기관(부서)을 지정(이 경우 부서에서 임의로 타 부서 이송 금지)

※ 3회 이송부터는 '핑퐁' 민원으로 간주하고 시스템에서 자동 조정요청 처리

51 다음 중 B공공기관의 직원이 주어진 자료를 보고 제시한 의견으로 적절하지 않은 것을 고르면?

① '복합 민원은 주관 부서와 협조 부서를 구분 지정하여 이송을 해야 되는군.'
② '업무소관 부서가 불분명할 경우에는 접수 후 하루 이내에 빨리 부서 재지정 요청을 해야겠군.'
③ '다부처 민원이 접수되면 가장 핵심 내용에 해당하는 소관부서명을 지정하여 이송해야겠어.'
④ '민원 내용이 완전히 다른 부서의 내용이라고 판단될 경우에는 이송하는 사유를 명확히 기재하여 이송해야 하는구나.'

52 다음 중 주어진 규정에 의거한 민원 처리 행위로 적절하지 않은 경우를 고르면?

① 민원 이송사유가 '민원 내용은 외국인 고용 관련 법령해석 요청사항으로 해당 법령 소관부서인 ○○부에서 답변할 사항임'인 경우
② 민원 이송시기가 '동 건은 금일 오후 공단으로 접수된 건이며, □□와 관련된 건으로 귀 공단의 업무 소관으로 판단되어 이송함'인 경우
③ 민원 이송처리가 '동 건은 3회 이송 처리된 건으로 평가담당실 조정을 거쳐 △△부를 소관 부서로 지정함'인 경우
④ 민원 이송사유가 '당 부서의 소관 사항이 아니며, 처리 인원이 부재중이므로 재분류 요청함'인 경우

[53~55] 다음은 D공단의 기록물 관리 규정의 일부를 발췌한 자료이다. 이를 바탕으로 질문에 답하시오.

제16조(기록물의 관리) ① 공단은 업무과정에 기반을 둔 기록관리기준표를 작성·운영하여야 하며, 기록관리기준표의 관리 항목은 업무설명, 기록물의 보존기간, 보존기간 책정사유, 보존장소, 공개 여부 및 접근권한 등의 관리 기준을 포함하여야 한다. 이 경우 기록관리기준표는 기록관리시스템으로 생성·관리하여야 한다.

② 공단은 기록물의 원활한 수집 및 이관을 위하여 매년 전년도의 현황을 중앙기록물관리기관에 통보하여야 한다.

제17조(간행물의 관리) ① 공단은 간행물을 발간하려면 간행물등록번호를 부여받아야 한다.

② 공단이 발간한 간행물은 제1항에 따라 간행물등록번호를 표기하여야 하며, 발간 완료일 기준 10일 이내에 주관부서에 납본하여야 한다.

③ 간행물은 유상 또는 무상으로 배부할 수 있으며, 유상배부의 경우 유상배부의 필요성, 가격, 배부 방법 등을 제24조에 따라 심의하여 결정한다.

제18조(비밀 기록물의 관리) 공단은 비밀 기록물을 생산할 때에는 그 기록물의 원본에 비밀 보호기간 및 보존기간을 함께 정하여 보존기간이 끝날 때까지 관리하여야 한다. 이 경우 보존기간은 비밀 보호기간 이상의 기간으로 책정하여야 한다.

제19조(기록물의 이관) ① 공단은 기록물을 소관부서에서 보존기간의 만료일부터 2년의 범위 내에서 기록물철 단위로 주관부서로 이관하여야 한다. 다만, 전자문서시스템으로 생산된 기록물은 매 1년 단위로 전년도 생산기록물을 기록관리시스템으로 이관한다.

② 업무에 수시로 참고할 필요가 있는 경우에는 보존기간의 만료일부터 10년의 범위 내에서 기록물철 단위로 이관시기를 연장할 수 있다.

③ 전자적 형태로 생산되지 아니한 기록물을 이관하는 경우에는 이관 대상 기록물철을 단위 과제별로 구분하여 보존상자에 넣은 후 별표2의 서식을 작성하여 주관부서로 제출하여야 한다.

제20조(보존기간) ① 기록물의 보존기간은 영구, 준영구, 30년, 10년, 5년, 3년, 1년으로 구분한다.

② 기록물의 보존기간은 단위 과제별로 책정한다. 다만, 특별히 보존기간을 달리 정할 필요가 있다고 인정되는 기록물에 대하여는 보존기간을 별도로 정할 수 있다.

③ 보존기간의 기산일은 단위 과제별로 기록물의 처리가 완결된 날이 속하는 해의 다음 연도의 1월 1일로 한다. 다만, 여러 해에 걸쳐서 진행되는 단위 과제의 경우에는 해당 과제가 종결된 날이 속하는 해의 다음 연도의 1월 1일부터 보존기간을 기산한다.

제21조(보존방법) ① 공단은 전자적 형태로 생산되지 아니한 기록물을 다음 각 호의 어느 하나의 방법으로 보존하여야 한다.

1. 원본과 보존매체를 함께 보존하는 방법
2. 원본을 그대로 보존하는 방법
3. 원본은 폐기하고 보존매체만 보존하는 방법

② 제1항 제3호의 방식으로 기록물을 보존하고자 하는 경우에는 다음 각 호의 구분에 따라 보존매체에 수록하여야 한다.

1. 보존기간 10년 이하의 기록물: 전자매체 또는 마이크로필름
2. 보존기간 30년 이상의 기록물: 마이크로필름

③ 공단은 보존가치가 매우 높은 전자기록물에 대하여는 마이크로필름 등 육안으로 식별이 가능한 보존매체에 수록하여 관리할 수 있다.

제22조(기록물평가심의회) ① 공단은 다음 각 호의 사항을 심의하기 위하여 기록물평가심의회를 구성·운영하여야 한다.

1. 보존 중인 기록물의 보존기간 및 폐기에 관한 사항
2. 기록물 공개 여부와 관련하여 심의를 요청한 사항
3. 간행물의 유상배부에 관한 사항

53 주어진 규정을 바탕으로 [보기]의 빈칸 ㉠, ㉡에 들어갈 내용으로 적절한 것을 고르면?

보기

D공단 기록물심의위원회에서는 임직원들의 주요 개인정보가 수록된 문서를 비밀문서로 분류하여 (㉠), (㉡)을 책정하였다.

	㉠	㉡
①	문서 보완기간 3년	보존기간 5년
②	문서 보완기간 3년	비밀 보호기간 5년
③	비밀 보호기간 3년	보존기간 5년
④	비밀 보호기간 5년	보존기간 3년

54 D공단에 새로 입사한 직원들의 대화 중 기록물 관리 규정을 잘못 이해한 내용을 고르면?

① "기록물 공개 여부를 심의하기까지 하는 걸 보면 기록물이라는 건 생각보다 중요하군."
② "우리 회사는 특히 기록물 관리 규정이 매우 자세하게 정해져 있는 거 같아. 기록물의 종류별 보존기간도 다르고 이관부서도 다 다르게 정해져 있으니 말이야."
③ "보존기간이 길고 짧은 것은 전자매체 수록 여부의 결정과 무관한 것이군."
④ "올해 처리를 마친 중요 서류도 내년부터 보존기간이 적용되는 것이군."

55 D공단 영업팀의 [보기]와 같은 기록물 관리 방법 중 규정에 부합하는 것을 모두 고르면?

보기

㉠ 지난주 열린 기록물평가심의회에서는 기록물 이관 절차의 문제점을 논의하기 위하여 실무부서와 이관부서 담당자를 회의에 참석시켰다.
㉡ 영업팀 최 부장은 작년에 종료된 T프로젝트 건 서류 일체를 검토하여 동일 프로젝트 관련 서류지만 계약서 등 중요 서류는 기타 서류와 보존기간을 달리 책정해 줄 것을 기록물평가심의회에 요청하였다.
㉢ 영업팀에서는 역대 최대 규모의 계약을 성사시킨 프로젝트 관련 서류가 '영구' 보존으로 심의되어, 원본 파기 시 서류를 마이크로필름에 수록하였다.

① ㉠ ② ㉡ ③ ㉠, ㉢ ④ ㉡, ㉢

[56~57] C사는 사내 기념행사를 위하여 K센터 행사장을 대여하고자 한다. 다음과 같은 K센터의 대여료 안내사항을 바탕으로 질문에 답하시오.

[시설물]

<table>
<tr><th colspan="2">구분</th><th>단가</th><th>수용 인원</th><th>비고</th></tr>
<tr><td rowspan="4">강당</td><td>기본금액</td><td>40,000원</td><td rowspan="4">50~100명</td><td rowspan="12">• 기본금액 및 선택 항목은 4시간당 단가임
• 초과 시간 대여료
– 30분 이내: 무료
– 30분 초과 1시간 이내: 총대여료의 100분의 20
– 1시간 초과: 총대여료의 100분의 50
• 가산된 대여료는 대여 종료 후 즉시 납부
• 야간 및 휴일(기본금액 포함 전 항목에 적용됨)
– 야간: 100분의 20 추가(19시 이후)
– 휴일: 100분의 50 추가
※ 단, 초과 시간 대여료는 K센터 행사장 내 대여한 전체 시설물의 이용 시간을 기준으로 한다.</td></tr>
<tr><td>냉난방</td><td>20,000원</td></tr>
<tr><td>조명, 음향</td><td>30,000원</td></tr>
<tr><td>빔 프로젝터</td><td>30,000원</td></tr>
<tr><td rowspan="4">회의실</td><td>기본금액</td><td>40,000원</td><td rowspan="4">10~20명</td></tr>
<tr><td>냉난방</td><td>20,000원</td></tr>
<tr><td>음향</td><td>10,000원</td></tr>
<tr><td>빔 프로젝터</td><td>30,000원</td></tr>
<tr><td rowspan="3">식당</td><td>냉난방</td><td>20,000원</td><td rowspan="3">10~20명</td></tr>
<tr><td>음향</td><td>10,000원</td></tr>
<tr><td>식대</td><td>5,000원/인</td></tr>
<tr><td colspan="2">컴퓨터실</td><td>40,000원</td><td>15명</td></tr>
</table>

[장비]

<table>
<tr><th>구분</th><th>보유 수량</th><th>사용료</th><th>비고</th></tr>
<tr><td>교수대</td><td>2개</td><td>10,000원</td><td rowspan="5">– 빔 프로젝터 대여 시, 스크린 무료
– 컴퓨터실 대관 시, 스크린 및 빔 프로젝터 무료
– 필요 수량에 관계없이 사용료 전액 납부
– 야간 추가요금 미적용</td></tr>
<tr><td>의자</td><td>100개</td><td>20,000원</td></tr>
<tr><td>천막</td><td>2개</td><td>10,000원</td></tr>
<tr><td>스크린</td><td>1개</td><td>10,000원</td></tr>
<tr><td>휠체어</td><td>2개</td><td>무료</td></tr>
</table>

56 다음 [보기]는 K센터 대여료 안내사항을 검토한 후 C사 홍보팀의 행사 담당자인 강 대리와 홍보팀장이 나눈 대화이다. 밑줄 친 ㉠~㉣ 중 안내사항의 내용에 부합하는 의견을 모두 고르면?

보기

- 강 대리: "팀장님, 다음 주 금요일에 있을 행사 시간은 아무래도 ㉠ 5시간 정도 예상해야 할 테니 비용이 제시된 총대여료보다 20% 더 비싸지겠네요."
- 홍보팀장: "비용도 비용이지만 이번엔 외부 초청 인사도 있어서 회의실이 협소하지 않을까 걱정이 되는군. 외부 초청 인사가 모두 15명인데, 우리 회사 참여 인원이 60명이니까 ㉡ 초청 인사 회의를 진행하려면 우리 측은 전체 참여 인원의 10%도 회의실에 들어가지 못하겠군."
- 강 대리: "그럼 식사는 외부 인사들만 행사장 식당을 이용하는 것으로 하고, 회사 참여 인원은 도시락을 준비하겠습니다. ㉢ 도시락이 1인당 6천 원이라고 하니 총인원 순수 식사 비용만 계산하면 40만 원 이내로 맞출 수 있겠네요. 컴퓨터실 홍보 영상은 외부 인사들만 관람하는 것으로 계획을 잡겠습니다."
- 홍보팀장: "그리고 회의실에서 하려고 했던 빔 프로젝터 PT는 컴퓨터실에서 진행하는 것으로 계획을 수정해야겠어. 그래야 ㉣ 초과 시간을 감안하더라도 컴퓨터실 대관료가 5만 원을 넘지 않을 테니 말일세."

① ㉠, ㉢ ② ㉡, ㉢ ③ ㉠, ㉡, ㉣ ④ ㉠, ㉢, ㉣

57 C사에서는 내부 논의를 거쳐 다음 주 금요일 행사를 다음 [보기]와 같은 일정으로 진행하는 것으로 최종 결정하였다. 이때, 행사에 소요되는 총비용을 고르면?

보기

- 행사 일시: 5월 25일(금)
- 행사 참여 인원: 외부 초청 15명, C사 60명
- 행사 일정

구분	내용	장소	필요 사항
15~18시	본 행사 진행	강당	빔 프로젝터, 스크린, 조명, 음향, 의자 80개
18~19시	식사	식당	15명(단, C사 인원은 도시락 제공, 6,000원/인), 냉난방
19~20시	초청 인사 회의	회의실	빔 프로젝터, 스크린, 냉난방, 음향, 교수대 1개

※ 단, C사는 K센터 행사장을 대여하였다.

① 838,000원 ② 840,000원 ③ 842,000원 ④ 846,000원

[58~60] 다음 글을 바탕으로 질문에 답하시오.

도로교통법 제10조(도로의 횡단)에서는 "시 · 도 경찰청장은 도로를 횡단하는 보행자의 안전을 위하여 행정안전부령으로 정하는 기준에 따라 횡단보도를 설치할 수 있다"라고 규정하고 있다. 또한 같은 법 시행규칙 제11조(횡단보도의 설치기준)에서는 횡단보도의 설치 기준을 규정하고 있다. 횡단보도는 보행자의 안전한 횡단을 확보하기 위한 것으로서 보행자의 통행이 빈번한 곳에 설치한다.

횡단보도는 육교 · 지하도 및 다른 횡단보도로부터 일반도로 중 집산도로 및 국지도로에서는 100m 이내, 그 외 도로에서는 200m 이내에 설치하지 않는다. 다만, 어린이 보호구역, 노인 보호구역 또는 장애인 보호구역으로 지정된 구간인 경우 또는 보행자의 안전이나 통행을 위하여 특히 필요하다고 인정되는 경우에는 설치할 수 있다.

횡단보도는 보행자의 자연스런 흐름에 맞춘 위치에 설치할 필요가 있다. 부자연스런 우회를 하는 위치에 설치할 경우에는 보행자가 횡단보도 이외의 구역에서 횡단하는 원인이 되어 교통안전에 바람직하지 않다. 횡단보도는 차도와 직각으로 설치하여 보행자의 횡단 거리를 최대한 단축하여야 한다. 그렇게 함으로써 보행자의 횡단 시간을 단축하고 전체적인 교통용량을 높일 수 있다.

편도 3차로 이상의 도로에서 신호주기 내에 보행자의 안전한 횡단이 힘들 경우 도로 중간에 보행섬을 설치한다. 또한 보행자와 자동차 간의 상충을 줄이기 위하여 도류화 시설을 이용할 수 있다. 횡단보도는 교차로에 설치하는 경우와 단일로에 설치하는 경우로 구분된다.

교차로에 설치하는 경우, 횡단보도를 교차로에 근접하여 설치하게 되면 교차로의 면적이 작아지므로 차량이 교차로를 통과하는 시간 손실이 적고 차량의 주행궤적도 고정되므로 운영효율이 높아지지만, 우회전 교통량이 많을 경우에는 이로 인한 정체 및 사고발생 가능성이 높고, 너무 멀리 설치할 경우에는 횡단보도 이용편의성이 줄어든다. 교차로의 교차구역이 커지면 차량의 교차로 통과 시간이 증가하여 교통용량이 떨어진다.

일반적으로 교차 구역이 큰 평면교차에서는 황색 신호 시 교차로 진입차량과 소거차량, 횡단잔류 보행자가 상충하는 등의 문제가 발생할 수 있다. 따라서 횡단보도의 위치는 보행자의 동선, 보행자와 자동차 간의 상충 가능성, 보행자 식별성, 우회전 차량의 대기에 따른 후속차량에 미치는 영향 등에 대한 공학적 판단에 근거하여 산정하되 가능한 교차로의 크기를 작게 할 수 있도록 정지선 및 횡단보도의 설치 위치를 결정한다.

단일로에 설치되어 있는 횡단보도의 경우 차량의 연속적인 흐름을 끊고 보행자가 도로를 횡단하는 형태이므로, 횡단보도의 폭원이 너무 넓으면 보행자의 횡단 위치가 일정치 않고 차량이 횡단보도상에서 대기하는 일이 발생하기도 한다. 반면 횡단보도의 폭이 횡단하는 보행자의 수에 비해 너무 좁으면 보행자가 횡단보도를 벗어난 위치에서 횡단을 시도하게 되므로 차량과의 상충 가능성이 생긴다.

따라서 횡단보도의 폭원은 횡단 보행자와 교통량에 따라 정해야 하며, 단일로에 횡단보도를 설치하는 경우는 차로에 직각으로 설치하는 것을 원칙으로 한다. 광로에서는 중앙선 부근에 보행섬 등을 설치하여 횡단보행자의 안전을 도모하는 것이 바람직하다. 다음과 같은 단일로상에는 가급적 횡단보도를 설치하지 않는 것이 좋다.

- 곡선부 또는 종단기울기가 심한 지점 등 전방부에 대한 시거가 나쁜 지점
- 도로 폭원이 급격히 변하는 지점
- 기타 여러 가지 사유로 횡단보도를 설치하기에 적절치 못한 지점

횡단보도의 폭원은 횡단보행자 수, 보행 속도, 신호주기, 도로 폭원 등을 기준으로 결정하여야 하지만, 최소 4m 이상이어야 한다. 단, 이면도로 등에서 횡단보도 설치가 필요하나 도로 구조상 4m 폭원 확보가 어려운 경우에는 시인성 확보가 보장되는 범위에서 다소 폭원을 줄여서 설치할 수 있다. 횡단보도의 폭원이 4m를 초과하는 경우에는 2m 단위로 확폭하며, 횡단보도의 폭원이 6m 이상인 경우에는 폭원을 2등분으로 표시하여 마주 보고 횡단하는 보행자를 분리하여 소통의 효율을 높인다.

58 **다음 중 횡단보도의 설치 위치로 적절하지 않은 것을 고르면?**(단, 언급되지 않은 사항은 모두 횡단보도 설치에 적절한 것으로 가정하며, 그림상의 '간격'은 횡단시설 간의 거리를 의미한다.)

① 일반도로 중 집산도로

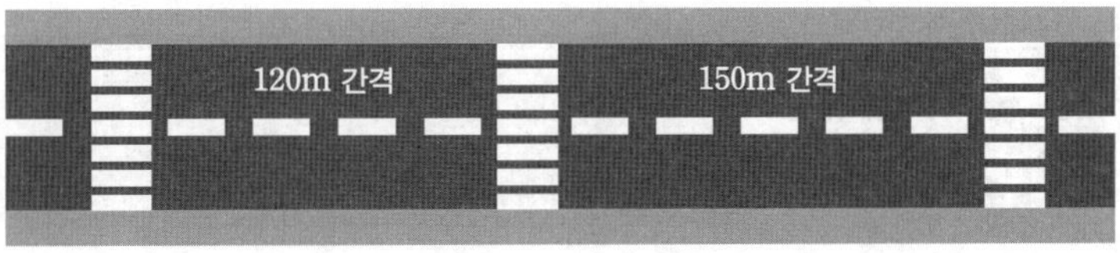

② 일반도로 중 국지도로

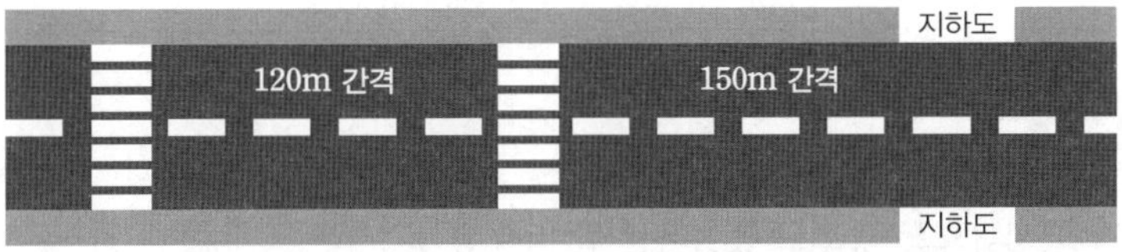

③ 집산도로, 국지도로 외 일반도로

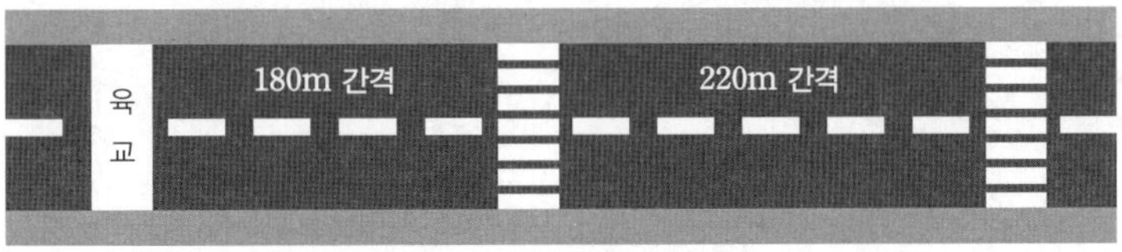

④ 일반도로 중 국지도로의 장애인 보호구역

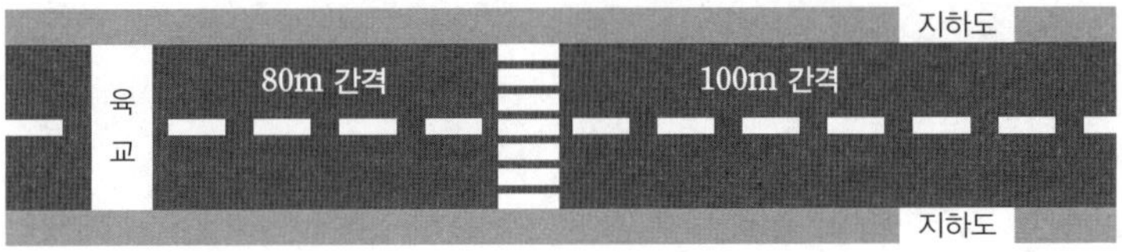

02 실전모의고사 2회

59 다음 [보기]의 A, B, C횡단보도에 대한 설명으로 옳은 것을 고르면?

보기

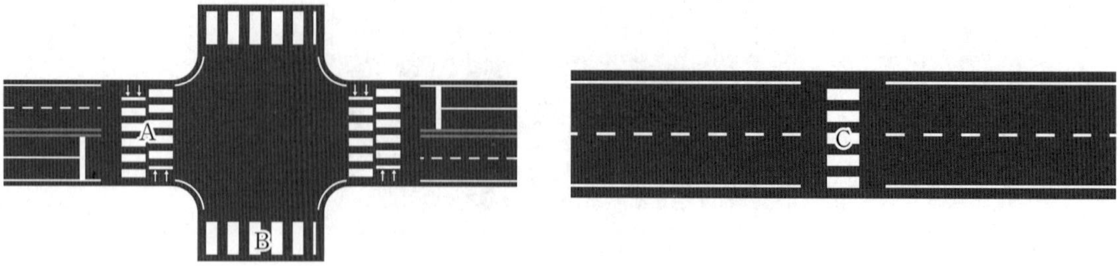

① A횡단보도의 폭원은 4m 이상 6m 미만이다.
② C횡단보도의 중간 지점에 보행섬을 설치할 수 있다.
③ C횡단보도가 너무 넓으면 보행자가 횡단보도 밖으로 통행하는 일이 발생하기 쉽다.
④ A, B횡단보도는 교차로에 근접 설치해야 교통용량을 높일 수 있다.

60 다음 중 횡단보도 설치와 운영에 대한 설명으로 옳은 것을 고르면?

① 횡단보도는 보행자의 안전한 횡단을 확보하기 위한 것이므로 차량의 운행 속도가 낮은 곳에 설치해야 한다.
② 횡단보도는 보행자의 효율적인 통행을 위해 대각선 횡단보도와 같이 비스듬한 방향으로 설치하는 것이 좋다.
③ 횡단보도는 교차로의 크기가 가급적 작아지도록 설치하여 좌회전 차량이 재빨리 교차로를 통과할 수 있도록 해주어야 한다.
④ 횡단보도는 단일로의 곡선 지점이나 도로의 폭원이 급격히 변하는 지점에 설치하지 않는 것이 좋다.

기술직

기술직 직렬 응시자는 해당 페이지부터 이어서 푸십시오.

[37~38] 다음 [표]는 2018년과 2021년 사업체 수와 종사자 수에 관한 자료이다. 이를 바탕으로 질문에 답하시오.

[표1] 연도별 사업체 수

(단위: 개)

구분	개인사업체	회사법인	회사이외법인	비법인단체	합계
2018년	3,245,411	594,173	130,272	133,316	4,103,172
2021년	3,276,822	624,739	136,653	138,335	4,176,549

[표2] 연도별 종사자 수

(단위: 명)

구분	개인사업체	회사법인	회사이외법인	비법인단체	합계
2018년	8,272,436	9,934,168	3,366,656	661,516	22,234,776
2021년	8,413,151	10,022,163	3,546,321	741,637	22,723,272

37 주어진 자료에 대한 설명으로 옳지 않은 것을 고르면?

① 2018년 대비 2021년 회사법인 수는 6% 이상 증가하였다.
② 2018년 대비 2021년 개인사업체 수는 3만 개 이상 증가하였다.
③ 2018년 대비 2021년 비법인단체의 종사자 수는 10% 이상 증가하였다.
④ 사업체와 종사자 수는 모든 항목에 대하여 2018년 대비 2021년에 증가하였다.

38 다음 [보기]의 빈칸 (A), (B)에 알맞은 값을 바르게 나타낸 것을 고르면?(단, 비중은 소수점 둘째 자리에서 반올림한다.)

보기

개인사업체가 전체 사업체에서 차지하는 비중은 2018년 대비 2021년에 (A)%p 감소하였고, 회사법인의 종사자 수 또한 전체 종사자에서 차지하는 비중이 2018년 대비 2021년에 (B)%p 감소하였다.

	(A)	(B)
①	0.3	0.6
②	0.3	1.2
③	0.6	0.3
④	0.6	0.6

[39~40] 다음 [표]와 [그래프]는 2020년 월별 고속도로 이용 차량 및 전체 일평균 이용 차량 대비 월별 일평균 이용 차량 비율에 관한 자료이다. 이를 바탕으로 질문에 답하시오.(단, 2020년 2월은 29일까지 있다.)

[표] 월별 고속도로 이용 차량

(단위: 천 대)

구분	1종	2종	3종	4종	5종	계
1월	119,407	3,225	4,684	3,158	4,553	135,027
2월	99,909	3,203	4,363	3,148	4,649	115,272
3월	104,882	3,481	4,181	3,541	5,423	121,508
4월	112,726	3,444	3,950	3,436	5,253	128,809
5월	124,658	3,378	4,029	3,288	4,943	140,296
6월	121,766	3,574	4,364	3,553	5,214	138,471
7월	124,278	3,583	4,433	3,540	4,993	140,827
8월	123,739	3,355	4,132	3,240	4,573	139,039
9월	119,238	3,642	4,295	3,704	5,396	136,275
10월	130,253	3,539	4,305	3,575	5,449	147,121
11월	123,127	3,622	4,436	3,699	5,593	140,477
12월	112,770	3,685	4,387	3,825	5,825	130,492
계	1,416,753	41,731	51,559	41,707	61,864	1,613,614

[그래프] 전체 일평균 이용 차량 대비 월별 일평균 이용 차량 비율

(단위: %)

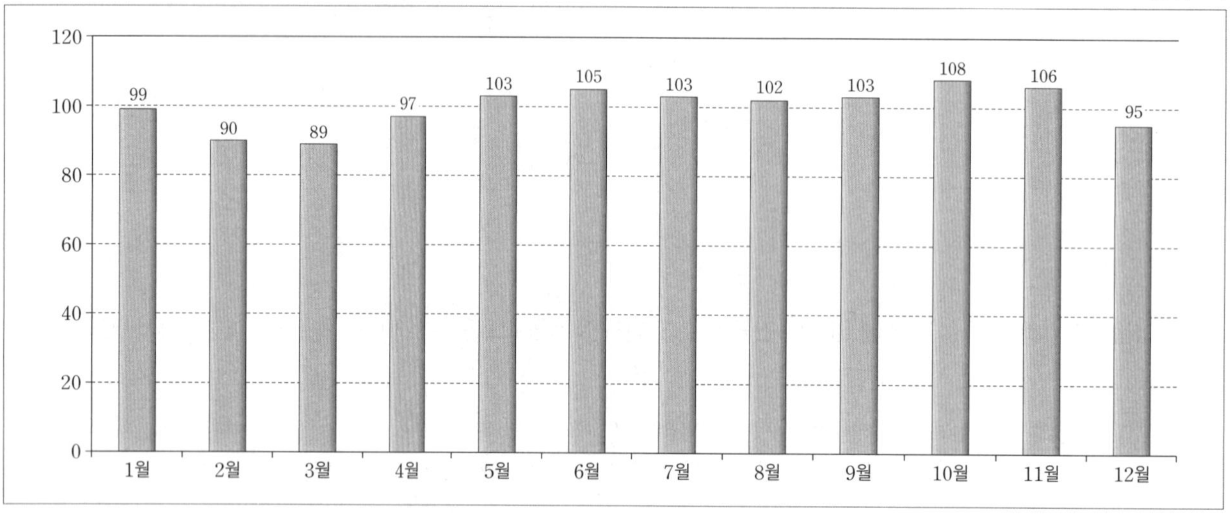

39 **주어진 자료에 대한 설명으로 옳은 것을 고르면?**

① 주어진 자료만으로는 전체 일평균 이용 차량 대수를 알 수 없다.
② 월별 일평균 이용 차량 대수가 400만 대 미만인 달은 3개이다.
③ 2월 일평균 이용 차량 대수는 3월 일평균 이용 차량 대수보다 많다.
④ 월별 일평균 이용 차량 대수가 전체 일평균 이용 차량 대수보다 낮은 달은 4개이다.

40 **다음 중 2~5종에 대하여 전체 일평균 이용 차량 대수를 바르게 나타낸 그래프를 고르면?**(단, 모든 그래프의 단위는 '천 대'이며, 전체 일평균 이용 차량 대수는 천 대 미만 단위에서 반올림한다.)

①
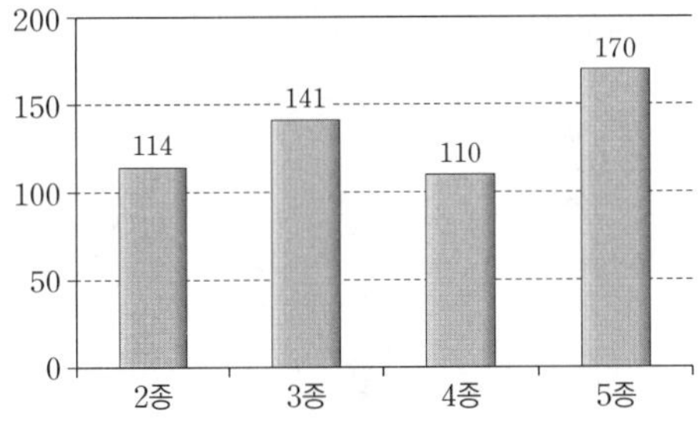

②
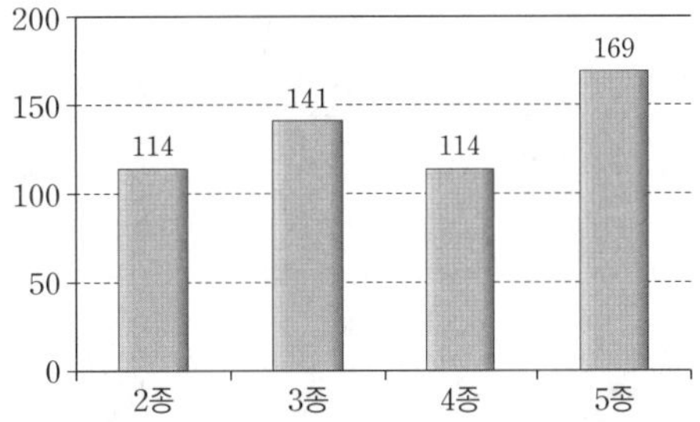

③
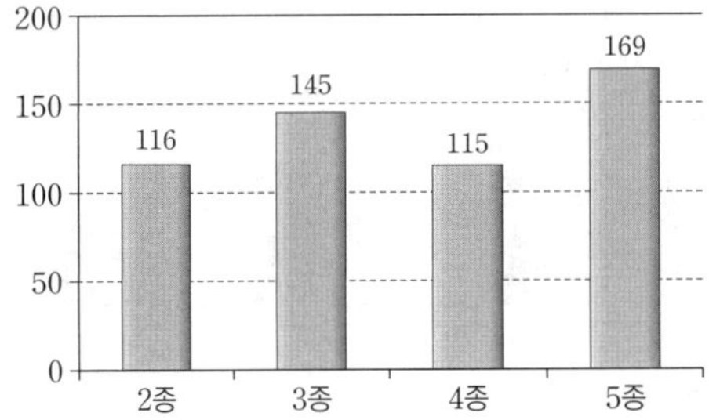

④
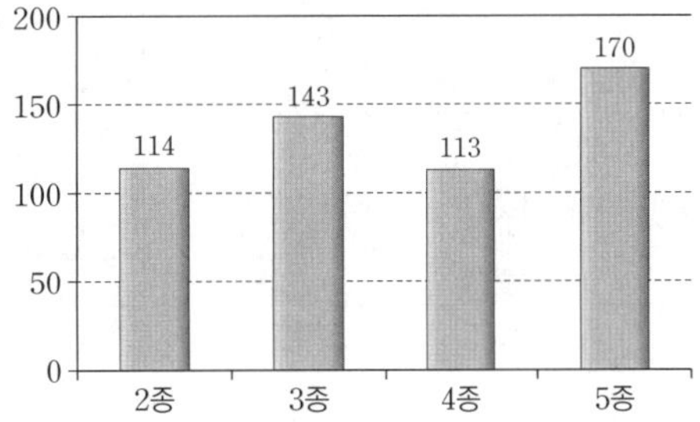

[41~43] 다음 [그래프]는 2021년 고속국도 및 일반국도의 일교통량에 관한 자료이다. 이를 바탕으로 질문에 답하시오.

[그래프1] 2021년 고속국도 및 일반국도 월별 일교통량 (단위: 대/일)

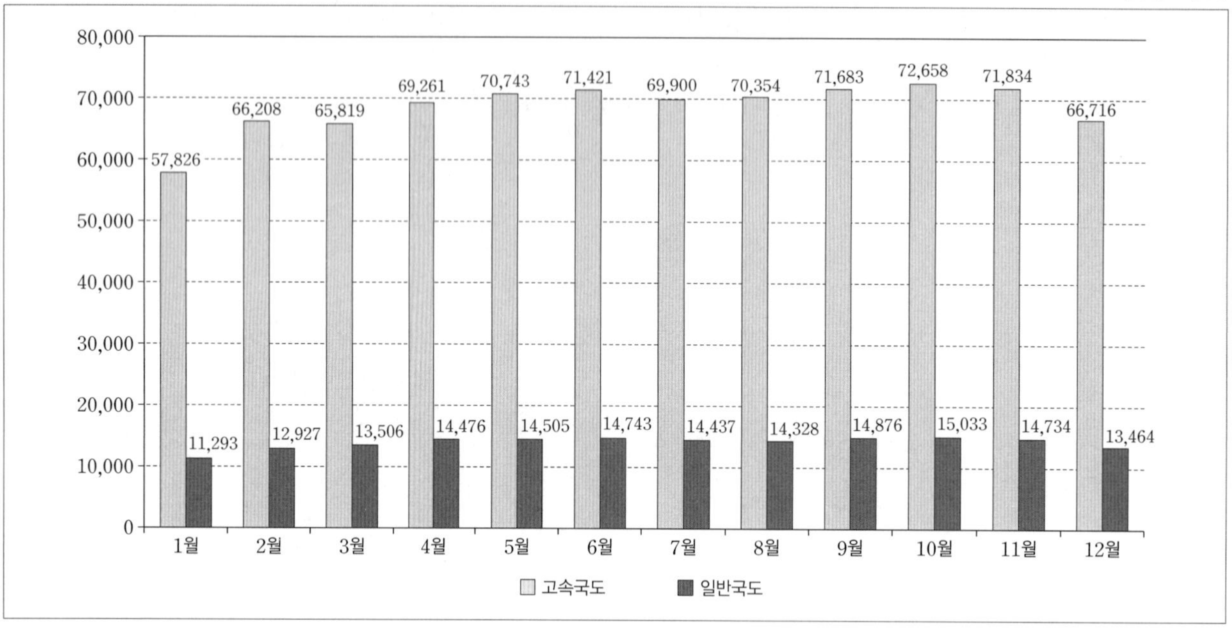

[그래프2] 2021년 고속국도 및 일반국도 요일별 일교통량 (단위: 대/일)

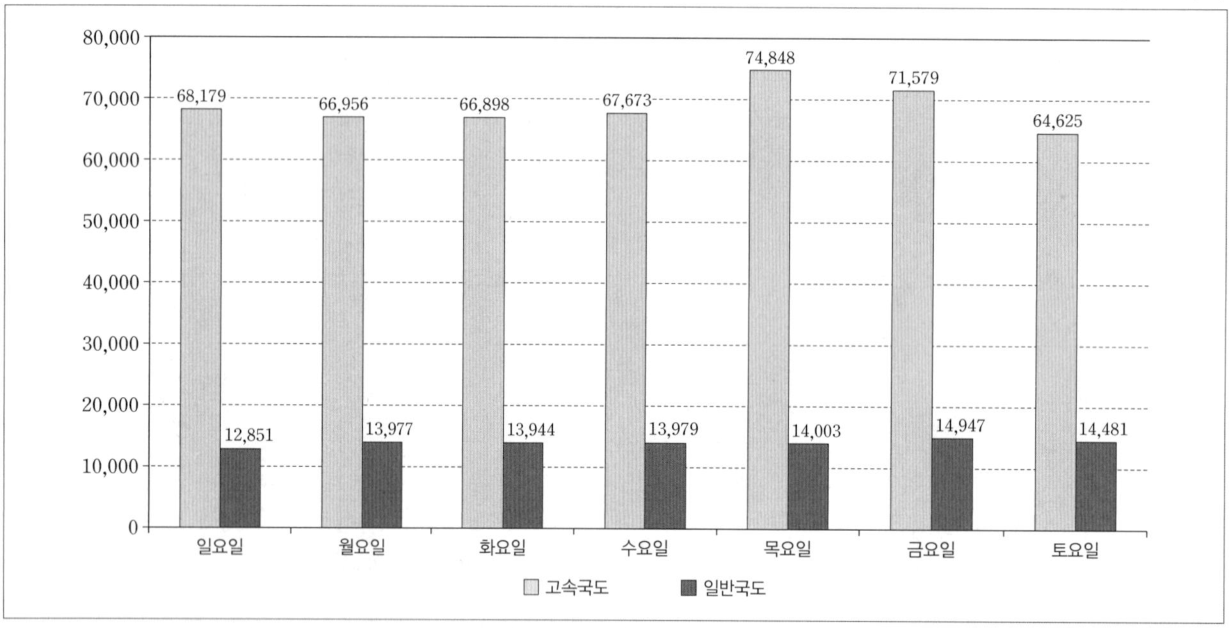

41 주어진 자료에 대한 설명으로 옳은 것을 [보기]에서 모두 고르면?

보기

㉠ 고속국도 월별 일교통량 합계는 1~6월보다 7~12월이 더 적다.
㉡ 고속국도와 일반국도 월별 일교통량이 가장 많은 달은 서로 일치한다.
㉢ 고속국도의 일교통량은 수요일 대비 목요일에 10% 이상 증가하였다.
㉣ 일반국도의 일교통량이 가장 적은 요일과 가장 많은 요일의 일교통량 차이는 2,100대 이상이다.

① ㉠, ㉡ ② ㉠, ㉣ ③ ㉡, ㉢ ④ ㉢, ㉣

42 다음 중 2021년 고속국도 및 일반국도의 일교통량 평균에 대한 설명으로 옳지 않은 것을 고르면?(단, 계산 시 소수점 첫째 자리에서 반올림한다.)

① 1/4분기 일반국도 월별 일교통량의 평균은 12,575대이다.
② 고속국도의 요일별 일교통량의 평균은 69,000대 미만이다.
③ 고속국도 월별 일교통량이 70,000대 이상인 달의 평균 월별 일교통량은 71,249대이다.
④ 일반국도의 요일별 일교통량의 평균은 목요일의 일반국도 일교통량보다 많다.

43 다음 [표]는 2020년 평일과 주말의 평균 일교통량을 나타낸 자료이다. 주어진 자료와 아래의 [표]에 대한 설명으로 옳은 것을 고르면?

[표] 2020년 평일과 주말의 평균 일교통량 (단위: 대/일)

구분	평일	주말
고속국도	69,624	66,435
일반국도	14,102	13,668

① 2021년 평일 고속국도의 일교통량은 전년 대비 증가하였다.
② 2021년 주말 고속국도의 일교통량은 전년 대비 감소하였다.
③ 2021년 평일 일반국도의 일교통량은 전년 대비 감소하였다.
④ 2021년 주말 일반국도의 일교통량은 전년 대비 증가하였다.

[44~46] 다음 [표]는 2019년부터 2021년까지 한국도로공사의 포괄손익계산서에 관한 자료이다. 이를 바탕으로 질문에 답하시오.

[표] 반기별 포괄손익계산서 (단위: 백만 원)

구분	2019년 상반기	2019년 결산	2020년 상반기	2020년 결산	2021년 상반기	2021년 결산
매출액	3,791,302	8,721,882	4,017,724	9,557,503	4,298,802	10,535,072
매출원가	3,253,900	7,200,637	3,498,068	8,612,408	3,853,300	9,585,245
판관비	104,244	282,506	122,311	322,136	127,528	331,279
기타수익	83,799	105,239	57,873	126,889	56,755	143,706
기타비용	44,921	349,269	52,549	342,343	39,656	118,274
기타이익	2,669	−20,391	2,067	−14,720	7,066	−6,766
금융수익	123,055	143,825	106,849	173,136	97,384	230,017
금융원가	473,251	851,290	434,540	791,213	415,835	828,975
법인세비용	50,107	167,672	24,083	−255,304	3,281	6,527

44 주어진 자료에 대한 [보기]의 설명 중 옳은 것의 개수를 고르면?

보기

㉠ 3년간 하반기 기타이익의 합은 −530억 원보다 낮다.
㉡ 2021년 결산에서 매출원가는 매출액의 93% 이상을 차지한다.
㉢ 판관비는 2019년 결산 대비 2020년 결산에서 15% 이상 증가하였다.

① 0개 ② 1개 ③ 2개 ④ 3개

45 **주어진 자료와 [보기]의 글을 바탕으로 할 때, 옳지 않은 것을 고르면?**(단, 영업이익률은 소수점 둘째 자리에서 반올림한다.)

보기

기업 본래의 활동성과를 나타내고, 수익성의 지표로서 인식되는 영업이익은 기업 경영에서 중요한 역할을 한다. 영업이익은 기업의 주된 영업활동에서 생긴 매출총이익에서 판매비와 일반관리비를 차감하고 남은 금액을 말하는데, 판매비와 일반관리비의 합은 판관비이고 매출총이익은 매출액에서 매출원가를 빼서 계산한다. 그리고 매출액에 대한 영업이익 비율을 매출액 영업이익률 또는 영업이익률이라고 하는데, 영업이익률은 영업활동의 수익성을 나타낸다.

① 한국도로공사의 2019년 상반기 영업이익률은 11.4%이다.
② 한국도로공사의 2021년 결산 영업이익률은 6.2% 미만이다.
③ 한국도로공사의 2021년 하반기 영업이익은 상반기보다 높다.
④ 한국도로공사의 2020년 상반기 영업이익은 4,000억 원 미만이다.

46 **주어진 자료와 [보기]를 바탕으로 할 때, 한국도로공사의 2020년과 2021년 결산 당기순이익을 각각 바르게 나열한 것을 고르면?**(단, 천만 원 단위에서 반올림한다.)

보기

- (당기순이익)=(영업이익)+(기타손익)+(금융손익)−(법인세비용)
- (영업이익)=(매출액)−(매출원가)−(판관비)
- (기타손익)=(기타수익)−(기타비용)+(기타이익)
- (금융손익)=(금융수익)−(금융원가)

	2020년 결산	2021년 결산
①	300억 원	317억 원
②	300억 원	319억 원
③	302억 원	317억 원
④	302억 원	319억 원

[47~48] 다음 [표]는 2015~2020년 전국 도로별 교량 및 터널 개소 현황에 관한 자료이다. 이를 바탕으로 질문에 답하시오.

[표] 연도별 도로별 교량 및 터널 개소 현황 (단위: 개소, %)

구분			2015년	2016년	2017년	2018년	2019년	2020년
고속국도	교량	개소	9,018	9,369	9,833	9,964	10,602	10,676
		구성비	29.1	29.0	29.3	29.1	29.5	29.2
	터널	개소	925	1,054	1,159	1,162	1,204	1,232
		구성비	47.6	48.1	48.7	45.3	44.9	44.9
일반국도	교량	개소	7,624	7,951	8,233	8,537	8,740	8,850
		구성비	24.6	24.6	24.5	24.9	24.3	24.2
	터널	개소	532	608	668	735	761	786
		구성비	27.4	27.8	28.0	28.6	28.4	28.7
특별광역시도	교량	개소	1,216	1,267	1,328	1,394	1,456	1,464
		구성비	3.9	3.9	4.0	4.1	4.1	4.0
	터널	개소	176	185	187	192	212	214
		구성비	9.1	8.5	7.9	7.5	7.9	7.8
국가지원 지방도	교량	개소	1,272	1,371	1,406	1,428	1,495	1,521
		구성비	4.1	4.2	4.2	4.2	4.2	4.2
	터널	개소	76	86	91	99	110	111
		구성비	3.9	3.9	3.8	3.9	4.1	4.0
지방도	교량	개소	3,707	3,834	3,911	3,925	3,994	4,050
		구성비	12.0	11.9	11.6	11.4	11.1	11.1
	터널	개소	102	116	119	121	132	136
		구성비	5.2	5.3	5.0	4.7	4.9	5.0
시군구도	교량	개소	8,146	8,533	8,861	9,049	9,615	9,940
		구성비	26.3	26.4	26.4	26.4	26.8	27.2
	터널	개소	133	140	158	257	263	264
		구성비	6.8	6.3	6.6	10.0	9.8	9.6

47 주어진 자료에 대한 설명으로 옳지 않은 것을 고르면?

① 조사 기간 동안 모든 도로에서 교량의 수는 해마다 증가하고 있다.
② 조사 기간 동안 모든 도로에서 터널의 수는 해마다 증가하고 있다.
③ 지방도에 있는 터널의 수는 2015년 대비 2020년에 30% 이상 증가하였다.
④ 고속국도와 일반국도에 있는 교량의 수가 전체에서 차지하는 비율이 가장 적은 해는 2016년이다.

48 다음 [그래프]는 2015~2020년 전국의 교량 및 터널 현황을 나타낸 자료이다. 주어진 자료와 아래의 [그래프]에 대한 설명으로 옳은 것을 [보기]에서 모두 고르면?

[그래프] 연도별 전국 교량 및 터널 현황

(단위: 개소)

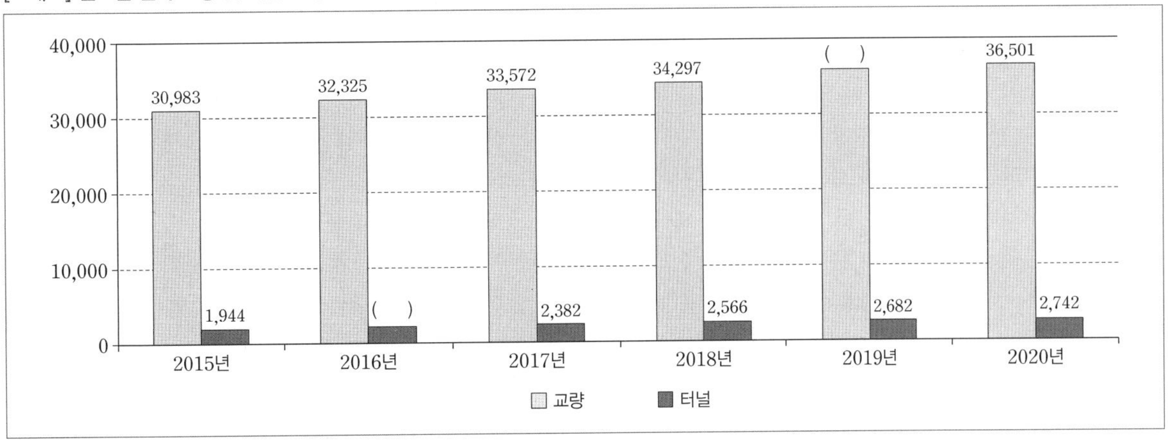

보기

㉠ 2016년 전국 터널의 수는 2015년 대비 13% 미만으로 증가하였다.

㉡ 2019년 전국 교량의 수는 2015년 대비 4,800개 이상 증가하였다.

㉢ 전체 교량 중 고속국도에 있는 교량이 차지하는 비율은 2015년 대비 2019년에 감소하였다.

① ㉠ ② ㉡ ③ ㉠, ㉡ ④ ㉠, ㉡, ㉢

[49~51] 다음은 일반 가전제품의 품질보증에 관한 자료이다. 이를 바탕으로 질문에 답하시오.

가전제품이 고장 나면 수리 서비스 신청을 하게 되는데 수리에는 무상 수리와 유상 수리가 있다. 무상 수리는 제품의 품질 보증기간 이내에 정상적으로 사용하다가 제품에 대한 성능, 기능, 품질에 이상이 생겼을 때 받을 수 있는 것으로 출장비를 포함한 서비스 비용이 발생하지 않는다. 유상 수리는 제품의 품질 보증기간이 지났거나 소비자 과실과 천재지변 등으로 인한 고장의 경우 서비스 비용이 발생하게 되는 경우를 말한다. 보증기간 이내에 수리를 신고하더라도 사용자의 과실에 의한 경우는 최초 1회만 무상 수리가 가능하다. 특히, 기간에 상관없이 해당 제품의 판매사가 아닌 사설 서비스 업체에서 수리를 받은 적이 있는 제품은 고장 시 무상 수리가 불가능하다.

제품의 보증기간은 제품을 구입한 기준으로 보통 1년으로 책정되어 있으며, 유통기한 3개월을 감안하여 1년 3개월 기간에 적용된다. 실질적으로 제품 구입 영수증 등이 없어 구입 날짜를 확인할 수 없다면, 제품에 붙어 있는 보증기간 표시 기준으로 유·무상 수리가 결정된다. 제품에 부착하는 보증기간 표시 기준은 제품 생산일로부터 최대 3개월까지로 설정되어 있는 것이 일반적이다. 제품 구입 날짜가 확인된 제품의 경우, 복사기와 같이 인쇄 매수에 따라 제품의 수명이 민감하게 좌우되는 제품은 6개월의 보증기간이 적용되며, 반대로 계절성 제품은 2년의 보증기간이 적용된다.

통상적으로 제품에 한해서만 보증기간이 존재하는 것이 아니고 핵심 부품들에 대해서도 무상 수리가 가능한 보증기간이 존재하며, 최소 2년에서 최대 10년까지 기간 동안 다음과 같이 설정되어 있다.

구분	보증기간	관련 제품	참고
핵심 부품	2년	PDP, LCD 패널, LCD 모니터, 메인보드	노트북 LCD 패널은 제외
	3년	컴프레서(냉장고), 일반모터(세탁기), 헤드드럼, 버너(팬히터)	–
	4년	컴프레서(에어컨)	–
	10년	세탁 모터–드럼 세탁기, 전자동 세탁기 양문형 냉장고, 김치냉장고 인버터 컴프레서	–

일반적으로 1년이라는 보증기간이 적용되더라도 사용 환경에 따라 보증기간이 달라질 수 있다. 가전제품은 제품을 사용하는 가정을 기준으로 그 사용 범위에 따라 1년이라는 보증기간이 정해지는 것이므로 동일한 제품이라도 다음과 같은 환경에서 사용할 경우 보증기간은 절반으로 줄어들게 된다(핵심 부품에도 동일하게 적용).

- 가정용 세탁기를 영업 용도나 영업장에서 사용하는 경우(사우나, 세탁소, 기숙사 등)
- 정상적 사용 환경이 아닌 공사장이나 선박, 차량 등에서 사용하는 경우
- TV나 VCR 등을 유선방송 전문 업체, 비디오방, 노래방 등에서 사용하는 경우
- 가정용 밥솥, 냉장고 등을 식당에서 사용하는 경우
- 전자레인지를 편의점에서 사용하는 경우

49 다음 중 제품의 보증기간에 대한 소비자의 의견으로 옳은 것을 고르면?

① '어제 구입한 에어컨은 보증기간이 내년 이맘때까지라는 걸 꼭 알아두어야겠군.'
② '가전제품을 정해진 용도에 맞지 않는 장소에서 사용하면 보증기간과 무관하게 무상 수리가 안 되는군.'
③ '가정용 세탁기를 기숙사에 두고 공동 사용한다고 해서 보증기간이 줄어드는 것은 아니겠지.'
④ '보증기간이 1년이지만 구입한 지 14개월이 지나 고장이 발생한 경우에는 무상 수리를 받을 수 있겠군.'

50 다음 중 가전제품의 무상 수리가 가능한 경우를 고르면?(단, 모든 경우는 소비자의 과실로 인해 고장 난 경우가 아니다.)

① 2017년 5월에 생산된 세탁기를 같은 해 7월에 구입하여 식당에서 사용하다가 다음 해 5월에 고장 난 경우
② 구입일자를 알 수 없으나, 2018년 2월에 생산된 TV가 같은 해 8월에 고장 난 경우
③ 2018년 1월에 생산된 세탁기를 같은 해 10월 구입하여 사우나에서 사용하다가 다음 해 2월에 고장 난 경우
④ 생산일자를 알 수 없으나, 2019년 2월에 구입한 전자레인지를 편의점에서 사용하다가 다음 해 5월에 고장 난 경우

51 핵심 부품 고장에 따른 무상 수리가 가능한 경우를 [보기]에서 모두 고르면?(단, 특별한 환경에서 핵심 부품을 사용하지 않았다고 가정한다.)

보기
㉠ 2년간 사용하던 노트북의 메인보드와 LCD 패널이 함께 고장 난 경우
㉡ 6년 전 구입한 김치냉장고의 인버터 컴프레서가 고장 난 경우
㉢ 3년간 사용하던 냉장고와 에어컨의 컴프레서가 함께 고장 난 경우
㉣ 2년 전 구입한 세탁기의 일반모터가 고장 난 경우

① ㉠, ㉡ ② ㉡, ㉣ ③ ㉠, ㉢, ㉣ ④ ㉡, ㉢, ㉣

[52~54] 다음 교차로 통행 방법에 관한 글을 바탕으로 질문에 답하시오.

교차로 통행 방법

속도는 자동차의 생명이라 할 수 있으나, 속도 때문에 자동차가 달리는 흉기로 돌변하여 교통사고라는 치명적 결과를 일으키기도 한다. 법정 속도 및 제한 속도 이하로 주행하더라도 절대로 안전한 것은 아니라는 것을 명심하고, 사고를 예방하는 안전 속도를 준수해야 한다. 또한 안전거리 유지는 추돌사고를 방지할 수 있을 뿐만 아니라 정보의 인지 및 판단을 통해 사전에 급브레이크나 급핸들 조작을 예방할 수 있고, 안전거리는 갑자기 정지한 앞차와의 사고를 피할 수 있는 거리로서 여유 있는 운전을 가능하게 한다. 일반도로의 경우 속도계에 표시되는 수치에서 15를 뺀 수치의 m 정도로 유지하고, 시속 80km 이상이거나 고속도로를 주행하는 때에는 주행 속도의 수치를 그대로 m로 나타낸 수치 정도의 안전거리를 유지하는 것이 적당하다. 교차로를 통행할 때 준수해야 할 사항은 다음과 같다.

1. 안전한 교차로 통행 방법

안전한 교차로 통행 방법에서 가장 중요한 것은 신호를 준수하는 것이다. 특히 황색신호 위반으로 교차로 내에서 사고가 많이 발생하는데 황색신호는 「녹색신호의 연장」이 아니라 「적색신호의 시작」을 의미함을 명심해야 한다. 따라서 교차로 진입 전 황색신호를 마주치면 모든 차는 정지선이 있거나 횡단보도가 있을 때 그 바로 앞에 정지하여야 하며, 이미 교차로에 진입하고 있으면 신속히 교차로 밖으로 빠져나와야 한다.

모든 차의 운전자는 신호기로 교통정리를 하고 있는 교차로에 들어가려는 경우에는 진행하려는 진로의 앞쪽에 있는 차의 상황에 따라 교차로(정지선이 설치되어 있는 경우에는 그 정지선을 넘은 부분을 말한다)에 정지하게 되어 다른 차의 통행에 방해가 될 우려가 있는 경우에는 그 교차로에 들어가서는 아니 된다. 특히 교차로 통과 시에는 앞 차량이 급정지할 가능성을 대비하여 안전거리를 충분히 유지하고 2~3대 앞차의 상황까지 주의한다.

모든 차의 운전자는 교차로에서 우회전을 하려는 경우에는 미리 도로의 우측 가장자리를 서행하며 우회전하여야 한다. 이 경우 우회전하는 차의 운전자는 신호에 따라 정지하거나 진행하는 보행자 또는 자전거에 주의하여야 한다. 모든 차의 운전자는 교차로에서 좌회전을 하려는 경우에는 미리 도로의 중앙선을 따라 서행하면서 교차로의 중심 안쪽을 이용하여 좌회전하여야 한다. 다만, 지방경찰청장이 교차로의 상황에 따라 특히 필요하다고 인정하여 지정한 곳에서는 교차로의 중심 바깥쪽을 통과할 수 있다.

우회전이나 좌회전을 하기 위하여 손이나 방향지시기 또는 등화로써 신호를 하는 차가 있는 경우에 그 뒤차의 운전자는 신호를 한 앞차의 진행을 방해하여서는 아니 된다. 모든 차의 운전자는 교통정리를 하고 있지 아니하고 일시정지나 양보를 표시하는 안전표지가 설치되어 있는 교차로에 들어가려고 할 때에는 다른 차의 진행을 방해하지 아니하도록 일시정지하거나 양보하여야 한다.

2. 교통정리가 없는 교차로에서의 양보운전

교통정리를 하고 있지 아니하는 교차로에 들어가려고 하는 차의 운전자는 이미 교차로에 들어가 있는 다른 차가 있을 때에는 그 차에 진로를 양보하여야 한다.

교통정리를 하고 있지 아니하는 교차로에 들어가려고 하는 차의 운전자는 그 차가 통행하고 있는 도로의 폭보다 교차하는 도로의 폭이 넓은 경우에는 서행하여야 하며, 폭이 넓은 도로로부터 교차로에 들어가려고 하는 다른 차가 있을 때에는 그 차에 진로를 양보하여야 한다.

교통정리를 하고 있지 아니하는 교차로에 동시에 들어가려고 하는 차의 운전자는 우측도로의 차에 진로를 양보하여야 한다. 또한 교통정리를 하고 있지 아니하는 교차로에서 좌회전하려고 하는 차의 운전자는 그 교차로에서 직진하거나 우회전하려는 다른 차가 있을 때에는 그 차에 진로를 양보하여야 한다.

3. 진로 양보의 의무

모든 차(긴급자동차는 제외한다)의 운전자는 뒤에서 따라오는 차보다 느린 속도로 가려는 경우에는 도로의 우측 가장자리로 피하여 진로를 양보하여야 한다. 다만, 통행 구분이 설치된 도로의 경우에는 그러하지 아니하다.

비탈진 좁은 도로에서 자동차가 서로 마주 보고 진행하는 때에는 올라가는 자동차가 내려가는 자동차에 도로의 우측 가장자리로 피하여 진로를 양보한다.

52 다음 중 안전한 교차로 통행 방법에 대한 설명으로 옳은 것을 고르면?

① 고속도로에서 시속 70km로 주행 시의 적정 안전거리는 55m이다.
② 교차로 진입 전 황색신호가 켜지면 교차로로 진입해서는 안 된다.
③ 신호기로 교통정리를 하고 있는 교차로를 통과하려고 할 때, 좌우측 차량의 행렬이 이어져 있으면 정지선을 넘은 부분까지 나와서 정지하여야 한다.
④ 좌회전을 하고자 할 경우 모든 교차로에서는 중심 안쪽을 이용하여 좌회전하여야 한다.

53 다음 중 주행 시 진로 우선순위가 있는 차량에 대한 설명으로 옳지 않은 것을 고르면?

① 교통정리가 없는 교차로에서는 먼저 교차로에 진입해 있는 차에 진로 우선순위가 있다.
② 직진하여 교통정리가 없는 교차로에 진입하고자 할 경우, 도로 폭이 더 넓은 좌우측 도로에서 동시에 진입하려는 차가 있으면 그 차에 진로 우선순위가 있다.
③ 교통정리를 하고 있지 않은 교차로에서는 직진이나 우회전 차량이 좌회전 차량보다 진로 우선순위가 있다.
④ 뒤에서 오는 차량보다 느린 속도로 운행하고자 할 때는 통행 구분에 상관없이 도로의 우측 가장자리로 피하여 진로를 양보해야 한다.

54 다음 회전교차로에 대한 [보기]의 설명을 바탕으로 빈칸 ㉠, ㉡에 들어갈 말이 바르게 나열된 것을 고르면?

보기

회전교차로는 교통 중앙에 있는 원형 교통섬을 중심으로 차량이 반시계 방향으로 회전하면서 통과하는 교차로를 말하며, 이미 회전을 하고 있는 차량이 뒤늦게 진입하려는 차량보다 통행 우선순위가 있다. 회전교차로는 기본적으로 교차로에 진입하는 차량의 감속을 유도하기 때문에 과속으로 인한 교통사고가 감소하는 효과를 거둘 수 있다. 또한 일반교차로나 로터리와 달리 신호기를 설치하지 않는다. 회전교차로는 섬 모양의 중앙 교통섬이 회전교차로에 진출입하는 차량의 흐름을 분리하여 교통 흐름을 원활하게 해주고 도로를 횡단하는 보행자의 안전에도 큰 도움이 된다. 결국 회전교차로는 (㉠)을(를) 감소시키고, (㉡)를 향상시키는 역할을 한다.

	㉠	㉡
①	통행 차량 수	통행 속도
②	통행 차량 수	연비
③	통행 시간	통행 속도
④	통행 시간	연비

[55~57] 다음은 자동차의 물리적 특성에 관한 자료이다. 이를 바탕으로 질문에 답하시오.

1. 제동력의 한계

급브레이크를 밟으면 브레이크의 구조상 원반과 패드(받침대)와의 사이에 강한 저항력이 발생하여 차바퀴의 회전이 갑자기 멈추게 되며, 이때 차는 바퀴의 회전이 멈춘 채로 노면을 미끄러져 나가게 되어 차의 제동력에 한계가 생기게 된다. 주행 중인 차는 운동에너지를 가지고 있으며, 운동에너지는 속도의 제곱에 비례해서 커진다. 차의 제동 거리는 차가 가지는 운동에너지의 제곱에 비례해서 길어지며, 차의 속도가 2배로 되면 제동 거리는 4배가 된다. 비에 젖은 노면이나 빙판길에서는 제동력이 낮아지게 되므로 미끄러져 나가는 거리가 더 길어진다.

2. 커브와 원심력

커브길이나 교차로 등에서 회전할 때 원심력이 작용하여 차가 길 밖으로 튀어 나가거나 가드레일을 충격하는 등의 위험성이 있으므로 커브길 등에 진입하기 전에 급제동·급조작을 삼가고 충분히 감속하여 원심력의 영향을 줄여야 한다.

3. 충격력

교통사고 발생 시 자동차가 가지고 있는 운동에너지로 치명적인 피해가 발생하게 된다. 이 운동에너지는 차의 속도의 제곱에 비례하여 커지므로 속도가 2배이면 충격력은 4배가 된다.

4. 수막(Hydroplaning) 현상

노면에 물이 고인 상태에서 고속주행하면, 타이어와 노면 사이에 물막이 형성되어 자동차가 물 위를 미끄러지는 현상이 발생하므로 노면이 젖은 도로에서는 감속하여야 한다.

5. 베이퍼 록(Vapor Lock)과 페이드(Fade) 현상

긴 내리막길 등에서 짧은 시간에 풋 브레이크를 지나치게 자주 사용하면, 마찰열이 발생하게 된다. 이로 인해 브레이크 오일 속에 기포가 형성되어 브레이크가 잘 작동되지 않거나(베이퍼 록 현상) 이 마찰열 때문에 라이닝이 변질되어 마찰계수가 떨어지면서 브레이크가 밀리거나 작동되지 않는 현상(페이드 현상)이 발생할 수 있다.

6. 스탠딩 웨이브(Standing Wave) 현상

타이어의 공기압이 부족한 상태에서 고속주행하는 경우 타이어 접지면의 일부분이 물결 모양으로 주름이 잡히는 현상이 발생하며, 이 경우 타이어 내부의 고열로 변형이 커져 타이어가 파열되는 치명적인 사고의 원인이 되기도 한다.

7. 내륜차와 외륜차 현상

내륜차란 자동차 회전 시 안쪽 앞바퀴와 뒷바퀴가 그리는 원호의 반경 차이며, 외륜차는 바깥쪽 앞바퀴와 뒷바퀴가 그리는 원호의 반경 차를 말한다. 따라서 차체의 크기를 고려하여 좌·우회전, 후진 선회 시 주변 보행자에 유의해야 한다.

8. 속도계 속도와 감각 속도의 차이

사람이 느끼는 차의 속도 감각은 주행하는 환경의 변화, 대형차에서 소형차로 바꾸어 탔을 때나 그 반대의 경우에 파악하기가 쉽지 않다. 예컨대 속도계의 속도가 80km/h를 가리키고 있어도 소형차의 경우에는 그 이상의 빠른 속도로 느껴지고, 대형차일 경우에는 느리게 느껴지는 경향이 있다. 특히 고속도로에 들어가면 도로의 폭이 넓어지고 주변의 경치 등이 차에서 멀리 떨어져 있기 때문에 80km/h는 빠른 속도인데도 시가지의 60km/h 정도의 속도밖에 느껴지지 않는 경우가 있다. 이와 같이 실제 속도와 느껴지는 속도 간에 차이가 생기는 것은 모두 일종의 착각 현상으로서 감각 속도와 물리 속도 사이에 차이가 있기 때문이다. 따라서 실제 속도를 항상 유의해야 한다.

55 주어진 자료에 대한 설명으로 옳지 않은 것을 고르면?

① 노면의 상태에 따라 제동력이 달라진다.
② 40km/h의 속도에서 필요한 제동 거리가 40m라면, 80km/h의 속도에서 필요한 제동 거리는 160m이다.
③ 긴 내리막길에서 풋 브레이크를 자주 사용하면, 이후 평지에서의 제동 거리는 평소의 4배가 된다.
④ 도로 주변 환경에 따라 속도감이 달라질 수 있다.

56 다음 중 자동차 운전 시 올바른 행동으로 볼 수 없는 것을 고르면?

① 비가 온 후 노면이 마르지 않은 상태에서는 감속 운행한다.
② 좌·우회전 시 차량의 회전 반경을 충분히 고려하여 보행자와의 거리를 판단해야 한다.
③ 고속도로 주행 시 속도계의 속도를 수시로 확인해야 한다.
④ 내리막길에서는 급하강 사고를 방지하기 위해 브레이크를 자주 밟아야 한다.

57 고속도로 운행 도중 타이어가 파열되는 사고를 당하지 않기 위하여 반드시 확인해야 할 사항으로 가장 적절한 것을 고르면?

① 노면의 결빙 여부
② 브레이크 오일이 충분한지 여부
③ 브레이크 패드의 마모 상태
④ 타이어의 공기압

[58~60] 다음은 프로젝터 사용설명서이다. 이를 바탕으로 질문에 답하시오.

[설치 방법]

1) 통풍이 잘되고 화기와 멀리 있는 장소에 프로젝터를 설치하십시오(기기 주변에 충분한 공간을 확보하지 않으면 프로젝터가 과열됩니다).
2) 전원을 연결하십시오(반드시 전용 콘센트를 사용하십시오).
3) 프로젝터가 작동하는 소리가 들릴 것이며, 정상 작동할 경우 검은 화면이 나타납니다.

[주의사항]

- 전원은 반드시 교류 220V에 연결하십시오(반드시 전용 콘센트를 사용하십시오).
- 프로젝터 주변을 자주 청소하십시오(먼지나 이물질로 인해 프로젝터의 통풍구가 막힙니다).
- 천장에 설치 시 프로젝터를 천장에 단단히 고정하십시오(프로젝터가 떨어지면 고장 및 파손의 원인이 됩니다).

[A/S 신청 전 확인사항]

현상	원인	조치 방법
영상이 흐리거나 초점이 맞지 않음	스크린의 위치가 너무 가까움	스크린 영상의 초점을 조정하고 프로젝터와 스크린의 거리를 더 멀리하세요.
	렌즈에 먼지나 얼룩이 묻음	매뉴얼을 참고하여 렌즈를 청소하세요.
프로젝터가 뜨거움	프로젝터를 지나치게 오래 사용함	프로젝터를 사용하지 않을 때에는 잠시 꺼두세요.
	프로젝터의 통풍이 원활하지 않음	프로젝터 주변에 충분한 공간을 확보하세요.
프로젝터에서 '웅웅'하는 큰 소리가 남	프로젝터가 흔들리는 장소에 있음	프로젝터보다 크기가 넓고 수평이 맞는 책상이나 선반에 설치하세요.
	프로젝터의 통풍이 원활하지 않음	프로젝터 주변에 충분한 공간을 확보하세요.
스크린상에 '신호 없음' 표시가 나타남	프로젝터에 연결되어 있지 않은 영상 기기가 선택됨	어떤 영상 기기가 선택되었는지 확인 후 연결되어 있는 영상 기기로 설정을 변경하세요.
	프로젝터와 영상 기기의 연결이 불량함	프로젝터와 영상 기기의 연결 상태를 확인한 후 영상 기기의 입력신호를 바르게 선택하세요.
프로젝터 스크린상에 영상이 깜빡거리며 나타남	전원 케이블 연결 불량	프로젝터와 전원 케이블의 연결 상태를 점검하세요.
	프로젝터의 렌즈 고장	프로젝터의 렌즈 불량이므로 A/S센터에 연락하세요.
화면의 기본 색상이 보라색으로 출력됨	프로젝터와 영상 기기의 연결이 불량함	프로젝터와 영상 기기의 연결 상태를 확인한 후 영상 기기의 입력신호를 바르게 선택하세요.

58 다음 중 프로젝터 영상에 '신호 없음' 표시가 출력되는 원인을 알기 위해 반드시 확인해야 할 사항을 고르면?

① 렌즈 청결 상태
② 전원 케이블 연결 상태
③ 프로젝터와 스크린 사이의 거리
④ 프로젝터와 영상 기기 간의 연결 상태

59 다음 중 프로젝터 설치 장소로 적절하지 않은 것을 고르면?

① 바람이 잘 불고 유사한 전기제품이 함께 모여 있는 곳
② 먼지나 이물질로 통풍구가 막힐 우려가 없는 곳
③ 책상이나 선반 등 평평한 곳
④ 교류 전원 220V 사용이 가능한 곳

60 다음 중 프로젝터에서 '웅웅' 소리가 나는 원인이 될 수 있는 경우를 고르면?

① 전원 케이블 연결이 불량한 경우
② 프로젝터의 통풍이 원활하지 않은 경우
③ 프로젝터와 스크린의 거리가 너무 가까운 경우
④ 프로젝터에 연결되어 있지 않은 영상 기기가 선택된 경우

인생은 자전거를 타는 것과 같습니다.
균형을 잡으려면 계속해서 움직여야만 합니다.

– 알버트 아인슈타인(Albert Einstein)

최신판

ex

한국도로공사

실전모의고사

| 3회 |

시험 구성 및 유의사항

• **한국도로공사 NCS 직업기초능력평가는 직군별로 다음과 같이 출제되었습니다.**

<table>
<tr><th>구분</th><th>문항/시간</th><th>구성</th><th colspan="2">출제 영역</th></tr>
<tr><td>행정직</td><td rowspan="2">60문항/60분</td><td rowspan="2">NCS
직업기초능력평가</td><td rowspan="2">문제해결능력,
정보능력,
의사소통능력</td><td>자원관리능력,
조직이해능력</td></tr>
<tr><td>기술직</td><td>수리능력, 기술능력</td></tr>
</table>

※ 전공의 경우, 직군별 출제 과목이 상이하며, 40문항을 50분 동안 풀어야 합니다.

• **영역 구분 없이 순서대로 하나의 문제지로 출제되었고, 사지선다형으로 출제되었습니다.**

• **오답 감점은 없으며, 각 문제는 하나의 정답으로 이루어져 있습니다.**

eduwill

실전모의고사 3회

정답과 해설 P. 31

직군공통

[01~03] 다음은 고속도로 통행요금에 관한 자료이다. 이를 바탕으로 질문에 답하시오.

[고속도로 통행요금]

유료도로제도는 국가재정만으로는 부족한 도로건설재원을 마련하기 위해 특례인 유료도로법을 적용하여 도로이용자에게 통행요금을 부담하게 하는 제도이다.

○ 고속도로 통행요금 산정의 기본 구조(단, 십 원 단위에서 반올림한다.)

구분	폐쇄식	개방식
기본요금	900원	720원
통행요금 산정	(기본요금)+ (주행 거리×차종별 km당 주행요금)	(기본요금)+ (요금소별 최단이용 거리×차종별 km당 주행요금)

※ 2차로 구간만 이용 시 기본요금 50% 할인

▶ 통행료 수납방식

– 폐쇄식: 나들목마다 요금소를 설치하여 실제 이용 거리에 해당하는 통행료 수납

– 개방식: 나들목 거리가 짧고 고속도로가 도시 지역을 통과하는 등의 경우에 일정 지점에 요금소를 설치하고 요금소별 최단이용 거리에 해당하는 통행료 수납

▶ km당 주행요금 단가

차종	1종	2종	3종	4종	5종
km당 주행요금 단가	44.3원	45.2원	47.0원	62.9원	74.4원

※ 2차로는 50% 할인, 6차로 이상은 20% 할증

[최장 거리 운행 통행료]

진출영업소 기준으로 가장 먼 거리로부터 최단 경로로 통행한 것으로 추정한 통행료

○ 발생 원인

• 진입영업소가 확인되지 않을 경우

– 요금소 진출 차량이 통행권을 미소지하거나 통행권이 훼손된 경우

– 통행권 발행 차로로 진입하여 하이패스 차로로 진출한 경우

• 고속도로 운행 유효 시간(24시간)이 초과된 경우

○ 최장 거리 운행 통행료 유예(소명제도)

• 진입영업소가 확인되지 않을 경우

– 증빙자료 제시 시 고객이 주장하는 운행구간 요금으로 변경

– 증빙자료가 없을 경우 운행사실 확인서 작성 시 고객이 주장하는 운행구간 요금으로 변경

※ 연 1회에 한함(단, 단말기 부착은 확인서 작성 전 고객 주장 1회 추가 인정)

• 고속도로 운행 유효 시간(24시간)이 초과된 경우
  – 증빙자료 제시 시 정상 통행요금으로 변경(운행차량 사고, 고장 등을 증빙할 수 있는 자료)
  – 증빙자료가 없을 경우 운행 시간 초과 확인서 작성 시 정상 통행요금으로 변경
  ※ 연 1회에 한함
• 소명방법
  – 당일 발생 건은 고속도로 영업소에 방문하여 소명
  – 당일 소명하지 못하여 최장 거리 운행 통행료 미납이 발생한 경우 어플의 '최장·부가통행료 변경 신청'에서 요금 변경
  – 이미 최장 거리 운행 통행료를 납부한 경우 홈페이지의 '통행료 환불 요금 조회' 또는 어플의 '환불 통행료'에서 환불

01 주어진 자료에 대한 설명으로 옳지 않은 것을 고르면?

① 1종 차량이 폐쇄식 2차로 고속도로에서 50km를 이동한 경우 통행요금은 1,600원이다.
② 5종 차량이 개방식 3차로 고속도로에서 20km를 이동한 경우 통행요금은 2,200원이다.
③ 하이패스 미이용 차량이 통행권 발행 차로로 진입하여 하이패스 차로로 진출한 경우 당일 고속도로 영업소에 방문해서 소명할 수 있다.
④ 차량 고장으로 휴게소에서 28시간 체류하고 최장 거리 운행 통행료를 납부한 뒤, 해당 사실을 소명한 경우 홈페이지에서 환불받을 수 있다.

02 다음 [보기]는 통행료 출퇴근 할인 제도이다. 이에 대한 설명으로 옳은 것을 고르면?

보기

○ 출퇴근 할인
  • 적용 구간: 한국도로공사가 관리하는 고속도로 중 진출입요금소 간 거리가 20km 미만인 구간
  • 대상 차량: 1~3종(하이패스 등 전자적인 지불 수단으로 수납한 차량)
  • 적용 시간 및 할인율(출구요금소 통과시각 기준)
    – 오전 5시부터 오전 7시까지, 오후 8시부터 오후 10시까지: 50% 할인
    – 오전 7시부터 오전 9시까지, 오후 6시부터 오후 8시까지: 20% 할인
    ※ 토·일요일, 공휴일 적용 제외

① 통행권을 이용하는 2종 차량이 10km 이동하여 수요일 오전 6시에 출구요금소를 통과했다고 할 때, 할인율은 50%이다.
② 하이패스를 이용하는 4종 차량이 15km 이동하여 화요일 오전 8시에 출구요금소를 통과했다고 할 때, 할인율은 20%이다.
③ 하이패스를 이용하는 1종 차량이 25km 이동하여 목요일 오후 9시에 출구요금소를 통과했다고 할 때, 할인율은 50%이다.
④ 하이패스를 이용하는 3종 차량이 금요일 오전 6시 50분에 고속도로에 진출한 뒤 15km를 이동한 후 오전 7시 5분에 출구요금소를 통과했다고 할 때, 할인율은 20%이다.

03 **김 대리가 통영에서 고속도로를 진입하여 진주에서 고속도로를 빠져나온 뒤 일정을 수행하고, 서진주에서 다시 고속도로를 진입하여 산내분기점에서 고속도로를 빠져나왔다. 김 대리의 차량이 4종일 때, 주어진 [그림]과 [표]를 바탕으로 총고속도로 통행료를 고르면?**(단, 김 대리는 할인 또는 할증을 받지 않았다.)

[그림] 통영–대전 고속도로 노선

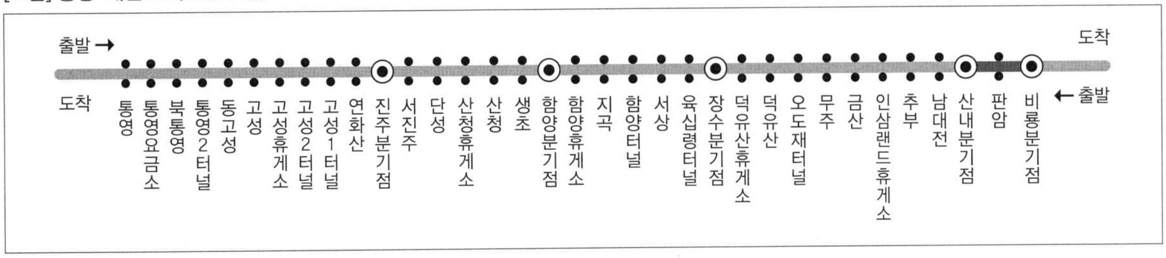

[표] 통영–대전 고속도로 구간별 연장

(단위: km)

구간	연장
통영–진주	47.9
진주–서진주	7.5
서진주–함양	49.8
함양–무주	60.4
무주–산내	42.2
산내–비룡	7.5

① 14,400원 ② 14,900원 ③ 15,400원 ④ 15,900원

[04~06] 다음은 고속도로장학재단의 장학금 사업에 관한 자료이다. 이를 바탕으로 질문에 답하시오.

1. 사업 목적

고속도로 교통사고 피해가정의 유자녀들이 경제적 이유로 학업을 포기하지 않도록 미취학 아동(신생아)부터 대학까지 단절 없이 매년 장학금 지원

2. 수혜 대상

- 고속도로 교통사고로 사망한 자의 자녀 및 장애의 정도가 심한 장애인(기존 1~3급)으로 구분된 자 또는 그의 자녀
- 고속도로 건설과 유지관리 업무 중 안전사고로 사망한 자의 자녀 및 장애의 정도가 심한 장애인(기존 1~3급)으로 구분된 자 또는 그의 자녀
- 단, 상기 자격자 중 음주 및 불법으로 인한 교통사고의 원인 제공자 및 그의 자녀는 제외

3. 장학금 금액

기초생활·차상위계층	대학생 500만 원/고등학생 300만 원 /초·중학생 200만 원	미취학 아동(신생아, 영유아) 100만 원
일반	대학생 300만 원/고등학생 200만 원 /초·중학생 100만 원	

※ 장학금은 1가구 1자녀 신청 원칙(단, 기초수급·차상위계층의 경우 1가구 2자녀 신청 가능)

※ 학업성적과 무관, 국가장학금과 중복 수혜 가능

4. 장학금 지급 절차

8월		9월 첫째 주		9월		9월
선발계획 수립	→	시·도 교육청 및 전국 학교에 안내공문 발송	→	언론매체 홍보 (방송 및 신문 등)	→	수혜자 신청서류 접수 및 적격 여부 심사 (재단 사무국)

	10~11월		11~12월		12월
→	심의위원회 개최 및 대상자 선정	→	이사회 개최 및 대상자 확정	→	장학금 지급

5. 제출 서류

- 장학금 수혜대상자 조사표(개인정보 수집·이용 동의서 함께 제출) 1부
- 국민기초생활보장법에 의한 수급자증명서 등 생활형편증명 서류 1부
- 교통사고사실확인원(경찰서 발행) 또는 제적등본 등 사실관계 증빙 서류 1부
- 장애인의 경우 장애인증 사본 1부
- 주민등록등본 및 가족관계증명서(사망사고인 경우에 한함) 1부
- 재학증명서(휴학의 경우 재적증명서) 1부
- 신청자 본인 통장 사본 1부

6. 접수처

- 교부: 고속도로장학재단 홈페이지
- 접수: 고속도로장학재단(경기 성남시 분당구 황새울로 000번길 34, 1101호) 우편 및 방문 접수

04 주어진 자료에 대한 설명으로 옳은 것을 고르면?

① 일반 가정의 경우 미취학 아동은 장학금 수혜 대상에 포함되지 않는다.
② 가족관계증명서는 사망사고에 의한 장학금 신청의 경우에만 제출해야 한다.
③ 수혜자의 적격 여부 심사는 심의위원회에서 담당한다.
④ 중학생 때부터 장학금 수혜자에 해당한 자는 고등학교 졸업 시까지만 장학금을 받을 수 있다.

05 다음 [보기]의 고객 문의에 대한 답변으로 가장 적절한 것을 고르면?

보기

Q: 신문을 통해 해당 재단의 장학금 사업을 접하여 장학금 지원을 신청한 후 수혜자 적격 심사에 통과하였다는 연락을 받았습니다. 장학금은 언제쯤 받을 수 있나요?

① 장학금 대상자는 심의위원회와 이사회를 거쳐 확정됩니다.
② 선발계획은 8월에 수립되어 9월부터 안내될 예정입니다.
③ 장학금은 일정 절차를 거쳐 12월에 지급될 예정입니다.
④ 신청자 본인의 통장 사본은 필수적으로 제출해 주셔야 합니다.

06 다음 [보기]의 ㉠~㉢ 중 가장 많은 장학금을 받은 사람과 그 총액을 바르게 짝지은 것을 고르면?

보기

㉠ 일반 가정으로서 고속도로 유지관리 업무 중 안전사고로 사망한 자의 자녀 A가 고등학교 3년 및 대학교 4년 동안 장학금을 받게 되는 경우
㉡ 차상위계층 가정으로서 고속도로에서 음주 상태로 차량을 몰다 교통사고로 사망한 자의 자녀 B가 고등학교 3년 및 대학교 4년에 대한 장학금을 신청한 경우
㉢ 기초생활수급자 가정으로서 고속도로에서의 교통사고로 장애의 정도가 심한 장애인 판정을 받은 대학생 C가 대학교 재학 4년 동안 장학금을 받은 경우

① A, 1,800만 원　② A, 2,900만 원　③ B, 2,900만 원　④ C, 2,000만 원

[07~09] 다음 글을 바탕으로 질문에 답하시오.

회전교차로 Q&A

1. 회전교차로란 무엇인가?
   - 회전교차로는 1970년대 초반 영국에서 기존 로터리가 가지고 있던 문제점(운영효율의 저하, 높은 사고율 등)을 해결하기 위해 기하구조 설계 방법 및 운영 방식을 전환하여 처음으로 도입하였으며, 이후 전 유럽과 미국, 캐나다, 호주까지 도입하기 시작하였음
   - 회전교차로는 교차로 내부 중앙에 원형의 교통섬을 두고 교차로를 통과하는 차량이 원형의 중앙 교통섬을 중심으로 반시계 방향으로 회전하면서 주행하는 형태로 통행 우선권이 교차로 내 회전차로를 주행하는 차량에게 부여된 교차로임

2. (A)
   - 교통량이 적은 신호교차로에서 불필요한 신호 대기 시간이 길어 신호 통제의 실효성이 낮은 교차로
   - 비신호교차로의 경우 통행우선권이 명확하지 않아 교통사고가 잦은 교차로가 회전교차로 설치 대상임
   - 회전교차로 설치 조건은 소형의 경우 교차로 전체 통과 교통량이 1일 12,000대 미만, 1차로형은 20,000대 미만, 2차로형은 32,000대 미만인 지역에 설치가 가능함

3. (B)
   - 영국의 경우 18,000여 개소, 프랑스는 30,000여 개소를 설치·운영하고 있으며 계속 확대 설치하고 있는 추세임
   - 호주 역시 2,000여 개소의 회전교차로가 설치되어 있고, 미국은 인디애나 주 카멜지역 인구 약 8만 명의 작은 도시에 80여 개의 회전교차로를 설치하여 운영 중에 있음

4. (C)
   - 회전교차로 설치 후 교통사고가 감소하는 원인은 크게 2가지로 볼 수 있음
   - 첫 번째, 도로 기하구조 변경으로 교차로 내 사고가 발생할 수 있는 상충 횟수를 줄임으로써 교통사고 발생 가능성을 낮춤
   - 두 번째, 회전교차로 진입부 및 교차로 내에서 감속운행을 유도하여 교통사고 발생 가능성을 낮춤

5. (D)
   - 회전교차로에서는 회전차량이 우선임. 따라서 교차로에 진입하는 차량은 회전교차로 내 회전차량에게 양보를 하여야 하고, 회전차량이 지나간 후 회전차로에 진입해야 함

6. 회전교차로와 로터리의 차이점은 무엇인가?
   - 회전교차로가 본격적으로 설치되기 전에는 로터리가 존재하였는데, 로터리는 회전하는 차량보다 진입하려는 차량에 유리하고 높은 속도로 진입이 가능하도록 대형으로 설치된 경우가 대부분임. 즉, 로터리는 우선권을 가져 진입하는 차량이 이미 진입하여 회전하고 있는 차량에 대해 회전차량이 양보하여야 하며, 20~30km/h 정도로 진입 속도를 낮추도록 설계된 회전교차로와 차이를 가짐
   - 회전교차로는 접근로 진입부에 흰색 파선의 양보선이 있고 정지선은 없는 반면, 로터리에는 회전차로 내 흰색 실선의 정지선이 있고 양보선이 없음

07 주어진 글의 빈칸 (A)~(D)에 들어갈 질문으로 적절하지 않은 것을 고르면?

① (A): 회전 교차로 설치 지역 및 설치 조건은 무엇인가?
② (B): 해외의 경우 회전교차로가 얼마나 설치되고 있는가?
③ (C): 회전교차로 설치에도 불구하고 사고가 발생하는 이유는 무엇인가?
④ (D): 회전교차로를 이용할 때 주의해야 할 사항은 무엇인가?

08 주어진 글의 내용과 일치하는 것을 고르면?

① 교차로 전체 교통량이 1일에 2만 대 이상인 1차로형 지역에는 회전교차로를 설치할 수 있다.
② 회전교차로는 로터리의 문제를 개선하기 위해 영국에서 최초로 도입되었다.
③ 호주에는 영국이나 프랑스보다 많은 회전교차로가 설치되어 있다.
④ 회전교차로는 중앙의 교통섬을 중심으로 시계 방향으로 주행하는 형태이다.

09 주어진 글의 6번 질문인 '회전교차로와 로터리의 차이점은 무엇인가?'에 대한 답변을 다음 [표]로 제시하고자 할 때, 밑줄 친 ㉠~㉣ 중 잘못된 내용이 포함된 항목을 고르면?

[표] 6번 질문에 대한 답변

구분	회전교차로	로터리
㉠ 통행 우선권	교차로 회전차량 우선	교차로 진입차량 우선
㉡ 양보선 위치	접근로 진입부(흰색 파선)	없음
㉢ 정지선 위치	없음	회전차로 내(흰색 파선)
㉣ 진입 및 회전 속도	저속진입 및 저속회전	비교적 고속진입 및 고속회전

① ㉠ ② ㉡ ③ ㉢ ④ ㉣

[10~12] 다음 공고문을 바탕으로 질문에 답하시오.

밀양(울산 방향)휴게소 건축 설계공모 공고

함양울산고속도로 밀양(울산 방향)휴게소 건축 설계공모를 다음과 같이 실시합니다.

1. 공모 개요
가. 위치: 경상남도 밀양시 무안면 정곡리 산110－5 일원
나. 부지 면적: 28,300m^2 내외
다. 지역지구: 농림 지역
라. 연면적: 휴게소 2,264m^2, 주유소 400m^2
마. 추정공사비: 78억 원
바. 설계비: 506백만 원
사. 당선작 및 기타 입상작
  • 당선작(최우수작 1점): 실시설계권 부여
  • 기타 입상작(차점작 1~3점): 상금 지급

총참여업체 수	기타 입상작	기타 입상작 상금(차점작 순)
6개 이상	3개 업체	① 20백만 원 ② 15백만 원 ③ 10백만 원
4~5개	2개 업체	① 20백만 원 ② 15백만 원
2~3개	1개 업체	① 16백만 원

2. 공모 방법
가. 일반공개공모
나. 2개 이상 업체의 공동응모 가능

3. 응모 자격
가. 「건축사법」에 의한 건축사 면허를 소지하였으며, 동법 제23조(건축사사무소개설신고 등)에 의거 국토교통부장관에게 등록을 필한 건축사사무소 개설자로서 기타 관계법령에 결격사유가 없는 자
  ※ 「건축사법 시행령」 제21조의2에 의한 외국의 건축사면허 또는 자격을 취득한 자로서 국내 건축사사무소 개설자와 공동업무수행(공동도급방식) 계약을 한 자(주계약자는 국내건축사로 한정)
나. 2개 이상의 업체가 공동으로 참여하는 경우 대표자 1인을 선정하여야 하고, 대표자는 「건축사법」 제23조에 의한 건축사사무소 개설자(국내건축사로 한정)로 하며, 모든 법적권리와 의무사항은 대표자에게 귀속됨
다. 참가 등록일 현재 등록취소, 휴·폐업, 영업(업무)정지, 부정당업체지정 등 행정 처분과 이에 준하는 결격사유가 있는 업체는 응모할 수 없음

4. 공모 일정
가. 현장 설명: 생략(코로나 19에 따라 생략)
  ※ 설계공모 지침서는 홈페이지 공지사항 활용 및 인쇄물은 참가등록 업체에 한해 우편으로 배부
나. 참가 등록: 2021년 9월 1일(수)~9월 7일(화) 17:00(오후 5시)까지, 한국도로공사 홈페이지(www.ex.co.kr)에서 인터넷 접수
다. 작품 접수: 2021년 10월 20일(수) 09:00~15:00(오후 3시)까지, 한국도로공사 본사(김천사옥) 2층 민원실
라. 작품 심사: 2021년 10월 21일(목)
※ 심사위원 명단은 우리 공사 홈페이지 공지사항 참고

5. 당선작 발표: 작품 심사 후 1일 이내

6. 제출 및 문의처: 한국도로공사 시설처(☎ 054－811－0000)

10 다음 중 공고문을 이해한 내용으로 옳지 않은 것을 고르면?

① 당선작은 작품 접수일로부터 일주일 후 발표된다.
② 설계공모를 실시하는 지역은 농림 지역에 해당한다.
③ 실시설계권은 최우수작으로 선정된 업체에게 주어진다.
④ 참가 등록은 한국도로공사 홈페이지를 통해 인터넷 접수해야 한다.

11 위 공고에 지원할 수 없는 경우를 [보기]에서 모두 고르면?

보기

㉠ 건축사사무소 개설자 1명을 대표로 하여 3개의 업체가 동시에 참여하고자 하는 경우
㉡ 외국건축사면허를 취득한 후, 국내건축사인 국내 건축사사무소 개설자를 주계약자로 하여 공동업무수행 계약을 한 경우
㉢ 행정 처분으로 인해 휴업 상태였으나 참가 등록일 이후 영업을 재개할 예정인 건축사사무소 개설자인 경우

① ㉠　　② ㉢　　③ ㉠, ㉡　　④ ㉡, ㉢

12 다음 [보기]의 사례에서 A업체가 받게 될 상금의 액수를 고르면?

보기

A업체는 식당 내 가족공간 설치, 드라이브스루(Drive−Thru) 매장, 아울렛 등을 벤치마킹한 식당 등 매장공간을 차별화하는 공간을 설계하여 밀양휴게소 건축 설계공모에 지원하였다. 그 결과 공모에 참여한 업체 수는 총 4개였으며, A업체는 당선작을 제외하고 첫 번째로 높은 점수를 받아 입상작으로 선정되었다.

① 10백만 원　　② 15백만 원　　③ 16백만 원　　④ 20백만 원

[13~17] 다음은 여러 정렬 알고리즘에 관한 자료이다. 이를 바탕으로 질문에 답하시오.

버블 정렬

n개의 수가 나열되어 있을 때, 첫 번째와 두 번째 수를 비교하여 첫 번째 수가 더 크면 서로 자리를 바꾸고, 두 번째 수가 더 크면 그대로 둔다. 그다음 두 번째와 세 번째 수를 비교하여 두 번째 수가 더 크면 서로 자리를 바꾸고, 세 번째 수가 더 크면 그대로 둔다. 이를 (n−1)번째와 n번째 수까지 반복하면 첫 번째 패스가 종료된다. 두 번째 패스에서는 첫 번째와 두 번째 수부터 다시 비교를 시작하여 (n−2)번째와 (n−1)번째 수까지 반복한다. 이를 (n−1)번째 패스까지 반복한다.

예

첫 번째 패스	두 번째 패스	세 번째 패스	네 번째 패스
(53421) → (35421) (35421) → (34521) (34521) → (34251) (34251) → (34215)	(34215) → (34215) (34215) → (32415) (32415) → (32145)	(32145) → (23145) (23145) → (21345)	(21345) → (12345)

칵테일 정렬

버블 정렬과 원리는 같지만 홀수 번째 패스에서는 앞에서부터, 짝수 번째 패스에서는 뒤에서부터 출발하며 비교를 한다. 앞에서 뒤로 갈 때는 제일 뒤에 가장 큰 수가 배치되므로 다음 홀수 번째 패스에서는 제일 마지막 수는 비교하지 않고, 뒤에서 앞으로 갈 때는 제일 앞에 가장 작은 수가 배치되므로 다음 짝수 번째 패스에서는 제일 앞 수는 비교하지 않는다.

예

첫 번째 패스	두 번째 패스	세 번째 패스	네 번째 패스
(53421) → (35421) (35421) → (34521) (34521) → (34251) (34251) → (34215)	(34215) → (34125) (34125) → (31425) (31425) → (13425)	(13425) → (13425) (13425) → (13245)	(13245) → (12345)

선택 정렬

n개의 수가 나열되어 있을 때, 첫 번째 수부터 n번째 수 중에서 가장 작은 수를 첫 번째 수와 바꾼다. 그 후 두 번째 수부터 n번째 수 중에서 가장 작은 수를 두 번째 수와 바꾼다. 이러한 패스를 (n−1)번 반복한다.

예

첫 번째 패스	두 번째 패스	세 번째 패스	네 번째 패스
(53421) → (13425)	(13425) → (12435)	(12435) → (12345)	(12345) → (12345)

삽입 정렬

n개의 수가 나열되어 있을 때, 두 번째 수를 빼낸 후 빼낸 자리의 왼쪽 수들과 비교하여 빼낸 수보다 더 작은 수를 우측에 끼워 넣는다(단, 빼낸 수보다 더 작은 수가 없을 경우에는 제일 좌측에 끼워 넣음). 그 후 세 번째 수를 빼낸 후 같은 작업을 반복한다. 이러한 패스를 (n−1)번 반복한다.

예

첫 번째 패스	두 번째 패스	세 번째 패스	네 번째 패스
(53421) → (35421)	(35421) → (34521)	(34521) → (23451)	(23451) → (12345)

13 (546312)를 버블 정렬로 정렬할 때, 세 번째 패스까지 실행을 끝마친 결과를 고르면?

① (132456) ② (213456) ③ (312456) ④ (321456)

14 (546312)를 칵테일 정렬로 정렬할 때, 세 번째 패스까지 실행을 끝마친 결과를 고르면?

① (123456) ② (132456) ③ (134256) ④ (143256)

15 (546312)를 선택 정렬과 삽입 정렬로 각각 정렬할 때, 사실상 정렬이 완료되어 더 이상 정렬이 변화하지 않게 되는 패스의 단계를 각각 고르면?

	선택 정렬	삽입 정렬
①	네 번째 패스	네 번째 패스
②	네 번째 패스	다섯 번째 패스
③	다섯 번째 패스	네 번째 패스
④	다섯 번째 패스	다섯 번째 패스

16 **(12453)을 정렬할 때, 네 가지 정렬 방식 중 사실상 정렬이 완료되어 더 이상 정렬이 변화하지 않게 되기까지 가장 적은 패스가 필요한 정렬 방식을 고르면?**(단, 서로 다른 정렬 방식이 동일하게 가장 적은 패스에서 사실상 정렬이 완료될 경우, 해당 패스에서 더 적은 처리를 한 정렬을 선택한다.)

① 버블 정렬 ② 칵테일 정렬 ③ 선택 정렬 ④ 삽입 정렬

17 **(54321)을 정렬할 때, 네 가지 정렬 방식 중 사실상 정렬이 완료되어 더 이상 정렬이 변화하지 않게 되기까지 가장 적은 패스가 필요한 정렬 방식을 고르면?**(단, 서로 다른 정렬 방식이 동일하게 가장 적은 패스에서 사실상 정렬이 완료될 경우, 해당 패스에서 더 적은 처리를 한 정렬을 선택한다.)

① 버블 정렬 ② 칵테일 정렬 ③ 선택 정렬 ④ 삽입 정렬

[18~22] 다음은 탐색 알고리즘 중 최단 경로를 탐색하는 다익스트라 알고리즘에 관한 자료이다. 이를 바탕으로 질문에 답하시오.

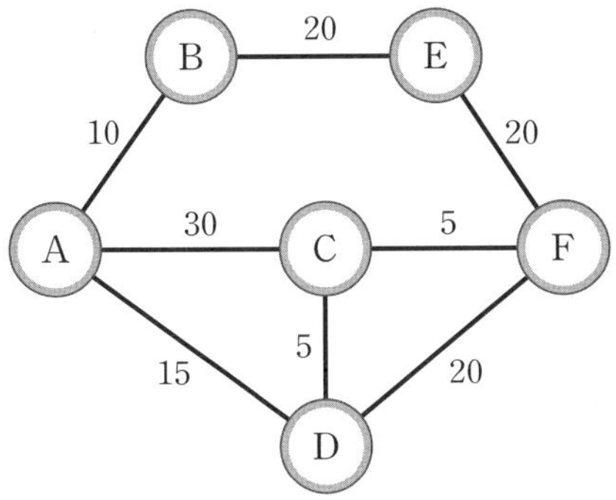

[설명]

왼쪽과 같은 경로를 생각해 보자. 각 경로 위의 숫자는 거리를 의미한다. A에서 출발하여 F까지 도착하는 최단 경로를 탐색하는 다익스트라 알고리즘을 활용하기 위해 우선 다음과 같은 개념을 정의한다.

- S: 방문한 지역들의 집합
- Q: 방문하지 않은 지역들의 집합
- d[N]: A → N까지 계산된 최단 거리

다익스트라 알고리즘을 통해 최단 경로를 구하는 과정은 다음과 같다.

1. A에서 출발하므로 일단 A에 방문한 것으로 본다. 따라서 A를 S집합에 포함시키고, 나머지 B~F를 Q집합에 포함시킨다. 그리고 A와 접한 B, C, D의 거리를 표시하고, 접하지 않은 E, F는 거리를 무한대로 둔다.

S={A}			Q={B, C, D, E, F}		
d[A]=0	d[B]=10	d[C]=30	d[D]=15	d[E]=∞	d[F]=∞

2. Q집합에 남아 있는 지역들 중 d[N]이 가장 작은 지역을 방문한다. d[B]=10으로 가장 작으므로 B를 방문하여 Q집합에 있는 B를 S집합으로 옮기고, Q집합에 남은 지역들 중 B와 접한 E의 거리를 표시한다.

S={A, B}			Q={C, D, E, F}		
d[A]=0	d[B]=10	d[C]=30	d[D]=15	d[E]=30	d[F]=∞

3. Q집합에 남아 있는 지역들 중 d[D]=15로 가장 작은 D를 방문한다. 그 결과 Q집합에 있는 D를 S집합으로 옮기고, Q집합에 남은 지역들 중 D와 접한 C와 F의 거리를 표시한다. 이때, C는 기존에 적혀 있는 거리 30보다 D를 경유한 거리 20이 더 짧으므로 30을 20으로 고쳐 쓴다.

S={A, B, D}			Q={C, E, F}		
d[A]=0	d[B]=10	d[C]=20	d[D]=15	d[E]=30	d[F]=35

4. Q집합에 남아 있는 지역들 중 d[C]=20으로 가장 작은 C를 방문한다. 그 결과 Q집합에 있는 C를 S집합으로 옮기고, Q집합에 남은 지역들 중 C와 접한 F와의 거리를 구하여 기존의 거리보다 더 짧으면 새로운 거리로 고쳐 쓴다. d[C]=20이고, C와 F 사이의 거리는 5이므로 d[F]=25로 고쳐 쓴다.

S={A, B, D, C}			Q={E, F}		
d[A]=0	d[B]=10	d[C]=20	d[D]=15	d[E]=30	d[F]=25

5. Q집합에 남아 있는 지역들 중 도착지에 해당하는 F가 d[F]=25로 가장 작다. 즉, A에서 출발하여 F까지 도착하는 최단 거리는 25이고, 최단 경로는 'A → D → C → F'이다.

18 다음 [그림]은 A에서 출발하여 G에 도착하는 경로를 나타낸 것이다. 다익스트라 알고리즘을 활용하여 최단 경로를 찾을 때, 방문한 지역들의 S집합에 세 번째로 포함되는 지역을 고르면?

[그림] A에서 출발하여 G에 도착하는 경로

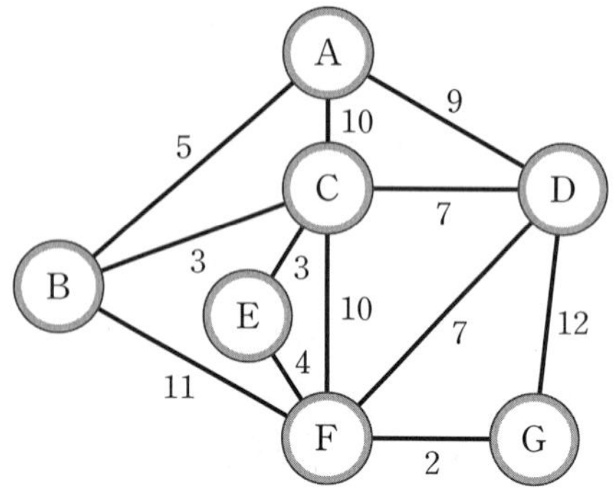

① B　　② C　　③ D　　④ E

19 18번 문제에서 방문한 지역들의 S집합에 네 번째 지역이 포함되기 직전, d[F]의 값을 고르면?

① 15　　② 16　　③ 17　　④ 18

20 18번 문제에서 A에서 출발하여 G에 도착하는 최단 거리를 고르면?

① 14　　② 15　　③ 16　　④ 17

21 다음 [그림]은 A에서 출발하여 I에 도착하는 경로를 나타낸 것이다. 다익스트라 알고리즘을 활용하여 최단 경로를 찾을 때, 방문한 지역들의 S집합에 네 번째로 포함되는 지역을 고르면?

[그림] A에서 출발하여 I에 도착하는 경로

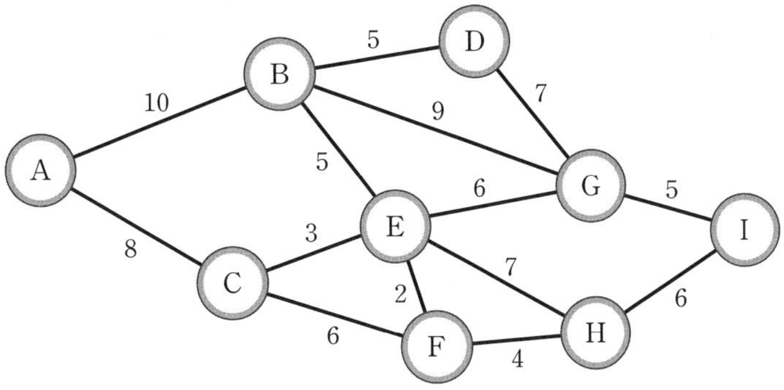

① D ② E ③ F ④ G

22 21번 문제에서 A에서 출발하여 I에 도착하는 최단 거리를 고르면?

① 22 ② 23 ③ 24 ④ 25

[23~24] 다음은 주민등록번호에 관한 자료이다. 이를 바탕으로 질문에 답하시오.

주민등록번호 13자리는 일정한 규칙을 가지고 부여되는 숫자이다. 각 자리가 의미하는 것은 다음과 같다.

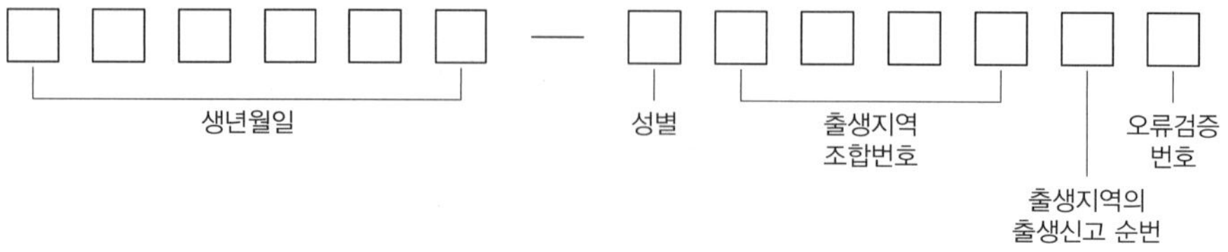

※ 단, 이는 2020년 10월 이전까지만 적용되던 규칙이며, 그 후에 태어난 사람은 생년월일과 성별을 제외한 나머지 6자리가 무작위 숫자로 부여됨

- 생년월일: 태어난 연도의 뒤 2자리, 태어난 월, 태어난 일을 조합한다. 예를 들어 1992년 2월 8일에 태어난 사람이라면 '920208'이다.
- 성별: 출생시기와 성별, 국적에 따라 0~9 중 하나의 숫자가 부여된다.

남성			여성		
부여번호	출생시기	비고	부여번호	출생시기	비고
9	1800~1899년	생존자 없음	0	1800~1899년	생존자 없음
1	1900~1999년	한국인	2	1900~1999년	한국인
3	2000~2099년		4	2000~2099년	
5	1900~1999년	외국인	6	1900~1999년	외국인
7	2000~2099년		8	2000~2099년	

※ '9'와 '0'은 생존자가 없으므로 현재 사용될 일이 거의 없지만, 상속 절차나 생전 재산 목록 조회 등의 행정적 절차에 가끔 이용됨

- 출생지역 조합번호: 네 자리 중 앞의 두 자리는 출생 지역(외국인의 경우 등록번호를 처음 부여한 관할 출입국관리사무소나 출장소 코드)에 따라 다음과 같이 지역번호가 부여된다.

지역명	지역번호	지역명	지역번호	지역명	지역번호
서울특별시	00~08	대전광역시	40~41	대구광역시	67~69
부산광역시	09~12	충청남도	42~43, 45~47	경상북도	70~81
인천광역시	13~15	세종특별시	(구) 44 (신) 96	경상남도	82~84, 86~89
경기도	16~25	전라북도	48~54	울산광역시	85, 90
강원도	26~34	전라남도	55~64	제주도	92~95
충청북도	35~39	광주광역시	(구) 55, 56 (신) 65, 66	–	

출생지역 조합번호의 네 자리 중 뒤의 두 자리는 읍·면·동에 따라 부여된다.

- 출생지역의 출생신고 순번: 그날 출생등록한 읍·면·동 주민센터에 접수된 출생등록 순서이며, 1부터 시작한다.
- 오류검증 번호: 마지막 자리를 제외한 앞 12자리를 각각 a, b, c, d, e, f, g, h, i, j, k, l이라고 한다면, 2a+3b+4c+5d+6e+7f+8g+9h+2i+3j+4k+5l을 11로 나눠 나온 나머지를 m이라고 둔다. 이 m을 11에서 뺀 1의 자릿수가 마지막 번호이다. 예를 들어 주민등록번호가 123456−123456×라면, 2+6+12+20+30+42+8+18+6+12+20+30=206을 11로 나눈 나머지 8을 11에서 뺀 11−8=3이 마지막 번호 ×이다.

23 다음 중 주민등록번호에 대한 설명으로 옳은 것을 고르면?

① 221231－487121× → 2022년 12월 31일에 경상남도에서 태어난 한국인 여성
② 190314－385281× → 1919년 3월 14일에 울산광역시에서 태어난 한국인 남성
③ 740324－514392× → 1974년 3월 24일에 인천광역시에서 태어난 외국인 남성
④ 221231－200452× → 1922년 12월 31일에 서울특별시에서 태어난 한국인 여성

24 다음 중 1958년 5월 8일에 울산광역시에서 태어난 한국인 여성의 주민등록번호로 가장 적절한 것을 고르면?

① 580508－2841214
② 580508－2853318
③ 580508－2852411
④ 580508－2903746

[25~27] 다음은 '2022년 장애인 하이패스 감면단말기 지원계획'에 관한 자료이다. 이를 바탕으로 질문에 답하시오.

1. 추진 배경

○ 몸이 불편한 장애인이 고속도로 톨게이트 통행 시 장애인복지카드, 이용대금 등을 동시에 제시함에 따라 안전운전 저해 및 불편 호소 ……… ㉠

○ 일반 하이패스 단말기에 비해 고가인 장애인용 하이패스 단말기는 저소득계층이 주류인 장애인에게 경제적 부담으로 작용 ……… ㉡

○ 도로공사에서 제공한 자료에 따르면 '22. 3월 기준 전체 하이패스 단말기 보급률은 86.8%이나 장애인용 감면단말기 보급률은 21.6%로 평균을 크게 밑도는 수치임 ……… ㉢

○ 한국도로공사 수도권본부와 '장애인용 하이패스 감면단말기 무상보급 및 하이패스 이용 확대'를 위한 상호협력체계 구축 ……… ㉣

○ 2015년 8월부터 한국도로공사에서 장애인 하이패스 감면단말기 구입 비용(95천 원) 중 일부(60천 원)을 지원하고 있으며, 차액(35천 원)은 자부담으로 하고 있음

2. 사업 개요

○ (사업 기간) 2022. 5. 11.~예산 소진 시까지

○ (지원 대수) 3,387대(※전년도 보급 대수 3,218대, 도로공사 제공)

○ (지원 내용) 감면단말기 구입 비용 중 자부담 부분 전액 무상지원

구분	단말기 비용	당초		변경		
		도공지원	자부담	도공지원	시비지원	제조사 할인
감면	95,000원	60,000원	35,000원	60,000원	31,000원	4,000원
일반	35,000원 (평균가)	-	35,000원	변경 없음		

○ (신청 방법) 방문 혹은 전화 주문

○ (사용 방법) 단말기를 택배로 받아 주민센터 등에서 지문 등록 후 사용

○ (소요예산) 104,997천 원(시비지원)

3. 지원 대상

○ 시 등록장애인이면서 장애인통합복지카드(통행료 할인카드) 소지자

– 장애인 고속도로 통행료 50% 할인 대상과 동일

[장애인 고속도로 통행료 할인카드 및 감면단말기 발급 대상]

▷ 장애인 또는 장애인과 주민등록표상 같이 기재되어 있는 보호자*의 명의(보호자와 공동명의 포함)로 등록한 ①~⑤ 차량** 1대

* 배우자, 직계존비속, 직계비속의 배우자, 형제, 자매

** ① (승용) 배기량 2,000cc 이하의 승용자동차

② (승용2 또는 RV) 승차 정원 7~10인승 승용자동차(배기량 제한 없음)

③ (승합) 승차 정원 12인승 이하 승합차(배기량 제한 없음)

④ (화물) 최대적재량 1톤 이하의 화물자동차(배기량 제한 없음)

⑤ (친환경) 전기자동차 및 연료전지자동차(배기량 제한 없음)

▷ 위 ①~⑤ 중 하나에 해당하며, 장애인자동차표지가 발급·부착된 차량

※ 단, 경차와 개인택시, 개인 용달 등 영업용 차량(노란색 번호판의 차량), 대여사업용 차량(허, 하, 호, 배 등) 법인 차량은 제외

○ (지원 제외) 기 수혜자(한국도로공사 감면단말기 지원사업, 6만 원 지원)

○ (지원 순서) 신청자가 많을 경우 선착순 지원

4. 지원 체계

신청자(1차 방문)		단말기 제조사		신청자(2차 방문)		군·구청
영업소 등에서 단말기 신청 (방문, 전화)	⇨	– 단말기 등록 – 신청자 자택으로 단말기 배송 – 대금 청구(군·구청)	⇨	한국도로공사 지사 또는 읍·면·동 주민센터에서 지문 등록(방문)	⇨	단말기 제조사로 구입 비용 정산

25 주어진 자료 '1. 추진 배경'의 ㉠~㉣ 중 내용상 어울리지 않아 삭제해야 하는 것을 고르면?

① ㉠　　② ㉡　　③ ㉢　　④ ㉣

26 주어진 자료의 내용과 일치하는 것을 고르면?

① 단말기를 택배로 받은 후 바로 사용이 가능하다.
② 소요예산은 지원 대수에 시비지원 금액을 곱한 값이다.
③ 도로공사의 단말기 구매 지원 금액이 늘어나는 사업이다.
④ 하이패스 단말기가 보급된 장애인차량 수는 비장애인차량의 $\frac{1}{4}$ 이상이다.

27 주어진 자료를 바탕으로 질문에 응답한 내용 중 적절하지 않은 것을 고르면?

① Q: 장애인과 따로 살고 있는 장애인의 엄마의 차도 감면단말기 발급이 가능한가요?
A: 감면단말기는 장애인과 주민등록표상 같이 기재되어 있는 보호자 명의의 자동차여야만 가능합니다. 따로 살고 있다면 감면단말기 발급이 어렵습니다.

② Q: 장애인통합복지카드를 가지고 있는 장애인으로 1톤 이하의 화물자동차로 개인 용달 사업을 하고 있습니다. 감면단말기 발급이 가능할까요?
A: 노란색 번호판의 영업용 차량이라면 단말기 발급이 어렵습니다.

③ Q: 2019년에 도로공사의 지원을 받아 자부담 35,000원을 내고 감면단말기를 구매하였습니다. 올해 차를 새로 장만하는데, 새로운 감면단말기를 지원받을 수 있을까요?
A: 기 수혜자인 경우 이 사업의 지원에서 제외됩니다.

④ Q: 감면단말기 대금은 어떻게 지원되나요?
A: 신청자가 단말기를 신청하고 그 대금을 군·구청에 지불하시면, 단말기가 자택으로 배송되고 한국도로공사 지사 또는 주민센터에 지문 등록을 하시면 군·구청에서 신청자의 통장으로 단말기 지원금을 보내드립니다.

[28~30] 다음은 '자동차·도로교통 분야 ITS 성능평가 기준'에 관한 자료이다. 이를 바탕으로 질문에 답하시오.

제4조(종류 및 시기)

① 성능평가는 다음과 같이 기본성능평가, 준공평가, 정기평가, 변경/이설평가, 운영평가로 구분한다.

1. 기본성능평가: ITS 장비 또는 시스템과 평가기준장비의 기본적인 성능을 평가하는 것으로 사업시행자가 요구하는 현장 설치 예정 장비 또는 시스템을 대상으로 1회 시행
2. 준공평가: ITS 사업 준공 전 설치 및 구축한 ITS 장비 및 시스템, 서비스가 기능 및 성능 요구수준을 만족하는지 여부를 판단하기 위한 평가
3. 정기평가: 기 구축 운영 중인 ITS 장비 및 시스템, 서비스가 노후나 도로환경 등으로 인해 발생할 수 있는 성능수준저하 여부를 판단하기 위하여 정기적으로 수행하는 평가
4. 변경/이설평가: 운영 중인 장비의 이설 및 설정변경, 시스템 및 서비스 개선 등에 따른 변경 시, 해당하는 ITS 장비 및 시스템, 서비스가 성능 요구 수준을 만족하는지 여부를 판단하기 위한 평가
5. 운영평가: 구축 운영 중인 ITS 장비 및 시스템, 서비스에 대해서 일정기간(3일) 이상 실제 운영데이터를 기반으로 한 평가로 돌발상황 검지시스템과 같이 준공평가, 변경/이설평가, 정기평가 수행 시 공간제약이나 안전상의 문제로 현장시연(돌발상황)이 불가능하거나 어려운 경우 센터에서 수집되는 운영데이터로 성능수준저하 여부를 판단하는 평가

② 사업시행자는 특별한 사유가 없는 한 제1항 제1호의 기본성능평가를 시행한 장비에 대해 별도의 기본성능평가를 요구하여서는 아니 된다.

③ 사업시행자는 구축 및 운영 중인 장비에 대해서 준공평가, 변경/이설평가, 정기평가 수행 시 제1항 제5호에 따른 운영평가를 대체평가로 수행할 수 있다.

제5조(방법 및 절차)

① 기본성능평가는 성능평가전담기관이 시행하며, 준공평가, 정기평가, 변경/이설평가, 운영평가는 사업시행자가 시행하는 것을 원칙으로 한다. 다만, 사업시행자는 평가인력 부족 등의 사유로 자체 시행이 어려운 경우에는 성능평가전담기관에 성능평가 업무의 일부 또는 전부를 위탁할 수 있다.

② 성능평가전담기관에 성능평가 업무를 위탁하고자 하는 경우에는 별지1 서식이 포함된 내용의 성능평가 신청서를 성능평가전담기관에 제출하여야 한다.

③ 사업시행자가 성능평가를 직접 시행한 경우에는 별지2 서식의 성능평가 시행내역서를 매년 2월 말까지 국토교통부장관에게 제출하여야 한다.

④ 세부 ITS 장비 및 시스템, 서비스별 평가방법 및 절차는 별표3부터 별표7까지의 장비별 성능기준 및 평가방법을 따른다.

⑤ 성능평가를 실시한 결과, 합격기준을 통과하지 못한 경우 준공평가는 해당 사업 준공 전에, 변경/이설평가는 변경/이설 후 운영 전에, 정기평가는 당해 연도 내에 해당 장비, 시스템, 서비스에 대한 교정, 수리 및 교체를 실시한 후, 재평가를 실시하여야 한다. 단, 정기평가의 경우 평가시기에 따라 다음 연도 2월까지 재평가를 수행할 수 있다.

⑥ 재평가 수행에도 불구하고 합격기준을 통과하지 못한 경우에는 「국가통합교통체계효율화법」 제86조 제3항의 규정에 따라 보완 등 필요한 조치를 마련하여야 한다.

제6조(성능평가 대행 및 성적서 발급)

① 전담기관은 사업시행자로부터 성능평가를 요청받은 경우 성능평가를 실시하고, 별지3부터 별지8 서식까지의 성능평가 성적서를 발행하여야 한다. 다만, 신규개발장비, 복합장비 등 기존 성적서 양식으로 발행이 곤란한 경우에는 국토교통부장관의 승인을 받아 별도 양식의 성적서를 발행할 수 있다.

② 전담기관은 외부기관이 현장자료조사 등 성능평가 업무의 일부를 시행한 경우에는 성능평가 성적서에 그 사실을 명확히 표기하여야 한다.

③ 전담기관은 국토교통부장관의 승인을 얻어 ITS 성능평가 업무를 대행함에 있어 평가업무 절차, 성능평가 실격처리 기준 등 성능평가 대행과 관련된 업무매뉴얼 등을 마련하여 운용할 수 있다.

제7조(경비 등) 사업시행자는 「국가통합교통체계효율화법」 시행령 제78조 제3항에 따라 성능평가를 전담기관에 의뢰하는 경우, 별표2의 성능평가 경비 산정기준에 따라 전담기관이 산정한 경비를 지급하여야 한다. 다만, 성능평가를 실시한 결과 불합격하여 재평가를 실시하는 경우, 해당 비용은 준공평가 및 변경/이설평가는 시공자가 부담하고, 정기평가는 하자보수기간 이내에는 시공자가, 하자보수기간 이후에는 사업시행자 또는 관리자가 부담하되, 불합격 원인에 따라 변경할 수 있다.

제8조(평가기준장비의 운영관리)

① 사업시행자 및 전담기관은 성능평가를 하는 경우 평가기준장비를 사용하여 해당 장비를 평가할 수 있다.

② 성능평가는 원칙적으로 ITS 사업시행자가 설치·운영하는 ITS의 요소장비, 시스템, 서비스 전반을 대상으로 실시한다.

③ 평가기준장비는 평가대상장비에 대한 평가척도 항목의 자료를 분석단위 시간별로 수집할 수 있어야 하고 매년 기본성능평가를 시행하여 최상급의 성능을 유지하도록 하여야 한다. 다만, 평가기준장비가 개발되지 아니하였거나, 특별한 사유로 인해 평가기준장비를 사용할 수 없는 경우에는 그에 준하는 별도의 평가 방법을 마련할 수 있다. 이 경우 기록관리가 가능하여야 한다.

제9조(재검토 기한) 국토교통부장관은 「훈령·예규 등의 발령 및 관리에 관한 규정」에 따라 이 훈령에 대하여 2017년 1월 1일을 기준으로 매 3년이 되는 시점(매 3년째의 12월 31일까지를 말한다)마다 그 타당성을 검토하여 개선 등의 조치를 하여야 한다.

28 다음 중 삭제해야 할 항목이 포함된 조항을 고르면?

① 제4조 ② 제5조 ③ 제6조 ④ 제8조

29 주어진 자료의 내용과 일치하는 것을 고르면?

① 기본성능평가는 평가자가 임의로 정하는 장비 또는 시스템을 대상으로 1회 시행한다.

② 운영평가는 구축 이전의 ITS 장비를 설치, 운영 전에 실제 운영데이터를 기반으로 돌발상황 등 특정 상황을 바탕으로 성능 수준을 판단한다.

③ 사업시행자는 기본성능평가를 시행한 장비에 원한다면 별도의 기본성능평가를 요구할 수 있다.

④ 사업시행자는 구축 및 운영 중인 장비에 정기평가를 시행했다면 기존의 운영평가를 대체평가로 수행할 수 있다.

30 주어진 자료를 보고 보일 수 있는 반응으로 적절하지 않은 것을 고르면?

① 정기평가는 사업시행자 또는 평가전담기관이 시행할 수 있는데, 이때 서로 다른 서식을 사용하여야 하는군.

② 정기평가에서 합격기준에 통과하지 못한 경우 장비, 시스템, 서비스에 대해 부족한 부분을 충족시킨 후 다음 연도 2월까지 재평가를 받아야 하는군.

③ 정기평가에서 불합격하여 재평가를 실시할 경우 하자보수기간 이전과 이후에 경비를 부담하는 주체가 다르군.

④ 2020년 1월 1일에 국토교통부장관이 ITS 성능평가기준 훈령에 대해 타당성을 검토했다면 2023년 1월 1일까지 재검토를 해야 하는군.

[31~33] 다음 글을 바탕으로 질문에 답하시오.

도로점용은 기존에 있는 도로 및 도로의 공작물을 변경하거나 다른 용도로 사용하는 걸 의미한다. 도로점용이란 공공물인 도로에 대하여 일반인에게 허용되지 않는 특별한 사용 관계에 해당하는 것이다. ㉠ 즉, 도로의 점용은 일반공중의 교통에 공용되는 도로에 대하여 일반사용과는 별도로 도로의 특정 부분을 유형적·고정적으로 특정한 목적을 위하여 사용하는 일종의 특별사용을 의미한다. ㉡ 그래서 이러한 도로의 특별사용은 반드시 독점적·배타적인 것이 아니라 그 사용 목적에 따라서는 도로의 일반사용과 병존이 가능한 경우도 있다.

도로의 점용 형태에는 도로상 시설물 설치의 경우와 같이 배타적·독점적으로 사용하는 경우와 지하도와 사유 건물을 잇는 연결통로 설치를 위한 점용과 차량 진입 등과 같이 도로 본래의 목적과 사익을 위한 점용이 공존하는 경우가 있다. 도로점용은 도로의 공동사용을 능가하고 그것을 침해하는 행위이다. ㉢ 따라서 반드시 허가가 필요하다.

도로점용허가는 특정인에게 일정한 내용의 공물사용권을 설정하는 설권행위로서, 공물관리자가 신청인의 적격성, 사용 목적 및 공익상의 영향 등을 참작하여 허가 여부를 결정하는 재량행위이다. ㉣ 그러나 행정청은 허가 여부를 결정할 때 완전한 재량권을 갖는 것은 아니며, 도로점용으로 인하여 타인의 공동사용을 방해하지 않고 공공의 안녕질서에 위해가 없다고 인정되는 한 허가를 부여한다. 또 도로의 점용허가를 받은 자는 그 허가의 내용에 따라 도로를 점용할 권리를 얻게 되나 타인의 일반사용을 방해하는 배타적·지배적 권리를 부여받는 것은 아니며, 점용허가에 수반하는 일정한 의무(점용료 납부, 원상회복 등)를 부담한다. 이 허가는 도로의 종류에 따라 고속도로와 국도는 지방국토관리청에 시도, 군도는 각 구청, 시청, 군청에서 받아야 하며, 시도와 군도는 다시 도로의 폭에 따라 작은 도로는 구청, 큰 도로는 시청에서 받게 된다. 이때 허가를 해 주는 행정청을 도로관리청이라 한다.

도로점용의 허가는 도로인 것을 전제로 하여 행해진 것이므로 당해 도로가 폐도가 된 경우에는 원칙으로 점용 물건은 철거하고 원상회복하여야 한다. 또 폐도 후에도 계속하여 사용할 필요가 있을 경우에는 당해 폐도부지의 관리자와 새로운 협의 등을 해야 한다. 또한 도로법상의 도로구역 내라면 지목이나 소유권자에 관계 없이 도로관리청에 도로점용허가를 받아야 하며, 도로구역 내가 아니면서 국유지인 경우는 국유재산법에 의해 사용수익허가를 받아야 한다.

▣ 도로점용허가 대상

- 전주·전선, 공중선, 가로등, 변압탑, 지중배전용기기함, 무선전화기지국, 종합유선방송용단자함, 발신전용휴대전화기지국, 교통량검지기, 주차측정기, 전기자동차충전시설, 태양광발전시설, 태양열발전시설, 풍력발전시설, 우체통, 소화전, 모래함, 제설용구함, 공중전화, 송전탑, 그 밖에 이와 유사한 것(점용기간: 10년)
- 수도관·하수도관·가스관·송유관·전기관·전기통신관·송열관·농업용수관·작업구(맨홀)·전력구·통신구·공동구·배수시설·수질자동측정시설·지중정착장치(어스앵커)·암거, 그 밖에 이와 유사한 것(점용기간: 10년)
- 주유소·주차장·여객자동차터미널·화물터미널·자동차수리소·승강대·화물적치장·휴게소, 그 밖에 이와 유사한 것과 이를 위한 진입로 및 출입로(점용기간: 10년)
- 철도·궤도, 그 밖에 이와 유사한 것(점용기간: 10년)
- 지하상가·지하실(「건축법」 제2조 제1항 제2호에 따른 건축물로서 「국토의 계획 및 이용에 관한 법률 시행령」 제61조 제1호에 따라 설치하는 경우만 해당한다)·통로·육교, 그 밖에 이와 유사한 것(점용기간: 10년)
- 간판(돌출간판을 포함한다)·표지·깃대·현수막 및 아치(점용기간: 3년)
- 버스표판매대·구두수선대·노점·자동판매기·상품진열대, 그 밖에 이와 유사한 것(점용기간: 10년)
- 공사용 판자벽·발판·대기소 등의 공사용 시설 및 자재(점용기간: 3년)
- 고가도로의 노면 밑에 설치하는 사무소·점포·창고·자동차주차장·광장·공원, 체육시설, 그 밖에 이와 유사한 시설(유류·가스 등 인화성 물질을 취급하는 사무소·점포·창고 등은 제외한다)(점용기간: 10년)
- 「장애인·노인·임산부 등의 편의증진보장에 관한 법률」 제2조 제2호에 따른 편의시설 중 높이차이 제거시설 또는 주출입구 접근로, 그 밖에 이와 유사한 것(점용기간: 10년)

31 주어진 글의 밑줄 친 ㉠~㉣ 중 문맥상 어울리지 않는 접속어를 고르면?

① ㉠ ② ㉡ ③ ㉢ ④ ㉣

32 주어진 글을 통해 알 수 없는 것을 고르면?

① 행정청은 타인의 공동사용을 방해하지 않고 공공의 안녕 및 질서에 위해가 없다고 인정되는 한에서 도로점용허가에 대한 재량을 가진다.
② 도로구역 내의 도로를 점용하고자 하면 도로관리청의 허가를 받고, 도로가 폐도가 된 경우 점용 물건을 철거하고 원상회복해야 한다.
③ 도로점용이 가능한 기간 중 한 번에 가장 긴 기간은 10년이다.
④ 지하철역의 입출입이 가능한 휠체어리프트는 도로점용허가 대상에 포함되지 않는다.

33 다음 [보기]의 (가)~(다)는 도로점용허가가 금지되는 구간에 대한 설명이고, ⓐ~ⓒ는 금지구간의 예시이다. (가)~(다)와 ⓐ~ⓒ의 연결이 바르게 짝지어진 것을 고르면?

보기

(가) 변속차로가 설치되지 않았거나 설치 계획이 없는 평면교차로의 연결 구간
(나) 변속차로가 설치되었거나 설치 예정인 평면교차로의 연결 구간
(다) 입체교차로의 연결 구간

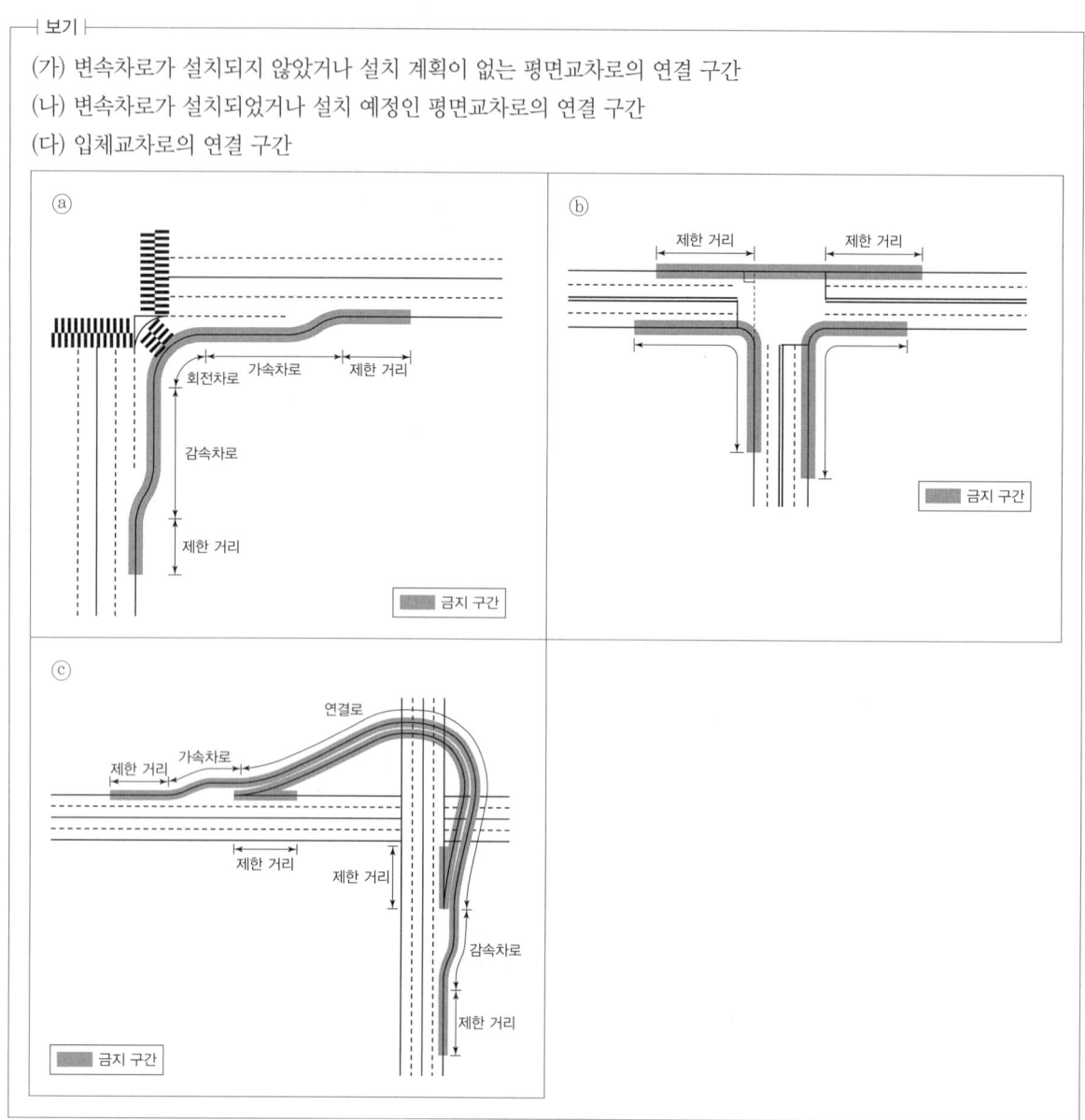

ⓐ

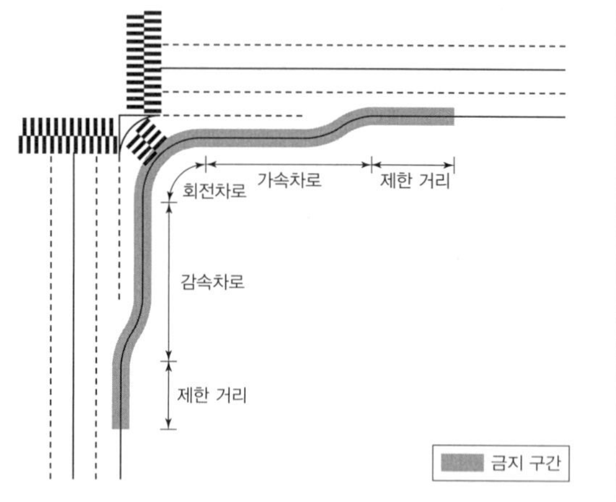

ⓑ

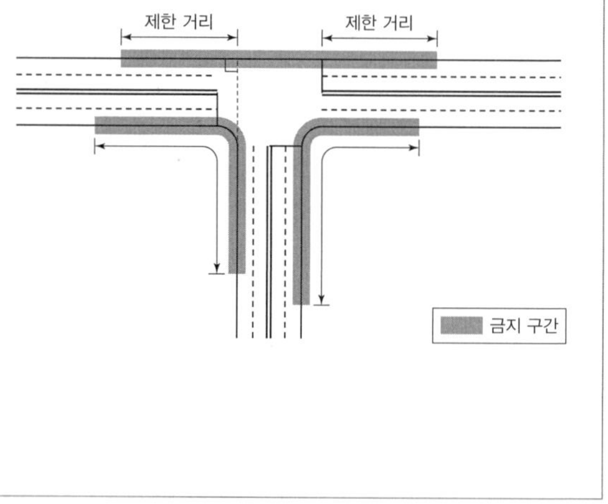

ⓒ

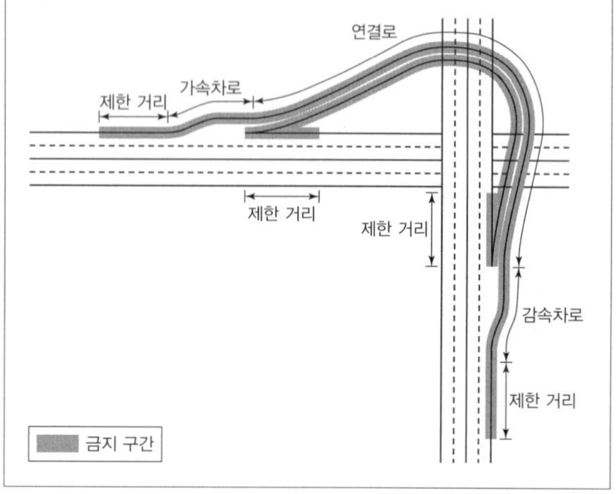

	(가)	(나)	(다)
①	ⓐ	ⓑ	ⓒ
②	ⓐ	ⓒ	ⓑ
③	ⓑ	ⓐ	ⓒ
④	ⓑ	ⓒ	ⓐ

[34~36] 다음은 국토부에서 진행하는 '2022 스마트 건설 챌린지'에 관한 보도자료이다. 이를 바탕으로 질문에 답하시오.

국토교통부는 디지털 기술을 접목한 혁신적인 스마트 건설기술을 발굴하고, 우수한 스마트 건설기술 활성화를 지원하기 위해 '2022 스마트 건설 챌린지'를 개최한다. 올해로 3회를 맞이하는 스마트 건설 챌린지는 기술경연 분야와 공모 분야로 구분된다.

기술경연 분야는 ▲ 스마트안전 ▲ 단지주택 분야 시공자동화 ▲ 도로 분야 스마트 기술 ▲ 철도 등 SOC 분야 설계 BIM ▲ BIM Use Live(시공 BIM) 5개 분야이다. 공모 분야는 ▲ 국토 안전관리(건설 시설) 우수사례 공모 ▲ 스마트 건설 자유 공모 ▲ 스마트 건설 R&D 제안서 공모 ▲ 스마트 건설 창업 아이디어 공모 4개 분야이다.

이번 '스마트 건설 챌린지'는 한국건설기술연구원과 한국토지주택공사, 한국도로공사, 국가철도공단, 국토안전관리원, 국토교통과학기술진흥원에서 역할을 분담해 분야별 경연을 주관한다. '스마트안전'은 국토안전관리원 주관으로 건설현장의 안전사고 예방을 위해 활용할 수 있는 스마트안전 소프트웨어 및 하드웨어 기술의 혁신성과 우수성 등을 평가한다. '단지주택 분야 시공자동화'는 한국토지주택공사 주관으로 단지 및 주택 분야 시공자동화 건설기계 그레이더 롤러 프린팅 기술을 활용한 한층 발전된 스마트 건설기술을 경연할 예정이다. '도로 분야 스마트 기술'은 한국도로공사 주관으로 센서를 활용한 시설물 모니터링 기술을 활용한 스마트 시공 유지관리 및 안전관리 기술들을 다양하게 보여 줄 것으로 기대된다. '철도 등 SOC 분야 설계 BIM'은 국가철도공단 주관으로 SOC 분야 설계 BIM 조기 정착 및 활성화를 위해 설계 BIM 적용에 따른 효과 및 개선사례 경연을 수행한다. 'BIM Use Live(시공 BIM)'은 한국건설기술연구원 주관으로 BIM의 현장실무 적용 방법 발굴 및 성과확산을 위해 시공단계의 설계변경에 따른 BIM을 활용한 공정 및 기성관리 등 시공 BIM 기술을 경쟁한다.

한편 '국토 안전관리(건설 시설) 우수사례 공모'는 국토안전관리원 주관으로 건설현장과 공용 중인 시설물의 안전 및 유지관리 과정에서 체득한 우수한 안전관리 사례를 공모를 통해 발굴하여 공유 확산할 계획이다. '스마트 건설 자유 공모'는 한국건설기술연구원 주관으로 스마트 건설과 관련된 모든 아이디어 및 기술 등을 자유롭게 공모하여 국민의 참여를 유도하고 산업계뿐만 아니라 학계 및 국민에게도 스마트 건설에 대한 공감대를 형성하고자 한다. '스마트 건설 R&D 제안서 공모'는 국토교통과학기술진흥원 주관으로 BIM 설계, 첨단건설재료, 건설자동화 및 유지관리 등 스마트 건설 전 분야에서 국민이 필요로 하는 실용기술 발굴을 위한 신규 R&D 제안을 공모한다. '스마트 건설 창업 아이디어 공모'는 한국건설기술연구원 주관으로 새로운 벤처 창업으로 연계될 수 있는 스마트 건설기술 아이디어를 발굴해 벤처 창업에 관심이 있는 예비 창업자 및 신규 사업 확장을 위한 초기 창업 기업들에게 전 주기적 창업 지원 프로그램을 제공할 계획이다.

참가 신청은 스마트 건설 챌린지 누리집에서 신청 양식을 내려 받아 작성한 후 6월 24일(금) 오후 6시까지 이메일(smartcon@kict.re.kr)로 제출하면 된다.

우수 기술로 선정되면 국토교통부장관상 및 공공기관장상과 총 3억 9천만 원의 상금을 지급하고 스마트 건설기술이 빠르게 확산될 수 있도록 다양한 특전을 부여할 계획이다. 특히, 장관상을 받은 우수 기술을 대상으로 기술 인증 및 기술검증 현장적용을 위한 테스트베드 적용을 추진할 계획이며, '2022 스마트 건설 창업아이디어 공모전'과 '2022년 스마트 건설 혁신기업 프로그램' 참가 시 다양한 특전을 부여할 계획이다.

국토교통부 기술안전정책관은 "스마트 건설기술이 빠르게 정착되어 활용되기 위해서는 정부와 공공의 지원이 반드시 필요하다"고 강조하며, 이번 경연을 통해 "스마트 건설기술을 보유하고 있는 기업(대기업, 중견·중소기업, 스타트업)을 적극 지원해 우수 기술의 현장 적용을 더욱 가속화시켜 나갈 것"이라고 밝혔다.

기술경영 분야 공고

(　　　　　　)에서는 스마트 건설기술과 건설·시설안전기술의 보급 및 확산을 위해 다양한 건설업체와 중소·중견기업의 성과를 공유하고 기술의 현장 적용을 확대하기 위한 경연대회·공모전을 추진하고자 합니다. 이에 스마트 건설기술이나 첨단 건설·시설안전기술을 보유하고 있는 기업(대기업, 중견·중소기업, 스타트업), 기관(대학, 연구기관 등) 및 일반 국민의 우수한 아이디어와 기술을 뽐낼 수 있는 경연대회를 개최하오니 참가를 희망하는 기업·기관·개인의 많은 참여 바랍니다.

▣ 세부 사항

□ 경연 주제: AI, NETWORK, DATA 등을 활용한 도로 분야 스마트 시공, 유지관리 및 안전관리 기술시연 및 평가

□ 대상: 대기업, 중견·중소기업, 스타트업, 학교, 연구소 등

□ 대상기술: NETWORK(IoT 센서) 활용 시설물 모니터링 기술과 AI·DATA 활용 스마트 시공·유지관리(공정관리, 통합관제 등) 및 안전관리(위험예측, 대처 등) 기술

□ 목표: 스마트 기술을 활용한 도로 분야 관련 기술 및 노하우 공유

□ 평가 방법 및 기준

예선	혁신성, 우수성 및 경연계획에 대한 서면 평가
본선	스마트 기술의 혁신성, 기술성, 적용성, 파급성 등을 현장경연으로 평가

▣ 접수 및 심사 일정

모집공고 및 접수	→	[예선] 서면 평가	→	선정 결과 통보	→	[본선] 기술시연·경연·발표	→	결과 발표	→	시상식
5. 19.(목) ~6. 24.(금) 온라인 접수		6월 말(예정) ※ 상세 일정 문의처 문의		7월 초(예정) ※ 상세 일정 문의처 문의		7월 말(예정) ※ 상세 일정 문의처 문의		2022. 8월 초 (예정)		2022. 8. 30.(화)(예정) (스마트 건설 EXPO)

▣ 유의사항

[접수 및 선정 관련 유의사항]

- 신청접수 현황, 심사 내용 및 심사 점수 등은 공개하지 않음
- 참가 신청서 등 신청 서류 접수 시 PDF 파일로만 등록
- 제출된 서류는 일체 반환하지 않으며 타인의 아이디어, 기술 등을 모방한 경우 발생하는 모든 민·형사상 책임은 신청자에게 있음
- 제출된 자료에 대해 허위사실 및 부당행위 적발 시 선정 취소 등 제재 조치하며, 이에 이의를 제기하지 못함
- 선정기업(팀)은 주최·주관기관의 홍보, 보안서약 등의 요청에 적극 동의해야 함
- 아이템(사업)명, 대표자 등 작성한 신청서 내용을 접수 마감일 이후에는 변경할 수 없음
- 심사 결과에 따라 적합한 기술이 없는 경우에는 선정하지 않을 수 있음
- 연락두절 등으로 인한 심사 불참에 대한 책임은 신청자(팀)에 있음
- 심사 일정, 지원 내용 및 일정 등은 주최·주관기관의 사정에 의해 일부 변경될 수 있음
- 경연에 필요한 장비 및 기술 등은 참가자가 직접 준비함

[지식재산권 관련 유의사항]

○ 응모 시

- 응모된 작품에 대한 저작권은 응모자에게 있으며, 필요에 따라 응모자의 권리를 보호받기 위해서는 지식재산권을 응모자가 확보하고 있어야 함

• 응모자는 제3자의 저작권을 침해하지 않도록 주의 의무를 다하여야 하며, 이를 위반할 시 모든 책임은 응모자에게 있음
• 타 기관 현상공모 중복 수상작 또는 저작권 침해 시에 수상 취소

○ 평가 시
• 응모 기술(아이디어)에 대한 평가 시 평가자는 보안서약서를 작성하며, 기술경연·공모전 종료 후 모든 자료는 평가 완료와 함께 반환·폐기함

[신청 제외대상]
• 금융기관 등으로부터 채무불이행자로 규제 중인 자
• 국세 또는 지방세를 체납 중인 자(단, 응모 전 완납하는 경우는 가능)
• 정부지원 사업에 참여제한으로 제재 중인 자
• 신청서, 사업계획서 등 본 사업 관련 서류를 허위로 기재한 경우
• 타인의 아이템을 도용해 지식재산권을 침해할 우려가 있는 경우
• 이전 스마트 건설 챌린지에 응모한 기술과 동일한 기술인 경우

34 **주어진 자료의 내용과 일치하는 것을 고르면?**

① 총 5개의 기술경연 분야 중 철도 등 SOC 분야 설계 BIM을 주관하는 기업은 스마트 건설 R&D 제안서 공모를 주관한다.
② 참가 신청을 하려는 기업은 지원 분야에 상관없이 동일한 이메일로 참가 신청서를 제출해야 한다.
③ 상과 상금이 지급된 모든 우수 기술은 기술 인증 및 기술 검증 현장적용을 위한 테스트베드 적용이 추진될 예정이다.
④ 국토부에서는 스마트 건설기술을 정착시키기 위해 공공의 지원보다는 스마트 기술을 보유하고 있는 기업의 기술 수준 향상을 더 중시한다.

35 **주어진 자료의 빈칸에 들어갈 기업을 고르면?**

① 한국토지주택공사
② 한국도로공사
③ 국가철도공단
④ 국토안전관리원

36 **주어진 '기술경영 분야 공고'를 보고 보일 수 있는 반응으로 적절하지 않은 것을 고르면?**

① 예선을 위해 제출해야 하는 파일은 모두 PDF 파일로 등록해야겠군.
② 접수 기간은 정해져 있어 반드시 기간 내에 서류를 제출해야 하지만, 심사 일정 및 결과 발표는 공사의 사정에 의해 변경될 가능성이 있어 추후 일정에 참고해야겠군.
③ 2021년에 스마트 건설 챌린지에 응모했다가 탈락한 기술을 새로 발전시켜 다시 도전해야겠군.
④ 스마트 건설 챌린지에 응모된 작품의 저작권은 응모자에게 있으며, 경연이 끝난 후 이 저작권은 폐기되는군.

[37~39] 지원이는 A지점에서 출발하여 F지점에 가려고 한다. B, C, D, E지점은 모두 지나갈 필요가 없으며, 주어진 자료에 따라 이동하려고 한다. 이를 바탕으로 질문에 답하시오.

[그림] 지점 간 연결망 지도

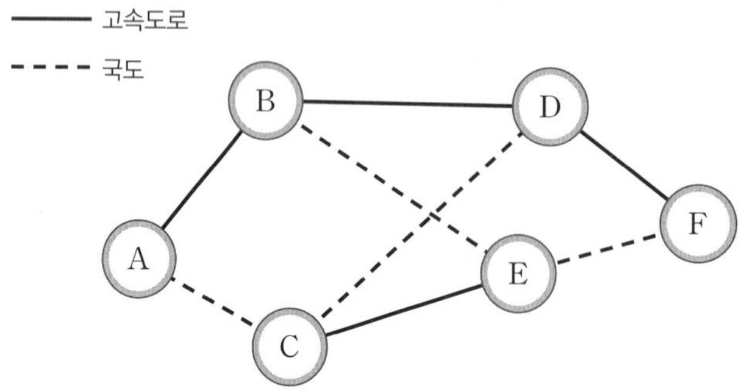

[표1] 지점 간 거리

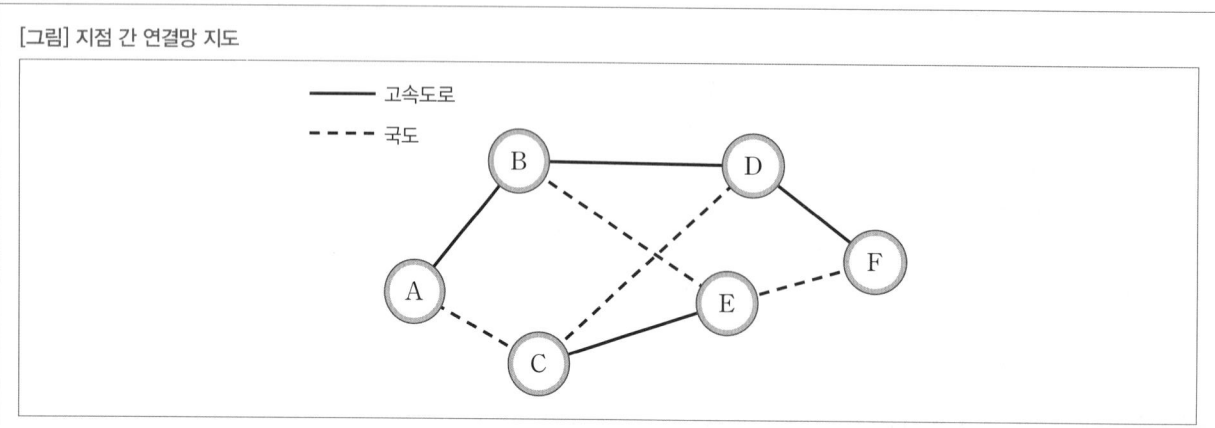

구분	B	C	D	E	F
A	14km	13km	–	–	–
B	–	–	22km	25km	–
C	–	–	26km	20km	–
D	22km	26km	–	–	14km
E	25km	20km	–	–	13km

[표2] 도로별 평균 주행 속도 및 연비

구분	평균 주행 속도	평균 연비
고속도로	100km/h	20km/L
국도	80km/h	16km/L

- 고속도로 통행료: (900원)+{(주행 거리)(km)×(47.0원)}
- 주유료: 휘발유 1L당 2,000원

37 **지원이는 최단 거리로 이동하려고 한다. 이때, 지원이가 이동한 거리를 고르면?**

① 45km ② 46km ③ 48km ④ 50km

38 **지원이는 최단 시간으로 이동하려고 한다. 이때, 지원이가 이동한 거리를 고르면?**(단, 이동 시간 외의 시간은 고려하지 않는다.)

① 46km ② 48km ③ 50km ④ 52km

39 **지원이는 최소 비용으로 이동하려고 한다. 이때, 소요되는 비용을 고르면?**(단, (비용)=(고속도로 통행료)+(주유료)로 계산하며, 0.1L 단위로 주유가 가능하고, 고속도로 통행료는 십 원 단위에서 반올림한다.)

① 7,200원 ② 7,400원 ③ 7,600원 ④ 7,800원

[40~42] 다음은 개발부의 하계휴가 계획을 정리한 자료이다. 이를 바탕으로 질문에 답하시오.

○ 하계휴가 운영 계획은 다음과 같다.

- 최소한 5명이 사무실에 출근하여 근무해야 한다.
- 외근은 사무실 출근으로 인정하고, 출장, 휴가, 연수는 사무실 출근으로 인정하지 않는다.
- 외근, 출장, 연수 일정은 변경할 수 없다.
- 휴가 희망 일자에 따라 휴가를 정하되, 해당 날짜에 휴가를 갈 수 없는 경우 휴가 일정을 조율한다.
- 가능한 적은 인원으로 휴가 일정을 조율하고, 휴가 일정을 조율할 수 있는 직원이 여러 명인 경우 직급이 낮은 직원의 휴가 일정부터 조율한다.
- 하계휴가는 반드시 4일을 붙여서 사용해야 하며, 공휴일과 이어서 쓸 수 있지만 공휴일은 휴가 일수에 포함하지 않는다.
- 하계휴가는 8월 중에만 갈 수 있다.

○ 8월 일정은 다음과 같다.

- 8월 1일은 월요일이고, 8월 15일은 광복절로 공휴일이다.
- 토요일과 일요일, 공휴일은 출근하지 않는다.
- 김 부장은 8월 1~3일에 출장을 간다.
- 이 차장은 8월 8일, 8월 16~17일에 출장을 간다.
- 김 과장은 8월 22일과 8월 29일에 외근, 8월 25일에 출장을 간다.
- 이 과장은 8월 1일에 외근, 8월 4~5일에 출장을 간다.
- 박 대리는 8월 10일에 연수, 8월 30~31일에 출장을 간다.
- 이 대리는 8월 19일에 연수를 간다.
- 정 주임은 8월 9일에 외근, 8월 12일에 연수를 간다.
- 최 주임은 8월 1~2일에 출장, 8월 25일에 연수를 간다.

○ 직원들이 제출한 하계휴가 희망 일자는 다음과 같다.

직원	희망 일자
김 부장	8/16~19
이 차장	8/1~4
김 과장	8/11~12, 8/16~17
이 과장	8/22~25
박 대리	8/4, 8/5, 8/8, 8/9
이 대리	8/10~12, 8/16
정 주임	8/26, 8/29~31
최 주임	8/9~12

40 하계휴가 운영 계획에 따라 휴가 일정을 조율하고자 할 때, 동의를 구해야 하는 직원을 고르면?

① 이 차장　② 김 과장　③ 이 대리　④ 정 주임

41 휴가 일정을 조율하게 된 직원이 새로 휴가 희망 일자를 제출하였을 때, 받아들여지는 경우를 고르면?(단, 다른 일정은 변화가 없다.)

① 8월 3~5일, 8월 8일
② 8월 5일, 8월 8~10일
③ 8월 18~19일, 8월 22~23일
④ 8월 23~26일

42 41번에서 받아들여진 휴가 일정에 따라 하계휴가 일정을 모두 세운 뒤 8월 중에 다음 [보기]의 규칙에 따라 회의를 하려고 한다. 가능한 빠른 날에 회의를 하려고 할 때, 회의를 하는 날을 고르면?

보기
- 부장은 반드시 참석해야 한다.
- 휴가, 출장, 외근, 연수를 간 직원을 제외하고, 6명 이상이 참석해야 한다.

① 8월 4일　② 8월 5일　③ 8월 8일　④ 8월 11일

[43~45] 다음 지하철 노선도를 바탕으로 질문에 답하시오.

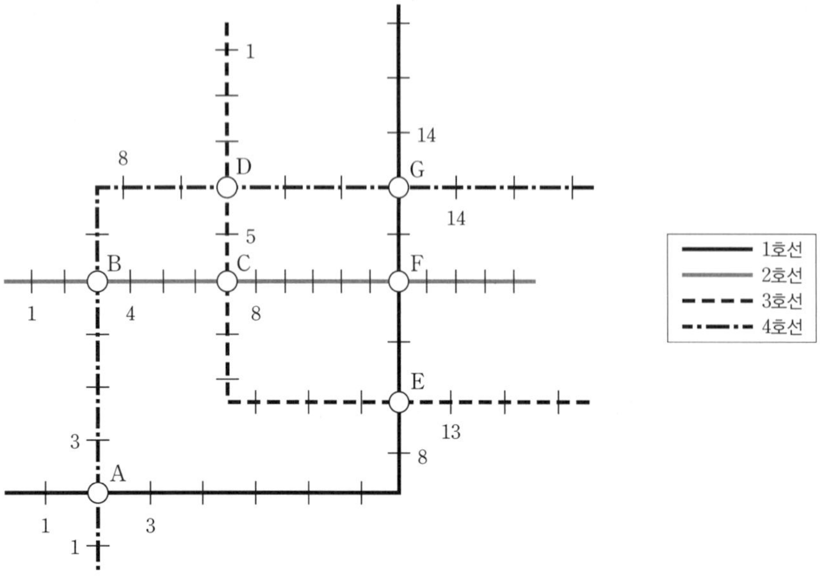

- 눈금 표시는 환승역이 아닌 역을 의미하고, A~G는 환승역을 의미한다.
- 1호선은 16개역, 2호선은 17개역, 3호선은 15개역, 4호선은 16개역이 있으며, 역명은 호선과 번호로 한다. 다만 환승역은 A~G역으로 하되, B역은 2호선의 3번역, 4호선의 6번역과 동일하다.
- 지하철의 이동 속도는 모든 구간에서 75km/h로 일정하다.
- 역간 이동 거리는 1호선이 3km, 2호선이 2km, 3호선이 2.5km, 4호선이 3km이다.
- 환승역이 아닌 역은 1분간 정차하고, 2개 호선이 지나는 환승역에서는 2분간 정차한다.

43 **B역에서 1호선 12번역까지 최단 거리로 이동한다고 할 때, 이동 거리를 고르면?**(단, 지하철로 이동하는 거리만 고려한다.)

① 23km　② 24km　③ 25km　④ 26km

44 **4호선 7번역에서 3호선 13번역까지 한 번만 환승하여 이동한다고 할 때, 이동 거리를 고르면?**(단, 지하철로 이동하는 거리만 고려한다.)

① 29km ② 31.5km ③ 34km ④ 38.5km

45 **1호선 5번역에서 D역까지 한 번만 환승하여 최소 시간으로 이동한다고 할 때, 이동 시간을 고르면?**(단, 지하철을 기다리는 시간, 탑승하는 역과 내리는 역에서의 정차 시간은 고려하지 않고, 환승을 하는 경우 5분이 소요된다. 시간은 초 단위에서 반올림한다.)

① 40분 ② 41분 ③ 42분 ④ 43분

[46~48] 신입사원 A~H를 기획부에 2명, 영업부에 3명, 인사부에 1명, 홍보부에 2명 배정하려고 한다. 다음 [표]를 바탕으로 질문에 답하시오.

[표] 신입사원 정보

구분	나이	필기 점수	면접 점수	지망	
				1지망	2지망
A	26세	87점	96점	기획부	영업부
B	27세	93점	93점	기획부	인사부
C	27세	94점	90점	영업부	인사부
D	28세	94점	92점	인사부	영업부
E	27세	95점	88점	기획부	영업부
F	30세	90점	95점	기획부	홍보부
G	31세	96점	92점	홍보부	인사부
H	29세	96점	90점	인사부	영업부

46 모두 1지망, 2지망 순으로 배정하되 정원 이상이 지망한 경우 필기 점수와 면접 점수의 합이 더 높은 사람을 우선 배정한다. 필기 점수와 면접 점수의 합이 동일한 경우에는 나이가 많은 사람을 우선 배정한다. 만약 1지망, 2지망에 배정되지 못한 사람이 2명 이상인 경우 나이가 많은 순서대로 인사부 → 기획부 → 영업부 → 홍보부 순으로 배정한다. 이때, A가 배정된 부서를 고르면?

① 기획부 ② 영업부 ③ 인사부 ④ 홍보부

47 모두 1지망, 2지망 순으로 배정하되 필기 점수:면접 점수=3:7의 가중치를 부여한 뒤 합산 점수가 높은 사람을 우선 배정한다. 만약 합산 점수가 동일한 경우 면접 점수, 필기 점수 순으로 점수가 더 높은 사람을 우선 배정한다. 만약 1지망, 2지망에 배정되지 못한 사람이 2명 이상인 경우 나이가 많은 순서대로 인사부 → 기획부 → 영업부 → 홍보부 순으로 배정한다. 이때, E가 배정된 부서를 고르면?

① 기획부 ② 영업부 ③ 인사부 ④ 홍보부

48 인사부에서는 신입사원들의 1지망과 2지망이 바뀌었다는 것을 알게 되었다. 따라서 다시 1지망과 2지망을 바로 잡은 뒤 1지망, 2지망 순으로 배정하되 정원 이상이 지망한 경우 필기 점수와 면접 점수의 합이 더 높은 사람을 우선 배정한다. 만약 필기 점수와 면접 점수의 합이 동일한 경우 면접 점수, 필기 점수 순으로 점수가 더 높은 사람을 우선 배정한다. 만약 1지망, 2지망에 배정되지 못한 사람이 2명 이상인 경우 나이가 많은 순서대로 인사부 → 기획부 → 영업부 → 홍보부 순으로 배정한다. 이때, C가 배정된 부서를 고르면?

① 기획부 ② 영업부 ③ 인사부 ④ 홍보부

[49~51] 다음은 안전한 도로이용을 위한 방법을 정리한 자료이다. 이를 바탕으로 질문에 답하시오.

1. 고장 시 조치요령

1) 갓길의 이용

고속도로에서 고장이나 연료가 소진되어 운전할 수 없는 경우 주차하려 할 때에는 다른 차의 주행을 방해하지 않도록 충분한 공간이 있는 갓길 등에 주차하여야 한다.

2) 고장차량 표지의 설치

자동차의 운전자는 교통안전표지를 설치하는 경우 그 자동차의 후방에서 접근하는 자동차의 운전자가 확인할 수 있는 위치에 설치하여야 한다. 또 고속도로 등에서 자동차를 운행할 수 없게 되었을 때에는 고장자동차의 표지를 설치하여야 하며, 그 자동차를 고속도로 등이 아닌 다른 곳으로 옮겨 놓는 등의 필요한 조치를 하여야 한다. 밤에는 고장자동차 표지와 함께 사방 500m 지점에서 식별할 수 있는 적색의 섬광신호·전기제등 또는 불꽃신호를 추가로 설치하여야 한다. 강한 바람이 불 때에는 고장차량 표지 등이 넘어지지 않도록 필요한 조치를 마련하고, 특히 차체 후부 등에 연결하여 튼튼하게 하여야 한다. 또한 수리 등이 끝나고 현장을 떠날 때에는 고장차량 표지 등 장비를 챙기고 가는 것을 잊어서는 안 된다.

3) 차의 이동과 비상 전화 이용

고속도로상에서 고장이나 연료가 떨어져서 운전할 수 없을 때에는 비상조치를 끝낸 후 가장 가까운 비상전화로 견인차를 부르거나 가능한 한 빨리 그곳으로부터 차를 이동시켜야 한다.

2. 법정 속도와 안전 거리

1) 속도의 양면성

속도는 자동차의 생명이라 할 수 있으나, 속도 때문에 자동차가 달리는 흉기로 돌변하여 교통사고라는 치명적 결과를 일으키기도 한다. 법정 속도 및 제한 속도 이하로 주행하더라도 절대로 안전한 것은 아니라는 것을 명심하고 사고를 예방하는 안전 속도를 준수한다.

2) 법정 속도

일반도로	자동차전용도로	이상 기후 시의 감속
편도 1차로 → 60km/h 이내 편도 2차로 이상 → 80km/h 이내	최저 30km/h 이상 최고 90km/h 이내	최고 속도의 20/100 또는 50/100을 감속

3) 안전 거리의 유지

안전 거리 유지는 추돌사고를 방지할 수 있을 뿐만 아니라 정보의 인지 및 판단을 통해 사전에 급브레이크나 급핸들 조작을 예방할 수 있고, 안전 거리는 갑자기 정지한 앞차와의 사고를 피할 수 있는 거리로서 여유 있는 운전을 가능하게 한다. 적절한 안전 거리는 자기 차의 속도와 도로 상황 및 기상상태 등에 따라 다르므로 주행 속도에 따른 정지 거리를 고려하여 충분히 유지하여야 한다.

3. 앞지르기 방법

1) 앞지르기 할 때의 주의사항

부득이 앞지르기를 할 경우에는 전방 및 반대 방향의 교통 상황을 충분히 살펴 안전이 확인된 상태에서만 한다. 앞지르기는 반드시 좌측으로 하고 앞지르기에 필요한 시간과 거리를 사전에 확인하되, 앞차와의 속도 차가 최소한 시속 20km 이상이 되지 않으면 앞지르기에 걸리는 시간과 거리가 길어져서 위험하다.

2) 앞지르기 순서와 방법

① 앞지르기 금지 장소 여부를 확인한다.
② 전방의 안전을 확인하는 동시에 후사경으로 좌측 및 좌후방을 확인한다.
③ 좌측의 방향 지시기를 켠다.
④ 약 3초 후 최고 속도의 제한 범위 내에서 가속하면서 진로를 천천히 좌측으로 하고, 안전한 간격을 유지하면서 앞차의 좌측을 통과한다.

⑤ 충분한 거리가 확보되면 우측 방향 지시기를 켠다.
⑥ 앞지르기 한 차가 후사경으로 앞지르기 당한 차를 볼 수 있는 거리까지 주행한 후 진로를 서서히 우측으로 바꾼다.
⑦ 방향 지시기를 끈다.

3) 앞지르기 금지 시기 및 금지 장소

금지 시기	금지 장소
• 앞차가 좌측으로 진로를 바꾸려고 하거나 다른 자동차를 앞지르려고 할 때 • 앞차의 좌측에 다른 차가 나란히 가고 있을 때 • 뒤차가 자기 차를 앞지르려고 할 때 • 마주 오는 차의 진행을 방해하게 될 염려가 있을 때 • 앞차가 교차로나 건널목 등에서 정지 또는 서행하고 있을 때 또는 앞차가 경찰공무원 등의 지시에 따르거나 위험 방지를 위하여 정지 또는 서행하고 있을 때 • 어린이 통학버스가 어린이 또는 유아를 태우고 있다는 표시를 하고, 도로를 통행할 때에는 모든 차는 어린이 통학버스를 앞지르지 못한다.	• 교차로, 터널 안, 다리 위 • 도로의 구부러진 곳 • 비탈길의 고갯마루 부근 또는 가파른 비탈길의 내리막 • 지방경찰청장이 안전표지에 의하여 앞지르기를 금지토록 지정한 곳 • 최고 속도의 20/100을 줄인 속도가 필요한 경우 • 최고 속도의 50/100을 줄인 속도가 필요한 경우

49 **다음 중 차량을 운행할 때의 고장 시 조치요령으로 적절하지 않은 것을 고르면?**

① 고속도로에서 차량에 고장이 발생한 경우, 갓길로 이동하여 주차해야 한다.
② 야간에 고장이 발생한 경우, 식별이 용이한 백색 등화 장치를 켜고 신속히 대피해야 한다.
③ 강풍 시 고장차량 표지는 차체에 연결하여 단단히 고정시키는 방법도 효과적이다.
④ 고장 시 견인차를 부르기 전에 필요한 비상조치를 먼저 취해야 한다.

50 **다음 중 법정 속도와 안전 거리에 대해 판단한 내용으로 옳은 것을 고르면?**

① 제한 속도만 지키면 안전한 주행이라는 마음을 가져야겠군.
② 어느 도로에서나 안전 거리는 길면 길수록 좋은 것이구나.
③ 일반도로에서는 차로가 1개일 때보다 2개 이상이면 법정 속도가 더 높아지네.
④ 자동차전용도로에서는 최고 90km/h 이내의 속도로만 유지하면 규정 위반이 아니군.

51 **다음 중 차량 운행 시의 적절한 앞지르기를 한 경우를 고르면?**(단, 언급되지 않은 사항은 모두 적절한 규정을 준수하였다고 가정한다.)

① 앞차와의 속도 차이가 15km/h인 상황에서 앞지르기 주의사항을 준수하여 앞지르기를 한 경우
② 가장 먼저 좌측 방향 지시기를 충분한 시간 동안 켠 후, 좌측 및 좌후방을 잘 살펴 앞지르기를 한 경우
③ 앞차가 신호 위반을 하여 경찰공무원에 의해 지시를 받고 서행 중일 경우
④ 앞지르기 하기 전 전방과 좌측 및 좌후방을 확인한 후 좌측 방향 지시등을 충분히 점멸하고, 원 차로로 복귀 시 우측 방향 지시등을 점멸하여 주행하는 경우

[52~54] 다음은 「부정청탁 및 금품 등 수수의 금지에 관한 법률」 규정의 일부를 발췌한 자료이다. 이를 바탕으로 질문에 답하시오.

제8조(금품 등의 수수 금지) ① 공직자 등은 직무 관련 여부 및 기부·후원·증여 등 그 명목에 관계없이 동일인으로부터 1회에 100만 원 또는 매 회계연도에 300만 원을 초과하는 금품 등을 받거나 요구 또는 약속해서는 아니 된다.

② 공직자 등은 직무와 관련하여 대가성 여부를 불문하고 제1항에서 정한 금액 이하의 금품 등을 받거나 요구 또는 약속해서는 아니 된다.

③ 제10조의 외부강의 등에 관한 사례금 또는 다음 각 호의 어느 하나에 해당하는 금품 등의 경우에는 제1항 또는 제2항에서 수수를 금지하는 금품 등에 해당하지 아니한다.

1. 공공기관이 소속 공직자 등이나 파견 공직자 등에게 지급하거나 상급 공직자 등이 위로·격려·포상 등의 목적으로 하급 공직자 등에게 제공하는 금품 등
2. 원활한 직무수행 또는 사교·의례 또는 부조의 목적으로 제공되는 음식물·경조사비·선물 등으로서 대통령령으로 정하는 가액 범위 안의 금품 등
3. 사적 거래(증여는 제외한다)로 인한 채무의 이행 등 정당한 권원에 의하여 제공되는 금품 등
4. 공직자 등의 친족이 제공하는 금품 등
5. 공직자 등과 관련된 직원상조회·동호인회·동창회·향우회·친목회·종교단체·사회단체 등이 정하는 기준에 따라 구성원에게 제공하는 금품 등 및 그 소속 구성원 등 공직자 등과 특별히 장기적·지속적인 친분관계를 맺고 있는 자가 질병·재난 등으로 어려운 처지에 있는 공직자 등에게 제공하는 금품 등
6. 공직자 등의 직무와 관련된 공식적인 행사에서 주최자가 참석자에게 통상적인 범위에서 일률적으로 제공하는 교통, 숙박, 음식물 등의 금품 등
7. 불특정 다수인에게 배포하기 위한 기념품 또는 홍보용품 등이나 경연·추첨을 통하여 받는 보상 또는 상품 등
8. 그 밖에 다른 법령·기준 또는 사회상규에 따라 허용되는 금품 등

④ 공직자 등의 배우자는 공직자 등의 직무와 관련하여 제1항 또는 제2항에 따라 공직자 등이 받는 것이 금지되는 금품 등(이하 "수수 금지 금품 등"이라 한다)을 받거나 요구하거나 제공받기로 약속해서는 아니 된다.

⑤ 누구든지 공직자 등에게 또는 그 공직자 등의 배우자에게 수수 금지 금품 등을 제공하거나 그 제공의 약속 또는 의사표시를 해서는 아니 된다.

제10조(외부강의 등의 사례금 수수 제한) ① 공직자 등은 자신의 직무와 관련되거나 그 지위·직책 등에서 유래되는 사실상의 영향력을 통하여 요청받은 교육·홍보·토론회·세미나·공청회 또는 그 밖의 회의 등에서 한 강의·강연·기고 등(이하 "외부강의 등"이라 한다)의 대가로서 대통령령으로 정하는 금액을 초과하는 사례금을 받아서는 아니 된다.

② 공직자 등은 외부강의 등을 할 때에는 대통령령으로 정하는 바에 따라 외부강의 등의 요청 명세 등을 소속기관장에게 미리 서면으로 신고하여야 한다. 다만, 외부강의 등을 요청한 자가 국가나 지방자치단체인 경우에는 그러하지 아니하다.

③ 공직자 등은 제2항 본문에 따라 외부강의 등을 미리 신고하는 것이 곤란한 경우에는 그 외부강의 등을 마친 날부터 2일 이내에 서면으로 신고하여야 한다.

④ 소속기관장은 제2항에 따라 공직자 등이 신고한 외부강의 등이 공정한 직무수행을 저해할 수 있다고 판단하는 경우에는 그 외부강의 등을 제한할 수 있다.

⑤ 공직자 등은 제1항에 따른 금액을 초과하는 사례금을 받은 경우에는 대통령령으로 정하는 바에 따라 소속기관장에게 신고하고, 제공자에게 그 초과금액을 지체 없이 반환하여야 한다.

제11조(공무수행사인의 공무수행과 관련된 행위제한 등) ① 다음 각 호의 어느 하나에 해당하는 자(이하 "공무수행사인"이라 한다)의 공무수행에 관하여는 제5조부터 제9조까지를 준용한다.

1. 「행정기관 소속 위원회의 설치·운영에 관한 법률」 또는 다른 법령에 따라 설치된 각종 위원회의 위원 중 공직자가 아닌 위원
2. 법령에 따라 공공기관의 권한을 위임·위탁받은 법인·단체 또는 그 기관이나 개인
3. 공무를 수행하기 위하여 민간부문에서 공공기관에 파견 나온 사람
4. 법령에 따라 공무상 심의·평가 등을 하는 개인 또는 법인·단체

52 주어진 자료에 대한 설명으로 옳은 것을 고르면?

① 공직자 등의 배우자는 공직자 등의 직무와 전혀 관련되지 않을 경우 금품의 수수가 가능하다.
② 공직자 등은 정해진 급여, 포상 등 사내에서 지급되는 금품 이외의 어떤 금품의 수수도 금지된다.
③ 공직자 등은 외부강의 등을 미리 신고하지 못한 경우 상사에게 5일 내로 보고하면 된다.
④ 공직자 등이 외부강의에 대하여 규정된 사례금을 초과하여 수수한 경우 통상적인 범위 이내의 초과분은 수수가 가능하다.

53 다음 중 제11조에서 규정된 '공무수행사인'에 해당하지 않는 사람을 고르면?

① 공공기관이 진행하는 프로젝트를 위탁받아 수행하는 업체의 대표자
② 업무 협조차 전문기술연구소로부터 공공기관에 파견 나온 직원
③ 공공기관의 회계 업무 평가를 의뢰받은 회계사무소 대표자
④ 법령에 따라 설치된 공공기관의 입찰심사위원회 민간 심사위원의 배우자

54 다음 [보기] 중 법령에 확실히 위배되는 경우를 모두 고르면?

보기

㉠ 공공기관의 업무 협조를 위해 파견 나온 민간업체 직원이 수행하는 직무와 관련하여 대가성 없이 50만 원의 금품을 수수한 경우
㉡ 입찰 관련 평가에 있어 유리한 결과를 요청하며 민간업체 직원이 공직자 등의 배우자에게 사후 일정 금액의 금품 제공을 약속한 경우
㉢ 잦은 외부강의와 기고 등을 통해 공직자 등이 받은 사례금의 총액이 회계연도에 300만 원을 초과하는 경우
㉣ 공직자 등에게 금품을 제공하지 않았으나, 해당 업무의 결과에 따라 일정 금액의 금품을 제공할 의사를 표시한 경우

① ㉠, ㉢ ② ㉢, ㉣ ③ ㉠, ㉡, ㉣ ④ ㉡, ㉢, ㉣

[55~57] 다음은 H공사의 조직 내 A, B, C 3개 부서에서 전자제품 정비 센터에 요청한 컴퓨터 수리 내역과 수리 비용을 정리한 자료이다. 이를 바탕으로 질문에 답하시오.

[점검 및 수리 요청 내역]

구분	수리 요청 내역	요청 인원	비고
A부서	RAM 8GB 교체	12명	요청 인원 중 3명은 교체한 후 별도의 추가 설치 희망
	SSD 250GB 추가 설치	5명	–
	프로그램 설치	20명	– 문서작성 프로그램: 10명 – 3D 그래픽 프로그램: 10명
B부서	HDD 1TB 교체	4명	요청 인원 모두 교체 시 HDD 백업 희망
	HDD 포맷, 배드섹터 수리	15명	–
	바이러스 치료 및 백신 설치	6명	–
C부서	외장 VGA 설치	1명	–
	HDD 데이터 복구	1명	– 원인: 하드웨어적 증상 – 복구용량: 270GB
	운영체제 설치	4명	회사에 미사용 정품 설치 USB 보유

※ 단, HDD 데이터 복구의 경우 서비스센터로 PC를 가져가 수리 작업을 함

[수리 내역별 수리 비용표]

구분	수리 내역		서비스 비용	비고
H/W	교체 및 설치	RAM(8GB)	8,000원	부품 비용: 96,000원
		HDD(1TB)	8,000원	부품 비용: 50,000원
		SSD(250GB)	9,000원	부품 비용: 110,000원
		VGA(포스 1060i)	10,000원	부품 비용: 300,000원
	HDD 포맷, 배드섹터 수리		10,000원	–
	HDD 백업		100,000원	–
S/W	프로그램 설치		6,000원	그래픽 관련 프로그램 설치 시 개당 추가 1,000원
	바이러스 치료 및 백신 설치		10,000원	–
	운영체제 설치		15,000원	정품 미보유 시 정품 설치 USB 개당 100,000원
	드라이버 설치		7,000원	–
데이터 복구	하드웨어적 원인(~160GB)		160,000원	초과용량의 경우 1GB당 5,000원
	소프트웨어적 원인		180,000원	–

※ 프로그램, 드라이버 설치 서비스 비용은 개당 비용임
※ H/W를 교체, 설치하는 경우 수리 비용은 서비스 비용과 부품 비용을 합산하여 청구함
※ 하나의 PC에 같은 부품을 여러 개 교체, 설치하는 경우 부품의 개수만큼 서비스 비용이 발생함

55 다음 중 A부서의 수리 요청 내역별 수리 비용이 바르게 짝지어진 것을 고르면?

수리 요청 내역	수리 비용
① RAM 8GB 교체	1,248,000원
② RAM 8GB 교체	1,560,000원
③ 프로그램 설치	100,000원
④ 프로그램 설치	120,000원

56 다음 중 B부서에 청구되어야 할 수리 비용을 고르면?

① 742,000원 ② 778,000원 ③ 806,000원 ④ 842,000원

57 C부서의 직원은 12일 오전 8시에 HDD 데이터 복구를 요청하면서 정비 센터 담당자에게 언제 PC를 받을 수 있는지를 문의하였다. 다음 [보기]의 사항을 바탕으로 PC를 받을 수 있는 가장 빠른 시간은 언제인지 고르면?

보기

- 복구 전 진단을 시행하며, 진단에 소요되는 시간은 2시간이다.
- 시간당 데이터 복구량은 7.5GB이다.
- 데이터 복구는 휴식 없이 계속해서 진행된다.
- 오전에 복구가 완료되면 당일 오후에, 오후에 복구가 완료되면 다음날 오전에 직접 배송한다.

① 12일 오후 ② 13일 오전 ③ 13일 오후 ④ 14일 오전

[58~60] 다음은 「도로교통법」 제2장 '보행자의 통행 방법'에 대한 법령의 일부이다. 이를 바탕으로 질문에 답하시오.

제○○조(보행자의 통행)

① 보행자는 보도와 차도가 구분된 도로에서는 언제나 보도로 통행하여야 한다. 다만, 차도를 횡단하는 경우, 도로공사 등으로 보도의 통행이 금지된 경우나 그 밖의 부득이한 경우에는 그러하지 아니하다.

② 보행자는 보도와 차도가 구분되지 아니한 도로 중 중앙선이 있는 도로(일방통행인 경우에는 차선으로 구분된 도로를 포함한다)에서는 길가장자리 또는 길가장자리 구역으로 통행하여야 한다.

③ 보행자는 다음 각 호의 어느 하나에 해당하는 곳에서는 도로의 전 부분으로 통행할 수 있다. 이 경우 보행자는 고의로 차마의 진행을 방해하여서는 아니 된다.

1. 보도와 차도가 구분되지 아니한 도로 중 중앙선이 없는 도로(일방통행인 경우에는 차선으로 구분되지 아니한 도로에 한정한다. 이하 같다)
2. 보행자우선도로

④ 보행자는 보도에서는 우측통행을 원칙으로 한다.

제□□조(도로의 횡단)

① 시·도 경찰청장은 도로를 횡단하는 보행자의 안전을 위하여 행정안전부령으로 정하는 기준에 따라 횡단보도를 설치할 수 있다.

② 보행자는 제1항에 따른 횡단보도, 지하도, 육교나 그 밖의 도로 횡단시설이 설치되어 있는 도로에서는 그 곳으로 횡단하여야 한다. 다만, 지하도나 육교 등의 도로 횡단시설을 이용할 수 없는 지체장애인의 경우에는 다른 교통에 방해가 되지 아니하는 방법으로 도로 횡단시설을 이용하지 아니하고 도로를 횡단할 수 있다.

③ 보행자는 제1항에 따른 횡단보도가 설치되어 있지 아니한 도로에서는 가장 짧은 거리로 횡단하여야 한다.

④ 보행자는 차와 노면전차의 바로 앞이나 뒤로 횡단하여서는 아니 된다. 다만, 횡단보도를 횡단하거나 신호기 또는 경찰공무원 등의 신호나 지시에 따라 도로를 횡단하는 경우에는 그러하지 아니하다.

⑤ 보행자는 안전표지 등에 의하여 횡단이 금지되어 있는 도로의 부분에서는 그 도로를 횡단하여서는 아니 된다.

제△△조(어린이 등에 대한 보호)

① 어린이의 보호자는 교통이 빈번한 도로에서 어린이를 놀게 하여서는 아니 되며, 영유아(6세 미만인 사람을 말한다. 이하 같다)의 보호자는 교통이 빈번한 도로에서 영유아가 혼자 보행하게 하여서는 아니 된다.

② 앞을 보지 못하는 사람(이에 준하는 사람을 포함한다. 이하 같다)의 보호자는 그 사람이 도로를 보행할 때에는 흰색 지팡이를 갖고 다니도록 하거나 앞을 보지 못하는 사람에게 길을 안내하는 개로서 행정안전부령으로 정하는 개(이하 "장애인보조견"이라 한다)를 동반하도록 하는 등 필요한 조치를 하여야 한다.

③ 어린이의 보호자는 도로에서 어린이가 자전거를 타거나 행정안전부령으로 정하는 위험성이 큰 움직이는 놀이기구를 타는 경우에는 어린이의 안전을 위하여 행정안전부령으로 정하는 인명보호 장구(裝具)를 착용하도록 하여야 한다.

④ 어린이의 보호자는 도로에서 어린이가 개인형 이동장치를 운전하게 하여서는 아니 된다.

⑤ 경찰공무원은 신체에 장애가 있는 사람이 도로를 통행하거나 횡단하기 위하여 도움을 요청하거나 도움이 필요하다고 인정하는 경우에는 그 사람이 안전하게 통행하거나 횡단할 수 있도록 필요한 조치를 하여야 한다.

⑥ 경찰공무원은 다음 각 호의 어느 하나에 해당하는 사람을 발견한 경우에는 그들의 안전을 위하여 적절한 조치를 하여야 한다.

1. 교통이 빈번한 도로에서 놀고 있는 어린이
2. 보호자 없이 도로를 보행하는 영유아
3. 앞을 보지 못하는 사람으로서 흰색 지팡이를 가지지 아니하거나 장애인보조견을 동반하지 아니하는 등 필요한 조치를 하지 아니하고 다니는 사람
4. 횡단보도나 교통이 빈번한 도로에서 보행에 어려움을 겪고 있는 노인(65세 이상인 사람을 말한다. 이하 같다)

58 **다음 중 보행자의 통행에 대한 설명으로 옳지 않은 것을 고르면?**

① 보도와 차도가 구분되지 않았지만 중앙선이 있는 도로에서 보행자는 길가장자리 구역으로 통행할 수 있다.
② 보행자는 차도를 횡단하는 경우와 도로가 공사 중인 경우를 제외한 모든 경우에는 반드시 보도로 통행하여야 한다.
③ 보도와 차도가 구분되지 않고 중앙선도 없는 도로에서 차마의 진행이 없는 때 보행자는 도로의 어느 부분으로도 통행할 수 있다.
④ 좁은 도로에서 반대편으로부터 오는 보행자와 마주칠 경우 두 보행자는 모두 우측으로 통행하여야 한다.

59 **다음 중 도로의 횡단 경우로 규정에 부합하는 것을 고르면?**(단, 언급되지 않은 사항은 모두 통행이 가능한 것으로 가정한다.)

① 지하도가 설치되어 있는 곳에서 급한 일이 있어 도로를 횡단하는 경우
② 횡단보도가 없는 곳에서 휠체어를 탄 장애인이 진행 중인 차량을 멈춰 세우고 횡단하는 경우
③ 횡단시설이 없고 도로 폭이 동일한 곳에서 차마의 진행이 없을 때 임의의 장소에서 가장 짧은 거리로 횡단하는 경우
④ 안전표지에 의해 횡단이 금지되어 있으나, 횡단시설이 없는 곳에서 차마의 진행이 없을 때 임의의 장소에서 수직으로 횡단하는 경우

60 **다음 중 도로에서의 어린이 등에 대한 보호 조치로 옳은 것을 고르면?**

① 시각장애인은 반드시 보호자, 흰색 지팡이, 장애인보조견 모두와 함께 도로를 보행해야 한다.
② 경찰공무원의 적절한 보호 조치가 예상될 경우, 영유아는 혼자 도로를 보행할 수 있다.
③ 어린이는 개인형 이동장치를 도로에서 운전해서는 안 된다.
④ 어린이는 위험성이 큰 움직이는 놀이기구를 도로에서 타서는 안 된다.

기술직

기술직 직렬 응시자는 해당 페이지부터 이어서 푸십시오.

[37~39] 다음 [그래프]는 서울에서 출발하여 주요 도시로 이동할 때 걸리는 시간을 정리한 자료이다. 이를 바탕으로 질문에 답하시오.(단, 다른 조건은 고려하지 않는다.)

[그래프] 서울에서 주요 도시별 이동할 때 걸리는 시간

(단위: 시간)

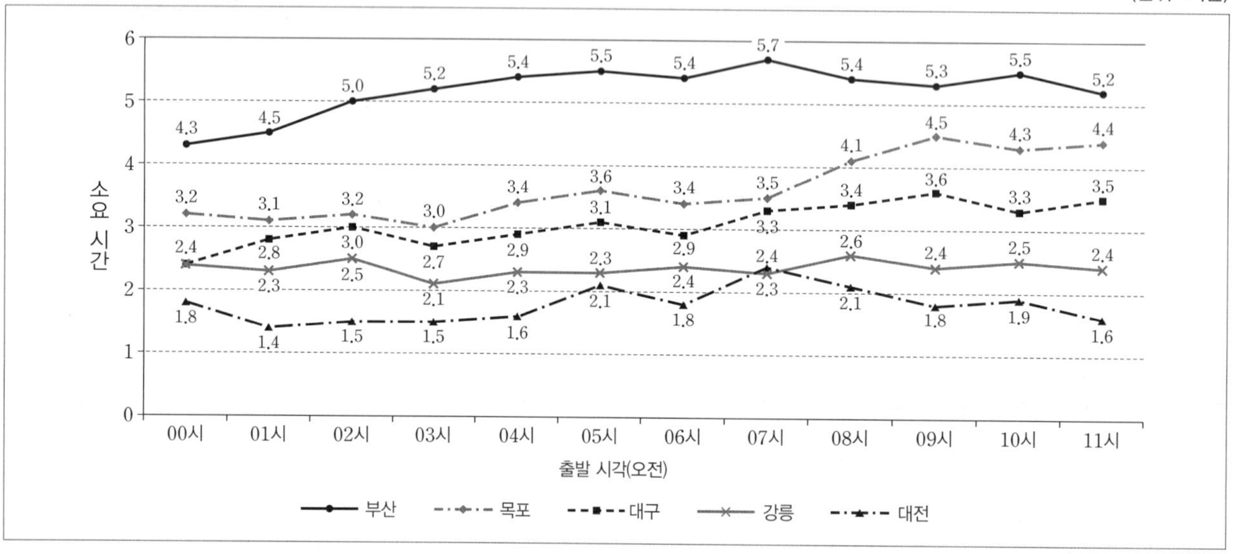

37 주어진 자료에 대한 설명으로 옳지 않은 것을 고르면?

① 오전 7시에 서울에서 출발하면 부산에 오후에 도착한다.

② 조사 시간 기준 서울에서 대전까지 걸리는 최소 시간과 최대 시간의 차이는 1시간이다.

③ 서울에서 오전 7시에 출발할 때와 오전 9시에 출발할 때 목포에 도착하는 시각은 1시간 차이 난다.

④ 서울에서 오전 10시에 대구와 강릉을 향해 각각 동시에 출발하면, 강릉에는 오후 1시 이전에 도착하지만 대구에는 오후 1시 이후에 도착한다.

38 다음 중 서울에서 출발할 때, 목적지에 가장 일찍 도착하는 경우를 고르면?

① 오전 5시에 출발하여 부산으로 이동하는 경우
② 오전 7시에 출발하여 목포로 이동하는 경우
③ 오전 7시에 출발하여 대구로 이동하는 경우
④ 오전 8시에 출발하여 대전으로 이동하는 경우

39 주어진 자료를 바탕으로 작성된 다음 [보기]의 빈칸 (A), (B)에 해당하는 시간을 바르게 나열한 것을 고르면?

보기

서울에서 주요 도시로 이동하는 데 걸리는 시간을 측정하였다. 그나마 새벽에 출발하면 5시간 안으로 부산에 도착할 수 있는데, 오전 0시에 출발하면 (A)에 도착할 수 있다. 목포의 경우에는 오전 시간대가 될수록 새벽에 비해 오랜 시간이 걸리는 것이 확인되었다. 특히 오전 9시에 출발할 때 가장 오래 걸리고 오전 3시에 출발할 때 가장 짧게 걸리는데, 두 경우에 도착할 때까지 걸리는 시간의 차이는 (B)이다.

	(A)	(B)
①	4시 15분	1시간 5분
②	4시 15분	1시간 30분
③	4시 18분	1시간 5분
④	4시 18분	1시간 30분

[40~42] 다음 [표]는 2020년 고속도로 주행 거리별 이용 차량 대수 현황을 조사하여 정리한 자료이다. 이를 바탕으로 질문에 답하시오.

[표] 고속도로 주행 거리별 이용 차량 대수 현황

(단위: 천 대)

구분	10km 미만	10km 이상 20km 미만	20km 이상 30km 미만	30km 이상 40km 미만	40km 이상 50km 미만
경기	44,120	61,183	56,192	36,365	29,413
충남	8,699	17,703	15,613	12,215	9,929
충북	3,083	4,454	5,628	7,226	5,108
강원	4,926	11,477	12,493	8,131	8,477
전북	1,111	5,796	6,465	6,650	3,934
전남	6,332	12,554	14,172	6,801	4,759
경북	10,099	23,853	23,207	17,775	10,219
경남	34,136	66,473	(A)	22,740	12,376
계	112,506	203,493	174,571	117,903	84,215

구분	50km 이상 100km 미만	100km 이상 200km 미만	200km 이상 300km 미만	300km 이상	합계
경기	45,599	23,707	7,830	6,297	310,706
충남	39,919	18,202	3,497	5,644	131,421
충북	19,896	11,417	1,437	640	58,889
강원	23,052	13,955	2,649	1,424	86,584
전북	12,463	12,948	3,452	1,888	54,707
전남	22,691	12,157	3,784	1,523	84,773
경북	33,139	(B)	10,198	3,938	155,219
경남	35,806	13,706	5,229	7,172	238,439
계	232,565	128,883	38,076	28,526	1,120,738

※ 위 자료는 폐쇄식 구간을 이용하는 이용 차량의 총주행 거리를 해당 구간의 연장으로 나눈 후, 관할본부에 따라 집계한 수치임

40 주어진 자료에 대한 설명으로 옳은 것을 고르면?

① 빈칸 (A)의 값은 40,000 미만이다.

② 빈칸 (B)의 값은 23,000 미만이다.

③ 전남 관할본부를 기준으로 전체 이용 차량은 8,500만 대 이상이다.

④ 경기 관할본부를 기준으로 할 때, 이용 차량이 가장 많은 구간과 가장 적은 구간의 이용 차량은 10배 이상 차이 난다.

41 다음 중 각 관할본부를 기준으로 50km 미만까지의 이용 차량 비율을 나타낸 그래프로 옳은 것을 고르면?(단, 모든 그래프의 단위는 '%'이고, 충북 관할본부의 10km 이상 20km 미만 구간을 제외하고, 소수점 첫째 자리에서 반올림한다.)

① 충남

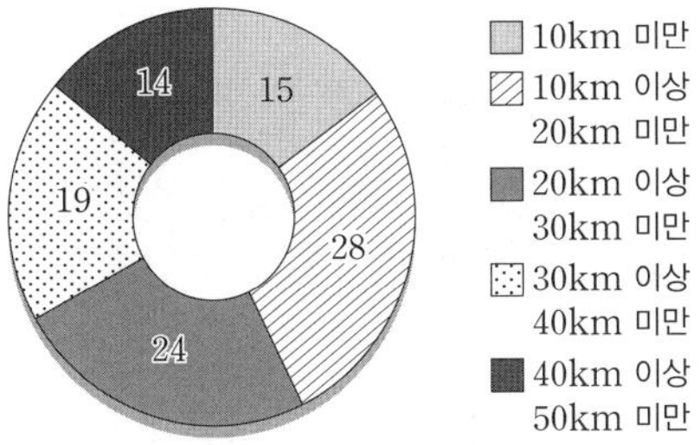

② 충북

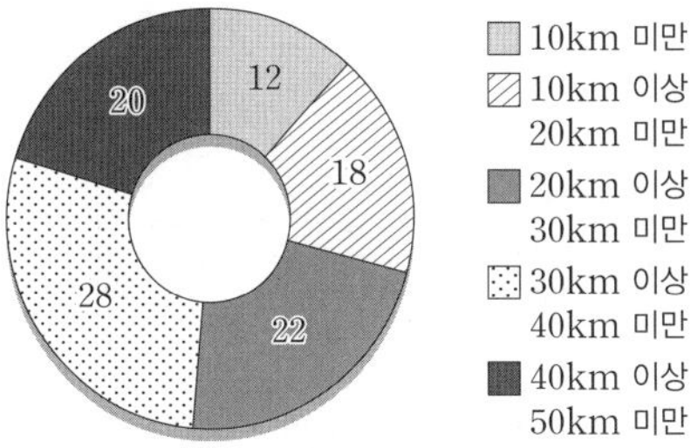

※ 10km 이상 20km 미만의 경우 소수점 첫째 자리에서 올림한다.

③ 경북

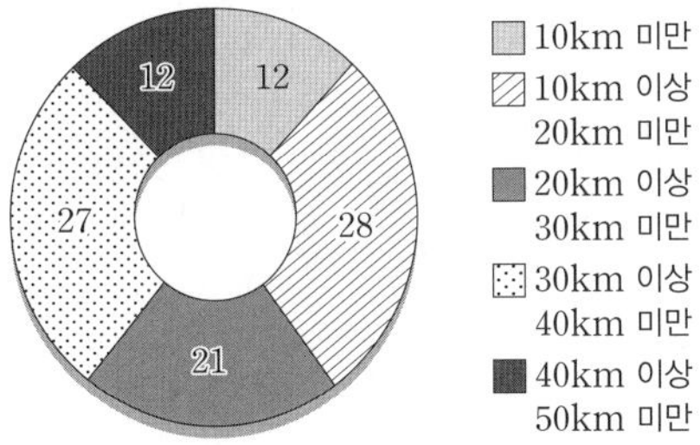

④ 경남

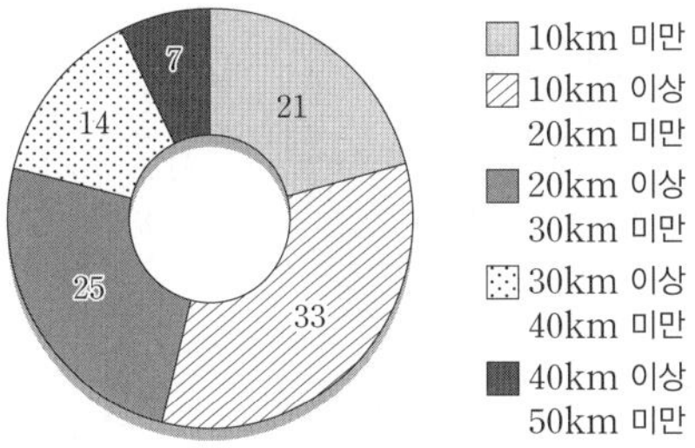

42 다음 [그래프]는 네 관할본부에 대하여 구간별 이용 차량 비율을 나타낸 자료이다. 이에 대한 설명으로 옳은 것을 [보기]에서 모두 고르면?

[그래프] 네 관할본부의 고속도로 주행 거리별 이용 차량 비율 (단위: %)

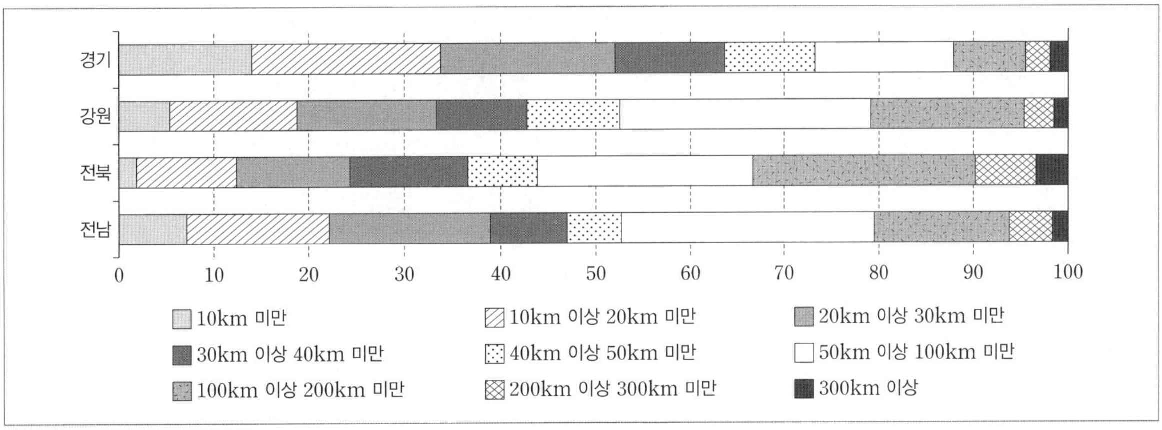

보기

㉠ 네 관할본부 중 50km 이상 100km 미만 구간의 비율이 가장 많은 곳은 전남이다.

㉡ 경기 관할본부를 기준으로 주행 거리가 20km 미만까지인 이용 차량은 전체의 30% 이상이다.

㉢ 네 관할본부 전체를 기준으로 할 때, 주행 거리가 200km 이상인 이용 차량은 전체의 10% 이상이다.

① ㉠ ② ㉠, ㉡ ③ ㉠, ㉢ ④ ㉡, ㉢

[43~45] 다음 [그래프]와 [표]는 연도별 교통사고 발생 추세를 정리한 자료이다. 이를 바탕으로 질문에 답하시오.

[그래프] 연도별 전체 교통사고 건수 (단위: 건)

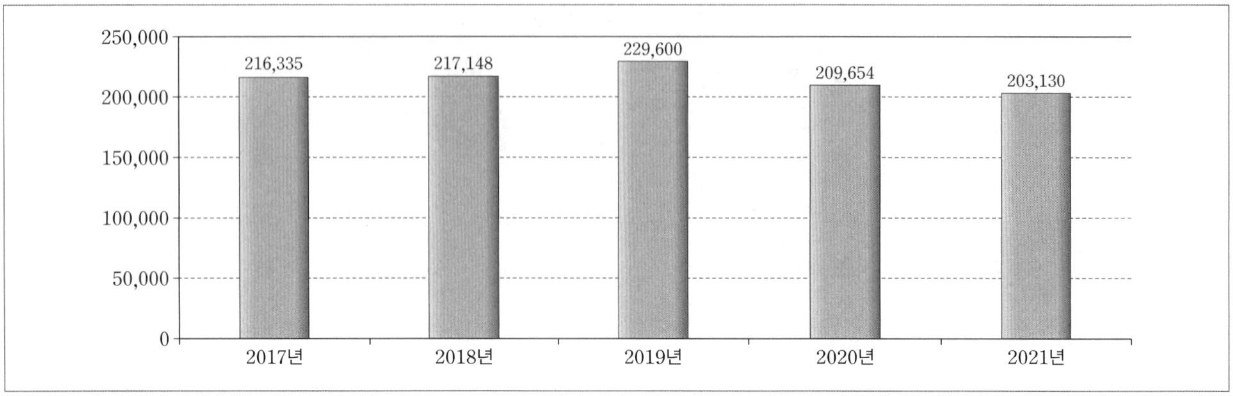

[표] 연도별 어린이 교통사고 현황 (단위: 건, 명)

구분	사고 건수	사망자 수	부상자 수
2017년	10,960	54	13,433
2018년	10,009	34	12,543
2019년	11,054	28	14,115
2020년	8,400	24	10,500
2021년	8,889	23	10,978

43 주어진 자료에 대한 설명으로 옳은 것을 고르면?

① 조사 기간 동안 매년 전체 교통사고 건수는 증가한다.
② 조사 기간 동안 전체 교통사고 건수 증감과 어린이 교통사고 건수의 증감은 동일하다.
③ 조사 기간 동안 전체 교통사고 건수 중 어린이 교통사고 건수 비중은 매년 5% 이하이다.
④ 전체 교통사고 건수가 가장 많은 해에 어린이 교통사고 사상자 수도 가장 많다.

44 다음 중 연도별 전체 교통사고 건수 증감률이 가장 큰 해에 어린이 교통사고 사상자 수를 고르면?(단, 증감률은 소수점 셋째 자리에서 반올림한다.)

① 10,524명　② 12,577명　③ 13,487명　④ 14,143명

45 주어진 자료와 아래의 [표]에 대한 설명으로 옳은 것을 고르면?

[표] 연도별 · 월별 교통사고 건수 비율과 사상자 수 (단위: %, 명)

구분		1월	2월	3월	4월	5월	6월	7월	8월	9월	10월	11월	12월
2017년	비율	7.84	6.86	7.88	8.19	8.55	8.34	8.39	8.64	9.19	8.72	8.96	8.44
	사망자 수	353	280	295	293	366	315	357	353	419	420	379	355
	부상자 수	26,099	22,323	25,046	26,530	27,268	26,454	27,362	28,162	29,371	28,698	28,472	27,044
2018년	비율	7.84	7.46	7.84	8.29	8.58	8.33	8.61	8.44	8.46	9.09	8.77	8.29
	사망자 수	304	275	310	303	309	266	315	357	348	373	298	323
	부상자 수	25,438	24,630	25,015	26,643	27,834	26,574	28,104	27,749	27,751	28,836	28,000	26,463
2019년	비율	7.21	6.43	7.90	8.32	9.05	8.26	8.37	8.71	8.42	9.45	9.37	8.51
	사망자 수	296	203	252	286	305	279	241	253	287	337	297	313
	부상자 수	24,269	22,612	26,908	28,438	31,077	28,315	28,353	30,358	28,746	32,050	31,623	28,963
2020년	비율	8.09	7.77	7.13	7.72	8.67	9.07	8.73	8.40	8.64	(A)	8.79	7.79
	사망자 수	277	222	239	213	254	254	240	295	301	309	261	216
	부상자 수	25,442	23,558	21,823	23,781	26,791	27,880	26,969	26,264	25,839	28,190	26,698	22,959
2021년	비율	7.34	7.14	8.17	8.57	8.56	8.65	8.86	8.08	8.37	9.01	8.91	8.34
	사망자 수	197	203	209	212	255	227	254	247	246	312	285	269
	부상자 수	21,323	21,160	23,928	25,142	25,125	25,290	25,870	23,782	24,252	26,307	25,706	23,723

① 매년 교통사고 건수가 가장 높은 달은 10월이다.
② 빈칸 (A)에 들어갈 값은 9.2이다.
③ 연도별 전체 교통사고 건수가 가장 적은 해에 전체 부상자 수 중에서 어린이 부상자 수의 비중은 4% 이상이다.
④ 2017년부터 2021년까지 매 1월 전체 교통사고 건수의 합은 82,500건 이상이다.

[46~48] 다음 [표]는 고속도로 휴게소 매출과 고객만족도에 관한 자료이다. 이를 바탕으로 질문에 답하시오.

[표1] 고속도로 휴게소 매출액

(단위: 억 원)

구분	2016년	2017년	2018년	2019년	2020년	2021년
1월	967	1,126	922	1,010	1,209	563
2월	1,062	879	1,055	1,165	676	670
3월	903	937	975	1,091	582	691
4월	1,070	1,111	1,126	1,092	767	774
5월	1,201	1,262	1,282	1,248	1,042	895
6월	1,066	1,050	1,118	1,176	945	853
7월	1,167	1,152	1,214	1,209	977	863
8월	1,400	1,379	1,407	1,559	1,175	951
9월	1,230	1,087	1,403	1,279	752	(　　)
10월	1,198	1,525	1,198	1,256	921	(　　)
11월	1,033	1,049	1,112	1,175	828	(　　)
12월	949	993	1,031	1,045	593	(　　)
합계	13,246	13,550	13,843	14,305	10,467	(　　)

[표2] 고속도로 휴게소 매출 순위와 고객만족도 순위

매출 순위	휴게소명	고객만족도 순위
1위	영동고속도로 덕평	125위
2위	서해안고속도로 행담도(목포)	147위
3위	영동고속도로 여주(강릉)	142위
4위	서해안고속도로 화성(목포)	35위
5위	경부고속도로 천안(서울)	14위
6위	경부고속도로 안성(부산)	145위
7위	경부고속도로 기흥(부산)	157위
8위	경부고속도로 칠곡(서울)	137위
9위	서해안고속도로 화성(서울)	123위
10위	영동고속도로 여주(서창)	100위

46 주어진 자료에 대한 설명으로 옳지 않은 것을 고르면?

① 2021년을 제외한 모든 연도에서 8월의 매출액은 해당 연도 매출 총액의 10% 이상을 차지한다.
② 매출 순위가 세 번째로 높은 휴게소의 고객만족도 순위보다 낮은 휴게소는 총 4개이다.
③ 2019년 영동고속도로 덕평휴게소의 매출이 해당 연도 전체 매출의 13%를 차지할 경우, 영동고속도로 덕평휴게소의 매출액은 약 1,860억 원이다.
④ 2021년 고속도로 휴게소 매출액이 전년 대비 6.2% 감소하였을 경우, 2021년 9~12월 매출액의 합은 3,550억 원 이상이다.

47 2018년 10월 고속도로를 통행한 차량 수가 457만 대이고 차량 모두 휴게소를 이용하였다고 가정할 경우, 차량 1대당 휴게소에서 사용한 평균 금액을 고르면?(단, 십 원 미만의 단위는 절사한다.)

① 25,920원 ② 26,210원 ③ 30,290원 ④ 33,360원

48 2016년부터 2020년까지의 매월 기간 동안 고속도로 휴게소의 매출액이 가장 높은 달과 가장 낮은 달의 매출액 차이를 고르면?

① 977억 원 ② 996억 원 ③ 3,838억 원 ④ 13,723억 원

[49~51] 다음은 실내에서 사용하는 비디오 폰의 사용설명서이다. 이를 바탕으로 질문에 답하시오.

1. 현관 호출 시 사용 방법
   1) 방문객이 현관에서 카메라의 호출버튼을 누릅니다.
   2) 실내 모니터에 호출음이 울리고 화면에 방문자의 모습이 나타납니다.(단, 모니터 전원램프 점멸, 영상이 켜지는 시간은 30초이다.)
   3) 통화버튼을 누르면 방문자와 통화가 연결됩니다.(단, 모니터 전원램프 점등, 통화시간은 3분이다.) 통화 중 메뉴버튼을 누르면 통화음량 및 화면밝기를 조절할 수 있습니다.
   4) 통화가 끝나고 통화버튼을 누르면 종료됩니다.(단, 통화시간 3분 초과 시 자동 종료되고, 통화 연장은 통화버튼을 2번 누른다.)

2. 현관문 밖을 임의로 보고자 할 때 사용 방법
   1) 통화버튼을 누르면, 현관카메라를 통하여 밖을 볼 수 있습니다.
   2) 화면을 통하여 확인한 뒤에 통화버튼을 1번 누르면 통화 연결되고, 한 번 더 누르면 통화 종료됩니다(모니터 화면 종료).

3. 경비실과 통화 방법
   1) 경비실로 호출할 때: 경비버튼을 누르면 경비실에 호출이 가고 연결이 되면 통화할 수 있습니다.
   2) 경비실에서 호출이 올 때: 모니터에서 경비 호출 멜로디 음이 들립니다(경비램프 점멸). 경비버튼을 누르고 경비실과 통화합니다(통화시간은 3분).
      - 경비실과 통화 중 방문자가 현관카메라에서 호출버튼을 누르면 방문자의 영상이 모니터 화면에 표시됩니다.
      - 이때, 방문자와 통화하고자 할 때 통화버튼을 누르면 통화가 됩니다(경비통화는 끊김).
   3) 경비실과 통화 중 메뉴버튼을 누르면 통화음량을 조절할 수 있습니다.

4. 비상상황 설정 방법
   1) 모니터에서 비상버튼을 길게 1초 이상 누르면 경비실로 호출이 갑니다(비상램프 점멸).
   2) 경비실 기기에서 비상음과 함께 '비상발생' 메시지가 표시됩니다. 이때, 경비실에서는 송수화기를 들고 호출버튼을 누르면 비상세대 모니터와 바로 통화가 연결됩니다. 비상상황을 해제하고자 할 때는 다시 비상버튼을 길게 1초 이상 누르면 비상을 해제할 수가 있습니다(비상램프 소등).

5. 외출상황 설정 방법
   1) 사용자 외출 시 모니터의 외출버튼을 누르면 외출이 설정됩니다(외출램프 점등).
   2) 외출설정 시 외출버튼을 한 번 더 누르면 외출상황이 해제됩니다(외출램프 소등).
   ※ 외출설정 시 세대현관에서 방문객이 호출을 하면 경비실로 통화가 연결됩니다.

6. 공동현관(로비) 문 열림
   1) 공동현관(로비)에 개폐기를 설치하고 모니터와 연결해야 사용 가능합니다.
   2) 현관에서 방문객이 호출을 하면 통화버튼을 눌러 통화연결 후 문열림버튼을 누르면 현관문이 열립니다.

49 다음 중 비디오 폰 사용설명서에 대한 설명으로 옳지 않은 것을 고르면?

① 비디오 폰은 현관에서 방문객이 카메라의 호출버튼을 누르면 작동이 되고, 방문자의 모습을 실내 모니터에서 확인할 수 있으며, 통화를 위해서는 통화버튼을 눌러야 한다.

② 사무실을 완전히 비워두게 되어 외출상황을 설정한 경우에 방문자가 호출하면 경비실로 연결된다.

③ 비상상황에서 비상버튼을 누르면 경비실로 호출이 가며 경비실에서는 비상발생 상황을 파악할 수 있지만, 비상상황은 경비실에서 확인하지 않는 이상 해제할 수 없으므로 해제를 원할 경우 경비버튼을 눌러 경비실과 통화를 해야 한다.

④ 손님이 방문하여 공동현관 문을 열어달라고 요청할 경우 통화연결 상태에서 문열림버튼만 누르면 바로 열 수 있다.

50 다음 중 비디오 폰으로 실행할 수 없는 기능을 고르면?

① 방문자와 통화 시 모니터 화면의 밝기를 조절하는 기능

② 경비실로 호출하여 통화하면서 통화음량을 조절하는 기능

③ 현관에 수상한 사람이 있어 이를 현관카메라로 녹화하는 기능

④ 개폐기 설치 후 모니터에 연결하여 로비 문을 여는 기능

51 다음 [보기]는 입주자 A씨가 별도로 정리하여 메모한 비디오 폰의 주요 사용법이다. 빈칸 ㉠, ㉡에 들어갈 말을 바르게 나열한 것을 고르면?

보기

- 경비실 호출 시 경비버튼을 누를 것!(단, 경비실 호출이 되면 통화도 가능하다.)
- 경비실과 통화 중 친구가 방문하여 호출음이 울리면 (㉠)을 눌러야 친구와 통화 가능!
- 외출 시에는 방문객이 올 때 경비실로 연결되도록 하려면 외출버튼을 누를 것!
- 집에 돌아와서 (㉡)을 눌러야 외출설정이 해제됨!

	㉠	㉡
①	통화버튼	외출버튼
②	통화버튼	해제버튼
③	호출버튼	경비버튼
④	호출버튼	해제버튼

[52~54] 다음 자료를 바탕으로 질문에 답하시오.

1. 노면 적설(결빙) 시의 가변 속도 운영방안

노면이 적설 또는 결빙되었을 경우의 가변 속도는 도로상의 제한 속도에서 노면 건조 시의 정지 거리를 유지하기 위하여 결빙(적설) 시의 필요한 속도의 감소 정도를 계산함으로써 얻을 수 있다. 아래는 이러한 사항을 반영하여 계산한 결과이며, 제한 속도 60km/h 이상에서는 감속률이 약 40% 정도로서 「도로교통법」 시행규칙의 50%와는 약 10%의 차이가 있다. 그러나 적설 및 결빙 상태는 노면이 특정 부분의 미끄럼마찰계수가 더 악화될 수가 있음을 감안하여 시행규칙의 50%를 반영하는 것이 안전하다.

[노면 적설(결빙) 시의 제한 속도별 속도 감소 적용 예시]

제한 속도	노면 적설(결빙) 시의 정지 거리	적용치
120km/h	188m	60km/h
110km/h	165m	55km/h
100km/h	143m	50km/h
90km/h	122m	45km/h

[각 경우에 따른 가변 속도 운영방안]

1) 적설 20mm 미만인 경우: 제한 속도의 20% 감속
2) 적설 20mm 이상이거나 결빙인 경우: 제한 속도의 50% 감속
3) 적설 100mm 이상이거나 30mm 이상 6시간 지속인 경우: 통행제한
4) 다음과 같이 결빙되거나 결빙이 우려되어 관리자가 제한 속도 감속이 필요하다고 판단하는 경우: 50% 감속
   ① 도로에 살얼음이 얼었거나 도로 살얼음 예보가 있는 등 결빙이 우려되는 경우
   ② 강우·강설 시 대기 온도 4℃ 이하 또는 노면 온도 2℃ 이하일 때

2. 시정 거리 악화 시의 가변 속도 운영방안

시정 거리가 악화되는 경우는 안개, 강우, 강설, 연기, 황사 등이 있으며, 이것의 측정은 시정계, CCTV, 현장 목측 등으로 이루어질 수 있다. 이러한 정보의 수집 자료를 통하여 운영자는 현재 상황을 반영한 시정 거리를 결정하여야 한다. 시정 거리가 결정되면 계산 공식에 의거하여 제한 속도를 산출할 수 있다. 그러나 시정 거리는 지점 및 시간별로 가변적일 수 있으므로 매 시정 거리와 속도별로 세분화하기보다 다음과 같은 몇 개의 단계로 운영하는 것이 권장된다. 이때, 시정 거리는 가변적으로 변할 수가 있으며, 2개 이상 규정을 적용할 수 있는 경우의 제한 속도는 항상 보수적인 기준을 적용하는 것이 바람직하다.

[시정 거리 악화 시의 가변 속도 운영방안]

시정 거리	제한 속도	비고
250m 이상	최고제한 속도	–
100m 이상 250m 미만	최고제한 속도의 80%	–
50m 이상 100m 미만	최고제한 속도의 50%	도로교통법 시행규칙
30m 이상 50m 미만	최고제한 속도의 30%	–
11m 이상 30m 미만	최고제한 속도의 20% 또는 통행제한	–
11m 미만	통행제한	도로법 시행령

52 주어진 자료에 대한 설명으로 옳지 않은 것을 고르면?

① 노면 상태에 따른 가변 속도 계산은 일정한 시정 거리 확보를 근거로 한다.
② 노면이 건조할 때 120km/h 속도로 운행하는 차량의 정지 거리는 188m이다.
③ 적설량이 동일해도 지속된 시간에 따라 가변 속도가 달라질 수 있다.
④ 시정 거리에 따른 제한 속도의 경우 중 2개의 규정이 적용될 수 있는 경우 보수적인 기준을 적용한다.

53 다음 [보기]의 빈칸 ㉠, ㉡에 들어갈 값이 순서대로 바르게 짝지어진 것을 고르면?

보기

노면에 적설량이 25mm인 경우, 최고제한 속도가 70km/h인 도로에서는 노면 건조 시의 정지 거리를 유지하기 위한 최고 속도를 약 (㉠)km/h로 계산할 수 있으나, 미끄럼마찰계수를 감안하여 실제로는 (㉡)km/h로 운전하는 것이 안전하다.

	㉠	㉡
①	28	25
②	28	35
③	42	25
④	42	35

54 김 씨는 오전 10시에 4시간 전부터 내린 눈으로 인해 적설량이 30mm인 K도로를 운전해야 한다. 현재 눈은 그쳤지만 일기예보에서는 눈발이 날리며 시정 거리가 200m 정도라고 보도되었다. 평소 최고제한 속도가 100km/h인 K도로에서 김 씨가 운행할 수 있는 최고제한 속도를 고르면?(단, 이외의 조건은 고려하지 않는다.)

① 20km/h ② 50km/h ③ 60km/h ④ 80km/h

[55~57] 다음은 다기능 복부 뜸질기의 사용설명서이다. 이를 바탕으로 질문에 답하시오.

■ 사용 전 준비사항

1. 사용설명서를 숙지합니다.
2. 정격 전압(AC220V)을 확인합니다.
3. 온열기의 전원코드를 콘센트에 접속시킵니다.

■ 사용 방법

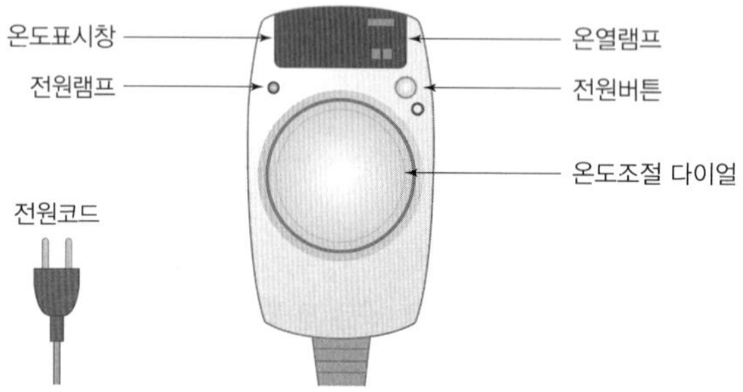

1. 조절기를 온열기의 조절기 접속부에 연결합니다.
2. 조절기의 전원버튼을 누른 후 전원램프에 점등이 되었는지 확인합니다.
3. 온도조절 다이얼을 돌려 원하는 온도를 설정합니다(30~70℃).
4. 온도를 설정하는 중에는 온도표시창에 설정한 온도(30~70℃)가 표시됩니다.
5. 일정 시간 동안 온도조절 다이얼을 돌리지 않으면 온열램프에 점등이 되며 온열기가 작동됩니다.
6. 온열기가 작동될 때는 온도표시창에 현재 온도가 표시됩니다.
7. 사용 시에는 온열기를 배 등의 신체에 올려놓고 사용합니다.
8. 온열기가 작동되고 8시간 후에 자동으로 전원이 꺼집니다.
9. 온열기가 작동되는 도중에 전원버튼을 누르면 전원이 꺼집니다.
10. 사용이 끝나면 온열기의 전원코드를 분리하고 조절기 접속부도 온열기와 분리합니다.

■ 사용 후 보관 및 관리 방법

1. 사용 후 온열기를 덮개로 덮어 온열기가 상하지 않도록 합니다.
2. 이동 시에는 반드시 포장박스(가방)에 넣어서 이동합니다.
3. 사용 후에는 조절기와 온열기를 분리하여 포장합니다.
4. 습기가 없고 건조한 장소에 보관합니다.
5. 장시간 사용 후에는 반드시 진공청소기로 먼지를 제거합니다.
6. 본체에 이물질이 있을 경우, 알코올 등을 묻혀 제거하고 마른 수건이나 천으로 닦아냅니다.

■ 사용 시 주의사항

1. 다른 기기와 병용하면 위험이 발생할 우려가 있으므로 주의하십시오.
2. 사용에 필요한 규정 시간만 사용하십시오.
3. 제품 사용 중 신체에 이상이 발생할 경우 즉각 사용을 중단하고 의사와 상담하십시오.
4. 사용 환경 및 사용 조건
   1) 물기가 있는 상태에서는 사용하지 마십시오.
   2) 기압, 바람, 일광, 염분 등을 포함한 공기 등으로부터 영향을 받지 않는 곳에 두십시오.
   3) 화학품 창고나 가스 발생 장소가 아닌 곳에 두십시오.
   4) 라텍스 제품과 온도에 약한 제품은 함께 사용하지 마십시오.

55 다음 중 다기능 복부 뜸질기에 대한 설명으로 옳지 않은 것을 고르면?

① 온열기와 조절기는 서로 분리되어 있다.
② 100℃ 이상으로 온도를 설정할 수 없다.
③ 전원램프와 온열램프가 동시에 점등될 수는 없다.
④ 온열기는 자신이 원할 때 이용을 중단할 수 있다.

56 다음 중 다기능 복부 뜸질기를 잘못 사용한 사람을 고르면?

① A: 온열기의 전원코드를 정격 전압(AC220V)에 연결하였다.
② B: 본체에 이물질이 있어 물걸레로 닦은 후 온열기를 작동시켰다.
③ C: 뜸질기를 사용할 때 외에는 항상 조절기와 온열기를 분리시켜 놓았다.
④ D: 현재 입고 있는 옷에 라텍스 소재가 있어 옷을 벗고 온열기를 작동시켰다.

57 다음 [보기]와 같은 상황이 일어났을 때, 조절기를 작동시킨 의도를 바르게 추측한 것을 고르면?

보기

전원램프 점등 → 온도표시창 55℃ 표시 → 온열램프 점등 → 온도표시창 30℃ 표시 → 온열램프 소등 → 온도표시창 70℃ 표시 → 온열램프 점등

① 온열기의 희망 온도를 30℃에서 55℃로 높였다.
② 온열기의 희망 온도를 30℃에서 70℃로 높였다.
③ 온열기의 희망 온도를 55℃에서 30℃로 낮췄다.
④ 온열기의 희망 온도를 55℃에서 70℃로 높였다.

[58~60] 다음은 S회사에서 정수기를 설치하려는 상황을 정리한 자료이다. 이를 바탕으로 질문에 답하시오.

S회사는 회사 탕비실에 설치할 정수기를 구매하였다. 관리팀의 신입사원은 새 정수기를 설치하기 위하여 다음과 같은 제품설명서를 참고하려고 한다.

[설치 시 주의사항]

1. 통풍이 원활하도록 제품 뒷면, 옆면과 벽과의 거리를 10cm 이상 띄어주세요.
2. 반드시 배관 및 호스 연결부의 누수를 확인해주세요.
3. 제품 운반 시에는 30° 이상 기울이지 마세요.
4. 주위 온도가 5℃ 이상 35℃ 이하인 옥내에 설치해주세요.
5. 수압이 147~780kpa인 식수원 급수관에 연결해주세요.
6. 반드시 접지된 220V 전용 콘센트에 꽂아주세요.

[고장 신고 전 확인 사항]

증상	확인 사항	해결책
물맛이 이상한 경우	정수기를 오랜 기간 사용하지 않았습니까?	냉수/온수/정수를 각각 10분간 출수하여 버린 후 사용해주세요.
	설치 및 필터를 교체한 지 오래되었습니까?	수명이 지난 필터를 사용할 경우, 정수 성능이 저하되므로 필터 교체 시기에 맞춰 주기적으로 교체를 권장합니다.
물이 나오지 않는 경우	필터를 교체할 시기가 되었습니까?	필터를 교체해주세요.
	급수 밸브가 잠겨 있습니까?	급수 밸브를 열어주세요.
	전원 플러그가 콘센트에서 빠져 있습니까?	전원 플러그를 콘센트에 바르게 연결해주세요.
제품의 소음이 심한 경우	설치 장소의 바닥이 약하거나, 제품이 불안정하게 설치되어 있습니까?	바닥이 단단하고 수평인 장소에 설치해주세요.
	제품 뒷면이 벽에 닿았습니까?	제품 주위에 적당한 간격을 두어 설치 위치를 조정해주세요.
	제품 위에 물건이 있습니까?	제품 위에 있는 물건을 치워주세요.
정수된 물에서 미세한 입자가 발생한 경우	기포가 발생하였습니까?	출수 과정에서 기포가 발생할 수도 있습니다. 인체에는 무해하니 안심하고 드셔도 됩니다.

58 관리팀에서 다음 [보기]와 같이 정수기를 설치하였을 때, 예상되는 문제점으로 가장 적절한 것을 고르면?

> 보기
>
> 접지된 220V 전용 콘센트 위치를 찾아 그 근처에 정수기를 설치하려고 한다. 마침 220V 전용 콘센트 근처에 정수기 한 대가 들어가기에 아슬아슬하게 딱 맞는 공간이 있어 해당 위치에 정수기를 설치하였다. 배관 및 호스 연결부의 누수가 없음을 확인하고 수압은 500kpa, 주변 온도는 28℃로 일정한 것까지 확인하였다. 정수기를 옮길 때는 이동식 카트 위에 똑바로 세워 이동하였으며, 설치할 때에도 정수기가 흔들리지 않도록 확실히 수평을 유지하였다.

① 물맛이 이상함
② 물이 나오지 않음
③ 제품의 소음이 심함
④ 정수된 물에서 미세한 입자가 발생함

59 영업팀 최 사원은 정수기를 사용하면서 물이 나오지 않는다는 문제점을 발견하였다. 고장 신고를 하기 전에 먼저 확인해야 할 사항으로 가장 적절한 것을 고르면?

① 정수기 윗면
② 제품 설치 장소
③ 전원 플러그 연결 상태
④ 마지막 정수기 사용 시간

60 다음 중 고장 신고를 해야 하는 경우를 고르면?

① 정수기가 흔들리며 심한 소음을 내는 경우
② 정수된 물에서 딱딱한 미세 입자가 발생한 경우
③ 필터를 교체한 지 오래된 정수기에서 물이 나오지 않는 경우
④ 필터를 교체한 지 오래된 정수기에서 나온 물의 맛이 이상한 경우

에듀윌이
너를
지지할게

ENERGY

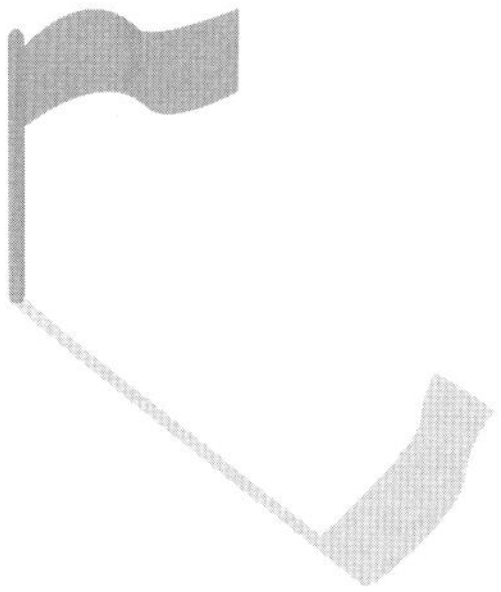

날지 못하면 달려라.
달리지 못하면 걸어라.
그리고 걷지 못하면 기어라.
당신이 무엇을 하든 앞으로 가야 한다는 것만 명심해라.

– 마틴 루터 킹(Martin Luther King)

최신판

한국도로공사

실전모의고사

4회

시험 구성 및 유의사항

- **한국도로공사 NCS 직업기초능력평가는 직군별로 다음과 같이 출제되었습니다.**

<table>
<tr><th>구분</th><th>문항/시간</th><th>구성</th><th colspan="2">출제 영역</th></tr>
<tr><td>행정직</td><td rowspan="2">60문항/60분</td><td rowspan="2">NCS
직업기초능력평가</td><td rowspan="2">문제해결능력,
정보능력,
의사소통능력</td><td>자원관리능력,
조직이해능력</td></tr>
<tr><td>기술직</td><td>수리능력, 기술능력</td></tr>
</table>

※ 전공의 경우, 직군별 출제 과목이 상이하며, 40문항을 50분 동안 풀어야 합니다.

- **영역 구분 없이 순서대로 하나의 문제지로 출제되었고, 사지선다형으로 출제되었습니다.**
- **오답 감점은 없으며, 각 문제는 하나의 정답으로 이루어져 있습니다.**

실전모의고사 4회

정답과 해설 P. 46

직군공통

[01~02] 다음 자료를 바탕으로 질문에 답하시오.

1968년 2월에 착공하여 1970년 7월에 개통된 경부고속도로는 ‘한강의 기적’이라 불리는 한국 경제 발전의 결정적 계기이자 한반도의 대동맥으로 평가받고 있다. 경부고속도로 건설은 건설비 429억 원과 연인원 892만여 명이 동원된 건국 이래 최대 규모의 토목공사였다. 지형에 맞춰 장애물을 피해가며 길을 내던 기존 도로와 달리 고속도로는 산이 나타나면 터널을 뚫고, 강을 만나면 교량을 세워 지역과 지역을 최단 거리로 연결하는 도로 건설의 혁명이었다. 빠른 시간 내 경부고속도로를 건설하기 위한 구간별 공사가 진행되었고, 마침내 2년 5개월이라는 짧은 시간에 총연장 428km의 경부고속도로가 완공되었다.

경부고속도로 건설 당시, 우리나라가 보유한 중장비는 1,674대로 대부분이 한국전쟁 전후에 도입된 노후 장비였다. 정부는 미국, 영국, 프랑스, 스웨덴 등 선진국 중장비 업체와 협상을 진행했지만, 1969년 2월에야 필요한 장비를 갖출 수 있었다. 경부고속도로 건설은 1km에 평균 공사비 1억 원 정도가 소요됐다. 공사비가 가장 많이 투입된 구간은 대전공구 약 70km 구간으로, 이 구간 평균 공사비는 1억 2천만 원이었으며, 특히 대전에서 묘금리 구간은 1억 7천만 원으로 다른 공구에 비해 약 2배 가까이 투입되었다.

[경부고속도로 건설 현황]

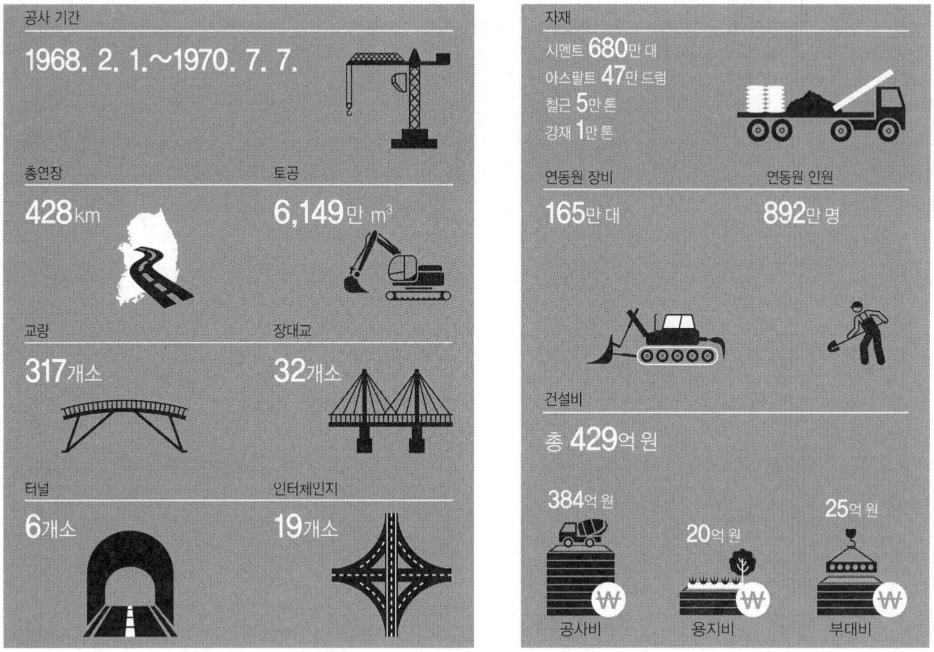

경부고속도로 개통 이후 우리나라는 급증하는 교통 수요에 맞춰 신규 고속도로를 건설하는 한편, 기존 고속도로를 꾸준히 확장하며 전국 간선 도로망을 구축해왔다. 그 결과 2012년 고속도로 연장 4,000km를 돌파한 데 이어 고속도로 5,000km 시대를 앞두고 있다. 전국 고속도로 연장이 늘어날수록 고속도로 교통량과 통행료 수입 또한 꾸준히 증가하였다. 경부고속도로 하루 이용 차량 수는 1970년 1만여 대에 불과하던 것이 2019년 77만 대를 기록했고, 1970년 429만 원에 그쳤던 경부고속도로 일일 통행료 수입은 2019년 25억 원에 이르렀다.

1971년 경부고속도로 추풍령 휴게소가 문을 연 것을 시작으로 반세기 동안 전국 고속도로에 195개의 휴게소가 설치되었다. 휴게소 간 간격이 먼 구간에는 졸음 쉼터가 설치되었고, LPG 충전소, 전기차 충전소 등 다양한 편의시설도 들어섰다. 산악지대가 많은 우리나라 지형적 특성상 터널과 교량은 고속도로에 꼭 필요한 시설로, 경부고속도로 건설 이후 터널과 교량 건설 기술은 놀랄 만한 발전을 거듭했다. 2020년 기준 전국 고속도로에 건설된 터널과 교량의 길이는 고속도로 전체 연장의 약 25%에 달한다.

[2019년 기준 경부고속도로와 전국 고속도로 현황]

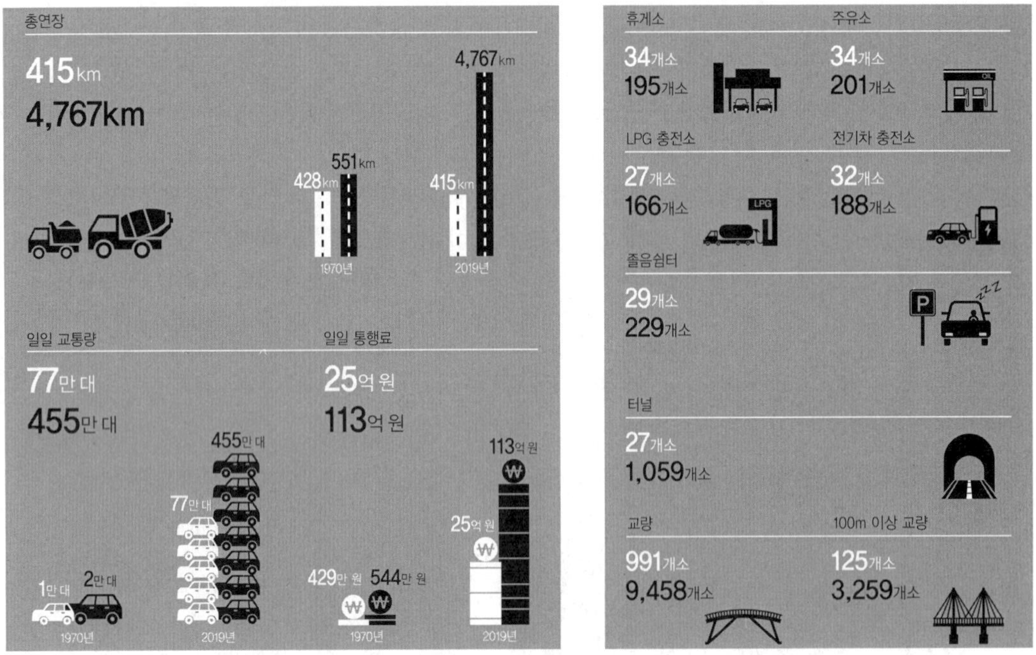

01 주어진 자료에 대한 설명으로 옳지 않은 것을 고르면?

① 경부고속도로 공사 기간에 동원된 총인원은 1,700만 명 이상이다.
② 완공 당시 경부고속도로 공사 비용은 1km당 1억 원을 초과하였다.
③ 경부고속도로는 공사를 시작할 당시 장비를 제대로 갖추지 못하였다.
④ 2019년 기준 경부고속도로에는 전국 고속도로 교량의 10% 이상의 교량이 있다.

02 다음 중 1970년과 2019년 기준 고속도로 현황을 비교한 내용으로 옳지 않은 것을 고르면?

① 1970년 대비 2019년 경부고속도로 일일 통행료는 55,000% 이상 증가하였다.
② 전국 고속도로 총연장은 1970년과 비교할 때 2019년에 9배 이상 증가하였다.
③ 경부고속도로는 처음 완공되었을 때보다 2019년에 총연장이 오히려 짧아졌다.
④ 2019년 경부고속도로에 세워진 교량의 수는 처음 완공 시 세워진 교량의 수의 3배 이상이다.

[03~04] 다음은 고속도로 노선 번호에 관한 자료이다. 이를 바탕으로 질문에 답하시오.

1. 노선 번호 지정 체계
   - 남북 방향은 홀수 번호, 동서 방향은 짝수 번호를 부여
     - 남북 방향: 서쪽 → 동쪽 오름차순
     - 동서 방향: 남쪽 → 북쪽 오름차순
   - 간선노선: 국토를 종단 또는 횡단하는 도로로 두 자리 수의 노선 번호 부여
     - 남북축: 끝자리 '5' 부여(예: 15, 25, … , 65)
     - 동서축: 끝자리 '0' 부여(예: 10, 20, … , 50)
   - 보조노선: 간선노선에서 갈라져 나와 주요 도시나 공·항만, 산업단지 등을 연결하며, 2개 시·도 내외를 통과하는 노선으로 두 자리 수의 노선 번호 부여
     - 남북축: 앞자리 간선노선 번호+끝자리 1, 3, 7, 9번 부여
     - 동서축: 앞자리 간선노선 번호+끝자리 2, 4, 6, 8번 부여
   - 지선: 간선노선 또는 보조노선에서 갈라져 나와 주요 도시나 공·항만을 잇는 짧은 고속도로로 세 자리 수의 노선 번호 부여
     - 두 자리까지는 관련된 간선노선축 또는 보조노선축 번호 부여
     - 남북축: 끝자리 1, 3, 5, 7번 부여
     - 동서축: 끝자리 2, 4, 6, 8번 부여
   - 순환노선: 세 자리 수의 노선 번호 부여
     - 해당 지역별로 다음과 같이 첫째 자리를 부여하고 뒤에 '00'번 부여

지역	서울	대전	경기(수도권)	광주	부산	대구
번호	1	3	4	5	6	7

2. 기·종점
   - 남북 방향 고속도로는 남쪽을 기점으로 하고 북쪽을 종점으로 함
   - 동서 방향 고속도로는 서쪽을 기점으로 하고 동쪽을 종점으로 함

3. 예외사항
   - 경부고속도로: 1번
   - 경인축
     - 경인고속도로: 120번
     - 제2경인고속도로: 110번
     - 인천국제공항고속도로: 130번

03 주어진 자료에 대한 설명으로 옳은 것을 고르면?

① 31번 도로는 남북 방향의 지선을 나타낸다.
② 부산외곽순환고속도로의 노선 번호는 600번이다.
③ 서울과 부산을 잇는 경부고속도로의 종점은 부산이다.
④ 우리나라의 모든 고속도로에는 일정한 규칙대로 노선 번호가 부여되어 있다.

04 **주어진 자료와 아래의 [표]에 대한 설명으로 옳지 않은 것을 [보기]에서 모두 고르면?**(단, 번호가 높다는 것은 수가 크다는 것을 의미한다.)

[표] 노선 번호별 노선명 및 구간

노선 번호	노선명	구간
253	고창~담양선	고창~담양
40	평택~제천선	평택~제천
14	함양~울산선	함양~울산
251	호남선의 지선	논산~대전
17	평택~화성선, 수원~문산선	평택~화성, 화성~파주
32	아산~청주선	아산~청주
25	호남선, 논산~천안선	순천~논산, 논산~천안
171	오산~화성선, 용인~서울선	오산~화성, 용인~서울
551	중앙선의 지선	김해~양산
37	제2중부선	이천~하남
45	중부내륙선	창원~양평
60	서울~양양선	서울~양양
30	당진~영덕선	당진~영덕

보기

㉠ '고창~담양선'은 동서로 연결된 지선을 나타낸다.
㉡ '호남선의 지선'은 '중앙선의 지선'보다 동쪽에 위치한다.
㉢ '아산~청주선'은 '당진~영덕선'의 보조노선 중 하나이다.
㉣ '오산~화성선'은 '평택~화성선'의 지선 중 하나이고, '서울~양양선'과 축 방향이 다르다.

① ㉠, ㉡ ② ㉠, ㉣ ③ ㉡, ㉢ ④ ㉢, ㉣

[05~07] 다음 보도자료를 바탕으로 질문에 답하시오.

한국도로공사	보도자료		
배포일	2022. 5. 10.(화)	매수	6매
생산부서	교통처 교통기계팀		
배포부서	홍보실 언론홍보팀		
배포일시	즉시 보도 가능합니다.		

'앞차가 졸면 빵~빵~' 졸음운전 차량을 깨워주세요

▶ 5월, 고속도로 통행량 증가와 큰 일교차로 인해 졸음운전 위험이 커

▶ 지그재그 운전 등 앞차의 졸음운전이 의심되면 경적을 울려 사고 예방

□ 한국도로공사는 코로나 19 확산세 감소 및 봄철 여행 수요 증가로 고속도로 교통량이 회복세를 보이는 5월을 맞아 운전자들에게 졸음운전에 주의해달라고 밝혔다.

□ 올해 4월까지의 고속도로 교통량은 코로나 19가 발생한 2020년부터 지난해까지의 동 기간과 비교했을 때, 3천만 대 이상이 증가했으며, 지속적으로 증가하는 추세이다.

※ 3개년('20~'22년) 1~4월 고속도로 통행량(출구 기준)

구분	계	1월	2월	3월	4월
'20~'21년 평균	513,165,093대	127,981,686대	119,277,579대	130,661,764대	135,244,064대
'22년	543,272,356대	137,167,943대	122,114,976대	134,354,129대	149,635,308대

○ 특히, 5월은 큰 일교차로 인해 운전자가 쉽게 피로를 느끼며, 졸음이 몰려오는 경우가 많아 졸음 및 주시 태만으로 인한 교통사고 사망자가 27명으로 연중 가장 많으며, 전월과 비교해 3배나 많다.

※ '20~'21년 고속도로 교통사고 졸음·주시 태만 사망자 수

구분	계	1월	2월	3월	4월	5월	6월	7월	8월	9월	10월	11월	12월
'20년	130명	11명	7명	13명	4명	12명	13명	13명	12명	7명	14명	12명	12명
'21년	121명	14명	10명	11명	5명	15명	8명	5명	10명	12명	8명	13명	10명
계	251명	25명	17명	24명	9명	27명	21명	18명	22명	19명	22명	25명	22명

□ 한국도로공사는 5월부터 8월 말까지 전 국민이 함께하는 '앞차가 졸면 빵빵' 졸음운전 예방 캠페인을 실시한다.

○ 고속도로 주행 중 △ 차선을 벗어나거나 지그재그로 운행하는 차량 △ 브레이크를 자주 밟으며 불안정하게 운행하는 차량 △ 오르막구간 현저한 저속 운행 차량 △ 앞차와 차간 거리가 가까운 차량 △ 정체 후미 및 작업 구간에서 감속하지 않는 차량 등 졸음운전이 의심되는 차량을 발견하면 경적을 울리면 된다.

○ 운전자의 캠페인 참여를 유도하기 위해 '앞차가 졸면 빵~빵~' 문구가 적힌 현수막을 전국 졸음운전 발생 위험 구간에 설치하며, 도로전광표지판에 해당 문구를 졸음 취약 시간대(00~06시, 12~18시)에 집중 표출한다.

○ 또한 앰프가 설치된 안전순찰차, 지휘순찰차 등 831대를 활용해 졸음운전 의심 차량 또는 사고 발생이 우려되는 차량을 발견 시 안전운행 안내 음원을 외부로 송출한다.

□ 한국도로공사 관계자는 "졸음운전은 차량의 제동 없이 충격하기 때문에 치사율이 일반 교통사고에 비해 3배가량 높다"며, "운전 중 졸음을 느끼면 휴게소 또는 졸음쉼터에서 꼭 휴식을 취해주시고, 앞차가 졸면 경적을 크게 울려달라"고 말했다.

붙임. 유튜브 졸음운전 예방 관련 영상 별도 첨부

05 주어진 보도자료의 내용과 일치하는 것을 고르면?

① 2022년 3월 교통량은 2020~2021년 3월 평균 교통량보다 적었다.
② 졸음운전 예방 캠페인은 5월부터 12월까지 고속도로에서 진행된다.
③ 캠페인 참여 유도 문구는 밤 시간대에만 도로전광표지판에 표출된다.
④ 졸음운전 의심 차량 발견 시 안전순찰차에서 주의 음원을 송출할 수 있다.

06 다음 중 보도자료와 함께 첨부될 영상 자료의 제목으로 적절하지 <u>않은</u> 것을 고르면?

① "운전하다 졸릴 때 한방에 해결하는 방법, 커피냅 효과"
② "졸음쉼터가 우리나라에만 있는 진짜 이유, 제발 쉬어가세요!"
③ "올바른 경적 사용 방법, 방어운전의 기본입니다."
④ "블랙박스로 본 세상: 졸음운전의 위험성"

07 다음 중 졸음운전 예방 캠페인에 참여한 사례로 적절하지 <u>않은</u> 것을 고르면?

① 고속도로의 작업 구간에서 감속하지 않은 앞 차량에 경적을 울린 A씨
② 어린이보호구역에서 현저한 저속으로 운행하는 앞 차량에 경적을 울린 B씨
③ 앞차와 지나치게 가까이 붙어 운행하는 고속도로 옆 차선의 차량에 경적을 울린 C씨
④ 고속도로에서 차선을 벗어나기를 반복하며 운행하는 앞 차량에 경적을 울린 D씨

[08~09] 다음은 차량의 운행 제한에 관한 자료이다. 이를 바탕으로 질문에 답하시오.

○ 운행 제한 차량

- 차량의 축하중이 10톤을 초과한 차량
- 차량의 총중량이 40톤을 초과한 차량
- 적재물을 포함한 차량의 길이가 16.7m를 초과한 차량(단, 고속도로는 19m)
- 적재물을 포함한 차량의 폭이 2.5m를 초과한 차량(단, 고속도로는 3m)
- 적재물을 포함한 차량의 높이가 4.2m를 초과한 차량
- 다음에 해당하는 적재불량 차량
  - 편중적재
  - 스페어 타이어 고정 불량
  - 덮개를 씌우지 않았거나 묶지 않아 결속 상태가 불량한 차량
  - 액체 적재물 방류 차량
  - 견인 시 사고 차량 파손품 유포 우려가 있는 차량
  - 기타 적재불량으로 인하여 적재물 낙하 우려가 있는 차량
- 기타 도로관리청이 도로의 구조보전과 운행 위험 방지를 위해 운행 제한이 필요하다고 인정하는 차량

○ 운행 제한 규정

규정	구분		정의	벌칙
도로법	과적		운행 제한 축하중, 총중량 초과 시	500만 원 이하의 과태료
	제원 초과		운행 제한 폭, 높이, 길이 초과 시	
	축조작		적재량 측정 방해 행위 시	1년 이하 징역 또는 1천만 원 이하의 벌금
	단속원 요구 불응		관계 서류 제출, 측정 요구 불응	
	측정 차로 위반		적재량 측정장비 미설치 차로 진입	
	측정 속도 초과		측정 차로 통행 속도 10km/h 초과	
	3대 명령 불응		회차, 분리운송, 운행중지 명령 불응	2년 이하 징역 또는 2천만 원 이하의 벌금
도로교통법	적재불량		화물이 떨어지지 않도록 하는 조치 미흡	벌금 5만 원, 벌점 15점
	적재용량 초과	높이	지상고 4.2m 초과	
		길이	차량 길이 110% 초과	
		폭	후사경 후면 확인 불가	
	적재중량 초과		화물자동차 최대 적재량의 110% 초과	
	자동차전용도로 통행 위반		자동차 이외의 차마 진입	벌금 3만 원

○ 운행 제한 차량 운행 허가서 신청 절차

- 출발지 및 경유지 관할 도로관리청에 제한 차량 운행 허가 신청서 및 구비 서류를 준비하여 신청하면 도로관리청에서 심사 후 운행 허가

※ 높이, 길이, 폭 초과 차량의 경우 인터넷에서도 신청 가능

08 주어진 자료에 대한 설명으로 옳은 것을 고르면?

① 10톤 화물차는 운행 제한 차량이다.
② 적재물을 포함하여 차량의 길이가 18m인 차량은 고속도로 운행 제한 차량이다.
③ 적재물을 포함하지 않고 차량의 폭이 3m를 초과한 차량은 고속도로 운행 제한 차량이다.
④ 스페어 타이어를 소지한 차량은 운행 제한 차량이다.

09 다음 중 운행 제한 규정에 대한 설명으로 옳지 않은 것을 고르면?

① 차량의 높이가 4.2m를 초과하는 경우 도로법에 따라 500만 원 이하의 과태료가 부과된다.
② 차량의 길이가 15m이고, 적재용량을 포함하였을 때 차량의 길이가 16.6m인 경우 벌칙을 받지 않는다.
③ 화물자동차의 최대 적재량이 5톤이고, 5.3톤을 적재하는 경우 벌칙을 받지 않는다.
④ 단속원의 운행중지 명령을 불응하는 경우 2년 이하 징역 또는 2천만 원 이하의 벌금이 부과된다.

[10~12] 다음 자료를 바탕으로 질문에 답하시오.

국토교통부와 한국도로공사는 2022년 1월 1일부터 과적이나 적재불량 등 교통법규를 빈번하게 위반하는 사업용 화물차와 건설기계에 대하여 고속도로 통행료 심야할인을 제외한다고 밝혔다. 이는 지난해 유료도로법 시행령 개정('20. 12. 29.)에 따른 것으로 과적·적재불량 등 법규 위반행위로 인해 도로파손과 교통사고 등이 지속 발생함에 따라 도로교통안전을 강화하기 위한 것이다.

이에 따라 도로법 제77조(과적), 도로교통법 제39조(적재불량·화물고정) 등 동일한 법규를 2회 이상 위반하여 과태료나 벌금 등을 부과받은 운전자의 운행 당시 차량은 통행료 할인 대상에서 제외되며, 위반 건수는 2022년 1월 1일부터 계산된다.

이번 "심야할인 제외" 제도는 현재와 같이 통행료를 선 할인하되, 과적·적재불량 등 법규 위반이 확인되면 선 할인받은 금액은 사후 회수하는 방법으로 시행된다. 화물차 심야할인 제외에 대한 이의가 있을 경우 한국도로공사 고속도로 통행료 누리집(www.hipass.co.kr)이나 고속도로 영업소를 방문하여 의견을 제출할 수 있다.

국토교통부 도로정책과장은 "이번 통행료 심야할인 제외를 통해 국민 안전을 위협하는 과적·적재불량 등 법규 위반행위가 근절될 수 있는 계기가 될 것으로 기대된다"고 밝혔다.

[참고] 고속도로 통행료 심야할인 제외 안내

1. 화물차 심야할인 제도
   - 목적: 고속도로 교통량 분산 및 화물업계 물류 비용 절감
   - 적용: 총운행 시간 중 심야 시간 이용 비율에 따라 차등 할인

심야 시간 이용 비율	100~70%	69~20%
통행료 할인율	50%	30%

※ 심야 시간: 21시~익일 06시, 개방식은 통과시각 기준 50% 할인

2. 심야할인 제외 제도 안내('22. 01~)
   - 대상: 최근 1년간 동일한 교통법규를 2회 이상 위반한 운전자의 운행 당시의 차량

> • 대상 법규: 1) 도로법 제77조 제1항(차량운행 제한)
> 2) 도로교통법 제39조 제1항(적재불량)
> 3) 도로교통법 제39조 제4항(낙하물방지 조치)
> • 횟수 산정: 동일 운전자가 동일 차량으로 동일 법규 위반 시 횟수 산입(단, 2022년 1월 1일 단속 실적부터 산입)

   - 기간: 2회 위반 시 3개월 제외, 3회 이상 위반 시 각 6개월씩 가산
     예) 연 3회 위반 시 3+6=총 9개월 제외
   - 방법: 통행 시에는 할인 적용, 사후 심사를 통해 할인받지 않은 일반요금과의 차액을 고지

3. 이의제기
   - 고지 내역 중 정당한 할인(타인의 운전 등)임을 소명하여 정상할인 처리 가능
   - 아래 증빙 서류를 한국도로공사 영업소 방문 및 고속도로 통행료 홈페이지를 통해 제출

구분		제출 서류
기본 서류		이의제기신청서(영업소 및 홈페이지 구비)
증빙 서류	화물차량	위·수탁계약서, 양도양수계약서, 근로계약서 및 4대보험확인서 등
	건설기계	건설기계관리정보시스템, 작업계획서, 근로계약서 및 4대보험확인서 등
	공통	작업일지, 운행일지, 배차현황표, 운전보험 등록확인서

※ 제출 서류: 기본 서류(이의제기신청서)+증빙 서류 중 택1

10 주어진 자료의 내용을 이해한 것으로 적절한 것을 고르면?

① 심야 시간 이용 비율이 20% 미만인 화물차에는 30%의 할인율이 적용된다.
② 연 4회 위반 시 총 12개월 동안 심야할인에서 제외된다.
③ 심야할인 제외 제도는 유료도로법 시행령 개정에 따라 시행된 것이다.
④ 이의제기 시 화물차량 운전자는 운행일지를 증빙 서류로 제출할 수 없다.

11 다음 [보기] 중 심야할인에서 제외되는 경우를 모두 고르면?

보기

㉠ 운전자 갑이 A차량을 운행하여 2022년 1월 1일, 3월 1일에 각각 동일 법규를 위반한 경우
㉡ 운전자 을이 B차량으로 2022년 1월 1일에, C차량으로 2022년 5월 1일에 각각 동일 법규를 위반한 경우
㉢ 운전자 병이 D차량으로 2022년 1월 1일에, 운전자 정이 D차량으로 2022년 3월 1일에 각각 동일 법규를 위반한 경우

① ㉠ ② ㉡ ③ ㉠, ㉢ ④ ㉡, ㉢

12 다음 [보기]의 밑줄 친 ㉠~㉣ 중 옳지 않은 것을 고르면?

보기

화물차량 운전자 김 씨는 업무 특성상 심야 시간대에 이동하는 경우가 많아 화물차 심야할인 제도를 활용하고 있다. 김 씨는 주로 23시부터 익일 3시까지 운행을 하는 경우가 대부분이어서, ㉠ 50%의 할인율로 통행료를 할인 받을 수 있었다. 그러던 중 김 씨는 ㉡ 2022년에 본인이 동일 교통법규 2회 위반으로 총 3개월 동안 심야할인 대상에서 제외되었다는 사실을 알았다. ㉢ 통행 시에는 단말기에서 할인 적용이 되었다고 표시되었으나, 이후 차액이 고지된 것이다. 이후 김 씨는 자신이 이의제기 조건을 만족한다는 사실을 알게 되어 ㉣ 이의제기신청서와 작업계획서를 첨부하여 통행료 홈페이지에 제출하였다.

① ㉠ ② ㉡ ③ ㉢ ④ ㉣

[13~16] 다음은 어떤 프로그램에 관한 내용을 정리한 자료이다. 이를 바탕으로 질문에 답하시오.

○○프로그램에서 변수는 동일한 형태의 데이터 값이 1차원으로 구성된 데이터로서 수치형과 문자형의 값을 가진다. 예를 들어 아래 [보기]에서 첫 번째 명령문인 id=c(0, 1, 2, 3, 4)는 "변수 id에 수치형 데이터 0, 1, 2, 3, 4를 할당(assign)함"을 의미한다. 여기서 '=' 기호는 '할당' 기호라고 불린다. 또한 c( )는 데이터 값 여러 개를 하나의 변수로 구성하는 함수를 의미한다. 즉, '할당' 기호를 기준으로 오른쪽의 함수 c( )를 사용해 수치형 데이터를 결합해 이를 왼쪽의 변수에 '할당', 혹은 '저장'하는 것이다. 이렇게 변수에 할당된 데이터 값은 대괄호를 이용해 선택하고 출력할 수 있다. 예를 들어 명령문 id[1]은 변수 id의 첫 번째 값 0을 선택해 출력한다. 한편 [보기]의 두 번째 명령문에서 변수 country와 같이 문자형 데이터 값은 수치형 데이터와 달리 큰따옴표(" ")로 감싼 형식을 가진다.

보기

id=c(0, 1, 2, 3, 4)
country=c("Japan", "Switzerland", "South Korea", "Singapore", "Cyprus")
age=c(84.3, 83.4, 83.3, 83.2, 83.1)
df=tibble(id, country, age)

[보기]의 마지막 명령문은 함수 tibble( )을 사용해 1차원의 변수들을 2차원의 행렬 형태로 결합시켜 df에 할당한다. 이때, df는 다음의 3가지 원칙을 따르는 타이디데이터(tidy data)이다.

- 원칙1: 하나의 변수(variable)는 하나의 열(column)을 형성한다.
- 원칙2: 하나의 사례(observation)는 하나의 행(row)을 형성한다.
- 원칙3: 각 열과 행의 조합에 해당하는 칸(cell)에는 하나의 값(value)이 존재한다.

위의 타이디데이터 원칙에 따라 df는 5개의 사례와 3개의 변수로 구성된 5×3 행렬 형태를 가진다. 만약 각 변수들의 사례 수가 다르다면 tibble 함수는 성립할 수 없다. 또한 df의 일부 데이터를 선택해 출력할 수 있다. 선택된 데이터를 출력하고자 할 때는 타이디데이터의 행과 열에 따른 위치 정보를 대괄호를 이용해 입력한다. 다음은 df의 일부 데이터를 선택하는 명령문을 입력해 출력한 결과이다.

- 명령문: df[1,]
- 결과:

id	country	age
0	Japan	84.3

- 명령문: df[,1]
- 결과:

id
0
1
2
3
4

- 명령문: df[3,2]
- 결과:

South Korea

13 주어진 자료의 [보기]의 내용이 모두 입력되었을 때, 다음 중 83.2를 출력하기 위해 입력해야 하는 명령문을 고르면?

① df[3,3]　② df[3,4]　③ df[4,3]　④ df[4,4]

14 다음 [보기]와 같이 명령문을 입력했을 때, ㉠~㉣ 중 변수에 데이터를 올바르게 할당한 것을 고르면?

보기

grade=c(A, B, C, D, F) ·········· ㉠
time=c("noon", 3, 6, 9) ·········· ㉡
level=c("1", "3", "5", "7", "9") ·········· ㉢
title=tibble(grade, time, level) ·········· ㉣

① ㉠　② ㉡　③ ㉢　④ ㉣

15 다음 [보기]와 같이 명령문을 입력했을 때, 출력되는 결과를 고르면?

보기

name=c("James", "Kevin", "Nadal", "Susan")
color=c("black", "blue", "green", "white")
height=c(100, 125, 117, 134)
cn=tibble(name, color, height)
cn[1,]

①

James	black	100

②

name	color	height
James	black	100

③

James
Kevin
Nadal
Susan

④

name
James
Kevin
Nadal
Susan

16 15번 문제의 [보기]와 같이 데이터가 입력되었을 때, cn[3,2]로 출력되는 결과를 고르면?

① 125　② 117　③ blue　④ green

[17~21] 다음 [표]는 명령체계에 관한 자료이다. 이를 바탕으로 질문에 답하시오.(단, x%y는 x를 y로 나누었을 때의 나머지를 의미한다.)

[표] 명령체계

명령어	내용	리턴 값이 참(T)일 때	리턴 값이 거짓(F)일 때
	명령체계의 시작. 일정 개수의 숫자를 가지고 시작하며, 항상 T를 리턴함	모든 숫자를 다음 명령으로 전달함	–
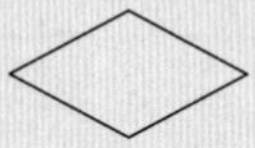	조건을 만족하는 숫자가 짝수 개이면 T를, 홀수 개이면 F를 리턴함	조건을 만족하는 숫자만 다음 명령으로 전달함	조건을 만족하지 않는 숫자만 다음 명령으로 전달함
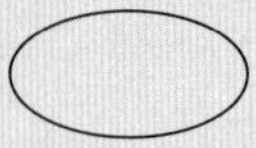	조건을 만족하는 숫자들의 합이 10 이상이면 T를, 10 미만이면 F를 리턴함	모든 숫자에 1을 뺀 값을 다음 명령으로 전달함	모든 숫자에 1을 더한 값을 다음 명령으로 전달함
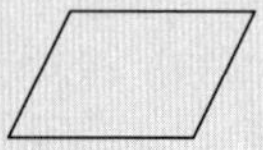	조건을 만족하는 숫자의 수가 절반 이상이면 T를, 절반 미만이면 F를 리턴함	짝수만 다음 명령으로 전달함	홀수만 다음 명령으로 전달함
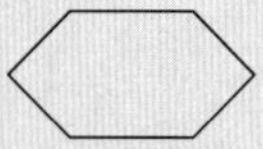	조건을 만족하는 숫자의 수가 1개이면 T를, 1개가 아니면 F를 리턴함	조건을 만족하지 않는 숫자만 다음 명령으로 전달함	모든 숫자를 다음 명령으로 전달함
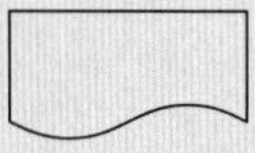	모든 숫자가 조건을 만족하면 T를, 그렇지 않으면 F를 리턴함	모든 숫자를 다음 명령으로 전달함	조건을 만족하지 않는 숫자만 다음 명령으로 전달함
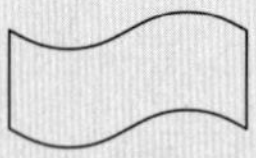	바로 직전 명령어 결과가 T였다면 T를, F였다면 F를 리턴함	조건을 만족하는 숫자만 다음 명령으로 전달함	조건을 만족하지 않는 숫자만 다음 명령으로 전달함
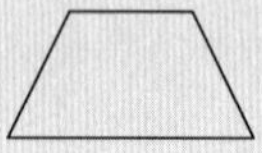	숫자의 개수가 2개이면 T를, 그렇지 않으면 F를 리턴함	가장 큰 수 1개만 다음 명령으로 전달함	가장 작은 수 1개만 다음 명령으로 전달함

17 다음 [보기]의 명령체계 결과로 출력되는 숫자를 고르면?

보기

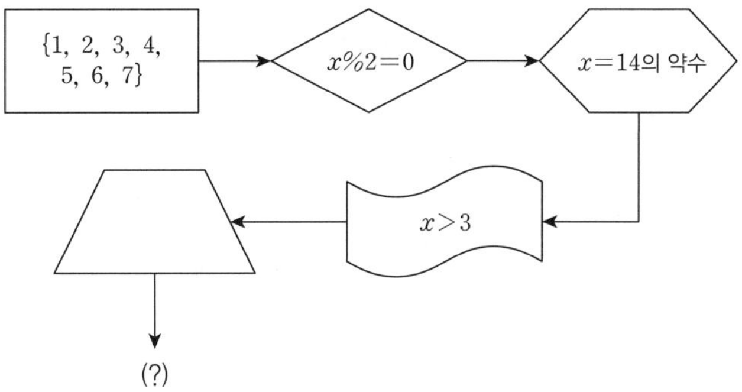

① 1 ② 2 ③ 3 ④ 7

18 다음 [보기]의 명령체계 결과로 출력되는 숫자를 고르면?

보기

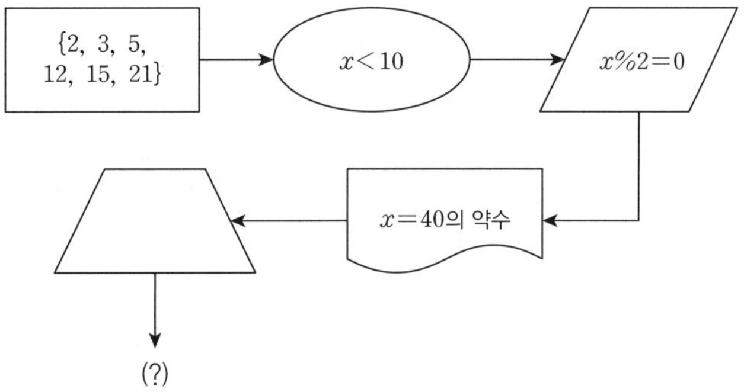

① 1 ② 2 ③ 10 ④ 14

19 다음 [보기]의 명령체계 결과로 출력되는 숫자를 고르면?

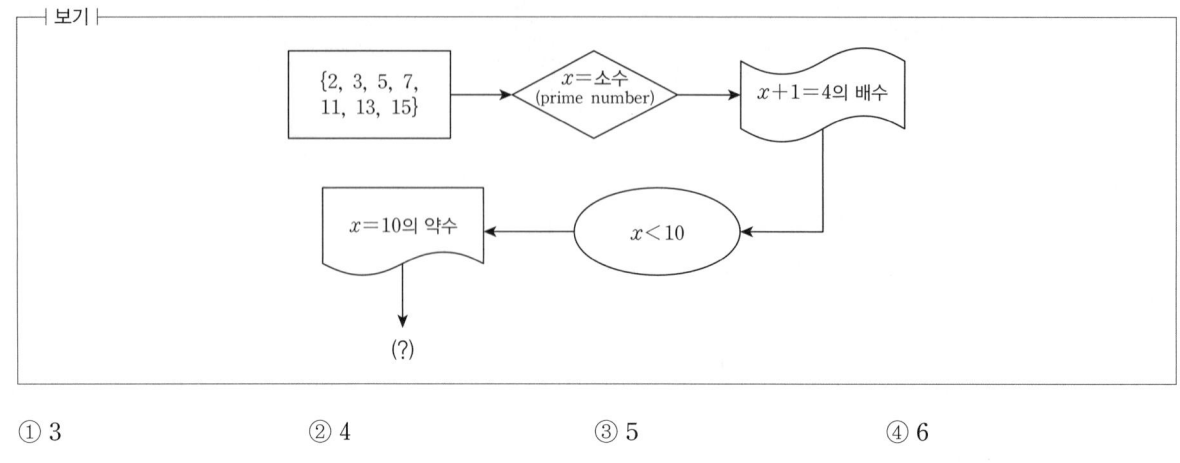

보기

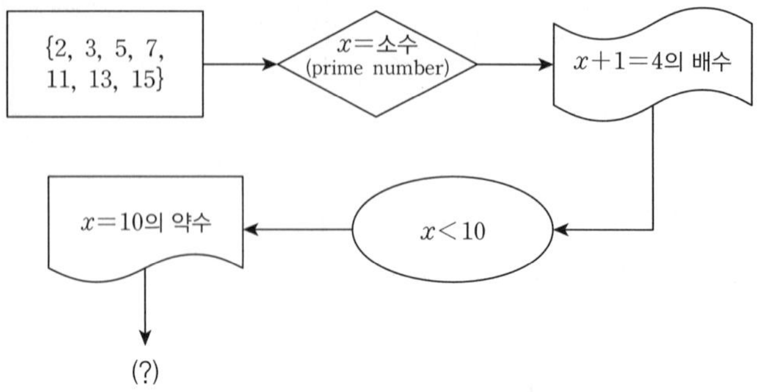

① 3 ② 4 ③ 5 ④ 6

20 다음 [보기]의 명령체계 결과로 출력되는 숫자가 5일 때, (가)에 들어갈 알맞은 조건을 고르면?

보기

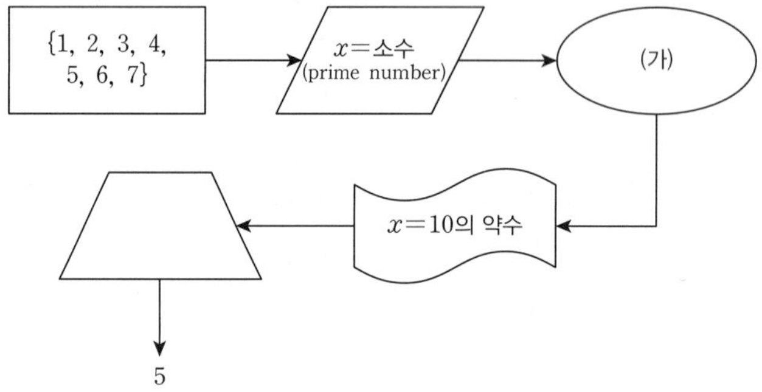

① $x<5$

② $x\%3=0$

③ $x\%3<2$

④ $x=6$의 약수

21 다음 [보기]의 명령체계 결과로 출력되는 숫자가 3일 때, (가)에 들어갈 알맞은 조건을 고르면?

보기

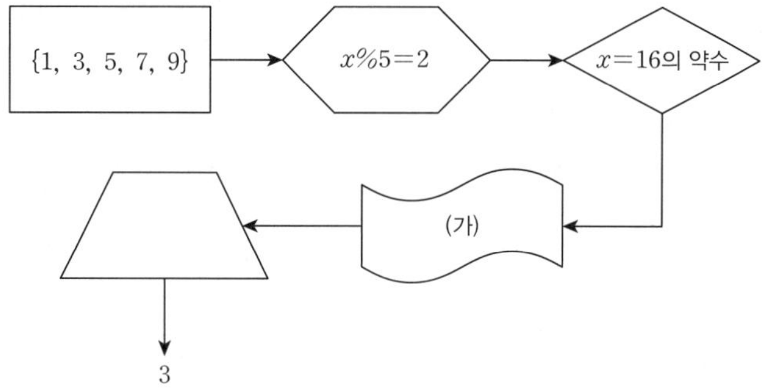

① x=짝수
② x=홀수
③ x=5의 배수
④ x=소수(prime number)

[22~24] 다음은 A기업의 재직자 분류 코드에 관한 자료이다. 이를 바탕으로 질문에 답하시오.

새로 생긴 지 얼마 안 된 벤처기업인 A기업은 직원등록 및 관리를 위해 새로운 시스템을 도입하였다. 인사팀에 재직 중인 신입사원 K씨는 우선 다음과 같이 각각의 직원을 코드로 분류하고 이에 따른 코드를 부여하였다.

[재직자 분류 코드]

이름	코드	이름	코드	이름	코드
김라경	91K-RDF01BE	정소윤	85J-ADF01BE	최주원	83C-SAM01BE
이시원	73L-ADF04NB	이나연	78L-RDF03NB	김수현	63K-MAM05BE
주혜나	68J-ADF05BE	박정식	90P-QUM00BE	나지윤	79N-LAF02NB
박정식	75P-RDM03NB	한아영	72H-SAF04NB	서지승	77S-QUF02NB
김병준	65K-MAM05NB	윤승열	94Y-SAM00NB	최예진	71C-MAF02NB

A기업 재직자 분류 코드에는 일련의 규칙이 있다. 첫 코드는 출생 연도 뒤 2자리와 성씨의 영문 이니셜로 시작한다. 성씨의 영문 이니셜 뒤에는 팀 코드가 들어간다. 예를 들어 AD는 경영지원팀, MA는 마케팅팀, LA는 법무팀, SA는 영업기획팀, QU는 품질관리팀, RD는 연구개발팀을 나타낸다. 팀 코드 뒤에는 성별 코드를 붙인다. 남자는 M으로 부여하며, 여자는 F로 부여한다. 그다음은 직급에 따라 사원은 00, 대리는 01, 과장은 02, 차장은 03, 부장은 04, 임원은 05로 붙인다. 마지막으로 작년 인센티브 수혜 여부에 따라 수혜자는 BE, 비수혜자는 NB를 추가한다.

22 **주어진 자료에 대한 설명으로 옳지 않은 것을 고르면?**

① 경영지원팀 직원 중에 90년대생은 없다.
② 품질관리팀 남자 직원은 모두 작년에 인센티브를 받았다.
③ 총 6명의 남자 직원 중 마케팅팀에서 근무하는 직원의 직급은 2가지 종류이다.
④ 영업기획팀에 1992년생 한은정 사원이 입사한다면, 직원 코드는 92H-SA로 시작할 것이다.

23 K씨는 재직자들의 출생 연도를 각각 분류하여 회사 만족도와 관련된 설문을 돌리려고 한다. 1970년대 출생인 여성 직원을 대상으로 먼저 설문지를 배포하려고 할 때, 설문 대상은 모두 몇 명인지 고르면?

① 4명 ② 5명 ③ 6명 ④ 7명

24 K씨는 이번 연말에 인센티브 수혜자 명단을 작성하려고 한다. 지난해 인센티브를 받지 않은 사람 중 임원을 제외한 직원 중에서 인센티브 수혜자를 선정하려고 할 때, 이번 연말에 인센티브를 받을 수 <u>없는</u> 직원을 고르면?

① 김병준 ② 윤승열 ③ 나지윤 ④ 최예진

[25~26] 다음 글을 바탕으로 질문에 답하시오.

유료도로제도는 국가 재정만으로는 부족한 도로 건설 재원을 마련하기 위해 도로법의 특례인 유료도로법을 적용하여 도로 이용자에게 통행요금을 부담하게 하는 제도이다. 도로는 국민의 생활과 밀접하게 관련되고 경제활동을 지원하는 기반으로서 필수 불가결한 시설이다. 따라서 도로의 건설과 관리는 행정주체인 국가와 지방자치단체의 책임에 속하며 조세 등의 일반재원으로 건설된 도로는 무료로 사용하는 것이 일반적이다. 그러나 현대의 상황에서는 도로 정비에 있어 한정된 일반재원에 의한 공공사업비만으로는 도저히 급증하는 도로 교통 수요에 대처할 수 없는 실정이다. 이처럼 조세 등에 의한 일반회계 세입으로는 필요한 도로 사업을 위한 비용을 도저히 조달할 수 없다는 사정에 비추어 국가와 지방자치단체가 도로를 정비할 때 부족한 재원을 보충하는 방법으로 차입금을 사용하여 완성한 도로에 대해서는 통행요금을 수납하여 투자비를 회수하는 방식이 인정되었다. 이것이 바로 유료도로제도이다.

요금소(Toll Gate)라는 단어는 1095년「영국 최후의 날(English Dooms day Book)」이라는 책에서 처음 사용되었으며, 1286년 런던 다리에서 처음 통행료를 수납하였다. 1706년부터 영국에서는 Turnpike라는 이름을 가진 유료도로회사의 설립을 위한 법들이 통과하기 시작하였다. 1656년 미국은 영국으로부터 통행료 제도를 들여와 Massachusettes의 Newbury에 있는 교량에 처음 적용하였다. 첫 번째 Turnpike는 Alexandria에서 시작하여 Blue Ridge 산맥에서 끝나는 Virginia주 Little Blue Ridge Turnpike인데, 1785년에 건설되었다.

유럽은 1950년대 이후 유료도로를 건설하고 관리하는 데 소요되는 비용을 통행료 수납으로 충당하고 있다. 이에 따라 통행요금의 수준은 유료도로 건설비와 관리비, 유지비뿐만 아니라 고속도로관리회사의 일정 수익까지 보장하고 있다. 그리고 고속도로 관리를 위한 위탁회사들을 설립하였는데, 각 나라의 문화나 정치 등의 사유로 인하여 위탁회사가 운영되는 방식은 차이가 있다. 유럽에는 총 13개국이 유료도로를 건설하여 요금을 수납하고 있다. 유럽의 국가 중에서 유료도로를 가장 먼저 도입한 나라는 이탈리아이며, 이탈리아를 중심으로 프랑스, 스페인, 포르투갈이 잘 발달되어 있다. 이후 그리스와 오스트리아, 노르웨이 등이 유료도로제도를 도입하였으며, 아일랜드, 크로아티아, 슬로베니아, 헝가리 등이 뒤를 잇고 있다.

일본은 도로특별정비조치법에 의하여 동일본고속도로, 중일본고속도로, 서일본고속도로, 수도고속도로, 한신고속도로, 혼슈시코쿠연락고속도로와 지방도로공사 등이 관리하고 있다. 유료도로 연장은 약 10,280km이며, 통행요금이 상환주의 및 공정타당주의(또는 편익주의)에 근거해 징수되어 왔다. 통행요금 수납 기간은 관리 기관마다 다르지만 40~45년 이내로 정하고 있으며, 한신고속도로 등은 민영화 후 45년 내에 상환할 수 있도록 요금을 책정하고 있다. 거리에 따라 요금을 산정하는 거리비례제를 동일본고속도로, 한신고속도로, 수도고속도로 등에서 채택하고 있으며, 통행요금 징수는 현금 지불 방식과 ETC 방식을 혼용하여 운영하고 있다. 건설 비용 등이 증가하여 이것을 조달하기 위해 통행요금의 조정이 가능하도록 법으로 규정하고 있으며, 전체 노선을 하나의 네트워크로 통합채산제를 채택하고 있는 것이 특징이다.

미국의 현대적인 유료도로는 1930년대에 연방정부 주도하에 주간고속도로를 건설한 것을 시작으로 체계적으로 계획되었다. 제2차 세계대전을 전환점으로 1940년대와 1950년대, 1960년대 초반까지 주간고속도로, 도시 간 도로를 중심으로 미국 전역에 활발히 건설되었다. 그러나 현재는 도로 유지보수와 유료도로 운영방식에서의 전자수납시스템 도입 등에 대한 투자와 도심 지역의 혼잡 해소를 위한 도로 확장이 진행되고 있을 뿐 신규건설은 거의 이루어지지 않고 있다. 통행요금을 수납하고 있는 주 정부는 총 30개이며, 21개 주가 도로에 대하여 통행요금을 수납하고 있고 나머지 주는 도로뿐만 아니라 교량, 터널 등에도 통행료를 부과하고 있다.

우리나라에서도 국가 경제발전에 중요한 부문을 담당하는 고속국도의 시급한 정비와 재원 조달의 어려움을 극복하기 위하여 유료도로제도가 도입되었는데, 1968년 12월 경인고속도로가 개통되면서 수익자 부담원칙에 따라서 통행요금을 수납하기 시작하였다. 우리나라의 가장 대표적인 유료도로는 한국도로공사가 관리하는 고속도로가 있으며, 각 지방자치단체가 건설하고 관리하는 일반 유료도로에도 일부 적용되고 있다. 대한민국 법령집을 보면 각종 시행령, 시행규칙을 포함하여 약 3,300여 개의 법령이 있는데, 그중 도로와 직·간접적으로 관련된 법령은 784개이다. 유료도로와 관련된 법령 중 주요 법령으로는 도로법, 유료도로법, 한국도로공사법 등이 있다.

25 주어진 글의 제목으로 가장 적절한 것을 고르면?

① 유료도로제도의 문제점과 개편의 필요성
② 유료도로제도의 배경과 폐지의 법정 근거
③ 유료도로제도의 한계와 각국의 유료도로제도
④ 유료도로제도의 역사와 각국의 유료도로제도

26 주어진 글의 내용과 일치하지 않는 것을 고르면?

① 유럽은 유료도로 통행료로 고속도로관리회사의 일정 수익도 보장하고 있다.
② 일본의 유료도로 통행료는 수납 기간이 유료도로에 따라 다르며 전체 노선을 하나의 네트워크로 관리한다.
③ 미국은 주 정부가 유료도로의 통행료를 관리하고 있으며 교량이나 터널에도 통행료를 부과하는 곳이 있다.
④ 우리나라의 대표적인 유료도로는 고속도로로 각 지방자치단체가 관리한다.

[27~28] 다음은 전기차 및 수소차 통행료 할인에 관한 자료이다. 이를 바탕으로 질문에 답하시오.

국토부는 친환경차 보급 확대를 위해 2017년 9월부터 전기·수소차를 대상으로 통행료를 50% 감면해 왔는데 이는 2020년 말 종료될 예정이었다. (㉠) 개정안을 통해 일몰 기간을 2022년 12월까지 연장하였으며, 이를 통해 미세먼지 저감 및 국내 전기·수소차 보급 확대에 기여할 것으로 기대된다. (㉡) 개정안에 따라 화물차의 심야 시간 할인도 2022년 12월까지 연장된다. 화물차 심야 할인은 화물 교통량 분산과 업계의 물류비용 절감을 위해 지난 2000년 도입한 제도이다.

우선 통행료 할인을 받기 위해서는 전기·수소차 전용 하이패스 단말기를 부착하고, 하이패스 차로를 이용하면 된다. 또한 기존 단말기에 전기·수소차 식별 코드(전기차A, 수소차B)를 입력하는 방식으로 전기·수소차 전용 단말기로 변환이 가능하며, 홈페이지(www.e−hipassplus.co.kr)를 방문해 직접 입력하거나, 한국도로공사 영업소(전국 349개소)를 방문하면 된다.

지자체 유료도로의 경우에도 하이패스 방식으로 전기·수소차 통행료를 할인받을 수 있는 길이 열렸다. 그간 지자체 유료도로는 자체 조례로 해당 지역 전기·수소차 할인을 시행해 왔으나, 기존 하이패스와 연계하지 못해 현장 수납차로를 통해서만 할인이 가능했다. 현재 부산(광안대로), 대구(범안로, 앞산터널로), 광주(제2순환도로), 경기도(서수원~의왕 고속화도로, 일산대교, 제3경인 고속화도로) 등이 현장 수납차로를 통해서 할인 중이다. (㉢) 이번 전기·수소차 식별 코드 입력 시 자동차 등록지 정보(서울0, 부산1 등)도 단말기에 같이 입력하여, 지자체에서 운영시스템만 변경하면 기존 하이패스 차선을 통과해도 할인받을 수 있게 된다.

[감면 제도 현황]

목적	감면(면제 12종·할인 7종)	감면액
안전 유지	군·경 작전, 구급·구호·소방, 도로건설·유지관리 차량 등 9종	261억 원(9%)
산업 지원	경차(50%), 화물차 심야(20~50%), 출·퇴근(20, 50%) 등 3종	2,266억 원(77%)
사회적 배려	독립유공자(면제), 국가유공자(면제, 50%), 5.18 부상자(면제, 50%), 장애인(50%), 고엽제 환자(50%) 등 7종	427억 원(14%)

[예상 질의 답변(Q&A)]

Q1: 친환경차 통행료 할인에 하이브리드 차량이 포함되지 않은 이유는 무엇인가?

A1: 하이브리드 차량은 고속주행(60km/h) 시 석유연료를 사용하여 고속도로상에서는 미세먼지 저감 등 친환경 효과를 상실하게 되며, 하이브리드 차량 통행료 할인 시 전기·수소차의 보급 확대 효과가 반감될 우려가 있고, 하이브리드 차량의 보급 확대로 인해 감면 금액이 과도해질 우려가 있다.

Q2: 별도의 전용 단말기를 설치해야 하는 이유는 무엇인가?

A2: 미세먼지 저감 등 친환경 정책의 일환으로 추진됨에 따라 하이패스 차량에 한정하였고, 이에 따라 별도의 식별 방식이 필요하다. 또한 지자체 유료도로에서도 하이패스를 통한 전기·수소차 할인이 가능하도록 하기 위하여 지역 코드 입력이 필요하다.

27 다음 중 빈칸 ㉠~㉢에 들어갈 접속어로 가장 적절한 것을 고르면?

	㉠	㉡	㉢
①	하지만	그러나	그리고
②	하지만	한편	그러나
③	그러나	또한	그래서
④	그러나	한편	또한

28 주어진 자료의 내용과 일치하지 않는 것을 고르면?

① 감면 제도에서 가장 많이 감면받는 대상은 산업 지원 차량에 해당하는 3종의 차량이다.

② 지자체 유료도로의 경우 하이패스 차량이 아니면 전기·수소차 차량이라 하더라도 통행료가 감면되기 어렵다.

③ 전기·수소차 통행료를 할인받기 위해서 반드시 전기·수소차 하이패스 단말기를 구매해야 하는 것은 아니다.

④ 하이브리드 차량이 통행료 감면에 포함되지 않은 이유는 고속도로에서 하이브리드 차량은 석유연료를 사용하기 때문이다.

[29~30] 다음 글을 바탕으로 질문에 답하시오.

㉮ C－ITS(Cooperative Intelligent Transport Systems)란, 협력 지능형 교통 체계의 줄임말로, 현재 상용 단계인 ㉯ ITS(Intelligent Transport Systems)의 차세대 버전이다. 지금의 ITS는 교통수단 및 시설에 전자제어 및 통신을 접목해 교통정보와 맞춤형 서비스를 제공하는 체계로, 실시간 교통정보나 교차로 제어, 하이패스 등이 이 ITS를 기반으로 만들어진다. ㉠ C－ITS는 여기서 한발 더 나아가 차량·사물 통신(Vehicle to Everything, V2X)을 활용해 차량과 차량, 차량과 인프라가 유·무선으로 정보를 주고받아 하나의 거대한 정보 체계를 이룬다. 실시간 교통정보 수준을 넘어서, 보행자나 차량 위치 데이터 등을 공유해 실시간 자율주행에 활용하고, 전체 차량이 수집한 교통상황을 종합해 교통 체증을 분산하는 등 고도화된 체계를 갖춘다.

우리나라에서는 2014년부터 본격적으로 시범 사업에 착수해 2016년부터 2020년 사이 대전－세종 간 고속도로, 대전시와 세종시 도시부 도로 약 80km 구간에서 C－ITS 사업을 시작해 C－ITS 도입 및 확대를 위한 15개 교통안전 서비스 구현과 통신 인프라 개발 및 구축, 기술규격 표준화 마련 및 인증 기준, 인증 장비 개발, 교통안전 효과 및 경제성 분석을 진행했고, 현재는 디지털 뉴딜을 통해 지자체 지방도로까지 C－ITS 사업 규모를 확장하기 위한 협의에 들어갔다. ㉡ C－ITS 사업의 활성화를 위해서는 개인 및 위치정보보호법, 시스템 보안뿐만 아니라 사고 발생 시 법적책임을 검토하여 법 제도의 개선안을 도출해야 한다.

그렇다면 C－ITS가 어떻게 우리 실생활에 영향을 줄까? 현재 상용화된 ITS는 도로 내 교통정보 수집 장치나 CCTV, 검지기 등을 통해 단방향으로 정보를 수집한다. 흔히 내비게이션에 '교통정보 수집 장치'로 안내되는 지점이 ITS용 정보 수집 장치 중 하나이다. 이렇게 수집된 정보는 관제센터로 종합돼 교통흐름이나 상황을 분석하고, 교통방송이나 라디오, 뉴스 등을 통해 대중에게 제공된다. ㉢ 국토교통부는 ITS를 통해 연 4,300억 원의 혼잡 비용을 절감할 수 있고, 통행 속도도 15% 증가한다고 보고 있다. 하지만 ITS는 차량 정보를 단편적으로 수집하는 만큼 차량 자체에 대한 안전 운전이나 빠른 사고 대응 등으로 연계되진 않는다.

㉣ C－ITS는 차량과 차량, 차량과 도로 간의 데이터가 양방향으로 공유되므로 ITS보다 한 차원 높은 기능을 발휘한다. C－ITS는 차량에 탑재된 위치 센서와 측정 센서, 카메라 등으로 수집한 데이터를 센터로 보내고, 센터에 수집된 정보는 다시 차량에게 전달돼 실시간 운전에 활용하며 광범위하게 이뤄진다. 예를 들어 목적지로 향하는 길목에 차량 한 대가 전복돼 사고 조치 중이라고 가정하자. ITS는 차량이 전복된 위치와 도로 정체를 카메라와 검지기로 인식해 방송이나 내비게이션 등을 통해 우회 경로를 제공하는 게 전부이다. 반면 C－ITS는 차량이 전복되는 순간에 수집된 정보를 근처 모든 차량에 전달해 실시간으로 사고를 회피하는 것으로 시작하고, 주변 차량에 사고 데이터를 전파해 교통흐름과 인프라 효율을 최적으로 구성한다. 다른 사고 요인이 발생하거나, 사고 가능성이 포착되더라도 다른 차량에 데이터가 전파돼 조기에 대처한다. 현재의 C－ITS 기술로는 구급차를 위해 신호등을 개방하는 수준이지만, 미래의 C－ITS는 자율주행 차량이 직접 구급차 위치를 파악해 조기에 길을 열어주는 것도 가능해진다.

국토교통부는 C－ITS 도입으로 도심 통행속도는 30% 증가하고, 사고는 46%가량 감소할 것으로 보고 있다. 혼잡 비용도 연 8,000억 원은 절감될 것으로 예측된다. 우리 정부는 2027년 완전자율주행 세계 첫 상용화를 목표로 국도 45%에 ITS 및 C－ITS 구축에 5,179억 원을 지원하고, 일반국도 1만 1,670km에 자율주행 정밀도로 지도를 구축한다. 최근 시행을 시작한 '안전속도 5030'도 지금은 도심 내 속도를 낮추는 요인이지만, C－ITS가 보편화되면 혼잡도가 줄어들면서 충분한 속도가 될 것이다. C－ITS는 안전한 자율주행의 완성과 교통사고 없는 사회를 만들기 위한 필수 기술이다.

29 주어진 글의 밑줄 친 ㉮와 ㉯에 대한 설명으로 옳지 않은 것을 고르면?

① ㉮는 ㉯에 비해 더 고도화된 기술로 자율주행을 위해서는 꼭 필요한 기술이다.
② 지금은 ㉮보다 ㉯를 더 많이 사용하지만, 미래에는 ㉮를 더 사용하게 될 것이다.
③ ㉮와 ㉯ 모두 차량에 탑재된 위치 센서, 측정 센서, 카메라 등으로 데이터를 수집한다.
④ ㉮는 ㉯와 다르게 단방향이 아닌 양방향으로 데이터가 공유되어 실시간 운전에 활용될 수 있다.

30 주어진 글의 밑줄 친 ㉠~㉣ 중 문단의 내용과 어울리지 않는 문장을 고르면?

① ㉠　② ㉡　③ ㉢　④ ㉣

[31~33] 다음은 '지정차로제'에 관한 자료이다. 이를 바탕으로 질문에 답하시오.

'지정차로제'란 도로 이용의 효율성을 높이고, 교통안전을 확보하기 위해 차량의 제원과 성능에 따라 차로별 통행 가능 차종을 지정한 제도를 말한다. 그런데 도로 이용의 효율성을 높이기 위한 제도가 차로별 주행 가능 차량이 복잡하게 규정되어 있어 운전자가 그 내용을 쉽게 알기가 어려웠다는 점, 고속도로의 경우 차량 정체로 혼잡한 때에도 규정상 1차로를 추월차로로 비워두어야 한다는 점 때문에 다음과 같이 2018년 교통 현실에 맞게 개선하였다.

[개정 전 차로별 통행 방법]

구분			통행할 수 있는 차종
고속도로 외의 도로	편도4차로	1차로	승용, 중·소형승합
		2차로	
		3차로	대형승합, 1.5톤↓ 화물
		4차로	1.5톤↑ 화물, 특수, 건설, 이륜, 원자, 자전거 및 우마차
	편도3차로	1차로	승용, 중·소형승합
		2차로	대형승합, 1.5톤↓ 화물
		3차로	1.5톤↑ 화물, 특수, 건설, 이륜, 원자, 자전거 및 우마차
	편도2차로	1차로	승용, 중·소형승합
		2차로	대형승합, 화물, 건설, 이륜, 원자, 자전거 및 우마차
고속도로	편도4차로	1차로	앞지르기 차로
		2차로	승용, 중·소형승합
		3차로	대형승합, 1.5톤↓ 화물
		4차로	1.5톤↑ 화물, 특수, 건설
	편도3차로	1차로	앞지르기 차로
		2차로	승용자동차, 승합자동차
		3차로	화물, 특수, 건설
	편도2차로	1차로	앞지르기 차로
		2차로	모든 자동차의 주행차로

[개정 후 차로별 통행 방법]

구분			통행할 수 있는 차종
고속도로 외의 도로	왼쪽 차로		승용, 경형·소형·중형승합
	오른쪽 차로		대형승합, 화물, 특수, 건설기계, 이륜, 원동기장치 자전거
고속도로	편도 2차로	1차로	앞지르기 차로 다만, 차량 통행량 증가 등 도로상황으로 인하여 부득이하게 시속 80km 미만으로 통행할 수밖에 없는 경우에는 주행 가능
		2차로	모든 자동차
	편도 3차로 이상	1차로	왼쪽 차로 통행 차량의 앞지르기 차로 다만, 차량 통행량 증가 등 도로상황으로 인하여 부득이하게 시속 80km 미만으로 통행할 수밖에 없는 경우에는 주행 가능
		왼쪽 차로	승용, 경형·소형·중형승합
		오른쪽 차로	대형승합, 화물, 특수, 건설기계

※ 모든 차는 위 지정된 차로의 오른쪽 차로로 통행 가능

개정된 지정차로제에서 왼쪽과 오른쪽 차로는 일반도로와 고속도로로 나누어 생각해야 한다. 일반도로인 경우 차로를 반으로 나누어 1차로에 가까운 부분의 차로만 왼쪽 차로이고 나머지는 오른쪽 차로이다. 다만 차로 수가 홀수인 경우 가운데 차로는 제외한다. 고속도로의 경우는 추월차로인 1차로를 제외한 차로를 반으로 나누어 그중 1차로에 가까운 부분의 차로만 왼쪽 차로이다. 그러나 1차로를 제외한 차로의 수가 홀수인 경우, 그중 가운데 차로는 왼쪽 차로에서 제외되어 오른쪽 차로가 된다. 이에 따라 지정차로제 개정 이후 오른쪽 차로의 개수가 늘어났다. 일반도로와 고속도로에서 오른쪽 차로에서만 주행하여야 하는 차량의 경우 추월 시에는 바로 옆 좌측 차로를 통해 추월이 허용되지만 주행은 허용되지 않는다.

추월차로는 추월만 할 수 있는 차로로 고속도로에만 해당된다. 고속도로의 모든 1차로는 앞지르기 전용차로이다. 단, 1차로가 중앙버스전용차로일 때에는 2차로가 앞지르기 차로다. 추월차로는 말 그대로 '앞지르기'만을 위한 차로로 앞차가 나보다 느리게 갈 때 해당 차량보다 빠르게 가기 위해 잠시만 이용하는 차로이며, 속도 제한을 지켰다고 해서 추월차로를 지속적으로 주행하는 것은 금지되어 있다. 따라서 추월할 때를 제외하면 2차로 등 오른편의 하위 차로로 복귀해서

주행해야 한다. 다만 추월 시도를 하다가 실선 구간(교량이나 터널 구간)을 만나게 되면 실선이 끝날 때까지 불가피하게 주행할 수 있다. 실선은 차선 변경을 금지한다는 의미이기 때문이다.

화물차 및 대형승합, 특수자동차는 편도 3차로 이상 고속도로에서 1차로 진입이 금지되어 있다. 왼쪽 차로 중 최하위 차로에서 추월이 가능하므로 1차로에 진입할 필요가 없기 때문이다. 단, 편도 2차로 고속도로에서는 차종 상관없이 주행은 2차로에서, 추월은 1차로에서 해야하므로 화물차 등이 1차로로 진입하더라도 지정차로제 위반이라고 볼 수 없다. 아울러 정체 등의 사유로 평균 이동 속도가 80km/h 미만으로 떨어지면 추월차로가 의미 없다고 판단하여 추월차로에서 주행하는 것을 허용하고 있다. 그런데 이렇게 되면 수도권 고속도로에서는 추월차로가 사실상 없어져 버리기 때문에 많은 비판을 받고 있다.

31 주어진 자료의 내용과 일치하는 것을 고르면?

① 지정차로제를 개정한 후 지정차로제의 문제점이 모두 사라졌다.
② 1.5톤 이상 화물차는 지정차로제 개정 후 운행할 수 있는 차로가 줄어들었다.
③ 지정차로제는 2018년 이전의 제도보다 더 세부적으로 개정되었다.
④ 승용차는 지정차로제 개정 후에 3차로나 4차로에서도 주행이 가능하다.

32 주어진 자료를 바탕으로 개정 후 [보기]의 도로를 만든다고 할 때, ㉠~㉢에 대한 설명으로 옳지 않은 것을 고르면?

보기

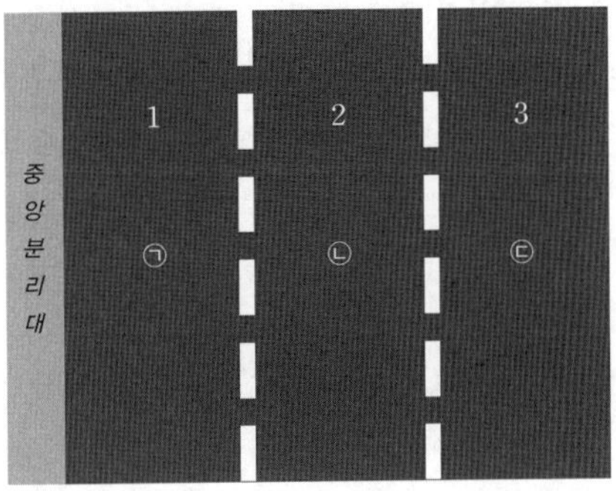

① [보기]가 고속도로라면 ㉠은 추월차로이다.
② [보기]가 고속도로라면 왼쪽 차로는 ㉡뿐이다.
③ [보기]가 고속도로라면 화물차는 추월을 위해 ㉠으로 진입할 수 없다.
④ [보기]가 일반도로라면 오른쪽 차로는 ㉢뿐이다.

33 다음 중 2021년 현재 지정차로제를 위반하고 있지 않은 차량을 고르면?

① 편도 4차로 일반도로에서 3차로에서 주행 중인 건설기계
② 편도 4차로 일반도로에서 2차로에서 주행 중인 대형승합차
③ 편도 3차로 고속도로에서 추월을 위해 1차로로 진입한 화물차
④ 평균 속도가 120km/h인 고속도로 1차선에서 100km/h로 지속적으로 주행 중인 승용차

[34~36] 다음 글을 바탕으로 질문에 답하시오.

국토의 70%가 산지인 국내 지형 조건상 도로, 철도, 산업단지 조성 등의 기반시설 구축을 위한 건설공사에서는 자연지반을 깎아서 부지를 조성하는 경우가 다반사이다. 이에 따라 대규모 경사 비탈면이 생기며 대규모 토공 처리, 환경훼손 등의 문제가 빈번히 발생하고 있다. 절토부 옹벽은 이러한 문제를 해결하기 위해 프리캐스트 패널과 지반 보강재를 이용하여 구축하는 옹벽으로 기존의 철근콘크리트 옹벽 대비 토공량이 감소하고, 프리캐스트 패널을 이용하여 품질이나 시공성이 향상되어 그 수요가 점점 증가하고 있다. (가)

기존 절토부 옹벽은 패널을 적층하기에 유리한 구조이다. ㉠ 그러나 단순 중량구조물의 패널을 적층하기 위해 뒤채움 공간을 확보해야 하고, 되메우는 과정이 필요하여 작업 공정이 복잡하고 품질 관리가 어려웠다. 따라서 본 연구 를 통해 기능과 성능을 고려한 패널을 개발하고 설치 방법을 개선하여 시공성과 안전성이 향상된 절토부 옹벽을 개발하고자 하였다.

원지반 부착식 절토부 옹벽의 핵심자재인 경량 프리캐스트 패널은 중소벤처기업부 성능인증 제품으로 기존 패널 대비 50% 수준의 중량이지만 그 기능과 성능은 그대로 유지한다. (나) 가벼운 무게로 패널 시공 속도가 빨라지고 전면 문양은 자연 암반 질감으로 표현해 현장 적응성도 높였다. ㉡ 그러나 경량 프리캐스트 패널을 이용한 원지반 부착 방식의 패널 설치는 Top－Down 시공이 가능해 시공 중 굴착면의 안정성이 떨어지지 않고, 패널의 배면 되메움으로 인한 시공간섭 및 품질 저하 문제를 개선하였다. 또한 고소작업이 없어 작업자의 안전성도 향상된다.

되메움 및 다짐 공정이 불필요하고 패널과 보강재의 직접 연결을 통하여 옹벽 구축이 간단해지며 시공 속도를 높일 수 있다는 점이 이 방식의 특징이다. (다) ㉢ 또한 패널 간 회전이 가능한 구조로 곡면부 처리가 용이하고 불규칙한 선형 구간에 현장 적용성이 우수하다. 패널 높이만큼 Top－Down 방식의 시공을 하고 패널과 원지반 사이의 틈새를 시멘트 회반죽으로 충전하여 일체화함으로써 굴착 시 원지반의 이완을 최소화하고, 원지반 풍화를 원천적으로 방지하여 옹벽의 장기적인 안정성이 향상된다. 그리고 연결핀을 이용한 패널의 일체화된 구조는 시공 중 패널 전도에 대한 안정성과 토압에 대한 저항성을 제고시킨다. 패널을 적층하기 위한 뒤채움 공간 확보가 불필요하여 추가 토공 처리가 없고, 패널을 원지반에 부착하는 방식으로 설치하여 토사 되메움이 없으며, 패널과 지반 보강재를 직접 연결하여 품질관리 및 유지관리가 최소화된다. ㉣ 나아가 패널 전면부에서 육안 관찰에 의해 배면의 배수 상태 확인이 가능하여 유지관리가 간편해진다.

개발기술은 적층에 의한 경사 굴착, 되메움 및 다짐 공정이 불필요하여 공정이 간소화되고 공사 기간 및 공사비를 절감할 수 있다. (라) 또한 원지반의 강도 저하 요인을 최소화하여 옹벽의 장기적인 안정성이 증대되고 시공 중 위험요인이 감소하며 준공 후 유지관리도 편리해진다. 따라서 기존의 절토부 옹벽이 비탈면 보강을 위한 단순 시설물로 인식되었다면, 향후에는 생애주기를 고려한 사회기반시설로 인식될 수 있는 기반이 된다.

최근 사회기반시설 개발과 관련된 정부 정책에 따르면, 터널화, 절토부 옹벽 등을 이용하여 지형 훼손을 최소화하는 방안이 도입되고 있고, 산업단지에서는 비탈면의 안정성을 확보함과 동시에 부지 경계 내에서 부지를 최대한 확보할 수 있는 절토부 옹벽의 수요가 지속해서 증가하고 있다. 이에 경량 프리캐스트 패널을 이용한 원지반 부착 방식의 옹벽은 패널의 경량화로 재료비 및 운반 비용이 감소하고, 패널의 설치 속도가 향상되어 전체적인 공사 기간 단축 효과가 있다. 특히, 자연 암반 질감의 전면 문양과 패널 간 회전이 가능한 구조는 패널이 결합한 상태에서 옹벽 시공이 가능하기 때문에 소비자의 요구에 맞춰 향상된 서비스를 제공할 수 있을 것으로 기대된다. 더불어 원지반 부착 방식의 시공 방법은 부지 경계가 제한적인 곳에서 옹벽의 설치 수량을 최소화할 수 있어 부지의 효율적인 이용이 가능해지고 유지관리가 쉬워져 산업단지 조성 시 그 적용성이 점차 확대될 것으로 기대된다.

34 주어진 글의 본 연구에 대한 설명으로 옳지 않은 것을 고르면?

① 국토의 70%가 산지인 국내의 지형적 특징 때문에 연구가 이루어지게 되었다.
② 경량화한 프리캐스트 패널을 개발하고 원지반 부착 방식의 패널 설치 방법을 개선한다.
③ 공정이 개선됨으로써 시공성이 향상되고, 옹벽의 내구성 및 안정성이 높아졌다.
④ 유지관리가 조금 복잡해졌지만 비용 절감 면에서 큰 효과를 거두고 있다.

35 주어진 글에 [보기]의 자료를 보충한다고 할 때, (가)~(라) 중 들어갈 곳으로 가장 적절한 것을 고르면?

보기

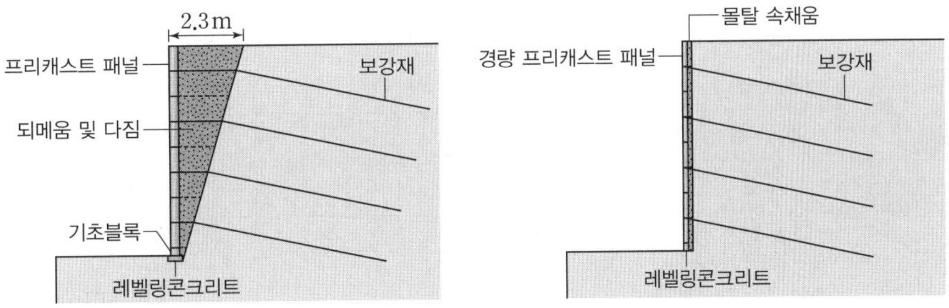

[기술개발 전] [기술개발 후]

① (가) ② (나) ③ (다) ④ (라)

36 주어진 글의 밑줄 친 ㉠~㉣ 중 문맥상 어울리지 않는 접속어를 고르면?

① ㉠ ② ㉡ ③ ㉢ ④ ㉣

[37~39] 다음은 김 사원이 도로 점검을 나가야 하는 지역을 표시한 지도와 지역 간 거리, 도로 유형 및 통행료에 관한 정보이다. 이를 바탕으로 질문에 답하시오.

[그림] 회사와 점검 지역 지도

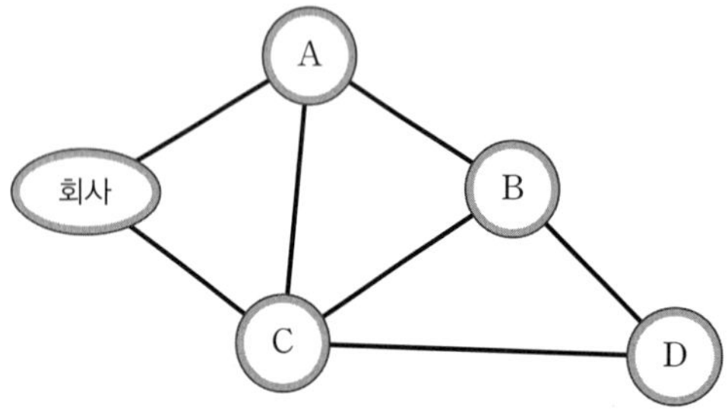

[표1] 각 지역 간 거리

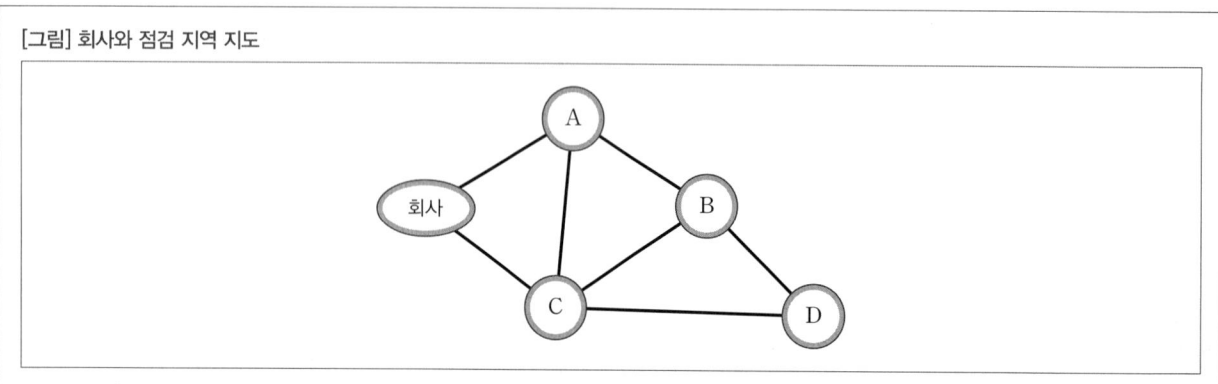

구간	거리
회사-A	10km
회사-C	25km
A-B	15km
A-C	16km
B-C	20km
B-D	24km
C-D	25km

[표2] 각 지역 간 도로 유형 및 통행료

구간	유형	통행료
회사-A	국도	-
회사-C	고속도로	1,000원
A-B	국도	-
A-C	민자도로	800원
B-C	국도	-
B-D	민자도로	600원
C-D	고속도로	1,200원

※ 도로 유형별 평균 속력은 고속도로 100km/h, 민자도로 80km/h, 국도 50km/h이다.
※ 평균 연비는 10km/L, 휘발유는 L당 2,000원으로 계산한다.

37 **회사에서 D지역으로 가기 위한 최단 거리를 고르면?**

① 48km ② 49km ③ 50km ④ 51km

38 **회사에서 D지역으로 최단 거리로 갈 때의 소요 시간과 최장 거리로 갈 때의 소요 시간의 차이를 고르면?**(단, 한 지역을 중복해서 방문할 수 없다.)

① 5분 ② 10분 ③ 15분 ④ 20분

39 **회사에서 출발하여 최단 거리로 모든 점검 지역을 방문한다고 할 때, 최소로 소요되는 비용을 고르면?**(단, 비용은 유류비와 통행료를 합산하여 계산하며, 이외의 사항은 고려하지 않는다.)

① 14,000원 ② 14,800원 ③ 15,200원 ④ 15,400원

[40~42] 다음 A~C펜션 예약 현황을 바탕으로 질문에 답하시오.

[A펜션 예약 현황]

숙소	기준 인원	최대 인원	1박(평일)	예약 현황				
				6/21	6/22	6/23	6/24	6/25
구름	2명	3명	70,000원	완료	완료		완료	
하늘	2명	4명	80,000원	완료	완료			완료
바다	4명	6명	140,000원	완료	완료			

※ 기준 인원보다 인원이 추가되는 경우 1인당 20,000원이 추가된다.
※ 주말(금, 토, 공휴일 전날) 숙박비는 평일의 1.5배이다.

[B펜션 예약 현황]

숙소	기준 인원	최대 인원	1박(평일)	예약 현황				
				6/21	6/22	6/23	6/24	6/25
장미	4명	6명	120,000원	완료		완료		완료
백합	6명	8명	150,000원				완료	
튤립	2명	4명	90,000원		완료	완료		

※ 기준 인원보다 인원이 추가되는 경우 1인당 15,000원이 추가된다.
※ 주말(금, 토, 공휴일 전날) 숙박비는 평일의 1.2배이다.

[C펜션 예약 현황]

숙소	기준 인원	최대 인원	1박(평일)	예약 현황				
				6/21	6/22	6/23	6/24	6/25
오션	2명	2명	80,000원			완료		완료
시티	3명	4명	120,000원		완료		완료	
마운틴	2명	4명	120,000원			완료	완료	완료

※ 기준 인원보다 인원이 추가되는 경우 1인당 10,000원이 추가된다.
※ 주말(금, 토, 공휴일 전날) 숙박비는 평일보다 20,000원이 비싸다.

40 김 씨는 6월 21일(화)~24일(금)에 휴가이고, 토~일요일에 출근을 하지 않는다. 김 씨는 6월 21~26일 중 2박 3일로 여행을 가려고 한다. 총 4인이 숙박할 예정이며, 같은 펜션에서 이틀 연속 숙박한다. 최대한 저렴한 곳을 예약한다고 할 때, 김 씨가 숙박하는 날을 고르면?

① 6월 21~22일 ② 6월 22~23일 ③ 6월 23~24일 ④ 6월 24~25일

41 이 씨는 6월 24일 또는 6월 25일 중 하루 동안에 숙박을 하려고 한다. 숙박 인원은 총 3명이고, 최대한 저렴한 곳에서 숙박한다고 할 때, 지불해야 하는 요금을 고르면?

① 120,000원 ② 126,000원 ③ 130,000원 ④ 135,000원

42 다음은 B펜션의 환불 규정이다. 박 씨는 6월 19일에 B펜션의 백합을 8인, 6월 25일 숙박으로 예약하였고, 6월 21일에 취소하였다. 이때, 박 씨가 환불받을 수 있는 금액을 고르면?(단, 예약 시 숙박비 전액을 지불한다.)

[환불 규정]
- 예약 후 당일 취소(이용일 2일 전~당일 제외): 위약금 없음
- 이용일 7일 전: 10% 공제 후 환불
- 이용일 6일 전: 20% 공제 후 환불
- 이용일 5일 전: 30% 공제 후 환불
- 이용일 4일 전: 40% 공제 후 환불, 날짜변경 불가
- 이용일 3일 전: 50% 공제 후 환불, 날짜변경 불가
- 이용일 2일 전~당일 취소 시: 환불, 날짜변경 불가

① 60,000원 ② 86,400원 ③ 90,000원 ④ 129,600원

[43~45] 김 대리는 본사에서 출발하여 A~D지점을 방문한 뒤 공장에 가려고 한다. 다음 주어진 자료를 바탕으로 이동한다고 할 때, 질문에 답하시오.

[그림] 지점 간 연결망 지도

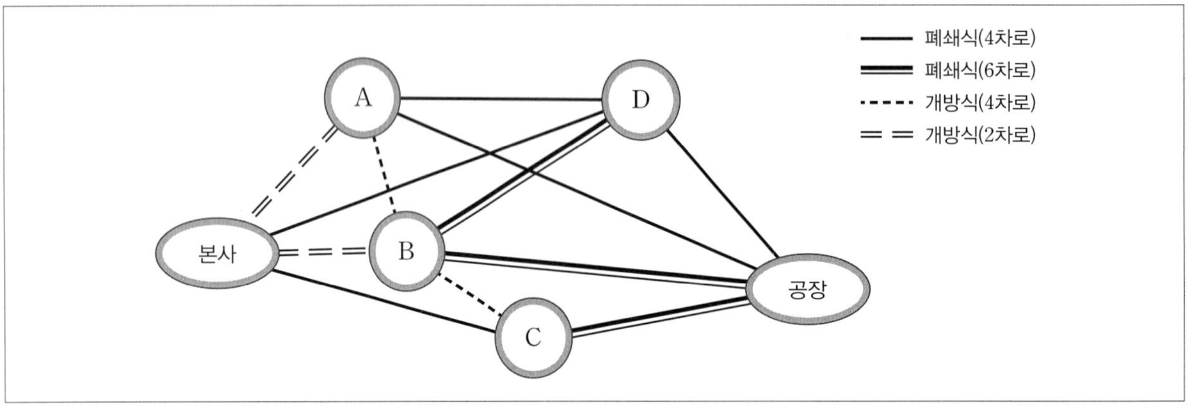

※ 단, 모든 지점은 고속도로로 연결되어 있고, 지점별 최단 거리와 실제 이동 거리는 동일하다.

[표1] 지점 간 거리

구분	A	B	C	D	공장
본사	24km	18km	52km	72km	−
A	−	20km	−	48km	80km
B	20km	−	16km	45km	60km
C	−	16km	−	−	45km
D	48km	45km	−	−	38km

[표2] 고속도로 통행료

구분	폐쇄식	개방식
기본요금	900원	720원
km당 주행요금	45.2원	

※ 고속도로 통행료는 고속도로 시작점에서 비용을 지불한다.
※ 2차로로만 운행하는 경우 기본요금은 50% 할인한다.
※ km당 주행요금은 2차로는 50% 할인, 6차로 이상은 20% 할증한다.
※ 고속도로 통행료는 (기본요금)+{(각 차로로 이동한 거리)×(km당 주행요금)}을 적용한다.

43 김 대리는 본사에서 공장까지 최단 거리로 이동하려고 한다. 각 지점을 한 번씩만 방문한다고 할 때, 이동 거리를 고르면?

① 170km　　② 174km　　③ 178km　　④ 182km

44 **김 대리는 본사에서 공장까지 최소 비용으로 이동하려고 한다. 각 지점은 한 번씩만 방문하고, 비용은 고속도로 통행료만 고려한다고 할 때, 소요되는 비용을 고르면?**(단, 고속도로별 통행료는 각 지점을 기준으로 진입하는 고속도로 구간에 해당하는 통행료를 지불한다. 고속도로 통행료는 십 원 단위에서 반올림한다.)

① 10,300원 ② 10,400원 ③ 11,900원 ④ 13,000원

45 **김 대리는 공장에서 본사까지 최단 거리로 이동하려고 한다. 모든 지점을 방문할 필요는 없다고 할 때, 고속도로 통행료를 고르면?**(단, 고속도로 통행료는 십 원 단위에서 반올림한다.)

① 4,200원 ② 4,400원 ③ 4,800원 ④ 5,000원

[46~48] 다음은 버스전용차로와 지정차로에 관한 안내 자료이다. 이를 바탕으로 질문에 답하시오.

[버스전용차로]

• 버스전용차로 적용 구간

구분	통행 구분	시간	구간
평일	경부고속도로 서울·부산 양방향	07:00~21:00	오산IC부터 한남대교남단까지 (총 46.6km)
토요일, 일요일, 공휴일	경부고속도로 서울·부산 양방향	07:00~21:00	신탄진IC부터 한남대교남단까지 (총 141.0km)
	영동고속도로 인천·강릉 양방향		신갈JCT부터 호법JCT까지 (총 26.9km)
명절 연휴(공휴일이 이어지는 경우 포함) 및 연휴 전날 (연휴 전날은 평일일 수도 있으므로 주의)	경부고속도로 서울·부산 양방향	07:00 ~다음날 01:00	신탄진IC부터 한남대교남단까지 (총 141.0km)
	영동고속도로 인천·강릉 양방향		신갈JCT부터 호법JCT까지 (총 26.9km)

• 대상 차종
  – 9인승 이상 승용자동차 및 승합자동차
    (단, 승용자동차 또는 12인승 이하의 승합자동차는 6인 이상이 승차한 경우에 한함)
• 위반 시 벌칙
  – 범칙금: 승용차 6만 원, 승합차 7만 원
  – 벌점: 30점
• 전용차로 구분시설
  – 청색 차선 도색
  – 대상차로: 중앙분리대측 1차로(양방향 동시 시행)

[지정차로]

• 차로별 통행 기준

구분		통행할 수 있는 차종
편도 2차로	1차로	앞지르기 차로 다만, 차량 통행량 증가 등 도로상황으로 인하여 부득이하게 시속 80km 미만으로 통행할 수밖에 없는 경우에는 주행 가능
	2차로	모든 자동차
편도 3차로 이상	1차로	왼쪽 차로 통행차량의 앞지르기 차로 다만, 차량 통행량 증가 등 도로상황으로 인하여 부득이하게 시속 80km 미만으로 통행할 수밖에 없는 경우에는 주행 가능
	왼쪽 차로	승용, 경형·소형·중형승합
	오른쪽 차로	대형승합, 화물, 특수, 건설기계

• 위반 시 벌칙
  – 범칙금: 승합차 및 대형차 5만 원, 승용차 및 4톤 이하 화물차 4만 원
  – 벌점: 10점
  – 과태료: 승합차 및 대형차 6만 원, 승용차 및 4톤 이하 화물차 5만 원

46 다음 중 버스전용차로에 대한 설명으로 옳지 않은 것을 고르면?

① 2일(월요일)~4일(수요일)이 명절일 때, 영동고속도로 인천 방향의 버스전용차로 구간은 1일 23:00에도 적용한다.
② 평일 20:00에 신탄진IC부터 오산IC까지는 버스전용차로를 적용하지 않는다.
③ 40인승 버스에 승객이 3명만 탑승한 경우 버스전용차로를 이용할 수 있다.
④ 12인승 승합자동차에 5명이 탑승한 경우 버스전용차로를 이용할 수 있다.

47 다음 중 지정차로를 적절하게 이용한 사람을 고르면?

① A: 승용차가 고속도로에 차량이 한 대도 없어서 편도 2차로 고속도로의 1차로에서 시속 80km로 주행하였다.
② B: 승용차가 고속도로에 정체가 심하여 편도 3차로 고속도로의 오른쪽 차로에서 시속 60km로 주행하였다.
③ C: 화물차가 편도 2차로에서 본인의 앞 차량의 속도가 너무 느려 앞 차량을 앞지르기 위해 1차로를 이용하여 주행하였다.
④ D: 중형승합차가 편도 3차로의 왼쪽 차로에서 시속 100km로 주행하다가 본인의 앞 차량을 앞지르기 위해 오른쪽 차로를 이용하여 주행하였다.

48 다음 중 위반사항에 대한 벌칙 부과가 적절하게 반영된 것을 고르면?

① 6인승 승용자동차가 버스전용차로를 위반한 경우 벌점은 6점이다.
② 중형승합차가 편도 3차로에서 다른 차량을 앞지르지 않고 계속 2차로로 주행하였을 경우 벌점은 10점이다.
③ 15인승 승합자동차가 평일 저녁 6시에 버스전용차로를 이용한 경우 범칙금은 7만 원이다.
④ 대형승합차가 편도 3차로의 2차로를 이용한 경우 과태료는 6만 원이다.

[49~50] 다음은 '국유재산법' 법령의 일부를 발췌한 자료이다. 이를 바탕으로 질문에 답하시오.

제6조(국유재산의 구분과 종류) ① 국유재산은 그 용도에 따라 행정재산과 일반재산으로 구분한다.
② 행정재산의 종류는 다음 각 호와 같다.
1. 공용재산: 국가가 직접 사무용·사업용 또는 공무원의 주거용(직무 수행을 위하여 필요한 경우로서 대통령령으로 정하는 경우로 한정한다)으로 사용하거나 대통령령으로 정하는 기한까지 사용하기로 결정한 재산
2. 공공용재산: 국가가 직접 공공용으로 사용하거나 대통령령으로 정하는 기한까지 사용하기로 결정한 재산
3. 기업용재산: 정부기업이 직접 사무용·사업용 또는 그 기업에 종사하는 직원의 주거용(직무 수행을 위하여 필요한 경우로서 대통령령으로 정하는 경우로 한정한다)으로 사용하거나 대통령령으로 정하는 기한까지 사용하기로 결정한 재산
4. 보존용재산: 법령이나 그 밖의 필요에 따라 국가가 보존하는 재산

③ "일반재산"이란 행정재산 외의 모든 국유재산을 말한다.
제12조(소유자 없는 부동산의 처리) ① 총괄청이나 중앙관서의 장은 소유자 없는 부동산을 국유재산으로 취득한다.
② 총괄청이나 중앙관서의 장은 제1항에 따라 소유자 없는 부동산을 국유재산으로 취득할 경우에는 대통령령으로 정하는 바에 따라 6개월 이상의 기간을 정하여 그 기간에 정당한 권리자나 그 밖의 이해관계인이 이의를 제기할 수 있다는 뜻을 공고하여야 한다.
③ 총괄청이나 중앙관서의 장은 소유자 없는 부동산을 취득하려면 제2항에 따른 기간에 이의가 없는 경우에만 제2항에 따른 공고를 하였음을 입증하는 서류를 첨부하여 「공간정보의 구축 및 관리 등에 관한 법률」에 따른 지적소관청에 소유자 등록을 신청할 수 있다.
④ 제1항부터 제3항까지의 규정에 따라 취득한 국유재산은 그 등기일부터 10년간은 처분을 하여서는 아니 된다. 다만, 대통령령으로 정하는 특별한 사유가 있으면 그러하지 아니하다.
제18조(영구시설물의 축조 금지) ① 국가 외의 자는 국유재산에 건물, 교량 등 구조물과 그 밖의 영구시설물을 축조하지 못한다. 다만, 다음 각 호의 어느 하나에 해당하는 경우에는 그러하지 아니하다.
1. 기부를 조건으로 축조하는 경우
2. 다른 법률에 따라 국가에 소유권이 귀속되는 공공시설을 축조하는 경우
3. 지방자치단체나 「지방공기업법」에 따른 지방공기업이 「사회기반시설에 대한 민간투자법」 제2조 제1호의 사회기반시설 중 주민생활을 위한 문화시설, 생활체육시설 등 기획재정부령으로 정하는 사회기반시설을 해당 국유재산 소관 중앙관서의 장과 협의를 거쳐 총괄청의 승인을 받아 축조하는 경우

49 다음 중 '국유재산법'을 바탕으로 추론한 내용으로 옳은 것을 고르면?

① 국유재산은 공무원이 아닌 일반 대중들이 사용할 수 없다.
② 소유자가 없는 부동산을 국가가 취득하고자 할 경우, 반드시 6개월 이내에 취득의사를 공고하여야 한다.
③ 총괄청이나 중앙관서의 장이 소유자 없는 부동산을 취득하려면 소유자가 없다는 것을 입증해야 한다.
④ 일반 대중도 상황에 따라 국유재산에 영구시설물을 축조할 수 있다.

50 다음 중 국유재산의 사례로 옳지 않은 것을 고르면?

① 지방자치단체장의 관사는 공용재산이다.
② 도로나 하천은 공공용재산이다.
③ 지역권, 광업권 등은 일반재산이다.
④ 지하철은 공공용재산이다.

[51~52] 다음은 고속도로 통행료 할인 및 할증 제도에 관한 자료이다. 이를 바탕으로 질문에 답하시오.

[출퇴근 할인]

적용 구간	한국도로공사가 관리하는 고속도로 중 진출입요금소 간 거리를 기준으로 20km 미만의 구간
대상 차량	1~3종(승용차, 승합차, 화물차) ※ 하이패스 및 하이패스 기능이 포함된 전자적인 지불수단으로 수납한 차량
적용 시간 할인율	• 05:00~07:00 및 20:00~22:00 → 50% 할인 • 07:00~09:00 및 18:00~20:00 → 20% 할인 ※ 토/일요일 및 공휴일 적용 제외, 출구요금소 통과시각 기준

[화물차 심야 할인]

적용 구간	고속도로 전 구간(민자고속도로 포함)
대상 차량	사업용 화물차 및 대여업용 건설기계 ※ 1~3종 차량은 사업용 화물차 식별을 위한 화물차 전용단말기 이용차량 한정
적용 시간	폐쇄식(21:00~06:00), 개방식(23:00~05:00)
할인율	(아래 표 참조) ※ 계산식: (할인 시간대 통행 시간)÷(전체 고속도로 이용 시간)×100

할인 시간 이용 비율	70% 이상 100% 이하	20% 이상 70% 미만	20% 미만
할인율	50%	30%	0%

[경형자동차 할인]

대상 차량	경형자동차(승용자동차, 승합자동차, 화물자동차, 특수자동차) ※ 배기량 1,000cc 미만으로 길이 3.6m, 너비 1.6m, 높이 2.0m 이하
할인율	고속도로 통행료의 50%

[주말(공휴일) 할증]

대상 차량	1종(경차 포함한 승용차, 16인승 이하 승합차, 2.5톤 미만 화물차) ※ 경차는 1종 통행요금의 50% 할인 적용
적용 시간 할증률	토요일, 일요일, 공휴일 07:00~21:00까지 통행요금의 5%를 할증하여 100원 단위 수납(50원 이하 버림, 50원 초과 올림) ※ 명절 연휴기간 제외, 출구요금소 통과시각 기준

[설, 추석 등 명절 통행료 면제]

적용 구간	고속도로 전 구간(민자고속도로 포함)
대상 차량	설, 추석 연휴기간 고속도로 이용 차량 ※ 설 전날, 당일, 다음날/추석 전날, 당일, 다음날
할인율	고속도로 통행료의 100% 면제

51 **주어진 자료에 대한 설명으로 옳은 것을 고르면?**(단, 언급되지 않은 사항은 할인율 또는 할증률 적용 기준에 부합하는 것으로 가정한다.)

① 일정한 크기 미만의 경형자동차는 배기량에 관계없이 경형자동차 할인을 받을 수 있다.
② 출퇴근 할인은 하이패스를 장착한 차량이 일정한 시간에 이동할 경우, 모든 고속도로에서 적용된다.
③ 평소 통행료가 1,200원인 차량이 주말에 대상 차량으로 적용되어 할증 시간대에 유료 고속도로를 이용하여 운행하였다면, 1,300원의 통행료가 발생한다.
④ 명절 하루 전 고속도로 이동 차량은 통행료가 면제되지만, 명절 다음날 이동 차량은 50%의 할인을 적용받는다.

52 **다음 [보기]에서 두 경우의 고속도로 통행료를 바르게 나열한 것을 고르면?**(단, 언급되지 않은 사항은 할인율 적용 기준에 부합하는 것으로 가정한다.)

보기

- A씨는 목요일 저녁 야근을 마치고 하이패스가 장착된 승용차를 운전하면서 퇴근을 하며, 유료 고속도로를 이용하여 약 1시간 정도 이동하였다. 출구요금소 통과시각이 저녁 10시 20분이었으며, 평소의 통행료는 1,000원이었다.
- 사업용 화물차 운전기사인 B씨는 화물을 적재하고 개방식 통행료가 적용되는 시간대인 04:00에 유료 고속도로를 이용하기 시작하였고, 08:00에 고속도로 출구요금소를 통과하였다. 평소 해당 고속도로의 동일 거리 통행료는 6,000원이었다.

① 800원, 3,000원
② 800원, 4,200원
③ 1,000원, 3,000원
④ 1,000원, 4,200원

[53~55] 다음은 회전교차로와 로터리를 비교하여 설명한 글이다. 이를 바탕으로 질문에 답하시오.

회전교차로는 1960년대 영국이 처음 도입한 원형 교차로로 차량이 한쪽 방향으로만 돌아서 원하는 길로 나갈 수 있는 도로이다. 영국, 일본 등은 좌측통행이기 때문에 시계 방향으로 차량이 이동하게 된다. 우리나라에는 2010년부터 도입되었고, 우측통행을 따르기 때문에 반시계 방향으로 이동하게 된다.

회전교차로는 중앙에 설치되어 있는 원통형의 교통섬을 중심으로 반시계 방향으로 돌아서 원하는 곳으로 빠져나가는 방법이다. 별도의 신호등이 존재하지 않고 교차로에 진입해서 반시계 방향으로 돌다가 내가 원하는 방향으로 빠져나갈 수 있기 때문에 매우 편리하다. 회전교차로는 로터리보다 교통섬이 훨씬 작고 차량 진입 시 급한 커브를 유도하기 때문에 회전교차로에 진입하기 위해서는 속도를 줄여야 한다. 회전교차로에서는 회전 중인 차량이 새로 진입하려는 차량에 대해 통행 우선권이 있다. 넓은 회전교차로에는 교통섬 주변에 원이 하나 더 있는 것을 볼 수 있으며, 이 원은 중대형 화물차와 버스만 이용할 수 있는 화물차 턱으로 일반 승용차가 밟아서는 안 된다.

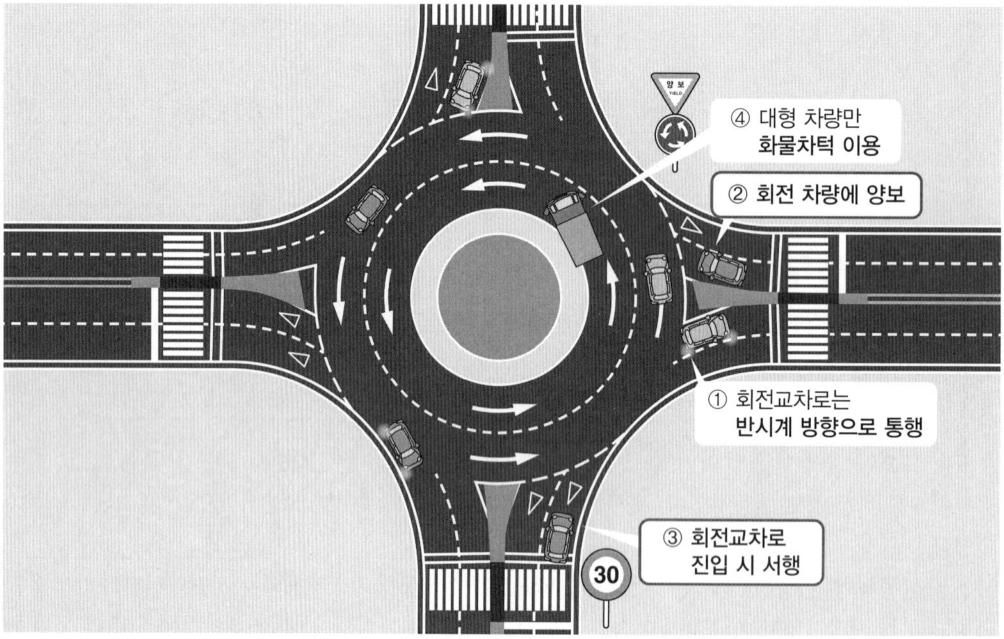

회전교차로를 안전하게 통행하는 방법은 다음과 같다.

1) 먼저, 진입 시엔 회전 교차로에 회전하고 있는 차량을 살피면서 30km/h 이하로 서행하거나 양보선에서 대기한다.
2) 진입할 때에는 반드시 반시계 방향으로 회전해야 하고, 방향지시등을 켜 다른 운전자에게 자신의 진입 방향을 밝혀야 한다.
3) 회전교차로에 들어섰다면 빠져나가기 전에 방향지시등을 켜서 진출 의사를 알려야 한다.
4) 마지막으로 회전교차로를 벗어날 때에는 보행자가 있는지 없는지 살핀 후 빠져나가야 한다.

※ 방향지시등은 회전교차로에 진입할 때 (　　　) 방향지시등을 켜야 하고, 진출할 때 (　　　) 방향지시등을 켜야 한다.

한편 로터리의 경우 통행을 하는 방식은 회전교차로와 많이 비슷하지만 다른 점이 한 가지 있다. 로터리는 회전교차로와는 반대로 진입하려는 차량에게 통행 우선권이 있다. 만약 내 차량이 로터리에서 회전을 하고 있는 도중에 다른 차량이 진입을 하려 한다면 양보를 해주어야 한다. 이 때문에 교차로 내부를 같이 돌던 차량들이 모두 다 멈추고 진입차가 들어오는 것을 기다리게 될 수도 있다.

53 다음 중 빈칸에 들어갈 말을 순서대로 바르게 나열한 것을 고르면?

① 왼쪽, 왼쪽
② 왼쪽, 오른쪽
③ 오른쪽, 왼쪽
④ 오른쪽, 오른쪽

54 다음 중 회전교차로와 로터리의 정지선 위치가 바르게 구분된 것을 고르면?

	회전교차로	로터리
①	진입 전	진입 전
②	진입 전	교차로 내
③	교차로 내	진입 전
④	교차로 내	교차로 내

55 다음 중 회전교차로와 로터리의 특징에 대해 추론한 내용으로 적절하지 않은 것을 고르면?

① 연비 개선과 시간 절약의 효과를 거둘 수 있다.
② 환경오염 개선에 도움이 될 수 있다.
③ 교통사고 발생률이 줄어들 수 있다.
④ 로터리는 회전교차로에 비해 진입 차량의 서행을 유도하는 효과를 더 거둘 수 있다.

[56~57] 다음은 B공사의 윤리경영 실천을 위한 윤리강령 규정이다. 이를 바탕으로 질문에 답하시오.

제3조(임직원의 기본자세) ① 임직원은 어떠한 경우라도 부정부패를 배척하겠다는 직업윤리와 결연한 의지를 가지고 청렴하고 깨끗한 공직자 상을 확립하기 위하여 노력하여야 한다.

② 임직원은 B공사 직원으로써 긍지와 자부심을 가지며 항상 친절하고 정직·성실한 자세를 견지하여야 한다.

③ 임직원은 평소에 행하는 언행과 의사결정이 공사의 윤리적인 명성과 대외 신뢰도에 영향을 미칠 수 있음을 명심하고, 올바른 가치판단과 건전한 언행으로 개인의 품위와 공사의 명예를 유지·발전시킬 수 있도록 노력하여야 한다.

④ 임직원은 직무를 수행함에 있어서 제반 법령과 규정을 준수함과 동시에 양심에 따라 공정하게 직무를 수행하여야 한다.

제4조(임직원의 청렴서약) ① 임직원은 청렴서약을 작성하여야 한다.

② 직무청렴서약의 세부 사항은 별도로 정한다.

제5조(사명완수) 임직원은 공사의 비전과 경영목표를 공유하고, 이를 달성하기 위해 창의와 성실로써 맡은 바 책임을 완수하여야 한다.

제6조(자기계발) 임직원은 세계화·개방화 시대에 바람직한 인재상을 스스로 정립하고 끊임없는 자기계발을 통해 이에 부합되도록 꾸준히 노력한다.

제7조(공·사 구분) ① 임직원은 직무를 수행함에 있어서 공·사를 명확히 구분하여야 한다.

② 임직원은 공사의 재산을 사적으로 사용하거나 예산을 목적 외의 용도로 사용하여 공사에 재산상의 손해를 가해서는 아니 된다.

③ 임직원은 근무시간 내 사적인 일로 업무수행에 지장을 주거나, 사내 통신시스템을 업무 목적 이외의 부적절한 용도로 사용하여서는 아니 된다.

④ 임직원은 사장의 허가나 승인 없이 직무 이외의 영리를 목적으로 하는 일에 종사하거나 다른 직무를 겸할 수 없다.

제8조(공정한 직무 수행) ① 임직원은 직무를 수행함에 있어 관련된 제반 법령과 규정을 준수하여 공정하게 수행하여야 한다.

② 임직원은 자기 또는 타인의 공정한 직무 수행을 저해할 수 있는 부당한 지시, 알선·청탁, 특혜 부여 등 사회의 지탄을 받을 수 있는 비윤리적 행위를 하여서는 아니 된다.

제9조(이해충돌 회피) ① 임직원은 직무를 수행함에 있어 공사의 이해와 상충되는 어떠한 행위나 이해관계도 회피하여야 한다.

② 임직원은 공사와 개인 또는 부서 간의 이해가 상충될 경우에는 공사의 이익을 우선적으로 고려하여야 한다.

제10조(부당이득 수수 금지 등) ① 임직원은 직위를 이용하여 부당한 이익을 얻거나 타인이 부당한 이익을 얻도록 하여서는 아니 된다.

② 임직원은 직무와 관련하여 사회통념상 용인되는 범위를 넘어 공정성을 저해할 수 있는 금품 및 향응 등을 직무관련자에게 제공하거나 직무관련자로부터 제공받아서는 아니 된다.

제11조(임직원 상호 관계) ① 임직원은 상호 간에 직장생활에 필요한 기본예의를 지켜야 하며, 불손한 언행이나 다른 임직원을 비방하는 등의 행위를 하여서는 아니 된다.

② 임직원은 학연·성별·종교·혈연·지연 등에 따른 파벌 조성이나 차별 대우를 하여서는 아니 된다.

③ 임직원 상호 간에는 부당한 청탁이나 사회통념상 과다한 선물제공 및 금전거래 등의 행위를 하여서는 아니 된다.

④ 상급자는 하급자에게 부당한 지시를 하여서는 아니 되며, 하급자는 상급자의 정당한 지시에 순응하되 부당한 지시는 거절하여야 한다.

⑤ 임직원은 상호 간에 성적 굴욕감 또는 혐오감을 유발시키는 행위를 하여서는 아니 된다.

제12조(건전한 생활) ① 임직원은 공직자로서의 자세에 어긋나지 않도록 검소한 의식주와 건전한 여가 활동을 생활화하여야 한다.

② 임직원은 건전한 경조사 문화 정착을 위해 노력하며, 직무관련자에게는 경조사 통지를 삼가고 경조금품도 사회통념에 비추어 과도한 수준이 되지 않도록 하여야 한다.

56 다음 중 B공사의 윤리강령에 부합하지 않는 내용을 고르면?

① 임직원의 경조사에 직무관련자로부터 적절한 수준의 경조비를 받는 것은 허용될 수 있다.
② 하급자는 상급자의 모든 지시에 반드시 순응하고 따라야 하는 것은 아니다.
③ 둘 이상의 조직 간 상호 이해가 상충될 경우에는 '회사의 이익'을 판단 기준으로 삼아야 한다.
④ 임직원은 공사에 재산상의 손해를 가하지 않는 범위 내에서는 공사의 재산을 사적으로 사용하거나 예산을 목적 외의 용도로 사용할 수 있다.

57 주어진 윤리강령에 비추어 볼 때, B공사 직원의 행동으로 적절하지 않은 것을 고르면?

① 김 대리는 휴일에 급한 개인 용무를 보기 위해 지방을 갈 때 감시카메라가 없는 도로 위에서도 회사 소속 직원으로서의 자부심을 갖고 속도 규정을 준수하였다.
② 정 대리는 회사에 보고하지는 않았지만 건전한 사회 환경법인 단체에 가입하여 일과 후 총무로서의 임무를 남모르게 수행하였다.
③ 최 대리는 부족한 어학능력을 향상시키기 위해 일과 후 학원을 등록하여 꾸준히 영어와 중국어 공부를 하였다.
④ 울산 출신인 손 대리는 사내 울산 향우회 모임을 만들자는 동료 직원의 의견에 반대하며 회사 규정에 어긋나는 행동임을 설명하였다.

[58~60] 다음은 버스전용차로 및 전용차로 규정에 관한 자료이다. 이를 바탕으로 질문에 답하시오.

버스전용차로는 원활한 교통 소통을 위해 특별히 정한 차량만이 통행할 수 있도록 지정한 전용차로에서 버스전용으로 지정된 차로 또는 도로에 설치한다. 도로교통법 제15조(전용차로의 설치)에 의해 도로에 전용차로(차의 종류 또는 승차 인원에 따라 지정된 차만 통행할 수 있는 차로) 설치를 명시하고 있으며, 같은 법 시행령 제9조(전용차로의 종류 등)에서 "전용차로의 종류, 통행할 수 있는 차"의 용어 정의와 동령 별표1에 "전용차로를 통행할 수 있는 차"가 명시되어 있으며, 그 내용은 아래의 표와 같다. 따라서 전용차로로 통행할 수 없는 차량이 당해 전용차로로 통행을 하여서는 안 된다. 다만, 대통령령이 정하는 경우에는 통행할 수 있으며, 그 경우는 같은 법 시행령 제10조(전용차로 통행차 외에 전용차로로 통행할 수 있는 경우)에 다음과 같이 명시되어 있다.

- ○ 긴급자동차가 그 본래의 긴급한 용도로 운행되고 있는 경우
- ○ 전용차로 통행차의 통행에 장해를 주지 아니하는 범위에서 택시가 승객을 태우거나 내려주기 위하여 일시 통행하는 경우
- ○ 도로의 파손, 공사, 그 밖의 부득이한 장애로 인하여 전용차로가 아니면 통행할 수 없는 경우

버스전용차로 지시표지는 버스전용차로가 시작되는 지점에 구간 시작, 끝나는 지점에 구간 끝 혹은 해제를, 그리고 필요한 곳에 거리, 시간 등의 보조표지를 함께 설치해야 한다. 즉, 버스전용차로 시작 지점에 버스전용차로 지시표지와 전용차로 시간 및 일자, 그리고 구간 길이 등의 보조표지를 함께 설치한다.

구간이 긴 경우와 구간 내에 교차로가 있는 경우에는 필요한 구간 내에 중복하여 설치하나 구간 내 보조표지는 생략할 수 있다. 버스전용차로가 시작되기 전에 도로 사용자에게 미리 전용차로가 시작됨을 알리기 위하여 버스전용차로 주의표지를 설치하여야 하며, 설치 위치는 전용차로가 시작하는 지점으로부터 일반도로는 50~100m, 고속도로 및 자동차전용도로는 200m 전방에 설치한다. 표지 설치 시 지주의 유형은 시인성 향상을 위해 내민식 또는 문형식으로 설치하는 것을 권장한다.

버스전용차로는 전용차로 노면표시와 함께 설치하며, 설치 구간이 긴 경우 중복하여 설치할 수 있다. 설치 장소는 전용차로로 지정된 차로의 상단이나 도로 우측에 설치한다.

[전용차로 통행차량]

전용차로 종류	통행할 수 있는 차량	
	고속도로	고속도로 외의 도로
버스전용차로	9인승 이상 승용자동차 및 승합자동차(승용자동차 또는 12인승 이하의 승합자동차는 6명 이상이 승차한 경우로 한정)	가. 「자동차관리법」 제3조에 따른 36인승 이상의 대형승합자동차 나. 「여객자동차 운수사업법」 제3조 및 같은 법 시행령 제3조 제1호에 따른 36인승 미만의 사업용 승합자동차 다. 법 제52조에 따라 증명서를 발급받아 어린이를 운송할 목적으로 운행 중인 어린이통학버스 라. 대중교통수단으로 이용하기 위한 자율주행자동차로서 「자동차관리법」 제27조 제1항 단서에 따라 시험·연구 목적으로 운행하기 위하여 국토교통부장관의 임시운행허가를 받은 자율주행자동차 마. 가목부터 라목까지에서 규정한 차 외의 차로서 도로에서의 원활한 통행을 위하여 시·도경찰청장이 지정한 다음의 어느 하나에 해당하는 승합자동차 1) 노선을 지정하여 운행하는 통학·통근용 승합자동차 중 16인승 이상 승합자동차 2) 국제행사 참가 인원 수송 등 특히 필요하다고 인정되는 승합자동차(지방경찰청장이 정한 기간 이내로 한정) 3) 「관광진흥법」 제3조 제1항 제2호에 따른 관광숙박업자 또는 「여객자동차 운수사업법 시행령」 제3조 제2호 가목에 따른 전세버스운송사업자가 운행하는 25인승 이상의 외국인 관광객 수송용 승합자동차(외국인 관광객이 승차한 경우만 해당)
다인승차량 전용차로	3명 이상 승차한 승용·승합자동차(다인승전용차로와 버스전용차로가 동시에 설치되는 경우에는 버스전용차로를 통행할 수 있는 차는 제외)	
자전거전용차로	자전거 등	

58 다음 [보기]는 버스전용차로를 나타낸 그림이다. (A)~(E)지점에 대한 설명으로 옳지 않은 것을 고르면?

보기

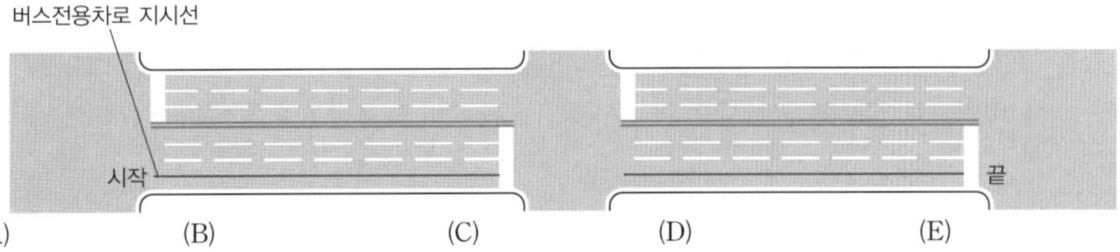

① (A)~(E) 모든 지점에 교통표지가 설치될 수 있다.
② (C), (D)가 보조표지, (E)가 지시표지일 수 있다.
③ (A)에는 버스전용차로 시작을 알리는 지시표지가 설치되어야 한다.
④ (A)~(E)지점에 설치해야 하는 교통표지의 종류는 지시표지, 보조표지, 주의표지이다.

59 다음 중 버스가 아닌 차가 버스전용차로로 운행할 수 있는 경우가 아닌 것을 고르면?

① 악천후로 인한 도로 유실로 버스전용차로로만 통과가 가능한 경우
② 일반도로의 전용차로 구간이 끝나기 50~100m 전에 진입한 경우
③ 구급차가 환자 이송을 하는 경우
④ 소통이 원활한 시간대에 승객을 태우기 위해 택시가 진입한 경우

60 다음 중 전용차로 통행차량에 대한 설명으로 옳은 것을 고르면?

① 10인승 승합자동차가 운전자와 3명의 승객을 태우고 고속도로의 버스전용차로를 통행할 수 있다.
② 지역 경찰청장의 허가를 받아 국제행사 참석 인원을 수송하기 위한 승합차량이라도 고속도로의 버스전용차로로 통행할 수 없다.
③ 일정 요건을 갖춘 어린이통학버스와 자율주행자동차는 승객의 수에 관계없이 모든 버스전용차로를 통행할 수 있다.
④ 36인 이상의 버스는 항상 버스전용차로와 다인승차량 전용차로를 모두 통행할 수 있다.

[37~38] 다음 [표]는 2016~2019년 고속도로 이용 차량에 관하여 영업소 출구 이용 차량 대수 및 통행료 수입을 정리한 자료이다. 이를 바탕으로 질문에 답하시오.(단, 증가율은 전년 대비 당해 연도의 증가율을 의미하며, 소수점 둘째 자리에서 반올림한 값이다.)

[표1] 연도별 영업소 출구 이용 차량 대수 (단위: 천 대, %)

구분	소형차		중형차		대형차		합계	
	대수	증가율(점유율)	대수	증가율(점유율)	대수	증가율(점유율)	대수	증가율(점유율)
2016년	1,482,703	▲ 4.9 (87.2)	50,845	▲ 2.2 (3.0)	166,738	▲ 6.2 (9.8)	1,700,286	▲ 4.8 (100.0)
2017년	1,528,827	▲ 3.1 (87.3)	49,250	▼ 3.1 (2.8)	172,578	▲ 3.5 (9.9)	1,750,655	▲ 3.0 (100.0)
2018년	1,548,012	▲ 1.3 (87.4)	47,711	▼ 3.1 (2.7)	176,237	▲ 2.1 (A)	1,771,960	▲ 1.2 (100.0)
2019년	1,597,366	▲ 3.2 (87.7)	46,609	▼ 2.3 (2.6)	177,658	▲ 0.8 (9.7)	1,821,633	▲ 2.8 (100.0)

[표2] 연도별 차종별 통행료 수입 (단위: 백만 원, %)

구분	소형차		중형차		대형차		합계	
	금액	증가율(점유율)	금액	증가율(점유율)	금액	증가율(점유율)	금액	증가율(점유율)
2016년	3,274,476	▲ 10.2 (81.0)	113,805	▼ 0.3 (2.8)	655,887	▲ 12.8 (16.2)	4,044,168	▲ 10.3 (100.0)
2017년	3,280,689	▲ 0.2 (80.9)	106,732	▼ (B) (2.6)	668,980	▲ 2.0 (16.5)	4,056,401	▲ 0.3 (100.0)
2018년	3,239,525	▼ 1.3 (80.9)	100,868	▼ 5.5 (2.5)	661,708	▼ 1.1 (16.6)	4,002,101	▼ 1.3 (100.0)
2019년	3,353,625	▲ 3.5 (81.4)	98,292	▼ 2.6 (2.4)	665,578	▲ 0.6 (16.2)	4,117,495	▲ 2.9 (100.0)

37 주어진 자료에 대한 설명으로 옳은 것을 [보기]에서 모두 고르면?

보기

㉠ 빈칸 (A)의 값은 10 미만이다.
㉡ 빈칸 (B)의 값은 6 이상이다.
㉢ 조사 기간 동안 영업소 출구 이용 차량 중 대형차 대수의 증가율은 감소하다가 증가한다.
㉣ 2016년과 2017년 모두 소형차는 연도별 통행료 수입에서 80% 이상의 비중을 차지한다.

① ㉠, ㉡, ㉢ ② ㉠, ㉡, ㉣ ③ ㉠, ㉢, ㉣ ④ ㉡, ㉢, ㉣

38 다음 [표]는 2020년 고속도로 이용 차량에 관하여 일평균 영업소 출구 이용 차량 대수 및 통행료 수입을 정리한 자료이다. 주어진 자료와 아래의 [표]를 바탕으로 2019년 대비 2020년 전체 영업소 출구 이용 차량 증감량과 통행료 수입 증감량을 차례대로 바르게 나열한 것을 고르면?(단, 2020년은 총 365일이라고 가정한다.)

[표] 2020년 일평균 영업소 출구 이용 차량 대수 및 통행료 수입 (단위: 천 대, 백만 원)

구분	소형차	중형차	대형차
일평균 영업소 출구 이용 차량	4,268	125	461
일평균 통행료 수입	8,842	258	1,717

	영업소 출구 이용 차량 대수	통행료 수입
①	847천 대 증가	842백만 원 감소
②	847천 대 증가	7,907백만 원 증가
③	49,923천 대 감소	842백만 원 증가
④	49,923천 대 감소	169,290백만 원 감소

04 실전모의고사 4회

[39~40] 다음 [표]는 2015년부터 2020년까지 교통사고 중 '차대사람'에 대한 유형별 현황을 정리한 자료이다. 이를 바탕으로 질문에 답하시오.

[표] 연도별 '차대사람' 교통사고 유형별 현황

(단위: 건, 명)

구분		2015년	2016년	2017년	2018년	2019년	2020년
합계	사고 건수	50,980	48,489	46,728	45,248	46,150	36,221
	사망자 수	1,764	1,662	1,617	1,443	1,271	1,069
	부상자 수	52,270	49,745	47,827	46,456	47,406	37,180
횡단 중	사고 건수	21,913	26,823	25,381	18,390	18,101	13,147
	사망자 수	954	1,085	974	794	652	(A)
	부상자 수	22,393	27,431	26,001	18,795	18,577	13,551
차도 통행 중	사고 건수	4,377	3,622	3,747	4,742	4,765	3,702
	사망자 수	183	146	193	205	180	195
	부상자 수	4,423	(B)	3,714	4,739	4,764	3,654
길가장자리구역 통행 중	사고 건수	4,567	3,544	3,017	3,196	2,705	2,079
	사망자 수	134	65	68	69	41	40
	부상자 수	4,628	3,627	3,075	3,270	2,776	2,122
보도 통행 중	사고 건수	2,668	1,627	1,621	2,194	2,335	2,015
	사망자 수	47	31	36	41	37	26
	부상자 수	2,829	1,726	1,720	2,330	2,467	2,096
기타	사고 건수	17,455	12,873	12,962	16,726	18,244	15,278
	사망자 수	446	335	346	334	361	288
	부상자 수	17,997	13,308	13,317	17,322	18,822	15,757

39 주어진 자료에 대한 설명으로 옳은 것을 고르면?

① 빈칸 (A)와 (B)의 값의 합은 4,000 이상이다.
② '차대사람' 교통사고의 전체 사망자 수와 전체 사고 건수의 증감 현황은 같다.
③ 2017년 '차대사람' 교통사고 유형 중 '기타'가 차지하는 사고 건수의 비율은 26% 이하이다.
④ 2015~2019년 동안 '횡단 중' 사고 건수가 '차대사람' 교통사고 전체 건수에서 차지하는 비율이 가장 높다.

40 다음 [표2]는 2015년부터 2020년까지 전체 교통사고 건수 및 사상자 현황을 정리한 자료이다. 주어진 자료와 아래의 [표2]에 대한 설명으로 옳은 것을 [보기]에서 모두 고르면?

[표2] 연도별 전체 교통사고 및 사상자 현황 (단위: 건, 명)

구분	2015년	2016년	2017년	2018년	2019년	2020년
사고 건수	232,035	220,917	216,335	217,148	229,600	209,654
사망자 수	4,621	4,292	4,185	3,781	3,349	3,081
부상자 수	350,400	331,720	322,829	323,037	341,712	306,194

보기

㉠ 2019년 전체 교통사고 건수 중 '차대사람' 교통사고가 차지하는 비율은 20% 이상이다.
㉡ 2017년 전체 교통사고 부상자 중 '횡단 중' 유형에 속하는 부상자가 차지하는 비율은 9% 이상이다.
㉢ '차대사람' 교통사고의 세부 유형 중 사망자 수의 증감이 전체 교통사고 사망자 수의 증감과 일치하는 유형은 없다.

① ㉠, ㉡ ② ㉠, ㉢ ③ ㉡, ㉢ ④ ㉠, ㉡, ㉢

[41~42] 다음 [표]는 2000년부터 2019년까지 20년간 우리나라의 도로 길이 현황을 정리한 자료이다. 이를 바탕으로 질문에 답하시오.

[표] 연도별 국내 도로 길이 현황

(단위: m)

구분	전체	개통			미개통
			포장	미포장	
2000년	88,775,021	82,440,138	67,265,543	15,174,595	6,334,883
2001년	91,396,411	83,651,395	70,145,990	13,505,405	7,745,016
2002년	96,037,098	87,613,750	73,655,987	13,957,763	8,423,348
2003년	97,252,784	87,816,658	74,637,153	13,179,505	9,436,126
2004년	100,277,793	89,624,656	76,346,786	13,277,870	10,653,137
2005년	102,293,149	90,816,575	78,587,142	12,229,433	11,476,574
2006년	102,060,947	90,832,414	79,191,190	11,641,224	11,228,533
2007년	77,943,471	73,820,943	63,606,101	10,214,842	4,122,528
2008년	104,236,096	92,743,723	81,829,442	10,914,281	11,492,373
2009년	104,983,285	93,826,192	83,196,153	10,630,039	11,157,093
2010년	105,565,078	94,230,386	84,196,176	10,034,210	11,334,692
2011년	105,930,869	94,656,353	85,120,352	9,536,001	11,274,516
2012년	105,702,963	96,948,373	88,183,106	8,765,267	8,754,590
2013년	106,413,541	96,418,186	87,798,415	8,619,771	9,995,355
2014년	105,672,711	97,919,672	89,701,030	8,218,642	7,753,039
2015년	107,526,581	99,024,297	91,195,368	7,828,929	8,502,284
2016년	108,779,551	100,428,008	92,826,049	7,601,959	8,351,543
2017년	110,091,284	101,869,532	94,548,800	7,320,732	8,221,752
2018년	110,714,298	102,465,180	95,523,412	6,941,768	8,249,118
2019년	111,313,953	103,192,237	96,455,801	6,736,436	8,121,716

※ (도로 포장률)(%)$=\frac{\text{(포장 도로 길이)}}{\text{(개통 도로 길이)}}\times 100$

41 주어진 자료에 대한 설명으로 옳은 것을 고르면?

① 미포장 도로의 길이는 해마다 꾸준히 감소하고 있다.
② 도로 포장률이 90%를 처음으로 넘어선 해는 2012년이다.
③ 개통 도로 길이와 포장 도로 길이의 증감은 일치하지 않는다.
④ 전체 도로 길이에서 개통 도로가 차지하는 비율은 2000년 대비 2019년에 증가하였다.

42 다음 [표2]는 2017년부터 2019년까지 국내 도로의 길이를 등급별로 구분하여 정리한 자료이다. 주어진 자료와 아래의 [표2]에 대한 설명으로 옳은 것을 고르면?

[표2] 등급별 도로 길이 (단위: m)

구분	고속국도	일반국도	특별·광역시도	지방도	시·군도
2017년	( )	13,982,546	4,885,573	18,055,325	68,450,400
2018년	4,767,340	13,983,250	4,904,571	18,075,178	68,983,959
2019년	4,767,340	14,029,855	( )	18,046,911	69,525,326

① 2019년 특별·광역시도의 길이는 5,000km 이상이다.
② 2018년 고속국도 길이는 2017년 대비 50km 이상 증가하였다.
③ 2017년 일반국도의 도로 포장률은 지방도의 도로 포장률보다 높다.
④ 2018년 고속국도와 일반국도는 전체 도로에서 16% 이상을 차지한다.

[43~45] 다음 자료를 바탕으로 질문에 답하시오.

[표] 연도별 연료별 자동차 등록 현황

(단위: 대)

구분		계	휘발유	경유	LPG	기타	하이브리드	전기	수소
2017년	승용	18,034,540	10,354,711	5,460,142	1,873,277	7,755	313,578	24,907	170
	승합	867,522	4,527	730,286	92,409	39,881	278	141	–
	화물	3,540,323	10,464	3,301,772	138,706	89,326	–	55	–
	특수	85,910	50	84,195	283	1,377	–	5	–
	합계	22,528,295	10,369,752	9,576,395	2,104,675	138,339	313,856	25,108	170
2018년	승용	18,676,924	10,613,540	5,767,379	1,827,462	7,476	404,759	55,417	891
	승합	843,794	4,564	715,926	79,635	43,063	325	279	2
	화물	3,590,939	11,134	3,357,148	128,033	94,571	–	53	–
	특수	90,898	58	89,084	273	1,476	–	7	–
	합계	23,202,555	10,629,296	9,929,537	2,035,403	146,586	405,084	55,756	893
2019년	승용	19,177,517	10,943,573	5,816,926	1,811,460	6,853	505,711	87,926	5,068
	승합	811,799	4,637	689,081	71,430	45,472	336	828	15
	화물	3,592,586	12,509	3,357,970	121,578	99,389	–	1,140	–
	특수	95,464	60	93,566	262	1,552	–	24	–
	합계	23,677,366	10,960,779	9,957,543	2,004,730	153,266	506,047	89,918	5,083
2020년	승용	19,860,955	11,387,116	5,875,921	1,789,367	5,989	674,115	117,616	10,831
	승합	783,842	4,892	663,183	67,611	45,911	333	1,837	75
	화물	3,615,245	18,399	3,351,630	122,071	107,696	13	15,436	–
	특수	105,937	77	101,390	358	4,039	–	73	–
	합계	24,365,979	11,410,484	9,992,124	1,979,407	163,635	674,461	134,962	10,906
2021년	승용	20,410,648	11,730,821	5,810,751	1,751,484	5,213	907,853	185,256	19,270
	승합	749,968	5,323	630,667	65,458	44,944	327	3,120	129
	화물	3,631,975	23,316	3,321,158	128,253	116,247	59	42,937	5
	특수	118,510	105	109,375	479	8,420	1	130	–
	합계	24,911,101	11,759,565	9,871,951	1,945,674	174,824	908,240	231,443	19,404

친환경자동차법 주요 개정사항

1. 전기차 충전시설 방해행위 단속 보완
   가. 단속 대상: 모든 공용충전시설
   나. 단속 기준: 충전방해*, 충전시설 훼손, 일정시간** 초과, 충전 외의 용도 사용 등
      * 충전구역 주변, 진입로 등에 물건을 쌓거나 주차하는 행위
      ** 급속충전시설 1시간, 완속충전시설 14시간
      단, 전기차, 플러그인하이브리드 충전 시에만 이용 가능
   다. 과태료: 최대 20만 원

2. 충전시설 설치 대상 확대
   가. 현행: 주차면이 100면 이상인 공공건물 및 공중이용시설, 500세대 이상 아파트, 기숙사, 시장·군수가 설치한 주차장
   나. 개정: 주차면이 50면 이상인 공공건물 및 공중이용시설, 100세대 이상 아파트, 기숙사, 시장·군수가 설치한 주차장

3. 충전시설 설치 비율 강화
   가. 현행: 주차단위구획 총수를 200으로 나눈 수 이상 설치
   나. 개정: 주차단위구획 총수를 기준으로 신축시설은 5% 이상, 기축시설*은 2% 이상 설치
      * 기축시설: 2022년 1월 28일 이전 건축 허가를 받은 시설

4. 환경친화적 자동차 전용 주차구역 의무 설치
   가. 신축시설: 총 주차면수의 5% 이상
   나. 기축시설: 총 주차면수의 2% 이상(공공시설은 5% 이상)
      ※ 기축시설에 대한 전용 주차구역 및 충전시설 설치 유예기간
      법 시행(2022. 01. 28.) 후 공공시설 1년, 공중이용시설 2년, 아파트 등 공동주택 3년
      단, 전기차, 하이브리드차, 수소차만 주차 가능

※ 승용차 이외의 차량은 중대형 상용차로 분류한다.
※ 친환경차는 전기, 하이브리드, 수소차를 포함한다.

43 주어진 자료에 대한 설명으로 옳은 것을 고르면?

① 2018~2021년 동안 전년 대비 친환경차의 증가율이 가장 낮은 해는 2018년이다.
② 개정법안 시행으로 기존의 아파트는 전기차 충전시설을 꼭 설치할 필요는 없다.
③ 환경친화적 자동차 전용 주차구역에 하이브리드차는 주차할 수 없다.
④ 2017년과 2021년의 전체 등록 차량 중 친환경차 비율은 3% 이상 차이 난다.

44 **다음 [그래프]는 2021년 기준 국가별 충전기 1대당 전기차 보급 대수에 관한 자료이다. 2021년 기준으로 우리나라에 설치되어 있는 총전기차 충전기 수를 고르면?**(단, 2016년 이전에 등록된 전기차는 없다고 가정하고, 계산 시 소수점 첫째 자리에서 올림한다.)

[그래프] 2021년 기준 국가별 충전기 1대당 전기차 보급 대수 (단위: 대)

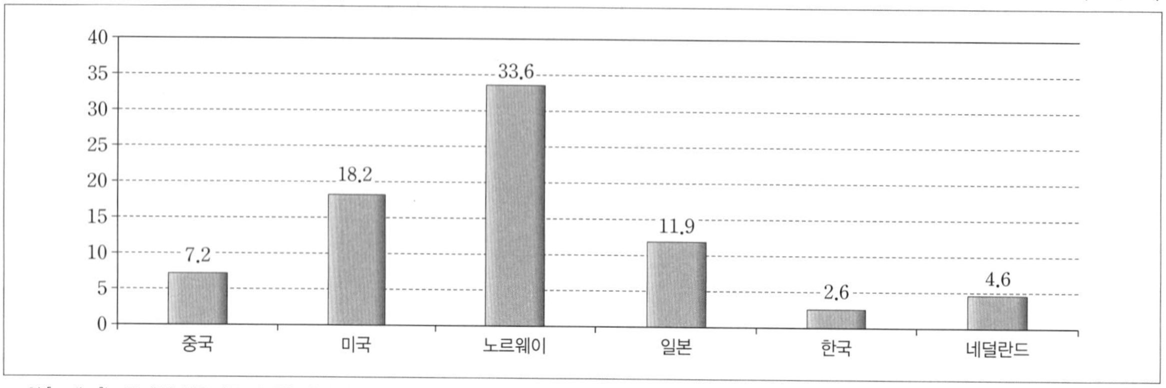

※ 위 [그래프]는 중대형 상용차를 제외한 전체 전기차 기준으로 함

① 89,016개 ② 181,201개 ③ 183,587개 ④ 206,610개

45 **주어진 [표]를 바탕으로 기존 충전시설 이외에 2025년까지 추가로 설치해야 하는 전기차 충전시설 개수의 총합을 고르면?**(단, 필요한 전기차 충전시설 개수는 소수점 첫째 자리에서 올림한다.)

[표] A~D아파트 정보(2022년 기준) (단위: 세대, 면, 개)

구분	A아파트	B아파트	C아파트	D아파트
세대 수	538	895	147	87
주차면수	551	955	189	97
건축허가일	2022. 02.	2021. 12.	2013. 10.	2002. 10.
현재 전기차 충전시설 보유 수	30	5	2	0

① 17개 ② 19개 ③ 45개 ④ 47개

[46~48] 다음 [표]는 2021년 고속도로 통행량, 교통량, 통행요금에 관한 자료이다. 이를 바탕으로 질문에 답하시오.

[표1] 2021년 권역별 월별 고속도로 통행량

(단위: 대)

구분		수도권	강원	대전충남	전북	광주전남	대구	부산경남	충북
1월	입구	877,254	170,263	201,276	80,856	165,175	267,737	429,389	97,312
	출구	847,532	175,603	200,016	89,515	173,842	273,049	493,857	103,897
	합계	1,724,786	345,866	401,292	170,371	339,017	540,786	923,246	201,209
2월	입구	1,329,893	166,203	269,682	97,010	208,652	326,997	562,365	130,550
	출구	1,344,678	165,585	270,476	96,796	204,778	324,878	614,463	130,127
	합계	2,674,571	331,788	540,158	193,806	413,430	651,875	1,176,828	260,677
3월	입구	796,125	129,747	178,933	76,866	148,616	235,200	383,878	88,240
	출구	784,370	120,946	(A)	70,473	142,802	229,455	427,964	88,284
	합계	1,580,495	250,693	368,770	147,339	291,418	464,655	811,842	176,524
4월	입구	1,440,804	200,675	323,506	115,247	246,275	376,630	632,185	158,199
	출구	1,458,573	205,770	317,214	118,425	241,658	373,550	700,794	157,781
	합계	2,899,377	406,445	640,720	233,672	487,933	750,180	1,332,979	315,980
5월	입구	1,401,879	182,167	292,252	104,636	222,764	346,168	590,987	143,138
	출구	1,418,588	182,342	292,962	105,028	218,311	343,465	648,285	143,015
	합계	2,820,467	364,509	585,214	209,664	441,075	(B)	1,239,272	286,153
6월	입구	1,422,256	189,989	297,017	108,490	226,826	353,130	596,513	144,845
	출구	1,418,955	190,165	304,309	108,575	221,638	350,307	650,528	150,228
	합계	2,841,211	380,154	601,326	217,065	448,464	703,437	1,247,041	295,073
7월	입구	1,225,622	186,357	281,469	108,737	220,930	335,453	558,325	133,477
	출구	1,218,912	195,917	278,573	117,347	222,136	337,306	628,716	136,819
	합계	2,444,534	382,274	560,042	226,084	443,066	672,759	1,187,041	270,296
8월	입구	1,494,277	207,305	333,092	118,883	247,440	384,335	647,836	165,239
	출구	1,506,097	214,059	327,373	121,611	244,325	380,634	716,998	162,648
	합계	3,000,374	421,364	660,465	240,494	491,765	764,969	1,364,834	327,887
9월	입구	1,522,890	209,003	348,190	(C)	274,400	387,011	659,494	173,506
	출구	1,454,156	223,921	307,495	141,858	300,677	406,270	753,828	177,603
	합계	2,977,046	432,924	655,685	262,013	575,077	793,281	1,413,322	351,109
10월	입구	1,365,396	185,237	284,053	106,423	221,457	343,433	589,124	140,787
	출구	1,373,907	183,662	294,584	102,525	212,936	337,136	637,495	146,677
	합계	2,739,303	368,899	578,637	208,948	434,393	680,569	1,226,619	287,464
11월	입구	1,330,700	224,967	318,298	121,082	250,388	373,390	599,396	154,953
	출구	1,319,940	229,957	312,926	131,359	252,598	376,340	678,105	160,497
	합계	2,650,640	454,924	631,224	252,441	502,986	749,730	1,277,501	315,450
12월	입구	1,482,263	208,736	312,785	109,929	227,249	361,565	621,554	156,841
	출구	1,499,732	209,119	313,252	109,545	220,998	358,904	684,394	156,536
	합계	2,981,995	417,855	626,037	219,474	448,247	720,469	1,305,948	313,377

[표2] 2021년 차종별 입출구 교통량 (단위: %)

구분	소형차_1종	중형차_2종	대형차_3종	대형화물차_4종	특수화물차_5종	경형자동차_6종
1월	81	3	4	3	4	5
2월	82	3	3	3	4	5
3월	82	3	3	3	4	5
4월	82	3	3	3	4	5
5월	84	2	3	3	4	4
6월	83	3	3	3	4	4
7월	83	3	3	3	4	4
8월	85	2	3	2	4	4
9월	84	2	3	3	4	4
10월	84	2	3	3	4	4
11월	83	3	3	3	4	4
12월	83	3	3	3	4	4

※ 단, 모든 권역별 교통량 비율은 위와 같다.

[표3] 2021년 고속도로 통행요금 (단위: 원)

출발지명	도착지명	1종	2종	3종	4종	5종	경차
서울	대전	8,200	8,400	8,700	11,300	13,200	4,100
서울	구미	11,400	11,600	12,100	15,800	18,600	5,700
서울	경주	17,000	17,300	17,900	23,700	27,900	8,500
대전	경주	11,500	11,800	12,200	16,000	18,800	5,750
대전	경산	9,200	9,300	9,700	12,600	14,800	4,600
양산	서울	19,600	20,000	20,800	27,500	32,300	9,800
부산	서울	18,600	19,000	19,700	26,100	30,700	9,300

※ 단, 도착지에서 출발지로 돌아오는 통행요금은 출발지에서 도착지로 가는 통행요금과 같다.
※ 주말 통행료 할증
- 대상: 1종 차량(승용차, 16인승 이하 승합차, 2.5t 미만 화물차), 경차/단, 경차는 1종 통행요금의 50% 할인 적용
- 토요일, 일요일, 공휴일 오전 7시부터 오후 9시까지 통행요금의 5%를 할증하여 100원 단위 수납(단, 50원 이하 버림, 50원 초과 올림)

46 주어진 자료에 대한 설명으로 옳지 않은 것을 고르면?

① 5월 부산경남으로 들어오는 경차의 10%가 서울에서 출발하여 부산에 도착한 차량일 때 부과된 총통행료는 2천만 원 이상이다.
② 8월 강원과 대전충남으로 들어오는 차량은 하루 평균 약 17,432대이다.
③ 10월 부산경남을 통행한 대형차 수는 약 36,799대이다.
④ 전월 대비 12월에 전체 통행량이 증가한 지역에서의 12월 경형자동차 통행 대수는 총 175,000대 이상이다.

47 주어진 자료를 바탕으로 {(A)+(C)}÷(B)×100의 값을 고르면?(단, 소수점 셋째 자리에서 반올림한다.)

① 44.95 ② 45.95 ③ 46.95 ④ 47.95

48 다음은 E사의 워크숍 일정이다. 아래와 같이 진행할 때, 주어진 자료를 바탕으로 정산해야 하는 고속도로 총통행료를 고르면?

- 날짜: 2022. 07. 08.(금)~09.(토)
- 장소: 대전(한국과학기술정보연구원), 경주(관광)
- 출발 장소: 서울 톨게이트
- 출발 시간: 오전 11시

[세부 일정]

구분	시간	내용	장소	비고
1일차	11:00~12:00	집결 및 출발	서울 톨게이트	팀별 이동
	12:00~13:00	점심식사	한국과학기술정보연구원 내 식당	–
	13:00~14:00	학회 참석	한국과학기술정보연구원	–
	14:00~15:00	자유 시간		
	15:00~18:00	숙소 이동	경주 H리조트	팀별 이동
	18:00~20:00	저녁식사	경주 H리조트 식당	–
	20:00~22:00	상반기 사업발표 및 행사	경주 H리조트 연회장	–
	22:00~	휴식 및 취침	경주 H리조트	–
2일차	08:00~10:00	기상 및 아침식사	경주 H리조트	–
	10:30~11:00	숙소 정리 및 이동	경주 보문단지	–
	11:00~13:00	경주 보문단지 관광	경주 보문단지	–
	13:00~14:00	점심식사	경주 보문단지 식당	–
	14:00~15:00	자유 시간		
	15:00~	집결 후 서울 이동	경주 보문단지 주차장	약 4시간 예상 팀별 이동 후 개별 해산

차량은 각 팀별로 개인 차량을 이용합니다.
주유비는 각 팀장의 법인카드로 결제하며, 이외의 결제금액은 영수증을 첨부하여 정산받도록 합니다. 팀별 차량 배정표를 아래와 같이 첨부합니다.

구분	운전자	차량 종류	총인원
인사팀	박○○ 사원	기아 레이(경차)	인사팀 3명
영업팀	송△△ 대리	기아 스포티지(1종)	영업팀 4명
개발팀	김□□ 차장	현대 싼타페(1종)	개발팀 3명
	이☆☆ 대리	현대 소나타(1종)	개발팀 2명, 영업팀 1명

① 128,450원 ② 131,200원 ③ 131,250원 ④ 131,400원

[49~50] 다음은 차량용 블랙박스 사용 시 상황별로 확인해야 하는 사항과 제품에 대한 보증 관련 내용을 정리한 자료이다. 이를 바탕으로 질문에 답하시오.

[블랙박스 사용 시 주의사항]

- 운전 중 제품을 응시하거나 조작하는 행위는 사고의 위험이 있으니 반드시 정차한 후 작동하여 주시기 바랍니다.
- 제품의 렌즈 앞 이물질 또는 스티커 등이 시야를 가리는 경우, 영상이 제대로 촬영되지 않을 수 있으므로 차량 전면부 및 후면부의 청결 상태를 항상 확인하여 주십시오.
- 본 제품은 카메라를 이용하는 장치이므로 터널 진출입 시와 같이 급격하게 밝기가 변하는 경우와 한낮에 역광이 아주 강한 경우, 한밤에 광원이 전혀 없는 극단적인 경우에는 녹화된 영상이 고르지 못할 수도 있습니다.
- 제품의 부착 위치를 변경할 경우 카메라 각도가 변경될 수 있으므로 제품 부착 후 카메라 각도를 조절하시고 녹화된 영상을 확인하여 주십시오.
- 제품 설치 후에는 카메라 각도 조절 외 무리한 힘을 가하여 장치를 움직이거나 충격을 주지 않도록 하십시오.
- 차량의 과도한 선팅으로 인해 영상녹화가 제대로 되지 않을 수 있습니다.
- 일정한 충격 이상에서 발생한 사고영상은 녹화되지 않을 수 있습니다.
- 큰 사고로 인해 제품 자체가 파손되거나 전원 연결이 끊어진 경우에는 사고영상은 녹화되지 않을 수 있습니다.
- 제품 구입 후 작동 여부 및 영상 녹화 상태를 반드시 확인 바랍니다.
- 블랙박스 동작 중 직사광선에 장시간 노출 시 차량 내부 온도가 상승하여 본 제품 전원이 꺼지면 영상이 저장되지 않을 수 있습니다.

[제품 상세 품질 보증 기준]

– 품질 보증기간: 블랙박스 구입일 기준 1년

– 유상 서비스기간: 품질 보증기간 경과 후로부터 1년

구분		내용	
		품질 보증기간 이내	유상 서비스기간 이내 (품질 보증기간 경과 후)
정상적인 사용 상태에서 발생한 성능 및 기능상 하자로 중요한 수리를 요할 때	구입 후 10일 이내 발생	무상 제품 교환	해당 없음
	구입 후 1개월 이내 발생	무상 제품 교환 또는 무상 수리	해당 없음
	하자 발생 시	무상 수리	유상 수리
	수리 불가능 시	무상 제품 교환	유상 제품 교환
	동일 부위 하자가 3회 발생 시	무상 제품 교환	유상 수리 또는 유상 제품 교환
	다른 부위 하자가 5회 발생 시	무상 제품 교환	유상 수리 또는 유상 제품 교환
	소비자가 맡긴 제품을 A/S센터가 분실 시	무상 제품 교환	무상 제품 교환
제품 구입 시 판매자의 운송 과정에서 발생한 피해		무상 제품 교환	해당 없음
판매자가 제품 설치 중 발생한 피해		무상 제품 교환	해당 없음

49 다음 중 새로 구입한 블랙박스의 영상이 제대로 녹화되지 않을 경우의 원인으로 가장 거리가 먼 것을 고르면?

① 블랙박스 렌즈 표면에 이물질이 묻어 있다.
② 제품의 사용 온도를 벗어난 환경에서 사용하였다.
③ 사고나 기타 이유로 인하여 충격을 받아 블랙박스의 부품 일부가 파손되었다.
④ 제품의 부착 위치가 잘못되어 카메라 각도가 변경되었다.

50 다음 중 블랙박스 품질 보증 기준에 따른 처리 결과가 나머지와 다른 경우를 고르면?

① 판매자가 블랙박스를 설치하는 과정에서 부품이 부서지는 피해가 발생하였고 품질 보증기간 이내에 수리 신청한 경우
② 1년 2개월 동안 정상적으로 사용 중인 블랙박스의 터치 기능 문제로 3회 수리 신청한 경우
③ 블랙박스를 구매하여 배달을 신청하였는데 며칠 후 운송 중에 물건이 파손되어 수리 신청한 경우
④ 유상 서비스기간이 3개월 남은 블랙박스를 정상적으로 사용하던 중 녹화 기능 이상으로 수리 신청했으나, A/S 센터 직원의 부주의로 의뢰 제품을 분실한 경우

[51~52] 다음 자료를 바탕으로 질문에 답하시오.

도로표지

1. 도로표지의 종류

도로표지는 도로이용자의 편의를 위해 설치하며 방향표지, 이정표지, 경계표지, 노선표지 및 기타표지로 구분된다.(도로의 노선 번호는 남북 방향이 홀수이고, 동서 방향이 짝수이다.)

※ 단, 도로표지는 관할 도로관리청이 설치하고, 교통안전표지(규제표지, 지시표지, 주의표지, 보조표지 및 신호등)는 관할 지방경찰청이 설치한다.

2. 도로의 종류별 노선 마크

도로 종류	노선 마크	주요 내용
고속국도	45	방패모양, 청색바탕 흰색 글씨
일반국도	46	타원형, 청색바탕 흰색 글씨
지방도	1023	직사각형, 황색바탕 청색 글씨
시도(일반)	66	팔각형, 흰색바탕 청색 글씨
시도(자동차전용)	70	팔각형, 흰색바탕 청색 글씨, 상단 붉은색 띠

3. 도로표지의 바탕색

1) 녹색바탕: 일반국도, 고속국도, 자동차전용도로 및 지방 지역의 도로
2) 청색바탕: 특별·광역시 및 일반시의 시도(단, 읍·면 지역은 녹색바탕)
3) 갈색바탕: 관광지표지

녹색바탕 도로표지 사례	청색바탕 도로표지 사례

[표지 설명] 1km 주행하면 45번째 나들목인 신갈분기점이 나오고, 50번 고속국도인 영동고속도로의 원주 방향과 인천 방향이 연결된다.	[표지 설명] 운전자는 현재 92번 시도에 있고, 직진하면 7번 고속국도 서초 IC이다. 우회전하면 47번 국도이며 과천과 연결되고, 좌회전하면 68번 자동차전용도로로 이수교차로로 연결된다.

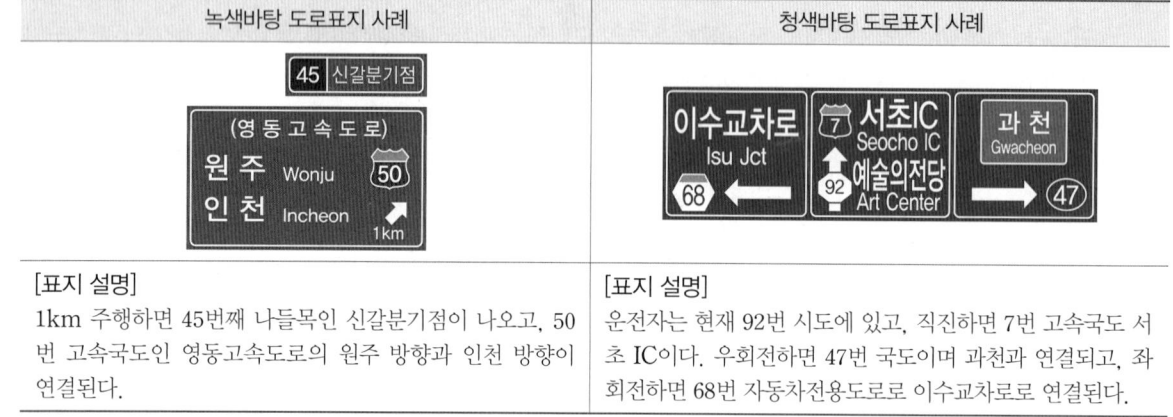

51 다음 중 도로표지에 대한 설명으로 옳지 않은 것을 고르면?

① 도로표지와 교통안전표지는 모두 관할 지자체 내에서 설치한다.
② 도로의 노선 마크를 통해 해당 도로표지가 설치된 지역 내의 도로 종류를 알 수 있다.
③ 도로표지의 바탕색은 표지판이 설치되는 지역의 인구나 규모에 따라 구분되는 것이 아니다.
④ 도로표지를 통해 현재 주행 중인 도로와 다음 이용할 도로의 종류를 알 수 있다.

52 김 씨는 운전을 하던 중 다음 [보기]와 같은 녹색바탕의 도로표지를 발견하였다. 도로표지를 보고 판단한 내용으로 적절하지 않은 것을 고르면?

보기

① '내가 현재 운행 중인 도로는 고속국도구나.'
② '2km 주행 후에 우측 나들목으로 진출하면 일반국도가 나오는구나.'
③ '현재 도로와 영동고속도로는 모두 동서 방향 도로구나.'
④ '수원은 44번째 나들목이구나.'

[53~55] 다음은 커피메이커 사용설명서이다. 이를 바탕으로 질문에 답하시오.

커피메이커 사용설명서

0. 커피메이커를 처음 사용하실 때에는 필터에 분쇄커피를 넣지 않고 물탱크에 물만 채운 후, 아래의 커피 만들기 과정(1~6)을 최소 두 번 진행해주세요. 제품 내부회로와 부속품을 세척하기 위함입니다. 반드시 커피 없이 물로만 진행해주세요.
1. 덮개를 열어주세요.
2. 물탱크에 찬물을 채우세요.
   - 물의 양은 물탱크 수위표시창의 숫자를 확인하면서 커피 잔 수에 맞게 채워주세요. 수위표시창의 숫자는 커피 잔 수를 의미합니다.
   - 물의 양은 표시된 MIN선 이상으로 붓되, MAX선을 넘지 않도록 하세요.
3. 물 분출구를 돌린 후 필터 홀더 안에 영구필터를 끼우세요.
4. 계량스푼을 사용하여 분쇄커피를 필터 안에 넣으세요.
   - 아래 표를 참고하여 분쇄커피를 넣으세요.

커피 잔 수(최대 5잔)	물탱크 표시창의 눈금	분쇄커피 양(계량스푼 수)
1	1(MIN)	1
2	2	2
3	3	3
4	4	4
5	5(MAX)	5

   - 취향에 따라 커피의 양을 조절하되, 계량스푼으로 5스푼을 초과하여 넣지 않도록 하세요.
   - 분쇄커피를 계량스푼에 담을 때에는 반드시 평평하게 펴서 담으세요.
   - 한 번에 만들 수 있는 용량을 넘기는 경우, 최대한 공평하게 나눠서 만드세요.
5. 덮개를 닫고 유리포트를 보온대 위에 놓으세요.
6. 전원 버튼을 누르세요.
   - 버튼의 표시등이 켜지고 알림음이 한 번 울리면 커피가 만들어지기 시작합니다. 커피 만들기가 완료되면 이 표시등은 꺼지고 알림음이 세 번 울립니다.
   - 커피가 만들어지는 동안 증기가 나오는 것은 정상입니다.

53 다음 중 커피메이커를 잘못 사용한 사람을 고르면?

① A: 물탱크 표시창 눈금의 3까지 찬물을 채우고, 필터 홀더 안에 영구필터를 끼웠다.
② B: 전원 버튼을 누르고 알림음이 한 번 울린 후에 유리포트를 꺼내 커피를 따라 마셨다.
③ C: 계량스푼으로 분쇄커피를 푼 후 좌우로 흔들어 넘치게 쌓여 있는 분쇄커피를 덜어냈다.
④ D: 커피메이커를 처음 사용할 때 분쇄커피 없이 물탱크에 물만 채워 커피 만들기 과정을 4번 반복했다.

54 커피메이커 사용 안내문을 다음 [보기]와 같이 제작했을 때, 수정해야 할 내용으로 옳지 않은 것을 고르면?(단, 커피메이커는 이미 안내문을 만든 사람이 몇 차례 사용하였다.)

보기

[1단계] 덮개를 열어주세요.
[2단계] 물탱크에 찬물을 채우세요.
[3단계] 물 분출구를 돌리고 영구필터를 끼우세요.
[4단계] 분쇄커피를 원하는 만큼 넣으세요.
[5단계] 유리포트를 보온대 위에 놓으세요.
[6단계] 덮개를 닫으세요.
[7단계] 전원 버튼을 누르세요.
[8단계] 알림음이 세 번 울릴 때까지 기다리세요.

① [5단계]와 [6단계]의 위치를 바꾼다.
② [2단계]에 찬물은 수위표시창의 1과 5 사이의 양만큼 넣어야 한다는 내용을 추가한다.
③ [4단계]에서 분쇄커피는 찬물을 넣은 양에 맞추어 넣는 것으로 수정한다.
④ 표시등을 끄고 유리포트를 꺼내 커피를 따라 마시라는 [9단계]를 추가한다.

55 김 씨는 손님 맞이를 위해 커피 12잔을 만들어야 하는 상황이 되었다. 커피메이커 사용설명서를 준수하면서 최대한 빨리 커피 12잔을 만들 때, 커피메이커를 한 번 사용할 때마다 물탱크 표시창의 눈금에 따라 분쇄커피를 얼마나 넣어야 하는지 고르면?(단, 커피 잔 수에 상관없이 커피가 만들어지는 속도는 커피메이커를 사용할 때마다 동일하다.)

① 1스푼 ② 2스푼 ③ 3스푼 ④ 4스푼

[56~58] 다음은 아리피프라졸 약제에 관한 자료이다. 이를 바탕으로 질문에 답하시오.

■ 개요

아리피프라졸은 정신병 치료제이다. 항정신병약이라고도 하며, 정신분열증과 양극성 장애 등 여러 가지 정신장애 치료에 사용된다. 정신병은 정신기능에 이상이 생긴 병적인 상태를 말한다. 그 중 정신분열증은 조현병이라고도 하며, 망상, 환청, 와해된 언어, 정서적 둔감 등의 증상과 더불어 사회적 기능에 장애를 일으킬 수도 있는 정신과 질환이다. 양극성 장애는 조울증이라고도 하며, 기분이 들뜨는 조증이 나타나기도 하고 기분이 가라앉는 우울증이 나타나기도 하는 기분 장애의 질환이다. 정신병은 뇌에서 신경전달물질이 과도하게 활성화되어 환상이나 환각이 일어난다고 알려져 있다. 정신병 치료제는 신경전달물질의 활성을 억제하는 약물이며, 정형(typical) 치료제와 비정형(atypical) 치료제로 구분된다. 정형 치료제는 1세대 정신병 치료제라고도 하며, 추체외로증상, 고프로락틴혈증 등의 부작용이 빈번히 나타나는 반면, 2세대 또는 3세대 정신병 치료제라고도 불리는 비정형 치료제는 그러한 부작용이 적다. 아리피프라졸은 비정형 정신병 치료제에 속한다.

■ 종류

아리피프라졸은 경구약과 주사제가 있는데 경구약은 정신분열증과 양극성 장애 외에도 기존 항우울제에 효과가 나타나지 않는 성인 주요 우울장애 환자에게 추가적으로 투여되기도 한다. 또한 소아의 자폐 장애에서 나타나는 과민증(청각 등 외부 자극에 대해 민감함)과 뚜렛 장애의 치료에도 사용된다.

■ 용법

아리피프라졸은 제형과 적응증에 따라 투여할 수 있는 연령과 용법이 달라진다. 적응증에 따른 아리피프라졸의 용법은 다음과 같다.

<table>
<tr><th>제형</th><th>적응증</th><th>연령</th><th>용법</th></tr>
<tr><td rowspan="9">경구약</td><td rowspan="2">정신분열증</td><td>성인</td><td>• 시작용량: 1회 10~15mg, 1일 1회(증량 시 2주 이상 간격을 두고 증량)
• 권장용량: 1일 10~30mg
• 유지요법: 1일 15mg(3개월 이상 다른 항정신병약 투여로 안정된 환자)</td></tr>
<tr><td>청소년
(13~17세)</td><td>• 시작용량: 1일 2mg 2일간 → 5mg 2일간 → 10mg으로 증량
• 권장용량: 1일 10mg
• 유지요법: 평가되지 않았음</td></tr>
<tr><td rowspan="2">양극성 장애</td><td>성인</td><td>• 시작용량: 1회 15mg, 1일 1회(1일 30mg까지 증량 가능)
• 유지요법: 단독요법으로 1일 15mg 또는 30mg(최소 6주 이상 투여로 안정화된 환자)</td></tr>
<tr><td>소아
(10~17세)</td><td>• 시작용량: 1일 2mg 2일간 → 5mg 2일간 → 10mg으로 증량. 그 이후는 필요 시 5mg 단위로 증량
• 단독요법 시 권장용량은 1일 10mg, 1일 1회
• 유지요법: 평가되지 않았음</td></tr>
<tr><td>주요 우울장애
치료의
부가요법제</td><td>성인</td><td>• 시작용량: 1회 2~5mg, 1일 1회(1주일 이상의 간격으로 5mg 이하의 용량 범위에서 증량)
• 권장용량: 1일 2~15mg
• 유지요법: 평가되지 않았음</td></tr>
<tr><td>자폐성 장애와
관련된 과민증</td><td>소아
(6~17세)</td><td>• 시작용량: 1일 2mg이고, 1일 5mg까지 증량(1주 이상 간격을 두고 증량)
• 권장용량: 1일 5~15mg
• 유지요법: 평가되지 않았음</td></tr>
<tr><td>뚜렛 장애</td><td>소아
(6~18세)</td><td>• 시작용량: 1일 2mg(2주 이상 간격을 두고 5mg 단위로 증량)
• 권장용량: 1일 2~20mg
• 유지요법: 평가되지 않았음</td></tr>
<tr><td>주사제</td><td>정신분열증,
양극성 장애</td><td>성인</td><td>• 시작 및 유지용량: 1회 400mg, 1개월에 1회 투여(투여 간격은 26일 이상)</td></tr>
</table>

56 다음 중 아리피프라졸에 대한 설명으로 옳지 않은 것을 고르면?

① 정형 치료제와 비정형 치료제로 구분된다.
② 신경전달물질의 활성을 억제하는 약물이다.
③ 경구약은 정신분열증과 양극성 장애 외에도 다양하게 사용된다.
④ 추체외로증상, 고프로락틴혈증 등의 부작용이 1세대 정신병 치료제에 비해 적게 나타난다.

57 다음 중 아리피프라졸의 용법을 지키지 않은 사례를 고르면?

① 양극성 장애를 앓는 성인이 첫날 400mg을 주사제로 투여하고, 20일 동안 추가 투여하지 않았다.
② 뚜렛 장애를 앓는 소아가 첫날 2mg을 경구약으로 복용하고, 1달 후에는 하루에 7mg씩 복용하였다.
③ 정신분열증을 앓는 성인이 첫날 10mg을 경구약으로 복용하고, 둘째 날부터 하루에 15mg씩 복용하였다.
④ 양극성 장애를 앓는 소아가 첫날 2mg을 경구약으로 복용하고, 1주일 후에는 하루에 10mg씩 복용하였다.

58 다음 [보기]의 환자와 약사의 질의응답에서 빈칸 ㉠에 들어갈 가장 알맞은 내용의 문장을 고르면?

보기
- **환자:** 안녕하세요, 제가 평소에 우울증을 앓고 있는데 기존에 먹던 항우울제의 효과가 요즘 많이 떨어졌습니다.
- **약사:** 그럴 때 아리피프라졸을 사용하면 효과가 있는 경우도 있어요. 환자분 나이가 어떻게 되시나요?
- **환자:** 지금 만 25세에요.
- **약사:** 그러면 처방이 가능하겠네요. (㉠)

① 첫날에는 3mg씩 복용하시고, 그 뒤부터는 하루에 7mg씩 복용하세요.
② 첫 1주일 동안은 하루에 1mg씩 복용하시고, 그 뒤부터는 하루에 5mg씩 복용하세요.
③ 첫 1주일 동안은 하루에 2mg씩 복용하시고, 그 뒤부터는 하루에 10mg씩 복용하세요.
④ 첫 1주일 동안은 하루에 5mg씩 복용하시고, 그 뒤부터는 하루에 9mg씩 복용하세요.

[59~60] 다음은 P믹서기 사용설명서이다. 이를 바탕으로 질문에 답하시오.

■ 사용 방법

1. 칼날의 탈/부착
   - 칼날의 부착: 칼날축에 용도에 맞는 칼날을 끼운 다음 안전칼날조임 볼트로 고정시켜 줍니다. 이때, 칼날카프링을 손으로 잡아 단단하게 고정시킵니다.
   - 칼날의 탈착: 전원이 꺼지고 칼날 회전이 멈추면 뚜껑을 열고 안전칼날조임 볼트를 푼 후 칼날 손잡이를 위로 잡아 당기면 분리됩니다.

2. 본체와 용기(스테인레스) 탈/부착 방법
   - 용기를 본체에 넣고 시계 방향으로 돌리면 결합됩니다.
   - 용기를 반시계 방향으로 돌리면 용기와 본체가 분리됩니다.

3. 용기와 뚜껑의 탈/부착 방법
   - 용기와 뚜껑걸이를 먼저 맞춘 후에 뚜껑 뒷부분을 딸깍 소리가 날 때까지 눌러주면 뚜껑이 닫힙니다.
   - 뚜껑을 분리할 때는 뚜껑 뒷면 접합부의 버튼을 누르면 뚜껑이 열립니다.

4. 전원연결
   - 사용하기 전에 전원을 연결합니다.
   - 플러그를 콘센트에 연결하기 전에 반드시 220V인지 확인하십시오.

5. 기능 선택
   - 재료에 알맞은 기능을 선택하여 버튼(정지, 분쇄, 믹서, 커트)을 눌러 작동하여 주십시오.

구분	칼날	가공 음식 용도	규정량
분쇄 (갈기)	S자형 코팅날	콩, 쌀, 율무, 보리, 옥수수, 마른고추, 땅콩, 마른멸치, 새우, 다시마, 엿기름, 원두커피	500ml 이하
믹서		물·우유 등 액체를 혼합할 때, 사과, 복숭아, 바나나, 당근, 수삼, 과일류, 야채류	1,500ml 이하
커트 (다지기)	톱날형 코팅날	마늘, 생고추, 양파, 감자, 무, 당근, 피망, 오이, 젓갈류, 반죽류	700ml 이하

   - 3분 사용 후 5분 휴식을 권장하며, 연속 사용 시 3회 한정으로 사용하여 주십시오.

■ 손질 방법

1. 사용하신 후에는 사용하신 용기에 물을 반만 담아 본체에 연결한 후 10초간 순간 동작을 하면 칼날부 밑에 낀 찌꺼기나 용기에 묻어 있던 음식찌꺼기를 쉽게 세척할 수 있습니다.
   ※ 손질 또는 세척을 위해 칼날부를 분해하거나 철수세미 또는 철 브러쉬 등으로 닦지 마십시오. 제품 손상 및 칼날 등 날카로운 부품에 의해 부상의 위험이 있습니다.
2. 본체는 미지근한 물과 소량의 중성세제를 부드러운 천이나 행주에 약간 묻혀 닦아주세요. 특히 용기는 수세미로 세척하면 용기의 투명성을 보존할 수 없으니 사용을 금지하여 주십시오.
   ※ 본체에는 물 또는 기타 액체를 뿌리거나 담그지 마십시오. 감전이나 화재의 원인이 됩니다.
3. 칼날부는 흐르는 물에 비스듬히 하여 부드러운 솔을 이용하여 가볍게 닦아 주십시오.
   ※ 물속에 담글 경우 부품 속에 물이 들어가 녹슬음으로 인한 제품 손상이 발생할 수 있습니다.

■ 보관 방법

1. 보관 시에는 화기나 직사광선을 피하고 통풍이 잘 되는 곳에 보관하십시오.

2. 칼날부를 보관할 시에는 깨끗이 세척한 후 반드시 물기를 잘 닦아 완전히 말린 후에 보관하십시오.(물기가 남아있으면 부식의 원인이 되며, 사용상의 부주의로 인한 손상은 보증기간 내에라도 무료 A/S를 받으실 수 없습니다.)
※ 제품 보관 시 칼날은 용기와 함께 조립하여 보관하십시오.

■ 수리 문의

본 제품은 구입일로부터 가산하여 품질 보증기간 내에 정상적으로 사용한 상태에서 자연 발생한 고장에 대해서 일체의 비용을 받지 않고 무상으로 수리해 드립니다.

- 본 제품의 품질 보증기간은 구입하신 날로부터 1년입니다.
- 소비자의 과실로 인한 안전사고는 책임지지 않습니다.
- 사용 중 정상 마모되는 소모성 부품에 대하여는 품질 보증기간에 관계없이 부품대금을 받습니다.

■ 유상 서비스 안내

다음의 경우에는 실비의 수리비와 부품대금을 받습니다.

1. 품질 보증기간이 경과한 경우
2. 보증서를 분실 또는 수탁 판매점의 도장이 없을 경우
3. 사용자의 취급 부주의로 인한 경우
4. 지정대리점 및 서비스 기사가 아닌 다른 사람이 수리하여 고장이 난 경우
5. 제품보증서 기재사항 무단 변경 시

59 **다음 중 P믹서기를 잘못 사용한 사람을 고르면?**

① A: 본체와 용기를 세척할 때에는 수세미를 사용하지 않았다.
② B: 한 번 사용할 때 휴식 시간을 포함하여 19분을 초과하지 않았다.
③ C: 믹서기를 사용한 후에 칼날을 흐르는 물에 닦아내어 완전히 말린 후 용기와 따로 분리하여 보관하였다.
④ D: 사과 주스를 만들기 위해 S자형 코팅날을 달고, 1,000ml 정도의 내용물을 담은 후에 믹서 버튼을 눌렀다.

60 **다음 중 무상 수리를 받을 수 있는 사람을 고르면?**(단, 언급되지 않은 조건은 모두 무상 수리 조건을 만족한다고 가정한다.)

① A: 2020년 3월에 P믹서기를 구매하여 사용하다가 칼날이 마모되어 2021년 1월에 지정대리점에 수리를 신청했다.
② B: 2020년 4월에 P믹서기를 구매하여 사용하다가 원인 미상으로 퓨즈가 나가 2021년 8월에 지정대리점에 수리를 신청했다.
③ C: 2020년 9월에 P믹서기를 구매하여 사용하다가 조리 후 남은 물기로 칼날 접합부가 부식되어 2021년 8월에 지정대리점에 수리를 신청했다.
④ D: 2020년 5월에 P믹서기를 구매하여 사용하다가 본체와 용기가 잘 맞지 않아 2021년 1월에 지정대리점에 수리를 신청하였지만, 동일한 문제가 다시 발생하여 2021년 2월에 재신청하였다.

작은 문제를 해결해 나가면
큰 문제는 저절로 해결될 것이다.

– 디어도어 루빈

최신판

ex

한국도로공사

실전모의고사

| 직무수행능력평가 |

구분		문항/시간	출제 과목
행정직	경영	40문항/50분	경영학원론, 회계학(중급회계), 경제학원론
기술직	토목(일반)		도로공학, 응용역학, 철근 및 P.S콘크리트공학, 토질 및 기초공학

※ 직무수행능력평가는 출제 과목 구분 없이 하나의 문제지로 출제되었고, 오지선다형으로 출제되었습니다.
※ 오답 감점은 없으며, 각 문제는 하나의 정답으로 이루어져 있습니다.
※ 경영의 경우 2022년 상반기 기출 키워드를 바탕으로 재구성한 기출변형 문제가 포함되어 있습니다.
※ 지원하시는 직군에 따라 전공 과목을 선택하여 풀이하시기 바랍니다.

eduwill

직무수행능력평가 경영

정답과 해설 P. 61

2022년 상반기 기출변형

01 다음 글에서 평가자가 인사평가 시 주의해야 할 오류(errors)는 무엇인지 고르면?

> 평가자가 인사평가 시 특정 분야에 있어서의 피평가자에 대한 호의적 또는 비호의적인 인상이 다른 분야에 있어서의 그 피평가자에 대한 평가에 영향을 미치는 인사평가 오류를 뜻한다.

① 상동적 태도(Stereotyping)
② 대비오류(contrast errors)
③ 관대화 경향(Leniency errors)
④ 근접오류(Proximity errors)
⑤ 현혹효과(Halo effect)

2022년 상반기 기출변형

02 다음 중 표본추출법의 유형에 대한 설명으로 옳지 않은 것을 고르면?

① 단순무작위표본추출법에서는 모집단의 모든 원소가 알려져 있고 선택될 확률이 같다.
② 층화표본추출방법은 모집단이 상호 배타적인 집단으로 나누어지며, 각 집단에서 무작위표본이 도출되는 방식이다.
③ 편의표본추출방식은 조사자가 가장 얻기 쉬운 모집단 원소를 선정하는 방식이다.
④ 판단표본추출방식은 조사자가 모집단을 상호 배타적인 몇 개의 집단으로 나누고 그 중에서 무작위로 추출하는 방식이다.
⑤ 할당표본추출방식은 몇 개의 범주 각각에서 사전에 결정된 수만큼의 표본을 추출하는 방식이다.

2022년 상반기 기출변형

03 다음 중 동기부여에 대한 설명으로 옳지 않은 것을 고르면?

① 매슬로우(A. Maslow)의 욕구단계이론은 만족진행모형이며, 자아실현욕구는 최상위 요구로 결핍-충족의 원리가 적용되지 않는다.
② 맥클리랜드(D. McClelland)의 성취동기이론에서 권력욕구가 강한 사람은 타인에게 영향력을 행사하고, 인정받는 것을 좋아한다.
③ 스키너(B. Skinner)의 강화이론에서 비난, 징계 등과 같은 불쾌한 자극을 제거함으로써 바람직한 행동을 강화하는 것을 소거(extinction)라고 한다.
④ 알더퍼(C. Alderfer)의 ERG이론에서 관계욕구와 성장욕구가 동시에 발현될 수 있다.
⑤ 브룸(V. Vroom)의 기대이론에서 기대감, 수단성, 유의성 등이 중요한 동기부여 요소이다.

04 다음 중 집단의사결정기법에 대한 설명으로 옳은 것을 고르면?

① 브레인스토밍(brainstorming)은 새로운 아이디어에 대하여 무기명 비밀투표로 서열을 정하는 방법이다.
② 지명반론자법(devil's advocate method)은 구성원들이 여러 이해관계자를 대표하여 토론하는 방법이다.
③ 델파이법(Delphi method)은 전문가들의 면 대 면 토론을 통해 최적 대안을 선정한다.
④ 변증법적 토의법(dialectical inquiry model)은 구성원들이 대안에 대하여 공개적으로 찬성 혹은 반대하는 것을 금한다.
⑤ 명목집단법(nominal group technique)은 대안의 우선순위를 정하기 전에 구두로 지지하는 이유를 설명하는 것을 허용한다.

2022년 상반기 기출변형

05 기업의 전략적 의사결정을 위한 산업의 경쟁요인에 해당하지 않는 것을 [보기]에서 모두 고르면?

보기

㉠ 구매자의 교섭력	㉡ 공급자의 협상력
㉢ 정부의 통화정책	㉣ 미래의 잠재적 경쟁자
㉤ 유망기술	㉥ 보완재의 고려

① ㉠, ㉢
② ㉡, ㉢
③ ㉢, ㉤
④ ㉢, ㉤, ㉥
⑤ ㉣, ㉤, ㉥

2022년 상반기 기출변형

06 다음 중 노동조합과 노사관계에 대한 설명으로 옳지 않은 것을 고르면?

① 에이전시숍(agency shop)은 조합원이든 아니든 모든 종업원에게 조합회비를 징수하는 제도이다.
② 노사관계는 생산의 측면에서 보면 협조적이지만, 생산의 성과배분 측면에서 보면 대립적이다.
③ 노동조합의 경제적 기능은 사용자에 대해 직접 발휘하는 노동력의 판매자로서의 교섭기능이다.
④ 일반적으로 노동조합은 오픈숍(open shop) 제도를 확립하려고 노력하고, 사용자는 클로즈드숍(closed shop)이나 유니언숍(union shop) 제도를 원한다.
⑤ 노사 간에 대립하는 문제들이 단체교섭을 통해 해결되지 않으면 노사 간에는 분쟁상태가 일어나고, 양 당사자는 자기의 주장을 관철하기 위하여 실력행사에 들어가는데 이것을 '노동쟁의(labor disputes)'라고 한다.

2022년 상반기 기출변형

07 다음 중 신제품 개발 프로세스에 대한 설명으로 옳은 것을 고르면?

① 신제품 개발 순서는 소비자요구분석 → 아이디어창출 → 제품콘셉트도출 → 마케팅전략수립 → 사업성분석 → 시제품검증 → 시장테스트 등의 순서로 이루어진다.
② 아이디어 창출단계에서 많은 수의 아이디어 창출이 중요하므로 질문지법, 관찰법, 중요사건기록법 등을 활용한다.
③ 제품콘셉트 개발단계에서 시제품을 만든다.
④ 신제품콘셉트는 아이디어를 소비자가 사용하는 언어나 그림 등을 통하여 추상적으로 표현한 것이다.
⑤ 시장테스트는 제품 출시 후에 소규모로 실시된다.

2022년 상반기 기출변형

08 다음 중 핵크만과 올드햄(Hackman&Oldham)의 직무특성이론에 대한 설명으로 옳지 않은 것을 고르면?

① 다양한 기술을 요하도록 직무를 설계함으로써, 직무수행자가 해당 직무에서 의미감을 경험하게 한다.
② 업무에 자율성을 부여함으로써, 직무수행자가 해당 직무에서 책임감을 경험하게 한다.
③ 도전적인 목표를 제시함으로써, 직무수행자가 해당 직무에서 성장욕구와 성취감을 경험하게 한다.
④ 직무수행과정에서 결과의 피드백을 제공함으로써, 직무수행자가 해당 직무에서 직무수행 결과에 대한 지식을 가지게 한다.
⑤ 과업의 중요성을 높여줌으로써, 직무수행자가 해당 직무에서 의미감을 경험하게 한다.

2022년 상반기 기출변형

09 **다음 중 투크만(B. Tuckman) 집단 발달의 5단계 모형에서 집단구성원들 간에 집단의 목표와 수단에 대해 합의가 이루어지고 응집력이 높아지며, 구성원들의 역할과 권한관계가 정해지는 단계를 고르면?**

① 형성기(forming)
② 성과달성기(performing)
③ 규범기(norming)
④ 격동기(storming)
⑤ 해체기(adjourning)

2022년 상반기 기출변형

10 **다음 중 제품의 수명주기에 따른 일반적인 유통경로전략에 대한 설명으로 옳지 않은 것을 고르면?**

① 도입기에는 소수의 중간상들에게만 제품을 공급하는 선택적 유통전략을 채택하는 경향이 있다.
② 도입기에는 수요의 불확실성으로 자사 제품을 취급하려는 중간상을 찾는 데 어려움이 있을 경우에는 전속적 유통전략을 이용하기도 한다.
③ 성장기에는 제품을 널리 보급하기 위해 전속적 유통전략을 이용한다.
④ 성숙기에서의 기본적인 유통목표는 유통집약도를 지속적으로 강화 및 유지하는 것이다.
⑤ 쇠퇴기가 되면 불량중간상과의 거래를 중단함으로써 자사제품을 취급하는 중간상의 수를 줄여나간다.

2022년 상반기 기출변형

11 **다음 중 인사선발도구에 대한 설명으로 옳지 않은 것을 고르면?**

① 동일한 피평가자를 반복 평가하여 비슷한 결과가 나타나는 것은 신뢰성(reliability)과 관련이 있다.
② 신입사원의 입사시험 성적과 입사 이후 업무성과의 상관관계를 조사하는 방법은 선발도구의 예측타당성(predictive validity)과 관련이 있다.
③ 평가도구의 신뢰성(reliability)이 확보된다고 해서 타당성(측정의 정확성)을 확보할 수 있는 것은 아니다.
④ 평가도구가 얼마나 평가목적을 잘 충족시키는가는 타당성(validity)과 관련이 있다.
⑤ 선발도구의 타당성(validity)을 측정하는 방법에는 내적 일관성(internal consistency) 측정 방법, 양분법(split half method), 시험 재시험(test－retest) 방법 등이 있다.

2022년 상반기 기출변형

12 다음 중 식스시그마와 관련된 내용으로 옳지 않은 것을 고르면?

① 매우 높은 품질을 확보하기 위한 품질경영 혁신활동이다.
② 품질규격을 벗어날 확률은 1백만 개 중 3.4개(3.4DPMO) 수준이 된다.
③ '정의－분석－측정－개선－통제'의 프로세스를 거쳐 최종적으로 식스시그마 기준에 도달하는 것을 목표로 한다.
④ 모토로라(Motorola)가 시작해서 GE에 의해 널리 확대되었다.
⑤ 마스터 블랙벨트는 블랙벨트와 같은 품질요원의 양성교육을 담당하고 블랙벨트를 지도, 지원하는 역할을 한다.

2022년 상반기 기출변형

13 다음 중 마케팅 조사 시 표본선정에 대한 설명으로 적절하지 않은 것을 고르면?

① 표본추출과정은 '모집단의 설정 → 표본프레임의 결정 → 표본추출방법의 결정 → 표본크기의 결정 → 표본추출'의 순서로 이루어진다.
② 표본의 크기가 커질수록 조사비용과 조사시간이 증가하며, 표본오류 또한 증가한다.
③ 비표본오류에는 조사현장의 오류, 자료기록 및 처리의 오류, 불포함 오류, 무응답 오류가 있다.
④ 층화표본추출은 확률표본추출로, 모집단을 서로 상이한 소집단들로 나누고 이들 각 소집단들로부터 표본을 무작위로 추출하는 방법이다.
⑤ 표본틀(sample frame)이란 모집단에 포함된 조사대상자들의 명단이 수록된 목록을 의미한다.

2022년 상반기 기출변형

14 표면이자율 연 10%, 이자 연 1회 지급, 만기 30년인 채권은 갑(甲) 기업의 유일한 부채이고, 이는 현재 액면가에 거래되고 있으며 부채비율은 0.5이다. 이 기업의 가중평균자본비용(WACC)은 12%이고 법인세율(tax rate)은 20%라 할 때, 갑(甲) 기업의 자기자본비용을 고르면?

① 8%　② 10%　③ 13%
④ 14%　⑤ 15%

2022년 상반기 기출변형

15 자본자산가격결정모형(Capital Asset Pricing Model)에 따르면 무위험이자율이 3%이고, 시장의 위험프리미엄은 9%, 시장포트폴리오의 분산(위험)은 0.3, 시장포트폴리오와 개별주식 A간의 공분산은 0.5일 때, 주식 A의 기대수익률을 고르면?

① 12% ② 13% ③ 15.5%
④ 16.5% ⑤ 18%

2022년 상반기 기출변형

16 다음 중 재무관리 목표를 달성하기 위한 재무관리자의 역할이 아닌 것을 고르면?

① 자본예산과 관련된 투자의사결정
② 자본의 최적배합을 위한 자본조달결정
③ 정확한 현금흐름의 회계처리
④ 이익의 최적배분을 위한 배당결정
⑤ 기업목표 달성을 통한 주주부의 극대화

2022년 상반기 기출변형

17 주식시장의 두 자산 A와 B의 기대수익률과 표준편차는 다음 [표]와 같다. 시장에서 CAPM이 성립하고 차익거래의 기회가 없다고 가정할 때, 옳지 않은 것을 고르면?

[표] 자산 A와 B의 기대수익률과 표준편차 (단위: %)

자산	기대수익률	표준편차
A	12	6
B	11	16

① 자산 A의 베타가 자산 B의 베타보다 크다.
② 자산 A의 비체계적위험이 자산 B의 비체계적위험보다 작다.
③ 무위험자산과 자산 A를 각각 40%와 60%의 비율로 구성한 포트폴리오의 표준편차는 2.4%이다.
④ 무위험이자율이 4.5%인 경우, 자산 A의 샤프지수는 1.25이다.
⑤ 시장포트폴리오의 표준편차가 5%인 경우, 자산 A의 베타는 1.2보다 크지 않다.

2022년 상반기 기출변형

18 **각 채권의 액면가는 10만 원이고, 현재 이자율이 8%인 경우, 다음 [표]의 채권 A와 채권 B의 듀레이션 차이는 얼마인지 고르면?**(단, 채권의 현재가치는 소수점 첫째 자리에서 반올림하고, 듀레이션은 소수점 둘째 자리에서 반올림한다.)

[표] 채권 A와 B의 잔존 만기 및 액면이자율

(단위: %)

구분	잔존 만기	액면이자율
채권 A	3년	12
채권 B	영구채	6

① 9.5년 ② 9.8년 ③ 10.8년
④ 11.2년 ⑤ 11.8년

2022년 상반기 기출변형

19 **㈜ABC의 매출액이 10% 증가할 경우 주당순이익(EPS)은 30% 증가한다고 한다. ㈜ABC의 재무레버리지(DFL)가 1.5이고, 단위당 공헌이익(UCM)이 500원이며 생산량이 1,000개 일 때, ㈜ABC의 고정비용은 얼마인지 고르면?**

① 200,000원 ② 230,000원 ③ 250,000원
④ 300,000원 ⑤ 320,000원

2022년 상반기 기출변형

20 **㈜서울은 만기가 1년이고, 기초자산의 행사가격이 ₩100,000인 유럽형(European) 콜옵션과 풋옵션을 발행하였다. ㈜서울의 현재 KOSPI 주가는 ₩100,000이고, 액면가액이 ₩10,000인 1년 만기 무위험채권의 가격은 ₩9,000이다. 현재 거래소에서 콜옵션의 가격이 ₩20,000일 때, 풋옵션의 가격은 얼마인지 고르면?**(단, Put-Call Parity를 이용하도록 한다.)

① ₩10,000 ② ₩15,000 ③ ₩20,000
④ ₩25,000 ⑤ ₩30,000

2022년 상반기 기출변형

21 무형자산에 대한 내용으로 옳은 것을 [보기]에서 모두 고르면?

보기

㉠ 내용연수가 비한정인 경우, 내용연수를 20년으로 추정하여 상각한다.
㉡ 연구에 대한 지출은 발생시점에 비용으로 인식한다.
㉢ 무형자산의 회계정책으로 원가모형이나 재평가모형을 선택할 수 있다.
㉣ 사업개시활동에 대한 지출, 교육훈련비에 대한 지출은 무형자산으로 인식할 수 있다.

① ㉠, ㉡
② ㉠, ㉢
③ ㉡, ㉢
④ ㉡, ㉢, ㉣
⑤ ㉠, ㉡, ㉢, ㉣

2022년 상반기 기출변형

22 ㈜ABC는 2021년 말 ㈜XYZ를 인수·합병하였는데, 인수·합병 당시 ㈜XYZ의 재무상태표는 다음 [표]와 같다. ㈜ABC가 합병대가로 ㈜XYZ에 지급한 금액은 ₩16,000,000이었다. ㈜ABC가 장부에 기록할 영업권은 얼마인지 고르면?

[표] ㈜XYZ의 재무상태표(2021. 12. 31. 기준)

자산	장부가액	공정가액	부채 및 자본	장부가액	공정가액
매출채권	₩2,400,000	₩2,400,000	매입채무	₩2,200,000	₩2,200,000
재고자산	₩1,800,000	₩5,000,000	자본금	₩4,000,000	
유형자산	₩6,000,000	₩8,800,000	이익잉여금	₩4,000,000	
자산총계	₩10,200,000		부채 및 자본총계	₩10,200,000	

① ₩1,000,000
② ₩1,500,000
③ ₩2,000,000
④ ₩2,500,000
⑤ ₩2,800,000

05 직무수행능력평가

2022년 상반기 기출변형

23 ㈜서울은 발행일이 20X1년 1월 1일인 액면금액 ₩20,000,000의 사채를 20X1년 7월 1일에 발행하였다. 사채의 액면이자율은 10%(매년 말 지급)이고, 사채의 만기는 20X3년 12월 31일이다. 사채권면상 발행일과 실제발행일의 시장이자율이 12%로 동일하다면, 이 사채와 관련하여 ㈜서울이 20X1년 말 인식할 이자비용은 얼마인지 고르면?(단, 사채발행과 관련한 비용은 없으며, 3기간, 12%의 현재가치계수와 연금의 현재가치계수는 각각 0.7118, 2.4018이다.)

① ₩1,000,000
② ₩1,056,498
③ ₩1,112,996
④ ₩1,142,376
⑤ ₩1,284,752

2022년 상반기 기출변형

24 다음 중 일반기업회계기준서에서의 수익인식과 관련된 설명으로 옳지 않은 것을 고르면?

① 수익금액은 일반적으로 판매자와 구매자 또는 자산의 사용자 간의 합의에 따라 결정되며, 판매자에 의해 제공된 매매할인 및 수량리베이트를 고려하여 받았거나 받을 대가의 공정가치로 측정한다.
② 보험대리인이 추가로 용역을 제공할 필요가 없는 경우에 보험대리인은 대리인이 받았거나 받을 수수료를 해당 보험의 효과적인 개시일 또는 갱신일에 수익으로 인식한다.
③ 제품판매가격에 제품판매 후 제공할 용역에 대한 식별가능한 대가가 포함되어 있는 경우에는 그 금액을 이연하여 용역수행기간에 걸쳐 수익으로 인식한다.
④ 용역제공거래의 성과를 신뢰성 있게 추정할 수 없고, 발생한 원가의 회수가능성이 높지 않은 경우에는 수익은 인식하지 아니하고, 발생한 원가를 비용으로 인식한다.
⑤ 이자, 배당금, 로열티 등의 수익은 수익금액을 신뢰성 있게 측정할 수 있거나, 경제적 효익의 유입 가능성이 매우 높을 때 인식한다.

2022년 상반기 기출변형

25 다음 중 회계정책, 회계추정의 변경 및 오류에 대한 설명으로 옳지 않은 것을 고르면?

① 전기오류의 수정은 오류가 발견된 기간의 이익잉여금의 증감으로 보고한다.
② 당기에 미치는 회계추정의 변경효과는 당기손익으로 인식하고 미래기간에 미치는 회계추정의 변경효과는 당기의 기타포괄손익으로 인식한다.
③ 회계정책의 변경과 회계추정의 변경을 구분하는 것이 어려운 경우에는 이를 회계추정의 변경으로 보아 전진적으로 적용한다.
④ 우발상황의 결과에 따라 인식되는 손익은 오류의 수정에 해당하지 않는다.
⑤ 측정기준의 변경은 회계추정의 변경이 아니라 회계정책의 변경에 해당한다.

2022년 상반기 기출변형

26 ㈜서울은 20X1년 1월 1일에 임직원 200명에게 각각 주식선택권 100개를 부여하였다. 각 주식선택권은 임직원이 향후 3년 간 근무할 것을 조건으로 한다(1주당 액면가액 ₩100, 1주당 행사가액 ₩120). 주식선택권 부여일 현재 주식선택권의 단위당 공정가치는 ₩40으로 추정되었다. ㈜서울은 가중평균확률에 기초하여 임직원 중 25%가 부여일로부터 3년 이내 퇴사하여 주식선택권을 상실할 것으로 추정하였다. 20X2년 말 ㈜서울이 인식할 주식선택권에 대한 보상원가는 얼마인지 고르면?

① ₩100,000　② ₩120,000　③ ₩180,000
④ ₩200,000　⑤ ₩230,000

2022년 상반기 기출변형

27 다음 중 기업회계기준서 제1116호 '리스(lease)'에 대한 설명으로 옳지 않은 것을 고르면?

① 리스기간이 12개월 이상이고 기초자산이 소액이 아닌 모든 리스에 대하여 리스이용자는 자산과 부채를 인식하여야 한다.
② 일부 예외적인 경우를 제외하고, 단기리스나 소액 기초자산 리스를 이용하는 리스이용자는 해당 리스에 관련되는 리스료를 리스기간에 걸쳐 정액 기준이나 다른 체계적인 기준에 따라 비용으로 인식할 수 있다.
③ 리스이용자의 규모, 특성, 상황이 서로 다르기 때문에 기초자산이 소액인지는 절대적 기준에 따라 평가한다.
④ 단기리스에 대한 리스회계처리 선택은 사용권이 관련되어 있는 기초자산의 유형별로 한다.
⑤ 소액 기초자산 리스에 대한 리스회계처리 선택은 리스별로 할 수 있다.

28 재무보고를 위한 개념체계에 주어진 회계정보가 유용한 정보로서 갖추어야 할 질적 특성 중 근본적 질적 특성과 보강적 질적 특성에 대한 설명으로 옳지 않은 것을 고르면?

① 근본적 질적 특성은 목적적합성과 충실한 표현이다.
② 재무정보에 예측가치, 확인가치 또는 이 둘 모두가 있다면 그 재무정보는 의사결정에 차이가 나도록 할 수 있다.
③ 정보가 누락되거나 잘못 기재된 경우 특정 보고기업의 재무정보에 근거한 정보이용자의 의사결정에 영향을 줄 수 있다면 그 정보는 중요한 것이다.
④ 검증가능성, 적시성, 비교가능성은 근본적 질적 특성을 보강시키는 질적 특성에 해당한다.
⑤ 정보를 명확하고 간결하게 분류하고, 특징지으며 표시하면 검증가능성이 높아진다.

2022년 상반기 기출변형

29 ㈜경영의 20X2년 당기순이익은 ₩10,000,000으로 보고되었다. 그러나 공인회계사 갑은 ㈜경영의 회계기록 검토 중 다음 [보기]와 같은 사실을 발견하였다. 이때, 20X2년 오류를 수정한 ㈜경영의 정확한 당기순이익은 얼마인지 고르면?

보기

20×1년 말 미수수익 계상 누락	₩1,500,000
20×1년 말 미지급비용 계상 누락	₩1,000,000
20×1년 말 기말재고 과소계상	₩2,000,000
20×2년 말 선급비용 계상 누락	₩1,600,000

① ₩8,100,000 ② ₩9,100,000 ③ ₩12,100,000
④ ₩12,500,000 ⑤ ₩13,100,000

30 20X1년 현재 인플레이션이 지속되고 있고 재고자산이 꾸준히 증가하고 있다고 가정할 때, 당기 포괄손익계산서상에 계상되는 매출원가의 크기를 바르게 나열한 것을 고르면?

① 선입선출법>총평균법>후입선출법
② 선입선출법>후입선출법>총평균법
③ 후입선출법>총평균법>선입선출법
④ 후입선출법>선입선출법>총평균법
⑤ 총평균법>선입선출법>후입선출법

2022년 상반기 기출변형

31 다음 중 내생적 성장이론에 대한 설명으로 옳지 않은 것을 고르면?

① 루카스(R. Lucas)의 인적자본 모형에 의하면 교육 또는 기술습득의 효율성이 장기 경제성장률에는 영향을 미치지 못한다.
② 각국의 지속적인 성장률 격차를 모형 안의 내생변수의 상호작용에 의해 설명하는 이론이다.
③ 로머(P. Romer)의 R&D모형에 의하면 연구 인력의 증가만으로도 장기 경제성장률을 높일 수 있다.
④ R&D 모형에 의하면 비경합성과 배제가능성을 갖는 지식의 축적으로 지속적 성장이 가능해진다.
⑤ AK모형에서 지속적인 성장이 가능한 것은 자본의 외부경제성으로 인해 자본의 한계생산이 체감하지 않기 때문이다.

2022년 상반기 기출변형

32 다음 [보기] 중 독점적 경쟁시장의 특징으로 옳지 않은 것은 모두 몇 개인지 고르면?

보기

㉠ 독점적 경쟁시장은 진입과 퇴거가 대체로 자유롭다.
㉡ 장기균형에서 독점적 경쟁시장의 초과이윤은 영(0)이다.
㉢ 가격이 평균비용을 초과하기 때문에 독점적 경쟁기업의 생산량 수준은 비효율적이다.
㉣ 수요곡선은 MR곡선 아래에 위치하며 우상향한다.

① 1개
② 2개
③ 3개
④ 4개
⑤ 정답 없음

2022년 상반기 기출변형

33 베이글과 크림치즈는 서로 보완재이고, 베이글과 베이컨은 서로 대체재이다. 베이글의 원료인 밀가루 가격의 급등에 따라 베이글의 생산비용이 상승하였을 때, 각 시장의 변화로 옳지 않은 것을 고르면?(단, 베이글, 크림치즈, 베이컨 모두 수요와 공급의 법칙을 따르며, 다른 조건은 일정하다.)

① 베이글의 가격은 상승한다.
② 크림치즈의 거래량은 감소한다.
③ 크림치즈 시장의 생산자잉여는 감소한다.
④ 베이컨의 판매수입은 증가한다.
⑤ 베이컨 시장의 총잉여에는 변함이 없다.

2022년 상반기 기출변형

34 개방경제의 국민소득 결정모형이 다음 [보기]와 같다. 정부지출(G)과 조세(T)를 똑같이 200에서 300으로 늘리면, 균형국민소득은 얼마나 늘어나는지 고르면?(단, Y는 국민소득이다.)

보기

- 소비함수: $C=300+0.6(Y-T)$
- 투자함수: $I=200$
- 정부지출: $G=200$
- 조세: $T=200$
- 수출: $EX=400$
- 수입: $IM=100+0.1(Y-T)$

① 0
② 50
③ 100
④ 200
⑤ 250

2022년 상반기 기출변형

35 다음 중 인플레이션에 대한 설명으로 옳지 않은 것을 고르면?

① 프리드만(M. Friedman)에 따르면 인플레이션은 언제나 화폐적 현상이다.
② 정부가 화폐공급을 통해 얻게 되는 추가적인 재정수입은 피구세(Pigouvian tax)이다.
③ 비용상승 인플레이션은 총수요관리를 통한 단기 경기안정화정책을 어렵게 만든다.
④ 예상하지 못한 인플레이션은 채권자에서 채무자에게로 소득재분배를 야기한다.
⑤ 인플레이션이 예상되는 경우에도 메뉴비용이나 구두창비용이 발생할 수 있다.

2022년 상반기 기출변형

36 만 15세 이상 인구(생산가능인구) 1,250만 명, 비경제활동인구 250만 명, 취업자 900만 명인 A국의 경제활동참가율, 실업률, 고용률을 바르게 나열한 것을 고르면?

	경제활동참가율	실업률	고용률
①	80%	10%	72%
②	80%	20%	72%
③	80%	30%	90%
④	90%	20%	72%
⑤	90%	20%	90%

2022년 상반기 기출변형

37 A국 경제가 유동성함정에 빠졌을 경우, 이에 대한 설명으로 옳은 것을 고르면?

① 투자가 이자율에 대해 매우 탄력적이다.
② 확대통화정책이 확대재정정책보다 국민소득을 더 많이 증가시킨다.
③ 확대재정정책을 시행하면 구축효과로 인해 국민소득의 변화가 없다.
④ 화폐수요가 이자율에 대해 완전비탄력적이다.
⑤ 확대통화정책을 시행하더라도 이자율의 변화가 없다.

38 다음 중 소비이론에 대한 설명으로 옳지 않은 것을 고르면?

① 절대소득가설에 의하면 소비의 이자율탄력성은 0이다.
② 절대소득가설에 의하면 기초소비가 있는 경우, 평균소비성향이 한계소비성향보다 크다.
③ 항상소득가설에 의하면 임시소비는 임시소득에 의해 결정된다.
④ 상대소득가설에 의하면 장기소비함수는 원점을 통과하는 직선의 형태로 도출된다.
⑤ 생애주기가설에 의하면 사람들은 일생에 걸친 소득의 변화 양상을 염두에 두고 적절한 소비수준을 결정한다.

2022년 상반기 기출변형

39 다음 중 모딜리아니–안도의 생애주기가설(life cycle hypothesis)에서 옳지 않은 것을 고르면?

① 장기적으로 MPC=APC이다.
② 단기적으로 MPC<APC이다.
③ 자산의 크기가 소비에 영향을 준다.
④ 가로축에 생애주기를 표시하면, 소비함수는 역U자 형태를 보인다.
⑤ 생애주기가설에 의하면 중년층 인구비중이 상승하면 국민저축률이 하락한다.

2022년 상반기 기출변형

40 한 어장에서 n명의 어부가 연어를 잡으면 $10\sqrt{n}$kg만큼의 연어를 잡을 수 있다. 연어는 1kg당 2만 원에 팔리고 있다. 또한 어부 한 명이 연어잡이에 드는 비용은 2만 원이다. 만약 이 어장이 공유어장이라면 사회적으로 효율적인 어부 수보다 얼마나 더 많은 어부가 연어잡이를 하게 되는지 고르면?

① 35명 ② 45명 ③ 55명
④ 65명 ⑤ 75명

직무수행능력평가 토목(일반)

정답과 해설 P. 66

01 다음 도로의 구조 · 시설 기준에 대한 용어로 옳지 않은 것을 [보기]에서 모두 고르면?

보기

㉠ "차도"란 차로로 구성된 도로의 부분을 말하며 길어깨는 제외한다.
㉡ "측대"란 도로를 보호하고, 비상시나 유지관리 시에 이용하기 위하여 차로에 접속하여 설치하는 도로의 부분을 말한다.
㉢ "시설한계"란 자동차나 보행자 등의 교통안전을 확보하기 위하여 일정한 폭과 높이 안쪽에는 시설물을 설치하지 못하게 하는 도로 위 공간 확보의 한계를 말한다.
㉣ "종단경사"란 도로의 진행방향으로 설치하는 경사로서 중심선의 길이에 대한 높이의 변화 비율을 말한다.
㉤ "편경사"란 평면곡선부에서 자동차가 원심력에 저항할 수 있도록 하기 위하여 설치하는 횡단경사를 말한다.

① ㉠, ㉡
② ㉢, ㉤
③ ㉡, ㉢, ㉣
④ ㉢, ㉣, ㉤
⑤ ㉠, ㉡, ㉢, ㉤

02 다음 도로의 절토 비탈면에 대한 [보기]의 사항 중 옳지 않은 것은 모두 몇 개인지 고르면?

보기

㉠ 절토 높이가 큰 비탈면에서는 비탈면의 도중에 소단을 설치한다.
㉡ 소단은 절토높이 5~10m마다 설치하며 폭은 1m를 표준으로 한다.
㉢ 소단은 비탈면의 안정을 위해 수평으로 시공한다.
㉣ 소단은 유지관리 시 점검보수용 통로로 사용될 수 있다.
㉤ 절토 비탈면의 어깨는 침식방지, 식생정착 등을 위해 라운딩(rounding)하는 것이 좋다.

① 1개
② 2개
③ 3개
④ 4개
⑤ 5개

03 다음 도로의 노상에 대한 설명으로 옳지 않은 것을 [보기]에서 모두 고르면?

보기

㉠ 노상은 포장층을 통해 전달되는 교통하중을 지지한다.
㉡ 노상은 도로 성토구조의 대부분을 차지하므로 품질관리에 유의해야 한다.
㉢ 노상재료는 수정 CBR 10 이상, 소성지수 10 이상이어야 한다.
㉣ 노상재료에 사용하는 암괴의 크기는 60cm 이하로 하는 것이 좋다.
㉤ 평판재하시험은 노상의 지지력을 측정하는 데 사용된다.

① ㉡
② ㉡, ㉢
③ ㉢, ㉣
④ ㉡, ㉢, ㉣
⑤ ㉢, ㉣, ㉤

04 다음 도로 포장에 대한 [보기]의 설명 중 옳지 않은 것은 모두 몇 개인지 고르면?

보기

㉠ 아스팔트 포장은 공사 후 즉시 교통 개방이 가능하다.
㉡ 콘크리트 포장의 줄눈은 소음 발생의 요인이다.
㉢ 아스팔트 포장은 내구성이 커서 파손이 적다.
㉣ 콘크리트 포장은 유지관리비가 많이 든다.
㉤ 중차량 구성비가 많은 도로에는 아스팔트 포장이 좋다.

① 1개
② 2개
③ 3개
④ 4개
⑤ 5개

05 다음과 같은 [조건]에서 도로 포장설계를 위한 설계 CBR을 고르면?(단, d_2=2.48이다.)

조건

• 각 지점의 CBR: 4.5, 3.5, 7.0, 5.4, 6.3

① 2
② 3
③ 4
④ 5
⑤ 6

06 도로 곡선부의 평면 설계 시 [조건]이 다음과 같다. 이를 바탕으로 최소 편구배를 고르면?

조건

- 곡선반경: 700m
- 실제 속도: 110km/h
- 타이어와 노면의 횡방향 미끄럼 마찰계수: 0.11

① 2.61%
② 3.75%
③ 4.21%
④ 5.78%
⑤ 6.11%

07 다음 [보기]에서 도로의 평탄성 관리를 위한 측정방법에 해당하는 것을 모두 고르면?

보기

㉠ 프루프 롤링(Proof Rolling)
㉡ 프로파일 미터(Profile Meter)
㉢ 이스키 미터(Isky Meter)
㉣ 벤켈만 빔(Benkelman Beam)
㉤ 마샬 안정도(Marshall Stability)

① ㉠, ㉡
② ㉡, ㉣
③ ㉢, ㉤
④ ㉠, ㉡, ㉣
⑤ ㉢, ㉣, ㉤

08 다음 아스팔트 포장의 파손에 대한 [보기]의 설명 중 옳지 않은 것은 모두 몇 개인지 고르면?

보기

㉠ 러팅(rutting)은 도로의 종단방향 요철을 말한다.
㉡ 라벨링(ravelling)은 포장 표면에 아스팔트가 스며나온 상태를 말한다.
㉢ 포트홀(pot hole)은 포장 표면의 국부적인 작은 구멍을 말한다.
㉣ 박리(stipping)는 골재와 아스팔트의 접착성이 감소하여 골재가 벗겨진 상태를 말한다.
㉤ 플러시(flush)는 포장 표면이 국부적으로 밀려 혹 모양으로 솟아 오른 것을 말한다.

① 1개
② 2개
③ 3개
④ 4개
⑤ 5개

09 다음 도로 구조물과 토공 접속부의 부등침하 방지 대책에 대한 [보기]의 설명 중 옳지 않은 것은 모두 몇 개인지 고르면?

보기

㉠ 도로 포장체의 강성을 감소시킨다.
㉡ 잔류침하량이 허용치 이내가 되도록 시공한다.
㉢ 답괴판(접속슬래브, Approach Slab)을 제거한다.
㉣ 뒷채움 재료를 시멘트나 아스팔트로 안정처리하여 사용한다.
㉤ 연약지반에서는 연약지반처리공법 적용 후에 시공한다.

① 1개 ② 2개 ③ 3개
④ 4개 ⑤ 5개

10 다음 도로 배수공에 대한 사항으로 옳지 않은 것을 [보기]에서 모두 고르면?

보기

㉠ 도로 구조의 안정과 안전한 교통 유지를 위해 배수공을 설치한다.
㉡ 표면배수는 지표수와 침투수를 배제하는 것이다.
㉢ 측구, 도수로, 소단배수시설은 표면배수 시설에 해당한다.
㉣ 지하배수는 다이크 등을 설치하여 지하수를 배제시키는 것이다.
㉤ 횡단배수는 도로의 중앙에서 좌우로 내리막 경사를 두어 물을 배제시킨다.

① ㉡ ② ㉡, ㉣ ③ ㉢, ㉤
④ ㉠, ㉡, ㉢ ⑤ ㉡, ㉣, ㉤

11 양단이 고정된 강봉에서 온도가 15℃ 만큼 상승했을 때, 강봉에 작용하는 압축력을 고르면?(단, 강봉의 단면적 $A=40cm^2$, 탄성계수 $E=2.0\times10^6kg/cm^2$, 열팽창계수 $\alpha=1.0\times10^{-5}$/℃이다.)

① 10t ② 12t ③ 14t
④ 16t ⑤ 18t

12 다음 [보기] 중 보의 전단응력 산정과 관련이 없는 항목은 모두 몇 개인지 고르면?

보기

㉠ 단면1차모멘트
㉡ 단면2차모멘트
㉢ 단면의 폭
㉣ 단면의 높이
㉤ 탄성계수

① 1개 ② 2개 ③ 3개
④ 4개 ⑤ 5개

13 다음 단면의 성질에 대한 설명으로 옳지 않은 것을 [보기]에서 모두 고르면?

보기

㉠ 도심축에 대한 단면1차모멘트는 0이다.
㉡ 단면2차모멘트는 단면의 도심을 구할 때 사용된다.
㉢ 대칭인 단면의 도심축에 대한 단면2차모멘트는 모두 같다.
㉣ 단면2차모멘트가 크면 구조적으로 안전한 단면이다.
㉤ 단면2차모멘트는 좌표축의 회전과 상관없이 항상 일정하다.

① ㉠ ② ㉡, ㉤ ③ ㉢, ㉣
④ ㉠, ㉡, ㉢ ⑤ ㉡, ㉣, ㉤

14 다음과 같은 [조건]에서 장주의 지름은 얼마여야 하는지 고르면?

조건

- 장주의 단면: 원형
- 장주의 길이: 5m
- 세장비: 50
- 기둥 단부 지지조건: 양단 고정

① 10cm ② 15cm ③ 20cm
④ 25cm ⑤ 30cm

15 다음 전 지간에 걸쳐 등분포하중을 받는 직사각형 단순보에서 최대처짐과 처짐각에 관한 사항으로 옳지 않은 것을 [보기]에서 모두 고르면?

보기
㉠ 최대처짐은 지간의 4제곱에 반비례한다. ㉡ 처짐각은 지간의 3제곱에 반비례한다. ㉢ 최대처짐은 탄성계수에 반비례한다. ㉣ 처짐각은 보의 폭에 반비례한다. ㉤ 최대처짐과 처짐각은 보의 높이의 2제곱에 비례한다.

① ㉠, ㉢　② ㉡, ㉣　③ ㉠, ㉡, ㉤
④ ㉡, ㉢, ㉣　⑤ ㉡, ㉢, ㉣, ㉤

16 다음 [보기] 중 부정정구조의 해석 방법이 아닌 것은 모두 몇 개인지 고르면?

보기
㉠ 변위일치법 ㉡ 3연 모멘트법 ㉢ 모멘트 분배법 ㉣ 공액보법 ㉤ 영향선법

① 1개　② 2개　③ 3개
④ 4개　⑤ 5개

17 다음 [보기] 중 변형에너지(Strain Energy)에 속하는 것을 모두 고르면?

보기
㉠ 내력의 일(Internal Work) ㉡ 외력의 일(External Work) ㉢ 축방향력에 의한 일 ㉣ 휨모멘트에 의한 일 ㉤ 전단력에 의한 일

① ㉠, ㉡　② ㉣, ㉤　③ ㉠, ㉡, ㉣
④ ㉢, ㉣, ㉤　⑤ ㉠, ㉢, ㉣, ㉤

18 다음 트러스 해석에서의 가정사항에 대한 [보기]의 설명 중 옳지 않은 것은 모두 몇 개인지 고르면?

보기

㉠ 부재들은 양단에서 마찰이 없는 핀으로 연결되어 있다.
㉡ 하중과 반력은 모두 트러스의 격점에만 작용한다.
㉢ 부재력 산출 시 하중으로 인한 트러스의 변형을 고려한다.
㉣ 부재는 직선재와 곡선재로 되어 있으며, 도심축은 연결 핀의 중심을 지난다.
㉤ 부재에는 축력만 작용하고 전단력이나 휨모멘트는 존재하지 않는다.

① 1개 ② 2개 ③ 3개
④ 4개 ⑤ 5개

19 길이 10m인 단순보 전 지간에 걸쳐 4t/m의 등분포하중이 작용할 때, 최대 휨응력을 고르면?(단, 보는 폭 30cm, 높이 40cm의 직사각형 단면이다.)

① $525kg/cm^2$ ② $550kg/cm^2$ ③ $575kg/cm^2$
④ $600kg/cm^2$ ⑤ $625kg/cm^2$

20 두 힘 $P_1=15t$, $P_2=20t$이 한 점에 작용하고 있다. 두 힘이 60°의 각을 이루고 있을 때, 합력의 크기를 고르면?

① 20.2t ② 26.4t ③ 30.4t
④ 34.2t ⑤ 40.0t

21 콘크리트의 설계기준강도 f_{ck}=28MPa이다. 이때, 탄성계수비는 얼마인지 고르면?

① 4 ② 5 ③ 6
④ 7 ⑤ 9

22 다음 강도설계법에 대한 설명으로 옳지 않은 것을 [보기]에서 모두 고르면?

보기

㉠ $f_{ck} \leq$40MPa일 때 압축측 연단에서 콘크리트의 극한변형률은 0.003으로 가정한다.
㉡ 전단력과 비틀림 모멘트에 대한 강도감소계수는 0.75이다.
㉢ 외력을 견디기 위해 필요한 강도를 설계강도라고 한다.
㉣ 극한강도설계법에서 가장 중요시 하는 것은 안전성이다.
㉤ 콘크리트의 인장강도는 철근콘크리트 휨 계산에서 무시한다.

① ㉤ ② ㉠, ㉢ ③ ㉢, ㉣
④ ㉠, ㉡, ㉣ ⑤ ㉡, ㉢, ㉤

23 강도설계법에 의한 단철근 직사각형보에서 f_{ck}=35MPa, f_y=400MPa일 때, 균형철근비를 고르면?

① 0.036 ② 0.039 ③ 0.041
④ 0.043 ⑤ 0.047

24 다음 전단응력과 전단균열에 대한 설명으로 옳지 않은 것을 [보기]에서 모두 고르면?

보기

㉠ 사인장응력은 중립축과 약 60°의 각을 이루고 작용한다.
㉡ 사인장균열은 휨응력에 의해 발생하며 전단균열이라고도 한다.
㉢ 전단응력은 단순보의 중앙 부근이 받침부 부근보다 더 크다.
㉣ 전단균열을 방지하기 위한 방법으로 스터럽의 수를 증가시킨다.
㉤ 전단응력은 중립축에서 0이고 단면의 상하단에서 가장 크다.

① ㉡, ㉢
② ㉣, ㉤
③ ㉠, ㉡, ㉤
④ ㉡, ㉢, ㉣
⑤ ㉠, ㉡, ㉢, ㉤

25 다음 현장치기 콘크리트의 최소피복두께에 대한 [보기]의 규정 중 옳지 않은 것은 모두 몇 개인지 고르면?

보기

㉠ 수중에서 타설하는 콘크리트: 80mm
㉡ 흙에 접하여 콘크리트를 친 후에 영구히 흙에 묻혀 있는 콘크리트: 70mm
㉢ 옥외의 공기나 흙에 직접 접하는 콘크리트, D29 이상 철근: 60mm
㉣ 옥외의 공기나 흙에 직접 접하는 콘크리트, D19~D25 철근: 50mm
㉤ 옥외의 공기나 흙에 직접 접하는 콘크리트, D16 이하 철근: 40mm

① 0개
② 1개
③ 2개
④ 3개
⑤ 4개

26 다음 나선철근 기둥의 제한사항으로 옳지 않은 것을 [보기]에서 모두 고르면?

보기

㉠ 축방향 철근의 간격은 50mm 이상이어야 한다.
㉡ 축방향 철근의 간격은 철근지름의 2배 이상이어야 한다.
㉢ 축방향 철근의 간격은 굵은 골재 최대치수의 $\frac{4}{3}$배 이상이어야 한다.
㉣ 축방향 철근은 6개 이상, 철근비는 1~8%이어야 한다.
㉤ 콘크리트의 설계기준강도는 21MPa 이상이어야 한다.

① ㉤
② ㉠, ㉡
③ ㉢, ㉣
④ ㉠, ㉡, ㉣
⑤ ㉡, ㉢, ㉤

27 다음 [보기]의 1방향 슬래브의 구조 상세 내용 중 옳지 않은 것은 모두 몇 개인지 고르면?

보기

㉠ 1방향 슬래브의 두께는 100mm 이상이어야 한다.
㉡ 부철근의 중심간격은 최대휨모멘트 단면에서 슬래브 두께의 3배 이하이어야 한다.
㉢ 부철근의 중심간격은 최대휨모멘트 단면에서 슬래브 두께의 300mm 이하이어야 한다.
㉣ 정철근의 중심간격은 최대휨모멘트 단면에서 슬래브 두께의 2배 이하이어야 한다.
㉤ 정철근의 중심간격은 기타의 단면에서 슬래브 두께의 3배 이하이어야 한다.

① 1개 ② 2개 ③ 3개
④ 4개 ⑤ 5개

28 다음 옹벽 설계에 관한 [보기]의 사항 중 옳지 않은 것은 모두 몇 개인지 고르면?

보기

㉠ 전도에 대한 저항모멘트는 횡방향 토압에 의한 전도모멘트의 1.5배 이상이어야 한다.
㉡ 활동에 대한 수평저항력은 옹벽에 작용하는 수평력의 2배 이상이어야 한다.
㉢ 외력의 합력의 작용점은 옹벽 저면의 중앙 $\frac{1}{3}$ 이내에 들어와야 한다.
㉣ 앞부벽은 T형보로 설계하고 뒷부벽은 직사각형보로 보고 설계한다.
㉤ 부벽식 옹벽의 전면벽은 3변 지지된 2방향 슬래브로 설계한다.

① 1개 ② 2개 ③ 3개
④ 4개 ⑤ 5개

29 다음과 같은 [조건]에서 PS 콘크리트보의 순하향 분포하중은 얼마인지 고르면?

조건

- 경간: 10m
- 등분포하중: w=50kN/m(자중 포함) 작용
- 새그: s=250mm, 강재는 포물선 배치
- 프리스트레스력: P=2,000kN
- 등분포 상향력 u는 평형하중 개념에 의해 계산한다.

① 10kN/m ② 15kN/m ③ 20kN/m
④ 25kN/m ⑤ 30kN/m

05 직무수행능력평가

30 다음 프리스트레스 콘크리트(PSC)에 대한 설명으로 옳지 않은 것을 [보기]에서 모두 고르면?

보기

㉠ PSC는 콘크리트의 전단면을 유효하게 이용할 수 있다.
㉡ PSC는 변형이 크고 진동하기 쉽다.
㉢ 포스트텐션 방식에서는 롱 라인(long line) 공법을 적용한다.
㉣ 프리텐션 방식에서는 PS 강재를 곡선으로 배치하기가 어렵다.
㉤ 프리텐션 방식에서는 $f_{ck}=30$MPa 이상의 고강도 콘크리트가 요구된다.

① ㉠, ㉤ ② ㉡, ㉣ ③ ㉢, ㉤
④ ㉠, ㉢, ㉣ ⑤ ㉢, ㉣, ㉤

31 다음 점성토의 구조에 대한 설명으로 옳지 않은 것을 [보기]에서 모두 고르면?

보기

㉠ 면모구조는 흡인력이 이중층에 의한 반발력보다 큰 구조이다.
㉡ 이산구조는 기초 지반으로는 부적당하다.
㉢ 면모구조는 면 대 면의 연결구조이다.
㉣ 이산구조는 면모구조보다 투수성과 강도가 작다.
㉤ 자연 점토 시료를 함수비가 변하지 않는 상태로 되비빔하면 이산구조가 된다.

① ㉠ ② ㉡, ㉢ ③ ㉢, ㉤
④ ㉠, ㉡, ㉣ ⑤ ㉡, ㉢, ㉣

32 다음 투수계수에 대한 설명으로 옳지 않은 것을 [보기]에서 모두 고르면?

보기

㉠ 정수위 투수시험은 투수계수 큰 조립토에 주로 적용한다.
㉡ 투수성이 매우 낮은 점토는 압밀시험을 통해 구하는 것이 좋다.
㉢ 간극비가 클수록 투수계수가 작아진다.
㉣ 온도가 높을수록 투수계수가 커진다.
㉤ 흙 입자의 비중은 투수계수와 관련이 없다.

① ㉢ ② ㉠, ㉡ ③ ㉢, ㉣
④ ㉠, ㉡, ㉢ ⑤ ㉢, ㉣, ㉤

33 **지하수위가 지표면 아래 2m 되는 위치에 있다. 모관상승으로 인해 지표면까지 물로 포화되어 있다. 지하수위면에 작용하는 유효연직응력은 얼마인지 고르면?**(단, 흙의 습윤단위중량은 16kN/m^3, 포화단위중량은 18kN/m^3, 물의 단위중량은 9.8kN/m^3이다.)

① 16kN/m^2
② 18kN/m^2
③ 32kN/m^2
④ 36kN/m^2
⑤ 40kN/m^2

34 **포화된 점토지반에서 지표면 아래 3m 지점의 시료를 채취하여 압밀시험한 결과 선행압밀하중이 80kN/m^2이었다. 이 흙의 상태를 고르면?**(단, 흙의 포화단위중량은 18kN/m^3, 물의 단위중량은 9.8kN/m^3이다.)

① 압밀진행 중인 점토
② 정규압밀 점토
③ 과압밀 점토
④ 예민성 점토
⑤ 비예민성 점토

35 **다음 [보기] 중 모래 지반에서 표준관입시험을 통해 추정할 수 있는 것은 모두 몇 개인지 고르면?**

| 보기 |

㉠ 상대밀도
㉡ 연경도
㉢ 점착력
㉣ 내부마찰각
㉤ 침하에 대한 허용지지력

① 1개
② 2개
③ 3개
④ 4개
⑤ 5개

36 다음 토압에 대한 [보기]의 설명 중 옳지 않은 것은 모두 몇 개인지 고르면?

보기

㉠ 정지토압계수가 1보다 큰 경우에는 과압밀 점토이다.
㉡ 토압계수의 크기는 정지토압<주동토압<수동토압의 순이다.
㉢ Rankine의 토압은 소성론에 근거하며 벽마찰각을 무시한다.
㉣ 내부마찰각이 증가하면 주동토압과 수동토압의 차이가 커진다.
㉤ 토압의 크기는 토압계수의 크기에 반비례한다.

① 1개 ② 2개 ③ 3개
④ 4개 ⑤ 5개

37 다음 사면의 안정해석법에 관한 사항으로 옳지 않은 것을 [보기]에서 모두 고르면?

보기

㉠ Bishop의 방법은 Fellenius의 방법보다 훨씬 복잡하다.
㉡ Fellenius의 방법에서는 절편에 작용하는 연직방향의 힘의 합력은 0이라고 가정한다.
㉢ Bishop의 방법에서는 절편에 작용하는 외력들의 합은 0이라고 가정한다.
㉣ Fellenius의 방법은 사면의 장기 안정해석에 유효하다.
㉤ Bishop의 방법은 간극수압을 고려한 전응력 해석이다.

① ㉢, ㉣ ② ㉠, ㉢, ㉤ ③ ㉡, ㉢, ㉣
④ ㉠, ㉡, ㉢, ㉣ ⑤ ㉡, ㉢, ㉣, ㉤

38 다음 평판재하시험에서 Scale Effect에 대한 [보기]의 설명 중 옳지 않은 것은 모두 몇 개인지 고르면?

보기

㉠ 모래 지반의 지지력은 재하판 폭과 무관하다.
㉡ 점토 지반의 지지력은 재하판 폭에 비례하여 커진다.
㉢ 모래 지반의 침하량은 재하판 폭에 비례하여 커진다.
㉣ 점토 지반의 침하량은 재하판 폭에 단순 비례하지는 않는다.
㉤ 75cm 재하판의 지지력계수는 30cm 재하판의 지지력계수보다 크다.

① 1개 ② 2개 ③ 3개
④ 4개 ⑤ 5개

39 다음 기초설계 시 Terzaghi 극한지지력에 관한 사항으로 옳지 않은 것을 [보기]에서 모두 고르면?

보기

㉠ 지지력계수는 점착력과 내부마찰각의 함수이다.
㉡ 지하수위가 지표면과 일치하면 수중단위중량을 사용해야 한다.
㉢ 국부전단파괴 시 극한지지력은 전반전단파괴 시 극한지지력보다 작다.
㉣ 국부전단파괴 시 점착력과 내부마찰각은 $\frac{2}{3}$로 감소시킨다.
㉤ 기초의 근입깊이가 깊을수록 극한지지력은 작아진다.

① ㉢
② ㉠, ㉢
③ ㉡, ㉣
④ ㉠, ㉣, ㉤
⑤ ㉡, ㉢, ㉤

40 전체 시추코어 길이가 150cm이고, 회수된 코어의 길이는 각각 2cm, 5cm, 8cm, 15cm, 20cm, 30cm이었다. 이때, 암질의 상태를 고르면?

① 매우 불량
② 불량
③ 보통
④ 양호
⑤ 우수

끝이 좋아야 시작이 빛난다.

– 마리아노 리베라(Mariano Rivera)

최신판 한국도로공사 NCS+전공 실전모의고사

발 행 일 2022년 7월 15일 초판 | 2023년 7월 18일 2쇄
편 저 자 에듀윌 취업연구소
펴 낸 이 김재환
펴 낸 곳 (주)에듀윌
등록번호 제25100-2002-000052호
주 소 08378 서울특별시 구로구 디지털로34길 55
코오롱싸이언스밸리 2차 3층

www.eduwill.net
대표전화 1600-6700

여러분의 작은 소리
에듀윌은 크게 듣겠습니다.

본 교재에 대한 여러분의 목소리를 들려주세요.
공부하시면서 어려웠던 점, 궁금한 점,
칭찬하고 싶은 점, 개선할 점, 어떤 것이라도 좋습니다.

에듀윌은 여러분께서 나누어 주신 의견을
통해 끊임없이 발전하고 있습니다.

에듀윌 도서몰 book.eduwill.net

- 부가학습자료 및 정오표: 에듀윌 도서몰 → 도서자료실
- 교재 문의: 에듀윌 도서몰 → 문의하기 → 교재(내용, 출간) / 주문 및 배송

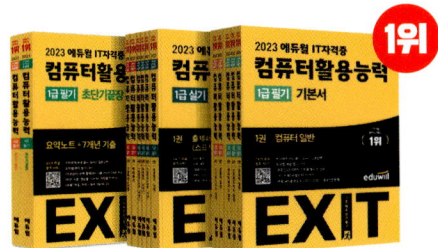

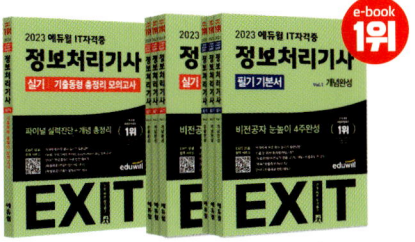

최신판

에듀윌 공기업 한국도로공사 NCS+전공 실전모의고사

정답과 해설

eduwill

에듀윌 공기업 한국도로공사
NCS+전공 실전모의고사

최신판

에듀윌 공기업 한국도로공사
NCS + 전공 실전모의고사

정답과 해설

eduwill

실전모의고사 [1회]

직군공통

본문 P. 15

01	02	03	04	05	06	07	08	09	10
②	④	④	③	④	①	③	③	①	③
11	12	13	14	15	16	17	18	19	20
④	④	②	①	③	④	③	④	②	④
21	22	23	24	25	26	27	28	29	30
④	③	④	③	④	④	①	③	③	④
31	32	33	34	35	36				
④	③	①	③	①	①				

01 문제해결능력

정답 | ②

Quick해설 제5장 제17조 제1항에서 '모든 거래는 상호 대등한 지위에서 공정하고 성실한 자세로 임한다'라고 규정하였으므로 상하 간의 위치에서 거래가 진행되는 것은 적절하지 않은 추론이다.

[오답풀이] ① 제5장 제16조를 통해 알 수 있다.

③ 제6장 제23조를 통해 알 수 있다. 이때, 개인이 선택한 후보자 또는 정당을 위해 개인적으로 공헌할 수 있으나 회사의 입장으로 오해받지 않도록 주의하여야 한다고 규정되어 있다.

④ 제2장 제8조에서 직위 또는 직무와 관련하여 이해관계자로부터 금품·편의·향응 등 일체의 유·무형적 이익을 수수하지 않는다고 하였다. 그런데 직무수행상 부득이한 경우에 제공되는 간소한 식사, 홍보용 물품 등 예외에 대해서는 임직원 행동강령으로 정한다고 하였다. 즉, '임직원 행동강령'에 부합하는 상황이라면 편의를 제공받을 수 있다.

02 문제해결능력

정답 | ④

Quick해설 ㉠ 제6장 제20조 제1항에서 효율적 경영을 통해 건전한 이익을 실현한다고 하였으므로 적절한 내용이다.

㉡ 제2장 제7조 제3항에서 '회사의 공동 목표를 달성하기 위하여 협력을 중시하는 기업 문화를 조성하고, 부서 이기주의나 불필요한 갈등이 조장되는 행위를 하지 않는다'라고 하였으므로 적절한 내용이다.

㉢ 제2장 제6조 제1항에서 '임직원은 끊임없는 자기계발을 통해 회사의 인재상에 부합되도록 노력한다'라고 하였으므로 적절한 내용이다.

㉣ 제5장 제17조 제4항에서 '협력회사가 임직원에게 금품·편의·향응 등 일체의 유·무형적 이익을 제공할 경우 거래상의 불이익을 준다'라고 하였으므로 적절한 내용이다.

따라서 [보기]의 설명 중 옳은 것은 모두 4개이다.

03 문제해결능력

정답 | ④

Quick해설 2020년 정책고객 점수를 x점이라고 하면, 종합 점수가 7.896점일 때 다음 식이 성립한다.

$8.71\times0.3+7.44\times0.2+x\times0.5=7.896$

이 식을 풀면, $x\times0.5=7.896-(8.71\times0.3+7.44\times0.2)=3.795$

$\therefore x=7.59$

따라서 2020년 정책고객 점수는 7.6점 미만이다.

[오답풀이] 2016년부터 2019년까지 연도별로 종합 점수를 구하면 다음과 같다.

- 2016년: $7.81\times0.3+7.86\times0.2+8.08\times0.5=7.955$(점)
- 2017년: $8.42\times0.3+8.13\times0.2+8.04\times0.5=8.172$(점)
- 2018년: $8.85\times0.3+7.94\times0.2+7.74\times0.5=8.113$(점)
- 2019년: $7.96\times0.3+7.58\times0.2+7.62\times0.5=7.714$(점)

① 2016년 종합 점수는 8점 미만이다.

②, ③ 2016년부터 2019년까지 종합 점수가 가장 낮은 해는 2019년이고, 가장 높은 해는 2017년이다.

04 문제해결능력

정답 | ③

Quick해설 국내요금 체계에서는 한국도로공사가 2부요금제를, 민자 고속도로가 거리비례제를 적용하고 있다.

[오답풀이] ① 거리비례요금제는 1969년 2월부터 1997년 5월 12일 전까지 유지되었으므로 25년 이상 유지되었다.

② 1974년부터 1994년 8월 16일 전까지 차종은 4종으로 분류되었으므로 1986년의 차종은 모두 4종으로 분류되었다.

④ 현재 우리나라는 캐나다, 중국, 일본과 같은 2부요금제를 운용 중이다.

05 문제해결능력

정답 | ④

Quick해설 고속도로 통행요금은 「유료도로법」 제16조 및 「고속도로 통행요금 산정 기준」에 의해 결정된다. 따라서 한국도로공사가 「고속도로 통행요금 산정 기준」에 의해 결정하는 것이 아니라, 법의 영향을 받게 되므로 정부에서 심의를 거쳐 결정됨을 추론할 수 있다.

[오답풀이] ① 대부분의 나라는 거리비례제와 같은 단일요금제를 채택하고 있다고 나와 있으므로 2부요금제를 운용하는 나라는 많지 않다고 추론할 수 있다.

② '주행요금은 도로관리비, 일반관리비 등 유지관리비를 주행

거리에 따라 차등 부과하도록 산정되고 있다. 차종별 km 당 주행요율은 도로구조물 손상도를 기준으로 화물·여객 수송 기여도를 반영해 결정되고 있다'라고 하였으므로 차종에 따라 고속도로 주행요금이 다르다는 것을 추론할 수 있다.

③ 최저요금제는 거리비례요금제가 운용될 때 단거리 수요가 증가하는 문제점을 해결하기 위한 방안이었다. 그러나 이로 인해 단거리 이용자들에 대한 형평성 문제가 대두되었다고 하였으므로 고속도로로 단거리를 이동하는 사람들은 최저요금제에 불만이 있었음을 추론할 수 있다.

06 문제해결능력 정답 | ①

Quick해설 선택지 ①~④의 국가별 고속도로 주행요금을 구하면 다음과 같다.

- 영국: 0.13×1,418.26≒184.4(원/km)
- 이탈리아: 0.071×1,273.18≒90.4(원/km)
- 미국: 0.0736×1,113.5≒82.0(원/km)
- 프랑스: 0.090×1,273.18≒114.6(원/km)

따라서 고속도로 주행요금을 잘못 나타낸 국가는 영국이다.

07 문제해결능력 정답 | ③

Quick해설 ㉡ 제8조에서 언급한 대로 퇴실 시간은 정오이고, 5시간을 초과하면 17시이다. 18시까지는 객실요금의 50%를 추가 지불해야 하므로 규정에 부합하는 내용이다.

㉢ 제7조에서 내국인 숙박자는 주민등록번호를 비롯하여 성명, 성별, 국적, 직업, 현주소, 생년월일 및 연령 등의 개인정보를 호텔에 등록해야 한다고 제시되어 있다.

[오답풀이] ㉠ 예약 후 숙박 당일에 해약하면 '최초 1일째' 숙박요금의 50% 또는 100%에 해당하는 위약금을 지불해야 한다.

08 문제해결능력 정답 | ③

Quick해설 방역 관련 사항으로 인해 최근 한 달 이내 방문한 국가명과 방문 기간에 대한 내역은 호텔에서 필요하다고 인정되는 사항이라고 보는 것이 타당하다. 따라서 이에 대한 요청은 호텔 규정상 어긋나는 것이 아니므로 전화를 받은 직원의 응답이 규정에 부합하지 않는다.

[오답풀이] ① 숙박일 1일 전에 예약을 해지하는 경우이므로 최초 1일 숙박요금 12만 원의 20%인 2.4만 원의 위약금이 발생한다.

② 숙박일 4일 전이라면 일반 숙박은 규정에 따라 위약금이 발생하지 않는다. 그러나 단체 예약의 경우 5일 전 해지까지만 위약금이 없는 것이며, 4일 전이라면 1실당 최초 1일째 숙박요금의 20%에 해당하는 위약금이 발생한다. 또한 모든 객실을 취소하는 것은 '예약 객실의 10% 미만 취소' 경우에 해당되지 않으므로 위약금 미부과 대상에서도 제외된다.

④ 저녁 7시 넘어서까지 객실을 이용한다면 오후 6시 이후 퇴실하는 것이므로 객실요금의 100%를 추가 지불해야 한다. 따라서 하루를 더 묵고 다음날 정오에 퇴실하는 것과 객실요금이 동일하게 된다.

09 문제해결능력 정답 | ①

Quick해설 한국도로공사가 지불해야 하는 총금액은 365,000+1,753,500=2,118,500(원)이다.

[상세해설] 일반 예약과 단체 예약을 구분하여 위약금과 숙박요금을 계산하면 다음과 같다.

- 일반 예약: 객실 2개의 숙박요금 150,000+140,000=290,000(원)과 취소한 숙박요금의 50%인 75,000원의 위약금이 발생한다. 즉, 일반 예약에 관한 위약금과 숙박요금의 합은 290,000+75,000=365,000(원)이다.
- 단체 예약: 단체 예약 객실은 총 17개이며, 이 중 2개를 예약 취소하였으므로 예약 객실의 10%를 초과하여 미부과 대상에서 제외된다. A형 룸 3개 중 취소하지 않은 숙박요금은 140,000×2=280,000(원)이며, 취소한 객실은 룸서비스 요금을 포함하고, 숙박 1일 전 취소했으므로 (140,000+25,000)×0.3=49,500(원)을 지불해야 한다. C형 룸 8개의 숙박요금은 총 100,000×8=800,000(원)이다. B형 룸 6개 중 취소하지 않은 객실의 숙박요금은 120,000×5=600,000(원)이며, 취소한 객실은 3일 전 취소하였으므로 객실요금의 20%인 120,000×0.2=24,000(원)의 위약금이 발생한다. 즉, 단체 예약에 관한 위약금과 숙박요금의 합은 280,000+49,500+800,000+600,000+24,000=1,753,500(원)이다.

따라서 한국도로공사가 지불해야 하는 총금액은 365,000+1,753,500=2,118,500(원)이다.

10 문제해결능력 정답 | ③

Quick해설 휴일 근무수당은 실적수당에 속하고, 내부평가상여금은 성과상여금에 속한다. 이들 모두 실적, 업적, 성과에 따라 차등 지급된다.

[오답풀이] ① 시간외 근무수당은 실적수당에 해당하므로 실적에 따라 차등 지급된다.

② 건강진단 비용이 속한 급여성 복리후생비는 해마다 감소하고 있지만, 그렇다고 하여 건강진단 비용이 해마다 감소하는지는 알 수 없다.

④ 2020년 결산과 2021년 결산을 비교하면, 급여성 복리후생비 외에도 여러 항목에서 감소하고 있다.

11 문제해결능력 정답 | ④

Quick해설 ⓒ 5년간 남자의 평균근속연수의 평균은 (208+209+229+225+222)÷5=218.6(개월)이고, 여자는 (105+99+127+126+124)÷5=116.2(개월)이므로 그 차이는 218.6−116.2=102.4(개월)이다. 즉, 8년 6.4개월이므로 8년 6개월 이상 길다.

ⓓ 1인당 평균 보수액에 대하여 남녀의 격차를 연도별로 구하면 다음과 같다.

- 2017년: 82,319−59,663=22,656(천 원)
- 2018년: 83,017−60,221=22,796(천 원)
- 2019년: 84,160−61,680=22,480(천 원)
- 2020년: 88,786−66,111=22,675(천 원)
- 2021년: 87,836−64,625=23,211(천 원)

따라서 남녀의 격차가 가장 작은 해는 2019년이다.

[오답풀이] ⓐ 2021년 실적수당은 2017년의 1,507÷5,961×100≒25.3(%)이므로 $\frac{1}{4}$ 이상이다.

ⓑ 2017년 대비 2021년 기본급 상승률은 (54,950−51,926)÷51,926×100≒5.8(%)이므로 6% 미만이다.

12 문제해결능력 정답 | ④

Quick해설 A씨의 보수액을 천 원 단위로 구하면 51,000+2,800+800+26,000=80,600(천 원)이다. 이때, 경영평가 성과급은 성과상여금에 포함되므로 따로 계산하지 말아야 한다.

따라서 2021년 1인당 평균 보수액과의 차이는 85,091−80,600=4,491(천 원), 즉 4,491,000원이다.

13 정보능력 정답 | ②

Quick해설 1부터 100까지의 짝수를 모두 더하는 프로그램이므로, 화면에는 "짝수의 합은 : 2550"이라는 문장이 출력된다.

[상세해설] 해당 프로그램은 i를 2로 나누어 나머지가 1이면 건너뛰고 나머지가 0일 때, 즉 i가 짝수일 때만 sum에 더하되, 이를 i가 1일 때부터 100일 때까지 반복하는 것이다. 즉, 1부터 100까지의 정수 중 짝수만을 모두 더한 값을 S라고 하면, "짝수의 합은 : S"라는 문장이 화면에 출력된다. '\n'은 그대로 출력되지 않고 줄 바꿈을 의미하는데, 해당 문제에서는 표시하지 않기로 하였으므로 생략한다.

이제 S=2+4+6+⋯+100을 구해보자. S=2×(1+2+3+⋯+50)이며, 1부터 50까지 더한 수를 K라 하면, K는 1+2+3+⋯+50이라고 쓸 수도 있지만, 50+49+48+⋯+1이라고도 쓸 수 있다. 이 둘을 더한 2K는 51을 50번 더한 수이므로 2K=51×50이며, 2K=2,550이다. 그런데 S=2K이므로, S=2,550이다.

따라서 화면에는 "짝수의 합은 : 2550"이라는 문장이 출력된다.

14 정보능력 정답 | ①

Quick해설 1부터 100까지의 홀수를 모두 더하는 프로그램이므로, 화면에는 "짝수의 합은 : 2500"이라는 문장이 출력된다. printf 함수는 " " 안의 문장을 그대로 출력하므로 '짝수'라는 단어가 '홀수'로 바뀌지는 않는 점에 유의해야 한다.

[상세해설] 1부터 100까지의 숫자 중 짝수만 더하는 프로그램에서 홀수만 더하는 프로그램으로 바뀐다. S'=1+3+5+⋯+99은 S'=99+97+95+⋯+1이라고도 쓸 수 있다. 이 둘을 더한 2S'은 100을 50번 더한 수이므로 2S'=100×50=5,000이며, S'=2,500이다.

따라서 화면에는 "짝수의 합은 : 2500"이라는 문장이 출력된다. 프로그램은 홀수만 더하는 프로그램으로 바뀌었지만, printf 함수는 " " 안의 문장을 그대로 출력하므로 '짝수'라는 단어가 '홀수'로 바뀌지 않는 점에 유의해야 한다.

15 정보능력 정답 | ③

Quick해설 2+4+6+⋯+10과 0+2+4+6+⋯+10은 동일하므로 6행의 'i=1'을 'i=0'으로 바꿔도 출력값은 변하지 않는다.

[오답풀이] ① 13행의 'sum'을 'i'로 바꾸면 sum에 저장되어 있는 2,550 대신 i에 저장되어 있는 101이 출력된다.

② 'char' 자료형은 크기가 1byte로 작은 대신 값의 표현 범위가 −128 이상 +127 이하로 매우 좁다. 프로그램을 실행하다 보면 sum에 기억되는 값이 127을 넘어가는데, 만약 알맞지 않은 값을 기억하려 한다면 엉뚱한 값이 저장될 수도 있으므로 5행의 'int'를 'char'로 바꾸면 출력값이 바뀔 수도 있다.(실제 출력값은 −10으로 바뀐다.)

④ 6행의 'i<=100'을 'i<100'으로 바꾸면 i=100일 때 for문을 벗어나므로 마지막 100을 더하지 않는다. 따라서 2,550 대신 2,450이 출력된다.

16 정보능력

정답 | ④

Quick해설 8행을 보면, i에 2를 곱한 값을 더하는 규칙임을 알 수 있다. 따라서 2+4+6+⋯+100과 동일한 결과가 나오려면 i=1부터 i=50까지 이 작업을 반복해야 한다. 그런데 6행의 (?) 앞에 '<='가 아닌 '<'가 있으므로 (?)에는 50이 아닌 51이 들어가야 한다.

17 정보능력

정답 | ③

Quick해설 ⓒ 주어진 예시에선 for문을 100번 반복해야 하지만, 16번 문제에선 for문을 50번만 반복하면 된다.

[오답풀이] ㉠ 두 프로그램 모두 정확히만 실행된다면 정확도는 동등하다.

㉡ 두 프로그램 모두 int 자료형의 변수 sum, i 2가지만 사용하므로, 사용하는 메모리는 8byte로 동일하다.

18 정보능력

정답 | ④

Quick해설 'c.length'는 c 배열의 크기이며, "char c[ ]={'A', 'B', 'D', 'D', 'A', 'B', 'D'};"를 통해 c 배열의 크기는 7임을 알 수 있다.

19 정보능력

정답 | ②

Quick해설 rs(c) 메소드는 'B'를 'C'로 바꾸고, 'B'가 아니면서 제일 마지막 배열은 그 직전 배열의 문자로 치환하고, 'B'가 아니면서 제일 마지막 배열도 아닌 경우엔 그 직후 배열의 문자로 치환하는 작업을 한다. 따라서 'ABDDABD'는 rs(c) 메소드를 통해 'BCDABCC'가 되고, pca(c) 메소드를 통해 화면에 출력된다.

[상세해설] 프로그램은 메인 메소드부터 실행되므로, 17행에서 크기가 7인 c 배열이 선언된다. 이때, c[0]~c[6] 안에는 다음과 같은 문자가 저장되어 있다.

c[0]	c[1]	c[2]	c[3]	c[4]	c[5]	c[6]
A	B	D	D	A	B	D

18행에서 rs(c) 메소드를 실행하면 3~8행의 for문이 작동하는데, i=0부터 i<7, 즉 i=6까지 반복하면서 c[i] 안에 저장된 것이 'B'일 경우엔 이를 'C'로 바꾸고, 'B'가 아닐 경우엔 i=7−1 =6인지를 다시 따진다. 만약 i=6, 즉 배열의 마지막이라면 c[5]에 저장된 문자를 c[6]에 그대로 다시 넣고, i=6이 아니라면 바로 뒤의 문자를 가져와 새로 저장한다. for문의 각 i에 따른 c 배열의 변화는 다음과 같다(각 i마다 처리가 이루어지는 부분만 음영을 칠함).

구분	c[0]	c[1]	c[2]	c[3]	c[4]	c[5]	c[6]
초기	A	B	D	D	A	B	D
i=0	B	B	D	D	A	B	D
i=1	B	C	D	D	A	B	D
i=2	B	C	D	D	A	B	D
i=3	B	C	D	A	A	B	D
i=4	B	C	D	A	B	B	D
i=5	B	C	D	A	B	C	D
i=6	B	C	D	A	B	C	C
i=7	조건문을 만족하지 못해 for문을 빠져나옴						

그 후에 19행에서 pca(c) 메소드를 실행하면 12~13행의 for문이 작동하는데, c[0]~c[6] 안에 저장된 문자를 차례대로 출력하라는 명령어이다. 따라서 'BCDABCC'가 화면에 출력된다.

20 정보능력

정답 | ④

Quick해설 'B'는 'C'로, 'B'가 아닌 제일 마지막 글자는 바로 앞글자로, 나머지는 바로 뒷글자로 바뀐다. 따라서 'CCKEBCBC'가 화면에 출력된다. 제일 마지막 글자는 'B'이므로 바로 앞글자가 아닌 'C'로 변한다는 것에 주의해야 한다.

[상세해설] 'B'는 'C'로, 'B'가 아닌 제일 마지막 글자는 바로 앞글자로, 나머지는 바로 뒷글자로 바뀐다. for문의 각 i에 따른 c 배열의 변화는 다음과 같다(각 i마다 처리가 이루어지는 부분만 음영을 칠함).

구분	c[0]	c[1]	c[2]	c[3]	c[4]	c[5]	c[6]	c[7]
초기	B	B	C	K	E	B	A	B
i=0	C	B	C	K	E	B	A	B
i=1	C	C	C	K	E	B	A	B
i=2	C	C	K	K	E	B	A	B
i=3	C	C	K	E	E	B	A	B
i=4	C	C	K	E	B	B	A	B
i=5	C	C	K	E	B	C	A	B
i=6	C	C	K	E	B	C	B	B
i=7	C	C	K	E	B	C	B	C
i=8	조건문을 만족하지 못해 for문을 빠져나옴							

따라서 'CCKEBCBC'가 화면에 출력된다. 제일 마지막 글자는 'B'이므로 바로 앞글자가 아닌 'C'로 변한다는 것에 주의해야 한다.

21 정보능력

정답 | ④

Quick해설 iarr 배열은 다음과 같다.

iarr[0]	iarr[1]	iarr[2]	iarr[3]
0	1	2	3

12~13행의 for문에서 i=0부터 i=3까지 iarr[i]와 띄어쓰기(" ")를 반복적으로 출력하므로, 화면에 출력되는 결과는 '0 1 2 3'이다.

[상세해설] 메인 메소드가 실행되면 'iarr'이라는 정수형 배열이 선언되고, iarr에 marr 메소드를 대입한다. marr 메소드는 4의 크기를 갖는 'temp'라는 이름의 정수형 배열이며, for문에서 i=0부터 i=3까지 반복하여 temp[0]~[3]에 다음과 같은 값을 저장한다.

temp[0]	temp[1]	temp[2]	temp[3]
0	1	2	3

이 'temp'가 리턴되어 iarr 배열에 대입되므로, iarr 배열은 다음과 같은 상태가 된다.

iarr[0]	iarr[1]	iarr[2]	iarr[3]
0	1	2	3

12~13행의 for문에서 i=0부터 i=3까지 iarr[i]와 띄어쓰기(" ")를 반복적으로 출력하므로, 화면에 출력되는 결과는 '0 1 2 3 '이다.

22 정보능력

정답 | ③

Quick해설 mx=2, mn=3이다.

[상세해설] a=1, b=2, c=3, d=4이다. 5행의 조건식 'a<b'가 참이므로 mx에는 b의 값인 2가 저장된다. 한편 6행 if문의 조건식 'mx==1'은 거짓이므로 7행은 무시하고 else에 해당하는 10행이 실행된다. 10행의 조건식 'b<mx'는 둘 다 2이므로 거짓이다. 따라서 mn에는 c의 값인 3이 저장된다. 그러므로 'mn'을 출력하라는 12행의 명령에 따라 화면에는 3이 출력된다.

23 정보능력

정답 | ④

Quick해설 C족은 자릿값 체계를 사용하지 않았으므로, 그림 문자는 특정 순서대로 쓸 필요가 없다. 수련 2개는 2,000, 멍에 2개는 20, 세로 방향의 선 2개는 2이므로 이 그림들은 2,000+20+2=2,022를 나타낸다.

[오답풀이] ① 1,455=1,000+500−(50−5)=1,000+500−50+5이다. 따라서 'MLDV'이라는 4글자로 표현할 수 있다.

② A족의 8진법은 손가락 사이의 공간이라는 생물학적 특징과 연관되어 있다.

③ 42,581=11×3,600+49×60+41이므로 ⑪㊾㊶과 같은 형태로 표기했을 것이다.

24 정보능력

정답 | ③

Quick해설 [보기]의 모든 숫자의 합을 십진 자릿값 체계로 나타내면 15+125+103+92=335이다.

[상세해설] • A족: 8진법이므로, 8+7=15

• B족: 2×60+5=125

• C족: 3+100=103

• D족: 100−10+2=92

따라서 이를 모두 더하면 15+125+103+92=335이다.

25 의사소통능력

정답 | ④

Quick해설 첫 번째 문단을 보면, 버스전용차로는 가로변 버스전용차로와 중앙 버스전용차로로 나뉘는데, 가로변 버스전용차로는 중앙 버스전용차로와 다르게 감소하였다고 서술되어 있다. 아울러 서울시 버스개편과 함께 10년이 넘는 동안 지속적으로 확대 설치된 것은 중앙 버스전용차로이다.

[오답풀이] ① 두 번째 문단을 보면, 버스통행 시간은 버스 안에서 보내는 버스운행 시간 외에도 정류장 접근 시간, 버스 대기 시간, 정류장 출행 시간 및 버스시간표 준수를 위해 버스 자체가 대기하는 시간이 포함될 수 있다고 서술되어 있다. 아울러 신호체계, 사고차량 등 다른 요인들도 버스통행 시간에 포함된다. 즉, 버스전용차로는 주행 시간을 제외한 외적 요인에 따른 속도 저하는 컨트롤할 수 없다.

② 첫 번째 문단을 보면, 가로변 전용차로는 주정차 차량이나 우회전 차량에 의해 원활한 주행을 방해받는 일이 잦은 반면, 중앙 버스전용차로는 방해차량의 간섭이 현저히 적기 때문에 주행 중 속도를 줄일 필요가 없다고 서술되어 있다.

③ 세 번째 문단을 보면, 버스전용차로제의 정책 목표는 교통 혼잡으로 인해 평균통행 속도가 상습적으로 저조한 구간에 버스만 이용할 수 있는 차선을 따로 확보하여 버스로 하여금 나머지 차선을 이용하는 자동차에 비해 우월한 통행 속도를 유지할 수 있게 해줌으로써 자동차를 이용하는 사람들이 버스로 수단 전환을 하도록 유인하는 게 그 목표라고 서술되어 있다.

26 의사소통능력

정답 | ④

Quick해설 양화·신촌로와 경인고속국도 BRT의 연결은 2017년 이후에 계획되어 있다(연번 ❾와 얇은 점선의 연결).

[오답풀이] ① 2017년 이후에 ⑬~⑱의 총 6개의 중앙 버스전용차로가 검토되고 있다.

② 강북은 회색 굵은 선(2016년 확충) 1개, 검은색 굵은 점선(2017년 이후 검토 대상) 4개인 반면, 강남은 이보다 많다.

③ 2014년부터 2016년까지 중앙 버스전용차로는 ❸, ❻, ❽, ❾, ❿ 5개 노선 3.3+9.7+1.2+1.0+2.2=17.4(km) 확충되었다.

27 의사소통능력

정답 | ①

Quick해설 [보기]의 자료 3개는 2004년부터 2013년까지 중앙 버스전용차로의 확충 계획을 차례로 보여 주고 있다. 즉, 중앙 버스전용차로의 점진적 확대를 알 수 있는 자료들이라고 볼 수 있다.

[오답풀이] ② 서울-경기의 노선은 자세히 나와 있지 않다.

③ 버스노선의 확대는 알 수 있으나, 이에 따른 버스 운영의 효율화에 대해서는 알 수 없다.

④ 중앙 버스전용차로의 개수 변화는 알 수 있으나, 가로변 버스전용차로의 개수 변화는 알 수 없다.

28 의사소통능력

정답 | ③

Quick해설 세 번째 문단을 보면, 고속도로의 혼잡구간 비율은 지방부(2.5%)보다 도시부(15.9%)가 높은 상황이고 그 중 수도권은 34.0%가 혼잡구간으로 교통정체가 심각하다고 서술되어 있다. 즉, 혼잡성은 지역에 영향을 더 많이 받는다.

[오답풀이] ① 세 번째 문단을 보면, 고속도로 일평균교통량('19)은 4만 9천 대 수준으로 '10년 대비 8.6%, 연평균 1.4% 증가('10 ~'19)하였고, 고속도로 총차량주행 거리('19)는 23,468만 대/km로 '10년 대비 39.9% 증가하였으며, 연평균 3.8% 증가('10~'19)하였다고 서술되어 있다.

② 두 번째 문단을 보면, 전체 고속도로 연장은 OECD 34개 국가들 중 10위 수준이며, 국토 면적당 고속도로 연장은 OECD 국가들 중 4위라고 서술되어 있다.

④ 네 번째 문단을 보면, 고속도로로 인해 지역 간 이동 시간도 단축됐는데 '70년 대비 지역 간 평균 이동 시간 45% 단축('19년 기준)으로 국토이용의 효율성 및 형평성이 제고되었고, 주요 도시 간 연계성도 강화되었다고 서술되어 있다.

29 의사소통능력

정답 | ③

Quick해설 [A] 문단은 고속도로 건설로 인해 국토의 균형적 발전을 촉진하고 경제성장에 기여했으며, 통일 대비의 기반을 마련했음을 서술하고 있다. 따라서 [A] 문단의 중심 내용으로 가장 적절한 것은 ③이다.

30 의사소통능력

정답 | ④

Quick해설 [보기]의 자료는 남북축과 동서축 중 우회율이 높은 교통축의 우회율에 대한 자료이다. 자료를 보면, 남북축보다 동서축 우회율이 높음을 알 수 있고, 주석을 통해 동서축의 평균 우회율 역시 남북축보다 높음을 알 수 있다. 즉, 동서축이 남북축에 비해 우회율이 높다는 것은 국가균형발전을 위해 보완이 필요하다고 해석할 수 있다.

[오답풀이] ① 남북축이든 동서축이든 우회율이 모두 높은 것도 아니며, 우회율과 고속도로의 위치는 직접적인 연관성이 없다.

② 남북축은 전국 평균보다 우회율이 낮다. 아울러 우회율이 높은 것과 고속도로 연장사업은 직접적인 연관성이 없다.

③ 고속도로의 동서축이 남북축에 비해 우회율이 높다는 것은 실제 더 많은 이동 거리로 돌아간다는 것을 의미하지, 고속도로 접근과는 직접적인 연관성이 없다.

31 의사소통능력

정답 | ④

Quick해설 다섯 번째 문단을 보면, 미국 도로교통안전청의 도로안전 프로그램을 가이드라인으로 삼아 통학버스 관련 행정, 식별, 운영, 유지에 관한 통합된 안전관리정책 유지 및 첨단안전장치 기술개발을 강화할 예정인데, 이에 중소·영세학원이나 유치원의 경우는 강화되는 법적 규제, 의무, 비용 등을 감당하는 상황에서 운전자 수급, 재원 부족에 대응할 수 있는 지원방안이 필요하다고 하였다. 이를 통해 중소·영세학원에서는 첨단안전장치가 설치된 통학버스를 사용하는 것이나 법적 규제를 지키는 것이 부담이 될 수 있음을 알 수 있다.

[오답풀이] ① 첫 번째 문단을 보면, 최근 10년간 어린이 교통사고로 인한 사망자 수는 OECD 회원국 중 높은 수준이라고 서술되어 있기는 하지만 가장 높은지는 알 수 없다.

② 두 번째 문단을 보면, 상당수의 어린이 통학버스로 11년 이상된 연식 노후 차량을 이용하고 있지만, 그렇다고 해서 이 버스들이 1978년 현대자동차에서 나온 승합차로 이용 중인 것은 아니다.

③ 네 번째 문단을 보면, 정부의 '어린이 통학버스 운영실태 조사'에서 어린이 통학버스 안전장치 미비·미신고 운행이 '19년 대비 약 3배 이상 증가한 것으로 나타났다고 하였다. 즉, 최근에도 어린이 안전장치가 미비한 통학버스의 운행이 줄어들지 않고 계속 이루어지고 있음을 알 수 있다.

32 의사소통능력 정답 | ③

Quick해설 (가)는 어린이 사망자 수가 OECD보다 높고, 통학버스의 사용이 증가되었다는 배경이므로, 정부가 OECD 평균 이상 교통안전 국가로 진입하기 위해 노력하고 있다는 (A)와 통학버스의 안전 기술을 개발한다는 (B)가 연결되어야 한다. (나) 역시 마찬가지이다. (다)는 노후 차량은 안전성에 문제가 있다는 점뿐만 아니라 대기오염에도 영향을 주므로 (A), (B), (C) 모두에 해당한다. (라)는 열악한 통학버스 시장에 대해 언급하고 있으므로 (D)와 연결되어야 한다. 따라서 정답은 ③이다.

33 의사소통능력 정답 | ①

Quick해설 글의 문맥상 ㉠과 ㉢에는 순접의 접속어가, ㉡에는 인과의 접속어가 들어가야 한다. 따라서 정답은 ①이다.

34 의사소통능력 정답 | ③

Quick해설 '지원 자격'에 지원 기관에서 5년 이상 계속 근무가 가능해야 한다고 되어 있지만, 공사의 인력 운영 여건에 따라 변경이 가능하다고 명시되어 있다. 즉, 공사가 순찰직으로 임용된 직원에게 근무 기간을 최소 5년 보장해 주는 것은 아니다.

[오답풀이] ① '채용 조건' 중 '근무조건'을 보면, 토·일요일 및 공휴일 등과 관계 없이 4조 3교대 근무해야 한다고 명시되어 있다.

② '지원 자격'을 보면, 남자의 경우 인턴채용일 이전 전역 예정자를 포함하여 병역을 필해야 한다고 명시되어 있다.

④ '지원 자격'을 보면, 채용공고일 기준 제1종 보통 또는 대형 운전면허 취득 후 1년 이상 경과자라고 명시되어 있다.

35 의사소통능력 정답 | ①

Quick해설 A~D의 점수를 구하면 다음과 같다.

- A: 6(교통사고 경력)+5(자동차운전면허)+5(컴퓨터 운용/사무자동화산업기사)+10(기술/교통산업기사)+10(역량기술서 평가)=36
- B: 10(교통사고 경력)+5(자동차운전면허)+10(기술/교통안전관리자)+10(역량기술서 평가)=35
  (같은 분야의 자격증일 경우 가장 유리한 자격증 1개만 반영)
- C: 0(교통사고 경력)+5(자동차운전면허)+10(역량기술서 평가)+0(선택 가점)=15
  (선택 가점 적용 전 평가 점수가 만점의 40% 미만(과락)일 경우 미적용인데 만점이 40점이므로 40%는 16점이다. 따라서 C는 15점으로 과락에 해당한다.)
- D: 8(교통사고 경력)+5(자동차운전면허)+10(기술/도로교통사고감정사)+10(역량기술서 평가)+2(선택 가점)=35
  (선택 가점은 서류전형 만점의 5%이므로 2점이다.)

따라서 점수가 가장 높은 지원자는 A이다.

36 의사소통능력 정답 | ①

Quick해설 [보기]의 제3호를 보면, '금고 이상의 형을 받고 그 집행이 종료되거나 그 집행을 받지 아니하기로 확정된 후 5년이 경과되지 아니한 자'는 결격사유에 해당한다. 그런데 ①의 경우, 금고형을 선고받고 그 집행이 종료된 후 5년이 지났으므로 결격사유에 해당하지 않는다.

[오답풀이] ② 제10호 '「부패방지 및 국민권익위원회의 설치와 운영에 관한 법률」 제82조에 따른 비위면직자 등의 취업제한 적용을 받는 자'에 해당한다.

③ 제12호 중 '나'에 해당한다. 제12호의 경우 집행유예기간이 경과해도 결격사유이다.

④ 제11호 '「성폭력범죄의 처벌 등에 관한 특례법」 제2조에 규정된 죄를 범한 자로서 100만 원 이상의 벌금형을 선고받고 그 형이 확정된 후 3년이 지나지 아니한 자'에 해당한다.

행정직 본문 P. 45

37	38	39	40	41	42	43	44	45	46
④	③	②	①	④	②	④	②	②	②
47	48	49	50	51	52	53	54	55	56
③	③	②	③	③	②	④	①	③	④
57	58	59	60						
②	③	④	②						

37 자원관리능력 정답 | ④

Quick해설 토요일 정오에 출구요금소를 통과했다면 주말(공휴일) 할증이 적용된다. 또한 경차는 1종 통행요금의 50% 할인이 적용된다. 우선 1종 통행요금을 구하면, A−B 구간 1종 차종의 톨게이트 통행요금인 1,200원의 5%인 60원이 가산되어 1,260원이다. 단, 100원 단위로 수납이 되어야 하고 50원 이하는 버림, 50원 초과는 올림으로 산정하므로 1,300원이 된다. 따라서 이 금액의 50% 할인이 적용된 650원을 지불해야 한다.

[오답풀이] ① 배기량 1,000cc 미만의 경형자동차는 고속도로 통행료의 50% 할인이 적용된다. 출퇴근 할인은 중복 적용

이 되지 않으므로 통행요금의 50%만 할인받을 수 있다.

② 1t 화물차는 1종 소형화물차에 해당한다. 일요일 오후 8시에 출구요금소를 통과했다면 주말(공휴일) 할증이 적용된다. 따라서 통행요금은 1종 차종의 톨게이트 통행요금인 1,200원의 5%인 60원이 가산된 1,260원이다. 단, 100원 단위로 수납이 되어야 하고 50원 이하는 버림, 50원 초과는 올림으로 산정하므로 1,300원을 지불해야 한다.

③ 고속도로 통행료가 100% 면제되는 명절 연휴기간은 명절 전날, 명절, 명절 다음날이다. 연휴기간 전날은 해당하지 않는다.

38 자원관리능력

정답 | ③

Quick해설 빈칸 ㉠~㉢에 들어갈 값의 합은 2,400+6,000+1,250=9,650이다.

[상세해설] • ㉠: 3종 특수화물차는 주말(공휴일) 할증의 대상 차량이 아니므로 통행요금은 2,400원이다.

• ㉡: 박 대리가 추석 연휴에 고향으로 갈 때는 추석 연휴기간이므로 '설, 추석 등 명절 통행료의 100% 면제' 조건에 해당하므로 통행요금은 무료이다. 다시 돌아올 때는 연휴가 아닌 평일 오전 8시에 출구요금소를 통과하였고 1종 승용자동차이므로 '출퇴근 할인' 20%가 적용되어 4,800원이 지불되었다. 따라서 C-D 구간 고속도로의 1종 승용자동차의 통행요금은 4,800÷0.8=6,000(원)이다.

• ㉢: 김 대리가 경형자동차로 한글날에 이동하였으므로 '주말(공휴일) 할증'이 적용된다. '주말(공휴일) 할증'은 오전 7시부터 오후 9시까지 출구요금소를 통과한 경우에 적용되므로 오전에는 적용되지만 오후에는 적용되지 않는다. 단, 경형자동차는 1종 통행요금의 50% 할인이 적용된다.

따라서 오전에는 1종 통행요금으로 1,200원의 5% 할증금액인 1,260원에서 100원 단위 수납이므로 1,300원이지만, 경형자동차이므로 650원만 지불하면 된다. 오후에는 1종 통행요금 1,200원의 50%인 600원만 지불하면 된다. 따라서 총통행요금은 650+600=1,250(원)이다.

그러므로 ㉠+㉡+㉢은 2,400+6,000+1,250=9,650이다.

39 자원관리능력

정답 | ②

Quick해설 출퇴근 할인이 적용되는 시간의 통행요금은 할인이 적용된다. A-B 구간을 아래 적용 시간에 출퇴근하는 1~3종 승용차의 경우에는 일정 비율의 할인이 적용된다.

적용 구간	한국도로공사가 관리하는 고속도로 중 진출입 요금소 간 거리를 기준으로 20km 미만의 구간
대상 차량	1~3종(승용차, 승합차, 화물차)
적용 시간 할인율	– 오전 5시부터 오전 7시까지 및 오후 8시부터 오후 10시까지는 50%를 할인 – 오전 7시부터 오전 9시까지 및 오후 6시부터 오후 8시까지는 20%를 할인 ※ 토/일요일 및 공휴일 적용 제외, 출구요금소 통과 시각 기준

단, 5월 20일 일요일의 주말 출근 시에는 경형자동차로 출퇴근하므로 경형자동차의 주말 할인 및 할증 제도를 적용해야 한다. 이를 정리하면 다음과 같다.

구분		5/14 (월)	5/15 (화)	5/16 (수)	5/17 (목)	5/18 (금)	5/19 (토)	5/20 (일)
통과 시간	출근	960원	960원	600원	960원	600원	–	600원
	퇴근	960원	960원	600원	600원	1,200원	–	650원

따라서 김 대리가 일주일간 지불한 총통행요금은 9,650원이다.

40 자원관리능력

정답 | ①

Quick해설 최단 경로는 '회사-A-B-C-D'이며, 이때의 거리는 30+30+40+60=160(km)이다.

41 자원관리능력

정답 | ④

Quick해설 최단 거리로 갈 때 통행료의 합은 1,200+2,000+2,400+2,000=7,600(원)이고, 연비는 10km/L인데, 총 160km 이동했으므로 주유비는 16×2,000=32,000(원)이다.

따라서 D로 가는 최단 거리로 갈 때, 주유비와 통행료의 총비용은 32,000+7,600=39,600(원)이다.

42 자원관리능력

정답 | ②

Quick해설 회사에서 D로 가는 최단 경로는 '회사-B-D'이며, 주행 거리는 50+50=100(km)이다.

배기량 1,000cc 미만의 경차로 이동하였으므로 통행료가 50% 할인되므로 각각 900원씩 총 1,800원이다. 주유비는 연비가 20 km/L이므로 5L 즉, 10,000원이므로 총비용은 10,000+1,800=11,800(원)이다.

D에서 회사로 돌아오는 경로는 남은 지점을 모두 거쳐야하므로 'D-C-A-회사'이며, 주행 거리는 60+50+30=140(km)이다. 2,000cc 차량으로 이동하였으므로 통행료는 2,000+1,600+1,200=4,800(원)이다. 주유비는 연비가 10km/L이므로 14L 즉, 28,000원이므로 총비용은 4,800+28,000=32,800(원)이다. 따라서 32,800−11,800=21,000(원)의 비용 차이가 난다.

43 자원관리능력

정답 | ④

Quick해설 일별 근무 가능 인원을 정리하면 다음과 같다.

[일별 근무 가능 인원]

일	월	화	수	목	금	토
	1 김 부장 이 차장 강 대리 정 대리	2 김 부장 이 차장 강 대리 정 대리	3 김 부장 이 차장 강 대리 정 대리	4 김 부장 이 차장 유 차장 강 대리 정 대리 최 사원	5 김 부장 이 차장 유 차장 강 대리 정 대리 최 사원	6
7	8 이 차장 유 차장 박 대리 강 대리 정 대리	9 이 차장 유 차장 박 대리 강 대리	10 이 차장 유 차장 박 대리 강 대리	11 유 차장 박 대리 강 대리	12 유 차장 박 대리 강 대리	13
14	15 광복절	16 김 부장 유 차장 박 대리 강 대리 최 사원	17 김 부장 유 차장 박 대리 강 대리 최 사원	18 김 부장 유 차장 박 대리 강 대리 최 사원	19 김 부장 유 차장 박 대리 강 대리 최 사원	20
21	22 김 부장 이 차장 강 대리 정 대리 최 사원	23 김 부장 이 차장 강 대리 정 대리 최 사원	24 김 부장 이 차장 유 차장 정 대리 최 사원	25 김 부장 이 차장 유 차장 정 대리 최 사원	26 김 부장 이 차장 유 차장 정 대리 최 사원	27
28	29 이 차장 유 차장 박 대리 정 대리 최 사원	30 이 차장 유 차장 박 대리 정 대리 최 사원	31 이 차장 유 차장 박 대리 정 대리 최 사원			

8월 8일부터 12일 모두 공사 감독으로 가능한 인원 중 주 감독은 유 차장만 해당되고, 보조 감독은 박 대리와 강 대리가 해당된다. 따라서 정답은 ④이다.

44 자원관리능력

정답 | ②

Quick해설 김 부장은 차장급 이상이므로 주 감독의 역할을 할 수 있는 직원이 근무에 들어와야 한다. 따라서 이 차장과 유 차장이 근무에 투입이 가능하다. 한편 유 차장은 8월 1일부터 3일까지 출장이었지만, 8월 4일은 근무 투입이 가능하다. 따라서 대체 감독으로 들어올 수 있는 인원은 총 2명이다.

45 자원관리능력

정답 | ②

Quick해설 8월 22일부터 26일까지 공사 중 출장비를 가장 적게 발생시키려면, 각 직책별 가장 낮은 직급의 인원을 뽑으면 된다. 주 감독은 김 부장과 이 차장 중에 이 차장, 보조 감독은 정 대리와 최 사원 중에 최 사원을 뽑으면 최소 비용이 가능하다. 차장 직급의 경우 출장비는 81,000원이고, 사원 직급의 경우 출장비는 41,000원이다. 따라서 일당 총 122,000원인데 공사 기간이 5일이므로 총출장비는 122,000×5=610,000(원)이다.

46 자원관리능력

정답 | ②

Quick해설 최단 거리 경로는 '회사－라－가－마－나－다'이며, 이때의 거리는 30+100+60+60+30=280(km)이다.

47 자원관리능력

정답 | ③

Quick해설 '회사－라－가－마－나－다'가 최단 경로이며, 각 구간별 이동 시간을 정리하면 다음과 같다.

- 회사－라: 비포장도로, 30km → 1시간 소요
- 라－가: 고속도로, 100km → 1시간 소요
- 가－마: 시내, 60km → 1시간 소요
- 마－나: 시내, 60km → 1시간 소요
- 나－다: 비포장도로, 30km → 1시간 소요

이동 시간은 총 5시간이며, 안전점검을 하는 데 소요되는 시간은 20×5=100(분)이므로 총 6시간 40분이 걸린다.

48 자원관리능력

정답 | ③

Quick해설 '회사－라－가－마－나－다'가 최단 경로이며, 각 구간별 거리를 연비로 나누면 다음과 같다.

- 회사－라: 비포장도로, 30km, 연비 5km/L → 6L
- 라－가: 고속도로, 100km, 연비 20km/L → 5L
- 가－마: 시내, 60km, 연비 10km/L → 6L
- 마－나: 시내, 60km, 연비 10km/L → 6L
- 나－다: 비포장도로, 30km, 연비 5km/L → 6L

따라서 필요한 연료는 총 6+5+6+6+6=29(L)이며, L당 2,000원이므로 총유류비는 29×2,000=58,000(원)이다.

49 조직이해능력

정답 | ②

Quick해설 편도 1차로 고속도로에서의 최고 속도는 매시 80킬로미터, 최저 속도는 매시 50킬로미터이다. 편도 2차로 이상 고속도로에서의 최고 속도는 매시 100킬로미터로 최고 속도가 편도 1차로 고속도로보다 더 높지만, 최저 속도는 매시 50킬로미터로 동일하다.

[오답풀이] ① '가목 외의 일반도로'에서는 매시 60킬로미터 이내의 통행 속도여야 하지만, 편도 2차로 이상의 도로에서는 매시 80킬로미터 이내의 주행이 가능하다.

③ 폭우·폭설·안개 등으로 가시 거리가 100미터 이내인 경우, 노면이 얼어붙은 경우, 눈이 20밀리미터 이상 쌓인 경우 모두 최고 속도의 100분의 50을 줄인 속도로 운행하여야 하는 경우이다.

④ '총중량 2천 킬로그램 미만인 자동차를 총중량이 그의 3배 이상인 자동차로 견인하는 경우'에 해당되지만, 고속도로를 제외한다고 하였으며, 고속도로에서의 속도 규정에 대한 언급은 없으므로 반드시 매시 30킬로미터 이내여야 한다고 볼 수 없다.

50 조직이해능력 정답 | ③

Quick해설 시·도 경찰청장의 특별한 지정이 없는 주거지역 일반도로에서는 매시 50킬로미터 이내로 운행해야 한다. 그러나 가변형 속도제한표지에 의한 최고 속도가 40킬로미터, 안전표지로 정한 최고 속도가 50킬로미터로 서로 다른 경우 가변형 속도제한표지에 따라야 하므로 최고 속도는 40킬로미터가 되어야 한다. 또한 비가 내려 노면이 젖어있을 경우 최고 속도의 100분의 20을 줄인 속도로 운행하여야 하므로 40킬로미터의 100분의 20인 8킬로미터를 낮춘 매시 32킬로미터 이내가 규정에 부합하는 속도가 된다.

[오답풀이] ① 시·도 경찰청장이 원활한 소통을 위하여 특히 필요하다고 인정하여 지정한 노선 또는 구간에서 매시 60킬로미터 이내 규정이 적용되는 것은 고속도로 및 자동차전용도로 외의 모든 일반도로이다.

② 편도 2차로 고속도로에서 경찰청장이 고속도로의 원활한 소통을 위하여 특히 필요하다고 인정하여 지정·고시한 노선 또는 구간은 매시 120킬로미터 이내 규정이 적용되나, 화물자동차·특수자동차·위험물운반자동차 및 건설기계의 최고 속도는 매시 90킬로미터 이내이다.

④ 이륜자동차가 고속도로 외의 도로에서 견인하는 경우에는 매시 25킬로미터 이내라고 규정되어 있다.

51 조직이해능력 정답 | ③

Quick해설 규정된 최고 속도가 가장 높은 순으로 바르게 나열한 것은 ㉡-㉠-㉢이다.

[상세해설] ㉠ 편도 2차로 이상 고속도로에서의 최고 속도는 적재중량 1.5톤을 초과하는 화물자동차의 경우 매시 80킬로미터이다.

㉡ 편도 2차로 이상의 고속도로로서 경찰청장이 고속도로의 원활한 소통을 위하여 특히 필요하다고 인정하여 지정·고시한 노선 또는 구간의 최고 속도는 매시 120킬로미터이나, 화물자동차·특수자동차·위험물운반자동차 및 건설기계의 최고 속도는 매시 90킬로미터 이내가 된다.

㉢ 편도 2차로 이상의 고속도로로서 경찰청장이 고속도로의 원활한 소통을 위하여 특히 필요하다고 인정하여 지정·고시한 노선 또는 구간을 운행하는 승용차의 최고 속도는 매시 120킬로미터이나, 폭우·폭설·안개 등으로 가시 거리가 100미터 이내인 경우에는 최고 속도를 100분의 50으로 줄여야 하므로 매시 60킬로미터가 최고 속도가 된다.

따라서 규정된 최고 속도가 가장 높은 순으로 바르게 나열한 것은 ㉡-㉠-㉢이다.

52 조직이해능력 정답 | ②

Quick해설 점형블록은 위치표시나 위험 지역을 경고하는 역할을 하며, 선형블록이 시작·교차·굴절되는 지점에 설치된다. 따라서 점형블록은 위험 지역 앞에서 멈춤의 의미를, 선형블록 앞에서는 방향 전환의 의미를 포함하고 있음을 알 수 있다.

[오답풀이] ① 돌출부가 너무 높으면 보행에 영향을 줄 수 있을 것이므로, 돌출부의 높이는 점형 6mm, 선형 5mm로 규정되어 있다.

③ 위험한 장소의 0.3m 전면에 설치되어야 하는 점자블록은 선형블록이 아닌 점형블록이다.

④ 선형블록은 직선으로 이어진 도로에만 설치되는 것이 아니며, 각도가 생기는 도로에 따른 설치 방법이 명시되어 있다.

53 조직이해능력 정답 | ④

Quick해설 점형블록은 상판이 36개의 돌출점으로 형성된 것이며, 선형블록은 상판이 4개의 돌출선으로 형성된 것을 말한다. 따라서 이를 옳게 반영한 점자블록은 ④이다.

54 조직이해능력 정답 | ①

Quick해설 주어진 자료의 설명에 따라 세 가지 형태의 교차로에 설치된 점자블록은 다음 그림과 같다.

'+'자형 교차로	'T'자형 교차로	'L'자형 교차로

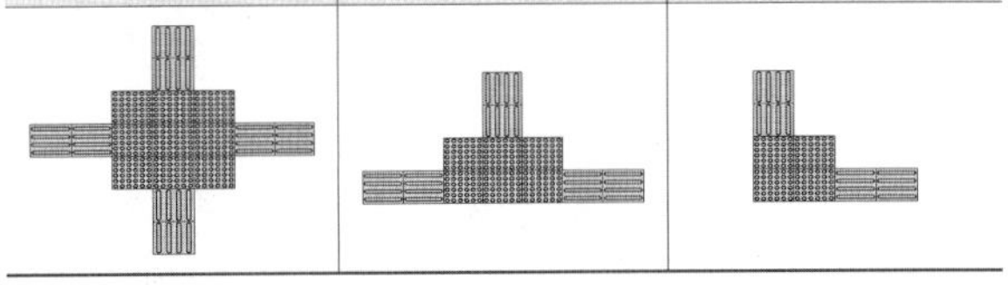

따라서 교차로에 설치된 점자블록으로 옳은 것은 ①이다.

55 조직이해능력 정답 | ③

Quick해설 노면이 젖어 있는 습윤 시의 마찰저항이 있는 재료와 공법으로 설치하여야 한다고 서술되어 있다.

[오답풀이] ①, ②, ④ 도로의 노면표시 재료가 갖추어야 할 기본 요건은 다음과 같다.
- 야간, 우천(습윤) 시에도 선명하게 시인성을 확보하여야 한다.
- 보행자의 헛디딤, 미끄러짐 등의 위험이 없고 차량으로의 충격이 적어야 한다.
- 내구성, 내후성, 속건성, 시공 편의성, 시인성, 투자 효율성 등을 확보하여야 한다.

56 조직이해능력 정답 | ④

Quick해설 건조 속도가 빠르고 유효수명이 긴 것은 융착식과 기능성 도료가 갖는 특성이다. 야간에 유리알 효과로 인해 야간반사가 커 반사율이 높은 것은 상온 경화형 플라스틱과 기능성 도료가 갖는 특성이다. 따라서 세 가지 요건에 모두 부합하는 것은 기능성 도료임을 알 수 있다.

57 조직이해능력 정답 | ②

Quick해설 융착식은 내마모성이 크므로 차량에 의해 쉽게 마모되는 중앙선, 차선, 길가장자리 구역선 및 정지선, 횡단보도 표시에 적합하다. 또한 빠른 시간에 교통을 개방할 수 있어 교통지장도가 낮은 특성이 있으므로, 곧바로 차량통행이 가능하게 하려면 융착식 노면표시 시공이 가장 적절하다.

58 조직이해능력 정답 | ③

Quick해설 도시부 등 특정 도시지역에 건설되는 도로는 도시 고속도로 또는 도시 고속화도로이다.

[오답풀이] ①, ②, ④ 고속도로의 일반적인 특성은 다음과 같다.
- 고속교통에 공용되는 유로도로
- 자동차전용도로로 2륜차 및 사람의 출입 제한
- 나들목(인터체인지)에서만 진출입이 가능
- 타 시설과의 연계 제한
- 고속도로 간 또는 타 도로와 연결 시 특별한 사유가 없는 한 입체교차로 방식 적용

59 조직이해능력 정답 | ④

Quick해설 고속도로는 공기업인 한국도로공사가 건설·관리하는 도로와 민간사업자가 자본을 투입하여 건설·관리하는 도로로 구분할 수 있다. 따라서 (A)는 한국도로공사, (B)는 민간사업자가 들어갈 수 있다.

60 조직이해능력 정답 | ②

Quick해설 주간선도로와 보조간선도로 모두 '도로 및 구조의 시설에 관한 규칙'과 '도시계획 시설의 결정·구조 및 설치 기준에 관한 규칙'에 의해 규정되었으며, 북·동·서부간선도로는 고속화도로라고 서술되어 있다.

[오답풀이] ① 고속도로는 한국도로공사가 관리하지만, 일반도로의 관리 주체에 대한 내용은 제시되어 있지 않으므로 모두 한국도로공사가 관리한다고 할 수 없다.
③ 자동차전용도로는 '도시계획 시설의 결정·구조 및 설치 기준에 관한 규칙'에 의해 사용 형태를 기준으로 구분되어 규정된 도로이다.
④ 도시 고속도로 역시 자동차전용도로이다.

기술직

본문 P. 62

37	38	39	40	41	42	43	44	45	46
③	①	③	④	①	②	④	④	②	①
47	48	49	50	51	52	53	54	55	56
②	②	③	④	②	①	②	④	④	②
57	58	59	60						
③	③	④	②						

37 수리능력 정답 | ③

Quick해설 서해안선의 전체 일평균 교통량은 182,966+105,931+26,387+32,952=348,236(대)이고, 영동선의 전체 일평균 교통량은 123,363+142,607+137,027+60,324=463,321(대)이다. 따라서 서해안선의 전체 일평균 교통량은 영동선의 전체 일평균 교통량보다 463,321−348,236=115,085(대) 적으므로 12만 대 미만으로 적다.

[오답풀이] ① 중부내륙선의 평일 일평균 교통량은 207,194대이고, 주말 일평균 교통량은 200,730대이다. 평일은 5일이고, 주말은 2일이므로 직접 계산하지 않아도 평일 교통량은 주말 교통량보다 7,000대 이상 많음을 알 수 있다.

② 경부선에서 주말보다 평일의 일평균 교통량이 많은 구간은 '서울~신갈JC', '신갈JC~수원신갈', '수원신갈~기흥', '안성~북천안', '칠곡물류~금호JC', '양산JC~노포JC', '노포~부산'으로 7개이다.

④ 중부선에서 '동서울~산곡JC' 구간이 차지하는 전체 일평균 교통량 비율은 $\frac{132,813}{275,434}\times 100 ≒ 48.2(\%)$이므로 46% 이상이다.

38 수리능력

정답 | ①

Quick해설 (A)$=\frac{72,659\times 5+58,455\times 2}{7}≒68,601$(대)이다. '노포~부산' 구간의 전체 일평균 교통량 수치는 68,968이므로 (A)의 값이 더 낮다.

[오답풀이] ② (B)의 값은 '제천~신림' 구간의 전체 일평균 교통량 수치이다. 따라서 계산하지 않아도 평일 일평균 교통량 수치보다 높음을 알 수 있다.

③ (C)$=\frac{56,081\times 5+55,362\times 2}{7}≒55,876$(대)이므로 56,000 미만이다.

④ (D)$=\frac{9,768\times 5+5,100\times 2}{7}≒8,434$(대)이므로 8,500 미만이다.

39 수리능력

정답 | ③

Quick해설 주어진 [보기]를 바탕으로 '평일 대비 주말의 일평균 교통량 비율'이 100보다 큰지 작은지에 대한 기준은 [표]에서 평일의 일평균 교통량과 주말의 일평균 교통량 중에 어느 것이 더 큰지에 관한 것으로 생각할 수 있다. 예를 들어 '서울~신갈JC' 구간에 대해서 주말보다 평일의 일평균 교통량이 더 크므로 해당 구간의 '평일 대비 주말의 일평균 교통량 비율'은 100 미만이다. 실제로 비율을 구하면, $\frac{189,699}{205,153}\times 100≒92.5(\%)$임을 알 수 있다.

따라서 이와 같이 '평일 대비 주말의 일평균 교통량 비율'을 구할 때, 그 값이 100 미만인 구간은 18개이고, 100 이상인 구간은 14개이다. 그러므로 $x-y=18-14=4$이다.

40 수리능력

정답 | ④

Quick해설 5종 차량에서 00~05시 이용 차량은 721+670+697+852+1,335=4,275(천 대)이다. 따라서 01~02시 시간대가 차지하는 비중은 670÷4,275×100≒15.7(%)이므로 16% 미만이다.

[오답풀이] ① 09~12시 2종 이용 차량은 3,262+3,210+3,011=9,483(천 대)이고, 3종 이용 차량은 3,815+3,870+3,594=11,279(천 대)이다. 따라서 비율을 직접 구하지 않더라도 2종이 차지하는 비율이 3종보다 낮음을 알 수 있다.

② 02~03시의 3종 이용 차량 대수를 알 수 없지만, 해당 시간대에 38만 1천 대 초과 44만 대 미만으로 이용 차량 대수를 기록하였다면 01~08시까지 최대 7개의 시간대에 걸쳐 연속으로 증가할 수 있다.

③ 04~05시 이용 차량은 6,688+1,003+621+1,064+1,335=10,711(천 대)이므로 1종이 차지하는 비중은 6,688÷10,711×100≒62.4(%)이다. 따라서 65% 미만이다.

41 수리능력

정답 | ①

Quick해설 ㉠ 09~10시 일평균 이용 차량은 (74,461+3,262+3,815+2,581+4,670)÷365≒243.3(천 대)이므로 25만 대 미만이다.

㉢ 07~08시 1년간 이용 차량이 73,650+2,855+3,825+2,539+4,272=87,141(천 대)이고, 19~20시 1년간 이용 차량이 77,191+1,183+2,378+1,339+1,301=83,392(천 대)이므로 일평균 이용 차량 대수를 구하지 않더라도 07~08시 일평균 이용 차량이 19~20시 일평균 이용 차량보다 많음을 알 수 있다.

[오답풀이] ㉡ 14~15시 일평균 이용 차량은 (90,465+2,732+3,415+2,601+4,300)÷365≒283.6(천 대)이므로 28만 대 이상이다.

㉣ 23~24시 이용 차량보다 04~05시 이용 차량이 적으므로 일평균 이용 차량을 직접 구하지 않더라도 일평균 이용 차량이 처음으로 10만 대 미만을 기록하는 시간대는 23~24시가 아님을 알 수 있다. 04~05시 일평균 이용 차량은 (6,688+1,003+621+1,064+1,335)÷365≒29.3(천 대)로 10만 대 미만이다.

42 수리능력

정답 | ②

Quick해설 (A)−(B)−(C)−(D)=15,010−593−438−777=13,202이다.

[상세해설] 하루 전체 이용 차량은 1,410,426+43,351+54,362+43,176+62,309=1,613,624(천 대)이다.

00~01시 이용 차량은 전체 이용 차량의 1.1%에 해당하므로 1,613,624×0.011≒17,750(천 대)이다. 따라서 (A)=17,750−(603+482+934+721)=15,010(천 대)이다.

01~02시 이용 차량은 전체 이용 차량의 0.7%에 해당하므로

1,613,624×0.007≒11,295(천 대)이다. 따라서 (B)=11,295−(8,821+381+830+670)=593(천 대)이다.
02~03시 이용 차량은 전체 이용 차량의 0.5%에 해당하므로 1,613,624×0.005≒8,068(천 대)이다. 따라서 (C)=8,068−(5,425+698+810+697)=438(천 대)이다.
03~04시 이용 차량은 전체 이용 차량의 0.5%에 해당하므로 1,613,624×0.005≒8,068(천 대)이다. 따라서 (D)=8,068−(5,195+804+440+852)=777(천 대)이다.
그러므로 (A)−(B)−(C)−(D)=15,010−593−438−777=13,202이다.

43 수리능력

정답 | ④

Quick해설 고속국도에서 발생한 교통사고 부상자 수는 8,389명이고, 사망자 수는 223명이다. 이때, 8,389÷223≒37.6이므로 40배 미만이다.

[오답풀이] ① 전체 교통사고 1건당 전체 사망자 수는 3,081÷209,654≒0.015(명)이므로 0.01명 이상이다.
② 전체 교통사고 건수는 209,654건이고, 교차로 교통사고 건수는 104,443건이다. 104,443×2<209,654이므로 교차로 교통사고 건수는 전체 교통사고 건수의 50% 미만이다.
③ 전체 교통사고 부상자 수는 306,194명이고, 일반국도에서 발생한 교통사고의 부상자 수는 30,512명이다. 30,512×10<306,194이므로 일반국도에서 발생한 교통사고의 부상자 수는 전체 부상자 수의 10% 미만이다.

44 수리능력

정답 | ④

Quick해설 서울에서 발생한 교통사고 건수는 전체 교통사고 건수의 35,227÷209,654×100≒16.8(%)이므로 15% 이상이다.

[오답풀이] ① 주어진 [표]는 대도시에 관한 자료이므로, 전국에서 가장 많은 부상자가 발생한 지역이 서울인지 알 수 없다.
② 인천은 광주보다 교통사고 건수가 많지만, 부상자 수는 적다.
③ 광주는 대전보다 교통사고 건수가 많지만, 사망자 수는 적다.

45 수리능력

정답 | ②

Quick해설 ㉠ 서울의 사망자 수는 전체 사망자 수의 219÷3,081×100≒7.1(%)이므로 7% 이상이다.
㉢ 대도시의 전체 사망자 수는 219+100+112+91+63+66+51+7=709(명)이다. 따라서 울산이 차지하는 비중은 51÷709×100≒7.2(%)이므로 7% 이상이다.

[오답풀이] ㉡ 부산의 사상자 수는 100+16,347=16,447(명)이고, 전체 사상자 수는 3,081+306,194=309,275(명)이다. 따라서 부산의 사상자 수는 전체 사상자 수의 16,447÷309,275×100≒5.3(%)이므로 5% 이상이다.

46 수리능력

정답 | ①

Quick해설 ㉠ 2019년 6개 휴게소의 주차 점수의 평균은 (4.3+2.5+3.5+3.1+2.9+4.5)÷6≒3.47(점)이므로 3.5점 미만이다.
㉢ 2019년 편의시설 점수가 가장 높은 휴게소는 4.7점을 받은 함안 휴게소이다. 함안 휴게소는 2020년에도 같은 항목에서 점수가 4.1점으로 가장 높다.

[오답풀이] ㉡ 언양 휴게소의 만족도 조사 총점을 연도별로 구하면 다음과 같다.
- 2019년: 2.5+4.4+4.1+3.9=14.9(점)
- 2020년: 3.2+4.1+3.4+4.2=14.9(점)

따라서 언양 휴게소는 2019년과 2020년의 만족도 조사 총점이 서로 같다.
㉣ 2020년 6개 휴게소에 대하여 항목별로 만족도의 합을 구하면 다음과 같다.
- 주차: 4.1+3.2+3.2+3.5+3.5+3.4=20.9(점)
- 위생: 2.8+4.1+2.7+4.1+3.0+3.5=20.2(점)
- 편의시설: 3.2+3.4+4.1+3.7+4.1+4.1=22.6(점)
- 서비스: 3.0+4.2+3.5+3.0+4.5+2.8=21(점)

따라서 만족도의 합이 가장 낮은 항목은 '위생'이고, 만족도의 합이 가장 높은 항목은 '편의시설'이다.

47 수리능력

정답 | ②

Quick해설 2019년 휴게소 만족도 조사 총점을 구하면 다음과 같다.
- 망향 휴게소: 4.3+2.4+3.7+2.8=13.2(점)
- 언양 휴게소: 2.5+4.4+4.1+3.9=14.9(점)
- 함안 휴게소: 3.5+1.8+4.7+4.0=14.0(점)
- 지리산 휴게소: 3.1+4.2+3.1+2.5=12.9(점)
- 홍성 휴게소: 2.9+3.5+3.6+3.4=13.4(점)
- 만남의 광장 휴게소: 4.5+2.8+2.9+4.0=14.2(점)

따라서 만족도 조사 총점이 가장 높은 휴게소는 언양 휴게소이고, 두 번째로 높은 휴게소는 만남의 광장 휴게소이다.

48 수리능력

정답 | ②

Quick해설 2020년 휴게소 만족도 조사 총점을 구하면 다음과 같다.(2019년 휴게소 만족도 조사 총점은 **47**번 해설 참고)

• 망향 휴게소: 4.1+2.8+3.2+3.0=13.1(점)
• 언양 휴게소: 3.2+4.1+3.4+4.2=14.9(점)
• 함안 휴게소: 3.2+2.7+4.1+3.5=13.5(점)
• 지리산 휴게소: 3.5+4.1+3.7+3.0=14.3(점)
• 홍성 휴게소: 3.5+3.0+4.1+4.5=15.1(점)
• 만남의 광장 휴게소: 3.4+3.5+4.1+2.8=13.8(점)

따라서 2019년 대비 2020년 만족도 조사 총점이 낮아진 휴게소는 망향 휴게소, 함안 휴게소, 만남의 광장 휴게소로 3개이다.

49 기술능력 정답 | ③

Quick해설 ③의 경우, 냄새가 날 때 확인해 보아야 하는 사항이므로 적절하지 않다.

50 기술능력 정답 | ④

Quick해설 단수인 경우에는 다른 곳의 수도꼭지를 확인하도록 한다.

51 기술능력 정답 | ②

Quick해설 버튼 잠금 설정이 되어 있는 경우, [헹굼/건조]와 [살균] 버튼을 동시에 2초간 눌러 해제할 수 있다.

52 기술능력 정답 | ①

Quick해설 프린터에 응결이 발생한 경우 인쇄 품질이 저하될 수 있다. 그러나 이는 인쇄가 되지 않는 상황에서 확인해 볼 사항으로는 적절하지 않다.

53 기술능력 정답 | ②

Quick해설 인쇄 상태가 좋지 않다는 것은 인쇄 품질이 떨어진다는 것을 의미한다. 따라서 잉크 시트와 용지에 먼지가 없는지, 프린터 내부에 먼지가 없는지, 프린터에 응결이 발생하진 않았는지, 프린터가 전자파 또는 강한 자기장을 발생시키는 장비 근처에 있지 않은지를 확인하도록 한다.

54 기술능력 정답 | ④

Quick해설 용지를 살짝 잡아당겨서 제거하기 어려운 경우 용지가 나올 때까지 프린터의 전원을 끄고 다시 켜는 동작을 반복한다.

[오답풀이] ① 용지가 튀어나오면 주의하여 꺼내야 하고, 살짝 잡아당겨도 제거 불가능한 경우 강제로 꺼내지 않도록 한다.
② 일단 용지가 튀어나왔는지 확인하고 제거가 어렵다면 전원을 껐다 켠 후 용지가 나올 때까지 반복하여 확인한다. 이와 같은 용지 걸림을 해결하기 위한 여러 시도에도 해결이 어렵다면, 대리점이나 가까운 서비스센터로 문의하도록 한다.
③ 이물질이 끼어 있는지 확인하는 것은 용지 걸림 상황에서의 문제해결로 제시되지 않은 방법이다.

55 기술능력 정답 | ④

Quick해설 모양이 직사각형(정사각형 포함)이며, 모서리 부분의 모양은 둥근 형태이고, 바탕은 백색, 문자 및 기호는 흑색이므로 보조표지임을 알 수 있다.

56 기술능력 정답 | ②

Quick해설 교통안전표지의 종류별 색 구성은 다음과 같다.
• 주의표지: 바탕은 황색, 테두리는 적색, 문자 및 기호는 흑색을 사용한다.
• 규제표지: 바탕은 백색, 테두리는 적색, 문자 및 기호는 흑색을 사용한다.
• 지시표지: 바탕은 청색, 테두리는 청색, 문자 및 기호는 백색을 사용한다.
• 보조표지: 바탕은 백색, 테두리는 흑색, 문자 및 기호는 흑색을 사용한다.

따라서 ㉠은 주의표지, ㉡은 지시표지, ㉢은 보조표지, ㉣은 규제표지이다.

57 기술능력 정답 | ③

Quick해설 (A)는 우회전을 하라는 지시표지이므로 문자 및 기호인 화살표는 백색을 사용하고, (B)는 우회전을 하지 말라는 규제표지이므로 문자 및 기호인 화살표는 흑색을 사용한다. 따라서 정답은 ③이다.

58 기술능력 정답 | ③

Quick해설 사용 관련 주의사항에 제품에서 이상한 소리가 들리며 냄새가 나거나, 연기가 나면 즉시 전원 플러그를 뽑고 서비스센터로 연락하라고 명시되어 있다.

[오답풀이] ① 냉각기에 생긴 성에를 제거하는 운전 중일 수 있으므로 조치사항을 우선 확인할 수 있다.

② 호스 연결에 문제가 있을 수 있으므로 호스를 확인하여 바르게 연결해 볼 수 있다.

④ 제품을 껐다 5분 후 다시 켜보는 조치를 우선할 수 있으며, 그럼에도 문제가 지속될 경우 서비스센터로 연락하라고 명시되어 있다. 따라서 확인 절차 없이 즉시 서비스센터로 연락해야 할 경우는 아니다.

59 기술능력 정답 | ④

Quick해설 제습기를 분해, 임의 수리, 개조하는 것은 안전을 위한 사용 관련 주의사항에 어긋나는 행위이므로 옳지 않다.

60 기술능력 정답 | ②

Quick해설 제습량이 적은 경우의 원인으로 실내의 온도나 습도가 낮거나, 공기흡입구나 공기토출구가 막혔거나, 성에 제거 운전 중인 경우가 있다. 따라서 소비자는 희망 습도와 현재 습도를 확인하여 희망 습도를 조절하거나, 공기흡입구나 공기토출구를 막은 장애물을 치우거나, 성에 제거 운전이 끝날 때까지 기다리는 등의 조치를 취할 수 있다.

[오답풀이] ① 전원 버튼을 눌러도 동작하지 않는 경우에 취할 수 있는 조치이다.

③ 소음이 나는 경우에 취할 수 있는 조치이다.

④ 액정이 'E1 E3 E8'이라고 표시되는 경우에 취할 수 있는 조치이다.

실전모의고사 [2회]

직군공통

본문 P. 83

01	02	03	04	05	06	07	08	09	10
③	①	②	②	④	③	④	③	③	①
11	12	13	14	15	16	17	18	19	20
④	①	②	③	④	③	③	②	①	③
21	22	23	24	25	26	27	28	29	30
③	④	①	③	②	③	④	③	③	④
31	32	33	34	35	36				
①	①	②	③	③	④				

01 문제해결능력 정답 | ③

Quick해설 ㉡ 하이패스 장착 차량에 한해 적용되는 것은 출퇴근 할인 제도에 관한 내용뿐이고, 경형자동차 할인과 주말(공휴일) 할증 제도에서는 관련된 내용의 언급이 없다.

㉢ 고속도로 통행료를 결정하는 도로정책심의회는 정부 관계기관과 전문가로 구성된다. 즉, 민간단체에 관한 내용은 없으므로 옳지 않다.

㉣ 주어진 자료에서는 수익자와 정부가 양분하여 부담하고 있다는 내용을 찾을 수 없다. 다만, '이용자가 자발적으로 고속도로를 선택하여 이용하는 것에 대한 사용 대가를 이용자가 부담해야 함'이라고 일부 사항을 언급하고 있다.

따라서 [보기]의 설명 중 옳지 않은 것은 3개이다.

[오답풀이] ㉠ 주말(공휴일) 할증 제도의 대상 차량은 1종뿐이므로 3종 차량은 제외 대상이다.

02 문제해결능력 정답 | ①

Quick해설 선택지 ①~④의 경우에 대하여 고속도로 통행요금을 구하면 다음과 같다.

① 900+(21×45.2)=1,849.2(원)≒1,849(원)

② 720+(22×47)=1,754(원)

③ 900+(15×62.9)=1,843.5(원)≒1,843(원)

④ 720+(15×74.4)=1,836(원)

따라서 고속도로 통행요금이 가장 비싼 경우는 ①이다.

03 문제해결능력 정답 | ②

Quick해설 최 대리의 하루 고속도로 통행요금은 848+1,357=2,205(원)이다.

[상세해설] 1종 차량인 승합차는 경차가 아니고, 평일에 폐쇄식 요금소를 통과하였다. 이때, 진출입요금소 사이의 거리는 18km이고 하이패스 장착 차량이므로, 최 대리의 승합차는 출퇴근 할인을 적용받는다. 최 대리의 하루 고속도로 통행요금을 출근과 퇴근으로 나누어 계산하면 다음과 같다.

- 출근: 오전 6시에 고속도로에 진입하여 6시 40분에 출구요금소를 통과하였으므로 900+(18×44.3)=1,697.4(원)이다. 이때, 50%를 할인받으면 848.7원이고, 원 단위 미만을 절사하면 848원이다.
- 퇴근: 저녁 7시 10분에 고속도로에 진입하여 7시 45분에 출구요금소를 통과하였으므로 1,697.4원이다. 이때, 20%를 할인받으면 1,697.4×0.8=1,357.92(원)이고, 원 단위 미만을 절사하면 1,357원이다.

따라서 최 대리의 하루 고속도로 통행요금은 848+1,357=2,205(원)이다.

04 문제해결능력

정답 | ②

Quick해설 첫 번째 문단에 따르면, ESG에 대한 공시 가이드라인에 따른 공시를 통해 투자자들은 기업의 재무적 성과뿐만 아니라 보다 장기적으로 기업 가치와 지속 가능성에 영향을 주는 비재무적 요소를 평가해 투자할 수 있다고 하였다. 그러나 이 내용만으로 기업 평가 시 투자자들이 재무적 성과보다 비재무적 성과를 중요시한다고 판단하기는 어렵다.

[오답풀이] ① 세 번째 문단에 따르면, 그린슈머의 증가는 세계적인 추세라고 하였다.

③ 기업은 ESG 경영을 채택함으로써 그린슈머와 같은 환경 이슈에 민감한 소비자들의 이탈을 막을 수 있다.

④ 친환경적인 제품을 구매하는 소비자인 그린슈머는 제품 구매 시 친환경성 여부를 중요한 구매 기준으로 생각한다고 하였으며, 소비자 조사의 결과에서 최근 소비자들이 신뢰하는 기업의 제품을 구매할 때 다소 비싸더라도 제품을 구매할 의향이 있다고 답변하였으므로, 그린슈머의 성향을 가진 소비자들은 그렇지 않은 소비자들보다 친환경적인 제품 가격의 변동에 민감하게 반응하지 않을 것임을 알 수 있다.

05 문제해결능력

정답 | ④

Quick해설 ㉠ 사회적으로 민간인들에게 피해를 끼쳤던 방위사업 분야를 정리하고, 태양광, 수소 등 친환경에너지 사업으로 주력 분야를 재설정하였으므로 ESG 경영에 해당한다.

㉡ 지구 온난화 등 환경 위기에 대응하기 위해 '탈석탄'을 선언하고, 이와 관련한 투자를 중단하였으므로 ESG 경영에 해당한다.

㉢ 2025년까지 친환경적인 수소전기차의 연 판매량을 늘리는 것을 목표로 하며, 글로벌 사회가 직면한 문제를 해결하기 위한 캠페인에 동참하고자 하였으므로 ESG 경영에 해당한다.

따라서 ㉠, ㉡, ㉢ 모두 ESG 경영의 사례로 적절하다.

06 문제해결능력

정답 | ③

Quick해설 주어진 글은 ESG 경영 중에서도 환경에 관한 것을 핵심 내용으로 언급하고 있다. 주어진 선택지는 모두 한국도로공사에서 진행하는 ESG 경영 사례인데, 그 중에서 환경에 관한 것을 다루는 사례는 ③이다.

07 문제해결능력

정답 | ④

Quick해설 해당 자영업자는 고속도로에서 머문 시간이 24시간을 초과하였기 때문에, 최장 거리 운행요금이 적용된다. 따라서, '나' 요금소 기준으로 가장 먼 거리로부터 최단 경로를 통행한 것으로 추정하여 통행요금이 부과된다.

08 문제해결능력

정답 | ③

Quick해설 기본요금 900원에 1종 주행요금 200×44.3=8,860(원)을 합하면 편도요금은 9,760원이고, 왕복 통행료는 19,520원이다. 통행요금 산정 기본 구조의 주석을 보면, 2차로는 통행요금의 50% 할인, 6차로 이상은 통행요금의 20% 할증이다. 19,520원에서 2차로 50% 할인이 적용되면 9,760원, 6차로 20% 할증이 적용되면 19,520×1.2=23,424(원)이다. 따라서 두 경로 간의 왕복 통행료의 차이는 23,424−9,760=13,664(원)으로 십 원 단위 미만을 절사하면 13,660원이다.

09 문제해결능력

정답 | ③

Quick해설 주어진 자료를 바탕으로 통행요금을 구하면 다음과 같다.

구간	거리	할인/할증	기본 요금	km당 단가	통행요금 산출 식	통행 요금
가	10km	100%	900원	47원	{900+(10×47)}×1	1,370원
나	20km	100%	720원	47원	{720+(20×47)}×1	1,660원
다	20km	120%	900원	47원	{900+(20×47)}×1.2	2,208원
라	30km	50%	720원	47원	{720+(30×47)}×0.5	1,065원

십 원 단위 미만은 절사하므로 '다' 구간은 2,210원이 아닌, 2,200원의 통행요금이 발생한다.

10 문제해결능력 정답 | ①

Quick해설 ㉠ 해당 내용은 교통사고 발생 시 조치 요령이 아니라 응급처치 요령 중 주의사항에 해당한다. 즉, 피해 운전자를 응급처치할 때 신원을 파악하는 것이지, 부상을 입었다고 해서 먼저 신원을 파악해야 하는 것은 아니다.

㉡ 사고 발생 시 다른 차의 소통에 방해되지 않도록 길 가장자리나 공터 등 안전한 장소에 차를 정차시키고 엔진을 꺼야 한다.

[오답풀이] ㉢ 뺑소니 교통사고 현장 목격자인 경우 자발적으로 차의 번호, 차종, 색깔, 특징 등의 차량 정보를 경찰공무원에게 신고해야 한다.

㉣ 후속 사고의 우려가 있을 때에는 부상자를 안전한 장소로 이동시켜야 한다.

11 문제해결능력 정답 | ④

Quick해설 음료수 등을 먹일 때 코로 들어가지 않도록 주의해야 한다고 하였으므로 상황에 따라 물을 먹여야 하는 경우가 있을 수 있다.

[오답풀이] ① 꼭 필요한 경우가 아니라면 함부로 부상자를 옮기지 않아야 한다.

② 부상자에게 쇼크가 오거나 더욱 심각한 상황으로 번질 수 있으므로 부상 정도에 대하여 부상자에게 이야기하지 않는다.

③ 응급처치 순서상 병원에 먼저 연락한 뒤에 응급처치해야 한다.

12 문제해결능력 정답 | ①

Quick해설 ㉠ 교통사고 발생 시 다른 차량의 소통을 방해하지 않기 위해서 차량을 길 가장자리 등으로 이동하고 시동을 꺼야 한다.

㉡ 보행자의 부상 부위 및 정도를 확인하고, 안전한 장소로 이동시킨 후에 119에 신고하는 것은 적절하다. 특히, 건널목에서 부상을 당한 상황이므로 안전한 인도로 이동하여 눕히는 것이 좋다.

㉢ 운전자는 부상자가 발생했을 경우, 부상자를 먼저 구호하고 경찰공무원에게 알려야 하므로 적절한 조치이다.

㉣ 피해자는 가벼운 부상이라도 반드시 경찰공무원에게 알려야 하므로 적절한 조치이다.

따라서 [보기]의 ㉠~㉣ 모두 적절하다.

13 정보능력 정답 | ②

Quick해설 H, V는 −1, I는 +1이므로 FV는 −1이다. 따라서 Input Code에는 Yellow를 입력한다.

[상세해설] System Code가 D#이므로 먼저 발견된 H, I, V를 선택한다. System Type이 16#이므로 각 Error Code의 FEV는 다음과 같다.

- H: {(12+34)÷2}+6=29 / SV=30
  → FEV<SV이므로 FV에 −1
- I: {(7+3)÷2}+5=10 / SV=5
  → FEV>SV이므로 FV에 +1
- V: {(11+19)÷2}+7=22 / SV=37
  → FEV<SV이므로 FV에 −1

FV는 −1+1−1=−1이므로 Input Code에는 Yellow를 입력한다.

14 정보능력 정답 | ③

Quick해설 N은 −1, X, T는 +1이므로 FV는 1이다. 따라서 Input Code에는 Red를 입력한다.

[상세해설] System Code가 E#이므로 SV가 높은 N, X, T를 선택한다. System Type이 128#이므로 각 Error Code의 FEV는 다음과 같다.

- N: {(55+64)÷2}+40=99.5 / SV=100
  → FEV<SV이므로 FV에 −1
- X: {(67+54)÷2}+28=88.5 / SV=88
  → FEV>SV이므로 FV에 +1
- T: {(34+7)÷2}+10=30.5 / SV=30
  → FEV>SV이므로 FV에 +1

FV는 −1+1+1=1이므로 Input Code에는 Red를 입력한다.

15 정보능력 정답 | ④

Quick해설 재검사를 시행하여 K의 DV와 SV를 비교하면, DV<SV이다. 따라서 FV=2이고, Input Code에는 Black을 입력한다.

[상세해설] System Code가 F#이므로 DV가 높은 A, R, F를 선택한다. System Type이 64#이므로 각 Error Code의 FEV는 다음과 같다.

- A: {(40+50+60)÷3}+25=75 / SV=75

→ FEV=SV이므로 FV는 그대로
- R: {(34+27+86)÷3}+16=65 / SV=85
  → FEV<SV이므로 FV에 −1
- F: {(20+45+35)÷3}+7≒40.3 / SV=40
  → FEV>SV이므로 FV에 +1

FV는 0−1+1=0이므로 재검사를 시행한다. System Code가 F#이므로 DV가 네 번째로 높은 K의 DV와 SV를 비교하면, DV<SV이다. 따라서 FV=2이고, Input Code에는 Black을 입력한다.

16 정보능력

정답 | ③

Quick해설 재검사를 시행해야 하지만 System Code가 C#이므로 재검사를 시행하지 않고 FV=1이 된다. 따라서 Input Code에는 Red를 입력한다.

[상세해설] System Code가 C#이므로 K, I, N, G를 모두 선택한다. System Type이 32#이므로 각 Error Code의 FEV는 다음과 같다.

- K: {(18+12)÷2}+25=40 / SV=40
  → FEV=SV이므로 FV는 그대로
- I: {(100+250)÷2}+25=200 / SV=200
  → FEV=SV이므로 FV는 그대로
- N: {(47+11)÷2}+15=44 / SV=44
  → FEV=SV이므로 FV는 그대로
- G: {(4+20)÷2}+14=26 / SV=26
  → FEV=SV이므로 FV는 그대로

FV는 0이므로 재검사를 시행해야 한다. 그런데 System Code가 C#이므로 재검사를 시행하지 않고 FV=1이 된다. 따라서 Input Code에는 Red를 입력한다.

17 정보능력

정답 | ③

Quick해설 논리 게이트에 따른 출력값은 다음과 같다.

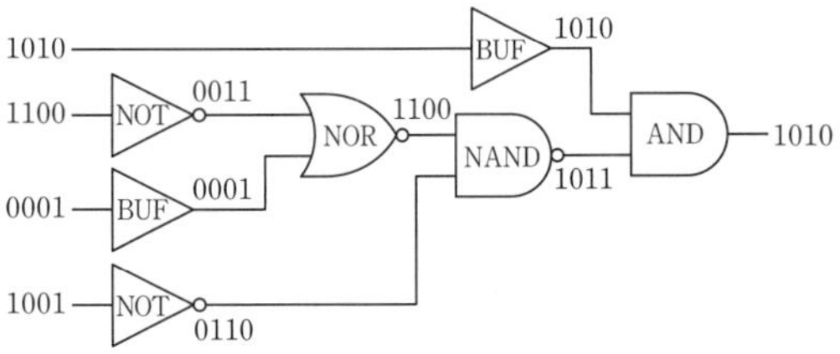

18 정보능력

정답 | ②

Quick해설 논리 게이트에 따른 출력값은 다음과 같다.

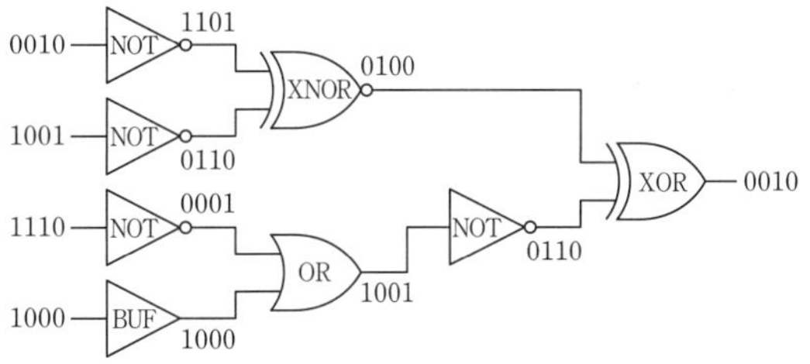

19 정보능력

정답 | ①

Quick해설 논리 게이트에 따른 출력값은 다음과 같다.

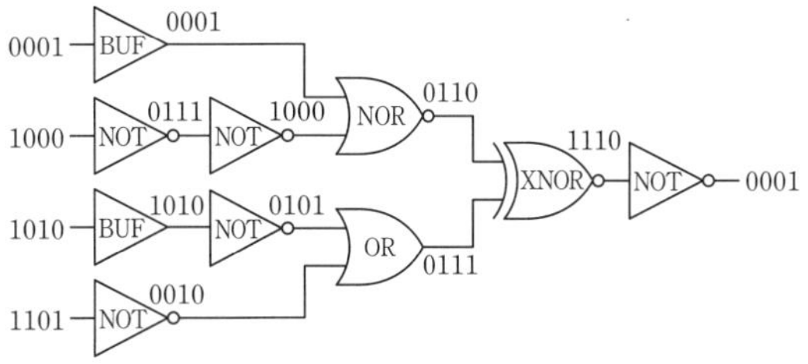

20 정보능력

정답 | ③

Quick해설 NAND를 만나 '0001'이 출력되는 숫자 쌍은 앞의 세 자리가 '111'로 동일하고 마지막 네 번째 자리의 수가 (0, 0), (0, 1), (1, 0)인 3가지 경우이다(엄밀히 말하면 이 수들은 NOT에 통과시킨 것). 따라서 3가지이다.

[상세해설]

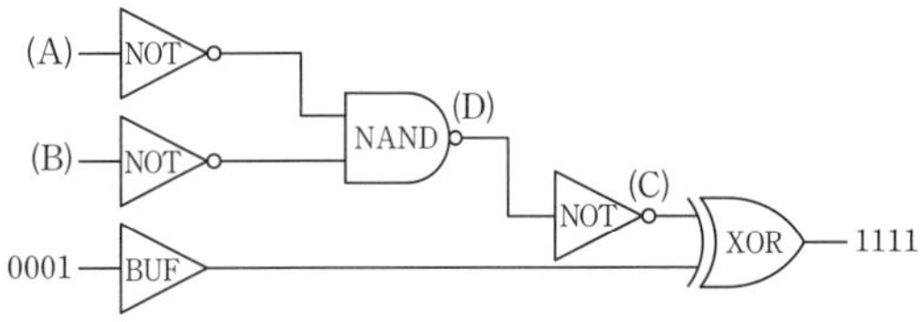

'0001'은 BUF를 통과해도 '0001'이다. (C)와 '0001'이 XOR을 통과하여 '1111'이 출력되었으므로 (C)로 가능한 것은 '1110' 1가지뿐이다. '1110'은 NOT을 통과하기 전인 (D)에서 '0001'이었을 것이다. 한편 (A)와 (B)는 각각 NOT을 통과해도 경우의 수가 늘어나지 않으므로 정답을 도출하기 위해선 NAND를 통과했을 때 '0001'이 출력될 수 있는 숫자 쌍의 수를 찾으면 된다.

NAND에서 0이 출력되는 경우는 1과 1이 만났을 때뿐이므로 두 수 모두 앞 세자리는 '111'로 동일할 것이다. 마지막 네 번째 자리의 수 1이 출력되는 경우는 (0, 0), (0, 1), (1, 0) 3가지이므로 가능한 순서쌍의 수는 3가지이다.

21 정보능력

정답 | ③

Quick해설 '0100'과 NOR를 통과하여 '1001'을 출력할 수 있는 것은 '0110'뿐이며, (?)로 가능한 것은 '0000', '0010', '0100', '0110' 4가지이다.

[상세해설]

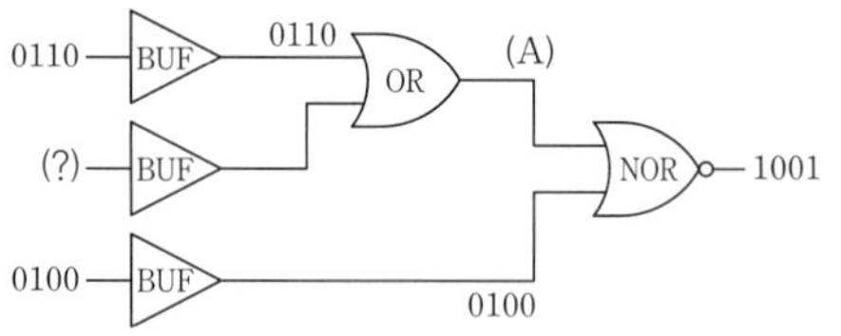

(A)와 '0100'이 NOR를 통과하여 '1001'이 출력되었으므로, (A)로 가능한 것은 '0010', '0110' 2가지다. (A)가 '0010'이라고 가정하면 '0110'과 (?)가 OR를 통과하여 '0010'이 출력되어야 하는데, '0110'의 두 번째 자리 수가 1이므로 (?)에 어떤 수가 오더라도 출력값의 두 번째 자리 수가 0이 나올 수 없다. 즉, '0110'과 (?)가 OR를 통과하면 '0010'은 나올 수 없으므로 (A)로 가능한 것은 '0110'뿐이다.

'0110'과 (?)가 OR를 통과하여 '0110'이 출력되었으므로, (?)로 가능한 것은 '0000', '0010', '0100', '0110' 4가지이다.

22 정보능력

정답 | ④

Quick해설 시리얼 넘버의 마지막 네 자리가 '1234'이므로 최소한 1,234대는 생산되었음을 알 수 있다. 즉, 해당 제품은 지금까지 1,000대 이상 생산되었다.

[오답풀이] ① 해당 제품은 Africo 3D프린터이다.

② 해당 제품은 2020년 12월에 생산되었다.

③ 해당 제품은 중국 3공장에서 생산되었다.

23 정보능력

정답 | ①

Quick해설 생산 국가가 다르면 생산공장도 다를 수밖에 없다. 따라서 생산 지역의 국가코드가 다르면 생산라인코드도 반드시 다르다.

[오답풀이] ② 제품 종류의 상세 분류코드가 다르더라도 같은 상품코드일 수도 있다. 예를 들어 상세 분류코드 0010, 0020은 서로 다르지만, 이 경우 상품코드는 A로 서로 동일하다.

③ 시리얼 넘버를 통해 제품의 생산연월은 알 수 있지만, 일은 알 수 없다.

④ '220501BOE01301294'는 2022년 5월에 한국 2공장에서 1,294번째로 생산된 Hybrid 복합기라는 의미이다. 따라서 '1294'가 가장 큰 숫자라 하더라도, 이는 한국 2공장에서 생산한 것만 고려한 것이므로 복합기 업체 전체에서 생산된 Hybrid 복합기가 총 1,294대라고 할 수는 없다. 한국 2공장이 아닌 다른 곳에서 더 생산했을 수도 있다.

24 정보능력

정답 | ③

Quick해설 '190101ANA00102419'는 2019년 1월 한국 1공장에서 2,419번째로 생산된 Africo 복합기의 시리얼 넘버로, 2,000번째 이후에 생산되어 문제가 발생한 제품이다.

[오답풀이] ① '190106LYE01204578'는 2019년 1월 필리핀 2공장에서 4,578번째로 생산된 Hybrid 3D프린터의 시리얼 넘버이다.

② '190101ANA00101256'는 2019년 1월 한국 1공장에서 1,256번째로 생산된 Africo 복합기의 시리얼 넘버로, 2,000번째 이전에 생산되어 문제가 없다.

④ '190101ANA00204527'는 2019년 1월 한국 1공장에서 4,527번째로 생산된 Africo 프린터의 시리얼 넘버로, 복합기가 아니므로 문제가 없다.

25 의사소통능력

정답 | ②

Quick해설 취업취약계층 및 국가유공자 우대의 조건은 본인이나 배우자, 또는 직계존비속에 한한다. 형제는 방계에 해당하므로 가산점을 부여받지 못한다.

[오답풀이] ① 사업에 신청할 수 있는 나이는 만 20세 이상 만 49세 이하까지이다. 또 팀 단위 지원이지만 팀원 모두가 이 요건에 충족되어야 한다고 명시되어 있다. 팀원 중 한 명이라도 미성년자(만 20세 미만)이거나 만 50세 이상이 있다면 사업에 지원할 수 없다.

③ 가산점을 받을 수 있는 취업취약계층에 보호종결청년이 명시되어 있지만, 이 항목에 해당하는 자는 보육원 만기 퇴소 예정자이거나 만기 퇴소한 지 5년 미만인 자이다. 즉, 보육원에서 성장한 청년이라도 퇴소한 지 5년이 지났다면 가산점을 받을 수 없다.

④ 세금 체납자는 신청제외 대상이다. 따라서 신청자가 여성 가장이라도 세금 체납기록이 있다면 신청하였다 하더라도 탈락된다.

26 의사소통능력

정답 | ③

Quick해설 ㉠의 내용은 신청자가 서류 제출 시 유의할 사항에 대해서 설명하고 있다. 즉 '모집 단계'는 공사가 주체가 되므로 신청자가 주체가 되는 '신청 단계'가 더 적절하다. ㉡은 선발된 신청자의 계약 유의사항 및 한국도로공사가 선발 시 적용할 수 있는 특이사항에 대해 설명하고 있다. 따라서 '선발 단계'가 더 적절하다. 마지막으로 ㉢은 선발된 푸드트럭 참가자가 푸드트럭을 운영할 때 지켜야 하는 유의점을 설명하고 있다. 운영에 대한 평가와 관련된 내용도 있기는 하지만 영업권 회수의 조건이나 팀원 변경에 대한 안내 또는 시설 및 권리금에 대한 내용도 명시되어 있으므로 '운영 단계'가 더 적절하다.

27 의사소통능력 정답 | ④

Quick해설 [나]에 따르면, 한국도로공사는 고속도로 자산을 활용한 신재생에너지 사업에 앞장서 에너지 전환 및 탄소저감을 선도하고, 2025년에는 고속도로에서 소요되는 전력량만큼 신재생에너지를 생산하고자 한다고 하였다.

[오답풀이] ① [가]에 따르면, 한국도로공사는 해외투자개발 사업에서 민간 건설사에게 도로운영에 관한 사업관리 경험과 노하우를 공유해 민간 건설사의 글로벌 경쟁력 확보를 지원할 계획을 가지고 있다고 하였다. 즉, 민간 건설사를 배제하는 것이 아니다.

② [나]에 따르면, 한국도로공사는 고속도로 유휴부지를 활용한 신재생에너지 사업을 다양화하기 위해 기존의 태양광 발전 사업과 더불어 연료전지 발전 사업에 착수했다고 하였다. 즉, 연료전지 발전 사업은 한국도로공사가 진행하는 최초의 신재생에너지 사업이 아니며, 지금 태양광 발전 사업도 시행하고 있다.

③ [가]와 [나]에 따르면, 해외투자개발 사업에서 한국도로공사는 사업을 발굴·주관하고 한국해외인프라도시개발지원공사(KIND), 한국수출입은행, 해외건설협회는 운영권 인수에 필요한 자금을 조달·지원하며, 건설사 등의 민간 기업은 도로개량·유지관리를 담당하게 된다. 또 연료전지 발전 사업 역시 한국도로공사는 8,200m^2의 유휴부지를 제공하고 한국동서발전은 8.1MW 규모의 발전시설을 구축한다. 즉, 두 사업 모두 단독 사업이 아닌 연계 기업과 함께하는 사업이다.

28 의사소통능력 정답 | ③

Quick해설 ⓒ의 앞은 공사가 아시아, 중남미 지역을 대상으로 투자의 적합한 후보군을 발굴할 것이라는 내용이고, 뒤는 공사가 해외개발사업의 총괄 기획 역할을 충실히 하겠다는 내용이다. 즉, 이 두 문장을 이어주기 위해선 앞의 내용이 뒤의 내용의 근거가 되어야 한다. '따라서' 역시 앞에서 말한 일이 뒤에서 말할 일의 원인, 이유, 근거가 됨을 나타내는 접속 부사이기는 하지만, '따라서'는 명확한 원인과 결과를 규명할 때, 예를 들어 '원윳값이 올랐다. 따라서 국내 기름값도 오를 것이다'처럼 쓰이므로 어떤 활동을 통해 미래의 역할을 다짐하는 문장에서는 비교적 어색하다.

29 의사소통능력 정답 | ③

Quick해설 '포장에서의 유지보수'를 보면, 도로포장은 대량의 재료를 현장에서 시공하기 때문에 품질에 변동성이 있을 수 있으며, 사용 중에 어느 정도의 파손은 설계 단계부터 고려하고 있다. 이는 완벽한 품질을 확보하기 위해 소요되는 비용보다는 품질관리 기준을 다소 완화해서 초기 건설비를 줄이고 일정 부분은 유지보수를 실시하는 것이 전체적으로 보다 경제적이기 때문이라고 명시되어 있다.

[오답풀이] ① '목적'을 보면, 포장관리는 포장의 내구성과 노면의 주행성을 확보하고, 교통의 안전과 쾌적성을 유지하는 목적을 지니고 있음을 알 수 있다.

② '포장에서의 유지보수'를 보면, 유지란 양호한 상태를 지키는 것이고, 보수란 나쁘게 된 곳을 고치는 것이며, 통상 예산상의 규모로 유지란 소규모의 수리이고 보수란 대규모의 수리공사를 말함을 알 수 있다.

④ '포장관리체계(PMS)'를 보면, 한국도로공사 내의 도로처와 도로교통연구원은 포장관리체계의 추가적인 개발을 위해 노력하고 있으며, 이러한 연구 결과는 관련 기관이 공유하여 포장설계, 공법, 관리기법 등을 더욱 향상시킴은 물론, 지속적인 새로운 기술도입과 문제해결을 통해 포장관리체계를 발전시켜 나갈 계획임을 알 수 있다. 또한 각 분야별 도로관리시스템과 연계하여 종합적인 고속도로관리시스템(Highway Management System)을 구축할 계획이라고 명시되어 있다.

30 의사소통능력 정답 | ④

Quick해설 ㉠은 승차감이 다소 불량하며, 적설 시 결빙 시간이 빠르고 다소 늦게 녹는다. 즉, 눈이 많이 내리는 지역에서는 불리하다.

[오답풀이] ① ㉠은 양생으로 인한 조기 교통 개방이 곤란하므로 ㉡보다 시공의 기간은 길다. 하지만 ㉠은 포장수명이 10년이고, ㉡은 5년이므로 포장수명이 더 길다.

② ㉠은 국부적인 파손 시엔 보수가 어렵지만, ㉡은 국부적인 파손 시 보수가 양호하다.

③ ㉠과 ㉡ 모두 내구성에서 대형차량 및 과적차량에 적응력이 부족하다.

31 의사소통능력 정답 | ①

Quick해설 '포장관리체계(PMS)'를 보면, 포장관리체계는 업무특성상 조사, 분석, 평가, 유지보수, 자료의 전산화, 유지보수 공법 및 설계법 개발 등의 과정들이 연속적으로 순환하는 기능을 가지고 있다고 명시되어 있다. [보기]에서 '보수 및 시행'이 제시되어 있으므로 전 단계인 (나)에는 평가 및 분석이 들어가야 하고, 다음 단계인 (다)에는 자료의 전산화인 DB 저장이 들어가야 한다. 따라서 (가)에는 포장 상태 조사가 들어가야 한다.

32 의사소통능력

정답 | ①

Quick해설 주어진 자료의 제3조에는 지원사업의 성격에 대해 규정되어 있는데, 기술개발을 위해 공사가 민간기업(민간기업 중 중소기업이라는 것은 제5조를 통해 추론할 수 있다)에게 금액을 지원한다는 내용이다. 따라서 자료의 제목으로 가장 적절한 것은 ①이다.

33 의사소통능력

정답 | ②

Quick해설 제6조의 제5항을 보면, 평가위는 사업계획서를 평가할 때 신청기업(참여기업 및 위탁연구기관을 포함한다)으로부터 의견을 들을 수 있다고 규정되어 있다.

[오답풀이] ① 제5조의 제1항을 보면, 주관부서장은 제4조의 규정에 의한 공모에 따라 중소기업이 제출한 사업계획서에 대하여 다음 각 호의 사항을 검토한다고 규정되어 있다.

③ 제6조의 제1항을 보면, 주관부서장은 신청과제의 수가 지원계획의 2배수를 초과한 경우에는 효율적인 평가를 위하여 1차 심사를 거쳐 2배수 이내로 평가대상을 선정할 수 있다고 규정되어 있다.

④ 제5조의 제2항을 보면, 주관부서장은 제출된 사업계획서 내용의 사실 여부 확인을 위하여 소속 직원으로 하여금 해당기업(참여기업 포함)의 현장을 실사하게 할 수 있다고 규정되어 있다.

34 의사소통능력

정답 | ③

Quick해설 [보기]의 제17조 제2항을 보면, 주관부서장은 제1항의 규정에 의한 비목별 적용 기준으로는 사업수행이 어렵다고 판단되는 과제에 대하여는 비목별 적용 기준을 조정하여 지원할 수 있다. 다만, 이 경우에는 신청기업이 합당한 사유 및 근거를 제시하여야 한다고 규정되어 있다.

[오답풀이] ① 주어진 자료의 제3조 제2항을 보면, 선정된 1개 과제당 총기술개발비의 50%를 지원할 수 있으나 최대 5천만 원이라고 규정되어 있다.

② [보기]의 제16조 제3항 제1호를 보면, 주관기업 또는 참여기업 소속 참여연구원의 참여 비율에 따른 인건비는 현물로 부담하는 것이 원칙이라고 규정되어 있다.

④ 주어진 자료의 제3조 제4항을 보면, 주관기업 및 참여기업은 총기술개발비의 20% 이상을 현금으로 출자하여야 한다. 다만, 납입은 계약체결 시 10% 이상, 중간성과금 청구 시 잔여금액으로 해야 한다고 규정되어 있다.

35 의사소통능력

정답 | ③

Quick해설 세 번째 문단은 보행자 사고 예방을 위해 단속을 강화하고, 위반차량에 대해서는 보험금이 할증된다는 내용을 담고 있다. 그런데 ㉢은 배달 이륜차의 보험금을 완화시키기 위한 제도에 대한 내용을 담고 있으므로 문맥상 어울리지 않는다.

36 의사소통능력

정답 | ④

Quick해설 네 번째 문단을 보면, 기존에는 복지시설 등 고령자가 이용하는 일부 시설물에 국한되어 노인 보호구역이 지정되었으나, 고령자 보행이 빈번하여 사고우려가 높은 장소까지 지정할 수 있도록 할 예정이라고 하였다. 이는 기존 복지시설에 지정된 노인 보호구역이 사라진다는 것을 의미하지 않고, 기존의 노인 보호구역을 유지하면서 더 추가한다는 것을 의미한다.

[오답풀이] ① 첫 번째 문단에 국토교통부는 교통사고로부터 국민의 소중한 생명을 지키고 교통안전 선진국으로 도약하기 위해, 행정안전부 및 경찰청 등 관계기관과 함께 「2022 교통사고 사망자 감소대책」을 수립하였다고 하였다.

② 두 번째 문단에 '마을주민 보호구간'을 통해 70~80km/h로 운영 중인 제한 속도를 50~60km/h로 조정하여 농어촌 지역 고령자 등의 보행안전을 확보할 계획이라고 하였다.

③ 세 번째 문단에 속도위반·신호위반 등 보행자를 위협하는 고위험 운전자에 대해서는 과태료 누진제 도입을 추진한다고 하였다. 과태료가 누진된다는 것은 과태료가 늘어난다는 것을 의미한다.

행정직

본문 P. 114

37	38	39	40	41	42	43	44	45	46
①	②	③	④	④	②	②	②	④	②
47	48	49	50	51	52	53	54	55	56
③	④	②	④	③	④	③	②	④	③
57	58	59	60						
④	③	④	④						

37 자원관리능력

정답 | ①

Quick해설 최단 거리로 이동하므로 동일한 곳을 두 번 지나가지 않아야 한다. 이를 바탕으로 이동 가능한 모든 경우와 이에 따른 이동 거리는 다음과 같다.

• 회사－A－D－E－C－B＝30＋75＋15＋72＋24＝216(km)
• 회사－B－C－E－A－D＝90＋24＋72＋48＋75＝309(km)
• 회사－B－C－E－D－A＝90＋24＋72＋15＋75＝276(km)
• 회사－D－A－E－C－B＝60＋75＋48＋72＋24＝279(km)

따라서 최단 거리로 이동하는 경로는 '회사－A－D－E－C－B'이며, 이때의 이동 거리는 216km이다.

38 자원관리능력

정답 | ②

Quick해설 회사에서 C지점으로 가기 위해 최소한으로 거쳐야 하는 경로는 '회사－E－C', '회사－B－C'이다.
각각의 경로에 대한 통행료는 회사－E: 2,500원, E－C: 5,500원, 회사－B: 5,000원, B－C: 2,500원이므로, '회사－E－C'는 8,000원의 통행료가 발생하고, '회사－B－C'는 7,500원의 통행료가 발생한다. 따라서 통행료의 최소 비용은 7,500원이다.

39 자원관리능력

정답 | ③

Quick해설 회사로 갈 수 있는 거래처는 A, B, D, E이며, 이를 바탕으로 문제의 조건을 만족하는 경로는 다음과 같다.

• A－회사－B－C－E－D
• A－회사－D－E－C－B
• B－회사－A－D－E－C
• B－회사－D－A－E－C
• D－회사－A－E－C－B
• D－회사－B－C－E－A

따라서 이동할 수 있는 경로의 경우의 수는 총 6가지이다.

40 자원관리능력

정답 | ④

Quick해설 서류전형에서 가장 높은 점수로 득점한 지원자는 43＋16＋10＋19＝88(점)인 G이다.

41 자원관리능력

정답 | ④

Quick해설 최종 합격자는 서류전형(50점 기준)과 면접전형(100점 기준)의 합산으로 정해진다. G가 44＋96＝140(점)으로 1등, 2등은 138.5점을 획득한 D와 F 중 동점자 처리 기준에 의해 면접 점수가 97점으로 더 높은 F가 합격하게 된다. 따라서 최종 합격자 2명은 F, G이다.

42 자원관리능력

정답 | ②

Quick해설 작년 기준을 바탕으로 총점을 구하면 다음과 같다.

지원자	서류 점수	면접 점수	총점	등수
A	84점	91점	175점	5
B	83점	88점	171점	6
C	85점	93점	178점	4
D	87점	95점	182점	2
E	80점	89점	169점	7
F	83점	97점	180점	3
G	88점	96점	184점	1

따라서 최종 합격자 2명은 D, G이다.

43 자원관리능력

정답 | ②

Quick해설 '숙소－A－B－D－E－C－숙소'(숙소－C－E－D－B－A－숙소) 경로가 최단 거리가 되며, 이동한 거리는 60＋70＋190＋60＋100＋90＝90＋100＋60＋190＋70＋60＝570(km)이다.

44 자원관리능력

정답 | ②

Quick해설 이동 거리는 총 570km이며, 평균 60km/h의 속력으로 이동하므로 이동 시간은 570÷60＝9.5 즉, 9시간 30분이다. 또한 각 관광지에 30분 동안 머무르므로 5곳의 관광지에 머문 시간은 총 2시간 30분이다. 따라서 소요된 시간은 총 9시간 30분＋2시간 30분＝12(시간)이며, 오전 6시에 출발하였으므로 숙소 도착 시간은 오후 6시이다.

45 자원관리능력

정답 | ④

Quick해설 연비는 L당 10km이므로 총이동 거리 570km를 이동하는 데 57L의 연료가 필요하다.
유류비는 57×2,000＝114,000(원)이고, 5개 관광지의 입장료는 2,000＋1,000＋3,000＋1,000＝7,000(원), 주차비는 1,000＋1,000＋2,000＋1,000＝5,000(원)이므로 총소요 비용은 114,000＋7,000＋5,000＝126,000(원)이다.

46 자원관리능력

정답 | ②

Quick해설 승진 대기자별 임기, 인사고과 점수, 승진시험 점수를 정리하면 다음과 같다.

후보	임기 (2022. 1. 1. 기준)	인사고과 점수			승진시험 점수		
		전년	당해 연도	평균	전공 (60%)	일반 (40%)	합계
A부장	3년	93점	97점	95점	52.8점	37.2점	90점
B차장	4년 2개월	87점	93점	90점	54.6점	34.8점	89.4점
C과장	3년 7개월	88점	92점	90점	53.4점	36.4점	89.8점
D대리	4년 1개월	86점	82점	84점	49.2점	31.6점	80.8점
E주임	2년 10개월	79점	92점	85.5점	49.8점	30.8점	80.6점
F사원	2년	83점	81점	82점	46.8점	32.8점	79.6점

따라서 2022년 1월 1일부로 승진하는 직원은 A부장, E주임이다.

47 자원관리능력

정답 | ③

Quick해설 D대리는 임기와 승진시험 점수의 경우 승진 기준을 충족하지만, 인사고과 점수가 84점으로 승진 기준 미달이다.

[오답풀이] ① A부장은 승진 대상자이다.
② C과장은 임기와 승진시험 점수 미달이다.
④ F사원은 승진시험 점수 미달이다.

48 자원관리능력

정답 | ④

Quick해설 승진시험 점수의 반영 비율을 전공(50%), 일반(50%)으로 변경하였을 때, 각 항목별 점수를 정리하면 다음과 같다.

후보	임기 (2022. 1. 1. 기준)	인사고과 점수			승진시험 점수		
		전년	당해 연도	평균	전공 (50%)	일반 (50%)	합계
A부장	3년	93점	97점	95점	44점	46.5점	90.5점
B차장	4년 2개월	87점	93점	90점	45.5점	43.5점	89점
C과장	3년 7개월	88점	92점	90점	44.5점	45.5점	90점
D대리	4년 1개월	86점	82점	84점	41점	39.5점	80.5점
E주임	2년 10개월	79점	92점	85.5점	41.5점	38.5점	80점
F사원	2년	83점	81점	82점	39점	41점	80점

따라서 승진 여부가 달라지는 직원은 F사원이다.

49 조직이해능력

정답 | ②

Quick해설 '원활한 직무수행 또는 사교·의례의 목적으로 제공될 경우에 한하여 제공되는 3만 원 이하의 음식물·편의 또는 5만 원 이하의 소액의 선물'이라고 규정되어 있으므로, 부정한 이익을 목적으로 하는 경우에는 3만 원 이하의 금액에 대해서도 행동강령 규정에 부합하지 않는다고 볼 수 있다.

[오답풀이] ① 제○○조 제1항 제1호에 해당하는 내용이다.
③ 주어진 규정 및 금품 수수의 특성으로 보아 공개적인 경우 비교적 문제의 소지가 현저히 줄어든다고 볼 수 있다.
④ 제○○조 제2항의 '직무 관련자였던 자나 직무 관련 임직원이었던 사람으로부터 당시의 직무와 관련하여 금품 등을 받거나 요구 또는 제공받기로 약속해서는 아니 된다'는 규정에 부합하는 내용이다.

50 조직이해능력

정답 | ④

Quick해설 '불특정 다수인에게 배포하기 위한 기념품 또는 홍보용품 등'에 부합하는 경우이므로 금액 제한 없이 금품을 받을 수 있는 경우이다.

[오답풀이] ① 사적 거래로 인한 채무의 이행 등 정당한 권원에 의하여 제공되는 금품 등은 받을 수 있으나, 증여는 제외한다고 규정되어 있으므로 금품을 받을 수 없는 경우가 된다.
② 원활한 직무수행과 사교의 목적인 경우에도 3만 원 이하의 음식물이나 편의를 제공받을 수 있다.
③ 직무와 관련된 공식적인 행사에서 주최자가 참석자에게 통상적인 범위에서 숙박료를 제공할 수 있으나, 일률적이어야 한다고 하였으므로 특정 직급자에게 차등 지급된다면 부적절한 금품 제공의 경우가 된다.

51 조직이해능력

정답 | ③

Quick해설 다부처 민원이 접수되면 핵심 내용의 판단에 관계없이 해당 부서명을 모두 지정하여 이송하도록 명시되어 있다.

[오답풀이] ① 복합 민원은 '주관' 부서와 '협조' 부서 지정사유를 구체적으로 명시하여 평가담당실로 복합 민원지정을 요청한다고 명시되어 있다.
② 업무소관이 불명확한 경우에는 평가담당실로 처리기관(부서) 재지정 요청을 해야 하며, 부서 재지정 요청은 부서 접수 후 1일 이내 원칙, 1일 경과 시 평가담당실에서 조정한다고 명시되어 있다.
④ 해당 경우에는 소관부서, 이송사유를 법 규정·직제 등 구체적으로 명시하여 해당 기관(부서)에 직접 이송한다고 명시되어 있다.

52 조직이해능력

정답 | ④

Quick해설 민원을 이송할 때에는 이송사유는 작성 기준에 따라 법령·직제 등에 근거, 명확하게 기술해야 한다고 명시되어 있다. 단순히 자신이 속한 부서의 소관 업무가 아니라는 것과 처리 인원이 부재중이라는 것, 해당 부서가 어디인지를 명확하게 제시하지 않은 것은 적절한 민원 이송사유로 볼 수 없다.

[오답풀이] ① 접수 민원이 업무상 소관이 아닌 경우이므로 적절한 민원 처리 행위이다.

② 당일 접수된 민원을 타당한 사유로 이송한 경우이므로 적절한 민원 처리 행위이다.

③ 3회 이송된 건으로 '3회 이상'에 해당하여 민원 총괄부서(평가담당실) 조정을 거쳐 처리된 경우이므로 적절한 민원 처리 행위이다.

53 조직이해능력

정답 | ③

Quick해설 제18조의 규정에 따라 기록물의 원본에 비밀 보호기간 및 보존기간을 함께 정해야 하며, 보존기간은 비밀 보호기간 이상의 기간으로 책정해야 한다. 따라서 적절한 것은 ③이다.

54 조직이해능력

정답 | ②

Quick해설 기록물의 종류에 따라 보존기간은 다르지만, 이관부서가 모두 다르게 정해져 있다는 내용은 제시되어 있지 않다.

[오답풀이] ① 제22조의 규정을 바탕으로 기록물 공개 여부를 심의한다고 이해하고 있으므로 옳은 설명이다.

③ 전자매체 수록 여부의 경우에는 원본을 폐기하고 보존매체만 10년 이하로 보존하는 기록물에 한정되므로 옳은 설명이다.

④ 제20조의 규정에 따라 올해 처리된 서류는 다음 해가 보존기간 첫 해가 되므로 옳은 설명이다.

55 조직이해능력

정답 | ④

Quick해설 ㉡ 동일한 단위 과제에 해당하는 서류이나, 필요한 경우 기록물의 보존기간을 달리하기 위해 기록물평가심의회에 관련 심의를 요청하였으므로 규정에 부합하는 행위이다.

㉢ '영구' 보존으로 원본을 파기한 보존기간 30년 이상의 기록물에 해당하므로 마이크로필름에 수록하여 두는 것은 규정에 부합하는 행위이다.

[오답풀이] ㉠ 기록물 이관 절차의 문제점은 기록물평가심의회의 심의 사항이라고 규정되어 있지 않다.

56 조직이해능력

정답 | ③

Quick해설 ㉠ 자료에 제시된 가격은 4시간 기준이므로 1시간 추가 시 총대여료의 100분의 20이 추가된다.

㉡ 초청 인사가 15명이고, 회의실 최대 수용 인원은 20명이므로 회사 측에서 회의실에 들어갈 수 있는 인원은 최대 5명이 된다. 따라서 전체 60명의 10%인 6명에 미치지 못한다.

㉣ 컴퓨터실 대관료는 4만 원이며, 컴퓨터실 대관 시, 빔 프로젝터와 스크린이 무료이므로 초과 시간에 따른 추가요금 20%인 8천 원이 발생하여도 5만 원이 넘지 않는다.

[오답풀이] ㉢ 외부 초청 인사가 15명, 회사 참여 인원이 60명이므로 식사 비용은 (15×5,000)+(60×6,000)=75,000+360,000=435,000(원)이다. 즉, 40만 원을 초과한다.

57 조직이해능력

정답 | ④

Quick해설 행사에 소요되는 총비용은 705,000×1.2=846,000(원)이다.

[상세해설] 일정별 소요 비용은 다음과 같다.

1) 본 행사 진행
- 기본금액: 40,000원
- 조명, 음향: 30,000원
- 빔 프로젝터(스크린 무료): 30,000원
- 의자 80개: 20,000원

→ 40,000+30,000+30,000+20,000=120,000(원)

2) 식사
- 외부 초청 인사: 15×5,000=75,000(원)
- C사 참여 인원: 60×6,000=360,000(원)
- 냉난방: 20,000원

→ 75,000+360,000+20,000=455,000(원)

3) 초청 인사 회의(야간 시간 적용 20% 추가)
- 기본요금: 40,000×1.2=48,000(원)
- 냉난방: 20,000×1.2=24,000(원)
- 음향: 10,000×1.2= 12,000(원)
- 빔 프로젝터(스크린 무료): 30,000×1.2=36,000(원)
- 교수대 1개: 10,000원

→ 48,000+24,000+12,000+36,000+10,000 =130,000(원)

따라서 총대여료는 120,000+455,000+130,000=705,000(원)이다. 사용 시간은 총 5시간으로 4시간에서 1시간이 추가되었으므로 총대여료에 100분의 20이 추가된다. 그러므로 행사에 소요되는 총비용은 705,000×1.2=846,000(원)이다.

58 조직이해능력

정답 | ③

Quick해설 두 번째 문단에 따르면, 집산도로 및 국지도로 외 일반도로에서는 육교·지하도 및 다른 횡단보도로부터 200m 이내에 횡단보도를 설치하지 않는다고 서술되어 있으므로, 육교가 있는 곳으로부터 180m 간격인 위치에 횡단보도를 설치하는 것은 적절하지 않다.

[오답풀이] ①, ② 일반도로 중 집산도로 및 국지도로에서는 100m 이내에 횡단보도를 설치하지 않는다. 따라서 다른 횡단보도나 지하도로부터 120m 또는 150m 간격인 곳에 횡단보도를 설치하는 것은 적절하다.

④ 일반도로 중 국지도로에서는 100m 이내에 횡단보도를 설치하지 않으나, 장애인 보호구역인 경우에는 육교·지하도 등으로부터 100m 이내 간격인 곳에 횡단보도를 설치할 수 있다.

59 조직이해능력

정답 | ④

Quick해설 A, B횡단보도는 교차로에 설치된 횡단보도이다. 교차로에 설치하는 경우, 횡단보도를 교차로에 근접하여 설치하게 되면 운영효율을 높일 수 있다. 한편 교차로의 교차 구역이 커지면 차량의 교차로 통과 시간이 증가하여 교통용량이 떨어진다고 하였으므로, 교차로에 근접하여 설치하면 교차 구역이 작아져 교통용량을 높일 수 있다.

[오답풀이] ① A횡단보도는 폭원이 6m 이상인 경우에 해당하며, 소통의 효율을 높이기 위하여 폭원을 2등분으로 표시하여 마주 보고 횡단하는 보행자를 분리한 것임을 알 수 있다.

② 보행섬은 편도 3차로 이상의 도로에서 필요한 경우 설치하는 것이다. [보기]의 C횡단보도는 중앙선이 없는 2차로 도로이므로 보행섬을 설치하기에 적절하지 않다.

③ 단일로에 설치된 C횡단보도의 폭원이 너무 넓으면 보행자의 횡단 위치가 일정치 않고 차량이 횡단보도상에서 대기하는 일이 발생하기도 한다. 반면 횡단보도의 폭이 횡단하는 보행자의 수에 비해 너무 좁으면 보행자가 횡단보도를 벗어난 위치에서 횡단을 시도하는 일이 발생할 수 있다.

60 조직이해능력

정답 | ④

Quick해설 단일로에서 횡단보도는 곡선부 또는 종단기울기가 심한 지점 등 전방부에 대한 시거가 나쁜 지점, 도로 폭원이 급격히 변하는 지점, 기타 여러 가지 사유로 횡단보도를 설치하기에 적절치 못한 지점에는 설치하지 않는 것이 좋다고 서술되어 있다.

[오답풀이] ① 횡단보도는 보행자의 안전한 횡단을 확보하기 위한 것으로서 보행자의 통행이 빈번한 곳에 설치한다고 서술되어 있다.

② 횡단보도는 차도와 직각으로 설치하여 보행자의 횡단 거리를 최대한 단축하여야 한다고 서술되어 있다.

③ 횡단보도는 보행자의 동선, 보행자와 자동차 간의 상충 가능성, 보행자 식별성, 우회전 차량의 대기에 따른 후속차량에 미치는 영향 등에 대한 공학적 판단에 근거하여 위치를 결정해야 한다고 서술되어 있다. 하지만 좌회전 차량이 재빨리 교차로를 통과할 수 있도록 하기 위한 목적은 서술되어 있지 않다.

기술직

본문 P. 133

37	38	39	40	41	42	43	44	45	46
①	④	③	②	③	③	②	②	③	①
47	48	49	50	51	52	53	54	55	56
④	③	④	③	④	②	④	③	③	④
57	58	59	60						
④	④	①	②						

37 수리능력

정답 | ①

Quick해설 2018년 대비 2021년 회사법인 수의 증가율은 $\frac{624{,}739-594{,}173}{594{,}173}\times 100 \fallingdotseq 5.1(\%)$이므로 6% 미만으로 증가하였다.

[오답풀이] ② 2018년 대비 2021년 개인사업체 수는 3,276,822 −3,245,411=31,411(개) 증가하였으므로 3만 개 이상 증가하였다.

③ 2018년 대비 2021년 비법인단체의 종사자 수는 $\frac{741{,}637-661{,}516}{661{,}516}\times 100 \fallingdotseq 12.1(\%)$ 증가하였으므로 10% 이상 증가하였다.

④ 주어진 자료의 수치를 통해 모든 항목에 대하여 사업체와 종사자는 2018년 대비 2021년에 증가하였음을 알 수 있다.

38 수리능력

정답 | ④

Quick해설 (A)와 (B)의 값은 모두 0.6이다.

[상세해설] 연도별로 개인사업체가 전체 사업체에서 차지하는 비중을 구하면 다음과 같다.

- 2018년: $\frac{3{,}245{,}411}{4{,}103{,}172}\times 100 \fallingdotseq 79.1(\%)$

• 2021년: $\frac{3,276,822}{4,176,549} \times 100 \fallingdotseq 78.5(\%)$

따라서 개인사업체가 전체 사업체에서 차지하는 비중은 2018년 대비 2021년에 79.1−78.5=0.6(%p) 감소하였으므로 (A)의 값은 0.6이다.

연도별로 회사법인 종사자 수가 전체 종사자에서 차지하는 비중을 구하면 다음과 같다.

• 2018년: $\frac{9,934,168}{22,234,776} \times 100 \fallingdotseq 44.7(\%)$

• 2021년: $\frac{10,022,163}{22,723,272} \times 100 \fallingdotseq 44.1(\%)$

따라서 회사법인 종사자 수가 전체 종사자에서 차지하는 비중은 2018년 대비 2021년에 44.7−44.1=0.6(%p) 감소하였으므로 (B)의 값은 0.6이다.

39 수리능력

정답 | ③

Quick해설 2월 일평균 이용 차량 대수는 115,272÷29≒3,975(천 대)이고, 3월 일평균 이용 차량 대수는 121,508÷31≒3,920(천 대)이므로 2월이 3월보다 많다.

[오답풀이] ① 주어진 [표]를 보면, 전체 고속도로 이용 차량이 1,613,614천 대이므로 해당 수치를 366으로 나누어 전체 일평균 이용 차량 대수를 알 수 있다(2월은 29일까지 있으므로 366일임).

② 먼저, 월별 이용 차량 대수가 적은 2월, 3월, 4월, 12월에 대하여 월별 일평균 이용 차량 대수를 구하면 다음과 같다.

- 2월: 115,272÷29≒3,975(천 대)
- 3월: 121,508÷31≒3,920(천 대)
- 4월: 128,809÷30≒4,294(천 대)
- 12월: 130,492÷31≒4,209(천 대)

이때, 나머지 달은 월별 이용 차량 대수가 이 네 달보다 많고, 나누는 수 또한 30 또는 31이므로 월별 일평균 이용 차량 대수가 모두 400만 대 이상임을 알 수 있다. 따라서 월별 일평균 이용 차량 대수가 400만 대 미만인 달은 2월과 3월로 2개이다.

④ 주어진 [그래프]를 통해 월별 일평균 이용 차량 대수가 전체 일평균 이용 차량 대수보다 낮은 달은 1월, 2월, 3월, 4월, 12월로 5개임을 알 수 있다.

40 수리능력

정답 | ②

Quick해설 일평균 이용 차량 대수는 2종 114천 대, 3종 141천 대, 4종 114천 대, 5종 169천 대이므로 ②의 그래프가 옳다.

[상세해설] 2~5종에 대한 전체 일평균 이용 차량 대수를 구하면 다음과 같다.

• 2종: $\frac{41,731}{366} \fallingdotseq 114$(천 대)

• 3종: $\frac{51,559}{366} \fallingdotseq 141$(천 대)

• 4종: $\frac{41,707}{366} \fallingdotseq 114$(천 대)

• 5종: $\frac{61,864}{366} \fallingdotseq 169$(천 대)

따라서 이를 바르게 나타낸 그래프는 ②이다.

41 수리능력

정답 | ③

Quick해설 ㉡ 고속국도(72,658대/일)와 일반국도(15,033대/일) 모두 월별 일교통량이 가장 많은 달은 10월로 일치한다.

㉢ 고속국도의 일교통량은 수요일 대비 목요일에 $\frac{74,848-67,673}{67,673} \times 100 \fallingdotseq 10.6(\%)$ 증가하였으므로 10% 이상 증가하였다.

[오답풀이] ㉠ 직접 계산하지 않더라도 [그래프1]의 1~6월에 해당하는 막대그래프의 높이보다 7~12월에 해당하는 막대그래프의 높이가 전반적으로 더 높으므로 7~12월의 합계가 더 많음을 알 수 있다.

㉣ 일반국도의 일교통량이 가장 적은 요일은 일요일(12,851대)이고, 가장 많은 요일은 금요일(14,947대)이다. 두 요일의 일교통량 차이는 14,947−12,851=2,096(대)이므로 2,100대 미만이다.

42 수리능력

정답 | ③

Quick해설 고속국도 월별 일교통량이 70,000대 이상은 달은 5월, 6월, 8월, 9월, 10월, 11월이다. 따라서 해당 달의 평균은 (70,743+71,421+70,354+71,683+72,658+71,834)÷6≒71,449(대)이다.

[오답풀이] ① 2021년 1/4분기 일반국도 월별 일교통량의 평균은 (11,293+12,927+13,506)÷3≒12,575(대)이다.

② 2021년 고속국도의 요일별 일교통량의 평균은 (68,179+66,956+66,898+67,673+74,848+71,579+64,625)÷7≒68,680(대)이므로 69,000대 미만이다.

④ 2021년 일반국도의 요일별 일교통량의 평균은 (12,851+13,977+13,944+13,979+14,003+14,947+14,481)÷7=14,026(대)이므로 목요일의 14,003대보다 많다.

43 수리능력

정답 | ②

Quick해설 2021년 평일과 주말의 고속국도와 일반국도의 평균 일교통량을 각각 구하면 다음과 같다.

고속국도	평일	(66,956+66,898+67,673+74,848+71,579)÷5≒69,591(대)
	주말	(68,179+64,625)÷2=66,402(대)
일반국도	평일	(13,977+13,944+13,979+14,003+14,947)÷5=14,170(대)
	주말	(12,851+14,481)÷2=13,666(대)

따라서 2021년 주말 고속국도의 일교통량은 전년 대비 감소하였다.

44 수리능력

정답 | ②

Quick해설 ㉠ 연도별 하반기 기타이익을 구하면 다음과 같다.

• 2019년 하반기: −20,391−2,669=−23,060(백만 원)
• 2020년 하반기: −14,720−2,067=−16,787(백만 원)
• 2021년 하반기: −6,766−7,066=−13,832(백만 원)

3년간 하반기 기타이익은 총 −23,060+(−16,787)+(−13,832)=−53,679(백만 원)이므로 −530억 원보다 낮다. 따라서 [보기]의 설명 중 옳은 것의 개수는 1개이다.

[오답풀이] ㉡ 2021년 결산에서 매출액 대비 매출원가의 비중을 구하면 $\frac{9,585,245}{10,535,072}\times100≒91.0$(%)이므로 93% 미만이다.

㉢ 판관비는 2019년 결산 대비 2020년 결산에서 $\frac{322,136-282,506}{282,506}\times100≒14.0$(%) 증가하였으므로 15% 미만으로 증가하였다.

45 수리능력

정답 | ③

Quick해설 [보기]에 따르면, (영업이익)=(매출총이익)−(판관비)이고, (매출총이익)=(매출액)−(매출원가)이다. 즉, (영업이익)=(매출액)−(매출원가)−(판관비)임을 알 수 있다. 그리고 (영업이익률)=(영업이익)÷(매출액)×100이다.

2021년 하반기에 대하여 매출액은 10,535,072−4,298,802=6,236,270(백만 원)이고, 매출원가는 9,585,245−3,853,300=5,731,945(백만 원)이고, 판관비는 331,279−127,528=203,751(백만 원)이다. 따라서 2021년 하반기 영업이익은 6,236,270−5,731,945−203,751=300,574(백만 원)이다. 2021년 상반기 영업이익이 4,298,802−3,853,300−127,528=317,974(백만 원)이므로 2021년 하반기 영업이익은 상반기보다 낮다.

[오답풀이] ① 2019년 상반기 영업이익은 3,791,302−3,253,900−104,244=433,158(백만 원)이므로 영업이익률은 433,158÷3,791,302×100≒11.4(%)이다.

② 2021년 결산 영업이익은 10,535,072−9,585,245−331,279=618,548(백만 원)이므로 영업이익률은 618,548÷10,535,072×100≒5.9(%)이다. 즉, 6.2% 미만이다.

④ 2020년 상반기 영업이익은 4,017,724−3,498,068−122,311=397,345(백만 원)이므로 4,000억 원 미만이다.

46 수리능력

정답 | ①

Quick해설 2020년 결산 당기순이익은 300억 원이고, 2021년 결산 당기순이익은 317억 원이다.

[상세해설] 2020년 결산 영업이익은 9,557,503−8,612,408−322,136=622,959(백만 원)이므로 당기순이익은 622,959+(126,889−342,343−14,720)+(173,136−791,213)−(−255,304)=30,012(백만 원)이다. 천만 원 단위에서 반올림하면 300억 원이다.

2021년 결산 영업이익은 618,548백만 원이므로 당기순이익은 618,548+(143,706−118,274−6,766)+(230,017−828,975)−6,527=31,729(백만 원)이다. 천만 원 단위에서 반올림하면 317억 원이다.

47 수리능력

정답 | ④

Quick해설 고속국도와 일반국도에 있는 교량의 구성비의 합을 연도별로 구하면 다음과 같다.

• 2015년: 29.1+24.6=53.7(%)
• 2016년: 29.0+24.6=53.6(%)
• 2017년: 29.3+24.5=53.8(%)
• 2018년: 29.1+24.9=54.0(%)
• 2019년: 29.5+24.3=53.8(%)
• 2020년: 29.2+24.2=53.4(%)

따라서 고속국도와 일반국도에 있는 교량의 수가 전체에서 차지하는 비율이 가장 적은 해는 53.4%인 2020년이다.

[오답풀이] ①, ② 주어진 자료의 수치를 통해 모든 도로에서 교량과 터널의 수는 해마다 증가하고 있음을 알 수 있다.

③ 지방도에 있는 터널의 수는 2015년 대비 2020년에 $\frac{136-102}{102}\times100≒33.3$(%) 증가하였으므로 30% 이상 증가하였다.

48 수리능력

정답 | ③

Quick해설 ㉠ [표]를 통해 2016년 전국 터널의 수는 1,054+608+185+86+116+140=2,189(개소)임을 알 수 있다. 따라서 2016년 전국 터널의 수는 2015년 대비 $\frac{2,189-1,944}{1,944}$

×100≒12.6(%) 증가하였으므로 13% 미만이다.

ⓒ [표]를 통해 2019년 전국 교량의 수는 10,602+8,740+1,456+1,495+3,994+9,615=35,902(개소)임을 알 수 있다. 따라서 2019년 전국 교량의 수는 2015년 대비 35,902−30,983=4,919(개소) 증가하였으므로 4,800개 이상 증가하였다.

[오답풀이] ⓒ [표]에서 2015년 전체 교량 중 고속국도에 있는 교량이 차지하는 비율이 29.1%, 2019년은 29.5%이므로 2015년 대비 2019년에 비율이 증가하였다.

49 기술능력

정답 | ④

Quick해설 구입 후 1년에 유통기한 3개월을 추가하여 15개월까지는 보증기간으로 인정되므로 무상 수리를 받을 수 있다.

[오답풀이] ① 에어컨은 계절성 제품이므로 2년의 보증기간이 적용된다.

② 가전제품을 정해진 용도에 맞지 않는 장소에서 사용하면 보증기간이 줄어든다. 하지만 이와 무관하게 무상 수리가 안 되는 것은 아니다.

③ 기숙사에서 공동 사용하는 가전제품은 일반적이고 정상적인 사용 환경으로 볼 수 없으며, 사우나나 세탁소 등 사용빈도가 매우 높은 환경에서 사용된 것으로 볼 수 있다. 따라서 보증기간이 절반인 6개월로 줄어들게 된다.

50 기술능력

정답 | ③

Quick해설 구입일이 생산일로부터 3개월 이상 경과하였으나, 구입일자를 알고 있는 경우이므로 이로부터 1년이 적용되어 2019년 10월까지가 보증기간이지만, 사우나에서 사용한 것은 영업 용도나 영업장에서 사용하는 경우이므로 보증기간이 6개월로 줄어들게 된다. 따라서 2019년 4월까지가 무상 수리 기간이 되어 2019년 2월에 고장이 난 것은 무상 수리가 가능하다.

[오답풀이] ① 2017년 7월에 구입하였으므로 2018년 7월까지가 보증기간이지만, 식당에서 사용하는 경우이므로 2018년 1월까지만 무상 수리가 가능하다. 따라서 2018년 5월에는 무상 수리가 불가능하다.

② 구입일자를 모르는 경우이므로 생산일인 2018년 2월로부터 3개월 뒤인 2018년 5월까지가 무상 수리 기간이 된다. 따라서 2018년 8월에는 무상 수리가 불가능하다.

④ 구입일로부터 1년 3개월이 경과하였는데, 편의점에서 사용한 전자레인지이므로 보증기간이 절반으로 줄어든다. 따라서 무상 수리가 불가능하다.

51 기술능력

정답 | ④

Quick해설 ⓒ 김치냉장고의 인버터 컴프레서는 10년의 보증기간이 적용된다.

ⓒ 냉장고와 에어컨의 컴프레서는 각각 3년과 4년의 보증기간이 적용된다.

ⓔ 세탁기의 일반모터는 3년의 보증기간이 적용된다.

[오답풀이] ⓐ 노트북의 메인보드는 무상 수리 기간이 2년으로 명시되어 있으나, 노트북 LCD 패널은 제외되므로 노트북 LCD 패널 수리 비용이 발생하는 유상 수리이다.

52 기술능력

정답 | ②

Quick해설 교차로 진입 전 황색신호가 켜지면 정지선이 있거나 횡단보도가 있을 때 그 바로 앞에 정지하여야 하며, 이미 교차로에 진입하고 있으면 신속히 교차로 밖으로 빠져나와야 한다. 따라서 교차로 진입 전 황색신호가 켜질 경우 교차로로 진입해서는 안 된다.

[오답풀이] ① 일반도로에서는 속도계에 표시되는 수치에서 15를 뺀 수치의 m 정도를 유지하는 것이 적당하나, 시속 70km라도 고속도로를 주행할 때에는 주행 속도의 수치를 그대로 m로 나타낸 수치 정도의 안전거리를 유지해야 한다. 따라서 70m가 적정 안전거리가 된다.

③ 정지선을 넘은 부분에 정지하게 되어 다른 차의 통행에 방해가 될 우려가 있는 경우에는 그 교차로에 들어가서는 안 되므로 정지선을 넘은 부분에 정지하지 않는다.

④ 지방경찰청장이 교차로의 상황에 따라 특히 필요하다고 인정하여 지정한 곳에서는 교차로의 중심 바깥쪽을 통과할 수 있다.

53 기술능력

정답 | ④

Quick해설 뒤에서 따라오는 차보다 느린 속도로 가려는 경우에는 도로의 우측 가장자리로 피하여 진로를 양보해야 하나, 통행 구분이 설치된 도로의 경우에는 그렇지 않다고 하였으므로 통행 구분에 상관없이 진로를 양보해야 하는 것은 아니다.

[오답풀이] ① 교통정리를 하고 있지 아니하는 교차로에 들어가려고 하는 차의 운전자는 이미 교차로에 들어가 있는 다른 차가 있을 때에는 그 차에 진로를 양보하여야 한다.

② 교통정리를 하고 있지 아니하는 교차로에 들어가려고 하는 차의 운전자는 그 차가 통행하고 있는 도로의 폭보다 교차하는 도로의 폭이 넓은 경우에는 서행하여야 하며, 폭이 넓은 도로로부터 교차로에 들어가려고 하는 다른 차가 있을 때에는 그 차에 진로를 양보하여야 한다.

③ 교통정리를 하고 있지 아니하는 교차로에서 좌회전하려고 하는 차의 운전자는 그 교차로에서 직진하거나 우회전하려는 다른 차가 있을 때에는 그 차에 진로를 양보하여야 한다.

54 기술능력

정답 | ③

Quick해설 회전교차로는 신호기가 없기 때문에 대기 시간이 필요하지 않아 통행 시간을 감소시킬 수 있다. 또한 차량의 감속을 유도하지만, 원활한 통행에 도움을 주어 결국 통행 속도를 더 향상시킬 수 있다. 따라서 ㉠에는 통행 시간, ㉡에는 통행 속도가 들어가야 한다.

55 기술능력

정답 | ③

Quick해설 긴 내리막길에서 풋 브레이크를 자주 사용하면 마찰열이 발생하여 베이퍼 록(Vapor Lock)과 페이드(Fade) 현상이 나타난다고 명시되어 있으나, 이후 평지에서의 제동 거리가 평소의 4배가 된다는 내용은 주어진 자료에서 찾을 수 없다.

[오답풀이] ① '1. 제동력의 한계'를 보면, 비에 젖은 노면이나 빙판길에서는 제동력이 낮아져 미끄러져 나가는 거리가 더 길어진다고 명시되어 있다.

② '1. 제동력의 한계'를 보면, 차의 제동 거리는 차가 가지는 운동에너지의 제곱에 비례해서 길어지며, 차의 속도가 2배로 되면 제동 거리는 4배가 된다고 명시되어 있다. 따라서 속도가 2배가 되면, 40m이던 제동 거리가 4배인 160m가 된다.

④ '8. 속도계 속도와 감각 속도의 차이'를 보면, 사람이 느끼는 차의 속도 감각은 주행하는 환경의 변화에 따라 달라진다고 명시되어 있다.

56 기술능력

정답 | ④

Quick해설 내리막길에서 브레이크를 자주 밟으면, 마찰열에 의한 베이퍼 록(Vapor Lock)과 페이드(Fade) 현상이 발생하므로 운전 시 올바른 행동으로 볼 수 없다.

[오답풀이] ① 수막 현상에 대비한 운전 시 올바른 행동이다.

② 내륜차와 외륜차 현상을 감안한 운전 시 올바른 행동이다.

③ 속도계 속도와 감각 속도의 차이를 고려한 운전 시 올바른 행동이다.

57 기술능력

정답 | ④

Quick해설 타이어의 공기압이 부족한 상태에서 고속주행하는 경우 타이어 접지면의 일부분이 물결 모양으로 주름이 잡히는 스탠딩 웨이브 현상이 발생할 수 있으며, 이는 타이어가 파열되는 치명적인 사고의 원인이 되기도 한다. 따라서 타이어의 공기압을 반드시 확인해야 한다.

[오답풀이] ①, ②, ③ 노면 상태나 브레이크 오일, 브레이크 패드의 마모 여부 등은 타이어 파열과 직접적으로 연관되는 원인은 아니므로 고속도로 운행 시 타이어 파열 사고 방지를 위해 반드시 확인해야 할 사항은 아니다.

58 기술능력

정답 | ④

Quick해설 스크린상에 '신호 없음' 표시가 나타나는 현상은 두 가지 원인 때문에 나타나는데, 모두 프로젝터와 영상 기기 간의 연결 상태가 원인이다.

59 기술능력

정답 | ①

Quick해설 통풍이 잘되는 곳은 적절한 설치 장소이지만, 유사한 전기제품이 함께 모여 있는 곳은 충분한 공간 확보가 되지 않을 수 있으므로 적절한 설치 장소로 볼 수 없다.

60 기술능력

정답 | ②

Quick해설 '웅웅'하는 소리가 나는 원인은 프로젝터가 흔들리는 장소에 있거나 프로젝터의 통풍이 원활하지 않을 때이다.

실전모의고사 [3회]

직군공통

본문 P. 155

01	02	03	04	05	06	07	08	09	10
②	④	①	②	③	④	③	②	③	①
11	**12**	**13**	**14**	**15**	**16**	**17**	**18**	**19**	**20**
②	④	③	④	②	②	③	②	②	④
21	**22**	**23**	**24**	**25**	**26**	**27**	**28**	**29**	**30**
②	①	④	④	④	②	④	④	④	④
31	**32**	**33**	**34**	**35**	**36**				
②	④	③	②	②	④				

01 문제해결능력

정답 | ②

Quick해설 통행료 수납방식에 따르면, 개방식 고속도로는 실제 이동 거리가 아닌 요금소별 최단이용 거리로 요금을 매긴다. 주어진 자료에서 요금소별 최단이용 거리는 알 수 없으므로 통행요금을 알 수 없다.

[오답풀이] ① 2차로 고속도로로만 이동한 경우 기본요금이 50% 할인되고, 2차로 고속도로의 주행요금도 50% 할인되므로 1종 차량이 폐쇄식 2차로 고속도로에서 50km를 이동한 경우 통행요금은 0.5×(900+50×44.3)≒1,600(원)이다.

③ 하이패스 미이용 차량이 통행권 발행 차로로 진입하여 하이패스 차로로 진출한 경우 당일 발생 건은 고속도로 영업소에 방문하여 소명 가능하다.

④ 최장 거리 운행 통행료를 이미 납부한 경우 홈페이지의 '통행료 환불 요금 조회' 또는 어플의 '환불 통행료'를 통해 환불 가능하다.

02 문제해결능력

정답 | ④

Quick해설 출구요금소 통과시각을 기준으로 할인이 적용된다. 출구요금소 통과시각이 오전 7시 5분이므로 할인율은 20%이다.

[오답풀이] ① 통행권을 이용하는 차량은 할인 대상이 아니다.

② 4종 차량은 할인 대상이 아니다.

③ 진출입요금소 간 거리가 20km 미만이어야 할인 대상에 해당된다.

03 문제해결능력

정답 | ①

Quick해설 해당 고속도로는 폐쇄식이며, 통영－진주까지의 고속도로 통행료는 900+62.9×47.9=3,912.91(원)으로 십 원 단위에서 반올림하면 3,900원이다. 서진주－산내까지의 고속도로 통행료는 900+62.9×(49.8+60.4+42.2)=10,485.96(원)으로 십 원 단위에서 반올림하면 10,500원이다. 따라서 총 고속도로 통행료는 3,900+10,500=14,400(원)이다.

04 문제해결능력

정답 | ②

Quick해설 '5. 제출 서류'에 따르면, 주민등록등본 및 가족관계증명서는 사망사고인 경우에 한해 제출한다.

[오답풀이] ① '3. 장학금 금액'에 따르면, 미취학 아동은 일반 가정의 경우에도 지원된다.

③ '4. 장학금 지급 절차'에 따라 수혜자 적격 여부 심사는 재단 사무국에서 담당한다.

④ '1. 사업 목적'에서 해당 장학금 사업은 고속도로 교통사고 피해가정의 유자녀들이 경제적 이유로 학업을 포기하지 않도록 미취학 아동부터 대학까지 단절 없이 매년 장학금을 지원한다고 하였다.

05 문제해결능력

정답 | ③

Quick해설 [보기]의 고객 문의는 수혜자 적격 심사에 통과한 고객이 장학금 지급 시기에 대해 묻고 있는 내용이다. '장학금 지급 절차'에 따르면, 장학금은 심의위원회 개최 및 대상자 선정, 이사회 개최 및 대상자 확정 등 일정 절차를 거친 후 12월에 지급된다. ①, ④의 경우 맞는 내용이지만, 고객이 물어보는 핵심 내용이 장학금 지급 시기이므로 이에 대한 답변으로 적절하지 않다.

06 문제해결능력

정답 | ④

Quick해설 ㉠ 고속도로 유지관리 업무 중 안전사고로 사망한 자의 자녀는 수혜 대상에 해당하며, 일반의 경우 고등학생은 200만 원, 대학생은 300만 원의 장학금이 지급된다. 따라서 A가 받은 장학금의 총액은 (200×3)+(300×4)=1,800(만 원)이다.

㉡ 음주 및 불법으로 인한 교통사고의 원인 제공자 및 그의 자녀는 수혜 대상에서 제외된다.

㉢ 고속도로에서의 교통사고로 장애의 정도가 심한 장애인으로 구분된 자는 수혜 대상에 해당하며, 기초생활수급자 가정인 경우 대학생은 매년 500만 원의 장학금이 지급되므로 C가 받은 장학금 총액은 500×4=2,000(만 원)이다.

따라서 가장 많은 장학금을 받은 사람은 C이고, 총액은 2,000만 원이다.

07 문제해결능력

정답 | ③

Quick해설 질문 (C)에 대한 답변을 보면, 회전교차로 설치 후 교통사고가 감소한 원인을 두 가지로 나누어 설명하고 있다. 따라서 (C)에는 사고가 발생하는 이유가 아닌 '회전교차로 설치 후 사고가 감소한 원인은 무엇인가?'라는 내용의 질문이 들어가는 것이 적절하다.

08 문제해결능력

정답 | ②

Quick해설 회전교차로는 1970년대 초반 영국에서 기존 로터리가 가지고 있던 문제점을 해결하기 위해 처음으로 도입되었다.

[오답풀이] ① 교차로 전체 교통량이 1일에 2만 대 미만인 1차로형 지역에 설치할 수 있다.

③ 영국의 경우 18,000여 개소, 프랑스는 30,000여 개소, 호주는 2,000여 개소의 회전교차로가 설치 및 운영되고 있다고 하였으므로 호주가 더 적다.

④ 회전교차로는 원형의 중앙 교통섬을 중심으로 반시계 방향으로 회전하면서 주행하는 형태라고 하였다.

09 문제해결능력

정답 | ③

Quick해설 회전교차로는 정지선이 없으며, 로터리에는 회전차로 내 흰색 실선의 정지선이 있다고 하였다.

[오답풀이] ① 회전교차로에서는 회전차량이 우선권을 가진다고 하였고, 로터리는 회전하는 차량보다 진입하는 차량에 유리하다고 하였다.

② 회전교차로는 접근로 진입부에 흰색 파선의 양보선이 있고, 로터리에는 양보선이 없다고 하였다.

④ 회전교차로는 진입 속도를 낮추도록 설계된 반면, 로터리는 비교적 높은 속도로 진입이 가능하도록 대형으로 설치된 경우가 많다고 하였다.

10 문제해결능력

정답 | ①

Quick해설 '5. 당선작 발표'에서 당선작 발표는 작품 심사 후 1일 이내에 이루어지며, '4. 공모 일정'에 따르면 작품 심사는 작품 접수일 다음날 진행된다.

[오답풀이] ② '1. 공모 개요'에 따르면, 지역지구는 농림 지역이다.

③ '1. 공모 개요'에서 실시설계권은 당선작, 즉 최우수작으로 선정된 1개의 업체에 대해 부여된다고 하였다.

④ '4. 공모 일정'에서 참가 등록은 한국도로공사 홈페이지에서 인터넷 접수해야 한다고 하였다.

11 문제해결능력

정답 | ②

Quick해설 ㉢ '3. 응모 자격'에 따르면, 참가 등록일 현재 휴·폐업 등 행정 처분과 이에 준하는 결격사유가 있는 업체는 공모에 응모할 수 없다.

[오답풀이] ㉠ 2개 이상의 업체가 공동으로 참여하는 경우 건축사사무소 개설자를 대표자 1인으로 선정하여 참여할 수 있다.

㉡ 외국건축사면허를 취득한 자로서 국내 건축사사무소 개설자이자 국내건축사를 주계약자로 하여 공동업무수행 계약을 한 자는 공모에 참여할 수 있다.

12 문제해결능력

정답 | ④

Quick해설 '1. 공모 개요'에 따라 참여업체가 총 4~5개인 경우 기타 입상작으로 2개 업체를 선정하며, 차점작 순으로 20백만 원, 15백만 원의 상금을 지급한다. A업체는 당선작을 제외하고 가장 높은 점수를 받았으므로 20백만 원의 상금을 받게 된다.

13 정보능력

정답 | ③

Quick해설 (546312)를 버블 정렬로 정렬할 때, 세 번째 패스까지 실행을 끝마치면 (312456)의 결과를 얻는다.

첫 번째 패스	두 번째 패스	세 번째 패스
(546312) → (456312) (456312) → (456312) (456312) → (453612) (453612) → (453162) (453162) → (453126)	(453126) → (453126) (453126) → (435126) (435126) → (431526) (431526) → (431256)	(431256) → (341256) (341256) → (314256) (314256) → (312456)

14 정보능력

정답 | ④

Quick해설 (546312)를 칵테일 정렬로 정렬할 때, 세 번째 패스까지 실행을 끝마치면 (143256)의 결과를 얻는다.

첫 번째 패스	두 번째 패스	세 번째 패스
(546312) → (456312) (456312) → (456312) (456312) → (453612) (453612) → (453162) (453162) → (453126)	(453126) → (453126) (453126) → (451326) (451326) → (415326) (415326) → (145326)	(145326) → (145326) (145326) → (143526) (143526) → (143256)

15 정보능력 정답 | ②

Quick해설 (546312)를 선택 정렬과 삽입 정렬로 각각 정렬한 결과는 다음과 같다.

구분	선택 정렬	삽입 정렬
첫 번째 패스	(546312) → (146352)	(546312) → (456312)
두 번째 패스	(146352) → (126354)	(456312) → (456312)
세 번째 패스	(126354) → (123654)	(456312) → (345612)
네 번째 패스	(123654) → (123456)	(345612) → (134562)
다섯 번째 패스	(123456) → (123456)	(134562) → (123456)

따라서 선택 정렬은 네 번째 패스에서, 삽입 정렬은 다섯 번째 패스에서 사실상 정렬이 완료된다.

16 정보능력 정답 | ②

Quick해설 버블 정렬, 칵테일 정렬은 두 번째 패스에서, 선택 정렬, 삽입 정렬은 네 번째 패스에서 사실상 정렬이 완료된다. 그런데 칵테일 정렬은 두 번째 패스에서 한 번의 처리만 하므로, 정답은 칵테일 정렬이다.

[상세해설] 각 정렬의 결과는 다음과 같다.

• 버블 정렬

첫 번째 패스	두 번째 패스
(12453) → (12453) (12453) → (12453) (12453) → (12453) (12453) → (12435)	(12435) → (12435) (12435) → (12435) (12435) → (12345)

• 칵테일 정렬

첫 번째 패스	두 번째 패스
(12453) → (12453) (12453) → (12453) (12453) → (12453) (12453) → (12435)	(12435) → (12345)

• 선택 정렬

첫 번째 패스	두 번째 패스	세 번째 패스	네 번째 패스
(12453) → (12453)	(12453) → (12453)	(12453) → (12354)	(12354) → (12345)

• 삽입 정렬

첫 번째 패스	두 번째 패스	세 번째 패스	네 번째 패스
(12453) → (12453)	(12453) → (12453)	(12453) → (12453)	(12453) → (12345)

따라서 버블 정렬과 칵테일 정렬이 두 번째 패스 만에 사실상 정렬이 완료되는데, 칵테일 정렬은 두 번째 패스에서 1번만 처리를 하므로 정답은 칵테일 정렬이다.

17 정보능력 정답 | ③

Quick해설 선택 정렬은 두 번째 패스에서, 나머지는 네 번째 패스에서 사실상 정렬이 완료되므로 정답은 선택 정렬이다.

[상세해설] 각 정렬의 결과는 다음과 같다.

• 버블 정렬

첫 번째 패스	두 번째 패스	세 번째 패스	네 번째 패스
(54321) → (45321) (45321) → (43521) (43521) → (43251) (43251) → (43215)	(43215) → (34215) (34215) → (32415) (32415) → (32145)	(32145) → (23145) (23145) → (21345)	(21345) → (12345)

• 칵테일 정렬

첫 번째 패스	두 번째 패스	세 번째 패스	네 번째 패스
(54321) → (45321) (45321) → (43521) (43521) → (43251) (43251) → (43215)	(43215) → (43125) (43125) → (41325) (41325) → (14325)	(14325) → (13425) (13425) → (13245)	(13245) → (12345)

• 선택 정렬

첫 번째 패스	두 번째 패스
(54321) → (14325)	(14325) → (12345)

• 삽입 정렬

첫 번째 패스	두 번째 패스	세 번째 패스	네 번째 패스
(54321) → (45321)	(45321) → (34521)	(34521) → (23451)	(23451) → (12345)

선택 정렬이 두 번째 패스만에 사실상 정렬을 완료하였으므로 정답은 선택 정렬이다.

18 정보능력 정답 | ②

Quick해설 첫 번째로 S에 포함되는 지역은 A, 두 번째는 B, 세 번째는 d[C]=8인 C이다.

[상세해설] 첫 번째로 S에 포함되는 지역은 A이며, 그 결과는 다음과 같다.

S={A}				Q={B, C, D, E, F, G}		
d[A]=0	d[B]=5	d[C]=10	d[D]=9	d[E]=∞	d[F]=∞	d[G]=∞

두 번째로 S에 포함되는 지역은 d[B]=5인 B이며, Q집합에 남아 있는 지역들 중 B와 접한 C, F의 거리 정보를 새로 표시하면 다음과 같다.

S={A, B}				Q={C, D, E, F, G}		
d[A]=0	d[B]=5	d[C]=8	d[D]=9	d[E]=∞	d[F]=16	d[G]=∞

따라서 세 번째로 S에 포함되는 지역은 d[C]=8인 C이다.

19 정보능력

정답 | ②

Quick해설 S에 네 번째 지역이 포함되기 직전의 상황은 다음과 같다.

S={A, B, C}			Q={D, E, F, G}			
d[A]=0	d[B]=5	d[C]=8	d[D]=9	d[E]=11	d[F]=16	d[G]=∞

따라서 d[F]=16이다.

[상세해설] S에 세 번째 지역이 포함되기 직전의 상황은 다음과 같다.

S={A, B}			Q={C, D, E, F, G}			
d[A]=0	d[B]=5	d[C]=8	d[D]=9	d[E]=∞	d[F]=16	d[G]=∞

d[C]=8인 C가 S에 포함되면 Q집합에 남아 있는 지역들 중 C와 접한 D, E, F의 거리 정보는 다음과 같이 새로 표시할 수 있다.

S={A, B, C}			Q={D, E, F, G}			
d[A]=0	d[B]=5	d[C]=8	d[D]=9	d[E]=11	d[F]=16	d[G]=∞

C를 거쳐 D로 가는 거리는 15, C를 거쳐 F로 가는 거리는 18(아직 E에 도착하는 것까지만 가능하며, E를 거쳐 F로 가는 단계는 아님)이므로 기존 거리를 대체하지 못하고, d[E]=11만 추가된다. 따라서 S에 네 번째 지역이 포함되기 직전의 d[F]=16이다.

20 정보능력

정답 | ④

Quick해설 최단 경로는 'A → B → C → E → F → G'이며, 이때의 최단 거리는 5+3+3+4+2=17이다.

[상세해설] S에 네 번째 지역이 포함되기 직전의 상황은 다음과 같다.

S={A, B, C}			Q={D, E, F, G}			
d[A]=0	d[B]=5	d[C]=8	d[D]=9	d[E]=11	d[F]=16	d[G]=∞

d[D]=9인 D가 S에 포함되면 Q집합에 남아 있는 지역들 중 D와 접한 F, G의 거리 정보는 다음과 같이 새로 표시할 수 있다.

S={A, B, C, D}				Q={E, F, G}		
d[A]=0	d[B]=5	d[C]=8	d[D]=9	d[E]=11	d[F]=16	d[G]=21

그다음 d[E]=11인 E가 S에 포함되면 Q집합에 남아 있는 지역들 중 E와 접한 F의 거리 정보는 다음과 같이 새로 표시할 수 있다.

S={A, B, C, D, E}					Q={F, G}	
d[A]=0	d[B]=5	d[C]=8	d[D]=9	d[E]=11	d[F]=15	d[G]=21

마지막으로 d[F]=15인 F가 S에 포함되면 Q집합에 남아 있는 지역들 중 F와 접한 G의 거리 정보는 다음과 같이 새로 표시할 수 있다.

S={A, B, C, D, E, F}						Q={G}
d[A]=0	d[B]=5	d[C]=8	d[D]=9	d[E]=11	d[F]=15	d[G]=17

따라서 최단 거리는 17이다.

21 정보능력

정답 | ②

Quick해설 첫 번째로 S에 포함되는 지역은 A, 두 번째는 C, 세 번째는 B, 네 번째는 d[E]=11인 E이다.

[상세해설] 첫 번째로 S에 포함되는 지역은 A이며, 그 결과는 다음과 같다(d[A]=0은 생략).

S={A}				Q={B, C, D, E, F, G, H, I}			
d[B]=10	d[C]=8	d[D]=∞	d[E]=∞	d[F]=∞	d[G]=∞	d[H]=∞	d[I]=∞

두 번째로 S에 포함되는 지역은 d[C]=8인 C이며, Q집합에 남아 있는 지역들 중 C와 접한 E, F의 거리 정보를 새로 표시하면 다음과 같다.

S={A, C}				Q={B, D, E, F, G, H, I}			
d[B]=10	d[C]=8	d[D]=∞	d[E]=11	d[F]=14	d[G]=∞	d[H]=∞	d[I]=∞

세 번째로 S에 포함되는 지역은 d[B]=10인 B이며, Q집합에 남아 있는 지역들 중 B와 접한 D, E, G의 거리 정보를 새로 표시하면 다음과 같다.

S={A, C, B}				Q={D, E, F, G, H, I}			
d[B]=10	d[C]=8	d[D]=15	d[E]=11	d[F]=14	d[G]=19	d[H]=∞	d[I]=∞

따라서 네 번째로 S에 포함되는 지역은 d[E]=11인 E이다.

22 정보능력

정답 | ①

Quick해설 최단 경로는 'A → C → E → G → I'이며, 이때의 최단 거리는 8+3+6+5=22이다.

[상세해설] S에 네 번째 지역이 포함되기 직전의 상황은 다음과 같다.

S={A, C, B}				Q={D, E, F, G, H, I}			
d[B]=10	d[C]=8	d[D]=15	d[E]=11	d[F]=14	d[G]=19	d[H]=∞	d[I]=∞

d[E]=11인 E가 S에 포함되면 Q집합에 남아 있는 지역들 중 E와 접한 F, G, H의 거리 정보는 다음과 같이 새로 표시할 수 있다.

S={A, C, B, E}				Q={D, F, G, H, I}			
d[B]=10	d[C]=8	d[D]=15	d[E]=11	d[F]=13	d[G]=17	d[H]=18	d[I]=∞

그다음 d[F]=13인 F가 S에 포함되면 Q집합에 남아 있는 지역들 중 F와 접한 H의 거리 정보는 다음과 같이 새로 표시할 수 있다.

S={A, C, B, E, F}				Q={D, G, H, I}			
d[B]=10	d[C]=8	d[D]=15	d[E]=11	d[F]=13	d[G]=17	d[H]=17	d[I]=∞

마지막으로 d[D]=15인 D가 S에 포함되면 Q집합에 남아 있는 지역들 중 D와 접한 G의 거리 정보는 다음과 같이 새로 표시할 수 있다(변화 없음).

S={A, C, B, E, F, D}				Q={G, H, I}			
d[B]=10	d[C]=8	d[D]=15	d[E]=11	d[F]=13	d[G]=17	d[H]=17	d[I]=∞

I에 도착하기 위해선 G 또는 H를 반드시 경유해야 하는데, 둘 다 A에서부터의 최단 거리가 17이다. 따라서 A에서 출발하여 I에 도착하는 최단 거리는 G를 경유할 때의 17+5=22이다.

23 정보능력

정답 | ④

Quick해설 성별 숫자가 2이므로 1900~1999년에 태어난 한국인 여성이다. 따라서 생년월일은 1922년 12월 31일이고, 출생지역 조합번호가 00이므로 서울특별시에서 태어났다.

[오답풀이] ① 성별 숫자가 4이므로 2000~2099년에 태어난 한국인 여성이다. 따라서 생년월일은 2022년 12월 31일인데, 2020년 10월 이후에는 출생지역 조합번호, 출생지역의 출생신고 순번이 무작위 숫자로 부여되므로 경상남도에서 태어났는지는 알 수 없다.

② 성별 숫자가 3이므로 2000~2099년에 태어난 한국인 남성이다. 따라서 생년월일은 2019년 3월 14일이고, 출생지역 조합번호가 85이므로 울산광역시에서 태어났다.

③ 성별 숫자가 5이므로 1900~1999년에 태어난 외국인 남성이다. 따라서 생년월일은 1974년 3월 24일이고, 출생지역 조합번호가 14이긴 하지만, 외국인이므로 인천광역시에서 태어난 것이 아니라 인천광역시에서 등록번호를 처음 부여받은 것이다.

24 정보능력

정답 | ④

Quick해설 생년월일이 1958년 5월 8일이므로 앞 6자리는 580508이고, 1900~1999년에 울산광역시에서 태어난 한국인 여성이므로 뒤 7자리는 285 또는 290으로 시작한다. 따라서 ①은 정답이 될 수 없다. 285 또는 290 뒤 3자리는 어떤 번호든지 가능하고, 580508−290374의 마지막 오류검증 번호는 다음과 같이 구할 수 있다. 5×2+8×3+0×4+5×5+0×6+8×7+2×8+9×9+0×2+3×3+7×4+4×5=269이고, 이를 11로 나누면 나머지는 5이다. 따라서 마지막 번호는 11−5=6이다. 그러므로 주민등록번호로 가장 적절한 것은 ④이다.

[오답풀이] ① 출생지역 조합번호가 잘못되었다.

② 580508−285331의 마지막 오류검증 번호는 다음과 같이 구할 수 있다. 5×2+8×3+0×4+5×5+0×6+8×7+2×8+8×9+5×2+3×3+3×4+1×5=239이고, 이를 11로 나누면 나머지는 8이다. 따라서 마지막 번호는 11−8=3이다.

③ 580508−285241의 마지막 오류검증 번호는 다음과 같이 구할 수 있다. 5×2+8×3+0×4+5×5+0×6+8×7+2×8+8×9+5×2+2×3+4×4+1×5=240이고, 이를 11로 나누면 나머지는 9이다. 따라서 마지막 번호는 11−9=2이다.

25 의사소통능력

정답 | ④

Quick해설 ㉣은 추진 배경이라기보다는 해당 사업에 대한 추진 방법 또는 추진 방향에 어울리는 내용이다.

26 의사소통능력

정답 | ②

Quick해설 '2. 사업 개요'의 소요예산 104,997천 원은 지원 대수 3,387대에 시비지원 31,000원을 곱한 값이다.

[오답풀이] ① 단말기를 택배로 받은 후 지문 등록을 해야 사용이 가능하다.

③ 도로공사의 단말기 구매 지원 금액은 60,000원으로 동일하다. 그 외 비용에 대해 시비지원 및 제조사 할인이 새로 생기는 사업이다.

④ 전체 하이패스 단말기 보급률은 86.8%, 장애인용 감면단말기 보급률은 21.6%임을 알 수 있으나, 단말기가 보급된 차량의 수는 주어진 자료만으로 알 수 없다.

27 의사소통능력

정답 | ④

Quick해설 '4. 지원 체계'에 따르면, 단말기 제조사가 단말기 등록 후 신청자 자택으로 배송하는데, 이때 신청자가 단말기 대금을 군·구청에 지불하는 것이 아닌, 단말기 제조사가 군·구청에 대금을 청구한다.

28 의사소통능력 정답 | ④

Quick해설 제8조는 '평가기준장비의 운영관리'인데 해당 조항의 제2항은 평가기준장비의 운영관리와 관련 없는 성능평가 대상에 대한 내용으로 오히려 평가의 적용 범위에 가깝다.

29 의사소통능력 정답 | ④

Quick해설 제4조의 제3항을 보면, 사업시행자는 구축 및 운영 중인 장비에 대해서 준공평가, 변경/이설평가, 정기평가 수행 시 제1항 제5호에 따른 운영평가를 대체평가로 수행할 수 있다고 규정되어 있다.

[오답풀이] ① 기본성능평가는 평가자가 임의로 정하는 장비 또는 시스템을 대상으로 하는 것이 아니라 사업시행자가 요구하는 현장 설치 예정 장비 또는 시스템을 대상으로 1회 시행한다.

② 운영평가는 구축 이전의 ITS 장비가 아니라 구축 운영 중인 ITS 장비로 해야 한다.

③ 제4조 제2항을 보면, 사업시행자는 특별한 사유가 없는 한 제1항 제1호의 기본성능평가를 시행한 장비에 대해 별도의 기본성능평가를 요구하여서는 아니 된다고 규정되어 있다.

30 의사소통능력 정답 | ④

Quick해설 제9조 재검토 기한을 보면, 국토교통부장관은 「훈령·예규 등의 발령 및 관리에 관한 규정」에 따라 이 훈령에 대하여 2017년 1월 1일을 기준으로 매 3년이 되는 시점(매 3년째의 12월 31일까지를 말한다)마다 그 타당성을 검토하여 개선 등의 조치를 하여야 한다고 규정되어 있다. 즉, 2020년 1월 1일에 이 훈령에 대해 타당성을 검토했다면 2023년 1월 1일이 아니라 2022년 12월 31일까지 재검토를 해야 한다.

[오답풀이] ① 제5조 제1항~제3항을 보면, 정기평가는 사업시행자가 시행하는 것을 원칙으로 하지만, 성능평가전담기관에 성능평가 업무의 일부 또는 전부를 위탁할 수 있음을 알 수 있다. 단, 성능평가전담기관에 의뢰할 경우 별지1 서식을, 사업시행자가 할 경우 별지2 서식을 사용해야 한다.

② 제5조 제5항을 보면, 성능평가를 실시한 결과, 정기평가에 합격하지 못한 경우 부족한 부분을 충족시킨 후 평가시기에 따라 다음 연도 2월까지 재평가를 수행할 수 있다고 규정되어 있다.

③ 제7조를 보면, 정기평가에서 불합격하여 재평가를 실시하는 경우, 하자보수기간 이내에는 시공자가, 하자보수기간 이후에는 사업시행자 또는 관리자가 경비를 부담하도록 규정되어 있다.

31 의사소통능력 정답 | ②

Quick해설 ㉡ 앞 문장에서는 도로점용이 도로의 특정 부분을 유형적·고정적으로 특정한 목적을 위하여 사용하는 일종의 특별사용을 의미한다고 하였고, ㉡ 뒤 문장에서는 그렇다고 해서 도로의 특별사용이 반드시 독점적·배타적인 것이 아니라고 하였다. 즉, ㉡은 인과 접속어인 '그래서'가 아니라 역접 접속어인 '그러나'가 들어가야 적절하다.

32 의사소통능력 정답 | ④

Quick해설 지하철역의 입출입이 가능한 휠체어리프트는 '도로점용허가 대상'의 「장애인·노인·임산부 등의 편의증진보장에 관한 법률」 제2조 제2호에 따른 편의시설 중 높이차이 제거시설에 해당하므로 도로점용허가 대상에 포함된다.

[오답풀이] ① 세 번째 문단을 보면, 도로점용허가는 특정인에게 일정한 내용의 공물사용권을 설정하는 설권행위로서, 공물관리자가 신청인의 적격성, 사용 목적 및 공익상의 영향 등을 참작하여 허가 여부를 결정하는 재량행위라고 하였다. 그러나 행정청은 허가 여부를 결정할 때 완전한 재량권을 갖는 것은 아니며, 도로점용으로 인하여 타인의 공동사용을 방해하지 않고 공공의 안녕질서에 위해가 없다고 인정되는 경우에만 허가를 부여해야 한다.

② 네 번째 문단을 보면, 당해 도로가 폐도가 된 경우에는 원칙으로 점용 물건은 철거하고 원상회복하여야 한다고 하였다.

③ '도로점용허가 대상'을 보면, 점용기간이 가장 긴 것은 10년이고, 가장 짧은 것은 3년임을 알 수 있다.

33 의사소통능력 정답 | ③

Quick해설 (가)는 변속차로가 없는 평면교차로를 찾아야 하고, (나)는 변속차로가 있는 평면교차로를 찾아야 한다. 그리고 (다)는 입체교차로를 찾으면 되므로 가장 적절하게 짝지어진 것은 ③이다.

[상세해설] 변속차로란 자동차를 가속시키거나 감속시키기 위하여 설치하는 가속차로와 감속차로를 말하며, 쉽게 말해 속도를 변경해 줄 필요가 있는 차로이다. 즉, ⓐ~ⓒ에서 변속차로가 없는 ⓑ는 (가)와 연결됨을 알 수 있다. 그리고 변속차로가 있는 ⓐ와 ⓒ는 각각 평면교차로와 입체교차로이므로 (나)는 ⓐ, (다)는 ⓒ와 연결됨을 알 수 있다.

34 의사소통능력

정답 | ②

Quick해설 다섯 번째 문단을 보면, 참가 신청은 스마트 건설 챌린지 누리집에서 신청 양식을 내려 받아 작성한 후 이메일(smartcon@kict.re.kr)로 제출하면 된다고 서술되어 있다. 즉, 9개 분야 중 어느 분야에 지원하든 상관없이 참가 신청은 하나의 이메일로 받는다.

[오답풀이] ① 철도 등 SOC 분야 설계 BIM을 주관하는 기업은 국가철도공단이고, 스마트 건설 R&D 제안서 공모를 주관하는 기업은 국토교통과학기술진흥원으로 서로 다르다.

③ 기술 인증 및 기술 검증 현장적용을 위한 테스트베드에 적용되는 우수 기술은 장관상을 받은 경우에만 해당한다.

④ 국토부에서는 스마트 건설기술을 정착시키기 위해서는 정부와 공공의 지원 모두 반드시 필요하다고 강조하면서 경연을 통해 스마트 건설기술을 보유하고 있는 기업을 적극 지원해 우수 기술의 현장 적용을 더욱 가속화시켜 나갈 것이라고 하였다.

35 의사소통능력

정답 | ②

Quick해설 기술경영 분야 공고의 경연 주제를 보면, AI, NETWORK, DATA 등을 활용한 도로 분야 스마트 시공, 유지관리 및 안전관리 기술시연 및 평가라고 제시되어 있다. 이와 관련된 사업을 주어진 글에서 찾아보면, 세 번째 문단의 'IoT 센서를 활용한 시설물 모니터링 기술을 활용한 스마트 시공 유지관리 및 안전관리 기술들'을 통해 알 수 있다. 따라서 기술경영 분야 공고는 한국도로공사에서 주관하는 도로 분야 스마트 기술 관련 경연대회임을 알 수 있다.

36 의사소통능력

정답 | ④

Quick해설 [지식재산권 관련 유의사항]에 따르면, 응모된 작품에 대한 저작권은 응모자에게 있다. 한편 기술경연 후 폐기되는 것은 저작권이 아닌 해당 자료이다.

[오답풀이] ① 예선은 서면 평가이며, [접수 및 선정 관련 유의사항]에 따라 참가 신청서 등 신청 서류 접수 시 PDF 파일로만 등록해야 한다고 명시되어 있다.

② 접수 기간은 5. 19.(목)~6. 24.(금)으로 명시되어 있고, [접수 및 선정 관련 유의사항]을 보면 심사 일정, 지원 내용 및 일정 등은 주최·주관기관의 사정에 의해 일부 변경될 수 있다고 명시되어 있다.

③ [신청 제외대상]을 보면, 이전 스마트 건설 챌린지에 응모한 기술과 동일한 기술인 경우에는 신청 제외대상에 해당한다. 따라서 2021년에 스마트 건설 챌린지에 응모했다가 탈락한 기술을 새로 발전시켜 다시 도전하는 것은 가능하다.

행정직

본문 P. 182

37	38	39	40	41	42	43	44	45	46
②	③	①	③	②	④	①	②	②	④
47	**48**	**49**	**50**	**51**	**52**	**53**	**54**	**55**	**56**
②	④	②	③	④	①	④	③	②	④
57	**58**	**59**	**60**						
④	②	③	③						

37 자원관리능력

정답 | ②

Quick해설 이동 가능한 경로는 'A−B−D−F', 'A−B−E−F', 'A−C−D−F', 'A−C−E−F'로 4가지이다. 'A−B−D−F' 경로의 거리는 14+22+14=50(km), 'A−B−E−F'는 14+25+13=52(km), 'A−C−D−F'는 13+26+14=53(km), 'A−C−E−F'는 13+20+13=46(km)이다. 따라서 'A−C−E−F'의 경로가 최단 거리가 되며, 이때의 이동한 거리는 46km이다.

38 자원관리능력

정답 | ③

Quick해설 'A−B−D−F' 경로로 이동할 때 0.5시간으로 가장 짧고, 이동한 거리는 50km이다.

[상세해설] 'A−B−E−F' 경로로 이동할 때와 'A−C−D−F' 경로로 이동할 때는 모두 'A−B−D−F' 경로로 이동할 때보다 장거리이면서 고속도로와 국도가 섞여 있으므로 시간이 더 소요된다. 따라서 'A−B−D−F' 경로의 소요 시간과 'A−C−E−F' 경로의 소요 시간만 계산하도록 한다. 'A−B−D−F' 경로는 고속도로로만 이동하고, 총거리가 50km이다. 따라서 소요 시간은 50÷100=0.5(시간)이다. 'A−C−E−F' 경로는 13+13=26(km)를 국도로 이동하고, 20km를 고속도로로 이동한다. 따라서 소요 시간은 (26÷80)+(20÷100)=0.325+0.2=0.525(시간)이다. 그러므로 'A−B−D−F' 경로로 이동할 때 소요 시간이 가장 짧으며, 이때의 이동한 거리는 50km이다.

39 자원관리능력

정답 | ①

Quick해설 'A−C−E−F' 경로로 이동할 때 최소 비용이 되며, 고속도로 통행료가 1,800원, 주유비가 5,400원이므로 총 소요 비용은 1,800+5,400=7,200(원)이다.

[상세해설] 'A−B−D−F' 경로로 이동할 때, 고속도로 통행료는 900+(50×47.0)=3,250(원)≒3,300(원)이다. 고속도로 연비가 20km/L이므로 휘발유는 50÷20=2.5(L) 주유해야

한다. 따라서 주유비는 2.5×2,000=5,000(원)이므로 총 소요 비용은 3,300+5,000=8,300(원)이다.

'A-B-E-F' 경로로 이동할 때, 고속도로 이동 거리는 14km, 국도 이동 거리는 38km이다. 고속도로 통행료는 900+(14×47.0)=1,558(원)≒1,600(원)이고, 고속도로 연비가 20km/L, 국도 연비가 16km/L이므로 휘발유는 (14÷20)+(38÷16)=3.075(L)≒3.1(L) 주유해야 한다. 따라서 주유비는 3.1×2,000=6,200(원)이므로 총 소요 비용은 1,600+6,200=7,800(원)이다.

'A-C-D-F' 경로로 이동할 때, 고속도로 이동 거리는 14km, 국도 이동 거리는 39km이다. 고속도로 통행료는 900+(14×47.0)=1,558(원)≒1,600(원)이고, 고속도로 연비가 20km/L, 국도 연비가 16km/L이므로 휘발유는 (14÷20)+(39÷16)=3.1375(L)≒3.2(L) 주유해야 한다. 따라서 주유비는 3.2×2,000=6,400(원)이므로 총 소요 비용은 1,600+6,400=8,000(원)이다.

'A-C-E-F' 경로로 이동할 때, 고속도로 이동 거리는 20km, 국도 이동 거리는 26km이다. 고속도로 통행료는 900+(20×47.0)=1,840(원)≒1,800(원)이고, 고속도로 연비가 20km/L, 국도 연비가 16km/L이므로 휘발유는 (20÷20)+(26÷16)=2.625(L)≒2.7(L) 주유해야 한다. 따라서 주유비는 2.7×2,000=5,400(원)이므로 총 소요 비용은 1,800+5,400=7,200(원)이다.

그러므로 'A-C-E-F' 경로로 이동할 때 최소 비용이 되며, 이때의 소요 비용은 7,200원이다.

40 자원관리능력

정답 | ③

Quick해설 외근은 사무실 출근으로 인정하고, 사무실에 5명 이상이 근무해야 하므로 출장, 휴가, 연수를 합한 인원이 최대 3명이 되어야 한다. 8월 12일에 김 과장, 이 대리, 최 주임이 휴가를 신청하였고, 정 주임이 연수를 간다. 8월 16일에 김 부장, 김 과장, 이 대리가 휴가를 신청하였고, 이 차장이 출장을 간다. 따라서 8월 12일과 8월 16일에 4명이 사무실에 출근을 하지 않으므로 8월 12일, 16일의 일정을 조율해야 한다. 8월 12일, 16일에 모두 휴가를 낸 직원은 김 과장과 이 대리인데 이 중 직급이 낮은 직원은 이 대리이므로 이 대리의 휴가 일정을 조율한다.

[상세해설] 8월 일정과 휴가 희망 일자를 달력에 표시하여 정리하면 다음과 같다.

[8월]

일	월	화	수	목	금	토
	1 김 부장 출장 최 주임 출장 이 과장 외근 이 차장 휴가	2 김 부장 출장 최 주임 출장 이 차장 휴가	3 김 부장 출장 이 차장 휴가	4 이 과장 출장 이 차장 휴가 박 대리 휴가	5 이 과장 출장 박 대리 휴가	6
7	8 이 차장 출장 박 대리 휴가	9 정 주임 외근 박 대리 휴가 최 주임 휴가	10 박 대리 연수 이 대리 휴가 최 주임 휴가	11 김 과장 휴가 이 대리 휴가 최 주임 휴가	12 정 주임 연수 김 과장 휴가 이 대리 휴가 최 주임 휴가	13
14	15 광복절	16 이 차장 출장 김 부장 휴가 김 과장 휴가 이 대리 휴가	17 이 차장 출장 김 부장 휴가 김 과장 휴가	18 김 부장 휴가	19 이 대리 연수 김 부장 휴가	20
21	22 김 과장 외근 이 과장 휴가	23 이 과장 휴가	24 이 과장 휴가	25 김 과장 출장 최 주임 연수 이 과장 휴가	26 정 주임 휴가	27
28	29 김 과장 외근 정 주임 휴가	30 박 대리 출장 정 주임 휴가	31 박 대리 출장 정 주임 휴가			

외근의 경우 사무실 출근으로 인정하므로 8월 1일에는 일정을 조율하지 않아도 된다. 따라서 8월 12일, 8월 16일의 일정을 조율해야 하고, 최대한 적은 인원을 조율하기 위해서는 김 과장 또는 이 대리의 휴가만 조율하면 된다. 조율할 수 있는 직원이 여러 명인 경우 직급이 낮은 직원의 일정을 조율하므로 이 대리의 휴가를 조율한다.

41 자원관리능력

정답 | ②

Quick해설 외근은 사무실 출근으로 인정하므로 8월 5일, 8~10일 중 10일을 제외한 모든 날에 2명 이하가 휴가 또는 출장을 간다. 한편 8월 10일에는 원래 이 대리가 휴가였으므로 영향을 받지 않는다. 따라서 8월 5일, 8월 8~10일에 휴가를 갈 수 있다.

[오답풀이] ① 8월 4일에 출장 또는 휴가를 가는 사람이 이미 3명이므로 이 대리는 휴가를 갈 수 없다.

③ 이 대리는 8월 19일에 연수가 있으므로 휴가를 갈 수 없다.

④ 8월 25일에 출장, 연수 또는 휴가를 가는 사람이 이미 3명이므로 이 대리는 휴가를 갈 수 없다.

42 자원관리능력

정답 | ④

Quick해설 8월 1~3일에는 김 부장이 출장을 가므로 회의를 할 수 없고, 8월 4~5일, 8~10일에는 이미 3명 이상의 일정이 있으므로 회의를 할 수 없다. 따라서 8월 11일에 회의를 한다.

43 자원관리능력

정답 | ①

Quick해설 2호선을 따라 이동하다가 F역에서 환승하는 경우 2호선에서 10개역을 이동하고, 1호선에서 1개역을 이동하므로 이동 거리는 $2\times10+3=23$(km)이다. 4호선을 따라 이동하다가 G역에서 환승하는 경우 4호선에서 7개역을 이동하고, 1호선에서 1개역을 이동하므로 이동 거리는 $3\times7+3=24$(km)이다. 환승을 더 많이 하는 경우 이동 거리가 더 길어진다. 따라서 2호선을 따라 이동하다가 F역에서 환승할 때 최단 거리가 되며, 이때의 이동 거리는 23km이다.

44 자원관리능력

정답 | ②

Quick해설 4호선에서 3호선으로 한 번만 환승하기 위해서는 D역에서 환승해야 한다. 4호선 7번역에서 D역까지 3개역을 이동하고, D역에서 3호선 13번역까지 9개역을 이동한다. 따라서 총 이동 거리는 $3\times3+9\times2.5=31.5$(km)이다.

45 자원관리능력

정답 | ②

Quick해설 A역, E역, G역에서 환승하는 세 가지의 경우 중 A역에서 환승할 때 최소 시간으로 이동하게 되며, 이때의 이동한 시간은 $26+10+5=41$(분)이다.

[상세해설] A역에서 환승하는 경우 1호선에서 3개역을 지나고, 4호선에서 8개역을 지난다. 따라서 이동 거리는 $3\times3+8\times3=33$(km)이고, 소요 시간은 $(33\div75)\times60=26.4$(분)$\fallingdotseq26$(분)이다. 이때, 환승역이 아닌 역에서는 8개역에서 정차하고, 환승역은 B역 한 곳이므로 정차 시간은 $8+2=10$(분)이고, 환승하는 데 걸린 시간은 5분이다. 따라서 총 $26+10+5=41$(분)이 소요된다.
E역에서 환승하는 경우 1호선에서 4개역을 지나고, 3호선에서 8개역을 지난다. 따라서 이동 거리는 $4\times3+8\times2.5=32$(km)이고, 소요 시간은 $(32\div75)\times60=25.6$(분)$\fallingdotseq26$(분)이다. 이때, 환승역이 아닌 역에서는 9개역에서 정차하고, 환승역은 C역 한 곳이므로 정차 시간은 $9+2=11$(분)이고, 환승하는 데 걸린 시간은 5분이다. 따라서 총 $26+11+5=42$(분)이 소요된다.
G역에서 환승하는 경우 1호선에서 8개역을 지나고, 4호선에서 3개역을 지난다. 따라서 이동 거리는 $8\times3+3\times3=33$(km)이고, 소요 시간은 $(33\div75)\times60=26.4$(분)$\fallingdotseq26$(분)이다. 이때, 환승역이 아닌 역에서는 7개역에서 정차하고, 환승역은 E역, F역 두 곳이므로 정차 시간은 $7+2\times2=11$(분)이고, 환승하는 데 걸린 시간은 5분이다. 따라서 총 $26+11+5=42$(분)이 소요된다.
그러므로 A역에서 환승하는 경우 41분으로 최소 시간이 소요된다.

46 자원관리능력

정답 | ④

Quick해설 A는 각각 1지망, 2지망으로 지망한 기획부, 영업부가 아닌 홍보부에 배정된다.

[상세해설] 기획부를 1지망한 신입사원은 A, B, E, F이고, 이 중 2명만 기획부에 배정된다. A의 합산 점수는 183점, B의 합산 점수는 186점, E의 합산 점수는 183점, F의 합산 점수는 185점이다. 따라서 기획부에는 B와 F가 배정된다. 한편 1지망에 영업부를 지망한 C와 홍보부를 지망한 G는 각각 1지망으로 배정된다. 1지망에 인사부를 지망한 D, H의 합산 점수는 모두 186점으로 동일한데 H의 나이가 더 많으므로 H가 인사부에 배정된다.
1지망에 배정되지 못한 신입사원은 A, D, E이고, 모두 영업부를 2지망하였다. 남은 인원은 영업부 2명, 홍보부 1명이다. A와 E의 합산 점수는 183점, D의 합산 점수는 186점이므로 D가 영업부에 배정되고, A와 E 중 나이가 더 많은 E가 영업부에 배정된다. 따라서 남은 A는 홍보부에 배정된다.

47 자원관리능력

정답 | ②

Quick해설 E는 2지망한 영업부에 배정된다.

[상세해설] 기획부를 1지망한 A, B, E, F의 점수는 A: $87\times0.3+96\times0.7=93.3$(점), B: $93\times0.3+93\times0.7=93$(점), E: $95\times0.3+88\times0.7=90.1$(점), F: $90\times0.3+95\times0.7=93.5$(점)이므로 A와 F가 기획부에 배정된다. 인사부에 1지망한 D, H의 점수는 D: $94\times0.3+92\times0.7=92.6$(점), H: $96\times0.3+90\times0.7=91.8$(점)이므로 D가 인사부에 배정된다. C는 영업부, G는 홍보부에 배정된다. 따라서 1지망에 배정되지 않은 신입사원은 B, E, H이다. B의 2지망은 인사부, E와 H의 2지망은 영업부이므로 E, H는 영업부에 배정되고, 남은 B는 홍보부에 배정된다.

48 자원관리능력

정답 | ④

Quick해설 C는 각각 1지망, 2지망으로 지망한 인사부, 영업부가 아닌 홍보부에 배정된다.

[상세해설] 홍보부를 1지망한 F는 1지망에 배정된다. 인사부를 1지망한 B, C, G 중 합산 점수가 188점으로 가장 높은 G가 인사부에 배정된다. 영업부를 1지망한 A, D, E, H의 합산 점수는 A 183점, D 186점, E 183점, H 186점이므로 D, H가 영업부에 배정되고, A와 E 중 면접 점수가 96점으로 더 높은 A가 영업부에 배정된다. 따라서 1지망에 배정되지 않은 직원은 B, C, E이고, B, E는 2지망으로 기획부를 지망하였

으므로 기획부에 배정된다. 그러므로 남은 C는 홍보부에 배정된다.

49 조직이해능력

정답 | ②

Quick해설 백색이 아닌 적색의 섬광신호·전기제등 또는 불꽃신호를 추가로 설치하여야 한다고 명시되어 있다.

[오답풀이] ① 고속도로에서 고장이 발생한 경우 다른 차의 주행을 방해하지 않도록 충분한 공간이 있는 갓길 등에 주차하여야 한다.

③ 강한 바람이 불 때에는 고장차량 표지 등이 넘어지지 않도록 필요한 조치를 마련하고, 특히 차체 후부 등에 연결하여 튼튼하게 하여야 한다.

④ 비상조치를 끝낸 후 가장 가까운 비상전화로 견인차를 부르거나 가능한 한 빨리 그곳으로부터 차를 이동시켜야 한다.

50 조직이해능력

정답 | ③

Quick해설 일반도로의 경우 편도 1차로 도로에서는 60km/h 이내, 편도 2차로 이상 도로에서는 80km/h 이내가 법정 속도이므로 옳은 내용이다.

[오답풀이] ① 법정 속도 및 제한 속도 이하로 주행하더라도 절대로 안전한 것은 아니라고 명시되어 있다.

② 도로 주행 시 적절한 안전 거리는 자기 차의 속도와 도로 상황 및 기상상태 등에 따라 다르므로 주행 속도에 따른 정지 거리를 고려하여 유지해야 한다.

④ 자동차전용도로는 최저 속도 30km/h 이상을 유지해야 하는 규정도 준수해야 한다.

51 조직이해능력

정답 | ④

Quick해설 앞지르기 순서와 방법에 따르면, 앞지르기 하기 전 전방의 안전을 확인하는 동시에 후사경으로 좌측 및 좌후방을 확인한 후 좌측 방향 지시기를 켜고, 충분한 거리가 확보된 후 우측 방향 지시기를 켜야 함을 알 수 있다. 따라서 적절한 앞지르기를 한 경우로 볼 수 있다.

[오답풀이] ① 앞차와의 속도 차이가 최소 시속 20km 이상이 되지 않으면 위험하다고 명시되어 있다.

② 앞지르기 순서에서는 좌측 방향 지시기를 켜기 전에 좌측 및 좌후방을 먼저 확인해야 한다고 명시되어 있다.

③ '앞차가 경찰공무원 등의 지시에 따르거나 위험 방지를 위하여 정지 또는 서행하고 있을 때'에 해당되므로 앞지르기 금지 시기에 포함된다.

52 조직이해능력

정답 | ①

Quick해설 제8조 제4항에서 공직자 등의 배우자는 '공직자 등의 직무와 관련하여'라는 제한을 두고 있으므로 직무와 관련 없는 경우 해당 법률에 위배되지 않는다고 볼 수 있다.

[오답풀이] ② 제8조 제3항에서 언급하고 있는 경우와 제10조에서 언급하고 있는 일정한 규정 내 진행되는 외부강의 등을 통한 금품 수수는 가능하다.

③ 제10조 제3항에 따르면, 미리 신고하는 것이 곤란한 경우에는 외부강의 등을 마친 날부터 2일 이내에 서면으로 신고해야 한다.

④ 제10조 제5항에 따르면, 사례금을 초과하여 받은 경우 초과된 사례금을 신고 후 즉시 반환해야 한다.

53 조직이해능력

정답 | ④

Quick해설 제11조에서 규정하고 있는 '공무수행사인'은 모두 '직간접적으로 공무를 수행하는 비공직자'로 볼 수 있으며, 그 당사자로 제한하고 있다. 따라서 공공기관의 입찰심사위원회 민간 심사위원은 공무수행사인으로 볼 수 있으나, 당사자의 배우자는 공무수행사인에 해당되지 않는다.

[오답풀이] ① 제11조 제2호에 해당하는 공무수행사인이다.

② 제11조 제3호에 해당하는 공무수행사인이다.

③ '공무상 심의·평가'에 해당하므로 제11조 제4호에 해당하는 공무수행사인이다.

54 조직이해능력

정답 | ③

Quick해설 ㉠ 제11조의 규정에 따르면, 공공기관의 업무 협조를 위해 파견 나온 민간업체 직원은 공무수행사인이 된다. 따라서 공무수행사인은 '공무수행에 관하여는 제5조부터 제9조까지를 준용한다'는 규정에 따라 공직자 등과 동일한 제한사항이 적용된다. 제8조 제2항에서는 '공직자 등은 직무와 관련하여 대가성 여부를 불문하고 제1항에서 정한 금액 이하의 금품 등을 받거나 요구 또는 약속해서는 아니 된다'고 규정하고 있으므로 대가성이 없는 50만 원의 금품이라도 공무수행사인이 수수한 것은 규정에 위배되는 경우이다.

㉡ 제8조 제4항의 규정에 위배되는 경우이다.

㉣ 제8조 제5항의 규정에 위배되는 경우이다.

[오답풀이] ㉢ 외부강의나 기고 등은 일정 요건을 갖추면 규정에 위배되는 행위가 아니며, 금품 등의 수수 금지 조항에서도 예외를 적용하고 있다. 또한 회계연도 300만 원의 제한은 외부강의 등을 제외한 동일인으로부터의 일반적인 금품 수수에 관한 규정이므로, 잦은 외부강의와 기고로 공직자 등이 받은

사례금이 300만 원을 넘는다는 것만으로 청탁금지법 위반이라고 볼 수 없다. 다만, 제10조 제1항에서 규정한 '대통령령으로 정하는 금액을 초과하는 사례금'을 받은 경우는 위반한 것으로 판단할 수 있다.

55 조직이해능력 정답 | ②

Quick해설 • RAM 8GB 교체
- 수량: 15개(교체 12개, 추가 설치 3개)
- 개당 교체 및 설치 비용: 8,000+96,000=104,000(원)
  총 104,000×15=1,560,000(원)

• 프로그램 설치
- 수량: 문서작성 프로그램 10개, 3D 그래픽 프로그램 10개
- 문서작성 프로그램 개당 설치 비용: 6,000원
- 3D 그래픽 프로그램 개당 설치 비용:
  6,000+1,000=7,000(원)
  총 (6,000×10)+(7,000×10)=130,000(원)

따라서 정답은 ②이다.

56 조직이해능력 정답 | ④

Quick해설 • HDD 1TB 교체
- 개당 교체 비용: 8,000+50,000=58,000(원)
- 개당 백업 비용: 100,000원
  → 총 (100,000+58,000)×4=632,000(원)

• HDD 포맷, 배드섹터 수리
- 개당 수리 비용: 10,000원
  → 총 10,000×15=150,000(원)

• 바이러스 치료 및 백신 설치
- 개당 치료 및 설치 비용: 10,000원
  → 총 10,000×6=60,000(원)

따라서 B부서에 청구되어야 할 수리 비용은 632,000+150,000+60,000=842,000(원)이다.

57 조직이해능력 정답 | ④

Quick해설 • 진단 시간: 2시간
• 데이터 복구 소요 시간: 270÷7.5=36(시간)

따라서 데이터 복구까지 걸리는 총시간은 2+36=38(시간)이므로 13일 오후 10시에 완료된다. 오후에 데이터 복구가 완료되면 다음날 오전에 직접 배송한다고 하였으므로 14일 오전이 PC를 받을 수 있는 가장 빠른 시간임을 알 수 있다.

58 조직이해능력 정답 | ②

Quick해설 차도를 횡단하는 경우, 공사 중인 경우와 도로공사 등으로 보도의 통행이 금지된 경우, '그 밖의 부득이한 경우'에도 보도로 통행하지 않을 수 있다.

[오답풀이] ① 보행자는 보도와 차도가 구분되지 아니한 도로 중 중앙선이 있는 도로에서는 길가장자리 또는 길가장자리구역으로 통행하여야 한다고 규정되어 있다.

③ 보도와 차도가 구분되지 아니한 도로 중 중앙선이 없는 도로에서 차마의 진행도 없다면, 보행자는 도로의 전 부분으로 통행이 가능하다고 규정되어 있다.

④ 보행자는 보도에서는 우측통행을 원칙으로 한다고 규정되어 있다.

59 조직이해능력 정답 | ③

Quick해설 횡단보도가 설치되어 있지 아니한 도로에서는 가장 짧은 거리로 횡단하여야 한다고 규정되어 있으므로 보행자가 원하는 장소에서 가장 짧은 거리로 횡단할 수 있다.

[오답풀이] ① 지하도가 설치되어 있는 곳에서는 급한 일이 있어도 언제나 지하도로 횡단하여야 한다.

② 횡단보도가 없는 곳에서 휠체어를 탄 장애인은 도로 횡단시설을 이용하지 아니하고 도로를 횡단할 수 있으나, 다른 교통에 방해가 되지 아니하는 방법으로 횡단해야 하므로 진행 중인 차량을 멈춰 세우고 횡단하는 것은 규정에 부합하지 않는다.

④ 횡단시설과 차마의 진행이 없더라도 안전표지에 의해 횡단이 금지되어 있는 도로의 부분에서는 그 도로를 횡단하여서는 아니 된다고 규정되어 있다.

60 조직이해능력 정답 | ③

Quick해설 보호자는 도로에서 어린이가 개인형 이동장치를 운전하게 하여서는 아니 된다고 하였으므로 옳은 조치이다.

[오답풀이] ① 시각장애인은 보호자, 흰색 지팡이, 장애인보조견 모두와 함께 도로를 보행해야 하는 것이 아니며, 보호자가 흰색 지팡이나 장애인보조견 등의 필요한 조치를 해야 한다고 규정되어 있다.

② 영유아는 혼자 도로를 보행해서는 안 되며, 그러한 일이 발생하였을 때 경찰공무원은 필요한 조치를 해야 한다.

④ 어린이는 위험성이 큰 움직이는 놀이기구를 타는 경우에는 행정안전부령으로 정하는 인명보호 장구 착용 시 도로에서 탈 수 있다.

기술직

본문 P. 198

37	38	39	40	41	42	43	44	45	46
③	④	④	②	②	②	④	①	②	②
47	**48**	**49**	**50**	**51**	**52**	**53**	**54**	**55**	**56**
②	①	③	③	①	①	④	②	③	②
57	**58**	**59**	**60**						
④	③	③	②						

37 수리능력

정답 | ③

Quick해설 서울에서 목포까지 갈 때 오전 7시에 출발하면 3.5시간 뒤인 10.5시에 도착하고, 오전 9시에 출발하면 4.5시간 뒤인 13.5시에 도착한다. 따라서 도착 시각은 13.5－10.5＝3(시간) 차이 난다.

[오답풀이] ① 오전 7시에 서울에서 출발하면 부산까지 5.7시간이 걸리므로 12.7시에 도착한다. 즉, 오후에 도착한다.

② 서울에서 대전까지 걸리는 최소 시간은 오전 1시에 출발할 때의 1.4시간이고, 최대 시간은 오전 7시에 출발할 때의 2.4시간이다. 따라서 2.4－1.4＝1(시간) 차이가 난다.

④ 서울에서 오전 10시에 대구와 강릉을 향해 각각 동시에 출발하면, 강릉에는 2.5시간 뒤인 12.5시에 도착하고, 대구에는 3.3시간 뒤인 13.3시에 도착한다. 따라서 강릉에는 오후 1시 이전에 도착하지만 대구에는 오후 1시 이후에 도착한다.

38 수리능력

정답 | ④

Quick해설 선택지 ①~④의 경우에 대하여 목적지별 도착 시각을 확인하면 다음과 같다.

① 오전 5시에 출발하여 부산으로 이동하면, 5.5시간 뒤인 오전 10.5시에 도착한다.

② 오전 7시에 출발하여 목포로 이동하면, 3.5시간 뒤인 오전 10.5시에 도착한다.

③ 오전 7시에 출발하여 대구로 이동하면, 3.3시간 뒤인 오전 10.3시에 도착한다.

④ 오전 8시에 출발하여 대전으로 이동하면, 2.1시간 뒤인 오전 10.1시에 도착한다.

따라서 목적지에 가장 일찍 도착하는 경우는 오전 8시에 출발하여 대전으로 이동하는 경우인 ④이다.

39 수리능력

정답 | ④

Quick해설 서울에서 오전 0시에 출발하면 부산까지 4.3시간이 걸리므로 도착 시각은 4.3시, 즉 4시 18분이다. 따라서 (A)는 4시 18분이다. 한편 서울에서 오전 9시에 출발하면 목포에 4.5시간 뒤에 도착하고, 오전 3시에 출발하면 3시간 뒤에 도착하므로 걸리는 시간의 차이는 4.5－3＝1.5(시간), 즉 1시간 30분이다. 따라서 (B)는 1시간 30분이다.

40 수리능력

정답 | ②

Quick해설 (B)의 값은 100km 이상 200km 미만 구간의 전체 합계에 해당하는 128,883에서 경북 지역을 제외한 나머지 지역의 이용 차량 대수를 빼면 된다. 즉, (B)의 값은 128,883－(23,707＋18,202＋11,417＋13,955＋12,948＋12,157＋13,706)＝22,791이므로 23,000 미만이다.

[오답풀이] ① (A)의 값은 20km 이상 30km 미만 구간의 전체 합계에 해당하는 174,571에서 경남 지역을 제외한 나머지 지역의 이용 차량 대수를 빼면 된다. 즉, (A)의 값은 174,571－(56,192＋15,613＋5,628＋12,493＋6,465＋14,172＋23,207)＝40,801이므로 40,000 이상이다.

③ 전남 관할본부를 기준으로 전체 이용 차량이 84,773천 대이므로 8,500만 대 미만이다.

④ 경기 관할본부를 기준으로 이용 차량이 가장 많은 구간은 10km 이상 20km 미만이고, 이용 차량 대수는 61,183천 대이다. 이용 차량이 가장 적은 구간은 300km 이상이고, 이용 차량 대수는 6,297천 대이다. 따라서 10배 미만으로 차이 난다.

41 수리능력

정답 | ②

Quick해설 충북 관할본부를 기준으로 50km 미만까지의 총이용 차량 대수는 3,083＋4,454＋5,628＋7,226＋5,108＝25,499(천 대)이다. 각 주행 거리별 이용 차량 비율을 정리하면 다음과 같다.

구분	10km 미만	10km 이상 20km 미만	20km 이상 30km 미만	30km 이상 40km 미만	40km 이상 50km 미만
비율	12%	18%	22%	28%	20%

따라서 ②의 그래프는 옳다.

[오답풀이] ① 10km 미만에 해당하는 비율이 40km 이상 50km 미만 구간의 비율보다 높으므로 옳지 않은 그래프이다.

③ 20km 이상 30km 미만 구간의 비율이 30km 이상 40km 미만 구간의 비율보다 낮으므로 옳지 않은 그래프이다.

④ (A)의 값이 40,801이므로 50km 미만까지의 총이용 차량 대수는 34,136＋66,473＋40,801＋22,740＋12,376＝176,526(천 대)이다. 이때, 10km 이상 20km 미만 구간의 비율을 구하면 $\frac{66,473}{176,526}\times100≒38(\%)$인데, 주어진 그래프

에서는 33%라고 표기되어 있으므로 옳지 않은 그래프이다.

42 수리능력 정답 | ②

Quick해설 ㉠ 네 관할본부 중 50km 이상 100km 미만 구간의 비율이 20%(두 칸)를 확연히 넘게 차지하는 곳은 강원과 전남이다. 해당 구간의 강원과 전남의 비율을 구하면 다음과 같다.

- 강원: 23,052÷86,584×100≒26.6(%)
- 전남: 22,691÷84,773×100≒26.8(%)

따라서 네 관할본부 중 50km 이상 100km 미만 구간의 비율이 가장 많은 곳은 전남이다.

㉡ [그래프]에서 주행 거리가 20km 미만까지인 이용 차량은 전체의 30%(세 칸)를 넘는 수치임을 확인할 수 있다.

[오답풀이] ㉢ [그래프]를 보면, 각 관할본부에서 주행 거리가 200km 이상인 이용 차량이 모두 10%(한 칸)에 못미치므로 네 관할본부 전체를 기준으로 하더라도 그 비율은 전체의 10% 미만임을 알 수 있다.

43 수리능력 정답 | ④

Quick해설 전체 교통사고 건수가 가장 많은 해는 229,600건인 2019년이고, 연도별 어린이 교통사고 사상자 수는 다음과 같다.

구분	사망자 수	부상자 수	사상자 수
2017년	54명	13,433명	13,487명
2018년	34명	12,543명	12,577명
2019년	28명	14,115명	14,143명
2020년	24명	10,500명	10,524명
2021년	23명	10,978명	11,001명

따라서 어린이 교통사고 사상자 수가 가장 많은 해는 14,143명인 2019년이다.

[오답풀이] ① 전년 대비 2020년과 2021년에는 전체 교통사고 건수는 감소하였다.

② 전체 교통사고 건수의 증감은 '증가－증가－감소－감소'이고, 어린이 교통사고 건수의 증감은 '감소－증가－감소－증가'이므로 동일하지 않다.

③ 연도별 전체 교통사고 건수 대비 어린이 교통사고 건수의 비중은 다음과 같다.

- 2017년: $\frac{10,960}{216,335}\times100≒5.07(\%)$
- 2018년: $\frac{10,009}{217,148}\times100≒4.61(\%)$
- 2019년: $\frac{11,054}{229,600}\times100≒4.81(\%)$
- 2020년: $\frac{8,400}{209,654}\times100≒4.01(\%)$
- 2021년: $\frac{8,889}{203,130}\times100≒4.38(\%)$

2017년의 경우, 전체 교통사고 건수 중 어린이 교통사고 건수의 비중이 5.07%로 5%를 초과한다.

44 수리능력 정답 | ①

Quick해설 연도별 전체 교통사고 건수 증감률을 구하면 다음과 같다.

- 2018년: $\frac{217,148-216,335}{216,335}\times100≒0.38(\%)$
- 2019년: $\frac{229,600-217,148}{217,148}\times100≒5.73(\%)$
- 2020년: $\frac{209,654-229,600}{229,600}\times100≒-8.69(\%)$
- 2021년: $\frac{203,130-209,654}{209,654}\times100≒-3.11(\%)$

연도별 전체 교통사고 건수 증감률이 가장 큰 해는 8.69%가 감소한 2020년이다. 따라서 2020년 어린이 교통사고 사상자 수는 24(사망자 수)＋10,500(부상자 수)＝10,524(명)이다.

문제해결 TIP

그래프를 보면, 막대그래프의 높이 변화가 가장 큰 구간이 증감률이 가장 큰 구간이며, 이에 해당하는 구간은 2019~2020년임을 알 수 있다. 따라서 증감률을 구할 필요 없이 2020년 전체 교통사고 건수 증감률이 가장 크다는 것을 알 수 있다.

45 수리능력 정답 | ②

Quick해설 빈칸 (A)는 전체 비율 100에서 나머지 월별 교통사고 건수 비율을 빼면 구할 수 있다. 따라서 (A)＝100－(8.09＋7.77＋7.13＋7.72＋8.67＋9.07＋8.73＋8.40＋8.64＋8.79＋7.79)＝9.20이다.

[오답풀이] ① 2017년 월별 교통사고 건수 비율을 보면, 10월(8.72%)보다 9월(9.19%)이 더 높다.

③ 연간 전체 교통사고 건수가 가장 적은 해는 2021년이다. 2021년 전체 부상자 수는 21,323＋21,160＋23,928＋25,142＋25,125＋25,290＋25,870＋23,782＋24,252＋26,307＋25,706＋23,723＝291,608(명)이다.

따라서 2021년 전체 부상자 수 중 어린이 부상자 수의 비중은 $\frac{10,978}{291,608}\times100≒3.76(\%)$이므로 4% 미만이다.

④ 2017~2021년 매 1월 전체 교통사고 건수를 구하면 다음과 같다.

- 2017년: $\frac{7.84\times216,335}{100}≒16,961$(건)

- 2018년: $\frac{7.84 \times 217,148}{100} \fallingdotseq 17,024$(건)
- 2019년: $\frac{7.21 \times 229,600}{100} \fallingdotseq 16,554$(건)
- 2020년: $\frac{8.09 \times 209,654}{100} \fallingdotseq 16,961$(건)
- 2021년: $\frac{7.34 \times 203,130}{100} \fallingdotseq 14,910$(건)

따라서 2017년부터 2021년까지 매 1월 전체 교통사고 건수의 합은 16,961+17,024+16,554+16,961+14,910=82,410(건)이다. 즉, 82,500건 미만이다.

46 수리능력 정답 | ②

Quick해설 매출 순위가 세 번째로 높은 휴게소는 영동고속도로 여주(강릉)이며, 고객만족도 순위는 142위이다. 따라서 142위보다 순위가 낮은 휴게소는 서해안고속도로 행담도(목포), 경부고속도로 안성(부산), 경부고속도로 기흥(부산)으로 총 3개이다.

[오답풀이] ① 각 연도별 8월의 매출액과 합계액을 비교하면, (8월 매출액)×10>(합계액)이므로 모든 연도에서 8월에 발생한 매출이 10% 이상을 차지함을 알 수 있다.

③ 2019년 총매출액은 14,305억 원이므로 영동고속도로 덕평 휴게소 매출액은 14,305×0.13=1,859.65(억 원)으로 약 1,860억 원이다.

④ 2021년 매출액을 x라 하고, 전년 대비 6.2% 감소하였을 경우, 매출액을 구하면 다음과 같다.

$\frac{x-10,467}{10,467} \times 100 = -6.2(\%)$

위 식을 정리하면, $x \fallingdotseq 9,818$이다.

따라서 2021년 매출액은 약 9,818억 원이고, 해당 값에서 1~8월까지의 매출액을 빼면 9~12월 매출액의 합을 구할 수 있다. 9,818−(563+670+691+774+895+853+863+951)=3,558(억 원)이므로 2021년 9~12월 매출액의 합은 3,550억 원 이상이다.

47 수리능력 정답 | ②

Quick해설 2018년 10월 고속도로 통행 차량 수는 4,570,000대(457만 대)이고, 2018년 10월 고속도로 휴게소 매출액은 119,800,000,000원(1,198억 원)이다. 따라서 차량 1대당 휴게소에서 사용한 평균 금액을 구하면 $\frac{119,800,000,000}{4,570,000} \fallingdotseq$ 26,214(원)으로 십 원 미만의 단위를 절사하면 26,210원이다.

48 수리능력 정답 | ①

Quick해설 고속도로 휴게소 매출액이 가장 높은 달은 2019년 8월이고, 이때의 매출액은 1,559억 원이다. 고속도로 휴게소 매출액이 가장 낮은 달은 2020년 3월이고, 이때의 매출액은 582억 원이다.

따라서 고속도로 휴게소의 매출액이 가장 높은 달과 가장 낮은 달의 매출액 차이는 1,559−582=977(억 원)이다.

49 기술능력 정답 | ③

Quick해설 비상상황 설정 방법에서 비상상황을 해제하고자 할 때는 비상버튼을 길게 1초 이상 누르면 비상을 해제할 수 있다고 명시되어 있다.

50 기술능력 정답 | ③

Quick해설 녹화를 하는 기능에 대한 설명은 명시되어 있지 않으므로 비디오 폰으로 실행할 수 있는 기능이 아니다.

[오답풀이] ① 현관 호출 시 통화버튼을 누른 후 메뉴버튼을 누르면 실행할 수 있는 기능이다.

② 경비실과 통화 방법에 명시되어 있는 기능이다.

④ 공동현관(로비) 문 열림에 명시되어 있는 기능이다.

51 기술능력 정답 | ①

Quick해설 ㉠ 경비실로 호출하여 경비와 통화하는 중에 방문자가 호출을 하여 방문자와 통화하고자 할 때에는 통화버튼을 눌러야 방문자와 연결이 된다. 이때, 경비실과의 통화는 자동으로 끊긴다.

㉡ 설정해 둔 외출상황을 해제할 때는 외출설정 시와 마찬가지로 외출버튼을 다시 누르면 외출설정이 해제된다.

52 기술능력 정답 | ①

Quick해설 노면 상태에 따른 가변 속도 계산은 노면 건조 시의 정지 거리를 유지하기 위한 것을 근거로 한다고 명시되어 있다.

[오답풀이] ② [노면 적설(결빙) 시의 제한 속도별 속도 감소 적용 예시]에서 188m는 노면 적설(결빙) 시의 정지 거리이며, 이는 노면이 건조할 때의 적정 거리를 유지한 수치이므로 옳은 설명이다.

③ 적설량이 30mm인 경우 제한 속도의 50%를 감속해야 하지만, 이것이 6시간 지속된다면 통행제한이 되므로 옳은 설명이다.

④ 시정 거리는 가변적으로 변할 수 있으며, 2개 이상 규정을 적용할 수 있는 경우의 제한 속도는 항상 보수적인 기준을 적용하는 것이 바람직하다.

53 기술능력

정답 | ④

Quick해설 노면에 적설량이 20mm 이상이거나 결빙인 경우 제한 속도의 50%를 감속해야 한다. 한편 제한 속도에서 노면 건조 시의 정지 거리를 유지하기 위하여 결빙(적설) 시의 필요한 속도의 감소 정도를 계산하면, 제한 속도 60km/h 이상에서는 감속률이 약 40%(제한 속도의 60%)라고 하였으나, 미끄럼마찰계수가 더 악화될 수가 있음을 감안하여 50%를 반영하는 것이 안전하다고 명시되어 있다. 따라서 ㉠은 70×0.6=42이고, ㉡은 70×0.5=35이다.

54 기술능력

정답 | ②

Quick해설 K도로의 시정 거리가 200m인 경우는 가변 속도 운영방안에 따라 최고제한 속도의 80%인 80km/h로 운행해야 한다. 한편 적설량이 20mm 이상(4시간 지속)이거나 결빙인 경우 제한 속도의 50%를 감속해야 하므로 50km/h로 운행해야 한다. 따라서 '시정 거리는 가변적으로 변할 수가 있으며, 2개 이상 규정을 적용할 수 있는 경우의 제한 속도는 항상 보수적인 기준을 적용하는 것이 바람직하다'는 자료의 내용에 따라 김 씨가 K도로에서 운행할 수 있는 최고제한 속도는 50km/h가 된다.

55 기술능력

정답 | ③

Quick해설 조절기의 전원버튼을 누르면 전원램프에 점등이 되고, 그 상태에서 일정 시간 동안 온도조절 다이얼을 돌리지 않으면 온열램프에도 점등이 된다. 따라서 동시에 점등될 수 있다.

[오답풀이] ① 뜸질기를 사용하기 위해선 조절기와 온열기를 서로 연결하고, 사용 후에는 서로 분리해야 한다는 설명을 통해 온열기와 조절기가 서로 분리되어 있음을 알 수 있다.
② 온도는 30~70℃의 범위에서만 조절 가능하다.
④ 온열기는 작동 후 8시간 후에 자동으로 전원이 꺼지지만, 도중에 자신이 원할 때 전원버튼을 누르면 전원을 끌 수 있다.

56 기술능력

정답 | ②

Quick해설 물걸레로 닦기만 하면, 물기가 있는 상태가 되므로 사용 환경 및 사용 조건에 위배된다. 본체에 이물질이 있을 때에는 알코올 등을 묻혀 제거하고, 마른 수건이나 천으로 닦아내야 한다.

[오답풀이] ① 사용 전 준비사항(2.)에서 확인할 수 있다.
③ 사용 방법(10.)과 사용 후 보관 및 관리 방법(3.)에서 확인할 수 있다.
④ 사용 시 주의사항(4.)에서 확인할 수 있다.

57 기술능력

정답 | ④

Quick해설 온열램프 점등 전의 온도표시창 숫자가 희망 온도이며, 온열램프 점등 후의 온도표시창 숫자는 현재 온도이다. 즉, 온열기의 희망 온도를 55℃에서 70℃로 높였으며, 현재 온도는 30℃이다.

58 기술능력

정답 | ③

Quick해설 정수기 한 대가 들어가기에 아슬아슬하게 딱 맞는 공간에 설치하였으므로, 벽과의 거리가 10cm 이상 떨어지지 않고, 제품 뒷면이 벽에 닿을 수도 있다. 이 경우 제품의 소음이 심한 증상이 발생할 수 있다.

59 기술능력

정답 | ③

Quick해설 물이 나오지 않는 증상이 있을 경우 필터 교체 시기, 급수 밸브 상태, 전원 플러그 연결 상태를 우선 점검해야 한다. 따라서 정답은 ③이다.

[오답풀이] ①, ② 제품의 소음이 심한 경우에 확인해야 한다.
④ 물맛이 이상한 경우에 확인해야 한다.

60 기술능력

정답 | ②

Quick해설 정수된 물에서 미세한 입자가 발생한 경우에는 고장 신고를 하기 전에 기포가 발생한 것인지 확인해야 한다. 그런데 딱딱한 미세 입자가 발견된 것이므로 기포는 아닐 것이며, 이 경우엔 자가 해결책이 없으므로 고장 신고를 해야 한다.

[오답풀이] ① 설치 장소의 바닥이 약하거나, 제품이 불안정하게 설치되어 있는지 먼저 확인해야 한다.
③, ④ 필터를 먼저 교체해야 한다.

실전모의고사 [4회]

직군공통

본문 P. 219

01	02	03	04	05	06	07	08	09	10
①	②	②	①	④	③	②	③	②	③
11	**12**	**13**	**14**	**15**	**16**	**17**	**18**	**19**	**20**
①	④	③	③	②	④	③	④	④	③
21	**22**	**23**	**24**	**25**	**26**	**27**	**28**	**29**	**30**
①	③	③	①	④	④	②	②	③	②
31	**32**	**33**	**34**	**35**	**36**				
④	④	①	④	③	②				

01 문제해결능력

정답 | ①

Quick해설 주어진 자료에서 경부고속도로 공사 기간에 동원된 인원은 연간 892만 명이라고 서술되어 있다. 그런데 해마다 서로 다른 사람으로 892만 명이 동원된 것인지 알 수 없으므로 공시 기간에 동원된 총인원이 1,700만 명 이상이라고 할 수 없다.

[오답풀이] ② 완공 당시 경부고속도로 총연장은 428km이고, 공사 비용은 429억 원이므로 공사 비용은 1km당 1억 원을 초과한다.

③ 경부고속도로는 1968년 2월에 착공하였다. 그런데 주어진 자료에서 '정부는 미국, 영국, 프랑스, 스웨덴 등 선진국 중장비 업체와 협상을 진행했지만, 1969년 2월에야 필요한 장비를 갖출 수 있었다'라고 하였으므로 공사를 시작할 당시 장비를 제대로 갖추지 못하였음을 알 수 있다.

④ 주어진 자료의 두 번째 그림에서 2019년 기준 경부고속도로에는 991개소의 교량이 있고, 전국 고속도로에는 9,458개소의 교량이 있다. 따라서 991÷9,458×100≒10.5(%)이므로 10% 이상이다.

02 문제해결능력

정답 | ②

Quick해설 전국 고속도로 총연장은 1970년에 551km이고, 2019년에 4,767km이다. 따라서 4,767÷551≒8.7이므로 9배 미만으로 증가하였다.

[오답풀이] ① 1970년 경부고속도로의 일일 통행료는 429만 원이고, 2019년에는 25억 원이다. 따라서 증가율은 (250,000−429)÷429×100≒58,175(%)이므로 55,000% 이상 증가하였다.

③ 경부고속도로가 완공되었을 때 총연장은 428km였지만, 2019년에는 415km이므로 처음 완공되었을 때보다 총연장이 짧아졌음을 알 수 있다.

④ 주어진 자료의 그림을 통해 처음 완공 당시 경부고속도로에 세워진 교량의 수는 317개소, 2019년에는 991개소임을 알 수 있다. 991>317×3이므로 2019년 경부고속도로에 세워진 교량의 수는 처음 완공 시 세워진 교량의 수의 3배 이상임을 알 수 있다.

03 문제해결능력

정답 | ②

Quick해설 순환노선의 노선 번호는 세 자리 수로 되어 있고, 끝의 두 자리가 '00'이다. 부산의 경우 지역 번호가 6이므로 부산 외곽순환고속도로의 노선 번호는 600번이다.

[오답풀이] ① 31은 두 자리 수이자 끝자리가 1이므로 31번 도로는 남북 방향의 보조노선을 나타낸다.

③ '2. 기·종점'에 제시된 바에 의하면 경부고속도로의 기점은 부산이고, 종점은 서울이다.

④ '3. 예외사항'에 제시된 대로 일정한 규칙을 따르지 않는 노선 번호가 있다.

04 문제해결능력

정답 | ①

Quick해설 ㉠ '고창~담양선'의 노선 번호는 253번이다. 끝자리가 3이므로 남북으로 연결된 지선이다.

㉡ '호남선의 지선'의 노선 번호는 251번이고, '중앙선의 지선'의 노선 번호는 551번이다. '호남선의 지선'은 노선 번호가 25번인 '남북축의 간선노선'의 지선이고, '중앙선의 지선'은 노선 번호가 55번인 '남북축의 간선노선'의 지선이다. 이때, 남북 방향은 서쪽에서 동쪽으로 오름차순으로 번호가 부여되므로 '호남선의 지선'은 '중앙선의 지선'보다 서쪽에 위치한다.

[오답풀이] ㉢ '아산~청주선'의 노선 번호는 32번이고, '당진~영덕선'의 노선 번호는 30번이다. 따라서 앞자리와 끝자리 번호를 통해 '아산~청주선'은 '당진~영덕선'의 보조노선 중 하나임을 알 수 있다.

㉣ '오산~화성선'의 노선 번호는 171번이고, '평택~화성선'의 노선 번호는 17번이다. 따라서 '오산~화성선'은 '평택~화성선'의 지선 중 하나이다. 또한 끝자리가 1이므로 남북 방향의 도로이다. 한편 '서울~양양선'의 노선 번호는 60번으로, 끝자리가 0이다. 즉, '서울~양양선'은 동서 방향이다. 따라서 '오산~화성선'은 '서울~양양선'과 축 방향이 다르다.

05 문제해결능력

정답 | ④

Quick해설 캠페인에서 앰프가 설치된 안전순찰차, 지휘순찰차

등을 활용해 졸음운전 의심 차량 또는 사고 발생이 우려되는 차량을 발견 시 안전운행 안내 음원을 외부로 송출한다고 하였다.

[오답풀이] ① 2022년 3월 교통량은 134,354,129대, 2020~2021년 3월 평균 교통량은 130,661,764대이므로 2022년 3월 교통량이 더 많다.
② 졸음운전 예방 캠페인은 5월부터 8월까지 진행될 예정이다.
③ 캠페인 참여 유도 문구는 졸음 취약 시간대인 00~06시, 12~18시에 집중 표출된다.

06 문제해결능력 정답 | ③

Quick해설 주어진 보도자료에는 유튜브의 졸음운전 예방 관련 영상이 별도 첨부되어 있다. 따라서 방어운전의 기본이 되는 올바른 경적 사용 방법의 내용은 졸음운전 예방 영상과는 거리가 멀다.

07 문제해결능력 정답 | ②

Quick해설 '앞차가 졸면 빵빵' 졸음운전 예방 캠페인은 고속도로 주행 중 차선을 벗어나 지그재그로 운행하는 차량(D씨), 앞차와 차간 거리가 가까운 차량(C씨), 정체 후미 및 작업 구간에서 감속하지 않는 차량(A씨) 등 졸음운전이 의심되는 차량을 발견하면 경적을 울리는 캠페인을 말한다. 어린이보호구역에서의 저속 운행은 해당 캠페인 사례에 해당하지 않는다.

08 문제해결능력 정답 | ③

Quick해설 적재물을 포함하여 차량의 폭이 3m를 초과한 차량은 고속도로 운행 제한 차량이다. 따라서 적재물 없이도 차량의 폭이 3m를 초과한다면 고속도로 운행 제한 차량이라고 볼 수 있다.

[오답풀이] ① 차량의 축하중이 10톤을 초과한 화물차는 운행 제한 차량이나 차량 자체가 10톤인 것만으로 운행 제한 차량이라고 할 수 없다.
② 적재물을 포함하여 차량의 길이가 16.7m를 초과한 차량은 운행 제한 차량이지만 고속도로에서는 19m를 초과하는 경우에 운행 제한 차량이다.
④ 스페어 타이어 고정 불량 차량은 운행 제한 차량이나 스페어 타이어를 소지한 것만으로 운행 제한을 하지 않는다.

09 문제해결능력 정답 | ②

Quick해설 차량의 길이가 15m이고, 적재용량을 포함하였을 때 차량의 길이가 16.6m인 경우 차량 길이의 110%인 $15\times1.1=16.5$(m)를 초과하는 것이다. 따라서 도로교통법에 따라 벌금 5만 원, 벌점 15점이 부과된다.

[오답풀이] ① 차량의 높이가 4.2m를 초과하는 것은 운행 제한 높이를 초과하는 것이므로 도로법에 따라 500만 원 이하의 과태료가 부과된다.
③ 화물자동차의 최대 적재량이 5톤이고, 5.3톤을 적재하는 경우 최대 적재량의 110%인 $5\times1.1=5.5$(톤) 미만이므로 벌칙을 받지 않는다.
④ 운행중지 명령은 3대 명령 불응에 해당하므로 도로법에 따라 2년 이하 징역 또는 2천만 원 이하의 벌금이 부과된다.

10 문제해결능력 정답 | ③

Quick해설 심야할인 제외 제도는 유료도로법 시행령 개정에 따른 것으로 도로교통 안전을 강화하기 위한 것이라고 하였다.

[오답풀이] ① 심야 시간 이용 비율이 20% 미만인 화물차는 할인율 적용 대상에 해당하지 않는다.
② 연 4회 위반 시 총 $3+6+6=15$(개월) 동안 심야할인에서 제외된다.
④ 운행일지는 화물차량과 건설기계의 공통 증빙 서류이므로 화물차량 운전자는 운행일지를 증빙 서류로 제출할 수 있다.

11 문제해결능력 정답 | ①

Quick해설 ㉠ 심야할인 제외 제도는 최근 1년간(2022년 1월 1일 단속 실적부터) 동일한 교통법규를 2회 이상 위반한 운전자의 운행 당시의 차량에 적용되며, 횟수 산정은 동일 운전자가 동일 차량으로 동일 법규 위반 시 산입된다. 따라서 운전자 갑이 동일한 A차량으로 2022년에 2회 동일 법규를 위반하였으므로 심야할인 제외 대상에 해당한다.

[오답풀이] ㉡ 동일 차량이 아니므로 심야할인 제외 제도의 대상에 해당하지 않는다.
㉢ 동일 운전자가 아니므로 심야할인 제외 제도의 대상에 해당하지 않는다.

12 문제해결능력 정답 | ④

Quick해설 '이의제기'에 따르면, 작업계획서는 건설기계 운전자가 제출해야 할 증빙 서류에 해당하며, 김 씨는 화물차량 운전자이므로 작업계획서를 제출한다는 내용은 적절하지 않다.

[오답풀이] ① 김 씨는 주로 23시부터 익일 3시까지 운행하므로 심야 시간 이용 비율이 100%인 것으로 볼 수 있다. 따라서 50%의 할인율이 적용된다.

② 2022년부터 동일 교통법규 2회 위반 시 3개월 동안 심야할인에서 제외된다.
③ 심야할인 제외 제도는 통행 시에는 할인이 적용되나 사후 심사를 통해 할인받지 않은 일반요금과의 차액이 고지되는 방식으로 적용된다.

13 정보능력

정답 | ③

Quick해설 83.2는 세 번째 변수 'age' 네 번째 사례에 해당하므로 df[4,3]을 입력해야 한다.

[오답풀이] ① df[3,3]을 입력하면 83.3이 출력된다.
②, ④ 네 번째 변수는 존재하지 않으므로 df[3,4], df[4,4]를 입력해도 결과가 나타나지 않는다.

14 정보능력

정답 | ③

Quick해설 1, 3, 5, 7, 9는 모두 숫자이지만 이를 모두 문자로 본다면 ⓒ과 같은 입력도 가능하다.

[오답풀이] ① A, B, C, D, F는 문자형 데이터이므로 큰따옴표(" ")를 붙여야 한다.
② 변수는 동일한 형태의 데이터 값으로 구성되어야 한다. 하지만 noon은 문자형, 3, 6, 9는 수치형으로 서로 다르다.
④ grade와 level은 사례가 5개이지만, time은 사례가 4개뿐이므로 tibble 함수는 성립할 수 없다.

15 정보능력

정답 | ②

Quick해설 [보기]와 같이 명령문을 입력했을 때, cn을 도식화하면 다음과 같다.

name	color	height
James	black	100
Kevin	blue	125
Nadal	green	117
Susan	white	134

cn[1,]은 1행을 출력하라는 뜻이므로 정답은 ②이다. 변수명도 함께 출력된다는 것에 유의해야 한다.

16 정보능력

정답 | ④

Quick해설 [보기]와 같이 데이터가 입력되었을 때, cn을 도식화하면 다음과 같다.

name	color	height
James	black	100
Kevin	blue	125
Nadal	green	117
Susan	white	134

cn[3,2]는 3행 2열을 출력하라는 뜻이므로 정답은 ④이다. 변수명은 행에서 제외해야 한다는 것에 유의해야 한다.

[오답풀이] ① cn[2,3]을 입력했을 때 출력되는 결과이다.
② cn[3,3]을 입력했을 때 출력되는 결과이다.
③ cn[2,2]를 입력했을 때 출력되는 결과이다.

17 정보능력

정답 | ③

Quick해설 각 명령어에서 처리되는 내용은 다음과 같다.

- 1단계: {1, 2, 3, 4, 5, 6, 7} 전달
- 2단계: 조건을 만족하는 숫자가 {2, 4, 6} 3개이므로 F 리턴 → {1, 3, 5, 7} 전달
- 3단계: 조건을 만족하는 숫자가 {1, 7} 2개이므로 F 리턴 → {1, 3, 5, 7} 전달
- 4단계: 3단계 결과가 F였으므로 F 리턴 → {1, 3} 전달
- 5단계: 숫자의 개수가 2개이므로 T 리턴 → {3}

따라서 명령체계 결과로 출력되는 숫자는 3이다.

18 정보능력

정답 | ④

Quick해설 각 명령어에서 처리되는 내용은 다음과 같다.

- 1단계: {2, 3, 5, 12, 15, 21} 전달
- 2단계: 조건을 만족하는 숫자들의 합은 2+3+5=10이므로 T 리턴 → {1, 2, 4, 11, 14, 20} 전달
- 3단계: 조건을 만족하는 숫자가 {2, 4, 14, 20}이므로 T 리턴 → {2, 4, 14, 20} 전달
- 4단계: 조건을 만족하는 숫자가 {2, 4, 20}이므로 F 리턴 → {14} 전달
- 5단계: 숫자의 개수가 1개이므로 F 리턴 → {14}

따라서 명령체계 결과로 출력되는 숫자는 14이다.

19 정보능력

정답 | ④

Quick해설 각 명령어에서 처리되는 내용은 다음과 같다.

- 1단계: {2, 3, 5, 7, 11, 13, 15} 전달
- 2단계: 조건을 만족하는 숫자가 {2, 3, 5, 7, 11, 13}이므로 T 리턴 → {2, 3, 5, 7, 11, 13} 전달
- 3단계: 2단계 결과가 T였으므로 T 리턴 → {3, 7, 11} 전달

- 4단계: 조건을 만족하는 숫자들의 합은 3+7=10이므로 T 리턴 → {2, 6, 10} 전달
- 5단계: 조건을 만족하는 숫자가 {2, 10}이므로 F 리턴 → {6}

따라서 명령체계 결과로 출력되는 숫자는 6이다.

20 정보능력

정답 | ③

Quick해설 (가)에는 {2, 4, 6} 중에서 조건을 만족하는 수들의 합이 10 이상이도록 하는 조건이 들어가야 한다. 따라서 정답은 ③이다.

[상세해설] 각 명령어에서 처리되는 내용은 다음과 같다.

- 1단계: {1, 2, 3, 4, 5, 6, 7} 전달
- 2단계: 조건을 만족하는 숫자가 {2, 3, 5, 7}이므로 T 리턴 → {2, 4, 6} 전달

3단계에서 (가)가 T를 리턴하면 {1, 3, 5}를 전달하고, F를 리턴하면 {3, 5, 7}을 전달한다. 만약 {1, 3, 5}가 전달됐다면 4단계에서도 T를 리턴하고, {1, 5}가 전달된 후 5단계에서 T를 리턴하여 결과적으로 {5}가 출력된다. 만약 3단계에서 {3, 5, 7}이 전달됐다면 4단계에서는 F를 리턴하고, {3, 7}이 전달되어 5가 출력될 수 없다. 따라서 3단계에서 (가)는 T를 리턴해야 한다.

'x%3<2'는 3으로 나누었을 때의 나머지가 2보다 작은 0, 1이라는 뜻이므로 {2, 4, 6} 중에는 {4, 6}이 해당하는데, 4+6=10이므로 T를 리턴한다. 따라서 정답은 ③이다.

[오답풀이] ① {2, 4, 6} 중에는 '$x<5$'를 만족하는 수가 {2, 4}인데, 2+4=6으로 10 미만이다.

② {2, 4, 6} 중에는 'x%3=0'을 만족하는 수가 {6}뿐이므로 10 미만이다.

④ {2, 4, 6} 중에는 'x=6의 약수'를 만족하는 수가 {2, 6}인데, 2+6=8로 10 미만이다.

21 정보능력

정답 | ①

Quick해설 (가)에는 {3, 5, 9} 중에서 조건을 만족하지 않는 수가 {3} 또는 {3, 5, 9}가 되도록 하는 조건이 들어가야 한다. 따라서 정답은 ①이다.

[상세해설] 각 명령어에서 처리되는 내용은 다음과 같다.

- 1단계: {1, 3, 5, 7, 9} 전달
- 2단계: 조건을 만족하는 숫자가 {7}이므로 T 리턴 → {1, 3, 5, 9} 전달
- 3단계: 조건을 만족하는 숫자가 {1}이므로 F 리턴 → {3, 5, 9} 전달

3단계 결과가 F였으므로 4단계에서도 F를 리턴한다. 즉, (가)의 조건을 만족하지 않는 숫자만 다음 명령으로 전달한다. 만약 3을 포함하여 2개의 숫자를 전달한다면 5단계에서 T를 리턴하여 가장 큰 수를 출력하게 된다. 따라서 이 경우에는 3이 출력될 수 없다. 그러므로 3이 출력되기 위해선 4단계에서 5단계로 {3} 하나만 전달하거나, {3, 5, 9} 3개의 숫자를 전달해야 한다.

(가)에 'x=짝수'가 들어가면 {3, 5, 9} 모두 조건을 만족하지 않으므로 {3, 5, 9}가 모두 전달된다. 따라서 정답은 ①이다.

[오답풀이] ② 4단계에서 F를 리턴하므로 아무 숫자도 전달되지 않는다.

③ 4단계에서 F를 리턴하므로 {3, 9}가 전달되어 5단계에서 T를 리턴 후 9가 출력된다.

④ 4단계에서 F를 리턴하므로 {9}가 전달되어 9가 출력된다.

22 정보능력

정답 | ③

Quick해설 남자 직원 중 마케팅팀에서 근무하는 직원은 김병준, 김수현 2명이며, 2명 모두 임원 직급으로 1가지 종류이다.

[오답풀이] ① 경영지원팀은 이시원, 주혜나, 정소윤 3명이며, 3명 중 90년대생은 없다.

② 품질관리팀 남자 직원은 박정식 1명뿐이며, 코드 마지막이 'BE'로 끝나므로 작년에 인센티브를 받았다.

④ 1992년생이므로 92로 시작하고, 한 씨이므로 92 뒤에 H가 붙는다. 또한 영업기획팀이므로 그 뒤에는 SA가 붙어 직원 코드는 92H−SA로 시작할 것이다.

23 정보능력

정답 | ③

Quick해설 1970년대 출생인 여성 직원은 이시원, 이나연, 한아영, 나지윤, 서지승, 최예진 6명이다.

24 정보능력

정답 | ①

Quick해설 김병준의 코드는 '05'로 임원 직급이므로 인센티브 수혜자가 될 수 없다.

25 의사소통능력

정답 | ④

Quick해설 주어진 글은 유료도로제도의 개념을 밝히고, 유료도로제도의 역사와 유럽, 일본, 미국, 한국의 유로도로제도에 대해 설명하고 있다. 따라서 글의 제목으로 가장 적절한 것은 ④이다.

26 의사소통능력

정답 | ④

Quick해설 여섯 번째 문단에 따르면, 우리나라의 대표적인 유료도로는 고속도로이며, 이를 관리하는 곳은 한국도로공사이다.

[오답풀이] ① 세 번째 문단에 따르면, 유럽의 통행요금의 수준은 유료도로 건설비와 관리비, 유지비뿐만 아니라 고속도로관리회사의 일정 수익까지 보장하고 있다.

② 네 번째 문단에 따르면, 일본의 통행요금 수납 기간은 관리기관마다 다르지만 40~45년 이내로 정하고 있으며, 전체 노선을 하나의 네트워크로 통합채산제를 채택하고 있다.

③ 다섯 번째 문단에 따르면, 미국의 통행요금을 수납하고 있는 주 정부는 총 30개이며, 21개 주가 도로에 대하여 통행요금을 수납하고 있고 나머지 주는 도로뿐만 아니라 교량, 터널 등에도 통행료를 부과하고 있다.

27 의사소통능력

정답 | ②

Quick해설 ㉠의 경우 빈칸 앞에서 전기·수소차의 통행료 할인이 2020년 말 종료될 예정이었다는 내용이 서술되어 있고, 빈칸 뒤에서 이 종료 일자를 연장하였다는 내용이 서술되어 있다. 따라서 역접의 접속어인 '하지만' 또는 '그러나'가 들어가야 한다. ㉡의 경우 빈칸 앞의 내용과는 다른 화물차 심야 할인에 대한 내용이 나오고 있다. 따라서 화제를 전환하거나 정보를 추가하는 접속어인 '한편' 또는 '또한'이 나올 수 있다. ㉢의 경우 빈칸 앞에서 지자체 유료도로의 경우 하이패스 방식이 아닌 현장수납차로를 통해서만 통행료를 할인받았다는 내용이 서술되어 있고, 빈칸 뒤에서 지자체 유료도로에서도 하이패스로 통행료를 할인받을 수 있다고 서술되어 있다. 따라서 역접의 접속어인 '그러나'가 들어가야 한다.

28 의사소통능력

정답 | ②

Quick해설 지자체 유료도로의 경우 전기·수소차 차량의 통행료 감면은 하이패스로도 받을 수 있게 된 것이지 반드시 하이패스 차량일 필요는 없다. 현재의 경우처럼 수납차로를 통해 통행징수원에게 할인된 요금을 낼 수도 있다.

[오답풀이] ① 감면 제도에서 가장 많이 감면받는 대상은 77%에 해당하는 산업 지원 차량에 해당하는 3종의 차량이다.

③ 전기·수소차 통행료를 할인받기 위해서는 전기·수소차 하이패스 단말기를 구매해야 하지만, 기존 단말기에 전기·수소차 식별 코드(전기차A, 수소차B)를 입력하는 방식으로 전기·수소차 전용 단말기로 변환이 가능하다고 서술되어 있다.

④ 하이브리드 차량은 고속주행(60km/h) 시 석유연료를 사용하므로 고속도로에서는 거의 모든 하이브리드 차가 석유연료를 사용하게 된다. 이로 인해 하이브리드 차량은 고속도로 통행료 할인에 포함되지 않는다.

29 의사소통능력

정답 | ③

Quick해설 세 번째 문단에 따르면, ㉯인 ITS는 도로 내 교통정보 수집 장치나 CCTV, 검지기 등을 통해 정보를 수집하며, 흔히 내비게이션에 '교통정보 수집 장치'로 안내되는 지점이 ITS용 정보 수집 장치 중 하나라고 하였다. 반면 네 번째 문단에 따르면, 차량에 탑재된 위치 센서, 측정 센서, 카메라 등으로 데이터를 수집하는 것은 ㉮인 C-ITS이다.

[오답풀이] ①, ④ ITS는 교통수단 및 시설에 전자제어 및 통신을 접목해 교통정보와 맞춤형 서비스를 제공하는 체계로, 도로 내 교통정보 수집 장치나 CCTV, 검지기 등을 통해 단방향으로 정보를 수집하고 이를 교통방송이나 라디오 뉴스 등을 통해 대중에게 정보를 제공한다. 반면 C-ITS는 여기서 한발 더 나아가 차량·사물 통신(Vehicle to Everything, V2X)을 활용해 차량과 차량, 차량과 인프라가 유·무선으로 정보를 주고받아 하나의 거대한 정보 체계를 이루며, 이는 차량과 차량, 차량과 도로 간의 데이터가 양방향으로 공유되므로 ITS보다 한 차원 높은 기능을 발휘한다. 따라서 C-ITS는 안전한 자율주행의 완성과 교통사고 없는 사회를 만들기 위한 필수 기술이다.

② 지금 상용화되고 있는 기술은 ITS이지만 우리나라는 C-ITS 사업을 활성화하고자 한다. 따라서 기술이 더 발전하고 제도가 자리 잡으면 ITS보다 C-ITS를 더 많이 사용하게 될 것이다.

30 의사소통능력

정답 | ②

Quick해설 두 번째 문단은 C-ITS 사업을 확장하기 위한 현재 진행 중인 정부의 노력에 대해 열거하고 있다. 그런데 ㉡은 C-ITS의 상용화를 위해 해결해야 하는 과제에 관한 것이므로 문단의 내용과 어울리지 않는다.

31 의사소통능력

정답 | ④

Quick해설 주어진 자료의 [개정 후 차로별 통행 방법]의 주석을 보면, 모든 차는 위 지정된 차로의 오른쪽 차로로 통행이 가능하다고 명시되어 있다. 즉, 승용차의 지정차로는 왼쪽 차로이지만 오른쪽 차로로도 통행이 가능하다. 따라서 승용차는 3차로 이상의 길에서 3차로나 4차로로 주행이 가능하다.

[오답풀이] ① 지정차로제를 개정한 후 지정차로제의 문제점이

모두 사라진 것은 아니다. 정체 시 추월차로에서의 주행을 허용하여 정체 상황이 많은 수도권 고속도로에서는 추월차로가 사실상 없어져 버리기 때문에 많은 비판을 받고 있다.

② 1.5톤 이상 화물차는 지정차로제 개정 전에는 가장 오른쪽 차로에만 운행이 가능하다. 그리고 개정 후에도 1.5톤 이상 화물차는 오른쪽 차로에서만 운행이 가능하지만, 지정차로제의 개정으로 인해 오른쪽 차로의 개수가 늘어났다. 따라서 개정 후 1.5톤 이상 화물차가 운행할 수 있는 차로가 줄어들었다는 내용은 적절하지 않다.

③ 지정차로제는 2018년 이전의 제도보다 더 세부적으로 개정되었다기보다는 더 간소화되었다.

32 의사소통능력

정답 | ④

Quick해설 일반도로의 경우 차로를 반으로 나누어 1차로에 가까운 부분의 차로만 왼쪽 차로이고 나머지는 오른쪽 차로이다. 다만 차로 수가 홀수인 경우 가운데 차로는 제외한다고 하였다. [보기]는 차로 수가 홀수인 경우이므로 1차로인 ㉠은 당연히 왼쪽 차로이고, 가운데 차로는 제외한다고 하였으므로 오른쪽 차로이다. 즉, ㉠만 왼쪽 차로, ㉡, ㉢은 오른쪽 차로이다.

[오답풀이] ① [보기]가 고속도로라면 고속도로의 모든 1차로는 앞지르기 전용차로이므로 ㉠은 추월차로이다.

② 고속도로의 경우는 추월차로인 1차로를 제외한 차로를 반으로 나누어 그중 1차로에 가까운 부분의 차로만 왼쪽 차로라고 하였다. 따라서 [보기]가 고속도로라면 왼쪽 차로는 추월차로인 1차로와 가까운 ㉡뿐이다.

③ 화물차 및 대형승합, 특수자동차는 편도 3차로 이상 고속도로에서 1차로 진입이 금지되어 있다고 하였다. 따라서 [보기]가 고속도로라면 화물차는 추월을 위해 1차로인 ㉠으로 진입할 수 없다.

33 의사소통능력

정답 | ①

Quick해설 편도 4차로의 일반도로라면 1, 2차로는 왼쪽 차로이고, 3, 4차로는 오른쪽 차로이다. 따라서 3차로는 오른쪽 차로이므로 건설기계는 3차로에서 운행이 가능하다.

[오답풀이] ② 편도 4차로 일반도로에서 2차로는 왼쪽 차로이다. 대형승합차는 오른쪽 차로로만 주행이 가능하다.

③ 화물차는 편도 3차로 고속도로에서 추월을 위해 1차로로 진입할 수 없다. 추월을 위해 2차로로 진입은 가능하다.

④ 고속도로 1차선은 추월차선이므로 평균 속도가 120km/h일 경우 속도나 차종에 상관없이 주행이 불가능하다. 추월차선을 주행할 수 있는 조건은 평균 속도가 80km/h 미만이어야 한다.

34 의사소통능력

정답 | ④

Quick해설 네 번째 문단을 보면, 패널 전면부에서 육안 관찰에 의해 배면의 배수 상태 확인이 가능하여 유지관리가 간편해진다고 서술되어 있다. 즉, 유지관리가 복잡해졌다는 내용은 적절하지 않다.

[오답풀이] ① 첫 번째 문단을 보면, 국토의 70%가 산지인 국내 지형 조건상 도로, 철도, 산업단지 조성 등의 기반시설 구축을 위한 건설공사에서는 자연 지반을 깎아서 부지를 조성하는 경우가 다반사라고 서술되어 있다. 그리고 이러한 공사로 인해 생긴 경사 비탈면을 해결하기 위해서 옹벽 패널 공사는 필수적이다. '본 연구'가 이러한 옹벽의 기능과 성능을 고려한 패널의 개발 및 설치 방법을 개선하고자 하는 연구이므로 이 연구는 우리나라 지형적 특징으로부터 비롯된 것임을 알 수 있다.

② 두 번째 문단에서 본 연구를 통해 기능과 성능을 고려한 패널을 개발하고 설치 방법을 개선한다고 하였고, 세 번째 문단에서 경량화한 프리캐스트의 개발과 원지반 부착 방식의 패널 설치 방법에 대한 내용을 서술하고 있다.

③ 네 번째 문단을 보면, 공정 개선으로 옹벽 구축이 간단해지며 시공 속도를 높일 수 있다. 또한 Top−Down 방식의 시공과 원지반 사이의 틈새를 시멘트 회반죽으로 충전하여 일체화함으로써 옹벽의 내구성을 올리고 안정성을 높이고 있다.

35 의사소통능력

정답 | ③

Quick해설 [보기]를 보면, 기술개발 전에는 프리캐스트 패널과 보강재 사이에 되메움 및 다짐의 공정이 들어가지만, 기술개발 후에는 프리캐스트 패널과 보강재 사이에 틈이 별로 없고 몰탈 속채움 공법이 들어간다. 이러한 내용이 나오는 부분은 (다)의 앞과 뒤이므로 (다)에 들어가야 한다.

36 의사소통능력

정답 | ②

Quick해설 ㉡ 앞에서는 경량 프리캐스트는 가벼운 무게로 패널 시공 속도가 빨라지고 전면 문양은 자연 암반 질감으로 표현해 현장 적응성도 높였음을 언급하고 있다. 그리고 ㉡ 뒤에서는 경량 프리캐스트 패널을 이용한 새로운 시공법의 장점을 열거하고 있다. 즉, 이 두 문장을 연결할 때는 역접의 접속어인 '그러나'가 아닌 순접의 접속어인 '그리고' 등이 문맥상 어울린다.

행정직

본문 P. 248

37	38	39	40	41	42	43	44	45	46
②	③	③	①	②	④	②	①	④	④
47	**48**	**49**	**50**	**51**	**52**	**53**	**54**	**55**	**56**
③	④	④	④	③	④	②	②	④	④
57	**58**	**59**	**60**						
②	③	②	②						

37 자원관리능력

정답 | ②

Quick해설 회사에서 D지역으로 가는 경로는 '회사-A-B-D', '회사-A-B-C-D', '회사-A-C-B-D', '회사-A-C-D', '회사-C-A-B-D', '회사-C-B-D', '회사-C-D'이고, 이 중 최단 거리로 가는 경로는 '회사-A-B-D'이다. 따라서 최단 거리는 10+15+24=49(km)이다.

38 자원관리능력

정답 | ③

Quick해설 최단 거리로 가는 경로는 '회사-A-B-D'이고, 최장 거리로 가는 경로는 '회사-C-A-B-D'이다. 각 구간별 도로와 이에 따른 소요 시간은 다음과 같다.

1) 회사-A-B-D
   국도는 25km, 민자도로는 24km이므로 소요 시간은 30분(국도)+18분(민자도로)=48(분)이다.
2) 회사-C-A-B-D
   고속도로는 25km, 민자도로는 40km, 국도는 15km이므로 소요 시간은 15분(고속도로)+30분(민자도로)+18분(국도)=63(분)이다.

따라서 최단 거리로 갈 때의 소요 시간과 최장 거리로 갈 때의 소요 시간의 차이는 63−48=15(분)이다.

39 자원관리능력

정답 | ③

Quick해설 회사에서 출발하여 모든 점검 지역을 가는 경로와 이에 따른 유류비, 통행료는 다음과 같다.

1) 회사-A-B-C-D=70(km)
   유류비 14,000원, 통행료 1,200원 → 15,200원
2) 회사-A-B-D-C=74(km)
   유류비 14,800원, 통행료 1,800원 → 16,600원
3) 회사-A-C-B-D=70(km)
   유류비 14,000원, 통행료 1,400원 → 15,400원
4) 회사-A-C-D-B=75(km)
   유류비 15,000원, 통행료 2,600원 → 17,600원
5) 회사-C-A-B-D=80(km)
   유류비 16,000원, 통행료 2,400원 → 18,400원
6) 회사-C-D-B-A=89(km)
   유류비 17,800원, 통행료 2,800원 → 20,600원

따라서 최단 거리로 이동하는 경로는 '회사-A-B-C-D', '회사-A-C-B-D'로 이동 거리는 70km이며, 이때 최소로 소요되는 비용은 14,000+1,200=15,200(원)이다.

40 자원관리능력

정답 | ①

Quick해설 김 씨는 가장 저렴한 C펜션 마운틴에서 6월 21~22일에 숙박을 한다.

[상세해설] 4인이 2박 3일간 머무를 수 있는 숙소는 A펜션의 하늘, 바다, B펜션의 백합, 튤립, C펜션의 마운틴이다. A펜션의 하늘을 6월 23일, 6월 24일에 예약하면 2인이 추가되고, 평일요금은 1박 80,000+2×20,000=120,000(원)이고, 주말요금은 1박 (80,000+2×20,000)×1.5=180,000(원)이다. 따라서 총 120,000+180,000=300,000(원)이다. A펜션의 바다를 예약하면 평일 1박 140,000원, 주말 1박 140,000×1.5=210,000(원)이므로 총 350,000원 또는 420,000원이다. B펜션의 백합을 평일에 예약하면 1박 150,000원으로 총 300,000원이고, 튤립을 6월 24일, 6월 25일에 예약하면 2인이 추가되고, 주말요금이므로 2박 2×(90,000+2×15,000)×1.2=288,000(원)이다. C펜션의 마운틴을 예약하면 2인이 추가되고, 평일요금이므로 2박 2×(120,000+2×10,000)=280,000(원)이다. 따라서 숙박요금이 가장 저렴한 곳은 C펜션의 마운틴이므로 김 씨는 6월 21~22일에 숙박을 한다.

41 자원관리능력

정답 | ②

Quick해설 이 씨는 가장 저렴한 B펜션 튤립에 숙박을 하며, 이때의 요금은 126,000원이다.

[상세해설] A펜션 구름의 주말요금은 1인이 추가되므로 (70,000+20,000)×1.5=135,000(원)이다. 하늘은 구름과 기준 인원이 같으므로 주말요금이 구름보다 비쌀 것이고, 바다는 평일 기준 1박 요금이 구름의 주말 기준 1박 요금보다 비싸므로 주말요금이 구름보다 비쌀 것이다. 따라서 하늘과 바다를 계산하지 않아도 3인이 숙박할 때, 구름의 숙박요금이 가장 저렴함을 알 수 있다.
B펜션 장미의 주말요금은 120,000×1.2=144,000(원)이고, 이는 백합의 평일 1박 요금보다 낮다. 튤립의 주말 1박 요금은 (90,000+15,000)×1.2=126,000(원)이다.
C펜션의 오션은 3인이 숙박할 수 없으므로 제외하고, 마운틴

은 주말 예약이 마감되었으므로 제외한다. 시티의 주말 1박 요금은 120,000+20,000=140,000(원)이다.
따라서 3인이 숙박할 때 숙박요금이 가장 저렴한 펜션은 B펜션의 튤립이며, 126,000원을 지불한다.

42 자원관리능력

정답 | ④

Quick해설 B펜션의 백합 8인, 주말 1박 요금은 (150,000+2×15,000)×1.2=216,000(원)이다. 6월 25일이 숙박일이고, 4일 전인 6월 21일에 취소하였으므로 40%를 공제 후 환불받는다. 따라서 환불받을 수 있는 금액은 216,000×0.6=129,600(원)이다.

43 자원관리능력

정답 | ②

Quick해설 이동 가능한 경로는 '본사-A-D-B-C-공장', '본사-C-B-A-D-공장', '본사-C-B-D-A-공장', '본사-D-A-B-C-공장' 네 가지이다.
'본사-A-D-B-C-공장'인 경우 거리는 24+48+45+16+45=178(km), '본사-C-B-A-D-공장'인 경우 거리는 52+16+20+48+38=174(km), '본사-C-B-D-A-공장'인 경우 거리는 52+16+45+48+80=241(km), '본사-D-A-B-C-공장'인 경우 거리는 72+48+20+16+45=201(km)이다. 따라서 '본사-C-B-A-D-공장'으로 이동할 때 최단 거리가 되고, 이때의 이동 거리는 174km이다.

44 자원관리능력

정답 | ①

Quick해설 '본사-A-D-B-C-공장' 경로로 갈 때, 고속도로 통행료가 10,300원으로 가장 저렴하다.

[상세해설] 1) 본사-A-D-B-C-공장: 본사에서 A까지 개방식 2차로이고, 2차로로만 운행하므로 고속도로 통행료는 0.5×(720+24×45.2)=902.4(원)≒900(원)이다. B에서 C까지 개방식 4차로이므로 고속도로 통행료는 720+16×45.2=1,443.2(원)≒1,400(원)이다. A-D, D-B, C-공장은 폐쇄식 고속도로이고, 이 중 A-D는 4차로, D-B, C-공장은 6차로이므로 고속도로 통행료는 900+{48+(45+45)×1.2}×45.2=7,951.2(원)≒8,000(원)이다. 따라서 본사-A-D-B-C-공장의 고속도로 통행료는 900+1,400+8,000=10,300(원)이다.
2) 본사-C-B-A-D-공장: 본사에서 C까지 폐쇄식 4차로이고, 고속도로 통행료는 900+52×45.2=3,250.4(원)≒3,300(원)이다. C-B-A는 개방식 4차로이고, 고속도로 통행료는 720+(16+20)×45.2=2,347.2(원)≒2,300(원)이다. A-D-공장은 폐쇄식 4차로이고, 고속도로 통행료는 900+(48+38)×45.2=4,787.2(원)≒4,800(원)이다. 따라서 본사-C-B-A-D-공장의 고속도로 통행료는 3,300+2,300+4,800=10,400(원)이다.
3) 본사-C-B-D-A-공장: 본사에서 C까지 폐쇄식 4차로이고, 고속도로 통행료는 900+52×45.2=3,250.4(원)≒3,300(원)이다. C-B는 개방식 4차로이고, 고속도로 통행료는 720+16×45.2=1,443.2(원)≒1,400(원)이다. B에서 D까지는 폐쇄식 6차로, D에서 공장까지는 폐쇄식 4차로이다. 따라서 고속도로 통행료는 900+(45×1.2+48+80)×45.2=9,126.4(원)≒9,100(원)이다. 따라서 본사-C-B-D-A-공장의 고속도로 통행료는 3,300+1,400+9,100=13,800(원)이다.
4) 본사-D-A-B-C-공장: 본사에서 A까지 폐쇄식 4차로이고, 고속도로 통행료는 900+(72+48)×45.2=6,324(원)≒6,300(원)이다. A에서 C까지 개방식 4차로이고, 고속도로 통행료는 720+(20+16)×45.2=2,347.2≒2,300(원)이다. C에서 공장까지 폐쇄식 6차로이고, 고속도로 통행료는 900+45×1.2×45.2=3,340.8(원)≒3,300(원)이다. 따라서 본사-D-A-B-C-공장의 고속도로 통행료는 6,300+2,300+3,300=11,900(원)이다.

그러므로 본사-A-D-B-C-공장으로 갈 때, 최소 비용이 되며, 이때의 고속도로 통행료는 10,300원이다.

45 자원관리능력

정답 | ④

Quick해설 공장에서 본사까지 이동하는 경로는 한 지점만 거친다고 할 때 '공장-A-본사', '공장-B-본사', '공장-C-본사', '공장-D-본사'가 된다. 두 지점 이상을 거치면 한 지점을 거칠 때보다 경로가 길어지므로 고려하지 않는다. 공장-A-본사의 거리는 80+24=104(km), 공장-B-본사의 거리는 60+18=78(km), 공장-C-본사의 거리는 45+52=97(km), 공장-D-본사의 거리는 38+72=110(km)이다. 따라서 공장-B-본사로 이동할 때 78km로 가장 짧다.
공장에서 B까지는 폐쇄식 6차로이고, 이동 거리는 60km이다. 따라서 통행료는 900+60×45.2×1.2=4,154.4(원)≒4,200(원)이다. B에서 본사까지는 개방식 2차로이고, 통행료는 (720+18×45.2)×0.5=766.8(원)≒800(원)이다. 그러므로 고속도로 통행료는 4,200+800=5,000(원)이다.

46 자원관리능력

정답 | ④

Quick해설 12인승 이하의 승합자동차는 6인 이상이 승차한 경우에만 버스전용차로를 이용할 수 있으므로 12인승 승합자동차에 5명이 탑승한 경우 버스전용차로를 이용할 수 없다.

[오답풀이] ① 명절과 공휴일이 이어지는 경우이므로 07:00~다음날 01:00까지 버스전용차로를 적용한다. 따라서 1일(일요일)의 23:00에도 버스전용차로를 적용한다.
② 주말에는 신탄진IC부터 한남대교남단까지(141.0km), 평일에는 오산IC부터 한남대교남단까지(46.6km) 버스전용차로를 적용한다고 하였다. 이를 통해 경부고속도로가 신탄진IC ~ 오산IC ~ 한남대교남단으로 이어짐을 알 수 있고, 평일에는 신탄진IC부터 오산IC까지 버스전용차로를 적용하지 않음을 알 수 있다.
③ 버스이고 12인승을 초과하였으므로 승객의 수에 관계없이 버스전용차로를 이용할 수 있다.

47 자원관리능력

정답 | ③

Quick해설 편도 2차로이므로 화물차 지정도로가 따로 없다. 1차로를 앞지르기용으로 이용하였으므로 지정차로를 적절하게 이용하였다.

[오답풀이] ① 1차로는 앞지르기 차로이고, 차량 통행량 증가 등 도로상황으로 인하여 부득이하게 시속 80km 미만으로 통행할 수밖에 없는 경우에 한하여 주행 가능하다.
② 승용차는 편도 3차로의 고속도로 오른쪽 차로를 이용할 수 없다.
④ 편도 3차로의 오른쪽 차로는 앞지르기 차로가 아니다.

48 자원관리능력

정답 | ④

Quick해설 대형승합차는 편도 3차로 이상의 오른쪽 차로가 지정차로이다. 따라서 이를 위반한 경우 승합차 및 대형차의 과태료는 6만 원이다.

[오답풀이] ① 6인승 승용자동차는 버스전용차로 이용 대상이 아니다. 따라서 6인승 승용자동차가 버스전용차로를 위반한 경우 벌점은 30점, 범칙금은 6만 원이다.
② 편도 3차로에서 2차로는 중형승합차의 지정차로이므로 벌점을 부과하지 않는다.
③ 15인승 승합자동차는 버스전용차로 대상 차종이므로 평일 저녁 6시에 버스전용차로를 이용한 경우에 범칙금을 부과하지 않는다.

49 조직이해능력

정답 | ④

Quick해설 축조의 주체에 대한 제한은 규정되어 있지 않으며, 국가에 기부를 조건으로 하거나 소유권이 국가에 귀속되는 등 법령에서 정한 요건을 충족하면 누구든 영구시설물을 축조할 수 있다.

[오답풀이] ① 공공용재산에는 국가가 직접 공공용으로 사용하는 것이 포함되므로 소유만 국가일 뿐, 일반 대중들도 사용할 수 있다.
② 6개월이라는 기간은 국가가 취득의사를 밝혀야 하는 기간이 아니라, 권리자나 그 밖의 이해관계인이 이의를 제기할 수 있도록 보장한 최소한의 기간을 의미한다.
③ 소유자가 없다는 것을 입증할 필요는 없으며, 법령에서 정한 이의 제기 기간에 대해 입증하면 된다.

50 조직이해능력

정답 | ④

Quick해설 지하철, 기관차 등의 궤도차량은 공공용재산이 아닌, 정부기업이 사업용으로 사용하는 기업용재산이다.

[오답풀이] ① 지방자치단체장의 관사나 공관의 청사 등은 공무원의 주거용에 해당하는 행정재산 중 공용재산이다.
② 도로나 하천, 공원 등은 국가가 공공용으로 사용하는 공공용재산이다.
③ 지역권, 광업권 등은 국유재산 중 규정된 행정재산에 속하지 않는 일반재산이다.

51 조직이해능력

정답 | ③

Quick해설 5%의 할증료가 적용되면 1,200×1.05=1,260(원)으로 50원 초과 올림 적용을 하여 1,300원의 통행료가 발생한다.

[오답풀이] ① 배기량 1,000cc 미만으로 길이 3.6m, 너비 1.6m, 높이 2.0m 이하인 경형자동차에만 적용되므로 배기량과 관계없는 것이 아니다.
② 모든 고속도로가 아니며, 한국도로공사가 관리하는 고속도로 중 일정 거리 미만의 구간에 적용되는 것이다.
④ 설 전날, 당일, 다음날 및 추석 전날, 당일, 다음날 모두 고속도로 통행료가 100% 면제된다.

52 조직이해능력

정답 | ④

Quick해설
- A씨는 평일에 퇴근을 위해 하이패스가 장착된 승용차를 운전하였다. 하지만 출구요금소 통과시각이 저녁 10시 20분으로 22:00까지인 적용 시간을 경과하여 통과하였으므로 할인 혜택이 주어지지 않게 된다. 따라서 고속도로 통행료는 1,000원이다.
- B씨는 총 4시간 동안 유료 고속도로를 이용하였고, 이 중 개방식 통행료가 적용되는 시간대(23:00~05:00)를 1시간 이용하였다. 따라서 할인 시간 이용 비율은 1÷4×100=25(%)이므로 할인율 30%를 적용받을 수 있다. 따라서 고속도로 통행료는 6,000×0.7=4,200(원)이다.

53 조직이해능력
정답 | ②

Quick해설 회전교차로는 반시계 방향으로 차량이 이동한다. 따라서 회전교차로에 진입할 때는 좌측에서 회전하고 있는 차량이 볼 수 있도록 왼쪽 방향지시등을 켜야 하고, 진출할 때는 우측으로 진출하게 되므로 오른쪽 방향지시등을 켜야 한다.

54 조직이해능력
정답 | ②

Quick해설 회전교차로에서는 회전하는 차량에 통행 우선권이 있어 진입하려는 차량이 양보를 위해 멈추어야 하므로 진입 전에 정지선이 있다. 그러나 로터리에서는 새로 진입하는 차량에 통행 우선권이 있으므로 회전 중인 차량이 멈추기 위해 교차로 내에 정지선이 있게 된다. 다음 그림을 통해 회전교차로와 로터리 간 정지선의 차이를 쉽게 구분할 수 있다.

회전교차로	로터리
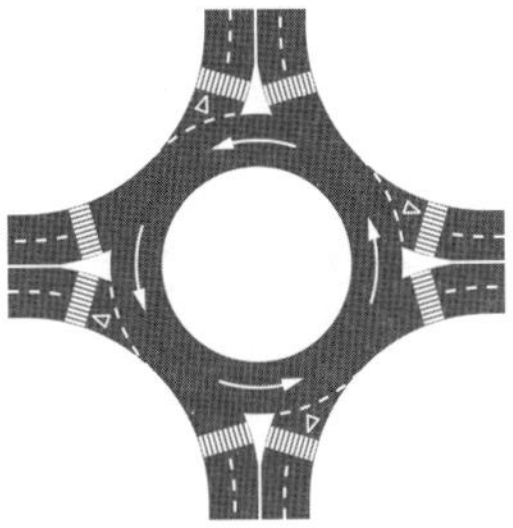	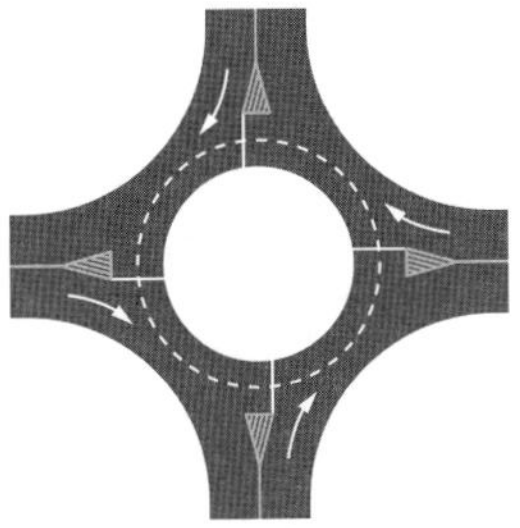

55 조직이해능력
정답 | ④

Quick해설 회전교차로는 로터리보다 교통섬이 훨씬 작고 차량 진입 시 급한 커브를 유도하기 때문에 회전교차로 진입 시 속도를 줄여야 한다. 한편 로터리에서는 진입 차량에 통행 우선권이 있으므로 진입하려는 차량의 신속한 진입을 유도한다. 따라서 회전교차로에 비해 차량의 서행을 유도하는 효과가 크게 떨어진다.

[오답풀이] ①, ②, ③ 회전교차로와 로터리에서는 신호를 기다리기 위해서 대기하는 시간이 없어질 뿐만 아니라 일반 신호 등에서 신호를 대기하면서 공회전을 하게 되는 시간이 없어지기 때문에 연비 개선과 시간 절약의 효과를 거둘 수 있다. 뿐만 아니라 차량의 매연 발생이 비교적 줄게 되므로 장기적으로 볼 때 환경오염 개선에도 도움이 될 수 있다. 게다가 속도를 줄여서 진입해야 하므로 일반 교차로에 비해 교통사고 발생률이 현저하게 줄어들 수 있다.

56 조직이해능력
정답 | ④

Quick해설 제7조 제2항에서는 공사에 재산상의 손해를 가하면 안 된다고 규정하고 있으며, 이 규정을 재산상의 손해를 가하지 않는다면 공사의 재산을 사적으로 사용하거나 예산을 목적 외의 용도로 사용할 수 있다고 판단해서는 안 된다. 제7조 제1항에서 직무 수행에 있어서의 공·사의 명확한 구분을 강조하고 있다.

[오답풀이] ① 제12조 제2항에서는 경조사 통지를 삼가한다고 규정하고 있으나, 경조금품도 사회통념에 비추어 과도한 수준이 되지 않도록 한다는 규정이 있다. 한편 간접적으로 통보받아 전달된 경조금인 경우도 있을 수 있으므로 사회통념상 적절한 수준의 경조금품은 받을 수 있다고 볼 수 있다.
② 제11조 제4항에서는 상급자는 하급자에게 부당한 지시를 하여서는 아니 되며, 하급자는 상급자의 정당한 지시에 순응하되 부당한 지시는 거절하여야 한다고 규정하고 있다.
③ 제9조 제2항에서는 이해가 상충될 경우 공사의 이익을 우선적으로 고려하여야 한다고 규정하고 있다.

57 조직이해능력
정답 | ②

Quick해설 제7조 제4항에 따르면, 임직원은 사장의 허가나 승인 없이 직무 이외의 영리를 목적으로 하는 일에 종사하거나 다른 직무를 겸할 수 없다. 따라서 영리를 목적으로 하지 않더라도 일과 후 다른 직무를 겸하는 정 대리의 행동은 윤리강령에 비추어 볼 때 적절한 행동이라고 할 수 없다.

[오답풀이] ① 김 대리는 B공사 직원으로써 긍지와 자부심을 가지며 항상 친절하고 정직·성실한 자세를 견지하여야 한다는 규정과 평소의 언행과 의사결정이 공사의 윤리적인 명성과 대외 신뢰도에 영향을 미칠 수 있음을 명심하고, 올바른 가치판단과 건전한 언행으로 개인의 품위와 공사의 명예를 유지·발전시킬 수 있도록 노력해야 한다는 제3조의 규정을 준수한 것으로 볼 수 있다.
③ 최 대리는 끊임없는 자기계발을 해야 한다는 제6조의 규정을 준수한 것으로 볼 수 있다.
④ 손 대리의 행동은 학연·성별·종교·혈연·지연 등에 따른 파벌 조성이나 차별 대우를 하여서는 안 된다는 제11조 제2항의 규정을 준수한 것으로 볼 수 있다.

58 조직이해능력
정답 | ③

Quick해설 (A)는 버스전용차로가 시작되기 전의 지점이므로 '버스전용차로가 시작되기 전에 도로 사용자에게 미리 전용차로가 시작됨을 알리기 위하여 버스전용차로 주의표지를 설치하여야 하며, 설치 위치는 전용차로가 시작하는 지점으로부터 일반도로는 50~100m, 고속도로 및 자동차전용도로는 200m 전방에 설치한다'는 규정에 따라 지시표지가 아닌, 주의표지를 설치해야 한다.

[오답풀이] ①, ②, ④ (A)는 주의표지, (B)와 (E)는 구간의 시작과 끝을 알리는 지시표지, (C)와 (D)는 거리, 시간 등을 알리는 보조표지를 설치한다. 한편 (C), (D)의 보조표지는 구간이 긴 경우와 구간 내에 교차로가 있는 경우에는 필요한 구간 내에 중복하여 설치하나 구간 내 보조표지는 생략할 수 있다고 명시되어 있다.

59 조직이해능력

정답 | ②

Quick해설 버스전용차로 진입이 금지되어 있는 차량은 버스전용차로의 시작부터 끝까지의 모든 구간에서 통행을 하여서는 안 된다.

[오답풀이] ① 도로의 파손, 공사, 그 밖의 부득이한 장애로 인하여 전용차로가 아니면 통행할 수 없는 경우에 해당한다.

③ 긴급자동차가 그 본래의 긴급한 용도로 운행되고 있는 경우에 해당한다.

④ 전용차로 통행차의 통행에 장해를 주지 아니하는 범위에서 택시가 승객을 태우거나 내려주기 위하여 일시 통행하는 경우에 해당한다.

60 조직이해능력

정답 | ②

Quick해설 지역 경찰청장의 허가를 받아 국제행사 참석 인원을 수송하기 위한 승합차량은 고속도로가 아닌 고속도로 외의 버스전용차로로 통행이 가능하다.

[오답풀이] ① 12인승 이하의 승합자동차인 경우 6명 이상이 승차하여야 통행이 가능하다.

③ 해당하는 차량은 고속도로 외의 버스전용차로를 통행할 수 있으나, 고속도로의 경우에는 차량 인승, 승차 인원 등 명시된 규정에 따라 판단해야 한다.

④ 36인 이상의 버스는 버스전용차로를 통행할 수 있는 차이다. 따라서 다인승전용차로와 버스전용차로가 동시에 설치되는 경우에는 다인승차량 전용차로의 통행 차량에서 제외된다.

기술직

본문 P. 266

37	38	39	40	41	42	43	44	45	46
②	④	①	②	②	④	④	②	①	④
47	48	49	50	51	52	53	54	55	56
①	③	④	②	②	③	②	④	④	①
57	58	59	60						
③	④	③	④						

37 수리능력

정답 | ②

Quick해설 ㉠ (A)=100−(87.4+2.7)=9.9이므로 10 미만이다.

㉡ (B)=$\frac{113,805-106,732}{113,805}\times 100 ≒ 6.2$(%)이므로 6 이상이다.

㉣ 2016년과 2017년의 소형차 통행료 수입의 비중은 각각 81%, 80.9%이므로 두 해 모두 소형차는 전체 통행료 수입의 80% 이상의 비중을 차지한다.

[오답풀이] ㉢ [표1]을 통해 조사 기간 동안 대형차 대수의 증가율은 매년 감소하는 것을 알 수 있다.

38 수리능력

정답 | ④

Quick해설 2019년 대비 2020년 전체 영업소 출구 이용 차량 증감량은 49,923천 대 감소, 통행료 수입 증감량은 169,290백만 원 감소이다.

[상세해설] 차종별로 2020년 전체 영업소 출구 이용 차량 대수를 구하면 다음과 같다.

- 소형차: 4,268×365=1,557,820(천 대)
- 중형차: 125×365=45,625(천 대)
- 대형차: 461×365=168,265(천 대)

따라서 2020년 전체 영업소 출구 이용 차량 대수는 총 1,557,820+45,625+168,265=1,771,710(천 대)이다.

차종별로 2020년 전체 통행료 수입을 구하면 다음과 같다.

- 소형차: 8,842×365=3,227,330(백만 원)
- 중형차: 258×365=94,170(백만 원)
- 대형차: 1,717×365=626,705(백만 원)

따라서 2020년 전체 통행료 수입은 총 3,227,330+94,170+626,705=3,948,205(백만 원)이다.

그러므로 2019년 대비 2020년 전체 영업소 출구 이용 차량 증감량과 통행료 수입 증감량은 각각 1,821,633−1,771,710=49,923(천 대) 감소, 4,117,495−3,948,205=169,290(백만 원) 감소이다.

39 수리능력

정답 | ①

Quick해설 (A)=1,069−(195+40+26+288)=520, (B)=49,745−(27,431+3,627+1,726+13,308)=3,653이므로 (A)+(B)=520+3,653=4,173이다. 즉, 4,000 이상이다.

[오답풀이] ② 전체 사망자 수는 해마다 꾸준히 감소하고 있지만, 전체 사고 건수는 계속 감소하다가 2018년 대비 2019년에 증가하였으므로 두 항목의 증감은 서로 같지 않다.

③ 2017년 '차대사람' 교통사고 유형 중 '기타'가 차지하는 사고 건수의 비율은 $\frac{12,962}{46,728}\times 100 ≒ 27.7(\%)$이므로 26% 이상이다.

④ 2019년에는 '횡단 중' 사고 건수(18,101건)보다 '기타'의 사고 건수(18,244건)가 많으므로 그 비율 또한 '기타' 유형이 더 높다.

40 수리능력

정답 | ②

Quick해설 ㉠ 2019년 전체 교통사고 건수는 229,600건이고, '차대사람' 교통사고 건수는 46,150건이므로 그 비율은 $\frac{46,150}{229,600}\times 100 ≒ 20.1(\%)$이다. 즉, 20% 이상이다.

㉢ 전체 교통사고 사망자 수는 해마다 꾸준히 감소하고 있다. 반면 '차대사람' 교통사고의 세부 유형 중 사망자 수가 해마다 꾸준히 감소하는 유형은 없으므로 증감이 일치하는 유형은 없다.

[오답풀이] ㉡ 2017년 전체 교통사고 부상자 수는 322,829명이고, '횡단 중' 유형에 속하는 부상자 수는 26,001명이므로 그 비율은 $\frac{26,001}{322,829}\times 100 ≒ 8.1(\%)$이다. 즉, 9% 미만이다.

41 수리능력

정답 | ②

Quick해설 2011년과 2012년 도로 포장률을 구하면 다음과 같다.

- 2011년: $\frac{85,120,352}{94,656,353}\times 100 ≒ 89.9(\%)$
- 2012년: $\frac{88,183,106}{96,948,373}\times 100 ≒ 91.0(\%)$

한편 2011년 이전에 도로 포장률이 90%를 넘은 해는 없으므로 도로 포장률이 90%를 처음으로 넘어선 해는 2012년이다.

[오답풀이] ① 2002년, 2004년, 2008년에는 전년 대비 미포장 도로의 길이가 증가하였다.

③ 개통 도로 길이와 포장 도로 길이는 2007년과 2013년에 전년 대비 감소하였고, 나머지 해는 모두 증가하였으므로 증감은 일치한다.

④ 2000년과 2019년에 대하여 전체 도로 길이에서 개통 도로가 차지하는 비율을 구하면 다음과 같다.

- 2000년: $\frac{82,440,138}{88,775,021}\times 100 ≒ 92.9(\%)$
- 2019년: $\frac{103,192,237}{111,313,953}\times 100 ≒ 92.7(\%)$

따라서 전체 도로 길이에서 개통 도로가 차지하는 비율은 2000년 대비 2019년에 감소하였다.

42 수리능력

정답 | ④

Quick해설 2018년 고속국도와 일반국도의 길이의 합은 4,767,340+13,983,250=18,750,590(m)이므로 전체 도로에서 차지하는 비율을 구하면 18,750,590÷110,714,298×100≒16.9(%)이다. 즉, 16% 이상이다.

[오답풀이] ① 2019년 특별·광역시도의 길이는 111,313,953−(4,767,340+14,029,855+18,046,911+69,525,326)=4,944,521(m)이므로 5,000km 미만이다.

② 2017년 고속국도의 길이는 110,091,284−(13,982,546+4,885,573+18,055,325+68,450,400)=4,717,440(m)이다. 따라서 2018년 고속국도 길이는 2017년 대비 4,767,340−4,717,440=49,900(m) 증가하였으므로 50km 미만으로 증가하였다.

③ 주어진 자료만으로 일반국도와 지방도의 도로 포장률을 알 수 없다.

43 수리능력

정답 | ④

Quick해설 2017년 등록된 전체 차량의 수는 총 22,528,295대이며, 이 중 친환경차의 등록 수는 총 339,134대이다. 2017년 등록된 전체 차량 중 친환경차 비율을 구하면 $\frac{339,134}{22,528,295}\times 100 ≒ 1.51(\%)$이다. 2021년 등록된 전체 차량의 수는 총 24,911,101대이며, 이 중 친환경차의 등록 수는 총 1,159,087대이다. 2021년 등록된 전체 차량 중 친환경차 비율을 구하면 $\frac{1,159,087}{24,911,101}\times 100 ≒ 4.65(\%)$이다. 따라서 2017년과 2021년의 전체 등록 차량 중 친환경차 비율은 4.65−1.51=3.14(%) 차이나므로 3% 이상 차이 난다.

[오답풀이] ① 연도별 친환경차의 합계를 구하면 다음과 같다.

- 2017년: 313,856+25,108+170=339,134(대)
- 2018년: 405,084+55,756+893=461,733(대)
- 2019년: 506,047+89,918+5,083=601,048(대)
- 2020년: 674,461+134,962+10,906=820,329(대)
- 2021년: 908,240+231,443+19,404=1,159,087(대)

2018~2021년 전년 대비 친환경차의 증가율을 구하면 다음과 같다.

• 2018년: $\frac{461,733-339,134}{339,134}\times 100 \fallingdotseq 36.2(\%)$

• 2019년: $\frac{601,048-461,733}{461,733}\times 100 \fallingdotseq 30.2(\%)$

• 2020년: $\frac{820,329-601,048}{601,048}\times 100 \fallingdotseq 36.5(\%)$

• 2021년: $\frac{1,159,087-820,329}{820,329}\times 100 \fallingdotseq 41.3(\%)$

따라서 전년 대비 친환경차의 증가율이 가장 낮은 해는 2019년이다.

② 친환경자동차법 주요 개정사항의 '4. 환경친화적 자동차 전용 주차구역 의무 설치'에 기축시설에 대한 전용 주차구역 및 충전시설 설치 유예기간이 제시되어 있는데 아파트의 경우 법 시행(2022. 01. 28.) 후 3년이다. 따라서 유예기간 3년 이내에 전기차 충전시설을 설치해야 한다.

③ 환경친화적 자동차 전용 주차구역에는 전기차, 하이브리드차, 수소차가 주차 가능하다.

44 수리능력 정답 | ②

Quick해설 2017년부터 2021년까지 중대형 상용차를 제외한 승용차 전기차 등록 수의 합을 구하면 24,907+55,417+87,926+117,616+185,256=471,122(대)이다.

[그래프]에서 우리나라는 충전기 1대당 전기차 보급이 2.6대라고 하였으므로 전기차 충전기 수를 x라 하면, 다음과 같은 비례식을 정리할 수 있다.

→ 1 : 2.6=x : 471,122

위 비례식을 풀면, x≒181,201이므로 2021년 기준으로 우리나라에 설치되어 있는 총전기차 충전기 수는 181,201개이다.

45 수리능력 정답 | ①

Quick해설 친환경자동차법 개정사항에 따라 각 아파트별로 정리하면 다음과 같다.

• A아파트: 신축시설, 주차단위구획 총수를 기준으로 5% 이상 설치
551×0.05=27.55 → 28개의 충전시설 필요

• B아파트: 기축시설, 주차단위구획 총수를 기준으로 2% 이상 설치
955×0.02=19.1 → 20개의 충전시설 필요

• C아파트: 기축시설, 주차단위구획 총수를 기준으로 2% 이상 설치
189×0.02=3.78 → 4개의 충전시설 필요

• D아파트: 기축시설, 100세대 미만의 아파트로 제외

따라서 기존 설치된 전기차 충전시설 이외에 2025년까지 추가로 설치해야 하는 전기차 충전시설 개수의 총합은 (20−5)+(4−2)=17(개)이다.

46 수리능력 정답 | ④

Quick해설 전월 대비 12월에 전체 통행량이 증가한 지역은 수도권과 부산경남이며, 해당 지역의 경형자동차 교통 비율은 4%이다. 경형 차량의 통행 대수를 구하면 (2,981,995+1,305,948)×0.04=171,517.72≒171,518(대)이므로 12월 경형자동차 통행 대수는 총 175,000대 미만이다.

[오답풀이] ① 5월 부산경남 입구 통행량은 590,987대이며, 이 중 경차가 차지하는 비율은 4%이다. 또한 해당 경차의 10%가 서울에서 출발하여 부산에 도착하고, 서울-부산 경차의 통행요금은 9,300원이다. 따라서 부과된 총통행료는 590,987×0.04×0.1×9,300=21,984,716.4(원)≒21,984,716(원)으로 2천만 원 이상이다.

② 8월 강원과 대전충남으로 들어오는 차량의 합은 207,305+333,092=540,397(대)이다. 8월은 총 31일이므로 하루 평균 540,397÷31≒17,432(대)이다.

③ 10월 부산경남을 통행한 대형차 수는 1,226,619×0.03=36,798.57≒36,799(대)이다.

47 수리능력 정답 | ①

Quick해설 (입구)+(출구)=(합계)이므로 (A), (B), (C)를 구하면 다음과 같다.

• (A): 368,770−178,933=189,837
• (B): 346,168+343,465=689,633
• (C): 262,013−141,858=120,155

따라서 {(A)+(C)}÷(B)×100의 값은 (189,837+120,155)÷689,633×100≒44.95이다.

문제해결 TIP

선택지 ①~④에 주어진 값의 소수점 아래의 수치가 모두 같다. 따라서 일의 자리까지만 계산을 정확하게 한다면, 정답을 찾을 수 있다.

48 수리능력 정답 | ③

Quick해설 워크숍 일정과 같이 진행할 때, 정산해야 하는 고속도로 총통행료는 68,950+62,300=131,250(원)이다.

[상세해설] 인사팀 이동 차량은 경차이고, 영업팀과 개발팀의 이동 차량 3대는 모두 1종 차량에 해당한다.

일정별 이동에 따라 통행료를 구하면 다음과 같다.

1) 1일차: (서울 → 대전)+(대전 → 경주)

• 경차: 4,100＋5,750＝9,850(원)
• 1종: 8,200＋11,500＝19,700(원)

따라서 1일차 고속도로 통행요금 합은 9,850＋19,700×3＝68,950(원)이다.

2) 2일차: 경주 → 서울(단, 주말 통행 할증료 계산)

• 경차: 17,000×1.05×0.5＝8,925(원)
• 1종: 17,000×1.05＝17,850(원)

[표3]의 주석에서 100원 단위 수납(단, 50원 이하 버림, 50원 초과 올림)이라고 제시하였으므로 경차는 8,900원, 1종은 17,800원이다.

따라서 2일차 고속도로 통행요금 합은 8,900＋17,800×3＝62,300(원)이다.

그러므로 전체 일정에서 정산해야 하는 고속도로 총통행료는 68,950＋62,300＝131,250(원)이다.

49 기술능력

정답 | ④

Quick해설 카메라 각도가 변경되어 확인하는 것은 블랙박스 사용 시 주의사항 중 하나이지만, 이 경우에는 블랙박스의 영상 녹화 자체의 원인이라고 보기 어렵다.

[오답풀이] ① 제품의 렌즈 앞 이물질이나 스티커 등이 시야를 가리는 경우, 영상 촬영이 어려울 수 있다고 명시되어 있다.

② 직사광선에 장시간 노출 시 차량 내부 온도 상승으로 인해 전원이 꺼지면 영상이 저장되지 않을 수 있다고 명시되어 있다.

③ 무리한 힘을 가해 장치를 움직이거나 충격을 주는 경우나 일정한 충격을 넘어선 큰 사고의 발생 시 제품 자체의 파손 또는 전원 연결이 끊어져 영상이 녹화되지 않을 수 있다고 명시되어 있다.

50 기술능력

정답 | ②

Quick해설 품질 보증기간 경과 후 유상 서비스기간 이내에서 정상적인 사용 중 동일 부위의 기능상 하자가 3회 발생한 경우로 유상 수리 또는 유상 제품 교환이 이루어진다.

[오답풀이] ① 판매자의 제품 설치 중 발생된 피해로 품질 보증기간 이내에 수리 신청한 경우 무상 제품 교환이 이루어진다.

③ 제품 구입 시 판매자의 운송 과정에서 발생한 피해로 품질 보증기간이 지나지 않았으므로 무상 제품 교환이 이루어진다.

④ 유상 서비스기간이 3개월 남은 것은 품질 보증기간을 경과한 후 유상 서비스기간이 남았다는 것을 의미한다. 정상적인 사용 상태에서 기능상 하자로 중요한 수리를 요할 경우에 해당되며, 소비자가 맡긴 제품을 A/S센터 직원의 부주의로 인해 분실한 것이므로 무상 제품 교환이 이루어진다.

51 기술능력

정답 | ②

Quick해설 도로의 노선 마크는 해당 도로표지가 설치된 지역의 도로 종류를 의미하는 것이 아니라 화살표 방향에 따라 주행 중인 도로, 진입하게 될 도로의 종류를 의미한다.

[오답풀이] ① 도로표지는 관할 도로관리청이 설치하고, 교통안전표지는 관할 지방경찰청이 설치한다고 하였으므로 모두 관할 지자체 내에서 설치한다고 볼 수 있다.

③ 도로표지의 바탕색은 표지판이 설치되는 지역의 인구나 규모에 따라 구분되는 것이 아니며, 도로의 종류와 행정 구역, 관광지 여부 등에 따라 구분된다.

④ 주어진 자료의 도로표지 사례를 통해 노선 마크를 바탕으로 현재 주행 중인 도로와 다음 이용할 도로의 종류를 알 수 있다.

52 기술능력

정답 | ③

Quick해설 현재 주행 중인 도로는 1번 고속국도이고, 노선 번호가 홀수이므로 남북 방향 도로이다. 영동고속도로는 50번 고속국도이고, 노선 번호가 짝수이므로 동서 방향 도로이다.

[오답풀이] ① 운전 중 [보기]와 같은 도로표지를 발견한 것이므로 직진 방향으로 현재 주행 중인 도로는 1번 고속국도이다.

② 2km 주행하면 수원나들목이 나오며, 우측으로 진출하면 42번 일반국도가 나오게 된다.

④ 맨 우측의 상단 표지 '44 수원'은 수원이 도로 시작점으로부터 44번째 나들목임을 의미한다.

53 기술능력

정답 | ②

Quick해설 알림음이 한 번 울리면 커피가 만들어지기 시작한 것으로 아직 유리포트를 꺼내면 안 된다. 알림음이 세 번 울려야 커피 만들기가 완료된 것이다.

[오답풀이] ① 물탱크 표시창 눈금의 1~5 사이에서 자유롭게 찬물을 채워 넣을 수 있다. 그 후에는 필터 홀더 안에 영구 필터를 끼워야 한다.

③ 분쇄커피를 계량스푼에 담을 때에는 반드시 평평하게 펴서 담아야 한다. 따라서 넘치게 쌓여 있는 분쇄커피를 덜어내는 작업이 필요하다.

④ 커피메이커를 처음 사용할 때에는 분쇄커피 없이 물탱크에 물만 채워 커피 만들기 과정을 최소 두 번 진행해야 한다. 즉, 4번도 가능하다.

54 기술능력

정답 | ④

Quick해설 표시등은 끄는 것이 아니라 커피 만들기가 완료되면 표시등이 자동으로 꺼지는 것이다.

[오답풀이] ① 덮개를 닫은 후에 유리포트를 보온대 위에 놓아야 하므로 [5단계]와 [6단계]의 위치를 바꿔야 한다.

② 물의 양은 표시된 MIN선 이상으로 붓되, MAX선을 넘지 않아야 하므로 해당 내용을 추가하는 것이 적절하다.

③ [2단계]에서 물탱크에 찬물을 넣으면, 분쇄커피는 그에 맞춰 넣어야 하므로 적절한 수정이다.

55 기술능력

정답 | ④

Quick해설 한 번에 만들 수 있는 용량을 넘기는 경우, 최대한 공평하게 나눠서 만들어야 한다. 한 번에 만들 수 있는 최대 용량은 5잔이므로, 최대한 빨리 커피 12잔을 만들기 위해선 4스푼씩 3번 커피메이커를 사용해야 한다.

56 기술능력

정답 | ①

Quick해설 정형 치료제와 비정형 치료제로 구분되는 것은 정신병 치료제이다. 아리피프라졸은 비정형 치료제에 속하는 약제이다.

[오답풀이] ② 정신병 치료제는 신경전달물질의 활성을 억제하는 약물이며, 아리피프라졸은 정신병 치료제이다. 따라서 아리피프라졸은 신경전달물질의 활성을 억제하는 약물이다.

③ 경구약은 정신분열증과 양극성 장애 외에도 주요 우울장애 치료의 부가요법제, 자폐성 장애와 관련된 과민증, 뚜렛 장애에도 사용된다.

④ 추체외로증상, 고프로락틴혈증은 1세대 정신병 치료제(정형 치료제)에서 빈번히 나타나는 부작용이며, 비정형 치료제인 아리피프라졸에서는 상대적으로 적게 나타난다.

57 기술능력

정답 | ③

Quick해설 정신분열증을 앓는 성인이 첫날 10mg을 경구약으로 복용하였을 때, 증량을 하려면 2주 이상 간격을 두어야 한다. 따라서 둘째 날부터 5mg을 증량한 15mg씩 복용하는 것은 옳지 않다.

[오답풀이] ① 양극성 장애를 앓는 성인이 첫날 400mg을 주사제로 투여하면, 투여 간격은 26일 이상이므로 20일 동안 추가 투여하지 않는 것은 문제가 없다.

② 뚜렛 장애를 앓는 소아가 첫날 2mg을 경구약으로 복용하였을 때, 증량을 하려면 2주 이상 간격을 두고 5mg 단위로 하여야 한다. 따라서 1달 후에 2mg에 5mg을 더한 7mg씩 복용하고 있는 것은 문제가 없다.

④ 양극성 장애를 앓는 소아가 첫날 2mg을 경구약으로 복용하면, 3일째에는 5mg, 5일째부터는 10mg씩 복용하여야 한다. 따라서 1주일 후에 10mg씩 복용하는 것은 문제가 없다.

58 기술능력

정답 | ④

Quick해설 시작용량은 2~5mg, 1주일 이상의 간격으로 5mg 이하의 용량 범위 내에서 증량할 수 있다. 따라서 첫 1주일 동안 하루에 5mg, 그 뒤부터 하루에 9mg씩 복용하는 것은 가능하다.

[오답풀이] ① 1주일 이상의 간격으로 증량해야 한다.

② 시작용량은 2~5mg이다.

③ 증량은 5mg 이하의 용량 범위에서 해야 한다.

59 기술능력

정답 | ③

Quick해설 보관 방법(2.)를 보면, 칼날은 용기와 함께 조립하여 보관해야 함을 알 수 있다.

[오답풀이] ① 손질 방법(2.)를 보면, 수세미 대신 천이나 행주를 사용하여 세척해야 함을 알 수 있다.

② 사용 방법(5.)를 보면, 3분 사용 후 5분 휴식을 권장하며, 연속 사용 시 3회 한정으로 사용해야 함을 알 수 있다. 따라서 한 번 사용할 때 휴식 시간을 포함하여 3+5+3+5+3=19(분)을 초과하지 않으면 문제가 없다.

④ 사용 방법(5.)를 보면, 사과를 갈 때는 S자형 코팅날을 사용하고, 1,500ml 이하의 내용물을 넣은 후 믹서 버튼을 눌러야 함을 알 수 있다.

60 기술능력

정답 | ④

Quick해설 품질 보증기간이 1년을 지나지 않았고, 사용자의 부주의로 인한 고장도 아니며, 지정대리점에서 수리를 한 상태에서 다시 문제가 발생한 경우이므로 무상 수리 요건에 부합한다.

[오답풀이] ① 칼날은 사용 중 정상 마모되는 소모성 부품이므로 품질 보증기간에 관계없이 부품대금이 필요하다.

② 품질 보증기간이 1년을 지났으므로 무상 수리를 받을 수 없다.

③ 물기가 남아있으면 부식의 원인이 되며, 사용자의 부주의로 인한 손상은 무상 수리를 받을 수 없다.

직무수행능력평가

경영

본문 P. 292

01	02	03	04	05	06	07	08	09	10
⑤	④	③	⑤	④	④	①	③	③	③
11	**12**	**13**	**14**	**15**	**16**	**17**	**18**	**19**	**20**
⑤	③	②	④	⑤	③	③	③	③	①
21	**22**	**23**	**24**	**25**	**26**	**27**	**28**	**29**	**30**
③	③	④	⑤	②	④	①	⑤	②	③
31	**32**	**33**	**34**	**35**	**36**	**37**	**38**	**39**	**40**
①	②	⑤	③	②	①	⑤	③	⑤	⑤

01 경영학원론 정답 | ⑤

[상세해설] 현혹효과(Halo effect)는 피평가자의 어느 특성에 대해 '대단히 우수하다'는 인상을 받게 되면 다른 특성들도 '대단히 우수하다'고 평가해 버리는 경향을 말한다. 또 반대로 어느 특성이 '부족하다'는 인상을 갖게 되면 다른 특성들도 '부족하다'고 평가해 버리는 경향도 쉽게 나타난다.

02 경영학원론 정답 | ④

[상세해설] 판단표본추출방식은 비확률표본 추출법으로 조사문제를 잘 알고 있거나 모집단의 의견을 반영할 수 있을 것으로 판단되는 특정집단을 표본으로 선정한다. 조사자가 모집단을 상호 배타적인 몇 개의 집단으로 나누고 그 중에서 무작위로 추출하는 방식은 군집표본추출법이다.

03 경영학원론 정답 | ③

[상세해설] 스키너(B. Skinner)의 강화이론에서 비난, 징계 등과 같은 불쾌한 자극을 제거함으로써 바람직한 행동을 강화하는 것을 부정적 강화(negative reinforce)라고 한다.

04 경영학원론 정답 | ⑤

[오답풀이] ① 새로운 아이디어에 대하여 무기명 비밀투표로 서열을 정하는 방법은 명목집단법이다.

② 지명반론자법(devil's advocate method)은 변증법적 토의법과 유사한 방법이며, 지명반론자는 집단일 필요가 없고 집단 내 2~3명 정도가 반론자의 역할을 담당하면 된다. 이때, 반론자들은 원안과 반대되는 안을 낼 필요는 없고, 고의적으로 본래 안의 약점을 지적하게 되며, 의사결정집단은 제시된 이견을 바탕으로 최선의 해결책이 도출될 때까지 토론하게 된다.

③ 델파이법은 특정 문제에 대해 다수의 전문가들의 독립적인 의견을 우편으로 수집하고, 이 의견들을 요약하여 전문가들에게 배부한 다음, 일반적인 합의가 이루어질 때까지 서로의 아이디어에 대해 논평하도록 하는 대표적인 정성적 방법이다.

④ 변증법적 토의법은 문답법이라고도 하며, 전체 구성원들을 특정 문제에 대해 두 집단(찬성과 반대)으로 나누어 각 대안을 토의하여 최종 합의에 이르는 방법에 해당한다. 반대 안을 만드는 시간, 비용, 노력이 많이 발생하는 단점이 있다.

05 경영학원론 정답 | ④

[상세해설] 이 문제는 기업의 경영전략 중 M. Porter의 산업구조분석(5－forces model)에 대한 것이다. 산업의 경쟁력에 영향을 미치는 5가지 요인은 현재 산업 내 경쟁자, 잠재적 진입자, 대체재, 구매자와 공급자의 협상력(교섭력)을 의미한다. 따라서 외생적 변수인 정부의 통화정책(㉢), 유망기술(㉤)은 이에 해당하지 않으며, 보완재의 고려(㉥)도 이에 해당하지 않는다.

06 경영학원론 정답 | ④

[상세해설] 일반적으로 노동조합은 클로즈드숍(closed shop)이나 유니언숍(union shop) 제도를 확립하려고 노력하고, 사용자는 오픈숍(open shop) 제도를 원한다.

07 경영학원론 정답 | ①

[오답풀이] ② 아이디어 창출단계에서 많은 수의 아이디어 창출이 중요하므로 브레인스토밍, 속성열거법 등이 활용된다.

③ 시제품의 제작 및 검증은 사업성분석 이후에 이루어진다.

④ 신제품콘셉트는 사용자가 실제로 그것을 사용하는 장면을 상상할 수 있을 정도로 아이디어를 구체화시킨 것을 의미한다.

⑤ 일반적으로 시장테스트는 제품 출시 전에 이루어진다.

08 경영학원론 정답 | ③

[상세해설] 도전적인 목표를 제시함으로써, 직무수행자가 해당 직무에서 성장욕구와 성취감을 경험하게 하는 것은 로크(E. A. Locke)의 목표설정이론에 대한 내용에 해당한다. 로크

(E. A. Locke)의 목표설정이론은 종업원이 직무를 수행함에 있어 달성해야 할 목표를 명확히 해주는 것이 가장 좋은 동기부여 방법이라 제시하였다.

09 경영학원론 정답 | ③

[상세해설] Tuckman의 조직발전이론은 형성기에 혼돈과 불확실성으로 시작된 조직이 격동기단계에서 긴장과 대립, 갈등이 촉발되는 단계를 경험하고, 이후 각 시행착오를 거치면서 조직이 정립되고 성장하는 과정을 통해 프로젝트를 성공적으로 수행하고 해체한다는 이론이다.

구분	단계별 특징	리더십 스타일
형성기 (forming)	조직(집단)이 결성되는 단계로 조직의 목표설정이 이루어지고, 내부적으로 혼란, 불확실성이 존재	지시형 리더십
격동기 (storming)	본격적인 직무가 시작되는 단계로 구성원 간 갈등 및 긴장 발생, 리더는 구성원들의 상호작용 촉진, 의견 불일치, 갈등 등을 적극적으로 중재	코치형 리더십
규범기 (norming)	조직의 규범, 정체성이 성립되는 단계, 작업 간의 흐름과 우선순위 결정, 중요 프로젝트의 진행 촉진이 중요	참여형 리더십
성과달성기 (performing)	조직이 안정되고 시스템작동에 의해 성과가 창출되는 단계, 구성원들에 대한 권한 위양이 중요	위임형 리더십
해체기 (adjourning)	프로젝트의 수행이 완료되고 팀이 해체되는 시기	관리형 리더십

집단구성원들 간에 집단의 목표와 수단에 대해 합의가 이루어지고 응집력이 높아지며, 구성원들의 역할과 권한관계가 정해지는 단계는 규범기(norming)이다.

10 경영학원론 정답 | ③

[상세해설] 성장기(growth stage)의 마케팅 목표는 상표를 강화하고 차별화를 통해 시장점유율을 확대하는 것이다. 따라서 취급점포를 대폭 확대하여 소비자가 쉽게 구매할 수 있도록 하는 집중적 유통(intensive distribution)전략을 이용하여야 한다.

11 경영학원론 정답 | ⑤

[상세해설] 내적 일관성(internal consistency) 측정 방법, 양분법(split half method), 시험 재시험(test-retest) 방법 등은 평가도구의 신뢰성(reliability), 즉 평가측정의 일관성을 확보하기 위한 도구들에 해당한다.

12 경영학원론 정답 | ③

[상세해설] 식스시그마 운동을 효과적으로 추진하기 위해 고객만족의 관점에서 출발하여 프로세스의 문제를 찾아 통계적 사고로 문제를 해결하는 품질개선 작업과정을 DMAIC이라고 한다. DMAIC은 정의(define), 측정(measurement), 분석(analysis), 개선(improvement), 통제(control) 5단계를 의미한다.

핵심이론 TIP

식스시그마

제품이나 업무의 불량수준을 측정하고 이를 무결점 수준으로 줄이자는 전사적 품질혁신 추진 방법이 식스시그마(6 Sigma)이다. 식스시그마 운동은 제품의 설계, 제조, 그리고 서비스의 품질편차를 최소화해 그 상한과 하한이 품질 중심으로부터 6σ 이내에 있도록 한다는 것이다. 이 경우 품질규격을 벗어날 확률은 1백만 개 중 3.4개(3.4PPM) 수준이 된다.

13 경영학원론 정답 | ②

[상세해설] 표본의 크기가 커질수록 조사비용과 조사시간은 증가하지만, 표본오류는 감소한다. 따라서 적정한 크기의 표본을 선택하는 것이 필요하다.

핵심이론 TIP

표본의 크기가 증가해서 모집단 크기에 접근하면 '표본오류'는 점차로 작아져서, 전수조사를 하는 경우 표본오류는 완전히 없어진다. 반면에 표본의 크기가 커질수록 조사과정에서 발생하는 '비표본오류'는 상대적으로 증가하므로 전수조사 시 비표본오류는 최대치가 된다. 결국 표본의 크기는 표본오류와 반비례하고, 비표본오류와는 비례하게 된다.

14 경영학원론 정답 | ④

[상세해설] (가중평균자본비용)(WACC)

$$=(\text{타인자본비용})\times(1-t)\times\frac{(\text{타인자본})}{(\text{자기자본})+(\text{타인자본})}$$
$$+(\text{자기자본비용})\times\frac{(\text{자기자본})}{(\text{자기자본})+(\text{타인자본})}$$

부채비율이 0.5라는 것은 자기자본이 부채(타인자본)의 2배라는 의미이다. X를 자기자본비용이라 하면, 다음과 같은 식을 세울 수 있다.

$$0.12=\frac{1}{2+1}\times(1-0.2)\times0.1+\frac{2}{2+1}\times X$$

위 식을 풀면, $X=0.14$이다. 따라서 갑 기업의 자기자본비용은 14%이다.

15 경영학원론

정답 | ⑤

[상세해설] 증권시장선(SML)을 통한 자본자산가격결정모형(CAPM)을 적용하여 개별주식 A의 기대수익률을 도출할 수 있다.

$$E(R_A)=R_f+[E(R_M)-R_f]\times\beta_A$$
$$=(\text{무위험이자율})+(\text{시장위험프리미엄})\times(\text{체계적위험})$$

$$E(R_A)=3\%+9\%\times\frac{0.5}{0.3}=18(\%)$$

$$\left(cf.\ \beta_A=\frac{COV(R_A,\ R_M)}{VAR(R_M)}\right)$$

16 경영학원론

정답 | ③

[상세해설] 재무관리(financial management)는 기업가치 극대화 또는 주주부의 극대화라는 기업 목표를 효율적으로 달성하기 위한 필요 자본의 조달결정, 조달된 자본을 자본예산을 통해 효과적으로 투자할지에 대한 투자의사결정 및 투자의사결정에 의해 자금을 운용한 결과로 얻게 되는 이익을 어떻게 배분할 것인가에 관한 배당의사결정을 어떻게 할지에 대한 관리활동이라 할 수 있다.

17 경영학원론

정답 | ③

[상세해설] 무위험자산이므로 표준편가 0이다. 따라서 $\sigma_p=w_A\times\sigma_A=0.6\times6\%=3.6(\%)$

[오답풀이] ① 주식 A의 기대수익률이 더 크다는 것은 베타가 더 크다는 것을 뜻한다.

② 주식 A의 체계적위험(베타)이 더 큼에도 불구하고 표준편차가 더 작기 때문에 비체계적위험 또한 더 작다.

④ (샤프지수)$=\frac{12\%-4.5\%}{6\%}=1.25$이다.

⑤ $\beta_A=\frac{6\%}{5\%}\times\rho_{AM}$이고, $\beta_A=\frac{6\%}{5\%}\times\rho_{AM}\leq1.2$이므로, 상관계수는 1보다 작아야 한다.$\left(\because\ \beta_A=\frac{\sigma_A}{\sigma_M}\rho_{AM}\right)$

18 경영학원론

정답 | ③

[상세해설] 1) 채권 A의 듀레이션

- 채권의 현재가치:

$$\frac{12,000}{1.08}+\frac{12,000}{1.08^2}+\frac{112,000}{1.08^3}\fallingdotseq110,308$$

- 듀레이션:

$$\frac{12,000/1.08}{110,308}\times1+\frac{12,000/1.08^2}{110,308}\times2+\frac{112,000/1.08^3}{110,308}\times3$$
$$\fallingdotseq2.7(\text{년})$$

2) 채권 B의 듀레이션: $\frac{1+0.08}{0.08}=13.5(\text{년})$

$$\left(\because\ \text{영구채 } D=\frac{1+r}{r}\right)$$

따라서 채권 A와 채권 B의 듀레이션 차이는 13.5−2.7=10.8(년)이다.

19 경영학원론

정답 | ③

[상세해설] (주)ABC의 매출액이 10% 증가할 경우 주당순이익(EPS)은 30% 증가하므로 결합레버리지(DCL)는 3이 된다. (DCL)=영업레버리지(DOL)×재무레버리지(DFL)을 통해 3=(DOL)×1.5의 식을 세울 수 있다. 따라서 DOL=2이다.

$$\text{DOL}=\frac{(\text{P}-\text{V})\times\text{Q}}{\text{EBIT}}=\frac{(\text{P}-\text{V})\times\text{Q}}{(\text{P}-\text{V})\times\text{Q}-\text{FC}}$$
$$=\frac{500\text{원}\times1,000\text{개}}{500\text{원}\times1,000\text{개}-\text{FC}}=2$$

∴ FC=250,000

따라서 (주)ABC의 고정비용은 250,000원이다.

20 경영학원론

정답 | ①

[상세해설] 풋−콜 등가식(Put−Call Parity)을 이용하여 풋옵션의 가치를 구하도록 한다.

현재 액면가액이 ₩10,000인 무위험자산의 가치가 ₩9,000이므로, 행사가격이 ₩100,000인 현재가치는 ₩90,000임을 알 수 있다.

P=−S+C+PV(X)

=−100,000+20,000+90,000=₩10,000

(P: 풋옵션 가격, C: 콜옵션 가격, S: 기초자산가격, PV(X): 행사가격의 현가)

21 회계학(중급회계)

정답 | ③

[오답풀이] ㉠ 내용연수가 비한정인 경우에는 상각하지 않는다. 대신 매년 그리고 무형자산의 손상을 시사하는 징후가 있을 때 손상검사를 수행한다.

㉣ 사업개시활동에 대한 지출, 교육훈련비에 대한 지출은 무형자산으로 인식할 수 없다.

22 회계학(중급회계)

정답 | ③

[상세해설] 합병대가: ₩16,000,000

순자산의 공정가액: (자산의 공정가액)−(부채의 공정가액)

=(2,400,000+5,000,000+8,800,000)−2,200,000

=₩14,000,000

(영업권가치)=16,000,000−14,000,000=₩2,000,000

23 회계학(중급회계)
정답 | ④

[상세해설] 20×1년 1월 1일의 사채의 현재가치=20,000,000×0.7118+2,000,000×2.4018=₩19,039,600
(20×1년 말 이자비용)=19,039,600×12%×6/12=₩1,142,376

24 회계학(중급회계)
정답 | ⑤

[상세해설] 자산을 타인에게 사용하게 함으로써 발생하는 이자, 배당금, 로열티 등의 수익은 (가) 수익금액을 신뢰성 있게 측정할 수 있으며, (나) 경제적 효익의 유입 가능성이 매우 높을 때 인식한다. 따라서 (가), (나)의 조건을 동시에 충족시키는 경우에 수익으로 인식한다.

25 회계학(중급회계)
정답 | ②

[상세해설] 회계추정의 변경으로 처리하는 경우에는 전진법에 의해 처리하므로 누적효과를 당기손익에 반영하는 것은 아니다.

26 회계학(중급회계)
정답 | ④

[상세해설] 20×2년 말 (주)서울이 인수할 주식선택권에 대한 보상원가는 ₩200,000이다.

연도	계산	당기보상비용	누적보상비용
20×1 말	200명×100개×(1−0.25)×₩40×1/3	₩200,000	₩200,000
20×2 말	(200명×100개×(1−0.25)×₩40×2/3)−₩200,000	₩200,000	₩400,000
20×3 말	(200명×100개×(1−0.25)×₩40×3/3)−₩400,000	₩200,000	₩600,000

27 회계학(중급회계)
정답 | ①

[상세해설] 단일 리스이용자 회계모형을 도입하여 리스기간이 12개월을 초과하고 기초자산이 소액이 아닌 모든 리스에 대하여 리스이용자가 자산과 부채를 인식하도록 요구한다.

28 회계학(중급회계)
정답 | ⑤

[상세해설] 정보를 명확하고 간결하게 분류하고, 특징지으며 표시하면 이해가능성이 높아진다.

29 회계학(중급회계)
정답 | ②

[상세해설] 20×2년 오류를 수정한 (주)경영의 정확한 당기순이익은 ₩9,100,000이다.

오류 항목	20×1년	20×2년
수정 전 당기순이익		₩10,000,000
전년도 말 미수수익 누락	₩1,500,000	(₩1,500,000)
전년도 말 미지급비용 누락	(₩1,000,000)	₩1,000,000
전년도 말 기말재고 과소계상	₩2,000,000	(₩2,000,000)
당기 말 선급비용 누락		₩1,600,000
정확한 당기순이익		₩9,100,000

30 회계학(중급회계)
정답 | ③

[상세해설] 인플레이션(물가상승) 시 매출원가의 크기는 후입선출법>총평균법>이동평균법>선입선출법이다.

핵심이론 TIP

기말재고액과 당기순이익의 크기는 위와 정반대가 된다.

31 경제학원론
정답 | ①

[상세해설] 루카스는 인적자본의 축적이 장기 경제성장률을 결정하는 중요한 요인이라고 주장하였다. 참고로 1950년대 솔로우(R. Solow) 경제성장모형 등장 이후 '이 모형이 현실을 올바로 설명할 수 있느냐' 여부를 두고 논쟁이 펼쳐지며 1980년대에 내생적 성장이론이 등장하였다.

32 경제학원론
정답 | ②

[상세해설] ㉢ 독점적 경쟁기업의 생산량 수준이 비효율적인 이유는 P>MC이기 때문이다.
㉣ 독점적 경쟁기업의 수요곡선은 MR곡선 위에 위치하며 우하향한다.
따라서 [보기] 중 독점적 경쟁시장의 특징으로 옳지 않은 것은 모두 2개이다.

33 경제학원론

정답 | ⑤

[상세해설] 베이글의 생산비용이 상승하면 베이글의 공급이 감소하여 베이글의 공급곡선이 왼쪽으로 이동한다. 이로 인해 베이글의 가격이 상승하고 거래량은 감소한다. 반면 대체재인 베이컨의 수요는 증가하여 균형가격이 상승하고, 균형거래량은 증가한다. 따라서 베이컨 시장의 총잉여도 변화한다. 변화의 정도는 베이컨의 수요곡선과 공급곡선의 기울기에 따라 다르게 나타난다.

34 경제학원론

정답 | ③

[상세해설] 정부지출(G)과 조세(T)를 똑같이 200에서 300으로 늘리는 경우 균형재정승수를 적용한다. 균형재정승수=1이므로 $\Delta Y=\Delta G=\Delta T=100$이다. 문제에서 한계소비성향 $MPC(b)=0.6$, 한계수입성향 $MPM(m)=0.1$이다. 이 경우 정부지출승수 $\frac{dY}{dG}=\frac{1}{1-b+m}=2$이다. 수입은 처분가능소득의 증가함수이므로 조세승수 $\frac{dY}{dG}=\frac{-b+m}{1-b+m}=-1$이다. 정부지출이 100 증가하면 국민소득은 200 증가하고, 조세가 100 증가하면 국민소득은 100 감소한다. 따라서 정부지출과 조세가 모두 100 증가하면, 균형국민소득은 100만큼 증가한다.

35 경제학원론

정답 | ②

[상세해설] 정부가 화폐공급을 통해 얻게 되는 추가적인 재정수입은 인플레이션 조세(inflation tax)이다. 즉, 정부지출을 보전하기 위해 화폐를 발행하여 인플레이션이 발생하면 국민이 보유하고 있는 화폐가치가 하락하는 것을 의미한다. 피구세는 외부불경제를 해결하기 위해 정부가 개입하여 부과하는 조세 정책이다.

36 경제학원론

정답 | ①

[상세해설] (경제활동인구)=(생산가능인구)−(비경제활동인구)=1,250만 명−250만 명=1,000(만 명)이다. (실업자)=(경제활동인구)−(취업자)=1,000만 명−900만 명=100(만 명)이다.

$$(\text{경제활동참가율})=\frac{(\text{경제활동인구})}{(\text{생산가능인구})}\times 100 =\frac{1{,}000\text{만 명}}{1{,}250\text{만 명}}\times 100=80(\%)$$

$$(\text{실업률})=\frac{(\text{실업자})}{(\text{경제활동인구})}\times 100=\frac{100\text{만 명}}{1{,}000\text{만 명}}\times 100=10(\%)$$

$$(\text{고용률})=\frac{(\text{취업자})}{(\text{생산가능인구})}\times 100=\frac{900\text{만 명}}{1{,}250\text{만 명}}\times 100=72(\%)$$

37 경제학원론

정답 | ⑤

[상세해설] 유동성 함정(liquidity trap)은 극도로 경기가 침체하여 투자수요가 거의 없어 이자율이 최저수준으로 하락했을 때, 나타나는 현상으로 케인즈에 의해 주장된 것이다. 화폐수요의 이자율탄력성이 무한대가 되어, 화폐수요곡선과 LM곡선은 수평선이 된다. 유동성 함정이 존재하면 통화량을 증가시키는 통화정책은 이자율의 변화가 없으므로 전혀 효과가 없고, 재정정책의 효과는 구축효과가 0이 되므로 매우 강력하다.

38 경제학원론

정답 | ③

[상세해설] 프리드먼의 항상소득가설에 의하면 항상소득만이 소비에 영향을 미친다. 임시소득은 임시소비에 영향을 미치지 못한다.

39 경제학원론

정답 | ⑤

[상세해설] 생애주기가설에 의하면 중년층은 저축을 많이 하므로 중년층 인구비중이 높아지면 국민저축률은 높아진다. 모딜리아니−안도의 소비함수는 라이프−사이클 가설을 말한다. 이 가설에 의하면 단기에는 MPC<APC이고, 장기에는 MPC=APC이다. 또한 자산의 크기가 소비에 미치는 영향을 강조하고 있다. 즉, 중년기의 저축이 청년기와 노년기의 소비에 이용된다는 것이다.

40 경제학원론

정답 | ⑤

[상세해설] 효율적 배분의 조건은 어부의 (한계생산가치)=(한계비용)이다. 즉, $VMP_L=P\times MP_L=2\times\frac{5}{\sqrt{n}}=2$이다. 따라서 n=25 이다. 공유어장인 경우 각 어부는 자신이 얻게 되는 평균생산가치와 한계비용이 일치할 때까지 연어잡이를 하게 된다. 즉, $VMP_L=P\times AP_L=2\times\frac{10}{\sqrt{n}}=2$이다. 따라서 n=100이고, 100−25=75(명)이다.

토목(일반)

본문 P. 306

01	02	03	04	05	06	07	08	09	10
①	①	④	③	②	①	④	③	②	②
11	**12**	**13**	**14**	**15**	**16**	**17**	**18**	**19**	**20**
②	①	②	③	③	②	⑤	②	⑤	③
21	**22**	**23**	**24**	**25**	**26**	**27**	**28**	**29**	**30**
④	②	①	⑤	④	②	①	③	①	③
31	**32**	**33**	**34**	**35**	**36**	**37**	**38**	**39**	**40**
②	①	④	③	③	②	⑤	⑤	④	②

01 도로공학

정답 | ①

[상세해설] ㉠ "차도"란 차로와 길어깨로 구성된 도로의 부분을 말한다.

㉡ "측대"란 운전자의 시선을 유도하고 옆 부분의 여유를 확보하기 위하여 중앙분리대 또는 길어깨에 차로와 동일한 구조로 차로와 접속하여 설치하는 부분을 말한다.

02 도로공학

정답 | ①

[상세해설] ㉢ 소단은 5% 정도의 횡단경사를 붙인다.

03 도로공학

정답 | ④

[상세해설] ㉡ 도로 성토구조의 대부분을 차지하는 것은 노체이다.

㉢ 노상재료는 수정 CBR 10 이상, 소성지수 10 이하이어야 한다.

㉣ 노체재료에 사용하는 암괴의 크기는 60cm 이하로 하는 것이 좋다.

04 도로공학

정답 | ③

[상세해설] ㉢ 콘크리트 포장은 내구성이 커서 파손이 적다.

㉣ 아스팔트 포장은 유지관리비가 많이 든다.

㉤ 중차량 구성비가 많은 도로에는 콘크리트 포장이 좋다.

05 도로공학

정답 | ②

[상세해설] 1) 각 지점의 CBR 평균$=\dfrac{4.5+3.5+7.0+5.4+6.3}{5}$

$=5.34$

2) 설계 CBR

$=$(각 지점의 CBR 평균)

$-\dfrac{(\text{CBR 최대치})-(\text{CBR 최소치})}{d_2}$

$=5.34-\dfrac{7.0-3.5}{2.48}=3.93$

설계 CBR은 절사하므로 3이다.

06 도로공학

정답 | ①

[상세해설] 최소 곡선반경 $R \geq \dfrac{v^2}{127(i+f)}$로부터

$700 \geq \dfrac{110^2}{127(i+0.11)}$

$\therefore i \geq \dfrac{110^2}{127 \times 700}-0.11=0.0261=2.61(\%)$

07 도로공학

정답 | ④

[상세해설] 도로의 평탄성 관리를 위한 측정방법에는 ㉠ 프루프 롤링(Proof Rolling), ㉡ 프로파일 미터(Profile Meter), ㉣ 벤켈만 빔(Benkelman Beam), 도로종단 분석기 등이 있다.

08 도로공학

정답 | ③

[상세해설] ㉠ 러팅(rutting)은 도로의 횡단방향 요철을 말한다.

㉡ 플러시(flush)는 포장 표면에 아스팔트가 스며나온 상태를 말한다.

㉤ 범프(bump)는 포장 표면이 국부적으로 밀려 혹 모양으로 솟아 오른 것을 말한다.

09 도로공학

정답 | ②

[상세해설] ㉠ 도로 포장체의 강성을 증가시킨다.

㉢ 답괴판(접속슬래브, Approach Slab) 또는 Approach Cushion을 설치한다.

10 도로공학

정답 | ②

[상세해설] ㉡ 표면배수는 지표수를 배제하는 것이다.

㉣ 지하배수는 맹암거 등을 설치하여 침투수와 지하수를 배제시키는 것이다.

11 응용역학

정답 | ②

[상세해설] 1) 온도응력

$\sigma = E \cdot \varepsilon = E \cdot (\alpha \cdot \Delta T)$

$= (2.0 \times 10^6) \times (1.0 \times 10^{-5} \times 15) = 300(\text{kg/cm}^2)$

2) 수직응력(압축응력)

$\sigma = \frac{P}{A}$로부터, $P = \sigma \cdot A = 300 \times 40 = 12{,}000(\text{kg}) = 12(\text{t})$

12 응용역학

정답 | ①

[상세해설] 전단응력 $\tau = \frac{G \cdot S}{I \cdot b}$이다.

여기서,

G: 전단응력을 구하고자 하는 외측 단면에 대한 중립축에서의 단면1차모멘트

S: 전단력, I: 중립축에 대한 단면2차모멘트, b: 단면의 폭

한편, 단면의 높이 h는 단면2차모멘트를 구할 때 사용되므로 전단응력 산정과 관련이 있는 항목이다. 하지만 ⓜ 탄성계수는 전단응력 산정과 관련이 없다.

13 응용역학

정답 | ②

[상세해설] ⓛ 단면1차모멘트는 단면의 도심을 구할 때 사용된다.

ⓜ 단면2차극모멘트는 좌표축의 회전과 상관없이 항상 일정하다.

14 응용역학

정답 | ③

[상세해설] 1) 단부 지지조건이 양단 고정일 경우 유효길이계수 $k=0.5$

2) 지름을 D라고 하면, 단면2차모멘트 $I = \frac{\pi D^4}{64}$

3) 회전반경 $r = \sqrt{\frac{I}{A}} = \sqrt{\frac{\pi D^4/64}{\pi D^2/4}} = \sqrt{\frac{D^2}{16}} = \frac{D}{4}$

4) 세장비 $\lambda = \frac{kL}{r} = \frac{0.5 \times 500}{D/4} = 50 \quad \therefore D = 20\text{cm}$

15 응용역학

정답 | ③

[상세해설] 등분포하중(w)을 받는 단순보

1) 최대처짐 $y_{\max} = \frac{5wL^4}{384EI}$

2) 처짐각 $\theta_A = -\theta_B = \frac{wL^3}{24EI}$

3) $I = \frac{bh^3}{12}$

ⓖ 최대처짐은 지간의 4제곱에 비례한다.

ⓛ 처짐각은 지간의 3제곱에 비례한다.

ⓜ 최대처짐과 처짐각은 보의 높이의 3제곱에 반비례한다.

[오답풀이] ⓒ 최대처짐과 처짐각은 탄성계수에 반비례한다.

ⓡ 최대처짐과 처짐각은 보의 폭에 반비례한다.

16 응용역학

정답 | ②

[상세해설] ⓡ 공액보법은 처짐 및 처짐각과 같은 구조물의 변형을 구하는 방법이다.

ⓜ 영향선법은 이동하중에 대하여 반력이나 단면력의 변화를 알고자 할 때 사용하는 방법이다.

17 응용역학

정답 | ⑤

[상세해설] 1) 변형에너지(Strain Energy) = 내력의 일(Internal Work)

2) 내력의 일: 축방향력에 의한 일, 휨모멘트에 의한 일, 전단력에 의한 일

즉, 변형에너지는 축방향력에 의한 일, 휨모멘트에 의한 일, 전단력에 의한 일의 합이다.

18 응용역학

정답 | ②

[상세해설] ⓒ 하중으로 인한 트러스의 변형은 무시한다.

ⓡ 부재는 모두 직선이며 도심축은 연결 핀의 중심을 지난다.

19 응용역학

정답 | ⑤

[상세해설] 1) 단순보 전 지간에 걸쳐 등분하중이 작용하는 경우 최대 휨모멘트

$M_{\max} = \frac{wl^2}{8} = \frac{4 \times 10^2}{8} = 50\text{t} \cdot \text{m} = 50 \times 10^5(\text{kg} \cdot \text{cm})$

2) 단면계수

$Z = \frac{bh^2}{6} = \frac{30 \times 40^2}{6} = 8{,}000(\text{cm}^3)$

3) 최대 휨응력

$\sigma_{\max} = \frac{M_{\max}}{Z} = \frac{50 \times 10^5}{8{,}000} = 625(\text{kg/cm}^2)$

20 응용역학

정답 | ③

[상세해설] 합력 $R = \sqrt{P_1^2 \times P_2^2 + 2P_1P_2\cos\alpha}$

$= \sqrt{15^2 + 20^2 + 2 \times 15 \times 20 \times \cos 60^\circ}$

$= 30.4(\text{t})$

21 철근 및 P.S콘크리트공학

정답 | ④

[상세해설] 1) 철근의 탄성계수 $E_s=2.0\times10^5$MPa

2) 콘크리트의 탄성계수 $E_c=8,500\sqrt[3]{f_{cu}}$

$f_{cu}=f_{ck}+\Delta f$ 여기서, $f_{ck}\le40$이면 $\Delta f=4$

3) 탄성계수비

$$n=\frac{(\text{철근의 탄성계수})}{(\text{콘크리트의 탄성계수})}=\frac{E_s}{E_c}=\frac{2.0\times10^5}{8,500\sqrt[3]{(28+4)}}=7.41$$

(탄성계수비는 계산된 값에서 가까운 정수를 사용한다.)

22 철근 및 P.S콘크리트공학

정답 | ②

[상세해설] ㉠ $f_{ck}\le40$MPa일 때 압축측 연단에서 콘크리트의 극한변형률은 0.0033으로 가정한다(2021년 콘크리트구조설계기준 변경 내용).

㉢ 외력을 견디기 위해 필요한 강도를 소요강도라고 한다.

23 철근 및 P.S콘크리트공학

정답 | ①

[상세해설] 1) $\beta_1=0.85-0.007(f_{ck}-28)$

$=0.85-0.007\times(35-28)=0.801$

2) 균형철근비 $\rho_b=0.85\beta_1\dfrac{f_{ck}}{f_y}\dfrac{600}{600+f_y}$

$=0.85\times0.801\times\dfrac{35}{400}\times\dfrac{600}{600+400}$

$=0.036$

24 철근 및 P.S콘크리트공학

정답 | ⑤

[상세해설] ㉠ 사인장응력은 중립축과 약 45°의 각을 이루고 작용한다.

㉡ 사인장균열은 사인장응력(전단응력)에 의해 발생하며 전단균열이라고도 한다.

㉢ 전단응력은 받침부(지점) 부근이 중앙 부근보다 더 크다.

㉤ 전단응력은 상단에서 0이고 중립축 아래에서 가장 크다.

25 철근 및 P.S콘크리트공학

정답 | ④

[상세해설] ㉠ 수중에서 타설하는 콘크리트: 100mm

㉡ 흙에 접하여 콘크리트를 친 후에 영구히 흙에 묻혀 있는 콘크리트: 75mm(2021년 콘크리트구조설계기준 변경 내용)

㉢ 옥외의 공기나 흙에 직접 접하는 콘크리트, D29 이상 철근: 50mm(2021년 콘크리트구조설계기준 변경 내용)

26 철근 및 P.S콘크리트공학

정답 | ②

[상세해설] ㉠ 축방향 철근의 간격은 40mm 이상이어야 한다.

㉡ 축방향 철근의 간격은 철근지름의 1.5배 이상이어야 한다.

27 철근 및 P.S콘크리트공학

정답 | ①

[상세해설] ㉡ 부철근의 중심간격은 최대휨모멘트 단면에서 슬래브 두께의 2배 이하이어야 한다.

[오답풀이] ㉠ 1방향 슬래브의 두께는 100mm 이상이어야 한다.

㉢, ㉣ 1방향 슬래브의 정철근 및 부철근의 중심간격은 최대휨모멘트 단면에서 슬래브 두께의 2배 이하, 300mm 이하이어야 한다.

㉤ 기타의 단면에서는 슬래브 두께의 3배 이하, 450mm 이하이어야 한다.

28 철근 및 P.S콘크리트공학

정답 | ③

[상세해설] ㉠ 전도에 대한 저항모멘트는 횡방향 토압에 의한 전도모멘트의 2배 이상이어야 한다.

㉡ 활동에 대한 수평저항력은 옹벽에 작용하는 수평력의 1.5배 이상이어야 한다.

㉣ 앞부벽은 직사각형보로 설계하고 뒷부벽은 T형보로 보고 설계한다.

29 철근 및 P.S콘크리트공학

정답 | ①

[상세해설] 1) $u=\dfrac{8Ps}{l^2}=\dfrac{8\times2,000\times0.25}{10^2}=40(\text{kN/m})$

2) 순하향 분포하중: $w-u=50-40=10(\text{kN/m})$

30 철근 및 P.S콘크리트공학

정답 | ③

[상세해설] ㉢ 롱 라인(long line) 공법은 프리텐션 방식이다.

㉤ 프리텐션 방식에서는 $f_{ck}=35$MPa 이상의 고강도 콘크리트가 요구된다.

31 토질 및 기초공학

정답 | ②

[상세해설] ㉡ 면모구조는 기초 지반으로는 부적당하다.

㉢ 이산구조는 면 대 면의 연결구조이다.

32 토질 및 기초공학 정답 | ①

[상세해설] ㉢ 간극비가 클수록 투수계수가 커진다.

33 토질 및 기초공학 정답 | ④

[상세해설] 1) 전응력 $\sigma=\gamma_{sat}\cdot h=18\times 2=36(\text{kN/m}^2)$

2) 간극수압 $u=0$(∵ 지하수위면이므로)

3) 유효응력 $\sigma'=\sigma-u=36-0=36(\text{kN/m}^2)$

34 토질 및 기초공학 정답 | ③

[상세해설] 1) 현재 유효상재하중

$\sigma'=\gamma_{sub}\cdot h=(18-9.8)\times 3=24.6(\text{N/m}^2)$

2) 과압밀비 $\text{OCR}=\dfrac{(\text{선행압밀하중})}{(\text{현재 유효상재하중})}=\dfrac{80}{24.6}\fallingdotseq 3.25$

3) 과압밀비가 3.25로 1보다 크기 때문에 이 점토는 과압밀 점토이다.

35 토질 및 기초공학 정답 | ③

[상세해설] 모래 지반에서 표준관입시험치(N)로부터 추정할 수 있는 사항은 다음과 같다.

㉠ 상대밀도, ㉣ 내부마찰각, ㉤ 침하에 대한 허용지지력, 탄성계수, 지지력계수 등

36 토질 및 기초공학 정답 | ②

[상세해설] ㉡ 토압계수의 크기는 주동토압 < 정지토압 < 수동토압의 순이다.

㉤ 토압의 크기는 토압계수의 크기에 비례한다.

37 토질 및 기초공학 정답 | ⑤

[상세해설] ㉡ Bishop의 방법에서는 절편에 작용하는 연직방향의 힘의 합력은 0이라고 가정한다.

㉢ Fellenius의 방법에서는 절편에 작용하는 외력들의 합은 0이라고 가정한다.

㉣ Fellenius의 방법은 사면의 단기 안정해석에 유효하다.

㉤ Bishop의 방법은 간극수압을 고려한 유효응력 해석이다.

38 토질 및 기초공학 정답 | ⑤

[상세해설] ㉠ 점토 지반의 지지력은 재하판 폭과 무관하다.

㉡ 모래 지반의 지지력은 재하판 폭에 비례하여 커진다.

㉢ 점토 지반의 침하량은 재하판 폭에 비례하여 커진다.

㉣ 모래 지반의 침하량은 재하판 폭에 단순 비례하지는 않는다.

㉤ 30cm 재하판의 지지력계수는 75cm 재하판의 지지력계수보다 크다.

39 토질 및 기초공학 정답 | ④

[상세해설] ㉠ 지지력계수는 내부마찰각의 함수이다. 점착력과는 무관하다.

㉣ 국부전단파괴 시 점착력(c')과 내부마찰각(ϕ')은 다음과 같이 감소시킨다.

$c'=\dfrac{2}{3}c,\ \tan\phi'=\dfrac{2}{3}\tan\phi$

따라서 $\phi'=\tan^{-1}\left(\dfrac{2}{3}\tan\phi\right)$

㉤ 기초의 근입깊이가 깊을수록 극한지지력은 커진다.

40 토질 및 기초공학 정답 | ②

[상세해설] 1) $\text{RQD}=\dfrac{\text{10cm 이상 암석조각들의 길이 합}}{\text{암석코어의 이론상 길이}}\times 100$

$=\dfrac{15+20+30}{150}\times 100\fallingdotseq 43.3(\%)$

2) 암질지수 RQD와 암질과의 관계

- 0~25: 매우 불량
- 25~50: 불량
- 50~75: 보통
- 75~90: 양호
- 90~100: 우수

따라서 RQD가 43.3%이므로 불량이다.

한국도로공사

성	명		
ㄱ ㅏ ㄱ	ㄱ ㅏ ㄱ	ㄱ ㅏ ㄱ	ㄱ ㅏ ㄱ
ㄴ ㅑ ㄴ	ㄴ ㅑ ㄴ	ㄴ ㅑ ㄴ	ㄴ ㅑ ㄴ
ㄷ ㅓ ㄷ	ㄷ ㅓ ㄷ	ㄷ ㅓ ㄷ	ㄷ ㅓ ㄷ
ㄹ ㅕ ㄹ	ㄹ ㅕ ㄹ	ㄹ ㅕ ㄹ	ㄹ ㅕ ㄹ
ㅁ ㅗ ㅁ	ㅁ ㅗ ㅁ	ㅁ ㅗ ㅁ	ㅁ ㅗ ㅁ
ㅂ ㅛ ㅂ	ㅂ ㅛ ㅂ	ㅂ ㅛ ㅂ	ㅂ ㅛ ㅂ
ㅅ ㅜ ㅅ	ㅅ ㅜ ㅅ	ㅅ ㅜ ㅅ	ㅅ ㅜ ㅅ
ㅇ ㅠ ㅇ	ㅇ ㅠ ㅇ	ㅇ ㅠ ㅇ	ㅇ ㅠ ㅇ
ㅈ ㅡ ㅈ	ㅈ ㅡ ㅈ	ㅈ ㅡ ㅈ	ㅈ ㅡ ㅈ
ㅊ ㅣ ㅊ	ㅊ ㅣ ㅊ	ㅊ ㅣ ㅊ	ㅊ ㅣ ㅊ
ㅋ ㅐ ㅋ	ㅋ ㅐ ㅋ	ㅋ ㅐ ㅋ	ㅋ ㅐ ㅋ
ㅌ ㅒ ㅌ	ㅌ ㅒ ㅌ	ㅌ ㅒ ㅌ	ㅌ ㅒ ㅌ
ㅍ ㅔ ㅍ	ㅍ ㅔ ㅍ	ㅍ ㅔ ㅍ	ㅍ ㅔ ㅍ
ㅎ ㅖ ㅎ	ㅎ ㅖ ㅎ	ㅎ ㅖ ㅎ	ㅎ ㅖ ㅎ
ㅘ	ㄲ ㅘ ㄲ	ㄲ ㅘ ㄲ	ㄲ ㅘ ㄲ
ㅙ	ㄸ ㅙ ㄸ	ㄸ ㅙ ㄸ	ㄸ ㅙ ㄸ
ㅚ	ㅃ ㅚ ㅃ	ㅃ ㅚ ㅃ	ㅃ ㅚ ㅃ
ㅝ	ㅆ ㅝ ㅆ	ㅆ ㅝ ㅆ	ㅆ ㅝ ㅆ
ㅞ	ㅉ ㅞ ㅉ	ㅉ ㅞ ㅉ	ㅉ ㅞ ㅉ
ㅟ	ㅟ ㄺ	ㅟ ㄺ	ㅟ ㄺ
ㅢ	ㅢ ㄻ	ㅢ ㄻ	ㅢ ㄻ

수	험	번	호		
⓪	⓪	⓪	⓪	⓪	⓪
①	①	①	①	①	①
②	②	②	②	②	②
③	③	③	③	③	③
④	④	④	④	④	④
⑤	⑤	⑤	⑤	⑤	⑤
⑥	⑥	⑥	⑥	⑥	⑥
⑦	⑦	⑦	⑦	⑦	⑦
⑧	⑧	⑧	⑧	⑧	⑧
⑨	⑨	⑨	⑨	⑨	⑨

출생(생년을 제외한) 월일			
⓪	⓪	⓪	⓪
①	①	①	①
②	②	②	②
③	③	③	③
④	④	④	④
⑤	⑤	⑤	⑤
⑥	⑥	⑥	⑥
⑦	⑦	⑦	⑦
⑧	⑧	⑧	⑧
⑨	⑨	⑨	⑨

수험생 유의 사항

(1) 아래와 같은 방식으로 답안지를 바르게 작성한다.

[보기] ① ② ● ④

(2) 성명란은 왼쪽부터 빠짐없이 순서대로 작성한다.

(3) 수험번호는 각자 자신에게 부여받은 번호를 표기하여 작성한다.

(4) 출생 월일은 출생연도를 제외하고 작성한다.

(예) 2002년 4월 1일 → 0401

※검사문항: NCS 1~60

01	① ② ③ ④	16	① ② ③ ④	31	① ② ③ ④	46	① ② ③ ④
02	① ② ③ ④	17	① ② ③ ④	32	① ② ③ ④	47	① ② ③ ④
03	① ② ③ ④	18	① ② ③ ④	33	① ② ③ ④	48	① ② ③ ④
04	① ② ③ ④	19	① ② ③ ④	34	① ② ③ ④	49	① ② ③ ④
05	① ② ③ ④	20	① ② ③ ④	35	① ② ③ ④	50	① ② ③ ④
06	① ② ③ ④	21	① ② ③ ④	36	① ② ③ ④	51	① ② ③ ④
07	① ② ③ ④	22	① ② ③ ④	37	① ② ③ ④	52	① ② ③ ④
08	① ② ③ ④	23	① ② ③ ④	38	① ② ③ ④	53	① ② ③ ④
09	① ② ③ ④	24	① ② ③ ④	39	① ② ③ ④	54	① ② ③ ④
10	① ② ③ ④	25	① ② ③ ④	40	① ② ③ ④	55	① ② ③ ④
11	① ② ③ ④	26	① ② ③ ④	41	① ② ③ ④	56	① ② ③ ④
12	① ② ③ ④	27	① ② ③ ④	42	① ② ③ ④	57	① ② ③ ④
13	① ② ③ ④	28	① ② ③ ④	43	① ② ③ ④	58	① ② ③ ④
14	① ② ③ ④	29	① ② ③ ④	44	① ② ③ ④	59	① ② ③ ④
15	① ② ③ ④	30	① ② ③ ④	45	① ② ③ ④	60	① ② ③ ④

한국도로공사

성 명			
㉠ ㅏ ㉠	㉠ ㅏ ㉠	㉠ ㅏ ㉠	㉠ ㅏ ㉠
㉡ ㅑ ㉡	㉡ ㅑ ㉡	㉡ ㅑ ㉡	㉡ ㅑ ㉡
㉢ ㅓ ㉢	㉢ ㅓ ㉢	㉢ ㅓ ㉢	㉢ ㅓ ㉢
㉣ ㅕ ㉣	㉣ ㅕ ㉣	㉣ ㅕ ㉣	㉣ ㅕ ㉣
㉤ ㅗ ㉤	㉤ ㅗ ㉤	㉤ ㅗ ㉤	㉤ ㅗ ㉤
㉥ ㅛ ㉥	㉥ ㅛ ㉥	㉥ ㅛ ㉥	㉥ ㅛ ㉥
㉦ ㅜ ㉦	㉦ ㅜ ㉦	㉦ ㅜ ㉦	㉦ ㅜ ㉦
㉧ ㅠ ㉧	㉧ ㅠ ㉧	㉧ ㅠ ㉧	㉧ ㅠ ㉧
㉨ ㅡ ㉨	㉨ ㅡ ㉨	㉨ ㅡ ㉨	㉨ ㅡ ㉨
㉩ ㅣ ㉩	㉩ ㅣ ㉩	㉩ ㅣ ㉩	㉩ ㅣ ㉩
㉪ ㅐ ㉪	㉪ ㅐ ㉪	㉪ ㅐ ㉪	㉪ ㅐ ㉪
㉫ ㅒ ㉫	㉫ ㅒ ㉫	㉫ ㅒ ㉫	㉫ ㅒ ㉫
㉬ ㅔ ㉬	㉬ ㅔ ㉬	㉬ ㅔ ㉬	㉬ ㅔ ㉬
㉭ ㅖ ㉭	㉭ ㅖ ㉭	㉭ ㅖ ㉭	㉭ ㅖ ㉭
ㅘ	ㄲ ㅘ ㄲ	ㄲ ㅘ ㄲ	ㄲ ㅘ ㄲ
ㅙ	ㄸ ㅙ ㄸ	ㄸ ㅙ ㄸ	ㄸ ㅙ ㄸ
ㅚ	ㅃ ㅚ ㅃ	ㅃ ㅚ ㅃ	ㅃ ㅚ ㅃ
ㅝ	ㅆ ㅝ ㅆ	ㅆ ㅝ ㅆ	ㅆ ㅝ ㅆ
ㅞ	ㅉ ㅞ ㅉ	ㅉ ㅞ ㅉ	ㅉ ㅞ ㅉ
ㅟ	ㅟ ㄺ	ㅟ ㄺ	ㅟ ㄺ
ㅢ	ㅢ ㄻ	ㅢ ㄻ	ㅢ ㄻ

수	험	번	호		
⓪	⓪	⓪	⓪	⓪	⓪
①	①	①	①	①	①
②	②	②	②	②	②
③	③	③	③	③	③
④	④	④	④	④	④
⑤	⑤	⑤	⑤	⑤	⑤
⑥	⑥	⑥	⑥	⑥	⑥
⑦	⑦	⑦	⑦	⑦	⑦
⑧	⑧	⑧	⑧	⑧	⑧
⑨	⑨	⑨	⑨	⑨	⑨

출생(생년을 제외한) 월일			
⓪	⓪	⓪	⓪
①	①	①	①
②	②	②	②
③	③	③	③
④	④	④	④
⑤	⑤	⑤	⑤
⑥	⑥	⑥	⑥
⑦	⑦	⑦	⑦
⑧	⑧	⑧	⑧
⑨	⑨	⑨	⑨

수험생 유의 사항

(1) 아래와 같은 방식으로 답안지를 바르게 작성한다.

[보기] ① ② ● ④

(2) 성명란은 왼쪽부터 빠짐없이 순서대로 작성한다.

(3) 수험번호는 각자 자신에게 부여받은 번호를 표기하여 작성한다.

(4) 출생 월일은 출생연도를 제외하고 작성한다.

(예) 2002년 4월 1일 → 0401

※검사문항: NCS 1~60

01	① ② ③ ④	16	① ② ③ ④	31	① ② ③ ④	46	① ② ③ ④
02	① ② ③ ④	17	① ② ③ ④	32	① ② ③ ④	47	① ② ③ ④
03	① ② ③ ④	18	① ② ③ ④	33	① ② ③ ④	48	① ② ③ ④
04	① ② ③ ④	19	① ② ③ ④	34	① ② ③ ④	49	① ② ③ ④
05	① ② ③ ④	20	① ② ③ ④	35	① ② ③ ④	50	① ② ③ ④
06	① ② ③ ④	21	① ② ③ ④	36	① ② ③ ④	51	① ② ③ ④
07	① ② ③ ④	22	① ② ③ ④	37	① ② ③ ④	52	① ② ③ ④
08	① ② ③ ④	23	① ② ③ ④	38	① ② ③ ④	53	① ② ③ ④
09	① ② ③ ④	24	① ② ③ ④	39	① ② ③ ④	54	① ② ③ ④
10	① ② ③ ④	25	① ② ③ ④	40	① ② ③ ④	55	① ② ③ ④
11	① ② ③ ④	26	① ② ③ ④	41	① ② ③ ④	56	① ② ③ ④
12	① ② ③ ④	27	① ② ③ ④	42	① ② ③ ④	57	① ② ③ ④
13	① ② ③ ④	28	① ② ③ ④	43	① ② ③ ④	58	① ② ③ ④
14	① ② ③ ④	29	① ② ③ ④	44	① ② ③ ④	59	① ② ③ ④
15	① ② ③ ④	30	① ② ③ ④	45	① ② ③ ④	60	① ② ③ ④

※검사문항: NCS 1~60

한국도로공사

성	명										
ㄱ	ㅏ	ㄱ	ㄱ	ㅏ	ㄱ	ㄱ	ㅏ	ㄱ	ㄱ	ㅏ	ㄱ
ㄴ	ㅑ	ㄴ	ㄴ	ㅑ	ㄴ	ㄴ	ㅑ	ㄴ	ㄴ	ㅑ	ㄴ
ㄷ	ㅓ	ㄷ	ㄷ	ㅓ	ㄷ	ㄷ	ㅓ	ㄷ	ㄷ	ㅓ	ㄷ
ㄹ	ㅕ	ㄹ	ㄹ	ㅕ	ㄹ	ㄹ	ㅕ	ㄹ	ㄹ	ㅕ	ㄹ
ㅁ	ㅗ	ㅁ	ㅁ	ㅗ	ㅁ	ㅁ	ㅗ	ㅁ	ㅁ	ㅗ	ㅁ
ㅂ	ㅛ	ㅂ	ㅂ	ㅛ	ㅂ	ㅂ	ㅛ	ㅂ	ㅂ	ㅛ	ㅂ
ㅅ	ㅜ	ㅅ	ㅅ	ㅜ	ㅅ	ㅅ	ㅜ	ㅅ	ㅅ	ㅜ	ㅅ
ㅇ	ㅠ	ㅇ	ㅇ	ㅠ	ㅇ	ㅇ	ㅠ	ㅇ	ㅇ	ㅠ	ㅇ
ㅈ	ㅡ	ㅈ	ㅈ	ㅡ	ㅈ	ㅈ	ㅡ	ㅈ	ㅈ	ㅡ	ㅈ
ㅊ	ㅣ	ㅊ	ㅊ	ㅣ	ㅊ	ㅊ	ㅣ	ㅊ	ㅊ	ㅣ	ㅊ
ㅋ	ㅐ	ㅋ	ㅋ	ㅐ	ㅋ	ㅋ	ㅐ	ㅋ	ㅋ	ㅐ	ㅋ
ㅌ	ㅒ	ㅌ	ㅌ	ㅒ	ㅌ	ㅌ	ㅒ	ㅌ	ㅌ	ㅒ	ㅌ
ㅍ	ㅔ	ㅍ	ㅍ	ㅔ	ㅍ	ㅍ	ㅔ	ㅍ	ㅍ	ㅔ	ㅍ
ㅎ	ㅖ	ㅎ	ㅎ	ㅖ	ㅎ	ㅎ	ㅖ	ㅎ	ㅎ	ㅖ	ㅎ
	ㅘ		ㄲ	ㅘ	ㄲ	ㄲ	ㅘ	ㄲ	ㄲ	ㅘ	ㄲ
	ㅙ		ㄸ	ㅙ	ㄸ	ㄸ	ㅙ	ㄸ	ㄸ	ㅙ	ㄸ
	ㅚ		ㅃ	ㅚ	ㅃ	ㅃ	ㅚ	ㅃ	ㅃ	ㅚ	ㅃ
	ㅟ		ㅆ	ㅟ	ㅆ	ㅆ	ㅟ	ㅆ	ㅆ	ㅟ	ㅆ
	ㅞ		ㅉ	ㅞ	ㅉ	ㅉ	ㅞ	ㅉ	ㅉ	ㅞ	ㅉ
	ㅝ			ㅝ	ㄺ		ㅝ	ㄺ		ㅝ	ㄺ
	ㅢ			ㅢ	ㄻ		ㅢ	ㄻ		ㅢ	ㄻ

수	험	번	호		
⓪	⓪	⓪	⓪	⓪	⓪
①	①	①	①	①	①
②	②	②	②	②	②
③	③	③	③	③	③
④	④	④	④	④	④
⑤	⑤	⑤	⑤	⑤	⑤
⑥	⑥	⑥	⑥	⑥	⑥
⑦	⑦	⑦	⑦	⑦	⑦
⑧	⑧	⑧	⑧	⑧	⑧
⑨	⑨	⑨	⑨	⑨	⑨

출생(생년을 제외한) 월일			
⓪	⓪	⓪	⓪
①	①	①	①
②	②	②	②
③	③	③	③
④	④	④	④
⑤	⑤	⑤	⑤
⑥	⑥	⑥	⑥
⑦	⑦	⑦	⑦
⑧	⑧	⑧	⑧
⑨	⑨	⑨	⑨

수험생 유의 사항

(1) 아래와 같은 방식으로 답안지를 바르게 작성한다.
[보기] ① ② ● ④
(2) 성명란은 왼쪽부터 빠짐없이 순서대로 작성한다.
(3) 수험번호는 각자 자신에게 부여받은 번호를 표기하여 작성한다.
(4) 출생 월일은 출생연도를 제외하고 작성한다.
(예) 2002년 4월 1일 → 0401

01	①	②	③	④	16	①	②	③	④	31	①	②	③	④	46	①	②	③	④
02	①	②	③	④	17	①	②	③	④	32	①	②	③	④	47	①	②	③	④
03	①	②	③	④	18	①	②	③	④	33	①	②	③	④	48	①	②	③	④
04	①	②	③	④	19	①	②	③	④	34	①	②	③	④	49	①	②	③	④
05	①	②	③	④	20	①	②	③	④	35	①	②	③	④	50	①	②	③	④
06	①	②	③	④	21	①	②	③	④	36	①	②	③	④	51	①	②	③	④
07	①	②	③	④	22	①	②	③	④	37	①	②	③	④	52	①	②	③	④
08	①	②	③	④	23	①	②	③	④	38	①	②	③	④	53	①	②	③	④
09	①	②	③	④	24	①	②	③	④	39	①	②	③	④	54	①	②	③	④
10	①	②	③	④	25	①	②	③	④	40	①	②	③	④	55	①	②	③	④
11	①	②	③	④	26	①	②	③	④	41	①	②	③	④	56	①	②	③	④
12	①	②	③	④	27	①	②	③	④	42	①	②	③	④	57	①	②	③	④
13	①	②	③	④	28	①	②	③	④	43	①	②	③	④	58	①	②	③	④
14	①	②	③	④	29	①	②	③	④	44	①	②	③	④	59	①	②	③	④
15	①	②	③	④	30	①	②	③	④	45	①	②	③	④	60	①	②	③	④

한국도로공사

성 명

ㄱ	ㅏ	ㄱ	ㄱ	ㅏ	ㄱ	ㄱ	ㅏ	ㄱ	ㄱ	ㅏ	ㄱ
ㄴ	ㅑ	ㄴ	ㄴ	ㅑ	ㄴ	ㄴ	ㅑ	ㄴ	ㄴ	ㅑ	ㄴ
ㄷ	ㅓ	ㄷ	ㄷ	ㅓ	ㄷ	ㄷ	ㅓ	ㄷ	ㄷ	ㅓ	ㄷ
ㄹ	ㅕ	ㄹ	ㄹ	ㅕ	ㄹ	ㄹ	ㅕ	ㄹ	ㄹ	ㅕ	ㄹ
ㅁ	ㅗ	ㅁ	ㅁ	ㅗ	ㅁ	ㅁ	ㅗ	ㅁ	ㅁ	ㅗ	ㅁ
ㅂ	ㅛ	ㅂ	ㅂ	ㅛ	ㅂ	ㅂ	ㅛ	ㅂ	ㅂ	ㅛ	ㅂ
ㅅ	ㅜ	ㅅ	ㅅ	ㅜ	ㅅ	ㅅ	ㅜ	ㅅ	ㅅ	ㅜ	ㅅ
ㅇ	ㅠ	ㅇ	ㅇ	ㅠ	ㅇ	ㅇ	ㅠ	ㅇ	ㅇ	ㅠ	ㅇ
ㅈ	ㅡ	ㅈ	ㅈ	ㅡ	ㅈ	ㅈ	ㅡ	ㅈ	ㅈ	ㅡ	ㅈ
ㅊ	ㅣ	ㅊ	ㅊ	ㅣ	ㅊ	ㅊ	ㅣ	ㅊ	ㅊ	ㅣ	ㅊ
ㅋ	ㅐ	ㅋ	ㅋ	ㅐ	ㅋ	ㅋ	ㅐ	ㅋ	ㅋ	ㅐ	ㅋ
ㅌ	ㅒ	ㅌ	ㅌ	ㅒ	ㅌ	ㅌ	ㅒ	ㅌ	ㅌ	ㅒ	ㅌ
ㅍ	ㅔ	ㅍ	ㅍ	ㅔ	ㅍ	ㅍ	ㅔ	ㅍ	ㅍ	ㅔ	ㅍ
ㅎ	ㅖ	ㅎ	ㅎ	ㅖ	ㅎ	ㅎ	ㅖ	ㅎ	ㅎ	ㅖ	ㅎ
	ㅘ		ㄲ	ㅘ	ㄲ	ㄲ	ㅘ	ㄲ	ㄲ	ㅘ	ㄲ
	ㅙ		ㄸ	ㅙ	ㄸ	ㄸ	ㅙ	ㄸ	ㄸ	ㅙ	ㄸ
	ㅚ		ㅃ	ㅚ	ㅃ	ㅃ	ㅚ	ㅃ	ㅃ	ㅚ	ㅃ
	ㅝ		ㅆ	ㅝ	ㅆ	ㅆ	ㅝ	ㅆ	ㅆ	ㅝ	ㅆ
	ㅞ		ㅉ	ㅞ	ㅉ	ㅉ	ㅞ	ㅉ	ㅉ	ㅞ	ㅉ
	ㅟ			ㅟ	ㄺ		ㅟ	ㄺ		ㅟ	ㄺ
	ㅢ			ㅢ	ㄻ		ㅢ	ㄻ		ㅢ	ㄻ

수 험 번 호

⓪	⓪	⓪	⓪	⓪	⓪
①	①	①	①	①	①
②	②	②	②	②	②
③	③	③	③	③	③
④	④	④	④	④	④
⑤	⑤	⑤	⑤	⑤	⑤
⑥	⑥	⑥	⑥	⑥	⑥
⑦	⑦	⑦	⑦	⑦	⑦
⑧	⑧	⑧	⑧	⑧	⑧
⑨	⑨	⑨	⑨	⑨	⑨

출생(생년을 제외한) 월일

⓪	⓪	⓪	⓪
①	①	①	①
②	②	②	②
③	③	③	③
④	④	④	④
⑤	⑤	⑤	⑤
⑥	⑥	⑥	⑥
⑦	⑦	⑦	⑦
⑧	⑧	⑧	⑧
⑨	⑨	⑨	⑨

수험생 유의 사항

(1) 아래와 같은 방식으로 답안지를 바르게 작성한다.
[보기] ① ② ● ④
(2) 성명란은 왼쪽부터 빠짐없이 순서대로 작성한다.
(3) 수험번호는 각자 자신에게 부여받은 번호를 표기하여 작성한다.
(4) 출생 월일은 출생연도를 제외하고 작성한다.
(예) 2002년 4월 1일 → 0401

※검사문항: NCS 1~60

01	①	②	③	④	16	①	②	③	④	31	①	②	③	④	46	①	②	③	④
02	①	②	③	④	17	①	②	③	④	32	①	②	③	④	47	①	②	③	④
03	①	②	③	④	18	①	②	③	④	33	①	②	③	④	48	①	②	③	④
04	①	②	③	④	19	①	②	③	④	34	①	②	③	④	49	①	②	③	④
05	①	②	③	④	20	①	②	③	④	35	①	②	③	④	50	①	②	③	④
06	①	②	③	④	21	①	②	③	④	36	①	②	③	④	51	①	②	③	④
07	①	②	③	④	22	①	②	③	④	37	①	②	③	④	52	①	②	③	④
08	①	②	③	④	23	①	②	③	④	38	①	②	③	④	53	①	②	③	④
09	①	②	③	④	24	①	②	③	④	39	①	②	③	④	54	①	②	③	④
10	①	②	③	④	25	①	②	③	④	40	①	②	③	④	55	①	②	③	④
11	①	②	③	④	26	①	②	③	④	41	①	②	③	④	56	①	②	③	④
12	①	②	③	④	27	①	②	③	④	42	①	②	③	④	57	①	②	③	④
13	①	②	③	④	28	①	②	③	④	43	①	②	③	④	58	①	②	③	④
14	①	②	③	④	29	①	②	③	④	44	①	②	③	④	59	①	②	③	④
15	①	②	③	④	30	①	②	③	④	45	①	②	③	④	60	①	②	③	④

ex 한국도로공사

성 명			
㉠ ㉡ ㉢ ㉣ ㉤ ㉥ ㉦ ㉧ ㉨ ㉩ ㉪ ㉫ ㉬ ㉭ / ㅏ ㅑ ㅓ ㅕ ㅗ ㅛ ㅜ ㅠ ㅡ ㅣ ㅐ ㅒ ㅔ ㅖ ㅘ ㅙ ㅚ ㅝ ㅞ ㅟ ㅢ / ㉠ ㉡ ㉢ ㉣ ㉤ ㉥ ㉦ ㉧ ㉨ ㉩ ㉪ ㉫ ㉬ ㉭	㉠ ㉡ ㉢ ㉣ ㉤ ㉥ ㉦ ㉧ ㉨ ㉩ ㉪ ㉫ ㉬ ㉭ ㄲ ㄸ ㅃ ㅆ ㅉ / ㅏ ㅑ ㅓ ㅕ ㅗ ㅛ ㅜ ㅠ ㅡ ㅣ ㅐ ㅒ ㅔ ㅖ ㅘ ㅙ ㅚ ㅝ ㅞ ㅟ ㅢ / ㉠ ㉡ ㉢ ㉣ ㉤ ㉥ ㉦ ㉧ ㉨ ㉩ ㉪ ㉫ ㉬ ㉭ ㄲ ㄸ ㅃ ㅆ ㅉ ㄺ ㄻ	㉠ ㉡ ㉢ ㉣ ㉤ ㉥ ㉦ ㉧ ㉨ ㉩ ㉪ ㉫ ㉬ ㉭ ㄲ ㄸ ㅃ ㅆ ㅉ / ㅏ ㅑ ㅓ ㅕ ㅗ ㅛ ㅜ ㅠ ㅡ ㅣ ㅐ ㅒ ㅔ ㅖ ㅘ ㅙ ㅚ ㅝ ㅞ ㅟ ㅢ / ㉠ ㉡ ㉢ ㉣ ㉤ ㉥ ㉦ ㉧ ㉨ ㉩ ㉪ ㉫ ㉬ ㉭ ㄲ ㄸ ㅃ ㅆ ㅉ ㄺ ㄻ	㉠ ㉡ ㉢ ㉣ ㉤ ㉥ ㉦ ㉧ ㉨ ㉩ ㉪ ㉫ ㉬ ㉭ ㄲ ㄸ ㅃ ㅆ ㅉ / ㅏ ㅑ ㅓ ㅕ ㅗ ㅛ ㅜ ㅠ ㅡ ㅣ ㅐ ㅒ ㅔ ㅖ ㅘ ㅙ ㅚ ㅝ ㅞ ㅟ ㅢ / ㉠ ㉡ ㉢ ㉣ ㉤ ㉥ ㉦ ㉧ ㉨ ㉩ ㉪ ㉫ ㉬ ㉭ ㄲ ㄸ ㅃ ㅆ ㅉ ㄺ ㄻ

수 험 번 호					
⓪	⓪	⓪	⓪	⓪	⓪
①	①	①	①	①	①
②	②	②	②	②	②
③	③	③	③	③	③
④	④	④	④	④	④
⑤	⑤	⑤	⑤	⑤	⑤
⑥	⑥	⑥	⑥	⑥	⑥
⑦	⑦	⑦	⑦	⑦	⑦
⑧	⑧	⑧	⑧	⑧	⑧
⑨	⑨	⑨	⑨	⑨	⑨

출생(생년을 제외한) 월일			
⓪	⓪	⓪	⓪
①	①	①	①
②	②	②	②
③	③	③	③
④	④	④	④
⑤	⑤	⑤	⑤
⑥	⑥	⑥	⑥
⑦	⑦	⑦	⑦
⑧	⑧	⑧	⑧
⑨	⑨	⑨	⑨

수험생 유의 사항

(1) 아래와 같은 방식으로 답안지를 바르게 작성한다.
[보기] ① ② ● ④ ⑤
(2) 성명란은 왼쪽부터 빠짐없이 순서대로 작성한다.
(3) 수험번호는 각자 자신에게 부여받은 번호를 표기하여 작성한다.
(4) 출생 월일은 출생연도를 제외하고 작성한다.
(예) 2002년 4월 1일 → 0401

※검사문항: 전공 1~40

01	① ② ③ ④ ⑤	16	① ② ③ ④ ⑤	31	① ② ③ ④ ⑤
02	① ② ③ ④ ⑤	17	① ② ③ ④ ⑤	32	① ② ③ ④ ⑤
03	① ② ③ ④ ⑤	18	① ② ③ ④ ⑤	33	① ② ③ ④ ⑤
04	① ② ③ ④ ⑤	19	① ② ③ ④ ⑤	34	① ② ③ ④ ⑤
05	① ② ③ ④ ⑤	20	① ② ③ ④ ⑤	35	① ② ③ ④ ⑤
06	① ② ③ ④ ⑤	21	① ② ③ ④ ⑤	36	① ② ③ ④ ⑤
07	① ② ③ ④ ⑤	22	① ② ③ ④ ⑤	37	① ② ③ ④ ⑤
08	① ② ③ ④ ⑤	23	① ② ③ ④ ⑤	38	① ② ③ ④ ⑤
09	① ② ③ ④ ⑤	24	① ② ③ ④ ⑤	39	① ② ③ ④ ⑤
10	① ② ③ ④ ⑤	25	① ② ③ ④ ⑤	40	① ② ③ ④ ⑤
11	① ② ③ ④ ⑤	26	① ② ③ ④ ⑤		
12	① ② ③ ④ ⑤	27	① ② ③ ④ ⑤		
13	① ② ③ ④ ⑤	28	① ② ③ ④ ⑤		
14	① ② ③ ④ ⑤	29	① ② ③ ④ ⑤		
15	① ② ③ ④ ⑤	30	① ② ③ ④ ⑤		

정답과 해설

에듀윌 공기업
한국도로공사 실전모의고사

고객의 꿈, 직원의 꿈, 지역사회의 꿈을 실현한다

펴낸곳 (주)에듀윌 **펴낸이** 김재환 **출판총괄** 오용철
개발책임 김기임, 김선아 **개발** 윤은영, 박상현, 정혜원
주소 서울시 구로구 디지털로34길 55 코오롱싸이언스밸리 2차 3층
대표번호 1600-6700 **등록번호** 제25100-2002-000052호

에듀윌 도서몰 book.eduwill.net
• 부가학습자료 및 정오표: 에듀윌 도서몰 → 도서자료실
• 교재 문의: 에듀윌 도서몰 → 문의하기 → 교재(내용, 출간) / 주문 및 배송

베스트셀러 1위
에듀윌 토익 시리즈

쉬운 **토**익 **공**식으로
기초부터 실전까지 한번에, 쉽고 빠르게!

토익 입문서

토익 입문서

토익 실전서

토익 종합서

토익 종합서

토익 단기서

토익 어휘서

동영상 강의 109강 무료 제공

* YES24 국어 외국어 사전 영어 토익/TOEIC 기출문제/모의고사 베스트셀러 1위 (에듀윌 토익 READING RC 종합서, 2022년 9월 4주 주별 베스트)
* YES24 국어 외국어 사전 영어 토익/TOEIC 기출문제/모의고사 베스트셀러 1위(에듀윌 토익 베이직 리스닝, 2022년 5월 4주 주별 베스트)
* YES24 국어 외국어 사전 영어 토익/TOEIC 기출문제/모의고사 베스트셀러 1위(에듀윌 토익 베이직 리딩, 2022년 4월 4주 주별 베스트)
* 알라딘 외국어 토익 실전 분야 베스트셀러 1위 (에듀윌 토익 실전 LC+RC, 2022년 3월 4~5주, 4월 1~2주 주간 베스트 기준)